# 生态文明视角下新型城镇化与乡村振兴战略研究

## ——东南沿海村镇可持续发展机制的实践探索

陈永红　陈钧浩　周　艳　李志强　著

中国财经出版传媒集团
中国财政经济出版社

**图书在版编目（CIP）数据**

生态文明视角下新型城镇化与乡村振兴战略研究：东南沿海村镇可持续发展机制的实践探索/陈永红等著．—北京：中国财政经济出版社，2018.12

ISBN 978－7－5095－8651－8

Ⅰ.①生… Ⅱ.①陈… Ⅲ.①沿海－农村－社会主义建设－研究－中国 Ⅳ.①F320.3

中国版本图书馆 CIP 数据核字（2018）第 263627 号

责任编辑：周桂元　　　　责任印制：张　健
封面设计：秦聪聪　　　　排　　版：楠竹文化

中国财政经济出版社 出版

**URL**：http：//ckfz.cfeph.cn

E－mail：cfeph@cfeph.cn



社址：北京市海淀区阜成路甲 28 号　邮政编码：100142

营销中心电话：010－88191537

天猫网店：中国财政经济出版社旗舰店

网址：https：//zgczjjcbs.tmall.com

北京财经印刷厂印刷　　各地新华书店经销

787×1092 毫米　16 开　35.75 印张　575 000 字

2019 年 2 月第 1 版　2019 年 2 月北京第 1 次印刷

定价：99.80 元

ISBN 978－7－5095－8651－8

（图书出现印装问题，本社负责调换）

本社质量投诉电话：010－88190744

**打击盗版举报热线：010－88191661　QQ：2242791300**

# 序

习近平总书记在党的十九大报告中指出，建设生态文明是中华民族永续发展的千年大计，必须树立和践行绿水青山就是金山银山的理念，坚持节约资源和保护环境的基本国策。“绿水青山就是金山银山”，这是时任浙江省委书记习近平同志于2005年8月在浙江安吉余村考察时就提出的科学论断，这一论断丰富了发展经济和保护生态之间的辩证关系。近年来，以浙江省为代表的东南沿海地区在先行实践“绿水青山就是金山银山”的战略谋划，建设美丽乡村、特色小镇和探索可持续发展机制方面，呈现了许多生动、鲜活、经典的样本。

人与自然是生命共同体，人类必须尊重自然、顺应自然、保护自然。我们努力追求和建设的现代化必然是人与自然和谐共生的现代化，既要创造更多物质财富和精神财富以满足人民日益增长的美好生活需要，也要提供更多优质生态产品以满足人民日益增长的优美生态环境需要。20世纪60年代开始，从《寂静的春天》到《增长的极限》，再到1992年在巴西里约热内卢联合国环境与发展大会上108个国家签署《21世纪议程》，标志着可持续发展已成为国际社会和各国政府首脑普遍接受的发展准则。对于正处于工业化中后期深受生态恶化影响的中国而言，可持续发展正是生态文明观指引下发展道路的必然选择。

党的十九大提出实施乡村振兴战略，是党中央着眼党和国家事业全局、顺应亿万农民对美好生活的向往，对“三农”工作作出的重大决策部署。村镇是我国农村基层行政单元和治理单元，是农耕文明、工业文明与生态文明交汇的重要空间，同时也是承接统筹城乡发展、推进新型城镇化与乡村振兴战略的实施载体。加快生态文明体制改革，把生态文明理念和原则全面融入城镇化与乡村振兴全过程，重构城乡发展关系和村镇发展生态，既是建设美丽乡村、美丽中国的需要，也是国家治理体系和治理能力现代化的要求。实施乡村振兴战略，必须按照产业兴旺、生态宜居、乡风文明、治理有效、生活富裕的总要求，建立健全城乡融合发展体制机制和政策体系，统筹推进农村经济建设、政治建设、文化建设、社会建设、生态文明建设和党的建设，加快推进乡村治理体系和治理能力现代化，加快推进农业农村现代化，走中国特色社会主义乡村振兴道路。

本书从生态文明视角出发，系统论述了村镇可持续发展的理论内涵与解释框架；以历史视角梳理我国村镇治理的演进特征、发展冲突与未来趋势，并剖析了东南沿海村镇可持续发展转型中的困境；在借鉴美、英、德、日、韩等发达国家村镇建设与乡村运动经验的基础上，提出东南沿海发展战略与空间布局；全面深入分析了东南沿海村镇“古典版”“升级版”“创业版”等模式经验与可持续发展机制，构建了村镇可持续发展评价的“通用框架”和“分类框架”；对宁波市和宁波市北仑区示范村镇发展机制的可持续性进行了深入分析，并提出针对性较强的政策体系优化建议。本书不仅创新性地将可持续发展理论、机制、评价方法融入村镇研究领域，在时空透视、多维分析、实践探索中均有深入系统的剖析与独特见解，同时提供了来自东南沿海地区丰富的村镇案例与示范模式，理论性、实践性结合紧密。本书对于我国新型城镇化与乡村振兴战略的研究和实践，提供了全新的生态文明观分析视角和丰富的东南沿海地区观察样本。本书具有较高的学术参考价值和较好的资料借鉴价值。

生态文明建设功在当代、利在千秋，探索中国特色乡村振兴之路、建设美丽村镇美丽中国，唯有久久为功方可善作善成。

是为序！

中国农业科学院农业信息研究所原所长、教授

梅方权

2018 年 8 月

# 前　言

可持续发展应用于村镇及社区领域是一个创新性的议题，尤其是在新时代背景下，如何将生态文明观和可持续发展理念融入乡村振兴与新型城镇化实践之中，是我国村镇发展与治理体系现代化建设的重要课题。东南沿海是我国经济发展水平与城镇化率较高、乡村普遍较发达、村镇体系较为密集的地区，东南沿海村镇的发展模式更具有典型性与示范性。本研究旨在对可持续发展理论进行系统全面梳理，深入分析我国村镇演变的历史逻辑与可持续发展导向，借鉴发达国家做法经验并开展大量调研、案例机制分析，研究提出东南沿海村镇可持续发展战略思路、空间布局、评价框架与政策建议，期望为生态文明视角下推动新型城镇化和乡村振兴战略的实施提供较完整的理论框架、机制模式、评价依据、政策参考以及丰富生动的示范样本。

本研究报告是由宁波市重大科技专项“村镇生态化治理及社区可持续发展研究集成示范”（项目编号：2015C110001）立项资助的课题五“村镇可持续发展机制研究与示范”成果。本书共分十一章，涵盖内容包括：村镇可持续发展的理论框架；发达国家村镇可持续发展的实践经验及启示；我国村镇演进历史、冲突与可持续发展框架；东南沿海村镇发展转型及可持续导向；东南沿海村镇可持续发展战略与空间布局；东南沿海村镇可持续发展模式与经验；东南沿海村镇可持续发展机制与评价；村镇可持续发展评价方法与指标体系；宁波村镇可持续发展政策实践与案例；村镇可持续发展机制示范评价——北仑模式，推进东南沿海村镇可持续发展的政策建议等。完成本报告的课题组人员包括：宁波大学商学院陈永红研究员（负责人）、陈钧浩副教授、周艳博士，南京信息工程大学李志强博士。此外，郭倩倩、孟强、陈丝丝、王亚南、郝浩磊、孙小玉、陈丹丹等硕士研究生参与了相关资料收集整理与数据分析工作。

研究报告第1章由李志强执笔起草，经陈永红补充和修改完善；第2章由周艳执笔起草，郭倩倩参与资料整理，并吸收了陈钧浩赴日调研报告的部分成果；第3章由陈永红执笔起草，郭倩倩、陈丝丝参与资料整理；第4章由陈永红执笔起草，孟强、王亚南参与资料整理；第5章由陈钧浩执笔起草，孙小玉、陈丹丹参与资料整理；第6章由陈永红执笔起草，王亚南、郝浩磊参与资料整理；第7章由陈永红执笔起草，郭倩倩、孟强参与资料整理；第8章由陈永红执笔起草，李志强参与资料整理；第9章由陈永红执笔起草，孟强、王亚南参与资料整理；第10章由周艳执笔起草，郭倩倩参与资料整理；第11章由陈钧浩执笔起草，孙小玉参与资料整理。研究报告由课题负责人陈永红汇总核稿。

本课题研究得到宁波市科技局、北仑区政府、柴桥街道的大力支持和帮助，宁波市科技局何晓南副局长、盛德清调研员，北仑区科技局王德仙局长、胡修勤副局长以及柴桥街道领导等，为本课题研究的顺利开展提供了诸多便利。在实地调研中，得到浙江省科技厅、上海市科委、江苏省科技厅、福建省科技厅、江西省科技厅、中科院城市环境研究所以及相关部门的大力支持和帮助。项目组负责人宁波大学校长沈满洪教授在百忙之中对本报告提出了详细的修改意见，建工学院院长郑荣跃教授对课题实施与协调做了富有成效的工作，林华老师在课题调研、经费协调上做了大量细致的工作。课题实施与报告起草中，也得到了该项目其他4个课题组的帮助，特别是宁波大学法学院叶笑云教授协调示范点调研、出国调研，中科院宁波城环站肖航研究员提供示范点监测数据。东北财经大学张明斗博士在调离宁波大学后也一直参与部分研究工作，宁波市镇海区人民政府机关服务中心陈小燕副主任为村镇数据收集提供了大量帮助。如没有这些帮助，课题将无法顺利实施完成。此外，本书稿付诸出版离不开中国财政经济出版社提供的支持和帮助，编辑部周桂元主任在选题、校对等方面做了大量有益的工作。在此，课题组向以上提及或未提及的个人和机构给予的帮助，表示最诚挚的谢意！感谢项目组及课题组、宁波大学商学院区域经济研究所合作团队与付出辛苦劳动的研究生！

本研究力图从生态文明视角出发将可持续发展理念融入新型城镇化与乡村振兴战略，将经济、社会、生态、人口、文化纳入村镇可持续发展理论与评价体系，提出多维度绿色协调包容开放发展的思想。书稿框架体现了学术性与实践性相结合、战略性与机制性相结合、普适性与特色性相结合、理论分析与案例分析相结合的思路。在写作方式上，注重学术性写作、规范性表述、资料性分析与政策性解读相结合。我们希望本书能够为高校与科研院所从事农业经济管理、城镇化、生态经济等专业研究的教师和科研人员，县市、乡镇行政机关和管理干部等提供决策、培训与研究参考。本研究涉及的领域宽泛，限于课题组成员知识能力的不足，还有很多有待解决的问题，恳请读者对本书提出批评指正和修改意见。书中不当之处，由课题组承担责任。

“村镇可持续发展机制研究与示范”课题组

2018 年 7 月 31 日

# 目　录

# 第 1 章

# 村镇可持续发展的理论分析框架

对工业化、城市化传统模式以及环境危机的深刻反思，使人们重新审视人类社会与自然系统关系的未来走向以及经济社会发展的新动力与机制。相对于已进入工业化后期或者基本完成工业化进程的西方发达国家而言，我们这样一个赶超型后工业化国家发展经济仍然是首要任务。伴随经济发展、结构转型和新型城镇化的快速推进，中国政府的管理话语框架与决策正以环境友好和高质量发展为宗旨，确定了以城乡均衡为特色的可持续发展目标。随着村镇工业化、新型城镇化、村镇环保运动、美丽乡村建设行动、乡村振兴战略等浪潮的兴起，村镇经济增长模式、产业形态与人口结构、乡村治理体系、村落文明和乡土文化等正在发生快速的转型，承接城乡融合发展的村镇区域不仅成为探索可持续发展模式的重要载体，更成为拓展现代国家发展空间的重要抓手。本章将重点从可持续发展理论分析框架出发，探讨可持续性融入现代乡村发展和新型城镇化的内涵与路径，并对东南沿海村镇可持续发展思路作出基本阐释。

## 1.1 从工业文明到生态文明的视域转换

### 1.1.1 工业现代化与可持续发展

人类文明的范式转化是时空结构一体化变革的内在需求，具体而言，时空结构变革基本表现为人类文明发展的四种模式，即从原始文明、农业文明、工业文明到生态文明演变中结构形态的阶段性呈现。在这种历时态和现时态的交叉点上，由于工业文明所带来的现代化嵌入，同步伴随着工业化向生态化制度结构的变革历程，不可避免刺激了政治生态和治理结构的重塑和创新，也改变了传统社会治理的行动范式。可以说，作为转型之中的发展中国家典型，新时代中国村镇的发展正处于农业文明、工业文明与生态文明的交叉节点。

可持续发展是当今时代人类社会文明进步和经济健康增长的基本范式。从纵向历史演变的脉络看，经历了由增长范式、发展范式到科学发展范式，直到可持续发展范式的过程。显然，从结构的视角看，这种发展演变的阶段形态是整体嵌入社会系统结构，并伴随社会时空结构、制度结构、行动结构演化和重构的过程。换句话说，工业文明向生态文明时代的转型，面临着文明建设落地的载体转型，而这种载体，不再是单一城市和乡村结构变革的功能诉求。村镇生态文明时代不仅需要满足人与自然和谐共生的要求，还要满足个体的多元化诉求，其载体只能是具有不同功能的城、镇和乡村共存与互补的多元化载体。换句话说，城乡两元共生城镇化模式，不仅是生态经济发育的重要载体，也是生态文明发展需要的多元文化生态综合创新的动力载体（张孝德，2014）。就当前的新型城镇化城乡融合发展的模式而言，现实语境下的可持续发展是在传统工业化遭遇增长瓶颈和城镇化迅猛发展夹击下，在自然资源禀赋较好的经济发达区域，突破城乡原有模式局限的尝试，因而带有某种前瞻性和创新性。这种前瞻性体现为中国工业化目标的调整，把新型工业化、生态文明与实现中国特色的生态经济作为未来的战略发展方向。从宏观视野或者说从建构论来看，中国的村镇转型与现代化发展是工业文明走向生态文明范式的探索过程，是突破环境约束和资源约束下的传统工业文明危机，走向人与自然和谐、可持续发展的重构过程。

### 1.1.2　生态现代化与可持续发展

从社会发展的总体价值和根本方向来看，现代社会理性主义、工具主义及物质主义话语体系的构建，在带来社会综合生产能力大幅提升、政治文明不断进步的同时，也导致了某种程度上的“现代性危机”。马克思曾围绕资本主义生产方式推动由“人的依赖性”向“物的依赖性”转变，深刻阐释了西方社会现代化转型及其伴生的诸多社会问题。现代性改变了人们日常生活的模式，知识体系的专门化导致了权威多元的困惑和怀疑的流传及道德的困境，全球化的新风险和庞大的社会机器又导致了人们对于无法把握命运的焦虑。关于现代性与环境危机的反思和讨论，从 20 世纪 60 年代到 90 年代，西方国家的环境政治思维范式或“意识形态”先后经历了从“生存危机”向“生态现代化”和“可持续发展”的转型过程。从《寂静的春天》到《增长的极限》，再到后来的《21 世纪议程》，这些代表西方社会重新认识和深刻反思人类环境危机的标志性文本，伴随随后发生在西方国家声势浩大的绿色运动和生态治理思维，成为引起西方发达国家工业化后期发展理念转向和治理范式转型的制度性革新动力。特别是 1987 年，世界环境与发展委员会发布的《我们共同的未来》报告中将“可持续发展”作为人类共同的守则，到 1992 年里约宣言 108 个国家签署《21 世纪议程》，基本达成全球层面的发展共识。尤其是在国际环境问题合作层面，可持续发展理念已经成为指导各国发展的基本纲要。可持续发展体现了人类对自身进步与自然环境关系的反思，反映了人类对于已走过的道路的抛弃和改革，也开始重新审视人类社会与自然系统未来关系的走向，成为人类走进生态文明社会的发展新动力和新范式。

生态现代化的概念是德国学者胡伯在 20 世纪 80 年代提出来的。其核心内容是发挥生态优势推进现代化进程，实现经济发展和环境保护的双赢，体现了一种新的发展理念。建设生态现代化，必须把经济增长与环境保护综合起来考虑，把生态建设看成是发展之义、发展之举，走可持续发展之路，加快推进发展模式由“先污染后治理型”向“生态亲和型”转变，不能以牺牲环境为代价来换取一时的发展。与“生存危机论”所关注的经济增长与生态发展的兼容性困境不同，生态现代化理论确认环境保护与经济增长可以协调，科技创新是生态改进的首要前提，预防性战略有助于实现这些目标。生态现代化理论的核心点是，环境保护不应被视为经济活动的一种负担，而应被视为未来可持续增长的前提。所以，后来墨菲（Joseph Murphy）等社会科学家先后提出将生态现代化理论作为解决环境难题的替代性思路，将理论关注的重点从环境问题的法律监管和事后处理转向环境问题的预防和通过市场手段克服环境问题（Debra J，2004）。生态现代化理论是20世纪八九十年代生态保护先行国家在社会实践、体制规划、社会活动与政策话语中，为寻求保护社会生存基础而作出的环境改革。狭义论之，“生态现代化”是一种通过转向绿色技术而节约资源和成本的技术变革。生态现代化理论的普遍观点认为，有必要在现有体制结构视野内部进行重大变革，以纠正某些导致环境严重破坏的结构性设计缺陷。技术创新、市场竞争逻辑以及全球性环境改善需求，是生态现代化的重要推动力。广义论之，生态现代化是生态文明发展的原动力。生态文明的发展又有助于加快人的现代化步伐，通过人的文明来带动社会整体文明的提升。在生态文明、人的文明和社会文明三者的交互发展中，人类的生产方式、思维方式、行为方式、消费方式等会发生全面的革命；催生着绿色自然力、绿色生产力、绿色消费、绿色科技、绿色政治文化等新生事物，推动社会文明进入一个更加崭新的阶段，展示出人与自然和谐以及人与人和谐的美好景象（方世南，2005a）。

### 1.1.3 经济增长与可持续发展

由于长期受地方发展主义和经济体制模式的影响，导致以资本利益和增长最大化为核心的现代化与政府的经济主义高度吻合，这种状况使地方环境治理的行政效率和制度进程不尽如人意。市场化转型中伴随政府行为“企业化、谋利化”特征的显现，大量行政性行为服从于经济效益和财政指标，并依赖制度惯性和财税利益的长期需求，产生了“权力的发展主义”路径。在工业绩效需求依旧旺盛的趋势下，生态化取向的公共治理离不开地方政府对环境保护与生态建设的价值认识，并为之提供充沛的公共资源。对于中国地方政府而言，现实的选择是兼顾经济发展与环境保护，正确处理发展主义和生态主义的关系。一方面，市场经济体制的建立，特别是以循环经济为模式的产业培育和技术创新，为生态环境保护提供了市场空间、技术支撑和产业基础；另一方面，随着经济增长和财政能力的增强，政府通过制定促进经济增长与环境保护相协调的各种规划和政策，持续加大环境污染治理投入的实践已取得一定成效。如何将传统经济增长模式导入生态经济发展新轨道，实现以生态经济引领中国经济转型，成为我国当前和今后相当长一段时间的重大课题。

长期以来，中国在追求经济高速增长的政府行为逻辑下，这种以产出数量为导向的经济增长模式在工业化和城镇化初期，特别是短缺经济时代实现国民经济社会发展的“起飞”发挥了不可替代的作用，但在发展中后期引发的生态环境问题以及经济社会内部关系的失调问题愈加突出。更严重的是，三十多年的增长主义发展模式，已经形成了一种强大的体制性力量，直至内化为政府行为的某种固定逻辑，产生了强烈的路径依赖。这种思维方式和行为模式复制扩展到社会的各个层面，从而引发了具有典型现代性特征的“物质主义”的危机。

正是在物质主义哲学理念支配下构建的制度框架、政策生态及伦理价值，引致了经济社会发展过程中某些领域的生态缺位和环境破坏局面。“国家物质主义哲学”诱发政府经济化、企业化，而有效制衡机制的缺位，使不受约束的权力与资本联姻，甚至资源分配与利益集团合谋，生态问题由此产生。同时更糟糕的是社会被国家权力、增长主义捆绑，政府价值一元化在压缩民众多元价值生长空间的同时，也在某些领域丧失了政府治理的公信力。正如吉登斯所言，“一个巨大的由各种事物与力量构成的组织，割裂了所有的进步、灵性和价值，以便把它们的主体形式转换成一种纯粹的物质生活的形式，而个体在这个组织里仅仅变成了一个齿轮”①。就改革的深化和转型而言，正是物质主义哲学把制度变革置于增长主义之下，制造了“无增长的繁荣”（GDP 增长不代表国民幸福）现象。如果从社会现代化发展的历史维度去观测当前的环境问题，不难看出，对于我国的发展属性而言，生态问题是现代工业和城镇化发展进程中难以回避的重点问题，是根源于长期经济增长单极化模式和政府“发展主义权力美学”理论下的畸形产物。中国作为后发型工业化国家的典型经济实体，经济发展在很大程度上沿袭欧美工业化国家的模式，走的是一条“先污染后治理”的

① ［德］齐奥尔格·西美尔．时尚的哲学［M］．费勇，译．北京：文化艺术出版社，2001：197.

路子。然而，过分偏重经济增长的政绩导向和评价体系的后果，也终归演绎成“经济发展主导一切”的信仰，生态问题被严重忽视。价值观念和现实的制度体系联系在一起，导致长期以来，中国的环境污染问题并没能得到有效控制，潜在污染问题日益凸显，重特大环境事件出现的频率越来越高，生态环境恶化的局面没有得到根本扭转。概论之，经济增长和生态保护的关系长期以来都是后发型工业化国家高速发展中需要面对和调和的矛盾。

### 1.1.4 生态文明与可持续发展

众所周知，生态文明在中国有很深的历史渊源，中国自古以来就有“道法自然”“天人合一”等生态思想，这些智慧对今天的发展仍有启示。从20世纪70年代起，中国就注重加强污染防治，并积极参与世界环境与发展事业。改革开放40年来，中国推进现代化建设，实行节约资源、保护环境的基本国策，采取了一系列有效措施，使生态环境恶化的趋势有所减缓。自党的十六大以来，生态文明、绿色发展的理念和实践被不断强化。党的十七大把“建设生态文明”纳入实现全面建设小康社会的五大目标之一，并首次将人与自然和谐、建设资源节约型、环境友好型社会写入党章，成为执政党的政治纲领。2013年5月24日，习近平总书记在中共中央政治局集体学习讲话中更是明确提出了“生态红线”的强制要求；党的十八届五中全会明确提出“创新、协调、绿色、开放、共享”五大发展理念，将生态文明提升到全局发展的战略性高度。

在今天中国的政治语境中，论及“生态文明”，其实质是探求新的发展道路，再进一步说，是解决“中国向何处去”的问题。对于正处于工业化中后期深受生态恶化趋势严重影响的转型中的中国而言，转变被GDP控制和规模速度绑架的经济增长模式，需扭转对于社会发展本体系统的破坏和阻断恶果。当今中国提出走可持续发展的道路，转变经济结构和发展方式，已着手从经济转型上向后现代过渡。与之相适应，还需要建立起全新的治理机制，实现生态治理转型。健全我国的现代生态治理体系，推进生态治理现代化，是推进生态文明建设的不二法门；与环境问题直接相关的，是国家的生态治理体制和生态治理能力（俞可平，2016）。要完成由“工业现代化”向“生态现代化”的可持续发展转型，需要建构一种“开放式”生态治理模式。以生态文明为价值导向下的可持续发展模式，面向开放系统建立兼容政府职能改革、产业转型和社会参与的生态治理系统，这既是社会文明发展的阶段演进需求，也是人类自身发展的根本追求。

## 1.2

## 可持续理论演进：从增长、发展到可持续

可持续发展理论是伴随着经济增长问题演变的。二战以后，凯恩斯主义成为西方国家的经济主导政策，重建经济、扩大就业和提高经济增长率成为发达国家的首要任务。增长成为各国首要关注的问题，经济学家主要关注的是一个国家的宏观经济运行问题，可持续发展问题没有纳入研究范围。随着环境污染和资源约束现象的凸显，部分反增长论者和环境保护论者提出经济增长必然受自然资源和环境容量的限制。这方面的早期代表作有哈里森·布朗的《人类前途的挑战》，E. J. 米香的《经济增长的代价》，J. 哈特和罗伯特·索科洛的《耐心的地球》等。直到 20 世纪 70 年代，罗马俱乐部发表著名的研究报告《增长的极限》，可持续发展问题才受到世人的普遍关注。这一轮浪潮的掀起，是由于人们不仅对自然资源逐渐枯竭的日益担忧，而且对全球气候和生态环境恶化所造成的后果愈发忧虑，正是在此大背景下，“可持续发展”成为 20 世纪 90 年代引人注目的话题。增长极限论向人类敲响了警钟，告诫人类要从人与自然和谐的角度看待发展问题。特别是在人口爆炸性的增长、资源大量消耗、生态平衡遭到严重破坏的今天，梅多斯等人一反世人的俗见，把长期受到忽视的问题尖锐地提到人们的面前，无疑具有积极的作用。

### 1.2.1　国外理论观点演进

现代西方可持续发展的思想最早可以上溯到马尔萨斯。他在 1789 年的《人口原理》中，首次明确提出人口增长受制于自然环境的思想。20 世纪以后，工业化迅速推进、人口增速加快，由于工业资源被过度开发和超量使用，生态环境遭受严重破坏，人口、资源和环境之间的矛盾加深，引发了人们对粗放式发展模式的反思，可持续发展的思想萌芽逐步显现。

20世纪中后期，随着人们对发展理念的理解不断深入和成熟，可持续思想体系也逐渐形成。第一个有影响力的研究成果是鲍尔丁（Kennethe Bouding）在1966年提出“宇宙飞船经济理论”，将地球看作宇宙中的一艘飞船，而飞船空间容纳程度是有限的，随着地球人口和经济的不断增长，人类社会的物质和资源将会消耗殆尽。鲍尔丁提出四点建议：一是放弃“增长型”经济，代之以“储备式”经济；二是改变传统的“消耗型”经济，而代之以“生态型经济”；三是实行“福利量”经济，改变只注重“生产量”的经济；四是以“循环式”经济取代“单程式”经济。鲍尔丁是从经济发展层面比较系统地提出可持续发展观念和模式的早期生态经济学家之一，他的很多观点，成为后来可持续发展理论的基础内涵。

第二个有影响的研究成果是20世纪70年代，以关注人类未来发展为中心议题的罗马俱乐部提出的《增长的极限》。即加速发展的工业化导致世界人口和经济高速增长，但受制于粮食、不可再生资源枯竭以及按指数级增加的污染，人类社会发展一旦到达极限，增长就将被迫停止。因此，该俱乐部指出，人类不可能无限制的增长下去，一旦增长停止，将是社会无法承受的后果，所以协调发展才是关键。随后在20世纪70年代，西方掀起反思工业化发展模式的绿色运动，生态思想伴随政党活动和社会运动，绿色运动在生态思维的深化和生态环境问题的思考，都对可持续发展理论的不断完善有着积极的促进作用。对于学界而言，真正意义上成熟的可持续发展理念形成的标志源于四个报告中；一是1972年联合国在斯德哥尔摩召开的“人类与环境会议”，会议通过了著名的《人类环境宣言》，倡议人类要保护地球环境，不仅要保护好当前的人类生态，还要满足子孙后代的资源需求，提出了“代际公平”的理念；二是1980年国际自然和资源保护联合会（IUCN）、联合国环境规划署（UNEP）和世界自然基金会（WWF）共同发表了《世界自然保护大纲》，阐释了“人类的活动使生物圈既能满足当代人的最大持续利益，又能保持其满足后代人需求与欲望的能力”；三是1987年世界环境与发展委员会发表的报告《我们共同的未来》，该报告系统阐释了可持续发展的概念，明确指出“可持续发展是在满足当代人需求的同时，不损害后代人满足其需求能力的发展”，并详细阐释了可持续发展的公平性、持续性和共同性三大原则，成为可持续发展观和可持续发展战略形成的标志；四是1992年联合国里约宣言通过的《21世纪议程》，提出“环境与发展必须协同”的思想。至此，可持续发展成为世界范围内被广泛认可的发展战略。目前，国外可持续研究的重心已转向可持续发展战略的实施层面，比如在欧洲，国际英语系统分析研究所对全球和欧洲开展了“生物圈的生态可持续发展研究”和“欧洲未来的研究”。英国学者运用经济学理论，从生态过程视角对发展中国家进行了定量化的实证研究。美国学者和相关政府机构从社会体制角度探讨了可持续发展并制定了相关政策。联合国可持续发展委员会起草的国家可持续发展及行动计划框架，要求发展经济不应损害环境，主张提高效率和改变消费模式与生活方式，减少能源和资源消耗，对自然的利用限制在可承受范围内。同时，美国提出了可持续发展四个主题，即生态效率、经济进步、公平和选择。巴西也以均衡经济社会发展和供需平衡为目标，倡导可持续发展消除贫困，合理利用资源、建设生态平衡经济区，开发多样性生物产品，强化可持续发展能力建设等。

进入 20 世纪 80 年代以后，有关经济增长的理论不断充实，人们对预期增长的认识已不再局限于单纯的经济数量变化，而且还包括了经济结构和制度的转型、社会改善和政治体制的进步等。换句话说，不仅要有经济规模增长，同时也要注意综合社会效益。经济社会发展进入综合发展理念阶段，与之相应可持续发展的评价向综合化演进。美国学者率先发起“社会指标运动”，提出建立包括经济、社会、环境、生活、文化等各项指标在内的社会发展价值新体系。1983 年联合国在其推出的《新发展观》一书中提出了“整体的”“综合的”“内生的”新发展理论。社会发展已不再是单纯的经济增长，社会制度和社会结构的变迁以及社会福利设施的改善具有同等重要的地位。在学界看来（王军，1996），可持续发展被看作是以民族、历史、环境、资源等自身内在条件为基础，包括经济增长、政治民主、科技水平、文化观念、社会转型、自然协调、生产平衡等各种因素在内的综合发展观。发展理念越来越综合化、多元化，可持续发展更加注重发展的价值追求。1987 年联合国发表的报告《我们共同的未来》，系统地阐述了人类面临的一系列重大经济、社会和环境问题，提出的可持续发展理念内涵更加丰富。就其社会观而言，主张公平分配，以满足当代和后代人的基本需求；就其经济观而言，主张建立在保护地球自然系统基础上的可持续经济增长；就其自然观而言，主张人类与自然和谐相处。这些观念是对传统发展模式的否定，是为谋求新的发展模式而建立的新的发展观。

总之，国外比较有代表性的观点有：①可持续发展的生态观。保护与加强环境系统的生产和更新能力，即可持续发展是不超越环境系统更新能力的发展，可持续发展是寻求一种最佳的生态系统以支持生态的完整性和人类愿望的实现，使人类的生存环境得以持续。②可持续发展的社会观。在生存于不超越维持生态系统涵容能力的情况下，提高人类的生活质量，强调可持续发展的最终落脚点是人类社会，即改善人类的生活质量、创造美好环境，人口规模处于稳定，高效利用可再生能源，集约高效的农业，生态系统的基础得到保护和改善，持续发展的交通运输系统，新的工业和新的工作，经济从增长到持续发展，政治稳定、社会秩序井然的一种社会发展。③可持续发展的经济观。这类观点均认为可持续发展的核心是经济发展。可持续发展旨在保持自然资源的质量，并在其所提供服务的前提下，使经济的净利益增加到最大限度；实现在自然资本不变前提下的经济发展，或今天的资源使用不应减少未来的实际收入；实现在不降低环境质量和不破坏世界自然资源基础上的经济发展等。

### 1.2.2 国内理论发展综述

我国生态学家、地理科学家和城市规划学者及时对国外可持续发展的研究进行了跟进介绍。早在 20 世纪 80 年代，我国著名生态学家马世骏（1984）就提出了“生态—经济—社会”的三维复合生态系统框架，提出高的生态序是生态规划的主要目标，是实现可持续发展的前提条件。叶文虎（1996）指出协同和公平是可持续发展的核心内容，协同指人类经济社会与自然界的协同，公平则强调不同生物种群之间、不同地区和不同国家的人群之间在自然资源占有和物质资源分配方面具有“时空公平”的属性。潘家华（1997）从经济学角度讨论了有关环境理论、环境危机及环境资源状态辨识参数的基本原理，阐释了国际上有关可持续发展理论的特征、局限、实践应用和前景，从多个维度就绿色发展等可持续发展模式进行了具体分析，并针对经济效率和可持续发展的关系，建立可持续发展市场调控的优化模型。徐玉高和候世昌（2000）根据不同资本替代程度的大小将可持续性划分为弱可持续性、中等可持续性、强可持续性以及绝对可持续性，对经济可持续性的发展程度做了探讨，认为现实的发展趋势应该面向强可持续性的方向。刘培哲教授等（2001）提出了三维结构复合系统的可持续发展定义，阐释了“可持续发展就是能动调控经济—社会—自然系统，使人类在不超越资源与环境承载力的条件下，促进经济发展、保持资源永续利用和提高生活质量”的观点。周毅（2002）进一步论证了生态可持续、经济可持续和社会可持续的关系，认为生态可持续是经济可持续的基础、经济可持续是发展的条件、社会可持续是发展的目的。强调可持续发展以改善生活质量为目的。此外，牛文元（2012）在提取可持续发展理论内涵的基础上，对可持续发展理论的三维解释、可持续发展的临界阈值、可持续发展的数学模型、可持续能力建设方程、可持续发展下的绿色 GDP 度量，以及中国可持续发展战略的实践和行动等进行了综合性的归纳。总体而论，西方学界为可持续发展研究提供了基础性理论范式和分析工具，为后续研究视角、策略、机制及路径等提供了有益借鉴；西方政治话语模式、制度范式及理论框架也为深入开展本土化研究提供了契机。国内已有成果基本顺应了全面深化改革背景下可持续发展的理论诉求，推动了生态治理研究的拓展和深入。但国内研究多为综合性理论阐释和对策性研究分析，可持续发展研究已经从理论阐释进入现实评估和政策推进阶段，与此相对应的体现可持续发展现实诉求的实践测评和量度的指标体系建构相对滞后。

在 1992 年 6 月联合国召开环境与发展会议之后，我国科技部（原国家科委）、国家发改委（原国家计委）等 52 个部门共同编制了《中国 21 世纪议程》，提出中国的可持续发展战略的中心思想，要求经济发展必须与环境保护相协调，把保护环境作为中国的一项基本发展战略。《中国 21 世纪议程》提出可持续发展的六点内涵，一是可持续发展的核心是发展，这是正确认识和理解可持续发展的关键所在；二是可持续发展的主体是社会发展系统，其目标是实现社会发展系统的可持续性；三是可持续发展的重要标志是资源的永续利用和生态环境的改善；四是可持续发展的关键是处理好经济建设与人口、资源、环境的关系，这是实施可持续发展战略的关键；五是必须转变思想观念和调整行动规范，正确认识和处理人与自然的关系，改变传统发展价值观；六是可持续发展必须重视能力建设，要从国家战略的层面上整体把握。

### 1.2.3　可持续发展的基本内涵

可持续发展最被广泛接受且影响最大的定义为：能满足当代人的需要，又不对后代人满足其需要的能力构成危害的发展。它包括两个重要含义：一是需要，尤其是人们的基本需要，应将此放在特别优先的地位来考虑；二是限制，技术状况和社会组织对环境满足眼前和将来需要的能力施加的限制。

（1）资源利用的可持续性

资源是人类可利用的自然界物质，环境则是资源的状态，而生态是自然界各种资源之间的相互关系。可持续发展的资源观就是资源的持续利用，即通过资源的合理开发、节约使用及污染防治和环境保护，来维护生态系统的动态平衡，实现可持续发展。可持续发展追求人与自然的和谐。可持续性可以通过合理的经济手段、技术措施和政府干预得以实现，目的是减少自然资源的消耗速度，使之低于再生速度。如形成有效的利益驱动机制，引导企业采用清洁工艺和生产非污染物品，引导消费者树立可持续消费理念，并推动生产方式的改变。经济活动总会产生一定的污染和废物，但每单位经济活动所产生的废物数量是可以减少的。如果经济决策能够将环境影响全面、系统地考虑进去，可持续发展是可以实现的。“一流的环境政策就是一流的经济政策”的主张正在被越来越多的国家所接受，这是可持续发展区别于传统发展的一个重要标志。相反，如果处理不当，环境退化的损害十分巨大，甚至会抵消经济增长的成果。资源的永续利用是可持续发展的标志。经济和社会发展不能超越资源和环境的承载能力。可持续发展以自然资源为基础，同生态环境相协调。它要求在保护环境和资源永续利用的条件下进行经济建设，保证以可持续的方式使用自然资源和环境，使人类的发展控制在地球的承载力之内。要实现可持续发展，必须使可再生资源的消耗速率不高于资源的再生速率，使不可再生资源的利用能够得到替代资源的补充。

资源配置问题一直是经济学家讨论的焦点问题，从马歇尔的新古典经济学派开始，就将焦点放在了稀缺的资源如何有效配置达到帕累托最优状态方面。自20世纪中叶以来，诸多学者从经济、社会和环境等多维视角讨论了可持续发展的资源配置问题，从罗马俱乐部的“增长的极限”到戴利的“超越增长”不仅使我们对经济社会发展受到地球物质资本规模限制这一命题就有深刻的理解，而且对可持续发展的真正含义有了深刻认识。关于资源的稀缺理论，李嘉图和马尔萨斯各持己见，前者秉持资源的“相对稀缺”原则，而后者则通过人口增长和粮食供给的关系，论述了资源的“绝对稀缺”问题。马尔萨斯在著名的《人口原理》中，在对资源的稀缺性进行报酬递减规律的分析中认为，人口和劳动力的增加呈正相关性，但新增劳动报酬将呈递减趋势，所以资源数量的稀缺不会因为科技的改变和社会经济的发展而得到改变，从而论述了物质资本绝对稀缺的秉性。关于资源的可持续利用问题，英国经济学家达斯格普塔（Dasgupta，1995）认为，实现资源的可持续利用或可持续消费，取决于生产中不变资本与资源量之间的替代弹性值（即不变资本替代资源流量或消耗量的比例）。如果固定资产或不变资本增加 1%，所替代的资源流量大于 1%，则资源可持续利用，否则将至枯竭。他还指出，可以通过技术进步与创新，逐步减少对枯竭性资源的依赖。在探讨自然资源的开采利用和生物多样性保护过程中，美国经济学家西里阿希·旺特卢普（1952）在《资源保护：经济学与政策》一书中提出了最低安全标准法的思路。其基本思路是以当代人道德规范为标准，为当代人和后代人设计某种代际间的社会合约。若将人类活动对自然系统的损害费用大小和不可逆性的程度两个变量来表示，则当代人应把人类行为对自然系统的影响控制在一定的损失和不可逆性界限（最低安全标准）以内，在此前提下再考虑自然资源的开采和利用问题。在西里阿希·旺特卢普的研究基础上，托曼考虑了最低安全标准与传统的费用—效益分析方法之间的关系，提出了建立自然资源开发利用标准的两种方法。一种方法是通过确立最低安全标准来要求当代人承担某种道德责任，另一种方法是通过费用—效益分析来权衡利弊得失。前一种方法适用于人类决策对自然资源和环境的影响不能确定，但可能相当大和不可逆转的场合，后一种方法则适用于人类决策对自然资源和环境的影响可以确定，但相对较小和可以逆转的场合。在对自然资源的可持续利用问题研究中，佩基（Page）是“代际公平”概念的最早提出者之一，他把代际公平定义为：假定当前决策的后果将影响好几代人的利益，那么，应该如何在有关的各代人之间对自然资源进行公平分配？怎样才能做到代际公平呢？佩基提出“代际多数规则”，即如果某项决策事关子孙后代的利益，那么，不管当代人（或者再加上其若干代子孙）对此持何种态度，都必须按照子孙世代的选择去办。世界银行的资源经济学家赫尔曼·戴利（Daly，1993）则提出最低安全标准的三条具体规定：社会使用可再生资源的速度，不得超过可再生资源的更新速度；社会使用不可再生资源的速度，不得超过作为其替代品、可持续利用的可再生资源的开发速度；社会排放污染的速度，不得超过环境对污染的吸收能力。

在从资源视角对可持续发展进行的探讨中，美国学者莱斯特·布朗（Lester R. B，1981）提出了高资源消耗、高环境污染的强物质化模式，该模式主要强调环境变化和经济增长的同步。即经济总量的扩大伴随着生态环境代价的增加，主要体现在经济总量的扩大依赖于物质资本投入的增加，而同时加剧了生态污染的程度，因此资源节约、环境友好是强物质化发展模式的修正和改善路径。与此同时，另一种观点则坚持经济增长和环境脱钩的减物质化模式，该模式要求经济增长的同时，实现规模性的减物质化，直到环境压力实现零增长，特别是对于基本实现物质增长的发达国家来说，有可能通过提高生态效益来实现环境变化和经济增长之间的脱钩，当然对于像中国这样的发展中国家，现阶段实现减物质化增长模式还有困难。基于我国的国情，褚大建等（2015）提出了适应中国现阶段的资源生产率提高模式（即“C 模式”），指出我国目前环境压力已经严重制约了经济的可持续增长，限于当前的经济水平和科技能力，我国更应该强调经济仍旧保持既定增长目标，同时自然资源的损耗和生态环境的破坏应有一个先减速增长、后趋于稳定的过程。中国资源生产率提高模式的实现，需要不同的实施途径。总体来说，首先需要新型产业化、新型城镇化和新型现代化推进实施，分别从产业结构、城乡空间和微观消费可持续性及产品功能等领域提升资源的利用潜力，通过科技创新和体制改革全面推进提升资源综合利用率。

（2）文化发展的可传承性

可持续发展不仅是经济问题，也是文化问题。文化可持续发展是人类实现全面、可持续发展的应有之义。没有文化的传承发展，可持续发展是不能实现的。经济、科技的发展为可持续发展提供了坚实的物质基础；作为人类物质文明和精神文明成果总和的文化则为可持续发展提供强大的精神动力（和沁，2006）。

基于可持续发展理论视域下的文化可传承，亦包含需要与限制两个方面的含义，即可传承的文化是被需要的且其传承内容形式过程是有限制的。文化的传承要战胜时间与空间的巨大差异而具有延续性。我国传统文化和现代文化以及国外文化中有许多可持续发展的思想内容，这为可持续发展的文化可传承创造了有利条件。中国几千年的文明始终都包含着生态平衡与环境保护的思想，中国传统文化中的可持续发展文化是世界上历史最悠久、影响最深远的可持续发展文化之一。早在远古时期中国就有了朴素的可持续发展思想。《逸周书·大聚篇》记有大禹的话："早春三月，山林不登斧，以成草木之长。夏三月，川泽不入网罟，以成鱼鳖之长。"先秦时期，老子主张节制物欲、爱护自然。《老子》第五十七章中提到："我无为而民自化，我好静而民自正，我无事而民自富，我无欲而民自朴"，"见素抱朴，少私寡欲"。这体现了老子节制物欲的思想，这一思想在于奉劝人们不要太多奢望，不可无限制地向自然索取，实际上就是一种可持续发展的思想。孔子倡导"弋不射宿"的生态资源节用观，《论语·述而》记载："子钓而不纲，弋不射宿"。即孔子捕鱼用鱼竿而不用网，用带生丝的箭射鸟却不射杀巢宿的鸟。这些思想体现了孔子反对毁灭野生资源的环境伦理观。春秋时齐国相国管仲十分注重保护山泽及其生物资源，反对过度采伐，"为人君而不能谨守其山林菹泽草莱，不可以天下王"（《管子·地数》）。战国时期的荀子继承并发扬了管仲的思想，把保护资源和环境作为治国安邦之策，特别注意遵从生态系统的季节规律，十分重视自然资源的持续保存和永续利用。《孟子》和《周易》中也有保护环境的可持续发展思想，《孟子·梁惠王上》记载："数罟不入洿池，鱼鳖不可胜食也。斧斤以时入山林，林木不可胜用也"。

可持续发展的文化可传承是立足传统文化创新，寻求现代化的内源道路，保持民族文脉，既形成经济可持续发展的动力，又不断为民族文化注入新的精神，形成超越现实的境界追求（许亦善 等，2009）。现代化的全面启动和现代性的迅速成长，既为社会变革和发展注入了强大活力，也造成了市场逻辑和工具理性的合谋；既引致短期行为的普遍化，也可导致对生态的破坏和历史文脉的中断。因此，必须正确把握经济可持续与文化可传承的关系，在对传统的创新中坚持民族特色的现代化道路，消除短视行为。这就要求我们正确认识文化可持续发展的要求及其在经济社会发展中的意义。文化是在一定的空间范围和时间维度上生成的，社区是文化承载的土壤，文化的孕育和传承存在于社区群众的社会活动和生活工作之中。在当前乃至今后一个相当长的时期，由于网络媒体的快捷，地球村落的形成，使文化发展愈来愈国际化，各种文化观念的相互糅杂，文化发展的各种资源丰富得使人难以辨析、难以取舍。这种情况下，文化传承必须坚持独立的个性，坚持正确的价值导向，紧扣多元化的发展思路，拓宽文化传承可持续价值链的广度与深度。文化传承需要依托内在的文化积累。以强烈的身份认同感加强文化可持续意识，在长期的历史进程中，将传统美德融入文化可持续链条中的每一环，以优秀民族文化延伸可持续链条，秉持开放性原则拓宽文化传承价值的广度。

坚持文化可持续的价值理念，没有一成不变的民族文化，也没有永远不变的传承，任何民族文化一旦同外界相遇，无论是接触、交流还是对抗，都会对民族传统文化产生不同程度的影响，甚至使其发生巨大的变化。“艺术贵在独创，文化需要创新”。不管是用宏观还是微观的眼光来审视，我们都会发现，交叉、融汇、变革、否定、更新，正是艺术与文化不断进化的常态。因此，只有创造本民族文化新的价值理念，才能够在失落与尴尬中寻求到民族文化传承发展的平衡点。要想民族文化能够一直发展延续，一方面应根据发展需求和民族经验，建立和沿袭优秀的民族文化结构；另一方面要正视历史和现实，当处于文化发展失落或外来文化削弱本民族文化的尴尬境况时，应该以理性的文化发展思路处理民族文化的现实和发展问题。坚持可持续发展的价值理念，准确定位本民族的文化可持续价值链。作为创造历史的见证，每一个民族都会以历史遗迹（物）的形式保留自己的文明进程和特殊经历，这种历史“桥头堡”战略的推进，使得民族文化有了实现自身文化价值的宝贵机缘。因此，需在民族文化始终占据主导和决定性地位的前提下，以包容的文化姿态面对外来文化的融入，以积极的态度和多样化的方式、形式对民族文化进行有效保护，以长远的、可持续的发展观对待文化传承。不断丰富和更新可持续发展意识，形成文化软实力，即由于人们对文化认同而产生的吸引力、凝聚力、创造力和影响力（陈俊 等，2010），文化软实力是与一个国家、民族和地区的强盛和自信相伴随的。故而，文化是推动社会发展的先导力量，文化的传承创新直接决定着一个国家或一个民族未来的发展。从狭义上看，根植于中国村镇的传统农耕文化、乡土文化不仅与乡村居民的生产、生活方式紧密相关，也与乡村生态保护、文化产品、特色农业、文旅创意、治理机制等密不可分。

（3）人与环境的和谐性

自工业革命以来，由于人类自身发展需求的不断膨胀，生产力的不断提高，驾驭自然能力的不断增强，人作为主体对大自然无限度的索取和征服，从而忽视自然作为客体对人类的限制作用和反作用以及自然环境的承载能力。随之而来的人口膨胀、资源匮乏、环境污染等一系列问题，逐步演变成威胁人类发展和生存的根本性问题。当人们经过长期的思索之后，终于认识到人与自然、人与环境的关系问题始终是一个关系到整个社会、经济、环境如何协调发展的问题。人类的生存和发展，离不开人与自然关系的和谐，人类的可持续发展必须贯彻这一伦理准则。张纯成（1997）认为，可持续发展的实质和核心是人与自然的协同，实现人地协同是可持续发展得以实现的保障，自然资源的合理利用是经济、社会发展的前提。在如何实现人与生态环境的共生问题时，他认为必须实行对人自身行为和生态环境的双向控制，人类既要控制自身的行为，也要控制生态环境，还要以生态环境的持续为基础，人类必须以生态文明观为指导来对自然界进行改造。可以看出在张纯成的研究中，人处于一个至关重要的地位，是一个双向控制的调控者，只要人类不破坏生态环境，具有与自然协调的意识并采取了相应的行动，就会实现可持续发展。

在齐有主（2002）看来，粗放型的经济发展方式和掠夺式的资源开发是导致生态环境不断恶化的主要原因，而人与自然的不和谐是导致生态危机的根源。所以，他认为实现可持续发展的前提和目标是坚持人与自然和谐相处。同时他也提出实现人与自然和谐，需要处理好五大关系：生态保护与生态建设的关系；污染防治与生态保护的关系；资源开发、生态保护与经济发展之间的关系；环境资源价值与生态保护的关系；宏观调控与市场机制的关系。可以看出在这五大关系中，生态保护作为一个重点方面，需要处理好和其他方面的关系。

方世南（2005b）主张从政治学维度来审视人与自然的和谐关系。要缓解人与自然的紧张状态，党和政府在社会主义和谐社会建设的全过程都必须具有强烈的生态政治意识，要从政治学的高度充分认识生态环境对于中国特色社会主义现代化事业的特殊价值，将政治与生态环境有机辩证地统一起来。王正平（2006）依据环境哲学理论对人与环境的和谐关系进行了系统分析，他把自然、人和社会所构成的整个世界视为一个辩证发展的整体。王正平认为，在人与自然的关系中，处于积极并占主导地位的永远是人，导致人与自然关系紧张的是人，扭转这一紧张趋势的也只能是人，人具有合理调节人与自然关系的全部责任和义务。在人与自然的关系问题上，人类中心主义和自然中心主义都是错误的。要想实现可持续发展，就要正确处理人与自然的关系。既然自然界不能满足人的需要，人就必须发挥主观能动性，通过人的劳动使自然界更加适合人的生存与发展的需要（路日亮，2005）。沙跃先（2007）认为，人与自然的关系是辩证统一的，是矛盾同一性和斗争性的统一体。自然界先于人类而形成，是人类延续生命所必需的外部环境。同时，人类是在自然界长期发展过程中产生的，都是自然的产物，是自然界的一部分。自然界作为客观存在，在人类出现之前，一直是遵循自身规律发展进化的。沙跃先提出了实现人与自然和谐的三种途径：①提升人们的生态伦理意识，树立人与自然和谐的观念；②以科学发展观为统领，以技术进步为先导，努力实现经济的循环发展；③改变传统的消费观念，建立可持续消费方式。刘海涛（2012）主张用实践思维的方式来研究人与环境关系问题，在他看来人与自然的关系有三种：①自然环境对人的制约性，人的生理需要自然，自然是人类生存的外部环境，人类实践活动的展开和实现离不开自然环境提供的材料，自然是实践活动的内在基本要素；②人对自然的能动性，人拥有认识自然和改造自然的能动性，人们通过长期的实践积累，可以通过现象看本质，把握事物内在的规律性，从而能动地根据自身的需要对自然进行改造；③人与自然环境的关系是人与自身的关系，人是自然的存在物，是自然界的一部分，不可避免地会受到自然的约束。必须考虑到人与自然的关系的本质而善待自然，按照真、善、美统一的实践规律去能动地改造自然。可持续发展的实质就是协调人与自然世界的关系，从根本上缓解乃至消除人类面临的人口爆炸、资源短缺、环境污染、生态恶化的全球性问题。

（4）代际间的公平性

代际公平的概念最早是由佩基在社会选择和分配公平的基础上提出的。1984 年维思提出“行星托管”的概念，人类的每代人都是后一代人地球权益的托管人；人类每代人在开发利用地球资源方面的权利具有平等性，代际公平由选择原则、质量原则和接触与使用原则组成（韩英，2007）。随着资源、环境和生态等现代性问题的日益凸现，代际不公成为人们关注的焦点，实现代际公平已成为强烈的社会诉求。代际发展是内生于可持续发展的基本属性，格罗·哈莱姆·布伦特兰（1987）在《我们共同的未来》一书中对“可持续发展”给出了一个简单的描述性定义：“既满足当代人的需求，又不损害后代人满足需求能力的发展”。从代际公平的角度给出了可持续发展的基本理念，即人类在世代更替的过程中对利益的满足要保持公正或合乎正义，当代人的发展不应以损害后代人的发展为代价（苏建军，2006）。自此后，西方经济学家对可持续发展虽然提出了很多不同的定义，但都重申了布伦特兰定义中的可持续性或可持续发展的社会、经济和环境公正三个基本理论维度。其中，环境公正是指人类管理和保护自然环境的道德责任，是处理人与环境之间关系的伦理原则；经济公平，即代内公平，是处理当代人之间经济关系的伦理原则；社会公平，即代际公平，是指当代人与后代人资源配置的公正问题，体现了当代人对后代人的伦理责任。换言之，可持续发展要求在不牺牲当代人消费的前提下，为后代人维持能产生不低于当代人消费水平的资本存量。这其中又可分为弱可持续性的代际公平理论和强可持续性的代际公平理论，前者（Solow et al.，1992）坚持“可持续性并不要求保留任何特定的物种或自然资源，当代人有责任保留的是一种为后代人创造福利的一般能力”。弱可持续性强调通过对自然资本的经济价值及人造资本权衡设定最低安全标准，从而保持一种“预警原则”。强可持续性思想则主张各类资本都是必要的基本生产要素，彼此之间是互补关系，不能完全替代，各类资本的存量必须分别维持在相应的合理底线之上，才能实现可持续发展。强可持续性“应该通过保留人力资本、技术能力、自然资源和环境质量来实现”（Brekke K. A，1997），这迎合了罗尔斯提出的“正义的储存原则”，随着现代化进程的推进，无论是再生资源和非再生资源，都将会因人类社会的资源消耗而逐渐损耗，为保持后代的发展需要，我们应该对本代资源进行合理的存储、有效的利用，确立既满足当代人的需要，又不对后代人满足其需要的能力构成危害的发展道路。

## 1.3 可持续理念嵌入村镇发展的内涵与路径

在历时态增长结构空间变革的时滞性和传统制度惯性的制约下，现时态生态类村镇可持续发展和生态治理具有阶段性、政策性、模糊性和辅助性四大特征。阶段性是指国内村镇可持续发展较长时间仍处于增长型经济主导下的辅助态势，具有较强的实验性和形式主义特征；政策性是指村镇生态发展基本仍由政府自上而下推动为主，在地方经济增效目标控制下的国内生态村镇容易陷入伪生态模式的困境；模糊性是指生态村镇和可持续发展的边界、内容和机制不清，模式难以定型，存在中断或回返的风险；辅助性是指可持续性与生态模式仍处于经济增长的从属地位。换句话说，由于受到结构和制度的限制，我国当前的村镇可持续发展模式，在很大程度上是作为某种政策实验样本和地方特殊风情展示的角色呈现出来的，还没有发展到构成整体生态空间结构的基本性内容和制度普遍性要求的成熟程度。

### 1.3.1 村镇发展演化基本轨迹：阶段与功能转换

“小城镇”是指在原有农村地区由于政治经济活动等原因逐渐发展起来的集镇，在我国行政体制划分上，它指县、区以下的建制镇（乡），但不包括县、区政府所在的“城关镇”。学界所论的小城镇一般泛指10万人以下的县级市。村镇是指具有一定人口规模和用地规模，主要由农业人口构成的位于乡村腹地且具有特定经济、社会和自然景观特点的地域综合体，它主要包括基层村、中心村、一般集镇、中心镇及其所辖的周围空间等（夏显力，2005）。村镇也可以理解为村落与集镇及周围空间的地域综合体，是社会生产力发展到一定阶段的产物。中国大多数村镇目前正处于近代型向现代型过渡的阶段。

从世界范围时空演化的脉络来看，村镇这个特定的社会经济区域基本经历了原始村镇、古代村镇、近代村镇和现代村镇四个历史阶段（左大康，1990），这一变迁也是城乡空间变迁融合的过程。根据罗吉斯的观点，世界各国的乡村到城市的变迁大致呈现出一条从农村邻里、农业村庄、小城镇、城乡交错区、城郊社区到小城市，最后演变为大城市的演化谱系。伴随着工业化和城市化的推进，大量人口开始由农村进入城市郊区，通过发展乡镇工业在城市外围地带迅速形成密集的城郊村镇集聚格局。依据这一演变态势，尤其在工业化、城市化较发达的区域，村镇与城市之间的界限并不明显，呈现相互融合的态势，成为兼备城乡要素特征的综合统一体。张小林（1999）认为，界定乡村的困难在于乡村整体发展的动态性演变、乡村各组成要素的非协同性、乡村与城市之间的相对性，以及由于这三大特性形成的城乡连续体。在空间过程上，小城镇是大城市发展的主要趋势；在空间行为上，经济因素对乡村经济活动的空间选择影响很大；在空间关系上，区域城乡关系发生了改变；在空间结构上，部分发达地区的乡镇企业开始走向联合和适度规模；在空间差异上，乡村非农产业的差距趋于扩大（王文婧，2007）。因此，村镇空间结构的演化脉络、地理边界的环境特征、经济发展的资源要素和社会治理的组织机制等诸多层面，同时蕴含城市和乡村的双重特征。

关于小城镇和村镇可持续发展的问题，在 20 世纪 30 年代，西方国家部分社会学家、城市规划学者和经济学家开展了初步研究。到 20 世纪 90 年代，随着西方城市化进程的加快，“城市病”“逆城市化”现象以及农村城市化问题引起了社会的高度关注。1991 年 4 月，联合国粮农组织（FAO）通过了著名的《登博斯宣言》，将可持续农业与农村发展确立为全球农村可持续发展的新战略。在此背景下，由农村城市化延伸而来的小城镇的发展问题成为西方高速城市化阶段理论界和实务界共同关注的领域。企业、资源和人口大量从城市向小城镇或者城郊转移集聚，同时“大城市病”也逐步向小城镇蔓延，导致环境污染和资源消耗过重，可持续发展问题逐渐成为小城镇的主要问题。农业和农村可持续发展是世界性的重大议题。对于量大面广的小城镇和村镇的关注，国内学者也进行了大量研究。如早在 20 世纪 80 年代，费孝通教授在《小城镇，大问题》和《小城镇，新开拓》等专著中对小城镇做了广泛的讨论；90 年代初，吴良镛教授对发达地区城市化进程中建筑环境的保护与发展进行了研究，从宏观视角深入研究了我国东部沿海经济发达地区的城乡发展状况；陈秉钊教授以江苏无锡小城镇为案例，对江南村镇的体系结构、布局形态及发展模式做了相应研究；沈关宝教授对中国小城镇社会经济发展的环境影响及其持续发展战略进行了研究。这些研究为国内小城镇发展提供了坚实的理论基础和实践思路。当前，中国进入新常态发展阶段，长期以来的“增长主义”发展模式难以为继，资源瓶颈、生态瓶颈和劳动力瓶颈等标志性门槛的约束开始促使城镇转型。

村镇在我国经济发展中扮演着不容忽视的角色，其功能表现为加强城乡联系的“中转站”、承接大城市辐射功能的“接收器”、向乡村传输资源和政策的“传输点”等。作为乡村区域的政治、经济和文化中心，村镇发挥着产业资源协调、人口集聚和城乡空间融合的基础功能（王志宪，2012）。村镇的可持续发展有利于充分发挥城乡资源交换、空间融合及功能联结的中枢作用，承载城市产业转移所带来的人口就业、环境污染及能源消耗的压力，提供新兴产业业态、产业集群和产业组织发展的空间和平台，同时也有助于村镇本身经济地位的巩固，增强自身的生存能力和竞争力。中心镇、重点镇、中心村作为城乡系统物质流、能量流和信息流的节点，是联系城乡地域的重要纽带，并通过扩散效应，带动周边乡村地区经济社会发展。因此，加快推进村镇建设，重点发挥中心村、中心镇、重点镇在城乡地域系统能量传输链条上的节点作用，对于实现城乡统筹、促进城乡要素有序流动和乡村转型发展具有重要意义。经济与社会的转型、区域发展要素重组与产业重构，深刻改变着东南沿海广大的农村地区。

村镇发展是我国城镇化、工业化和乡村现代化进程中的重要内容，在新型城镇化与乡村振兴战略中具有不可替代的意义，在城乡统筹发展中发挥着基层行政单元和治理单元的“细胞”功能。从20世纪80年代中后期开始，伴随乡村工业化、城镇化的崛起，以“苏南模式”为典型代表的一大批现代工业重镇涌现，有力推进了中国早期城市化发展的进程。随后，在国家城市优先战略推动下，大城市开始进入规模迅速扩张和飞速发展阶段。此后，在城乡统筹发展战略下，新农村建设快速推进、成效显著。然而，属于中间层的村镇由于功能不明或地位模糊而处于被忽略的地位，导致产业资源匮乏、人力资源缺乏、居住吸引力下降、自身功能弱化，已经无法满足城乡发展新阶段的要求。一方面，城市化水平的高低是衡量一个国家现代化程度的重要标准，也决定了社会文明发展的层次，现代国家的城市发展具有战略优先性；另一方面，中小城市和小城镇同样处于重要的战略位置，在资源有限的情况下，优先发展哪一端，始终是国民经济发展面临的一个重大命题。

我国村镇发展大致经历了四个阶段：第一阶段是新中国成立之后到改革开放之前，这一时期村镇发展整体较为缓慢。1955年，国务院先后出台了《关于设置市、镇的决定》和《关于城乡划分标准的规定》，明确了城镇划分标准，并将城镇划分为城市和集镇，其余为乡村。第二阶段是1980－2002年间的迅速发展时期。农村改革取得显著进展，乡镇企业逐步发展，构建了早期城镇化的基本架构。1984年，国务院批转的《民政部关于调整建镇标准的公告》明确了放宽建镇标准，强调“小城镇应成为农村发展工业和副业，学习科学文化和开展文化娱乐活动的基础，逐步发展成为农村区域性的经济文化中心”。1998年，党的十五届三中全会通过的《中共中央关于农业和农村若干重大问题的决议》指出，小城镇是带动农村经济和社会发展的一个大战略，时称“小城镇，大战略”。这一时期，伴随着乡镇工业的崛起，各地涌现出以乡镇工业企业为代表的特色乡镇发展模式，如“苏南模式”“温州模式”“珠三角模式”等示范性发展路径，引领了全国乡镇企业发展浪潮。然而规模化、同质化、跨越式的发展也造成了土地污染、资源消耗严重和基础设施建设落后等隐患，成为后期先发型城镇可持续发展的重大障碍。第三阶段是 2003 – 2012 年调整改革时期。随着城市主导的政策中心战略的偏移，村镇在享受短暂制度红利后陷入衰退，城市与乡村发展分离，城乡二元机制固化，城乡差距不断拉大，公共资源配置失衡。2006 年，中共中央下发了《关于推进社会主义新农村建设的若干意见》，提出新农村建设的若干重大事宜。2008 年，党的十七届三中全会通过的《中共中央关于推进农村改革发展若干重大问题的决定》，明确了我国的城镇化是“促进大中小城市和小城镇协同发展，形成城镇化和新农村建设互促机制”。这一时期，尽管政策开始向村镇倾斜，但城市过快发展、环境污染、生态破坏等“城市病”开始呈现；村镇资源匮乏、增长乏力，与城市差距拉大。虽然村庄整治过程中资源投入力度开始加大，但由于与镇区的协调性不够，带动功能不明显。此外，工业园区、房地产对土地需求增加，“城中村”“空心村”“小产权房”问题凸显，土地和资金问题突出，城乡统筹在摸索中调整和完善。第四阶段从 2013 年至今，为调整转型时期。这一时期是我国开始探索新型城镇化道路的重要时期，形成了较为成熟和规范的城镇协调发展机制。党的十八届三中全会强调以人为本的城镇化，再次要求推动大中小城市和小城镇协调发展，推动产业和城镇融合发展。2014 年《国家新型城镇化规划》颁布，强调“有重点的发展小城镇”，要求推动小城镇发展与疏解大城市中心城区功能相结合，与特色产业相结合，与服务“三农”相结合的“三结合”路径。2017 年 10 月，党的十九大提出乡村振兴战略，把走中国特色社会主义乡村振兴道路、重塑城乡关系作为全党工作的重中之重。

基于小城镇与城市、乡村之间区域定位和功能角色的差异性，应充分认识小城镇在新型城镇化中的地位，应以产业为先导、整体融入区域发展格局，发挥自身独特功能和优势。不仅应该充分发挥农村地区的经济枢纽作用，提供商品交换与公共服务设施，更重要的是要以资源禀赋为基础，实现地区间的横向功能差异化和多样化。应根据各自的资源禀赋、产业特色以及区域经济社会特征的不同状况，探讨适应非确定性条件下的小城镇发展模式，探讨针对差异化的发展机制和路径，促进形成差异化的产业发展方式，形成人口配置、资源利用与发展模式相适应的基本格局。要聚焦城乡统筹，重视人地关系协调的“多规合一”，推进实现产业、资源、土地、人口的合理配置，通过村镇人地关系的重构机制和实施策略，实现生产空间集约高效、生活空间舒适宜居、生态空间山清水秀的目标。中国特有的国情和城镇化背景，决定了未来乡村地区将会一直保有相当数量的人口，所以中国乡村正经受着养活数量庞大人口、保障城乡发展和生态可持续的严峻考验。如何认识小城镇在城镇化体系中的地位和作用，不仅影响我国城镇化的发展进程和质量，也影响国民经济的整体提升和现代国家治理体系的完善程度。新型城镇化视域下，应面向我国社会经济统筹发展的核心目标，重新审视村镇的地位和角色功能，重新梳理小城镇与乡村空间、环境、社会和资源之间的联动与互构关系，摆脱传统的模仿城市发展的趋同路径，走出属于自己的特色发展之路。

东南沿海地区是我国人口密集、产业集聚的核心区，改革开放以来该地区工业化、城市化快速发展，对促进区域经济增长发挥了重要作用，同时也深刻改变了广大农村地区。从宏观层面看，在全球气候变暖的大背景下，东南沿海地区不仅需要面对海洋变化异常带来的自然灾害危机，而且还面临着全球外向型经济输出风险、区域经济协调发展和城乡产业资源平衡的压力。在村镇这样一个开放系统场域内，乡村发展内核系统各相关子系统之间的协调发展，及其与乡村外缘系统之间不断进行物质流、能量流和信息流的交换，系统耗散结构功能不断增强，形成了村镇区域发展的驱动力。村镇可持续发展既要处理好区域发展政策、工业化和城市化发展外缘系统的变革压力，也需要有效解决由地域自然资源、生态环境、经济发展和社会发展等内核系统演变引起的问题，因此沿海地区的村镇可持续发展面临着全方位的严峻挑战（张富刚 等，2008）。村镇可持续发展的命题，不仅是外核系统框架、建筑与景观设计规划的自然系统可持续发展问题，更多地是内核层面的经济、社会和文化以及制度等深层系统的革新和发展问题，是从产业发展、经济转型、社会进步、文化繁荣和制度创新等方面打造新型生态空间，构建一种“全域化”大生态系统框架的路径探索问题。

### 1.3.2 新型城镇化与可持续逻辑：城乡均衡发展

我国长期推行的“大城市中心”发展战略带来诸多弊病，制约了城乡经济的均衡发展，导致日益严重的公共资源失衡和收入分配差距问题。为适应新常态下经济转型和新型城镇化发展的要求，党的十八大和十八届三中全会均提出，“把生态文明理念和原则全面融入城镇化全过程，走集约、智能、绿色、低碳的新型城镇化道路”。我国《国民经济和社会发展第十二个五年规划纲要》明确提出，“优化城市化布局和形态，加强城镇化管理，不断提升城镇化的质量和水平”。新型城镇化担负着我国深化产业升级、转变发展方式、实现城乡区域均衡发展的时代重任，形成城市与乡村合理布局、协调发展的科学体系，重构城乡与自然和谐相融的共生局面。同时生态化的经济发展进一步推动了制度的绿色化、治理的生态化和新型城镇化，对于提升我国的政治文明和治理水平，实现国家治理现代化具有重要的战略意义。

新型城镇化是以城乡统筹、产业融合、资源节约、环境友好、生活富裕、生态宜居为基本特征，是大中小城市、小城镇与新农村协调发展、工业化和城镇化良性互动、城镇化和农业现代化相互协调的过程（单卓然等，2013）。随着城镇化的快速发展，城市工业化和农村现代化的深入推进，农村与城市的边界正日益模糊，农村地区实际上已经成为工业社会的组成部分。尤其是城市化程度较高的东南沿海地区，城市与乡村的空间逐渐重叠，城市的基础设施，生产和生活场所越来越快地向郊区村镇转移和渗透，传统概念上的城市和乡村特征已经发生根本变化。根据发达国家的城市化经验和城乡空间一体化程度，可分为对立、平等发展和空间融合发展三个基本阶段。陈小卉等（2005）指出，东部城镇化较高的地区城乡空间的一元化模式，是城市化水平达到70%以上、生产力较为发达的区域城市化发展目标的选择。东部地区城镇化发展程度较高，城市产业向周围村镇转移的速度加快，乡村融入城市、郊区城市化表现更加明显，城乡融合水平加深，出现了诸如特色小镇、特色乡村、田园综合体等新型村镇发展模式，进一步推动了东部地区城乡空间的融合。

从价值论角度来说，城市化无论是从乡村向城市转变层面，还是从社会关系与社会结构的重构层面，都集中外显为实践对空间的激烈变革与重组（曹现强 等，2014）。因此，城乡空间均衡也是城乡公平发展的本质逻辑和实质要求，需要以正确的价值理念来引导城乡空间的实践性变革。空间正义应该寻求城乡空间布局配置的均衡，同时也需要将空间的功能布局纳入长远考虑，保证空间发展的代际公平性和可持续性。在城乡空间平衡方面应该从城乡融合理念、城市化发展道路的选择和发展模式的转变等维度不断探索，推进政策完善和制度创新。

### 1.3.3 生态系统的重构：绿色村镇“复合共生”发展

19世纪中叶，美国的纽约、得克萨斯、加利福尼亚、新泽西与迈阿密等地方兴起了一场公园运动（The City Park Movement）。该运动倡导人与自然和谐共生，并产生了以民间自发组织的与城市规划相关的活动与方案，这些规划活动与方案制定的宗旨是打造和谐、美满的社区，最终实现让商业化都市里的堵塞与臃肿不再出现在居民的生活中。我国自20世纪80年代开始在不同层面探索村镇生态化建设。村镇生态化是指在实现自然生态系统良性循环的前提下，以生态经济体系为核心，以可持续发展为目的，使村镇经济、社会、生态效益实现最佳结果。具体实践中是指坚持以人为本，以生态产业化为动力，坚持因地制宜、优势互补、统筹兼顾、相辅相成的原则，以生态文明建设为主体，推进村镇的生态化、集群化、现代化发展，全面提升村镇发展的质量和水平。村镇生态化的“生态”是将生态文明建设融入村镇的建设发展过程中，坚持走节约、可持续、绿色、生态道路，由过去片面注重追求经济规模的扩张，转变为以提升村镇的生态文明、公共服务等内涵为中心，真正使村镇成为具有较高品质的宜居宜业之所。

随着生态文明时代的到来，人类社会正迈入一个“多元共生的时代”。在一个合作与稳定的共生系统中，相互吸引、合作、补充与促进的共生关系将是普遍的现象（刘荣增，2006）。从国家的整体战略来看，新型村镇是在城乡统筹基础上迈向整体共生系统的发展探索，通过加强城乡双重系统之间的物质、信息和能量交换，达到城乡一体的互惠合作、互联共生，实现城乡关联、互动和协同发展。对城乡一体化共生而言，城市与乡村本是一个难以清晰界定的地域单元，经济、社会、文化、生态、环境等方面的内在兼容性不言而喻，尤其随着城市化和工业化的日益加快，各种资源、要素、市场的联系使得城乡之间日益成为不可分离的共同体（罗湖平，2011）。从要素嵌入的维度来看，城乡共生体现了两种场域在环境嵌入、组织整合及关系互动层面达到较高质量的适应和互动水平。城乡共生视角下的村镇发展应置于城乡整体系统视域中，从共生界面的整合性、流动性、共生关联的紧密度以及共生协调的对称性等层面进行努力。换言之，村镇城乡共生发展路径，可以从生态要素与环境的共融程度，村镇生态治理组织的整合程度以及社区行动主体互动程度等方面，建构全域化生态社区的目标场域。在此基础上，重点抽取共生界面、经济与社会关联性及城乡协调水平等评价内容，综合培育城乡共生系统统筹发展的基础标准。

### 1.3.4　资源利用与环境保护：可持续发展的制度框架

村镇可持续发展不仅包含代际间发展的公平性主题，也意味着村镇区域间的合作协调融合发展关系，其基础是城乡空间布局、自然资源配置、村镇环境保护的制度框架。按照诺斯的定义，制度是为约束在谋求财富或本人效用最大化过程中的个人行为而制定的一组规章、程序和伦理道德行为规范或准则。它可分为正式制度（强制性）与非正式制度（非强制性）。正式制度通过包括法律、规则、标准与政策等，非正式制度主要指基于社会共同认知形成的道德观念、价值伦理等。制度运行的效率，不仅取决于制度安排本身的科学合理与否，也受制于不同制度之间的联动关系，制度失灵是导致发展不可持续的重要原因，这种失灵既可以表现为政府失灵、也可表现为市场失灵。

从强制性制度安排看，自然资源产权制度、资源有偿使用制度、水资源管控制度、空间规划制度、资源开发生态环境补偿制度、排污总量管制制度、排污权交易制度、环境税收制度、环境保护制度、城乡要素融合机制等制度框架，直接制约村镇资源开发、可持续利用效率以及生态环境状况。要从根本上避免“公地悲剧”和“搭便车”现象，必须明晰自然资源的产权制度，而以集体所有为主体的村镇自然资源产权制度必然面临改革创新的要求。随着耕地、宅基地、林地等“三权分置”改革与确权的快速推进，确立了适合我国国情的村镇自然资源产权制度框架。村社企业、乡镇企业与集体经济股份制改造，也带来村镇居民共享经济发展的新模式。但是，对于农林自然资源来说，仅仅明晰自然资源的产权制度是不够的，必须配套合理的农业空间区划、村镇空间规划等资源与功能区管制制度，才能避免自然资源的过度开发与生态环境的恶化。由于村镇空间规划、排污控制、小流域管理、环境税收等管理的滞后，农业面源污染、水土流失和村镇生活环境的恶化成为生态治理的难题。建立以财政转移支付为主的纵向补偿制度，是我国目前资源开发生态补偿制度的主要方式，区际横向补偿、区域内自我补偿制度的建设较为滞后。与之相应，村镇区域协调与可持续发展须纳入法律制度框架。在制度设计上，必须把“城市—村镇”作为整体进行规划和管理。

农村土地制度是村镇协调与可持续发展的关键要素。应该说，现行土地征收与供给制度在保障我国工业化、城镇化对建设用地的需求方面发挥了重要作用，但在利益分配上趋向于城镇，形成制度性的不公平。张占仓（2018）认为，农村集体土地所有权与城市国有土地所有权地位不平等，集体建设用地产权不清晰、权能不完整、实现方式单一，土地制度问题成为村镇区域和城乡协调发展的制度性障碍。现行农村土地制度下，大量农村土地资源闲置，基层组织无法把土地资源转变为经济发展资本。农村宅基地所有权、资格权和使用权的“三权分置”将一定程度上释放改革红利。然而，城乡土地制度的差异性既有历史原因，也有现实需要，难以在短期内消除。

从非强制性制度安排看，可持续发展价值观、村民公约与环保意识、环境权利与道德约束、村镇社区科普教育、传统农耕文化、乡村绿色低碳生活方式与消费方式等，都构成了村镇可持续发展的非正式制度框架。村镇居民自觉参与环境保护、生态治理与绿色发展、低碳生活的行动，将大大降低生态环境治理的制度性交易成本与管理成本，对提升村民的教育程度与人文素养至关重要。

### 1.3.5 可持续农业：绿色生态与高质量发展

农业是中国大部分乡村的主导产业，由于农业的生态功能与生物圈特征，可持续发展理论与农业的结合顺理成章。从原始农业到传统农业，从传统农业到石油农业、工厂化农业，再到绿色生态可持续农业，贯穿了传统农耕文明、近代工业文明和现代生态文明的发展要求。虽然传统农业注重自然资源保护、生态平衡与循环农业的发展，但是受制于落后的农业技术水平，往往只能“听天由命、靠天吃饭”。受益于近代工业文明成果，农业机械、农化物资等科技成果的应用，大大提高了农业劳动生产率和农产品产出能力。但是，过度追求高投入、高产出的近代工业化农业模式也同时带来高消耗、高污染的生态环境问题，突出表现为农业水资源、土地资源的承载力与耕地质量持续下降、农业面源污染严重等。可持续农业（Sustainable Agriculture）是在总结有机农业、生物农业、石油农业、生态农业等农业模式，在农业生产中贯彻可持续思想的基础上产生的。1988

年，联合国粮农组织（FAO）通过了可持续农业发展的正式决议，将可持续农业定义为“管理和保护自然资源基础，并调整技术和机构改革方向，以确保获得足够的农产品来持续满足当代和后代人的需要”。1991 年，FAO 则在荷兰发布引起巨大反响的“可持续农业和农村发展”的《登博斯宣言》。在该宣言中，可持续农业被认为是采取某种使用和维护自然资源的基础方式，以及实行技术变革和机制性变革，以确保当代人及其后代对农产品需求得到满足，这种持久的发展（包括农业、林业和渔业）要维护土地、水、动植物遗传资源，是一种环境不退化、技术应用适当、经济上能生存下去以及社会能够接受的农业。

实现农业的可持续发展不仅应在经济上满足消费者对农产品结构升级的需要，也要能兼顾社会与环境利益。1994 年我国发布的《中国 21 世纪议程》将农业可持续发展界定为“保持农业生产率稳定增长，提高食物生产和保障食物安全，发展农村经济，增加农业收入，改变农村贫困落后状况，保持和改善农业生态环境，合理、永续利用农业自然资源，特别是生物资源和可再生资源，以满足逐年增长的国民经济发展和人民生活的需要”。对于中国这样的人口大国来说，保障国家粮食安全和农产品有效供给、增加农民收入依然是农业可持续发展的首要目标。可持续农业强调农业发展必须合理利用自然资源、保护和改善生态环境，并要求持续提高农业生产水平和农民收入水平，降低农村贫困人口数量，以使农业和农村经济得到持续、稳定、全面的发展。在经济发展较为落后的西部地区、偏远地区，农业可持续发展更强调解决温饱、脱贫与实现小康；在经济较发达的东南沿海地区、大中城市郊区，农业可持续发展则更多追求生态环境保护、高品质农产品与高质量高效益农业。有学者（徐全忠，2013）从资本发展量的变化，将农业可持续发展划分为强可持续发展、中可持续发展与弱可持续发展三类。即农业自然资本保持增长或相对稳定的增长，则为强可持续发展；农业自然资本、人力资本、物质资本和社会资本总量保持相对稳定，但自然资本下降，则为弱可持续发展；如四种资本的总量下降但低于设定的合理下限，则为中可持续发展。无论是何种模式，农业可持续发展都要求遵从持续高效适宜原则，需兼顾公平与效率。

农业的可持续发展，必然关乎国家食物安全、资源安全和生态安全。其要点在于通过选择适宜的生产方式，促进资源、环境、人口与社会经济的协调与可持续发展，实现生态、经济与社会效益的协同。以生态循环农业、绿色有机农业为导向的农业可持续发展模式，往往要求政策引导、技术供给等为保障，确定不同区域农业可持续发展的重点和方向，推进农药、化肥等投入品的减量使用和水资源的高效集约利用[①]。从制度上看，农业资源产权制度、碳排放及交易制度的合理安排对于提高土地、水资源等使用效率具有关键意义。从路径上看，通过科学设定人口与环境的最大承载力，严格执行生态保护红线、耕地保护红线，有助于改进资源利用的可持续性。从技术上看，技术创新是提高耕地等农业资源利用效率的根本措施。然而，现代生物技术的应用也带来社会公众对不确定性的质疑，尽管农业转基因生物技术在北美和南美等地区快速推广，但是依然没有彻底消除人们对转基因技术环境安全性和转基因农产品食用安全性的疑虑。从模式上看，可持续农业并不依赖于单一的大规模经营发展模式，而应该充分考虑生物多样性与传统农业的合理性。

与城市相比较，农业与村镇的生态环境和可持续发展危机更为突出。农业的可持续发展能力主要表现在农业经济系统与环境生态系统相适应的能力。与 Daly（1993）所持通过人口零增长控制不可再生资源消耗速度和降低人均消费数量的观点相反，中国农业、农村发展面临的可持续性制约因素恰恰在于农业劳动力的短缺、乡村人口的“空心化”“老龄化”与人口结构的严重失衡。正如 Brown（1987）所持观点，农业可持续发展应保证人口在地球上的持续稳定存在和经济的有限度增长，长期稳定维持一定的生物现存量和农业生态系统的生产力，保护环境和生态系统的一定质量等。事实上，农业可持续发展的核心依然是“发展”，可持续性必须在“质”与“量”之间保持良好的平衡。对于欠发达地区来说，可持续发展不仅仅要保护农林生态资源，首先要解决的是贫困与温饱问题，即要实现人的发展问题。不同于传统发展观，可持续发展观要求建立自然资源价值观，摒弃高消耗、高增长、高污染的发展方式，回归人与自然和谐发展、资源可持续利用、生物多样性、环境友好性与人的全面发展。有学者从产出的可持续角度出发，将农业可持续性定义为“给定土地上作物产量随着时间而产生的一种非负的增长趋势”，或归结为环境重要性、持续产量、

① 农业部等 8 部委 2015 年印发《全国农业可持续发展规划（2015－2030 年）》，将全国划分为优化发展区、适度发展区和保护发展区，并按照因地制宜、梯次推进、分类施策的原则，确定不同区域的农业可持续发展方向和重点。

承载能力、生产单位可获利性、确保农产品的供给与时空分配、福利性等（陈珏，2008）。此外，生产的乐观主义、环境悲观主义、拯救工业化世界学派等思潮的兴起，农业可持续发展战略被发达国家视为未来农业发展的方向。

中国的农业可持续发展理论与实践，可追溯到 20 世纪 70 年代对生态农业的讨论。1992 年原国家计委（现国家发改委）等部门联合编制《中国 21 世纪人类与环境发展白皮书》提出可持续农业概念。1994 年编制和发布《中国 21 世纪议程》，标志着农业可持续发展的实践进入新的发展阶段。《中国 21 世纪议程》强调，农业和农村的可持续发展是中国可持续发展的保证和优先领域；中国农业和农村要摆脱困境，必须走可持续发展的道路。1996 年，中国环境与发展国际合作委员会①提出建议：制定一项长期的农业发展战略，保证农业研究与开发的投资，调整农业研究方向，重点放在经济与环境效益俱佳的技术研究上。1998 年，农业部制定《中国 21 世纪议程农业行动计划》，提出农业领域贯彻可持续发展战略的纲领。在此前后，国内大量的研究关注农业可持续发展。刘巽浩（1993）认为，可持续农业强调生产、经济和生态持续性三者的统一；牛文元（1994）则从系统论角度解析可持续发展理论；李周、于法稳（2006）对西部地区农业可持续性进行了评价，等等。实际上，不仅仅是经济学家、生态学家，许多自然科学家、社会学家和政治家、企业家都在研究和关注农业的可持续发展问题。特别是近年来，农业发展开始从以产量产出为政策导向转入倡导绿色发展、高质量发展为中心的发展方式。

### 1.3.6　农村工业化与可持续发展：乡镇企业的兴衰

改革开放后，农村工业化与乡镇企业的兴起是中国乡村特别是东南沿海乡村快速发展的重要原因②。早在欧洲工业革命时代，马克思与恩格斯就对工业化与工农关系作过经典阐述。马克思在《剩余价值理论》中指

---

① 中国环境与发展国际合作委员会（国合会）于 1992 年由中国政府批准成立，是一个由中外环发领域高层人士与专家组成的、非营利的国际性高级咨询机构，主要任务是交流、传播国际环发领域内的成功经验，对中国环发领域内的重大问题进行研究，向中国政府领导层与各级决策者提供前瞻性、战略性、预警性的政策建议，支持促进中国实施可持续发展战略，建设资源节约型、环境友好型社会。

② 乡镇企业的前身是 1958 年开始发展的“队社企业”，毛泽东曾誉之为“光明灿烂的希望所在”。此后，社队企业因政府政策的变化经历了几起几落的过程。

出，“剩余劳动首先必须在农业中出现，然后才有可能在从农业取得原料的那些工业部门中出现”。历史证明，大部分发展中国家的工业化都是从轻纺工业开始的。在工业化过程中，农业发展必须和工业发展相结合。恩格斯在《反杜林论》中指出，“城市和乡村对立的消灭不仅是可能的，它已经成为工业生产本身的直接需要”“只有通过城市和乡村的融合，现在的空气、水和土地的污毒才能排除”。恩格斯同时指出，“大工业在全国尽可能平衡的分布，是消灭城市和乡村分离的条件，所以从这方面来谈，消灭城市和乡村的分离，这也不是什么空想”。新中国成立之后，毛泽东对农村工业化问题十分关注。其思想主要有：①加速中国工业化，必须使城市工业化与农村工业化同时发展；②农村工业化最终是为了实现两个过渡，即集体所有制过渡到全民所有制、不完全全民所有制过渡到完全全民所有制；③实现农村工业化是为了使社会商品极大丰富；④要让农民就地转化为工人，消灭工农差别和城乡差别。改革开放后，邓小平指出，“大量农业劳动力转到新兴的城镇和新兴的中小企业，这恐怕是必由之路”，“乡镇企业反过来对农业又有很大帮助，促进了农业的发展”。可以说，乡镇企业在中国农村特别是东南沿海地区的异军突起，为农村剩余劳动力从土地上转移出来，为农村实现现代化和促进工业与经济改革发展开辟了一条新的道路，构成“中国奇迹”的内核。一方面，农村工业化的起步往往离不开农业资源，如轻纺工业与农产品加工业；另一方面，农村工业的发展也为现代农业提供产前、产中与产后服务。农村工业化与农业现代化、小城镇的协调发展成为乡村现代化的必然要求。

新古典经济学对农村工业化的经典理论分析可以说来自于刘易斯（Lewis W. A.）的《劳动力无限供给条件下的经济增长》，刘易斯从“二元经济”现象分析了劳动力从传统的农业部门流向现代工业部门的倾向，之后在拉尼斯（Rannis G.）和费景汉（Fei J.）修正下形成了系统的“二元经济理论”。刘易斯“二元经济”模型的一个重要假设是，传统的农业部门中存在着大量的边际生产率接近零或等于零的剩余劳动力，这一假设与改革开放初期中国的乡村近乎吻合。拉尼斯与费景汉在 1964 年发表的著作《劳动剩余经济的发展：理论和政策》中就认为，劳动力由农业部门向工业部门转移，应该以农业生产率的提高为前提，农业剩余对工业扩张具有决定意义，当农业劳动力的流出量突破剩余劳动力的界限时，农业总产出就会减少，农业劳动力供给就会上升；决定工业部门劳动力需求的因素不仅包括资本积累率，还包括技术创新，特别是技术创新对劳动密集偏好程度。1975 年，钱纳里通过对 101 个国家的历史数据资料，描绘出经济增长过程中产业结构变化的“标准模型”。李成贵（2002）认为，由于钱纳里对发展模式的横截面跨国估计和时间序列估计中观察到的不是单纯的同一性，因而不应成为“一般化的准则束缚”和所有国家的共同尺度。比如，中国人口众多、国家工业化以重工业起步、政治结构与户籍制等社会控制方式等特征与大多数国家不同，使得中国的就业结构转换严重滞后于产值结构的转换、城市化水平也相应低于工业化水平。此外，中国农村工业化也加快了整个国家工业化进程，但并没有带来相应的城市化效应。在乡镇企业高度发达的东南沿海地区，“离土不离乡、进厂不进城”的现象也颇为普遍。

从产权制度看，有学者（Chun C. et al.，1994）认为，乡镇企业名义上所有权归属社区集体，实际控制权在乡村社区政府，而收益权由社区政府与社区民众共享，该产权结构是中央政府基于民众福利与地方政府在组织生产上的优势权衡的结果。显然，这一分析框架也可借用于农村土地的产权制度与经营机制。李稻葵（1995）从模糊产权论角度认为，在市场经济和法律体系不完善的情况下，以集体所有制为产权形式的制度安排，对于许多交易行为具有潜在的非法性和巨大的交易成本风险下，模糊产权是相对有效率的。田国强（1995）则提出，当经济高度自由、市场机制接近完善的情况下，民有产权安排将比国有产权和集体所有产权占优，这种所有制的内生性将导致产权不明的集体所有制会逐步向民有产权（个体企业、私有企业、股份企业或其他产权明晰的企业）转变。乡镇集体企业发展的历史证实，尽管在不少地方依然保留了单一的乡村集体独资为主的产权制度，但是大部分地区已逐步转化为乡村集体参股控股为主，股份合作、社会法人、村民持股、企业职工及外商参股等多种形式。

应该说，乡镇企业除了对村镇经济的巨大贡献之外，还对城市环境保护作出了特殊的贡献。乡镇企业除了巨大的经济贡献外，还减轻了剩余劳动力涌入大城市的巨大压力，也有利于城市工业向农村转移，为城市减轻了巨大的环境污染负担。这种“合理地”转移，其实就是把城市工业污染转移到了农村。然而，从 20 世纪 90 年代中后期开始，中国乡镇企业陷入困境之中，乡镇企业也被认为是环境污染的首要因素。1996 年，国务院发布《关于环境保护若干问题的决定》，国家环保总局亦相应对严重污染的“十五小”予以取缔、关闭，或责令停产、转产的“关、停、禁、转、改”的规定。据统计，1985－2004年间受“绿色风暴”的影响，至少29万家企业关停并转，其中大部分为乡镇企业（颜敏，2010）。研究者（李周 等，2000）认为，乡镇企业环境污染的原因主要在于：农村环境污染防治的有效机制没有建立，农村环境保护机构与队伍不健全，环保综合决策不到位、战线长、经费少，污染型产业占比高的乡镇企业先天不足等。但是，世界银行的研究报告（2002）对中国3个省1000多家企业的调查结果表明，乡镇企业对污染的控制表现高于民营企业和国有企业，仅低于外企，集体所有制企业恰恰是把环境外部性影响内部化了。

### 1.3.7 环保运动与绿色政治：现代性危机及争议

绿色发展与环保运动都是源于人类对现代性危机的反思，这种现代性危机突出表现在现代社会工具理性与价值理性、理性现代性和审美现代性的分裂和尖锐对立，在物质财富不断增长条件下人与自然、人与人关系的异化等问题，并从生态危机演化至文化危机、社会危机。20世纪60年代开始，发达国家绿色运动兴起，绿色产业、绿色发展等理念逐渐成为当今世界经济发展的主旋律。绿色发展与可持续发展一样，其理论和实践都源于人类对日益严重的生态问题的忧虑，是人类关于生存、发展与生态之间研究成果的系统化、理论化的集合。无论是马尔萨斯的“资源绝对稀缺论”，还是哈丁的“公地的悲剧”论、罗马俱乐部学派①，都带有人类悲观主义色彩。水资源的缺乏和污染、森林的毁坏、土地的退化和沙化、空气污染和温室效应、生物多样性的丧失、食物污染与公众健康问题频发、发达国家与发展中国家之间鸿沟进一步拉大等，这些问题都引发了人类对发展模式的深刻反思。20世纪70年代初，生态问题从环境领域上升至政治领域，绿色政治运动逐渐兴起，保护生态环境成为与反对战争、维护世界和平等主题并行的公民政治运动，环境权成为一种政治权利的表达。1998年之后，随着“绿色政治运动”的深入、民间环保组织的建立以及

---

① 罗马俱乐部和“人类困境”的研究，是当代西方社会思潮的一个重要组成部分，也是当代西方在研究和解决全球问题上一个重要的思想流派。1975年，罗马俱乐部在墨西哥召开“为和平和发展而团结一致”的会议，与会者中有22个国家的元首或政府首脑的私人代表。

国家环境公约的签署、大众媒介和公众对环境的关注，环境问题政治化日趋强烈并演变为生态政治问题。绿色环保组织提出“环保至上”，认为经济发展应该服从于环境保护这一最高原则和需求，甚至要求牺牲经济发展速度来换取环保利益。坚持“生态优先、非暴力、基层民主、反核原则”等政治主张的欧洲绿党组织，作为独立的政治力量也登上历史舞台①，绿党的环境伦理思想在于其鲜明的生态观点，生态优先是其核心价值观。正如《欧洲绿党联盟指导原则》所提出的，绿党追求的绿色发展的首要目标是使经济活动给予人们的基本需要和符合生态的方式，以保持自然生态的可持续性，绿党区别于其他政党的生态价值观在于与自由市场经济、无条件增长方式的对立，强调“非人类中心主义”② 价值观。此外，值得一提的是“绿色和平组织”③，该组织致力于在全球推广洁净的可再生能源、反对基因改造工程、推广可持续农业、推动洁净生产模式、保护原始森林等，其主导环境运动的活动往往陷入“非暴力不合作”与“绿色暴力”的争论之中。批评者（汤蕴懿，2011）认为，“绿色和平组织”哲学④只注意到人与自然关系的问题，而忽视了人与人之间的关系问题，人与人之间的关系恰恰是更深层次的关系，往往具有决定性的影响。生态中心主义者看到了人与自然、生物、物种之间的不平等，但未深入考虑隐藏其背后的人与人之间的不平等，这样势必导致人们的视线从贫困问题、社会公正问题以及发达国家对发展中国家的援助问题上转移出去。这些危机与争议背后也凸显了“人类中心主义”价值观与非人类中心主义的“自然存在状态”价值观的对立和激烈碰撞。此外，现代技术范式也遇到不小的困

---

① 世界上第一个绿党是新西兰的价值党，成立于 1972 年，该党参加了新西兰的国会选举。英国人民党成立于 1973 年并在 1985 年改名为英国绿党，成立时发表的《为生存而奋斗的行动》被认为是英国绿党的旗帜性纲领文件。1993 年，欧洲绿党联盟发布《欧洲绿党联盟指导性原则》，作为纲领性文件，正式提出了绿党的政治主张，即建立生态发展、共同安全机制和新民主观的社会。1997 年，欧洲绿党联盟有 29 个成员党。

② “非人类中心主义”是在实现人与自然和谐的基础上对于哲学和发展策略的深层次、系统化、革命性的发展，是激进的环境主义的哲学指导思想。

③ 活跃在绿色环境运动舞台上的主流非政府组织（NGO），在活动的组织方式上各有不同。“自然之友”等国内环保组织侧重环境教育，“世界自然基金会”等国际组织则主要以为政府、企业环保项目提供理性建议为方向，而“绿色和平组织”则以对企业、尤其是重量级的企业环保调查为主要工作。

④ 绿色环境运动一开始基本上都是比较激进的环境保护者，大多被称之为“深绿”。随着 20 世纪 90 年代理性主义的抬头，绿色环保理念从“深绿”走向“浅绿”。

境。作为工业文明的现代技术范式，虽然在经济上取得了巨大的成功，但却导致了生态上的巨大灾难，已威胁到人类社会存在和发展的基础。当代技术已经失去其中立性，变成了“统治一切的工具”，技术范式转换的核心在于技术价值观的重构。

“绿色”的内涵具有广泛的生态性、政治性、经济性、文化性和历史性，与之相对，近代工业文明被人们称之为“灰色文明”。生态学界按照“三分法”，将绿色运动划分为以生态中心主义哲学价值观为核心的“深绿”运动、以经济技术手段革新为核心的“浅绿”运动和以社会政治制度替代为核心的“红绿”运动。“深绿”被认为是侧重于个体价值观的激进变革，“浅绿”则被视为渐进式变革、是基于现实主义或实用主义的理论立场，“红绿”则侧重于社会政治制度的激进变革（郇庆治，2015）。20 世纪 80 年代初，绿色环境运动大多是激进的环境保护主义者，即“深绿色”哲学思潮流行影响政府决策。但是，激进的绿色环境运动也带来部分地区居民生活水平的急剧下降。在 20 世纪 90 年代随着理性思潮的抬头，认为人类在应对生态环境危机的同时、不应当放弃“人类尺度”，标志着绿色发展从“深绿”向“浅绿”转变（郝栋，2012）。“深绿”的观念是建立在环境与发展分裂的思想基础之上，带来“经济增长决定论”和“零增长”或“反增长”为特征的两种发展理念。经济增长决定论主张经济增长是解决人类基本经济问题和增进社会福利的先决条件，相反，“零增长”理论主张人口和国民生产总值必须停止增长，才能使人类停止避免灾难。“深绿”思想一方面认为工业革命带来的技术变迁是现代环境灾难的罪魁祸首，另一方面又坚信生态危机中产生的所有物质技术问题都能有一种技术来解决。“深绿”主张者强调国家和地区的共同责任，即开发权利的行使需遵循承担不对其他国家和地区的环境造成损害的义务原则。几乎所有的“深绿”生态主义者，都把工业社会（大城市）的消解与小规模社区（家庭）的某种程度复兴，视为未来绿色社会的首要表征。这种以生态自治主义为理念、以“小规模、低耗费、低需求”为特征的“生态社区”“生态公社”等为试验的实践方式，不仅在西方得到一部分人的拥护，而且在中国部分地区也有实践。

批评者认为，“深绿”发展思想将环境保护与社会发展对立起来，具有盲目性、极端性和空想性，因此导致了激进的环保运动甚至“绿色恐怖主义”。“浅绿”思想发端于 20 世纪 90 年代，力图通过构建整体性和系统性的发展体系，追求环境保护和生态发展的双赢模式，来达到人类社会与自然之间的和谐共生。“浅绿”者并不认为自然资源与生物资源永远处于稀缺状态，而是认为人类生活环境与质量正在向好的方向发展。“浅绿”意义上的可持续发展理论、生态现代化理论、环境公民权理论、绿色国家理论与环境公共管治理论等等，是以现实生态环境问题的抑制或减缓为核心和基点的生态文化理论，其基本特点是主张在目前盛行的民主政治和市场经济体制框架下有效阻止生态环境难题的进一步蔓延与恶化。“浅绿”主张对人类文明从物质层面、体制层面、技术层面、文化层面实行全方位的变革，摒弃机械主义的传统范式，在政治结构、法律结构和经济结构、价值观念上实现了突破。“浅绿”的价值观既承认人的主观能动性，又承认生态系统中“理性生态人”地位，并将经济系统作为子系统纳入生态系统之中。其发展观追求经济的可持续性和发展质量的突破，以求与自然界达成微妙复杂的统一，而不是一味地反对发展。“浅绿”思想倡导发展低消耗、可循环的绿色技术，坚持从环境的整体主义出发来认识国家安全和世界秩序。就像联合国前秘书长潘基文在 2008 年 12 月提出的“绿色新政”的概念，涵盖了环境保护、污染防治、节能减排、气候变化以及人与自然关系等重大命题。“浅绿”思想抛弃了主体与客体二元对立，更多体现了后现代主义生态观，提倡生态智慧、草根民主、个人与社会的责任、非暴力、以社团为基础的经济学、非中心化、女权主义、尊重差异、全球社团、可持续的未来发展等价值观。“浅绿”并不拒绝市场机制的作用，既强调应对各种生态问题的经济政策工具和行政管理措施的重要性，也强调人类个体的绿色环保理念以及对生态环境的友善谦卑心态。推动绿色发展、科学发展与可持续发展的共同性在于，遵循生态系统的整体性、循环性、阈限性原则，重塑绿色生产观、绿色消费观、生态伦理观、生态价值观以及人的全面发展观，追求人与自然的包容和谐统一。郇庆治（2015）认为，可持续发展在当代中国一开始就被理解为环境与发展的相容性或“共赢”，即经济现代化的发展目标可以通过一种环境友好的方式来实现，而不是严格意义上如何保持和增进生态环境的可持续性。在“发展是第一要务”的背景下，可持续发展观在很大程度上被定性为一种“使经济增长变得环境友好”的折衷性话语。可持续发展观与环境保护国策论、科学发展观等都是具有强烈的生态环境保护意涵和政策导向的意识形态话语。

然而，政府、社会与个体应该在环境保护中扮演什么样的角色？环境保护责任是否必须由政府来承担？英国学者马克·史密斯（Mark S.）等认为，应在当代自由民主社会中培育符合或有利于生态可持续性的环境公民权。约翰·巴里（John B.）则认为，环境公民权更值得重视和强调的是共和国（共同体）成员身份所蕴涵和衍生出的个体责任、义务或职责，而不是由自由主义彰显的个人权利或授权。显然，巴里更关注作为国家和共同体公民的环境责任与义务，他强调公民个体应该通过提供某些强制性的可持续性公共服务来培育自己的环境公民权。澳大利亚学者罗宾·艾克斯利（Robyn Eckersley）指出，作为对传统的自由民主制国家、无条件信奉经济增长的福利国家和过度迷恋市场的新自由主义国家的渐进性替代，“绿色民主国家”追求的是一种“漫无边际的政治想象与对现实的悲观屈从之间的适当平衡”[①]。当代国家可以通过自身的渐趋绿化而创建绿色的国内外政策与法律。在环境公共管制领域，环保组织机构、政策工具、金融机制、规则和规范等构成了环境全球管制的制度与工具，全球化也有利于促进地方与全球之间的经济联系，并有利于实现全社会的生态、经济和社会可持续发展。如气候变化与臭氧层的破坏问题必须要求寻求国家之间的合作解决途径。随着全球化、环境问题与新的世界主义的关系演进，区别于传统公民权，生态公民权可能被视为一种世界性的公民权，其特征也趋向于一种新型的公民权。在环境公共治理视角下，国际社会、跨国组织、国家层面与地方政府层面等环境公共治理政策框架也在不断探索之中，现实主义、悲观主义、自由主义、民主主义、集体主义、世界主义等争论也远未停止。

在工业化、全球化背景下，迅速融入现代经济社会发展与生活方式的中国，几乎不可避免地出现严重的生态环境问题。因生态环境问题导致对可持续发展的忧虑成为当今中国的一个鲜活议题。改革开放40年的实践说明，中国的经济增长与现代化发展并没有从根本上摆脱高投入、高消耗、高污染、低效益的特征，走的是一条“先污染后治理”或“边污染边治理”的路径。曲格平等（2000）认为，改革开放之前的环境问题是由于政策、决策失误造成的；改革开放之后的环境问题是由于管理不善、环保市场缺乏等造成的。也有观点（潘岳，2004）认为，与改革开放前奉

---

① ［澳］罗宾·艾克斯利．绿色国家：重思民主与主权［M］．郇庆治，译．山东：山东大学出版社，2012.

行的人定胜天的思想相比，改革开放后的环境问题是源于地方官僚对经济发展的过度追求，忽略了环保要求。缺乏公众参与、环境执法不严等，导致了环境问题的恶化。从根本上看，无论是“大跃进”“洋跃进”，还是“以经济建设为中心”“跨越式发展”都是不同阶段中国现代化赶超战略的实施体现。这种所谓“集中力量办大事”的政府主导、高度控制的现代化赶超战略，易于导致“一刀切”式简单、粗暴的资源利用方式。比如，长期以来形成无偿使用资源服务于国家赶超战略所必需的价格机制，但是这种机制又直接导致资源、能源的不合理使用和严重浪费。这种高度集中控制模式不但限制人们参与环保的权利和能力，还必然导致严重的社会依赖，失去对生态环境风险的应有警觉和严重的“公地悲剧”，造成地方保护主义、部门利益、执行走样、环保腐败等“政府失灵”。颜敏（2010）认为，环境问题、生态危机的制度性原因在于赶超现代化及其“控制—依赖”结构本身的“生态遮蔽”，碎片化的行政分权①与政治集权的紧密结合一方面损害政府行政权威和能力，另一方面又排斥了民众与社会的广泛参与，地方政府与官员的任意和专断得不到有效制约②。颜敏提出，中国的行政部门集立法和执法于一体，追求部门利益和监管交叉、重叠、空白不可避免，很多重大环保决策未经充分论证匆忙出台，决策的科学性与民主化机制不完善，甚至企业排污信息也成为地方政府保密理由。潘岳（2004）认为，走群众路线强调的是政府的领导方法与群众的义务，而公众参与强调群众的权利与政府对此权利的保护，前者属于义务本位，后者属于权利本位。由于没有建立与市场经济相适应的经营机制，环保产业官办官营为主的模式使得大多环保企业只有投入没有产出，环保效率低下，污水处理厂难以持续运营。据统计，1991－1995 年，中国污水处理能力年增长率为 8%，但达标排放量的年增长率仅为 1%（颜伟 等，2007）。20 世纪 90 年代以来，一系列生态环境问题促进了中国环境监管体制的变革与发展思想的转变，如发展观的转变、环保立法、机构调整等。党的十七

① 长期以来，中国生态环境整体的生态要素（如水、土等）被分开管理，甚至同一生态要素被分割为碎片化管理。如地表水开发利用归水利部管理，海水归国家海洋局，地下水归国土资源部，水污染归环保部，城市和工业用水归建设部和工业部门，农林用水归农业部和国家林业局，“九龙治水”格局鲜明，管理重叠与空白问题突出。这一局面在 2018 年新一轮中央和国家机构改革中得以调整。

② 环保管理中出现“执行鸿沟”（Implementation Gap），许多环境法规和政策并不能得到执行；地方环保局具有很大的自由裁量权力决定是否以及怎样执行环境法规。

大提出科学发展观力图吸取此前赶超式发展方式的经验教训、避免过快发展带来的环境等问题，将此前的“又快又好”发展修正为“又好又快”发展。科学发展的第一要义依然是发展，在党执政兴国第一要务下，政府主导的以经济建设为中心的赶超战略并没有改变。郇庆治（2013）认为，党的十八大报告提出的“社会主义生态文明”建设，构成了对于“发展主义”政治意识形态的解构或“突围”，社会主义生态文明包含了“绿”（生态主义）、“红”（社会主义）两个层面，只有符合“生态可持续”与“社会正义”原则的发展成果或改革措施，才能获得生态文明及其建设话语下的政治意识形态辩护。从这个角度看，村镇的可持续发展与绿色发展恰恰面临着更为尖锐的城乡差异扩大和环境治理“缺位”的问题，完成“可持续”与“社会正义”“环境正义”的任务更重，从广义上“可持续”内涵也包括了“社会正义”“环境正义”的原则。

### 1.3.8 乡村振兴与现代化：可持续发展的内生驱动力

从传统村落的发展到生态村、新农村、专业村、绿色宜居村镇、美丽乡村等多元化新型乡村形态演进，从农村工业化、新型城镇化、城乡融合协调发展到乡村振兴战略政策导向，其内在的逻辑框架在于探索村镇发展的内生驱动力与可持续机制，期望改变生态恶化、人口失衡、文化消解、发展滞后、治理失效等为主要特征的乡村凋落困境。推进乡村振兴战略，本质是激发可持续内生驱动力的中国特色乡村现代化的路径实践。党的十九大报告提出，要按照“产业兴旺、生态宜居、乡风文明、治理有效、生活富裕”的总要求，建立健全城乡融合发展体制机制和政策体系，统筹推进农村经济建设、政治建设、文化建设、社会建设、生态文明建设和党的建设，加快推进乡村治理体系和治理能力现代化，加快推进农业农村现代化，走中国特色社会主义乡村振兴道路。从理论上看，中国实施乡村振兴战略，不仅仅是推动农业的可持续发展与农村生态环境的建设，更关系到乡村治理的现代化、乡村文化的振兴与城乡协调发展。

党的十九大报告首次提出实施乡村振兴战略，并对2020年之后的现代化进程作出“两步走”的战略安排，第一步是“2020－2035年”基本实现现代化，第二步“2035年至21世纪中叶”建成富强、民主、文明、和谐、美丽的社会主义现代化强国。在这一新时代背景下，提出农业农村优先发展、农业农村跟上国家现代化步伐的战略目标。与2005年党的十六届五中全会提出的社会主义新农村建设目标相比较，除“乡风文明”外，“生产发展”升级为“产业兴旺”，“生活宽裕”升级为“生活富裕”，“村容整洁”升级为“生态宜居”，“管理民主”升级为“治理有效”。显然，乡村振兴战略成为新农村建设的“升级版”，其内涵更为丰富。在中国主要社会矛盾转化为人民日益增长的美好生活需要和不平衡不充分的发展之间的矛盾这个新时代背景下，党的十九大报告提出“巩固和完善农村基本经营制度”“坚持农业农村优先发展”，并坚持把“确保国家粮食安全，把中国人的饭碗牢牢端在自己手中”作为基本前提。这意味着实施乡村振兴战略，既要坚持农村土地集体所有与家庭经营相结合这一基本经营制度，也要在制度设计和政策支撑上，建立资源要素向村镇流动的体制机制和城乡融合发展的政策体系。乡村产业功能的发展也不能脱离确保国家粮食安全这个基本目标，乡村振兴也不局限于产业发展范畴。党的十九大报告将乡村振兴战略与科教兴国战略、人才强国战略、创新驱动发展战略、区域协调发展战略、可持续发展战略、军民融合发展战略并列。深化农业农村改革、推进农业绿色发展和高质量发展、健全乡村治理体系、培育农村发展新动能、加强和改善党对“三农”工作的指导等举措，成为实施乡村振兴战略、实现农业农村农民现代化的根本要求。

从社会生态视角下看，党中央提出的乡村振兴战略正是针对农村可持续发展中“生态弱势”特征的纠偏政策（王思斌，2018）。事实上，连续多年来实施的“三农”政策，更多地是集中于农业发展领域，忽略了农村社会、农民个体的发展。在工业化、城镇化加快推进过程中，乡村经济、政治、社会、文化的发展一直处于边缘化状态，农村“空心化”现象极为严重。20 世纪 80 年代以农村过剩劳动力滞留、农业现代化受阻为特征的“农村病”，演变为农村青壮年劳动力过快流失、人口老弱化、文化空虚、环境污化、治理无序为特征的“乡村病”（郑小玉 等，2018）。即使是在 2005 年以来在中央推动社会主义新农村建设政策导向下，多数乡村并未扭转日趋衰弱的局面，农村资源外流、乡村文化的灭失依然突出。乡村振兴战略的实施，不能继续将乡村作为弱势产业、弱势人群的载体，而应该在可持续发展框架下重新构建社会生态关系，发挥乡村所独具的农业生态和文化承载功能，并培育发展乡村的内生增长动力，促进村镇、城乡之间的互补融合发展。从人文视角看，乡村人的全面发展是决定性因素。追求人本主义的发展观，并不是以物质利益为核心价值观的发展导向，而是以提升广大村镇居民经济、精神、文化、生态等福祉与获得感为价值标准，实现人与人、人与自然的和谐共处。创新村镇金融服务机制，提升乡村文化自信，实施乡村人才振兴，强化农业技术供给，完善乡村治理体系，都成为乡村振兴与发展的基本内容。姜长云（2018）认为，实施乡村振兴战略既要规避发展目标浪漫化、理想化倾向，也要规避振兴方式“一刀切”的单一化倾向；既要加强乡村振兴的顶层设计和全面振兴，又要坚持多样化与特色化发展。历史的经验教训表明，具体实施中很容易进入“效率越高、问题越大”的发展陷阱。在政府主导下的乡村振兴战略，如何避免“运动式”速战速决的负面效应，而又在整体布局上发挥“集中效率”，这也许是村镇可持续发展所面临的“双重挑战”。姜长云提出，实施乡村振兴战略，不是要消灭城乡收入和基础设施、公共服务的差距，而是解决这种差距过大的问题；尤其是要避免以“三产融合”发展为名义，推进“农业+房地产业”商业创新的模式。要通过强化乡村生产功能、生态功能、宜居功能，增加乡村人文魅力、乡土文化、田园风光和完善乡村治理，疏通生产要素进入乡村的通道，改变优质资源流出乡村的格局。

从乡村价值角度，乡村的可持续发展使新时代国家现代化的重要性得到提升。无论是高度集中的计划经济时代，还是市场经济取向下的改革开放时代，乡村对经济社会的发展都具有重大价值。新时代下乡村价值提升的宏观条件与外部基础设施条件、现代信息技术等，为乡村融入城镇化、现代化发展创造了便利条件，而“村村通”、改厕、改水、改圈、改厨等乡村建设，也大大改善了乡村价值提升的微观基础条件。通过美丽乡村建设、村庄环境整治等来补齐农村环境这块短板，推动农业与其他产业融合、实现村镇可持续发展有了客观基础条件。欧美发达国家的工业化虽然带来了繁荣，但与中国一样，在工业化与城镇化快速推进过程中，依然存在乡村发展滞后于城市的不协调现象。美国、欧洲、日本等发达国家普遍通过发展规模经营，鼓励农民发展非农经济，加大对农民补贴、实施农民培训计划和农村基础设施建设项目，平衡产业布局和人口分布，保护乡村生态环境，实现乡村振兴和可持续发展。历史上，在20世纪20年代至30年代，梁漱溟在山东邹平、晏阳初在河北定县、卢作孚在重庆北碚开展了乡村运动试点，如发展农村合作社、实施政教合一、建立乡村自卫组织、建设农场等。这些实验运动主要受日本侵华的影响不得不中断，但是其取得的成绩依然值得称道。也有学者（王景新 等，2018）认为，新时代乡村地域空间同时嵌入了“四化同步推进”“城乡一体化”“公共服务均等化”“留得住绿水青山”“记得住乡愁”等多重愿景，实施乡村振兴战略和可持续发展，需要重构乡村地域空间综合价值（经济价值、生态环境价值和生活价值、社会价值、文化价值），推进特色小镇与美丽乡村同建，进一步打破农村发展单一依靠农业的格局。

从生态美学角度，乡村振兴与可持续发展是将乡村地域文化有机渗透于乡村产业、社会与空间，形成自然环境与人文环境相和谐，复兴农业价值、生态价值、家园价值和审美价值。乡村作为村民的聚居地，既是村民居住、生活、休息和社会活动的场所，也是农业生产劳动的区域，凸显绿色生态美学价值。在生态文明的建设框架下，乡村的发展不再是单纯追求类似 GDP 这样的经济指标，而是追求与城市差异化下的绿色、和谐、可持续发展。在这种生态审美对“好”的乡村的评判，在于其生命力（可成长性与可持续性）、可识别性、开放性、包容性、一致性、协调性。乡村所孕育的和谐共生之美，将引导人回归与自然和谐的本真状态，最终实现人与环境的和谐共处。实现乡村振兴与可持续发展关键在于乡村获得类似生命的机理，村民的获得感和精神活力与自然规律、生态伦理相协调，而不是追求“光怪陆离”的新鲜感，更不能沦落为“伪传统化”的道具。

## 1.4 东南沿海村镇可持续发展的解释框架

### 1.4.1 从“结构”到“场域”：村镇时空转换中的制度演化

场域理论认为，“场域”视角为社区中的个人、群体、组织及制度提供了活动和互动的舞台，生存与发展的空间。这个空间不单是空间范围的延伸，而且也是时间范围的回溯，包含着历史文化的积淀。“场域”本身带有某种建构性，村镇可预设成一种具有开放性、生成性和建构性的场域。城镇化进程中由传统村落演变而来的新型社区的过渡属性，其固有的开放性保证了社区研究可以在一定程度上代表社会真实的状况；而过渡社区作为场域空间的建构性和生成性也在一定程度上消解了二元论的陷阱，从而使我们一步步逼近社区的真实。因此，我们说村镇场域是一种带有建构性的话语工具，对于嵌入场域空间的社区而言，首先其建构演化的主体框架难以超脱社会大系统环境的影响，特别是城镇化过程中国家社会关系转换的历史脉络、制度框架演化、民间社会的制度反馈和区域文化变迁的影响，是一种历时态空间转化视角下大系统的深刻变迁反应。其次，这种变迁对于村镇及社区组织、场域系统以及村镇治理组织系统的特点、机制和路径等都有重要影响。在中观层面的互动场域，社会的规则系统和制度性秩序限定了社区治理的行动框架。在此背景下，村镇治理的结构化开始呈现，内外因素不断渗入的结果使组织结构化不断调整，并有可能产生结构外的意外后果。村镇治理的社区场域在微观个体及组织本体的行动逻辑和宏观环境的共同作用下，系统结构表现出某种程度的呼应和同步。

在东南沿海城镇化发展进程中，开放系统的村镇治理建构框架，包含宏观与中观层面的子系统。即现代工业化所带动的新型城镇化，乡村工业化变革层面所对应的宏观子系统，主要表现在自 20 世纪 90 年代以来，东部沿海地区在适应整个国家经济体制改革与转型，在外资的带动和地方政府的引导下，以工业园区、高新技术产业开发区的建设为路径，东部大城市郊区村镇、工业园区村镇及现代商贸物流比较集中的镇区，逐步进入工业化和城镇化的历程，塑造了现代村镇的基本轮廓；区域性村镇发展演进及治理制度变迁层面对应的中观子系统以及村镇社区层面所对应的微观子系统。中观层面的表达包含了结构二重性内涵下的“制度”与“行动者”双向建构的基本分析路径，将村镇本体的内在行动机理和环境客体外在的制度动力相互融合，将内外环境因素交织共融的复杂性和多面性纳入区域性的村镇社区分析场域。在整体把握城镇化发展演化基本规律的基础上，深入探析社区本体“规范结构”和“行为结构”形成的逻辑和模式，以重新建构良好的社区秩序。

### 1.4.2 “制度”与“行动者”互构：村镇可持续发展的场景

村镇治理的中层结构场域在微观个体及组织本体的行动逻辑和宏观环境的共同作用下，治理的变迁路径表现出某种程度的呼应和同步。在两种制度和规则结构，即纵向的行政正式权力结构和横向的农村非正式场域结构的互动下，村镇社会的空间、资源、权力及价值体系的重建，以共时态的逻辑嵌入治理场域的发展脉络中，共同演绎出村镇生态状态演变的“场景地图”，推动农村整体治理的变迁和发展，这既是场域能动的体现，也是组织行动的结果。时空层面指大场域环境，包括国家社会关系转换、历史脉络和区域文化、性格等，是一种历时态空间转化视角下大系统变迁对下级系统影响格局的体现。其中，环境（生态）综合体作为村镇场域变迁的结构性基础，无疑容纳了部分“外部”行动者的行为，以及在既定社会系统中影响行动及发展的社会制度。以社会结构理论的视角而论，环境可以被看作是制约社会系统的整体结构，这是一种能动式的结构系统。在这一过程中，行动者行为模式和规则直接受外生因素影响，并有条件的建构社会行为者和社会行动，当然行动者对这些外力能够有效控制和消解，并使其内化于系统结构。同时，作为推进社会规则和制度体系流变的主导者，行动主体能够赋予社会规则及场景以新的诠释内涵。这种诠释由此开始进入组织结构层面的场域建构过程中，因为这种行动和互动效果体现在具体场景，包括资源的分配、权力格局的变换及行动者在这种场景建构中与周围的物质、制度和文化环境的互动联系，都是在一定场域空间进行展示的。在村镇研究领域中，场域聚焦模式是观察和探析社会组织的有效途径。村镇当下的样态和演化状况既是嵌含于社会时空重构过程中的信息传输和反馈的结果，也是处于村镇场域的多重制度逻辑和动力机制互构格局的图景呈现。其中，作为村镇建构的基础，制度发挥了本质性推进作用，行动者在既有的制度框架内，一方面援引约定的规则和程式开展集体行动，推进运作规范化；另一方面，在制度的缝隙处或制度同软规则的交界地带，行动者对特定的行动意涵进行自主性阐释，并在这一过程中创造出新的行动规则和秩序，成为村镇社会生态系统建构的直接动力。既有制度结构和行动软规则系统在耦合于外部环境的同时，也重塑了农村生态治理新秩序。而就现实经验而论，村镇治理场域正是在与外部系统环境的物质、能量和信息交换频率及程度提升的过程中，推进了乡村社会系统的整合和重塑。

### 1.4.3　东南沿海村镇发展类别及可持续模式

东部沿海地区城镇化发展迅速，城镇化率显著提高，但农村人口数量依旧庞大，而且随着该地区城镇化发展增速放缓，甚至开始呈现“逆城市化”现象，城市反哺乡村的趋势明显。生态环境是乡村发展的根本，是农民生存的基础，因此能否解决好该地区的乡村经济生态社会可持续问题，关系到区域社会的稳定和发展。党的十九大报告提出，建设生态文明是中华民族永续发展的千年大计。必须树立和践行“绿水青山就是金山银山”的理念，坚持节约资源和保护环境的基本国策，像对待生命一样对待生态环境，统筹山水林田湖草系统治理，实行最严格的生态环境保护制度，形成绿色发展方式和生活方式，坚定走生产发展、生活富裕、生态良好的文明发展道路，建设美丽中国，为人民创造良好生产生活环境。国家层面对于中国农村的科学合理规划和发展做出了积极的努力，在乡村生态建设的分类和模式层面成果明显。如 2013 年农业部在全国开展美丽乡村创建活动以来，各地积极开展美丽乡村建设的探索和实践，涌现出一大批各具特色的典型模式，积累了丰富的经验和范例。

东部沿海地区由于都市相对集中，县域经济比较发达，村镇郊区化优势明显，因此这一地区的城镇化发展模式与我国其他地区以人口向大城市转移的传统城镇化模式有所不同，而是基于地区的特色发展模式采取了就地城镇化、村镇化的发展路径。比如长江三角洲、珠江三角洲、闽东南地区等城镇密集地区出现了一批人口达到一定规模的市县镇及小城镇，并将市郊农村贯通连片，形成了具有东南沿海特色的村镇经济发展模式。关于村镇可持续发展的思路及模式问题，早在 20 世纪 50 年代，费孝通（1988）在考察西南地区农村社会组织时就曾明确指出，农村应该发展多种副业，而不能只是单纯发展农业，否则会发生严重问题，为村镇城镇化的早期发展提供了理论依据。张艳明（2009）在考察江浙经济发达地区村庄城镇化发展经验基础上，总结出“产业集聚型”“商贸市场型”和“旅游特色型”三种城市边缘区村庄城镇化的典型发展模式。潘海生（2010）调查浙江小城镇建设后认为就地城镇化是一条新型城镇化道路，提出浙江省可以依托大城市扩散带动，新型工业镇、名山名水、名人古迹推动，以及农业产业化推动的发展思路。郁鸿胜（2013）提出我国新型城镇化过程中的路径可通过乡镇企业、外商投资以及城市群带动城镇化的发展实现，指出新型城镇化需要协调发展以及利用城镇特色发展来推动城镇化的思路，提出了城镇化发展的组织基础和结构导向。此外，国内很多学者对城镇化的影响因素及其可持续发展问题进行了富有成效的研究。

东南沿海村镇由于具备了发达的社会经济基础，在集中城市化的时空区域内，凭借城市产业转移和经济结构调整的良好机遇，逐步强化各自良好的天然条件、资源基础和制度优势，除了体现城镇化发展的基本思路外，还形成了具有自身特色的新模式。东南沿海村镇的可持续发展除了外界资源和政策机制的带动之外，更多依靠村镇传统的产业基础、组织结构和治理机制，明确了走向村镇社区生态化治理的基本方向。该区域村镇可持续发展的基本模式，首先是强化和巩固生态产业基础，根据各自经济发展的主导类型，重点突出生态农业、生态渔业、生态牧业、生态旅游等特色资源优势，奠定村镇发展模式的主基调，成为区域示范性发展树品牌、创特色的依托；再次是凝聚和培育生态产业推广和应用的组织基础，借助家庭农场、龙头企业、产业园区及产业基地等承载平台，充分发挥产业及产业链优势，紧密嵌入上下游产业的资源网络，构建生态村镇社区的坚实物质基础；最后，是在特色生态产业和组织结构前提下村镇社区治理框架的建构和完善，围绕生态化发展的基本思路，以文化、民俗和旅游为关键要素，重点打造能充分体现绿色、服务和共享等村镇社区基本属性的主要发展方向。从东南沿海村镇生态发展调研的情况来看，生态农业为基础的村镇，比如黄桥村，常以家庭农场为组织形式，通过网格化方式落实农场的目标责任制，推行全过程预警和监督，将全面治理和综合性的生产性服务紧密结合。家庭农场的经营方式，强化了以家庭为单位的责任机制，提升了生产的个体积极性和整体效率，同时网格化治理框架下的综合服务更是为农场稳定发展提供了有力保障，这种模式比较适合于传统的以家庭承包为主要模式的农业生产区。生态渔业和养殖业为主要产业范畴的村镇，多以创业型能人和行业精英的带领为发展动力，以集体经营和股份合作的方式成立生产经营组织机构，走向共同致富的道路，比如瀛东村和炎武社区，或者像谢埭荡村、三山村这样的沿海岛屿社区，以特色渔业资源为依托，重点打造海岛生态旅游项目和渔业休闲文化品牌，成立特色生态型社区的发展思路。对于特色产业资源一般性的村镇，更多是在积极打造绿色社区方面下功夫，比如莫舍社区，通过宣扬清洁生活，绿色环保理念，通过集中式、自动化餐厨垃圾处理项目示范，积极培育绿色社区。从一般性的视域来看，村镇可持续发展主要受到经济、资源、社会发展水平、制度因素、技术水平、基础设施等因素的综合影响，这些因素整体上决定了村镇发展的基本模式和主要路径。

# 第2章

# 发达国家村镇可持续发展的实践经验及启示

大部分发达国家都经历了工业化快速推进进程中“先污染后治理”的发展过程。自20世纪80年代中后期开始，可持续发展理念普遍为各国政治家以及政府、国际机构、学者、民间团体所接受，推动可持续发展尤其是村镇的可持续发展，成为大多数国家制定乡村发展政策和城市化战略的目标框架。村镇可持续发展本质上是农业文明、工业文明与生态文明融合机制下的村镇现代化转型。发达国家和地区在探索乡村和小城镇现代化发展实践中，普遍因地制宜，结合本国政治、文化以及自身国力和产业特点，推动村镇可持续发展机制的建设。美国和德国的小城镇建设、英国中心村建设、日本乡村振兴运动、韩国新农村运动都具有很强的典型性。本章拟重点对这5个国家的具体做法进行分析比较，总结发达国家村镇可持续发展的实践经验及启示，为我国推进实施乡村振兴战略和新型城镇化发展以及东南沿海村镇可持续发展提供有益的参考。

# 2.1
# 发达国家村镇可持续发展的实践

## 2.1.1　美国的小城镇建设

(1) 美国小城镇建设的背景

美国城镇化发展已有 200 多年的历史，是一个渐进性与跳跃性并存的过程，小城镇的发展建设并非政府推动，主要依靠社会经济力量推动，也就是说工业化和市场化是推动美国城镇化最大的核心动力，其小城镇建设可分为以下三个阶段：

第一阶段，小城镇的发展由大都市群带动。1940 年之前，美国进入快速工业化时代，城市规模快速扩张，大量农村人口涌向城市，开始形成大都市圈、大城市群以及城市带。到 1940 年，大都市区的人口已占到全国人口的 50%。大都市圈成了美国城市发展的主要形态，并已形成了三大城市群（带）——波士华城市群、五大湖城市群和西海岸城市群[①]。与此同时，快速的工业化和城市化也导致交通拥堵、房产泡沫、空气污染、贫富差距、资源浪费等"大城市病"凸显，再加上教育、医疗卫生等社会公共服务配套缺位、公共资源短缺、犯罪率居高不下等社会问题，使得民众开始纷纷从城市逃离、迁往郊区。此外，20 世纪 60 年代，为了分流大城市的人口，美国政府实行"示范城市"试验计划，通过对大城市中心区的再开发来实现城镇的均衡发展。

第二阶段，小城镇呈无序蔓延式发展。在饱受"大城市病"困惑之后，美国找到了一套新的城镇化模式，"郊区化"成为美国这一阶段城镇

---

① 波士华城市群是美国东北部城市群，以纽约为区域中心，波士顿、华盛顿、巴尔的摩、费城为区域次中心，辐射带动群内 40 多个中小城镇，都市化程度很高；五大湖城市群分布于五大湖南部，以芝加哥为中心，底特律、密尔沃基、布法罗、克利夫兰、匹兹堡等为次中心，辐射带动 30 多个中小城镇；西海岸城市群位于美国西海岸的加利福尼亚州，以洛杉矶为中心，北起旧金山湾区，南至墨西哥边境，包括西雅图、圣地亚哥等区域次中心，涵盖区域内 30 多个中小城镇。

化发展的新特征。这一时期人口在10万至20万的城市有131个，3万至10万的城市有878个，人口不足3万的小城镇高达3.4万多个，其中城市人口少于10万的小城镇约占城市数量的99%。绵延几百公里的小城镇群开始出现，城镇相连，产城一体，连绵不绝（周东春 等，2014）。但是，在过度自由的市场化导向下的城镇化，加上政府缺乏科学规划、系统引导和生态保护，无序郊区化蔓延式扩张导致美国城镇化一系列新问题的出现。首先是人口迁移的逆城市化导致大城市的空心化；其次是过度的郊区化造成郊区土地资源浪费严重，生态环境受到破坏，生活和生产成本高涨；再者是老城改造和更新乏力，新的城市配套在庞大的城镇群中很难发挥作用。

第三阶段，小城镇进入调整精细化发展阶段。到了21世纪，美国在经历“大城市病”和“小城镇无序蔓延”后，城镇化开始走上“精细化、生态化、主题化”① 回归理性的新发展道路，逐渐形成了各具特色的主题小镇（见表2-1）。这些小镇和大都市相互依存，大都市辐射小镇，小镇为大都市补充资源。其类型主要可以分为以下四种：

一是以旅游业为主导依托当地秀丽风景或人文历史形成的特色小镇。如蒙特雷，干净整洁的街道、各具特色的艺术品商店和餐厅酒吧、水族馆（北美地区最大的水族馆）使其成了美国北加州最著名的海滨休闲度假区之一；基韦斯特镇（美国的“天涯海角”、海明威故乡），依托与众不同的滨海风貌、历史古迹（海明威博物馆等），使其成为美国的海滨度假胜地；大苏尔拥有一号公路中最漂亮的海岸线，成了美国《国家地理》杂志选出的一生必去的50个旅游胜地之一；查尔斯顿（美国最古老的小镇）凭借迷人的沙滩、典雅的古迹、迷人的海滩，成为世界各地富豪的度假目的地。二是以农副产品加工和制造业为主导，依托制造业形成的特色产业小镇。如纳帕溪谷，作为美国最负盛名的葡萄酒产区，已成为名扬四海的葡萄酒主题小镇，同时带动了小镇旅游业的发展。赫尔希镇（好时镇），以巧克力产业为核心，依靠好时乐园、巧克力博物馆等吸引游客，这一

① “精细化”指事先对城镇化进行科学规划布局，用好城市的每一寸土地，减少盲目扩张，解决好城市、产业和配套之间的关系；“生态化”指最大限度地绿化和美化环境，注重生态保护，鼓励绿色出行，强化公共交通设施的完善，创造优美的生态环境；“主题化”指强调以人为本的发展理念，注重人文关怀，传承文化特色，充分尊重和发扬当地的生活文化传统，突出小镇个性，避免同质化竞争，让每一个小城镇都充满诗情画意，都拥有源源不断的产业动力支撑。

“世界上最甜蜜的地方”成了美国家庭休闲旅游的首选之一。三是以高新技术产业为主导的特色小镇，这类小镇通过专业化的技术型产业的集聚带动城镇群发展。如旧金山硅谷，就是库比蒂诺、山景、帕罗奥图、森尼韦尔等高科技产业小城镇的集合，全球顶尖的高科技企业和人才云集；西雅图作为微软总部所在地，是美国高科技促进城市转型的典范，电子信息产业十分发达。四是以金融为主导的小镇，如格林尼治对冲基金小镇聚集了500 多家对冲基金，对冲基金规模就占了全美国约三分之一；加州的门罗帕克小镇是美国风险投资基金聚集地，纳斯达克一半以上的高科技公司都是这个镇上的风险投资基金所投资的。

**表 2－1　美国的特色小镇**

| 分类 | 典型 |
|---|---|
| 以旅游业为主导的小镇 | 蒙特雷、基韦斯特镇、大苏尔、查尔斯顿 |
| 以农副产品加工和制造业为主导的小镇 | 纳帕溪谷、好时巧克力小镇 |
| 以高新技术产业为主导的小镇 | 旧金山硅谷、西雅图 |
| 以金融业为主导的小镇 | 格林尼治对冲基金小镇、门罗帕克风险投资基金小镇 |

（2）美国小城镇建设的特点

美国多年的小城镇建设具有鲜明的特色：

第一，制定科学合理的城镇规划。美国的城镇建设总体规划是依照联邦和州法律，结合本城镇的区位特点及产业特色制定的，并与州、县的地区性总体规划和交通规则衔接，注重规划的综合性、长远性。住宅区、商业区、工业区都是分区分块规划建设的，并与交通规划结合，从而使市区的建设规划具有协调性和功能分区，也使得土地开发利用规划具有整体性、长远性、合理性。小城镇规划还具有法律的约束性和权威性，因此建设不能随意而为，需要编制详细规划，规划编好不能随意更改。规划的基本原则有四点：一是从功能上入手，尽可能满足人的生活需要；二是充分尊重和发扬当地的生活传统；三是重视生态环境保护和美化；四是塑造城镇个性特色。此外，在大多数的小城镇规划中使用了最先进的技术手段，可以提供咨询、研究、监控等各种服务。

第二，分工合作进行基础设施建设。美国在小城镇建设过程中，坚持“交通先行”原则，大力修建铁路网，构建发达的交通网，为人口流动和城镇的发展提供了便利的交通条件。美国小城镇建设资金是由联邦政府、地方政府以及开发商共同承担。联邦政府负责投资建设连接城镇间的高速公路，其资金主要靠对纳税人征收汽车关税、汽车消费税和汽油税等来筹集，资金来源稳定、合理。小城镇的供水厂、污水处理厂、垃圾处理厂是由州和小城镇政府负责筹资建设，建设资金来源于当地纳税人的税收。必要时，政府还可通过发行债券来筹措资金。开发商负责小城镇内（社区内）的交通、水电、通讯等生活配套设施的建设资金，资金主要靠银行贷款。为确保开发商能够承建基础设施，州和城市政府规定开发商要缴纳基础设施建设保证金，如果开发商不履行承诺，政府可以取消其开发资格（钟真，2007）。在小城镇的交通、通讯、排污等公共设施建设上，政府坚持长远性原则，多以使用 50－100 年来设计，考虑长远，避免重复建设。

第三，坚持以人为本，鼓励公众参与。在美国 200 多年的城镇化发展过程中，以人为本和价值最大化始终贯穿全程（张慧省，2017）。此外，重视公众的参与。在美国，小城镇各种项目的设计和批准必须举行公众听证，尤其在项目的策划和规划设计阶段，政府会尽可能地听取当地居民和社会公众的意见，并鼓励公众积极参与项目建设的全过程。政府相关负责人员、规划设计者和当地民众一起召开恳谈会、论证会等，共同讨论项目的立项和规划设计方案。政府人员或规划设计人员向当地民众就立项意图、规划设计方案等进行说明，征求民众意见，并根据意见进行修改。

第四，注重绿化和环保设施等环境建设。环境建设是美国小城镇建设的主要内容之一。美国的环境建设不仅仅局限在种花种草、植树造林等园林绿化方面，而且更注重城镇景观环境的设计，即建筑物的外观设计、道路的线形、沿途景观以及路标等既是构成城市整体景观的要素，也是环境建设的内容。此外，小城镇建设非常重视垃圾处理和污水处理等环保设施的建设。先进完善的垃圾和污水处理设施基本上解决了环保问题，给小城镇提供了一个可持续发展的社会经济环境（王宝刚，2003）。除了具备大城市一样的基础设施和社会服务设施外，美国小城镇还拥有大都市所没有的舒适优雅美观的自然环境。

第五，在强调市场化作用的同时，重视政府的宏观协调作用。美国政府在推进城镇化进程中，为产业的发展和各种生产要素的有效流动，营造了一个社会化的市场环境和法治环境。为了解决大都市区发展中面临的区域性矛盾和问题，通过市县合并，建立权威的大都市区政府，组建半官方性质的地方政府联合组织等方式实行有效的区域协调和管理（肖万春，2003）。此外，十分重视城市建设管理。美国拥有健全完善的法律制度，各镇都有完整的基于自治的管理规定或公约，坚持依法办事、违法必究。在法律约束下，美国的小城镇中基本见不到违章建筑。若要对自己的住房进行修建，必须要符合当地的规定，征得本社区居民的同意，否则就要被控告。

第六，充分利用和发挥小城镇的特色。追求个性，重视城镇特色是美国城镇建设的特点之一，根据不同的区位，几乎每个小城镇都呈现不同的特色和定位，见不到“千城一面、万镇雷同”的现象。小城镇的住宅多以 1 –2 层为主，样式多样，色彩丰富。此外，非常重视传统建筑物的保护，在维修时不仅注重保留外观的传统风貌，甚至连室内装饰也一并保留。

### 2.1.2　英国的中心村建设

（1）英国中心村建设的背景

作为资本主义工业革命的发源地，英国是世界上最早推进城市化的国家之一，城市化程度一直领跑西方世界。二战后，伴随着英国城市化、工业化进程，乡村人口不断涌向城市，城乡差距越来越大。一方面，城市的过度膨胀导致社会矛盾激化，引发许多社会问题和“大城市病”；另一方面，城市人口的过于集中使乡村人口减少、发展落后。20 世纪 50 年代，政府开始意识到城乡建设不能分离，开始规划建设“中心村”，带动城乡一体化发展。可以说，英国农村的发展与城镇化建设，是在英国社会上下都意识到城乡二元结构的矛盾之后大力推进的。

（2）英国中心村建设的过程

在上述背景下，为了缩小城市和乡村的差距，搞活乡村经济，英国政府开始针对乡村，作了一系列的规划，启动“中心村”建设，带动城乡一体化发展。英国农村的中心村建设，共分二个阶段。第一阶段是在 20 世纪 50 –70 年代。当时，英国政府开始意识到必须把城市和乡村结合起来建设。因此，为了缓解城乡间的矛盾，改善农村公共基础服务设施薄弱、居住环境欠佳、乡村人口不足等问题，英国开始建设“中心村”①，针对乡村展开了大规模的发展规划运动。政府出台一整套综合性的政策规划，

① 在英国人眼中，“中心村”就是城市的花园。

促进人口、就业、居住、基础设施和服务设施向中心村转移，大规模加大对中心村的投入。第二阶段从20世纪70年代开始。英国在大力发展中心村的过程中出现了实践与政策脱节、成本高效率低等问题，乡村的发展呈现单一化趋势，带来了许多问题。因此，英国政府开始调整中心村的建设策略，变“发展规划”为“结构规划”，改“单一化大规模发展模式”为“中心村结构发展模式”，因地制宜发展或限制中心村建设，有条件的发展集镇，通过以镇带乡、以乡促镇的农村发展规划政策，促进城乡共同发展（苏聪聪，2015）。

（3）英国中心村建设的特点

英国农村的“中心村”建设，同样具有以下鲜明特点：

第一，率先建立了世界上第一个完整的城乡规划体系。二战前，英国上下达成了一个共识，在全国范围内进行统一的城乡规划，把城市问题和乡村问题统一起来规划考量。1909年英国颁布了世界上第一部关于城乡规划的法律《住宅、城镇规划条例》。1947年颁布实施了《城乡规划法案》，标志着世界上第一个非常完整的城乡规划体系的建立。2004年对《城乡规划法案》进行了修订，将原来的指导性地区规划上升为立法性规划，这也就意味着形成了较为完整的规划立法体系，在地区推行民主决策，强调公众的参与度。英国政府通过立法保障城乡发展规划体系的顺利实施，有序推动了城乡的一体化发展。

第二，注重保护乡村传统文化特色。1949年，英国政府颁布《国家公园和乡村法》，通过法律保障来保护英国乡村的传统特色文化。在传统建筑保护上，坚持整体性、原真性保护，“修旧如旧”，使英国乡村的老房子、老教堂等保持其原有风格，现代和古代的建筑交相辉映；在传统文化传承上，鼓励和扶持具有乡村地方特色的农产品生产和经营，保护地方传统文化。英国乡村利用保留下来的许多古怪、趣味、稀奇的乡村节目吸引城市居民前来休闲娱乐，成立了一些乡村协会和俱乐部，对传统文化的传承和发扬起到了很好的作用。

第三，重视农业和农民的发展。虽然农业在英国整个国民经济中所占的比例非常低，但是英国政府并没有因为工业化程度的提高而忽视农业的发展。在欧盟共同农业政策框架下，英国对本国农业实行补贴和支持保护的政策，着力推进农业基础设施建设，改善农业生产条件。同时，政府关注农民的发展，农民的最低工资标准和城市居民一样，受到法律保护。此外，英国实行职业农民制度，农民必须是持有专业证书的农业技术人员。

第四，注重乡村环境保护。在小城镇建设中，除了注重在城镇周围配置大量的绿化以促进城镇的生态环境建设（李文娟 等，2015），英国的许多小城镇还倡导“低碳、零能源消耗”、能源循环利用等生态理念，太阳能、风能等自然资源得到广泛运用。同时政府出台了一系列措施来保护乡村环境，其中最具特色的就是“政府对农民保护环境性经营给予补贴”。这一措施的实施，有效地解决了农业发展和环境污染的矛盾，充分调动了农民的积极性，使他们自觉加入到保护乡村环境的队伍中来。

### 2.1.3　德国的小城镇建设

（1）德国小城镇建设的基础

德国共有 16 个联邦州，总人口 8200 多万人，是欧洲人口比较稠密的国家，城镇人口约占 96%。德国百万人口以上的大城市有 4 个，50 万人口以上的中等城市 10 个，10 万人口以上的小城市 70 余个，而小城镇数量众多，超过 13500 个，其中 75% 以上小城镇的人口少于 5000 人，超过 10 万人的小城镇只有 89 个，大多数的中产阶级家庭都居住在郊外的小城镇。据统计，德国约 2600 多万人居住在 85 个大中城市中，占总人口的 32.9%；4600 多万人定居在 2 千至 10 万人的小城镇中，约占 58.23%；另有 700 多万人居住在人口不超过 2000 人的村庄，约占 8.86%。这些数据表明，德国人口的城镇化率很高，但集中于大城市的少，大部分居住在中小城镇。与这种城市结构及其分布结构相对应，德国的经济、文化、教育、公共服务等各种资源分布相对合理。在这种环境条件下，德国人口迁移自然呈多向性，农业劳动力的转移没有出现过分集中的局面，对德国各州和区域经济相对均衡的发展，对防止地区经济社会发展的不平衡性，以及对缩小经济发达地区与经济欠发达地区差别等，都具有不可低估的作用（丁声俊，2012）。

（2）德国小城镇建设的背景

19 世纪 60 年代的德国还是以农业为主的国家，农业人口占比高达 80%。随着采掘业的兴起、煤矿和铁矿的诞生，与之相关的新兴产业快速发展，如化工、纺织、机械、汽车等工业开始在农业地区出现。曾经林立的大小城邦为德国的城镇均衡化发展奠定了坚实的基础。德国的城市化以工业革命为动力，以“大中小并行发展”为道路[①]，构建起德国城市的基本框架（唐珂，2014）。二战后为了促进社会经济发展，德国迫切需要恢复工业，这使得工农业发展差距进一步加大。而农村的不景气更是导致大量的农村人口前往城市，从而加剧了城市的负担，城乡经济发展差距越发拉大。

（3）德国小城镇建设的典型模式

德国的小城镇建设大致经历了三个时期。第一个时期是在19世纪初，德国城镇化进入高速发展阶段。在中心城市的集聚效应下，吸引了小城镇人口的聚集，人口的迁移使得小城镇出现衰退现象。第二个时期是从20世纪60年代开始，“大城市病”日益严重，而小城镇优美的居住环境、与城市一样的公共设施，私人交通工具的普及，反向吸引民众迁移到小城镇居住，逐渐形成“郊区生活、市区工作”模式。第三个时期是20世纪80年代，在中心城市的辐射带动下，小城镇得到了全面发展。便利的交通降低了区域间移动的时间成本和经济成本，尤其是处于城乡接合部，近乎于卫星城的小城镇，得到了很好的发展，甚至成为产业集群的所在地。此外，小城镇的发展也各有特点，由于东部地区整体经济的衰落，导致人口向柏林、德累斯顿、莱比锡等大城市集中，小城镇则人口空心化现象严重；而位于西部鲁尔工业区和南部地区的城市，由于大力发展现代服务业和高新技术产业，经济快速发展，中心与周边小城镇一体化发展得以强化（夏鸣晓，2016）。

（4）德国小城镇建设的经验启示

第一，立法先行，提供法律保障。德国政府高度重视村镇改造和建设，把它列为政府重点工作。为解决农村人口大量流入城市导致农村人口过疏和大城市人口膨胀的问题，德国政府通过村镇改建策略，为农民创造良好的生产和生活条件，把农民稳定在村镇，安心发展农业。首先，以《农业法》为基础，颁布了一系列保护农业用地、保护农产品价格等法规。其次，是健全管理机构、加强管理队伍的建设；最后，完善村镇建设的投资机制，加大政府的支持力度。村镇改造或建设的投资由国家、地方政府和农民共同分担。对于基础设施、公用建筑以及住宅等建设项目，国家和

① 大中小并行发展的“宝塔形”：以少数大都市为全国城市的龙头，处于塔顶；以适量的中等城市为骨干，形成区域经济、文化和交通中心，处于塔中；数量众多的小城镇遍布全国各地，处于塔底，构成了基础。

地方政府各自补贴总投资的35%，剩余的30%由农民个人负担。充裕的财政支持、雄厚的工业基础以及世界领先的高新技术为德国的村镇建设提供了良好的基础条件。正因为如此，大城市没有过度增长，而小城镇发展得很快，形成了比较均衡的城镇结构体系（王宝刚，2003）。

第二，注重规划控制，有序发展。德国政府特别注重规划，以当地民众、企业等作为规划主体，结合地方民俗风情与特色，制定规划方案。针对现代农业、服务业及高端产业的发展，以及传统文化的保护和传承等，进行科学规划和引导，充分体现了德国城镇规划内容科学性、过程公开性的特点。在小城镇的规划布局上，表现出“多中心、主题化、组团式、共生型”四大特点，即通过多中心带动周边区域的发展，组团布局实现区域性功能的共享，主题化实现一镇一品的特色，和谐构筑大小适宜的主体特色城镇群。同时，利用便捷交通、生态走廊、特色公园和主题产业区将大量的小镇群进行串联和激活，最终形成了一个充满活力具备可持续发展的有机体共生城镇体系（周东春，2014）。

第三，完善基础设施和社会保障体系。为了让农民能享受到与城市均等的生活服务，德国政府优先考虑建设小城镇基础设施、社会服务设施和完善公益事业，提高村镇居民生活的舒适度。几乎每个村镇都有公路相通，供水、供电、供热等生活配套设施齐备完善，学校、医院、运动场馆、各类超市遍布。便利的交通①、完备的生活配套，使得村镇生活更为舒适，村镇居民在教育、就医等方面享受与大城市同等待遇。即使是最小的村镇也都具备了大城市几乎所有的生活设施。均衡的公共服务为小城镇发展提供了平等机会，城乡一体化促进了人员在不同地区的自由流动。

第四，产业均衡分布，发展特色经济。德国政府实施“去中心化”策略来实现城乡均衡发展，让“穷乡僻壤”也有企业。与中国经济中心集中于首都和沿海地区不同，德国的 11 个大都市圈，分布东南西北各地，各有特色支柱产业，解决了70%的人口就业（吴黎明，2014）。均衡分布的产业使小城镇的发展有了支撑，居民的生活有了经济来源，他们无须离开故土就能拥有稳定的工作。在特色层面，充分利用和发挥各个小城镇的特

① 德国是世界上路网密度最高的国家之一，铁路 3.8 万公里，公路 65 万多公里，其中高速公路 1.2 万公里。高速公路全程免费，承担了德国近一半的交通运输。德国基本实现了地铁、公交车、有轨电车等公共交通全覆盖，纵横交错的交通网络把数千个城镇有机地联系在一起，为人员和资源的顺畅流动提供了坚实保障。

色优势，把特色产业做精做强，形成德国式“小即是美”的主题鲜明的小城镇（见表2-2）。德国小城镇建设使得小城镇和大中城市均衡发展，形成了独特的梯级带动模式。

**表2-2　德国的特色小镇**

| 特色小镇 | 位置 | 特色 |
|---|---|---|
| 居特斯洛（Guetersloh） | 德国中部小镇 | 贝塔斯曼集团 |
| 英戈尔施塔特（Ingolstadt） | 德国南部小镇 | 奥迪 |
| 沃尔夫斯堡（Wolfsburg） | 德国北部小镇 | 大众 |
| 吕瑟尔斯海姆（Russesheim） | 德国西部小镇 | 欧宝 |
| 巴登巴登（Baden Baden ） | 德国西北部小镇 | 温泉养生、休闲娱乐、文化艺术 |
| 海德堡（Heidelberg） | 德国中部古镇 | 文化教育 |
| 福森（Fussen） | 德国南部小镇 | 新天鹅城堡 |
| 梅尔斯堡（Meersburg） | 德国西南小镇 | 葡萄酒和古堡 |
| 帕绍（Passau） | 德国东南部古城 | 边境古镇、“三河之城” |
| 罗滕堡（Rothenburg） | 德国南部老城 | 中世纪精华小城 |
| 纽伦堡（Nurnberg） | 德国东南部老城 | 历史建筑（皇帝堡）、艺术遗产 |
| 班贝格（Bamberg） | 德国南部老城 | “弗兰肯的罗马”、烟熏啤酒、世界文化遗产 |
| 维尔茨堡（Wurzburg） | 德国中南部老城 | 巴洛克宫殿、白葡萄酒、世界文化遗产 |
| 雷根斯堡（Regensburg） | 德国东南部的老城 | 古罗马遗迹，中世纪老城、世界文化遗产 |

第五，注重环境和古建筑保护。规划中根据各个小城镇的地理条件、风俗习惯，进行系统的全方位规划，使整体布局与当地风情相符。实施时，结合当地发展状况对规划的实施进度进行调整。制定了一系列生态环境保护的相关法律、规章制度，杜绝为了建设项目而把牺牲环境作为代价，确保小城镇建设按计划顺利进行。如《建设法典》中规定任何城市建设绝对不能减少绿地总量，确保小城镇建设与环境和谐统一。在古建筑保护方面，德国政府把有200年以上历史的古建筑都列入保护范围，以保留原汁原味为原则进行修缮，所有费用来源于政府财政专款。在突出小城镇特色的同时，兼顾建筑与自然的融合，单体建筑与整体景观相协调，把特色文化元素融入小镇建设。

第六，鼓励民众参与小城镇建设。德国政府通过新闻媒体的宣传、网络公告等手段，积极引导民众参与规划建设的决策，广泛采用“政府+专家+民众”的“三结合”模式（夏鸣晓，2016）。政府在编制规划时会充分采纳民众的建议意见。此外，民众对规划方案有监督权，若规划违反了相关规定，民众有权起诉，以完善的机制和法律保障民众参与。民众参与规划的编制，还参与小城镇建设项目的立项、规划设计、招标及过程监督等全过程，并处于主导地位。

**专栏 2－1**

**德国小城镇建设的典型模式——巴伐利亚实验**

德国小城镇发展模式中最具有代表性的典型模式就是其在巴伐利亚州开始的著名试验——巴伐利亚试验，也就是城乡“等值化”模式，时间跨度长达 50 多年。所谓“等值化”指的是不通过耕地变厂房、农村变城市的方式使农村在生产、生活质量而非形态上与城市逐渐消除差异，包括劳动强度、工作条件、就业机会、收入水平、居住环境等，使在农村居住仅是环境选择、当农民只是职业选择。这听起来具有浓重的理想主义色彩，这一计划自 50 多年前在巴伐利亚州开始实施后，成为德国农村发展的普遍模式，并从 1990 年起成为欧盟农村政策的方向。

其主要思路如下：一是制定“村镇整体发展规划”，如调整地块的分布，改善农田基础水利设施等；二是调整农村的产业结构，积极推广农村机械化作业，组建合作社，发展生态农业；三是保护传统文明，如整修传统民居、建立博物馆等；四是加强教育培训，推行“双元制”教学，让孩子从小既学文化课，也学实用技术。同时，文体娱乐活动也被他们看作像吃饭穿衣一样的平常事，村庄里各种娱乐设施齐全。通过改革实现了“在农村地区生活，并不代表可以降低生活质量”“与城市生活不同类但等值”的目的，使农村经济与城市经济得以平衡发展，明显减弱农村人口向大城市的涌入。农民工作模式发生改变，企业化的生产和管理，使农民变成企业职工，城乡差距明显缩小。

### 2.1.4　日本造村运动（造町运动）

（1）日本造村运动的背景

二战后，日本为了重振遭受严重打击的经济，把主要的资本集中在东京、大阪、神户等大都市的重建上，随之，农村人口逐渐外流到城市，从而导致了城市人口拥堵，而乡村空心化。1955－1971 年，工业和其他非农产业的就业人口增加了 1830 多万人，总数达到 4340 多万人，占就业总人数的比重从 61% 提高到 85%；同期农业劳动力则从 1600 万人减少到 760 多万人（金善明，1996）。农村劳动力的缺失，造成生产力大幅下降，农村经济遭遇发展困境。

20 世纪 70 年代的石油危机所引发的世界性经济衰退，也给日本造成了沉重的打击，大量消耗石油的巨型技术、企业、项目难以启动，甚至连交通运费也越来越昂贵，国家和个人都不堪重负，兴建城市的模式逐渐受到质疑。在能源问题成为经济发展瓶颈的情况下，如何实现经济社会的可持续发展，成为政府必须考虑的问题。因此，不用消耗大量石油的中小产业项目格外受欢迎。另外，在当时的日本，无论是中央还是地方，财政的作用越来越弱，单纯依靠财政投资和信贷改变地区差异也越来越难，而“自下而上”的造村运动却可以在不依靠大量能源和财政支持的前提下实现乡村的自我完善和发展（陈磊 等，2006）。造村运动的出发点是以振兴产业为手段，促进地方经济的发展，振兴逐渐衰败的农村。

（2）日本造村运动的典型形式：“一村一品”运动

在日本，造村运动又称为造町运动，始于 20 世纪 70 年代末。影响力最大的是平松守彦于 1979 年提倡发起的“一村一品”运动。所谓“一村一品”运动，实质上是一种在政府引导和扶持下，以行政区和地方特色产品为基础形成的区域经济发展模式。它要求一个地方（县、乡、村）根据自身的条件和优势，发展一种或几种有特色的且在一定的销售半径内名列前茅的拳头产品。“一村一品”的“一品”并不仅仅指的是农产品，还可以是休闲旅游或文化项目，如表 2－3 所示。大分县在开展“一村一品”运动后，特色产品从 1980 年的 143 个增加至 2001 年的 336 个，总产值达到 1410 亿日元，2002 年农民人均收入达到 2.7 万美元。日本的成功经验引来东亚乃至欧美国家的效仿（见表 2－4）。

**表 2－3　日本大分县“一村一品”的特色**

| 地区 | 特色产品 | 相关活动 |
| --- | --- | --- |
| 大分县 | 丰后牛 | 认养活动；<br>品尝肥牛大喊大叫大会 |

续表

| 地区 | 特色产品 | 相关活动 |
| --- | --- | --- |
| 大分县本匠村 | 雪子寿司 | 成立“家乡本匠会”；<br>利用本地资源，创意用萝卜、大叶和香菇混合制作成“雪子寿司” |
| 群马县川场村 | 世田谷居民健康村 | 绿色休闲＋创意农业；<br>开办森林教室、农业教室、木工教室、茅草屋教室、世田谷和纸造型大学；<br>开展苹果树认种制、梯田认值制、山村留学活动以及宿营等活动 |
| 新泻县越后妻有 | 大地艺术节 | 创作融当地的历史、风土和自然环境（青山、梯田、森林）为一体的大地艺术作品；举办地球环境研讨会、美术建筑夏令营、艺术剧场（演剧、舞蹈、音乐会）等活动 |
| 兵库县多可町八千代区 | 住宿型市民农园 | 办周末农庄，让城市居民享受耕种的乐趣；设有豆腐加工体验以及野营地，举办“紫云英节”“萤火虫节”“收获祭典”等活动 |

**表 2－4　日本“一村一品”的精髓和成功基石**

| | |
| --- | --- |
| “一村一品”的精髓 | —顺利开展的前提：政府的服务和支持<br>—内涵：开发特色和优势产品<br>—成功关键：优秀的干部领导<br>—成功的重要因素：确立农业人才的激励机制<br>—实质：激发了村民的竞争意识、创新与自立精神 |
| “一村一品”的成功基石 | 政府支农政策措施：<br>—变明补为暗补，提高关税，力保农业<br>—培育农业科研推广与社会化服务体系<br>—推行农业改革，发挥农业的多功能作用<br>—鼓励企业介入农业领域以促进规模经营<br>—积极调整作物结构，鼓励发展蔬菜种植<br>—实行集约化管理，开展区域化生产<br>—重视食品安全，狠抓无公害农产品生产 |

（3）日本造村运动的成效和特征

造村运动使农村发生了巨大的变化。一是消除了城乡差别，由于日本政府注重对农村基础设施的投资。因此，从生产与生活的基础设施看，农村和城市几乎没有差别。二是增加了农民收入。2002 年日本农户的收入已经超过城市家庭，户均收入为 550 万日元，相当于 4.4 万美元，其中非农收入在农户收入中的比例高达 86%①。三是为非农产业开拓了农村市

① Japanese Ministry of Agriculture, Forestry and Fisheries. http://www.maff.go.jp/eindex.Html.

场，刺激了农村多元化的消费。此外，日本推进农村产业融合发展的“六次产业”理论[①]在实践中得以应用。

日本造村运动在政府的指导下，结合地方特色，根据自身的特点和条件发展特色农业，在此过程中，扶持本地特色农业发展的特征尤为明显：

一是以开发农特产品为目标，培育优势产业基地。抓住当地特色，打造农特产品品牌，建立产业基地。如日本大分县开展“一村一品”的出发点就是为了开发自己的农特产品。农村产业基地的培育离不开政府的支持，为了培育优势产业基地，日本政府实施一系列的措施给予大力支持。首先，通过转移支付的方式，对农业实行财政补贴。其次，为了确保农产品价格的安全，设立价格风险基金。再次，增加对农村基础设施建设的投入，来提高农业资本的收益率。

二是注重培养农业人才，开展多元化的农民教育。平松守彦认为，培养出具有国际水平的高素质人才，是使一个地区获得新生的关键。造村运动的最终目的是“造人”，以当地青壮年为主要对象，充分调动他们接受的积极性，培养出扎根当地、实践能力过硬的农业人才。为此，日本对农民实施多元化的教育方式，主要通过各级农民协会、农业科技教育培训中心、各类培训服务机构、高中等农业院校等。政府、民间团体和学校的共同参与，对农民进行职业技术培训。

**专栏 2－2**

**日本土地分类制度[②]**

日本实施严格的土地分类制度，农业生产用地和其他用地严格区分。农业生产用地受到严格保护，国家划定的农业生产用地不能转为其他用地。我们所走访的长野县上田市农户现居住的房屋是前几年购置土地建造的。目前这类农村住宅用地每坪 2 万—3 万日元（坪是日本使用的面积计量单位，1 坪折合 3.3057 平方米）。

① 20 世纪 90 年代中期，日本农协综合研究所所长今村奈良臣研究认为，“第六产业”是第一、第二、第三产业的乘积（1×2×3），意在强调农村三次产业的融合发展。

② 专栏 2－2 及后面的专栏 2－3、专栏 2－4 内容均来自课题组成员陈钧浩赴日调研报告。

三是扩大农产品市场，促进农产品的流通。农产品的市场化是推动农业产业化的原动力。在推动农产品市场化的进程中，日本农协发挥了重要作用，他们通过兴办各种服务事业，把分散经营的农户与全国统一的市场挂钩，上门收购，从而有效解决了零散生产与大市场之间的矛盾。在农业生产上，农协提供技术指导；在产品销售上，80% 的农副产品由农协帮忙销售；在生产资料采购上，90% 以上的优良品种由农协提供。

四是通过制定合理的融资制度，向农民提供低息贷款。农业的发展离不开金融体系的支撑，日本的农村金融体系分为政策性金融和农协金融两大块。政策性金融如由政府依据《农林渔业金融公库法》在 1953 年全资设立的农林渔业金融公库，该公库主要负责对土壤改良、造林、林间道路、渔港等生产性基础设施建设提供贷款，以及对维持和稳定农林渔业的经营、改善农林渔业的条件所需资金提供贷款（韩秀兰 等，2011）；农协金融是日本农村金融的另一支主力军。农协设有信用部，把农户手中的闲散资金以较优惠的利率吸收起来，再向农民提供低息贷款，使得农户能以低息进行相互融资，业务范围包括会员的存贷款、票据贴现、债务担保和国内汇兑交易等信用业务。

五是开展生活工艺运动，进行农村文化建设。在日本，农村的许多文化传统随着农村人口的减少、农业的萧条而衰退。为了解决这一问题，复兴日本农村的传统文化，村民们自发开展一系列文化活动。如三岛町在 1981 年发布《三岛町振兴计划》，提倡“生活工艺运动”，通过民众自己的构想，自行描绘“明日的三岛町”。

**专栏 2 –3**

### 日本长野环境治理

项目组于 2018 年 4 月赴日本长野调研了解到，日本曾经出现过严重的环境污染问题，环境污染治理始于市民自发运动，它是由家庭主妇发起不使用污染水质的肥皂开始的，同时一些非营利性组织积极推动，然后影响了政府，政府开始呼吁民众保护环境，并花大力气治理污染。比如长野县境内的诹访湖周边因为工业发展污染严重，后来长野县政府花大力气进行治理，水环境得到了明显改善，目前水质及其周边环境状况良好，成为著名的旅游景点。此外，日本最大的湖泊——琵琶湖周边原来有大量纺织工业，造成大量污染，后也经过类似的治理才得以恢复生态。

目前，在水环境保护方面：一是法律规定居民不准直排污水；二是河流被分为不同等级，由相应层级的政府管理，资金由国家财政负担；三是居民自发保护水资源。

在垃圾分类处理方面：垃圾分类有立法，垃圾分类也十分细致，垃圾袋需要购买，实际上通过这种方式对垃圾处理进行收费，实现垃圾的减量化和最小化。

在污水处理方面：上田市基本实现了集污管网全覆盖。据下水道科介绍，上田市的下水道分为两类，一类是公共下水道（主要是生活生产污水处理，生活污水直排进入污水管网，生产污水须按规定处理达标后才能排入污水管网)，另一类是农业下水道（主要是沟渠污泥处理等）。目前上田市的公共下水道分为7个区域，各设置了一个污水处理厂，均设置在地势较低水流容易汇集的地方。生活生产污水实现了管网全覆盖，全面实现了雨污分离。农业下水道处理分为27个地区，设置了26个处理场（有一处处理场由于区域合并而裁减了）。农村地区处理比较费时，人口较少的郊外地区有待整体提高。所有污水处理达标后再排放入河流。

在市民参与方面：主要是民选产生的自治会在推进，经费主要是自筹，市政给予一定的补助。自治会负责环境整治，在农村地区包括渠道的整治等，城市和街道包括道路、水沟等的清扫，照明保障，治安保障等。参与整治的大部分都是志愿者，志愿者都在同一个自治会中，大家都是熟人，关系良好。这个组织在垃圾分类投入监督和社区环境整治保护中起到了重要作用。

日本每个基层地方政府均编制了环境规划。上田市2018年编制了第二次规划，规划时限为10年。规划的依据包括国家环境基本法、全国第四次环境基本规划、长野县环境基本条例、长野县环境基本规划，第二次上田总体规划，上田市环境基本条例和都市规划中的相关规划等。环境规划明确了包括市民、企事业单位和政府等各类主体的作用和责任。环境规划的内容包括自然环境、生活环境、舒适环境、地球环境和循环型社会。自然环境包括自然、动植物、河流、湖泊、自然景观、地形地质、气象等；生活环境包括空气质量、水质、土壤、地下水、噪音振动、恶臭、都市·生活型公害、有害化学物质等；舒适环境（日语称快适环境）包括水边·公园·绿地、道路·交通设施、历史资源·文化、娱乐活动资源、景观、环境美化等；地球环境包括温室效应、臭氧层破坏等；循环型社会包括水循环、物质循环、能量、生活方式等。环境规划的实施包括舒适（安全安心的生活环境保护）、自然（人与自然共生）、资源（资源循环和环境保护）、协调（历史文化、绿色景观的保护）和人（环境教育和地区协作的推进）。环境规划在上述五个方面对市民和企事业单位的具体责任提出了具体要求，并通过计划实施、检查评估和重新评估三个步骤推进规划实施的管理。

在环境保护方面，村民轮流参加志愿活动，参加者可领取象征性的报酬，每年大概 3 万日元。但参加者并不是为了报酬，更多地是一种村民的自觉和参与意识。在农药和化肥污染控制方面，由于日本有农协组织，化肥和农药都是通过农协购买的，农协只提供符合法律规定和环保要求的化肥和农药，因此化肥和农药污染问题已经实现了很好的前端控制。

---

（4）日本造村运动的经验启示

日本的造村运动惠及农村生产生活的方方面面，内容包括基础设施建设、社会福利保障、古建筑的保护、生态环境的改善等，整个过程始终以农民为主体。主要启示如下：

明确政府职能，发挥引导作用。在日本造村运动的开展中，政府并没有干涉农民的自主性，也没有直接给予资金上的援助，政府起的是引导作用，调动了农民的主观能动性，建设家乡的积极性。此外，政府对农业技术方面的指导和扶持，有效推进了乡村的可持续发展。

促进农村农民组织的发展，注重农民自我管理。在日本的造村运动中，农协组织发挥了重要作用。我国的村镇建设可以结合自身的特点，注重农民的自我管理能力的培养，发展多元化的农民组织。通过发挥农民组织的联合力量，为农民提供帮助和服务，让农民在村镇建设中发挥更大的作用。

重视对农民的教育培训，培养新型农民。农民的素质是一个乡村发展的关键因素之一，因而须重视农民知识素质的教育培训。而我国乡村农民的综合素质普遍较低，培训任务更为艰巨。在教育培训方面，可以借鉴日本的经验，结合国家和民间两种形式展开。首先，国家层面进一步完善农民培训体系，有针对性地开展农民应用高新技术的培训，从而解决农民在农业生产活动中实际操作的技能问题；其次，民间应建立一些地方农民专业协会，下派农业指导员，为农民提供各种信息和技术指导。同时结合互联网教育，为农民提供专业培训，培育高素质的新型农民。

充分激发农民积极参与乡村建设的意识。乡村的发展单靠政府的扶持是远远不够的，还要发动广大农民群众。从日本的造村运动我们可以发现，其成功离不开农村群众自下而上的参与。我国在村镇的可持续发展中，政府也应充分调动村民的积极性，鼓励村民主动参与乡村公共事务。号召村民增强主人翁意识，积极参与政府举办的各项培训活动，提升技能，更为自觉地参与农村建设。

**专栏2-4**

### 日本垃圾分类处理

日本目前在垃圾分类处理方面已经形成相当成熟的做法，在民众中也形成了广泛的共识，垃圾分类处理形成了良性循环和可持续保持机制。比如上田市专门编制了垃圾分类册，有日文、中文、英文等不同语种的版本，以保证语言无障碍覆盖。垃圾分类册包括三部分内容，第一部分是分类索引，共33页；第二部分是各自治会垃圾收集日一览，共2页；第三部分是废弃物处理单位一览，共1页。垃圾分类所使用的塑料袋分为三类，并分别印有红绿蓝三种不种颜色的图案，红色袋用于装不可燃垃圾，绿色袋用于装可再生使用的垃圾（主要是塑料制品），蓝色袋用于装可燃垃圾。装盛可燃垃圾的蓝色图案垃圾袋有大中小三种型号，售价分别为500、350、250日元，其他两种各有大小两种型号，绿色图案的大袋售价为100日元，小袋50日元，红色图案的大袋售价为500日元，小袋250日元。垃圾袋为透明或半透明的塑料袋，垃圾袋可从超市或便利店购买。由于不同市级地区各自处理垃圾，因此各地所使用的垃圾袋都由各地提供（垃圾袋上印有城市名称），而且各地的垃圾分类表也不完全相同。垃圾袋的价格实际上主要是垃圾回收处理的费用，也起到通过经济手段实现垃圾减量化的作用。

垃圾分类索引详细说明了各类垃圾属于哪一类。实际上垃圾分类不止三种，在垃圾分类表中可以看到，三种颜色的垃圾袋并不能盛装所有分类表中的垃圾，垃圾分类装袋只是分类回收处理的主要方式，即将对应的垃圾放入规定的垃圾袋中并放到指定的垃圾投放点。其他方式还包括送往资源物品回收场、送往处理单位或销售店、送往地区清洁中心三种。比如报纸属于可再生资源，其分类处理属于送往资源类物品回收场的垃圾；比如废旧电子产品需要送往厂家专门设置的商店或超市的指定回收点。另外，一些大件的垃圾无法放入垃圾袋，一种方法是购买粗大垃圾处理券在投放时贴在垃圾上，另一种方法是用大号垃圾袋捆扎后投放到指定地点。垃圾分类表中还有一栏“投弃方法的要点等”详细规定了怎样处理后才能放入垃圾袋，比如食品盛装用的容器需要清洗干净晾干后按说明拆开或压扁，有些物品要取下金属、塑料等部分。

各自治会（类似于我国居委会或村委会）“垃圾收集日一览”详细说明了上田市不同地区（具体到各自治会）不同类别垃圾投放回收的具体时间。一般每周有两次投放回收可燃垃圾的时间，各有一次投放回收塑料、不可燃垃圾的时间，一般允许投弃到指定地点的时间为当天上午某一时点之前或某一个时间段。垃圾装袋投放时必须在垃圾袋签名区域写上自治会名称和投放家庭（人）的姓名，以起到约束的作用。比如，如果垃圾分类不正确，垃圾回收人员就会根据投放者姓名找到他，并进行教育指导。如果违规投放、未盛装在规定的垃圾袋内等，可能会面临相关法律的制裁（包括罚款或入刑）。最后一页列出了大型垃圾回收处理的企业名录、地址、电话和回收垃圾的品种，以方便民众处理大型垃圾。上田市可燃烧的大型垃圾 20 公斤以内处理费为 400 日元，超过后每 10 公斤 200 日元。

（5）日本村镇生态环境建设及推动可持续发展的做法与经验

项目组 2018 年 4 月赴日本长野、上田等地实地调研日本村镇生态治理与推动可持续发展，典型经验如下①：

1）民众的环境保护意识是实现村镇环境可持续发展的基础。日本自明治维新开始就已经对垃圾进行管理。20 世纪五六十年代，日本快速城市化阶段，因政府大力招商引资，建起大量重污染工厂，导致农村河流里散发着恶臭，村庄被垃圾包围。但在 60 年代末 70 年代初，村民开始醒悟并自发开始进行环境整治。村民从污水治理着手，通过在河流中喂养锦

① 做法与经验内容来自课题组成员陈钧浩赴日调研报告。

鲤、家庭主妇发起抵制使用对环境有污染的肥皂等。村民的一系列自发保护环境的行动逐渐影响到了政府，政府开始出台相关政策和法规，形成一系列环境保护的举措和法规体系，同时在全社会推进环境保护教育，从幼儿园开始的环境保护和垃圾分类处理的养成教育，使得在日本全社会形成了良好的环境保护意识，并自觉外化为环境保护的行动。在日本一般不会有职业歧视，但乱扔垃圾的行为是会受到人们的歧视。这种全社会强烈的环境保护意识成为日本环境可持续发展的坚实基础。

2）严密完善的制度和法律建设是村镇环境可持续发展的保障。日本在环境保护方面已经建立起具体完善的法律制度体系，形成了“法律—规划—实施规则”三位一体的环境可持续发展的法律制度体系。比如针对垃圾分类的法律就有《废弃物处理法》《关于包装容器分类回收与促进再商品化的法律》《家电回收法》《食品回收法》等，又比如各地政府都会编制环境保护十年规划，指导本地区环境发展建设，每个基层政府（市町村）都会出台本地区垃圾分类回收的具体方法。这些方面都在制度层面形成了强大的保障。

3）严格可执行的制度和全民参与的社会氛围是村镇环境可持续发展的持久动力。从走访考察调研中我们深刻体会到，日本在村镇环境保护和环境可持续发展方面能够取得这样的成就，严格可执行的制度和全民参与的社会氛围两者紧密配合是其成功的秘诀，也是其形成持久动力的源泉。如前所述，日本现行有关垃圾分类和环境保护方面的法律制度细致众多，且各地又有行之有效的具体实施办法。一方面明确详细的制度和实施办法给民众、企事业单位和相关政府部门各类行为主体提供了明确的行动规范，另一方面也使得政府乃至全社会对环境违规行为具有明确的监督监管依据，从而使制度成功渗透到社会生活的各个层面并严格执行。当然这种渗透的成功还在于日本业已形成全民参与环境保护的社会氛围，特别值得强调的是作为社会基层单元的自治会在环境保护方面所发挥的作用，这个组织在形成全民参与的社会氛围极其关键。在我们看来细致到近乎苛刻的各地垃圾分类能够推行并严格执行，自治会组织的轮流参与的志愿者活动功不可没。

4）在产业发展方面要重视城乡就业均衡、警惕村镇“空心化”课题组调研的长野县是日本著名的旅游目的省份，主导产业包括乡村旅游业、风景名胜旅游业、文化旅游业等。产业链主要围绕旅游业展开，但旅游业毕竟无法在当地形成高端的就业机会，这也是导致在长野大学调研时有学者提出村镇“空心化”的原因之一。村镇“空心化”笼统看是城市化导致的，根源则是城市化导致的城乡就业机会的差异，尤其是高端就业机会的差异。此外还有城市化导致的公共服务质量的差异，特别是优质教育方面的差异。目前村镇“空心化”已经在我国出现，虽然在东南沿海地区并不十分突出，但值得我们警惕，应尽量避免过去日本农村出现的情况。要在统筹城乡发展的基础上做实做好村镇产业，加强村镇高质量的公共服务建设和供给。

5）在空间规划方面要重视土地利用规划和城乡空间规划。日本十分重视土地利用规划和空间规划。一是从农户访谈得知，政府实施严格的以农业生产用地和非农业生产用地的规划区分和执行制度；二是根据相关资料和目测，农村地区基本没有超过 3 层的住宅，而且建筑的外观风格保留了日本传统的农居建筑特色，应该是有相关的立法规定或有村民的约定俗成，这为农村地区保留传统文化，实现传统文化传承起到了良好的保障。因此，村镇的空间规划方面既要做好法律法规保障，也要发挥村或社区基层组织类似于日本自治会的作用，形成法律保障、政府指导、村民组织监督或自律的体系化机制。

6）在文化传承方面要重视将历史文化纳入广义环境范畴。从上述民居建筑的传统风格保留可以看出，日本村镇文化传承方面深入人心。另外，从上田市环境规划的内容可知，将快适环境[①]（包括历史资源、文化）列入环境规划内容，说明政府和社会民众将历史文化纳入广义环境范畴，从更大的视域考虑对历史资源保护利用和文化建设推进。这里给我们的启示是，村镇文化传承应该纳入各类规划之中，日本这种把历史资源利用和文化发展纳入到总体环境规划的经验值得借鉴。

7）在生态环境规划方面要重视全域环境规划。上田市的环境规划给项目调研组留下了很深的印象。可以说，上田市的环境规划是全面环境规划，也是全域环境规划。“全面性”体现在环境规划的多个方面，大到全球气候变暖小到人们的生活方式，覆盖了人们生产生活的方方面面。“全域性”体现空间上覆盖市域范围内的基础设施、河流、绿地、历史人文景

① 快适环境是指舒适宜居的设施条件，包括水源涵养、公园、绿地、道路交通设施、历史文化遗迹、自然人文历史景观等。

观等等。因此，村镇生态化和可持续发展应该形成全域化综合环境规划，统筹推进环境发展。

### 2.1.5 韩国的新农村运动

（1）韩国新农村运动的背景

由于韩国政府第一个五年计划（1962－1966 年）、第二个五年计划（1967－1971 年）把重点均放在扶持产业发展和扩大出口，从而导致农业发展缓慢，工农业发展严重失衡，发展速度差从原先的 2.5% 扩大到 8%。农村青壮年劳动人口大量流向城市，一方面造成农村劳动力老龄化、弱质化，农业发展无劳动力，再加上农业机械化发展滞后，农村濒临崩溃的边缘；另一方面，大城市人口过密带来了拥堵、环境污染、治安等诸多的社会问题。农业基础薄弱、农村教育滞后、农民缺乏自信、生活缺乏保障。农民生活困难所带来的民风倒退、民心焕散、环境污染以及农村“黄赌毒”等社会丑陋现象层出不穷，乡村风气恶劣，农村基层政权管理混乱，农民也失去了原有的善良勤勉、互助合作的社会美德（周伟光，2007）；国民的伦理道德水平也严重滞后，官员腐败、学潮频繁等社会动荡现象对农村传统文化造成了冲击，严重腐蚀和异化了农民原本健康、淳朴、自助、自立的精神风貌。此外，20 世纪 60 年代末，出口导向型的经济发展模式推动了韩国经济的高速发展，政府积累了大量的财力和物力，可以用于支援农业。而一直以来制约韩国经济发展的资源匮乏问题依然没有解决，正是在这样的客观需要和实际条件下，催生了新农村运动。

（2）韩国新农村运动的发展阶段

在上述背景下，韩国政府在 20 世纪 70 年代发起了新农村运动。通过发展战略思路的调整，把实现工农业的均衡发展放在首位，在“勤勉、自助、协同”的新农村精神培育指导下，以政府主导为核心纽带，以多方协同为依托，带动农民自发进行乡村建设。韩国新农村运动可分为五个阶段（见图 2－1）。

第一阶段是生产基础设施建设阶段（1971－1973 年）。1970 年 4 月 22 日，韩国政府提倡“培育新农村运动”，在当年的 11 月，首先拨款 20 亿美元启动“新农村运动”，主要用于基础设施建设。政府免费向全国 33267 个村庄发放水泥，平均每村 335 袋，每户 4 袋，并明确规定这些水泥只能用于修建桥梁、公共浴池、洗衣场、修筑河堤、修建新农村会馆和村级公路、改善饮水条件、改造草屋等 20 多项乡村公共事业建设项目（张守营，2007）。并把这些建设项目交给农民自主开发，政府则派技术人员对村镇制定建设规划进行指导。为了充分激发广大农民参与建设新农村的热情，韩国政府在投资方面确立了“先动先扶、不动不扶”的原则，根据各村利用政府物资的效率，将其分为自立村、自助村和基础村[①]三个类别。政府的援助只分给农民参与程度高的自立村和自助村（王志，2011）。对表现积极的 16600 个村庄，在第二年又给每个村庄无偿提供了 500 袋水泥和 1 吨钢筋。这种实物形式的“物质刺激”大大激发了农民的积极性，很多村加班加点，竞相赶超。到 1978 年 2/3 的村变成自立村，农村面貌得到了很大程度的改善。第二阶段是扩散阶段（1974－1976 年）。在这一阶段，新农村运动进一步推进，扩散到了学校、矿厂和城市，成为全国性的现代化建设活动。新农村建设的重点也从改善农民居住条件发展到了增加收入和提高生活质量层面。为此，政府推出了增加农民、渔民收入的计划和措施。政府对新农村运动指导员、各级公务员、社会各界负责人分批进行新农村教育，动员理工科大学和科研院所的教师、科技人员轮流到农村巡回讲授，推广科技文化知识。随着村民会馆、自来水设施、生产公用设施的兴建，农村的生态环境得到了很大程度的改善，农业连年丰收，农民收入大幅提高。第三阶段是充实和提高阶段（1977－1980 年）。发展以农产品加工为主要内容的农村工业。同时还积极推动农村保险业的发展，并不断推动乡村文化的建设。这期间，因韩国国内政局动荡，新农村运动受到批评和责难。但经过调整，新农村运动从政府主导的“下乡式”运动转变为“民间自发式”运动，把工作重点放在发展畜牧业、农产品加工业和特色农业，积极推进农村保险业和文化事业的发展，更加注重活动内涵和社会实效。这一阶段，农民合作组织、农村金融组织、农民技术推广教育组织得到完善。第四阶段是国民自发运动阶段（1981－1988 年）。这一阶段政府大幅度调整新农村运动的政策与措施，不断完善全国性新农村运动的民间组织，把培训和信息、宣传大部分的工作转到民间团体、大学、科研机关。比如韩国的 190 多个大学，几乎所有大学都参与了新农村建设，大学生参加志愿者活动就给学分，很多学者也走出学院，把参与新农村运动当作自己的使命。政府则着重调整农业结构，开展多种经营，大力

---

① 成绩最佳为自立村，表现一般为自助村，表现最差为基础村。

发展农村金融业、流通业，改善农村生态环境和文化环境，继续提高农民收入等。在共同努力下，当时农村居民的经济收入和生活水平得到了进一步的改善，已接近城市居民的生活水准。第五阶段是自我发展阶段（1988年以后）。这一阶段一方面带有鲜明的社区文明建设与经济开发特征的新农村运动逐渐向城市延伸，而另一方面城市的繁荣气象从逐步向四周农村扩散，城乡工农差距缩小。政府倡导全体公民自觉抵制各种社会不良现象，并致力于国民伦理道德建设、共同体意识教育和民主与法制教育，道德教育在城乡交流、产业结构调整中发挥了巨大作用，促进了韩国经济的稳定发展，新农村运动演变为国民自我发展阶段（张小林 等，2005）。

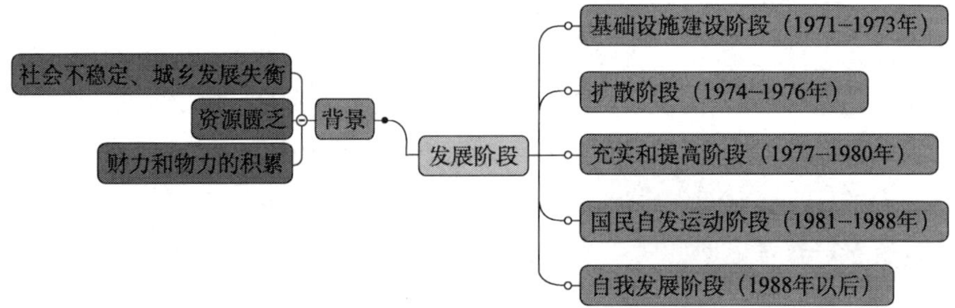


**图 2－1　韩国新村运动的背景及发展阶段**

通过多年的努力，“新农村运动”取得了超出预期的效果和令人瞩目的成效。如表 2－5 所示，韩国国民的整体素质大幅提高，实现了经济腾飞，城乡发展的差距大为缩小，城乡和谐统筹发展。自 1970 年以来，韩国城乡居民的收入比例长期保持在 1∶0.8 至 1∶0.9。1993 年，韩国每 100 户农民拥有彩电率达到 123.6%，电冰箱 105%，燃气灶 100.4%，电话 99.9%，汽车 20.9%，计算机 6.7%（张介岭，2006）。

**表 2－5　韩国新农村运动的主要内容及成效**

| 主要内容 | 成效 |
| --- | --- |
| 修建农村公路 | 1971－1975 年，农村公路架设桥梁 65000 座，每村修建进村公路；基本实现村村通公路 |
| 改善住房条件 | 先是把茅草屋改造为瓦片或铁皮屋顶房屋；后改成建新房，农村面貌焕然一新 |
| 村村通电 | 20 世纪 90 年代韩国全国实现了电气化；村村通电，为工业品（家用电器）打开农村市场，扩大内需创造了条件 |

续表

| 主要内容 | 成效 |
|---|---|
| 改善饮水条件 | 打深井用水泵提水入屋；把山泉引入储水池，净化后接到厨房，饮用水的卫生得以改善 |
| 推广高产良种 | 推广水稻高产优良品种“统一系”，每公顷提高到 4.9 吨，增产 1.4 吨；农民学会了“集团栽培”整体高产整套技术，良种和栽培技术的推广，大大提高了韩国的水稻生产水平 |
| 增加农民收入 | 除了农业收入，农民还增加了商业、农产品加工、观光旅游等非农收入（1994 年的 35% 增加至 2004 年的 50%），农民人均年收入从 1970 年的 137 美元提高到 1978 年的 648 美元①；城乡居民的收入差异得以大幅缩小 |
| 发展农协合作 | 以农协形式发展合作经济，在农协内部创办了农村金融机构，兴办商业，助力新村建设 |
| 兴建村民会馆 | 在会馆召开村民会议，并举办培训班、交流会等集体活动，增强了农民的民主决策和民主管理意识 |

资料来源：根据暴庆五的《赴韩国“新农村运动”考察报告》整理。

（3）韩国新农村运动的经验和特色

韩国的新农村运动有其特殊的经验。一是注重将经济和社会发展与人的改造相结合，三位一体，相互促进。在新农村运动开始之前，韩国政府就意识到，不改造农民，使其具备奋发向上的精神就无法真正改善农民生活；而农民生活不提高反过来又会影响农民重拾信心。所以，新农村运动把思想启蒙、精神改造作为起点，把经济发展、社会发展与人的改造有机结合，落实到农村政策目标的制定和实施中去（见表 2－6）。在新农村运动中，最值得一提的是新农村教育，新农村教育是新农村运动的核心。新农村教育的一个显著特点就是狠抓农民培训，提高农村教育水平。为了培训新农村运动骨干，韩国中央和地方都设有相应的培训机构。其中，中央政府专门成立了中央新农村运动研修院，10 年间为基层培养骨干人员 16.5 万名，接受农业技术教育的农民也达到 2700 多万人次。韩国政府还安排国家公务员、学者和企业家等参加新农村教育，与新农村建设指导员一起同吃住，开展讨论，并动员大专院校教师和科研院所的科技人员轮流到农村巡回讲授和推广科技文化知识。二是从大局着眼、小处着手。新农

① 韩国农民收入的急剧提高，得益于以下几个因素：（1）在全国范围内推广水稻新品种；（2）政府为保护水稻新品种的价格，给予财政补贴；（3）部分农户改种经济作物，调整优化农业结构；（4）政府以新村运动的名义，大量投资和扶持农村经济发展。

村运动之初从切实可行的小项目如修路、修井、修塘、拉电网入手。这些项目虽小，但见效快、动员群众广泛，并且都是从改善农村生活和生产环境入手，与农民的利益息息相关，其作用立竿见影，容易激发农民的参与积极性。1971 年至 1980 年，新农村运动投入 34251 亿韩元，其中政府直接投资只占 27.8%（中央 14.3%，地方 13.5%），银行等社会融资占 22.8%，最多的是农民投入的资金、劳务、土地、物资等，占 49.4%。在政府的直接投入中，每个村在 1971 – 1978 年累计分得 2100 袋水泥（84 吨）、2.6 吨钢筋，年均只有 240 袋水泥/年，0.3 吨钢筋/年，价值约 2000 美元，也就是说政府每年无偿支付每个农户只有 20 美元。可以看出政府的投资非常小，但收获了巨大的社会效益。当然，这么小的投入对推进韩国农村短期内实现现代化目标，树立自立精神起到了很关键的促进作用，也就是所谓的“精神改革”的动力。三是以工业发展积聚的国力反哺落后的传统农业。20 世纪 60 年代，出口导向型经济发展模式使韩国的工业得到了快速发展。政府以工业的强劲增长为后盾，最大限度给予农村财政支持，平衡城市和农村之间的财富分配。同时，政府还不失时机地推出优惠政策，发展乡村工业，使农民的收入得到很大提高。政府通过多种渠道筹集经费，为新村建设提供财政上的支持①，并且财政支持摒弃了以往的平均主义，采取鼓励竞争，择优投入。四是重视政府的主导作用，责任到人。整个运动中，韩国政府在政策目标的确立和推进（组织管理和协调服务）、资金的筹措与安排（财政支持）、技术的开发（教育培训）等方面都发挥着积极的主导作用。从中央到地方层层建立专门机构，在中央，道（相当于我国的省或自治区）、直辖市，市、郡（相当于我国的地级市）三个行政级别上设立了新农村运动协议会，在面邑（相当于我国的乡镇）基层行政机构设立新农村运动促进委员会（暴庆五，2007）。1972 年成立了“中央新农村运动咨询与协调委员会”，各级政府也层层复制这种模式。在 1980 年根据《新农村运动组织育成法》成立了新农村运动中央本部，从而开始从多方面实行有关新农村运动的调查和研究。2011 年韩国国会通过修订《新农村运动组织育成法》把 4 月 22 日的“新农村日”定为国家的纪念日。政府还实行公务员对新农村建设指导责任制，规定县乡两级公务员每人每周到村里指导不少于两次，并对落实情况进行严格考核。另

① 韩国 1978 年支农经费比 1971 年增长了 7.8 倍，1994 年政府和民间投资额为 11 万亿韩元，20 世纪 90 年代后期投入 42 万亿韩元，进入 21 世纪又投入 119 万亿韩元。

外，还推出新农村建设指导员机制，新农村指导员由村民选出，与“村庄发展委员会”一起负责本村的新农村发展计划和集体性工作的具体组织执行。官民一体，民主讨论，齐心合作共建新农村。

（4）韩国新农村运动的经验启示

20 世纪 90 年代，政府把新农村运动作为实现新型国家的具体措施，到了发展的新阶段，新农村运动“勤勉、自助、协同”这一基本精神已成为韩国健康发展的动力[①]。至今，在韩国的街头或公共机构还能看到悬挂着新农村运动的旗子，“新村精神”被奉为国民精神，新农村运动被推广为国民运动。在韩国的城市，新农村运动被推广为企业、社团为中心的维护秩序三大运动，倡导勤俭节约、遵守秩序、环境净化、邻里互助；在工厂，被推广为精神教育、劳工合作、提高生产、提高福利，支援新农村建设；在学校，提倡勤俭节约、热爱家乡、保护环境、志愿者服务等内容（胡国云，2014）。

尽管韩国和我国不同，实行私有制，是资本主义市场经济，但成功的新农村运动仍然有许多经验值得我们借鉴和学习。首先，韩国的新农村运动从农民的实际需求出发，实实在在解决困难，不搞花架子。韩国新农村运动的最大特征，就是始终以农民为主体、以农民脱贫致富为内在动力，是以农民的亲身实践、政府扶持为主要形式的社会实践。韩国新农村运动的特征不是行政官员在办公室预先策划和设计好的，而是广大群众和学者、公务员通过亲身实践逐渐总结出来的（李曙桐 等，2006）。并且对于民众的要求，根据他们的意愿，分急缓、分阶段有序实施。其次，重视培养村民的自立精神，增强民众的信心和决心。正所谓“扶贫先扶志”，韩国新农村运动重视农民自身素质教育，从精神层面充分激发农民的积极性、自觉性，启发农民从改善身边的生活环境，脱贫致富和增加收入开始。最后，注重新农村运动的全面性和长期性。新农村运动从基础建设入手，拓展到改善农民生活和农村环境的方方面面，政府引导农村竞争性地申请项目支持，加以筛选后给予支援，激励先进，鞭策后进，并注重对项目的继续跟踪维护。韩国通过新农村运动获得了巨大的经济、社会效益，从中我们可以认识到，村镇的建设不能盲目快跑，要从根本出发、从实际

① 勤勉即勤劳，互相鼓励，充分调动国民的主动性和创造性；自助即发扬自立自强精神，激发大家相信自己的理论，用农民自己的话说，就是“干，就能行”“我们能做好”“让我们共同过上好日子”；协同即发扬集体主义精神，团结一心，共同奋斗。从节约一勺米，身边一点一滴小事做起，不空谈，不图名，不搞形式主义，身体力行，实实在在地建设家园。

出发、有序渐进，激发和培育可持续发展的动力。韩国通过基础建设、素质培养、财政扶持、技术指导，有效解决农村普遍存在的基础设施落后、人口素质低下、产业发展落后等难题，并形成了持续发展的动力，值得我们在实践中学习借鉴。

**表 2-6　韩国新农村运动的推进方向**

| 目标 | 创建生命・和平・尊敬的新文明社会 | |
|---|---|---|
| 运动基调 | 参与・奉献・对策 | |
| 重点任务 | 生命生活运动 | 节约和提高效率性，非电力适宜技术生活化 |
| | | 使用自然可再生能源 |
| | | 开展生命的饭桌运动 |
| | 分享和平运动 | 自觉一起劳作和学习的农村共同体 |
| | | 充满活力的城乡・地区交流活动 |
| | | 南北和平分享活动 |
| | 尊敬文化运动 | 老师、学生、学生家长相互尊敬的学校共同体 |
| | | 三世同堂的和睦家庭共同体 |
| | | 居民参与的现场文化活动 |
| | 地球村共同体运动 | 邀请外国人参加的针对性新农村教育 |
| | | 培育可持续的新农村示范村庄 |
| | | 通过搞活 SGL 来扩散和传播新农村运动* |
| 主要活动 | 社会共同体运动、经济共同体运动、文化共同体运动、环境共同体运动、地球村共同体运动 | |

*表中的“SGL”指的是新农村运动全球联盟（Sae maul Undong Global League），于 2016 年 10 月 19 日创立，创立之初有 33 国。

资料来源：根据韩国新农村运动网站（https://www.saemaul.or.kr/sub/saemaul/vision.php）资料翻译整理。

## 2.2 发达国家村镇建设的特点

19 世纪 60 年代，工业化和城镇化的高速发展导致大城市人口过度集聚、拥堵不堪，但乡村出现空心化。为分流大城市人口，发达国家启动小城镇建设。其中，英、美、日三国启动小城镇建设时的城镇化率均达到70%，而韩国起步时间较晚，城镇化率在40% -50%（见图2-2），与我国较为接近。目前，英、美、德、日、韩等经济发达体均已经完成了对小城镇的开发培育工作，小城镇已成为这些国家经济、人口和产业的主要发展载体。

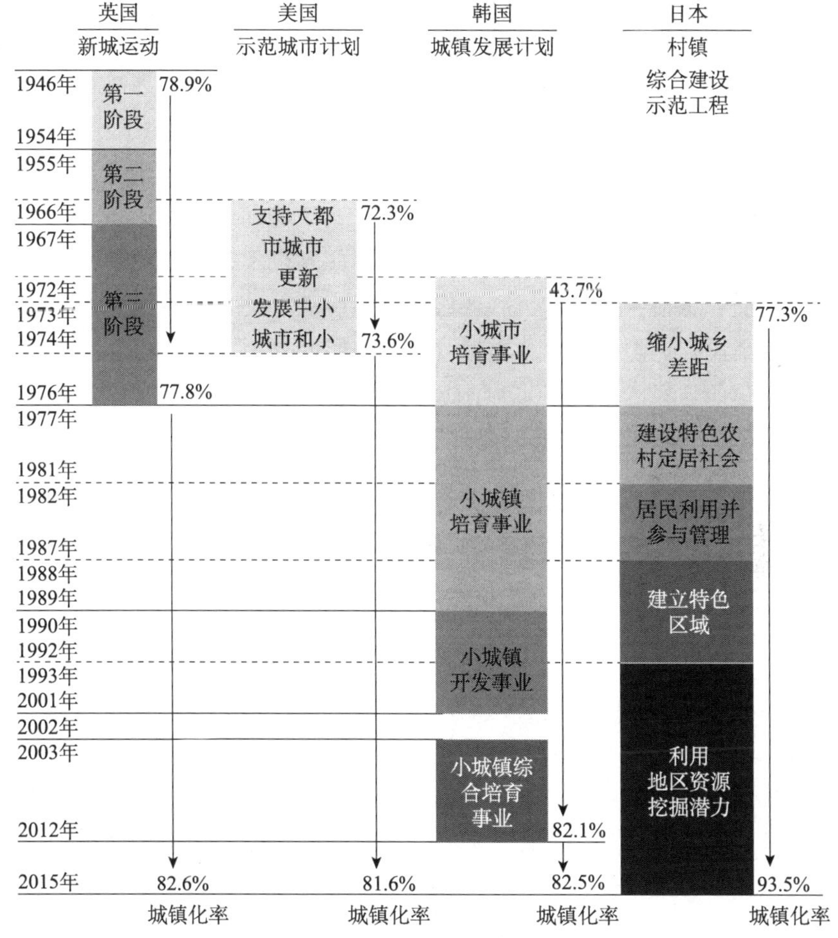


**图 2-2　发达国家小城镇发展阶段及城市化率**

资料来源：100个国外经典小镇告诉你 成功的特色小镇应该这样做［R］. 中国指数研究报告，2017-08-04.

### 2.2.1　重视政府功能

在发达国家小城镇发展中，按照政府作用的不同，其路径可分为两种。一种是以政府为主导力量，引领小城镇的规划建设。最为典型的例子是英国在二战后实施的“新城运动”，其主要目的是通过对小城镇的开发建设，解决伦敦、伯明翰、利物浦等大城市人口过度集中和农业区落后的问题。英国政府于1946年、1965年和1981年颁布了《新城法案》（New Towns Act)，在1947年通过了《城乡规划法》（Town and Country Planning Act)，通过立法明确了新城的开发、管理和设计模式，并据此成立新城开发公司，委派他们分批次（三代[①]）开展新城建设，每个时期都有不同的建设目标。在初期阶段，英国政府将开发重点放在那些靠近大城市的小城镇，如距伦敦50公里内的斯蒂夫尼奇、克劳利、哈罗等。在开发后期，随着基础设施的改善，交通的便捷和私家车的普及，新城运动开始向离城市更远的地方拓展。另一种是以市场为主导，政府起到辅助支持作用。这种小城镇的发展是由于在经济社会发展规律的支配下，小城镇逐渐获得企业或居民的青睐而兴起和壮大，各级政府在政策、资金和技术上给予大力支持，提供宏观调控。例如，美国许多小城镇的繁荣就是人口和企业自然选择和聚集的结果。20世纪50年代美国提出了发展小城市和小城镇的观点，一些位于大都市边缘的小城镇（卫星城）由于其环境优雅宁静，地价低廉，基础设施齐全，交通便利，成了中产阶层的首选。同时，部分老城区飙升的犯罪率，也使得许多企业将总部搬迁到了那儿。

### 2.2.2 重视规划指导

发达国家的小城镇建设十分注重发挥规划的指导和协调作用，重视小城镇的综合规划和建设发展，规划一旦得到批准，就必须按规划实施，不得随意更改。可以说合理的小城镇建设规划是小城镇可持续发展的前提，完善的政策机制成为小城镇健康发展的保障。发达国家的小城镇规划不仅有其科学性、前瞻性和务实性，而且具有权威性。规划内容主要包括：土地开发利用、市政建设、产业发展和人口发展规划等。例如美国的小城镇

---

① 第一代新城：1946－1950年兴起的小城镇，人口规模不超过6万人，第三代卫星城属于第一代新城，伦敦外围建了8个卫星城。特点：规模较小，功能分区严格，居住按邻里单位建设，强调独立自足和平衡，对地区不平衡，经济开发问题考虑较少，如英国哈罗新城。第二代新城：1950－1964年，人口不超过10万人，是新开发地区中心。特点：规模比前面大，功能分区不及前严格，密度高，注意景观设计，小汽车发展后交通规划比较重视考虑地区经济开发，如英国利文斯顿、斯蒂文奇新城。第三代新城：1960年以后规划的，人口达25万－30万人，中等规模新城，如密尔顿凯恩斯新城。

建设，重视规划成了其必要前提，规划不仅强调功能个性、布局合理，而且注重规划的长期性；英国建立了世界上第一个完整的城乡规划体系，助推小城镇有序健康发展；德国在小城镇建设中，严格按照规划控制，有序推进。

### 2.2.3　村镇各具特色

不同地区有着不同的发展基础，发达国家的村镇以已有条件和特色为基础，进行差异化、多元化建设，并依据小城镇发展的阶段性特征处理好近远期关系。总体看来，发达国家村镇建设可分为以下三种类型：

一是企业总部基地。环境优美、地价便宜、基础设施完善是这类小城镇的基本特征。美国企业从 20 世纪五六十年代开始便热衷于将总部从市中心迁往小城镇。例如，沃尔玛总部位于阿肯色州北部的小镇本顿维尔，全镇只有 2.5 万人口；美孚石油的总部设在德克萨斯州达拉斯县的欧文小城。在欧洲，雀巢公司总部位于瑞士日内瓦湖东岸，只有 1.8 万人口的小城沃韦；奥迪总部设在德国巴伐利亚州的小城英戈尔斯塔特。

二是发展特色产业。根据不同的发展基础、条件和阶段，小城镇凭借自身的特色资源或地理区位优势，以特色产业为主导，多元化发展，带动当地的经济社会发展。例如，被誉为全球对冲基金“大本营”的美国康涅狄格州的格林尼治小镇。该镇除了风景优美、税收及配套政策特优惠外，凭借沿海的地理位置，离海底光缆较近，拥有高速的网速，还毗邻全球金融中心纽约（距离 42.4 公里，车程 40 分钟）。也正是这些优势使得只有 147 平方公里的格林尼治成了金融业小镇，聚集了超过 500 家对冲基金。

三是宜居城镇。“大城市病（人口膨胀、交通堵塞、环境污染等）”的蔓延，促使民众将居所迁移至大城市周边环境优美、生活成本低、交通便捷、治安稳定的卫星城镇。例如，20 世纪 70 年代后，美国一度出现“逆城市化”浪潮，大量人口从大都市中心地区向周边城镇扩散。2007 年，英国政府宣布在全国启动生态城镇建设项目。

### 2.2.4　鼓励民众参与

发达国家普遍调动民众的积极性，引导他们主动参与村镇的规划与建设，提高全民意识和主人翁意识。比如韩国在新村运动中注重培养村民的自立精神，增强他们的信心。发达国家在村镇建设中也注重农村劳动力素质的提高。例如，英国和法国在工业化初期普及小学教育和初级技术训练；日本通过调整农村社会福利政策，强化职业训练来培训农村劳动力；美国通过立法兴建成人教育机构来推动农村劳动力的培训和就业（见表2-7）。

**表2-7　　发达国家村镇建设特点**

| 国家 | 特点 |
| --- | --- |
| 美国 | —重视规划的作用<br>—重视基础设施建设<br>—重视环境建设<br>—重视城镇特色<br>—重视建设管理<br>—重视公众参与 |
| 英国 | —率先建立了世界上第一个完整的城乡规划体系<br>—注重乡村文化特色的保护<br>—重视农业和农民的发展<br>—政府对农民环保性经营给予适当补贴 |
| 德国 | — 立法先行，提供法律保障<br>— 注重规划控制，有序发展<br>—完善基础设施和社会保障体系<br>—单体设计与整体景观协调<br>— 产业均衡分布，发展特色经济<br>—重视环境和保护古建筑<br>—鼓励公众参与村镇建设 |
| 日本 | —确定政府职能，发挥引导作用<br>—以开发农特产品为目标，培育各具优势的产业基地<br>—促进农村农民组织的发展，注重农民自我管理<br>— 以培养人才为动力，重视对农民的教育培训，培养新型农民<br>—充分调动农民积极参与乡村建设的意识<br>—以生活工艺运动为载体，促进农村文化建设 |
| 韩国 | — 注重经济发展、社会发展与人的改造相结合，三位一体，相互促进<br>— 大局着眼，小处着手，注重新农村运动的全面性和长期性<br>— 以工业发展积聚的国力反哺落后的传统农业<br>— 从农民的实际需求出发，实实在在解决困难，不搞花架子<br>— 注重培养村民的自立精神，增强信心和决心 |

# 2.3 发达国家村镇建设经验对东南沿海村镇发展的启示

## 2.3.1　村镇可持续发展的引导——政策先行

经验表明，无论美英德等欧美发达国家，还是日韩等亚洲先行国家，都是通过工业化推动了城市化。在城市化大力推进导致大城市病无法解决，同时社会资源向城市过度集中导致城乡二元结构矛盾日益突出、农村发展遭遇极大困难时，各国纷纷意识到加强村镇建设的重要性，把村镇建设作为推动城乡一体化、实现经济社会可持续发展的重要手段。由此可见，村镇建设首先是自上而下的国家意志。从经济发展的客观规律也可看出，第一产业和农村发展缺少自我增长的内在能力与机制，需要国家通过城市和工业发展进行反哺，通过政策进行扶持。所以，推动村镇发展的首要之处是政策先行。

政策之中，首先是要做好顶层设计。村镇建设是牵一发动全身的大事，需要调动全国的资源投入建设，各国经验表明推动村镇建设也决无坦途可言，中央政府层面的顶层设计是其成功的必要条件。如果没有顶层设计，村镇建设往往要走弯路，推进速度有时也不够快，这在崇尚自由市场经济的美国等地表现得尤为明显。反之，在强势政府的日本和韩国等亚洲国家，顶层设计之下的村镇建设，往往推进的成效和速度明显。

顶层设计之下，也需要地方各级政府务实可操作的具体政策配套。中央政府层面的宏观政策，受限于它的管理层次与管理幅度，有时不够具体，也不一定契合地方实际，不一定能够解决实际问题。这时，就需要地方政府根据本地实际深化制定具体政策，把中央政府的政策意图落到实处。同时，地方政策的具体配套也有利于各级政府形成合力，共同提供资源和财力，重点扶持村镇建设的发展。

政策先行也指多部门、多方面政策的配套。村镇建设涉及农业、农村、农民发展的方方面面，不是一个单项政策或是单个政府部门能够解决的。历史上，韩国一开始也出现了各部门各自为政的弊端，结果给新农村运动的推进造成了一定的影响。多角度的政策配套，反过来也对政策的顶层设计提出了要求。只有多手段的组合政策和系统全面的顶层设计，才能有效推进村镇建设，改革农村发展的积弊。

政策在执行过程中，需要进行不断调整。那种关起门来设计政策，政策出台之后强行推进的做法，是不符合马克思主义的做法。我们从日本、韩国等案例中可以看出：首先是村镇建设的实际情况是千变万化的，所出台的政策必须要紧跟这些变化，贴近农民的实际需求；其次，村镇建设在发展过程中有其阶段性的突出矛盾与需求，政策的实施必须围绕这些阶段性的特点，即根据阶段性的发展特点制订实施具体政策。例如，韩国的新农村运动就分好几个阶段，韩国政府根据不同阶段的特点制订不同的政策体系，聚焦不同的重点加以推进。

政策执行与绩效管理也很重要。首先是要建立一个政策实施的责任体系，明确责任部门和责任人，画出路线图、列出时间表；其次是要考核出台的政策有没有实施到位，对于没有实施到位的，要查明原因，进行严肃问责。对于政策，要进行有效的评估，没有成效的，应该从政策组合中剔除，成效显著的，要加以保留或推广。

政策的设计，是一个广泛参与、博采众长的过程，可以发挥大学等研究机构和专家学者的智慧。例如在韩国的新农村运动中，各个大学都纷纷建立了新农村运动研究所，共有 190 所大学参与到新农村运动中。对于没有把握确定的政策实施，也可以有一个先局部后全面、先试点后推广的过程，在总结前期成功经验的基础上，加以调整完善，再全面推广。

### 2. 3. 2 村镇可持续发展的控制——规划指导

为了科学有效地推进村镇建设，各国都非常重视规划的制订与约束。从已有经验看，无论是像美国波特兰市这样的小城市建设，还是德国对小城镇的改造，或者是韩国的新农村运动，都非常强调规划的制订与控制。“有规可依”成为大家推进村镇建设共同的成功经验。政府对农村建设必须有一个长远而系统的规划，明确所要达到的目标，并在推动过程中对农村建设运动进行规范。

规划是政府实现社会管理或经济管理的重要手段，是引导社会各界资源优化投入、有序发展的刚性工具。要想取得好的实施效果，首先要有科学的规划。这就要求规划在制订过程中要对相关领域进行深入的研究，系统掌握好做法和成功经验，深入开展实地调研。其次，必须立法确保政策的权威性和严肃性，杜绝因某些私利而在实施的过程中随性盲目的更改，打乱全局的建设。再者规划要有一定的前瞻性，在制订过程中，要集聚专家学者的经验，也要多参考先进国家和地区的经验。考虑到当前我国经济社会发展速度比较快、工业化城市化快速推进的现实，规划目标应该适当定得高一点，留有一定的余量和空间，不至于规划公布实施不久就落后于实际。最后，为使规划更有可操作性，需建立有效的公众参与机制。在规划制订过程中应广泛征求社会各界意见，特别是规划所涉及的农村和普通农民的意见，以切实保护他们的利益。

村镇建设的规划应该是一个完整的体系，不同规划之间应相互衔接与配套。既要有中央政府、省、市层面的宏观规划，也要有具体单个村镇建设的详细规划。既要有经济社会发展的整体规划，也要有村镇建设的控制性详细规划。既要有土地利用规划，也应该有产业发展规划。可持续发展和环境保护是当前全球发展的主题，也是今后村镇建设的主题，应当做好村镇开发过程中的资源保护利用和环境保护的专项规划。

规划的指导方向应该是明确的，规划的约束应该是刚性的。要避免出现规划目标模棱两可、规划划定的边界与红线可以任意突破的现象。国内外的经验表明，凡是村镇面貌让人耳目一新的成功经验，无不是建立在对规划的敬畏与遵守上，只有一代人、几代人矢志不渝，牢牢坚守一个目标，一张蓝图画到底，才会有风景如画的村镇风貌。

规划在实施过程中要进行适当调整与修编。特别在我国，对于如何有效推进村镇建设，即便是在沿海发达地区，也没有多少成功可循的经验，再加上当前我国经济社会各方面的发展速度都很快，许多情况并不是作规划时能够预见到的，这就要求根据形势的快速变化对规划进行合理的调整。规划的调整修编与刚性约束并不矛盾，刚性约束是指规划一旦制定发布，就应该有其权威性，不容随意地违背。调整修编是根据形势变化而进行的快速适应，目的是更好地起到指导作用。

在任何一个国家村镇建设都是一个长期的战略，需要几代人持之以恒地坚持与落实。因此，规划的编制也应该制度化、长期化，应该包含对已有规划编制实施的评估以及新规划的滚动编制。滚动编制的规划，应该既有对前期规划和实施成果的传承，又有根据新形势的创新。

根据各国对村镇开发的经验，农村地区往往自身资源有限、收入水平低，同时也缺乏高素质的人才，凭借其自有资源，很难进行高质量的规划编制与战略设计。这时，就需要各级政府对其进行智力扶持，帮助制订符合自身发展需要的村镇规划。有的国家通过设立专门的咨询机构提供专业咨询意见，有的国家更是通过发布规划编制的标准模板加以引导。我国农村当前也存在人才向城市外流、财力薄弱、管理水平不高等相似的情况，需要各级政府高度重视，对其进行智力扶持，引导其高质量编制规划。同时，各高校、科研院所等也应该高度重视，积极投入到对农村的智力援助，帮助其制定科学的规划。

个性化发展是发达国家村镇建设成功的另一个经验，从德国各具特色的乡间小镇，到日本的“一村一品”，莫不如此。我国在村镇的规划建设过程中，也要注意各乡村不同特色的打造。村镇的差异化发展，既有利于乡村既有文化和历史的传承，又有利于突出各村镇的特色，吸引城市客流，发展乡村旅游业。各具特色、千姿百态、星罗棋布的众多村镇建设，是各国建设乡村的成功经验。

### 2.3.3 村镇可持续发展的保障——制度制定

村镇建设是各国在工业化和城市化中后期的必然选择。同时，村镇建设也是可持续发展过程中一项长期的任务。村镇建设过程中外部发展环境多变，内部动力因素多元，制约条件也在不断变迁，所以相对成熟稳定的制度框架，对实现村镇的现代化意义重大。

首先是各级政府对村镇建设的扶持政策应该制度化。政府在施政过程中的重点会不断转移，有时是因为经济社会发展的阶段性矛盾不断变化，有时是因为经济起伏政府财力会时有松紧，有时是因为领导团队更替导致施政的重点会有所调整，因此有必要将既定的村镇扶持政策制度化，因为政策的稳定和持久发力，是村镇建设取得成功的必要条件。

要有效改革当前我国农村的产权制度与户籍制度。无论城市还是农村，人是推动经济社会发展的最根本因素。在现有体制下，我国人口呈现从农村到城市的单向流动。从制度上讲，农民可以放弃农村户籍及农村集体所有制下的财产权益，比如宅基地与土地承包权，转向城市发展；从公共服务水平上讲，城市公共服务水平天然比农村高，农村人口有向城市流动的自然驱动。因此，当前我国农村空心化、老龄化的趋势非常明显。发达国家的村镇建设经验显示，其政策引导的一大重点就是稳固农村人口、吸引城市人口向农村地区反向流动，更进一步吸引城市高素质的劳动力向农村地区转移，以改造农村地区的人口结构，注入农村地区可持续发展的根本动力。当前我国东南沿海的新农村建设已经取得相当的成效，其洁净的空气、原生态的自然环境、悠闲的生活方式对城市人口已具有一定的吸引力，但是在我国现有制度约束下，城市人口很难真正落户成为农村的一员，或者讲从城市向农村真正的人口流动渠道是封闭的，由此导致城市到农村仅仅表现为人流（以乡村旅游和民宿经济最为典型）而非人口流动。农村地区无法接纳来自城市的人口，农村地区之间相互的人口流动在通婚之外也鲜有渠道，这种农村人口结构的固化、老龄化、减量化不改变，必将影响我国农村地区的发展后劲。因此，改革农村地区的户籍制度与产权制度，是我国马上要面对的一项重大任务。

要重点订立村镇自我管理的制度。农村地区与村镇建设，是我国传统上立法比较薄弱的环节。由于农村地区地广人稀的客观特征，执法的力量和力度也非城市化区域可比拟，农村居民的法制意识也相对薄弱。因此要结合本地实际，重点订立村镇自我管理的制度。一是可以弥补政府层面在农村经济社会管理上的制度建设滞后。二是通过自我管理的制度设计和执行，使农村居民能够参与进来，增强主人翁意识与守法意识、制度意识。

制度的执行与修正同制度的制定同样重要。当前基层管理的一大弊病就是许多制度没有得到很好的执行，有的执行歪了、有的没有执行，结果使老百姓的获得感大为减少，也影响基层组织在老百姓眼中的公信力。因而对已经制定的制度，要强调并监督执行的力度，使制度的执行不折不扣。同时，也要注重对制度实施效果的评估，根据实际成效对制度进行动态的调整，提高制度执行的实效性。

### 2.3.4 村镇可持续发展的辅助——民众参与

鉴于村镇发展缺乏内在自我增长的能力，各国推进村镇发展都采取政府扶持和以工带农的方式，通过财政补贴和城市带动，帮助村镇走上良性发展的轨道。但政府的引导和外界的帮助并不代表农村社区本身不需要积极投入到村镇建设活动中去。相反，只有农村社区的民众积极投入到如火如荼的村镇建设活动当中，该地的村镇建设才能够取得成功。从韩国、日本和欧洲的农村建设实践看，政府只是村镇建设的配角，只是起到引导、统领、服务作用。农民是村镇建设的主体，如何更好地唤起农民的自主意识，提高农民的素质，激励农民广泛参与建设，从而最大限度地激发农民的积极性是乡村振兴的关键（侯彦全 等，2011）。只有政府与农民二者的角色到位，分工合作，村镇才能实现可持续发展。

民众参与最主要是指民众参与农村地区的现代化改造或参与现代村镇建设。例如韩国在新农村运动中，为了激发广大农民参与建设新村的热情，在投资方面确立了“先动先扶、不动不扶”的原则，按照各村利用政府物资的效率，分为自立村、自助村和基础村三个类别，政府的援助只分给农民参与程度高的村。干得好继续加大无偿投入，不好就取消相关供应。用“物质刺激”激发农民的积极性，形成竞争氛围，农村面貌很快就焕然一新，到 1978 年最差的村基本消失。

民众参与又指民众是村镇产业发展的主导力量。这点在德国各具特色、制造实力雄厚的小城镇建设中表现突出。在日本“一村一品”运动中，也是如此。“一村一品”当中的“品”，特指一个村庄、一个地区值得骄傲的东西，比如已有的土特产品、旅游资源等等。而这些提炼、扶持出来的“品”，往往是本地民众积极投身其中，擅长并大力发展的特色产业。这点在宁波也有许多鲜明的案例，比如慈城的年糕，就是慈城人民代代相传的传统手艺，又比如宁海的枇杷，则是当地农民抱团成群，精心培育的产业。

民众参与也指农村地区居民参与本社区的制度制定。某项制度的制定首先应该是倾听民众呼声、回应民众呼声，对民众现实需求的一种回应。在制定过程中，我们更应积极征求民众意见，采纳民众的建议。民众全程参与设计的制度，既能够体现民众的主人翁地位，也易于推广实施，容易发挥民众的积极性，同时也往往是贴近实际、实效管用的制度。

民众参与还指民众自治。鉴于农村社区人口稀少、地域分散的特点，民众自治是村镇管理的一项重要内容。民众自治可以使农村社区居民有更强的主人翁意识，增强他们的制度意识，减少制度实施的难度。民众自治、群众参与也可以降低村镇管理的成本，使管理者和被管理者融为一体。

此外，民众参与在村镇环境保护中的地位作用尤其明显。村镇环境污染，是当前村镇发展中的一大矛盾。村镇的环境保护，是今后村镇可持续发展的前提条件和重要内容。只有社区民众有强烈的环保意识和良好的环保习惯，并且能够积极投身到对环境污染的整治与监督中，才能够维持农村赖以生存并且吸引人口和人流的优美生态环境。村镇的环境污染和随之而来的百业凋敝，这在我国许多地方是有惨痛的教训的。

村镇的文化传承，更需要民众的参与。村镇发展要成功，特色是关键之一。而村镇的特色区分，很多是在特定的乡村习俗与特色文化之中。而民众，恰恰是这些文化和习俗的载体。没有了民众参与，也就谈不上这些文化习俗的传承与发展。例如非物质文化遗产，现在已是吸引各地游客参与到乡村观光旅游当中的一项重要因素，而非物质文化遗产的载体，往往就是当地民众本身。

民众参与也要加强民众的合作。农业面临着自然和市场双重风险。日、韩、德三国农民应对市场的成功经验之一是都组建农协组织，通过农协壮大经营实力来提升农民在市场上的谈判地位（李显刚，2010）。受我国传统观念影响，农村的生产经营方式根深蒂固，农民在市场竞争中处于弱势地位，抗风险能力差。增强农民应对市场风险的能力，最有效的方式就是大力发展农民专业合作经济组织，分产业把农民集结起来，凝结成一个整体，以团体的力量，提升产业的竞争实力。

### 2.3.5　村镇可持续发展的动力——技术促进

村镇发展的实践也表明，要推动村镇的可持续发展，技术进步是其中重要的因素。村镇可持续发展的核心在于村镇要有竞争力强的特色产业，无论是现代农业还是像日本“一村一品”那样的农产品加工业，或者像德国散落在小乡镇的各具特色的制造业，产业优势地位的确立，核心在于技术的领先。现代农业的发展需要在种子种苗、栽培技术方面有所突破；产业的发展需要在食品储存、加工技术方面深入研究；而特色制造业的发展更需要长期的技术储备和技术研发。纵观各国成功的村镇发展，无一不是建立在强大的产业基础之上。例如，浙江省内正在全面开展的“特色小镇”建设均依托当地强大的特色产业，产业的核心是技术进步。

村镇的可持续发展依托先进的基础设施，而基础设施建设的核心也是技术进步。在各国工业化程度不高之时，农村地区通水、通电、通路都是一项重大的任务，例如韩国的新农村运动之初就是为每个村庄提供水泥用于村庄项目改造，包括植树造林、拓宽道路、修建水塘、建立公共洗衣设施等。现代的村镇改造中，道路、绿化、通讯、互联网已经成为新的基础设施建设重点，这些设施向农村地区的延伸并且普遍到位，依靠的依然是技术进步。

村镇的环境保护同样依靠技术进步。经济发展之后，农村地区的生产生活方式产生巨大变化，相较于农耕时代，消耗更多的资源，排放更多的污染。对村镇的环境保护，需要依托技术的力量。当前我国农村地区普遍水环境恶化，需要对水环境进行系统的治理，也需要新建大量的污水处理设施，如何有效并且经济地治理好水环境，解决村镇发展和环境污染的矛盾，技术的研发与推广是其中的关键因素。

村镇管理同样是技术进步的重点领域。农村社区的特征是面广人稀，管理相对松散，而村镇管理客观上也不可能投入大量的人力。探索实现有效的管理及民众自治，技术手段可以在其中发挥重要作用。比如建立公共服务的一体化服务平台，在统一平台上实现村镇各项公共服务的受理、办结与监督，可以大大方便农村社区居民的生活。我国很多先进地区的农村社区，已经开始了这方面的探索。现代监控技术和人工智能技术的成熟，则可以大大提升村镇社区的环境监测、治安管理水平，同时节省大量的人力和财力。

# 第 3 章

# 我国村镇演进历史、冲突与可持续发展框架

纵观历史，从我国古代乡村治理到近代乡村运动，再到当代新型城镇化、乡村现代化的快速推进，既呈现了从传统农耕文明到现代工业文明、城市文明、政治文明框架下国家治理能力现代化的发展轨迹，也反映出城乡开放体系和生态文明框架下对村镇可持续发展的趋势要求。本章对我国村镇发展变迁的历史脉络进行梳理，对不同发展阶段进行重点分析，在深入探讨转型期治理机制、发展方式、城乡冲突、文化冲突、文明冲突等问题的基础上，基于生态文明与包容开放的视角，提出新型城镇化与乡村现代化的发展趋势与可持续发展框架。特别是在党的十九大报告提出实施乡村振兴战略的背景下，从对我国村镇发展历史变迁的研究中，梳理出村镇可持续发展的趋势与要求，更具有时代价值与借鉴意义。

# 3.1 从治理机制看村镇发展的历史变迁与特征

从历史的维度对我国村镇发展以及治理体制[①]的变迁进行梳理是必要的。因为自古以来村镇（乡村）的发展与治理制度都是关系国家治理能力与农村稳定的重大问题，也是村镇可持续发展演进的内在逻辑。当前中国乡村社会与发展格局是几千年乡村社会历经变迁、绵延至今的结果。即使是在城市化、工业化、市场化、信息化高度发达的当今社会，村镇发展机制与治理体制的变迁依然是中国农村改革发展理论逻辑与国家现代化治理理念的集中体现。在乡村政权的构架方面，有学者（于建嵘，2002）主张撤乡并镇，在确保国家基本行政职能下沉的同时，逐渐实现国家行政权力体制性上移，最终在国家法律权威下建立授权性自治体制。即在村一级实行村民自治，在乡镇一级实行社区自治。在政策主张方面，控制型治理模式与自治型治理模式，产业主导型发展模式与生态治理型发展模式，文化保护型发展机制与创新驱动型发展机制，强化乡镇治理与弱化乡镇治理等，其理论与实践的问题也没有完全厘清。因此，分析不同时期乡村格局的演变及其特征对于村镇可持续发展机制的研究是必不可少的。

## 3.1.1 明清以前乡村治理与发展

中国是世界上历史悠久、幅员广阔的国家之一。统治者历来重视乡村治理，中央集权的皇权专制体制在中国延续数千年，与之相适应的是以乡里制度和保甲制度等为主要类型的乡村治理制度。乡里制度萌生于传说中的黄帝时期，滥觞于井田制（朱宇，2006），直至清末；保甲制度始于宋代王安石变法，直至新中国成立前的国民党统治时期才结束。历史上很长一段时间，中国乡村治理以“官民共治”为特征（秦志华，1995），从中

① 由于中国古代基层组织的复杂性和多变性，本书中的村镇指县（不含）以下的基层政权组织。

央到县属于官治系统，而县以下的乡村则属于以村庄内生秩序及其执行人管治为主的民间治理系统，正所谓“皇权不下县”。县以下的乡村社会不再设正式的国家政权机构，而是设立或形成一些非吏治的乡村社会组织机构（吕云涛，2010）。即是说，在乡村社会运行着一套相对独立于中央政府治理体系的地方机制，它的参与主体、运作规则及维系因素都是村庄内生秩序的组成部分。

学术界较为认可自秦朝至明清时期对中国乡村治理制度的三阶段划分法（唐鸣 等，2011）。第一阶段：从公元前 221 年秦王朝建立到公元 595 年（隋文帝十五年），实行乡亭制，以官派乡官为主，民间推选人员为辅，乡为基层行政区域。这一阶段也被称之为乡官制模式。第二阶段：从公元 596 年（隋文帝十六年）至 1070 年（宋神宗三年），被认为是由乡里制度到保甲制、乡官制到职役制的模式转型。第三阶段：从王安石变法至清代，治权所代表的官治体制从乡镇退缩到县一级，即职役制模式。县为基层行政组织，县以下实行以代表皇权的保甲制度为载体，以体现族权的宗族组织为基础，以拥有绅权的士为纽带而建立起来的乡村自治政治（于建嵘，2002）。

（1）乡官制阶段（公元前 221 年至公元 595 年）

中国古代乡村治理的典型形态是乡里制度，乡官制是乡里制度早期的具体形态。乡里制度的萌芽出现于夏商周时代。周武王采用分封的办法建立地方政权，受封的诸侯在其封地外构筑城堡，这些城堡当时统称为“国”或“都”，“国”之外是之前商、虞、夏、各族的人民居住的农村，被称为“野”。在此基础上，西周采用“国”“野”分治下的乡、遂制度，对“国”内实行乡制，对“野”内实行遂制，“六乡六遂”是其典型特征（张厚安 等，1992）。乡里制度不仅是当时中国的一种基层行政组织形式，也是一种和军事编制、户籍编制相复合的居民管理形式。从行政建制看，乡、遂的层级高于州县的行政建制。

与乡里制度紧密相关的是农业生产技术的发展和井田制为代表的农村经济制度。从夏朝到西周，已经出现了从原始农业向传统农业技术的过渡，农民开始大量使用青铜工具，大规模地进行农田水利建设，耕作技术和土壤、农时知识已经开始发展（岳琛，1989）。以青铜工具使用为特征的生产力水平促进了中国古代井田制的建立。井田制被认为是当时奴隶社会的经济与组织基础，即土地不能买卖，土地的所有权属于最高统治者。

此外，耕田划分为公田与私田两类。公田由庶人共同助耕，生产物归属统治者；私田则由庶人个体耕作，定期重分，生产物归耕作者（李埏，1987）。东周时期，农业生产力迅猛发展，铁器大量使用，商品经济得以发展，劳动者反抗奴隶主贵族的斗争也日益激烈。农业技术和商品经济的发展不仅触动了井田制等经济制度，也推动了乡村治理制度的创新与发展（岳琛，1989）。在春秋时期，经济和科技都取得了很大的发展和进步，铁制农具和牛耕广泛应用于农业生产，农民生产效率大大提升，农民有余力开垦新的土地。诸侯和公卿大夫们土地争夺斗争频发，井田的疆界便遭到破坏（张厚安 等，1992）。春秋时期的地方行政组织，基本上维持了国、野分治的乡、遂制度。随着社会的发展，国、野之间的差别日益缩小，乡里组织也渐趋一致。同时，春秋时期产生了一种新的地方行政制度——县制。随着各诸侯国国土面积的扩张，到了战国时期，县制又进而发展成为郡县制。此后，郡、县就长期成为我国封建社会的地方行政组织。

秦朝是我国郡县制度发展和完善的重要阶段，县以下基层政权组织统一为乡、亭和里，里以下的居民则按什伍编制。秦将全国划分为36个郡，郡下设县，县下置乡、亭、里为基层政权组织，从而简化了先秦时期轨、伍、里、连、乡等多级治理结构。分封制在全国范围内的废除，使得带有奴隶制色彩的井田制被清除，官吏不再享有世代占有土地与人民的权利。以土地私有和土地自由买卖为根本特征的封建土地制度渐渐形成和发展起来。在一定意义上，农业生产技术的发展引发了农村土地制度的变革与生产关系的调整及乡村治理体制的变迁。

汉朝沿袭秦制，乡政建设更趋完备，每个县管辖20个左右的乡和亭。设在洛阳、长安等都市的称街亭，设于县城的称都亭，大量的亭设在农村市镇，称乡亭，也叫野亭、下亭。两汉在里以下又设什伍组织，与里一起成为最基层的组织。每个乡和亭之下一般设十个里，一里之下辖十个什，什有什长，一什之下又有两个伍，伍有伍长，每伍有居民五家（张厚安等。1992）。有学者（周仁标，2009）认为，汉代乡治不同于前朝的特点在于，乡官所执掌事务按不同性质分属于不同的行政系统，如有秩属郡、啬夫属县、游徼属都尉，乡有乡佐辅之，类似于现在的行政直管体系。秦汉的这种与现行村民自治机制类似的基层组织，既发挥基层政权的作用，又带有半自治的性质，是汉代乡村治理的创新之举。

三国魏晋南北朝时期战乱频繁、社会动荡，乡村治理机制与农村土地制度分化。三国、晋和南朝不少地方乡里组织废置，即使保留也多因袭汉制。北魏、东魏、北齐、北周乡里制度多仿西周之制，即实行邻、里、族党三级制（项继权，2008）。曹魏推行屯田制，国家强制农民或士兵耕种国有土地，征收一定数额田租；西晋实行占田制，即允许农民占垦荒地，保护官僚士族占有大量土地的既成事实；北魏至唐前期采用均田制，即将无主土地按人口数分给小农耕作，土地为国有制，耕作一定年限后归其所有。无论是屯田制、占田制还是均田制，这一时期地主土地私有制仍占主导地位。虽然相比于井田制不可买卖的低流动性特点，农村土地制度有所突破和创新。魏晋南北朝时期首次出现“村”的名称，由于社会动荡不安，百姓背井离乡，聚集开发新的区域，形成了有别于原来的“里”的村落（赵秀玲，1998）。村坞逐渐取代里伍，成为乡治的基本组织形式，有别于国家行政系统的正式组成部分，村坞是在豪族庄园、聚坞的基础上自发形成，自治特征更为突出，其内部社会结构及外部与国家的关系，均与乡里制度大相径庭（沈延生，1998）。这一时期的乡村治理制度以乡和里两级的乡官制为主要模式，乡官主要由官派产生，辅以民间推选，并享有俸禄品秩。随着魏晋南北朝时期“村”这一自发聚居群落的出现，乡村社会进入半自治状态。

（2）转型阶段（公元 596 年至 1070 年）

隋唐两宋时期是中国由乡里制向保甲制、乡官制到职役制的转折时期。隋朝初年政令规定，县以下基层政权组织为保、闾、族三级制，但畿内与畿外略有不同。此外，还有管辖五百家的乡官或乡正，负责编报户口和催征赋役，只是时兴时废，不经常设置（张厚安 等，1992）。隋朝的保、闾、族的划分，不以地域大小为标准，而是以民户多少为条件，这反映了隋初统治者与贵族豪强争夺纳税民的决心。不同于前朝旧制，保一级为新设的最基层的组织，取消了乡一级，并改坊为里。

唐代在地方实行州、县二级制。县以下的最基层政权组织是乡、里、村以及保。唐代“乡”的功能进一步弱化，里正成为基层政权的实际管理者。《旧唐书》卷载：“百户为里，五里为乡。两京及州县之郭内，分为坊，郊外为村。里及坊村皆有正，以司督察。四家为邻，五邻为保。保有长，以相禁约。”唐时 500 户以上的市镇基层政权组织是坊，坊正掌管坊门钥匙，维护治安。市镇的郊外农村，则以村为单位进行管理，一般以 100 家为一村，设村正一人，10 户左右的小村庄，则并入邻近的大村（项继权，2008）。有学者（刘再聪，2007）认为，里正为主、村正为其辅是唐初县以下乡村基层行政管理体制的主要特征。里和村的作用凸显并成为乡里组织的重要层次，保和保长的设置及其职能亦得以明确保留。特别是村，不同于魏晋南北朝时期的自发村落，而是在中国历史上正式作为一级基层管理组织出现。唐代通过律和令、疏议等形式全面推行村制和坊制。村的设置范围为郊外，“在田野者为村”，村为城市之外的聚落区域，无家户数的限制。唐代全面规范了城邑之外各种聚落形态，从名称上统一为村，从法律上统一管理，体现了国家政权向基层社会进一步渗透的特点（唐鸣 等，2011）。唐代前期社会秩序稳定，统治者鼓励生产，各地人口迅猛增长，人均耕地面积日益减少。因此，盛唐时期精耕细作得以发展，有助于乡村治理模式的相对稳定。

到了北宋时期，中央集权统治彻底改变了晚唐以来的封建割据局面，使得社会经济得以正常发展（岳琛，1989）。北宋初期县以下为乡，仍实行乡里制；北宋中后期，王安石变法实行保甲制度。宋代的基层建制经历了由乡里制向保甲制的演变过程。宋初的乡、里规模高于唐代，并增设一级“厢”，厢、坊均为基层政权组织。厢坊组织职能除了加强地方治安、维护社会秩序之外，也处理本厢坊内的居民斗殴、债务、婚姻等情节较轻的案件，驻厢坊的禁军也要负责救火任务（张厚安 等，1992）。

从隋唐至北宋初年，这一阶段中国乡村治理处于由乡里制向保甲制、由乡官制向职役制的转型期，乡、里的地位逐渐沦落，乡里自治功能逐步弱化。中央政权通过直接掌管的州县官吏逐步增强对乡村权力的控制。

（3）职役制阶段（王安石变法至清代）

从北宋王安石变法至清代，乡里制度转变为职役制，官治体制从乡镇退缩到县一级，县为基层行政组织，县以下实行以代表皇权的保甲制度为载体，以体现族权的宗族组织为基础，以拥有绅权的士为纽带而建立起来的乡村自治政治（于建嵘，2002）。

宋神宗三年，王安石变法，实行保甲制。北宋先后颁布《畿县保甲条制》《五路义勇保甲敕》《开封府界保甲敕》等法令[①]。保甲法维持社会治

① 主要做法包括：以五户为一保，五小户为一大保，十大户为都保，选为众所服者为都保正，又以一人为之副；应主客户两丁以上，选一人为保丁；大保长一年一替，保正、小保长两年一替。

安的职能主要集中在两个方面：一是纠告、监视同保内的犯罪及窝藏犯罪的行为；二是在保内巡警和逐捕盗贼（郑胜明，2008）。王安石创立和推行保甲制的另一个目的是建立严密的治安网。通过大量壮丁、民兵替代雇佣军，这样一方面减少了政府养兵耗费的军事开支，另一方面使国家“兵众而强”。此外，公元 1076 年（宋神宗九年）陕西创立了具有浓厚自治色彩的“吕氏乡约”。保甲制削弱了乡里社会的自治色彩，乡里制度转变为职役制，乡里之长由领取薪俸的乡官演变为具有强制性徭役的职役，甚至沦为官方所役的差人，已不复当年有官秩地位的尊荣，传统的乡举里选消亡，而改为由县令直接定夺，这显示中央集权制度延伸至乡村组织结构，乡一级自治色彩行政组织沦落为财政区划，中央政府在加强对基层管控的同时，削弱了乡村的自治基础（唐鸣 等，2011）。虽然在部分地区出现了自治色彩的乡约，但保甲制度依然是中央对乡村管控的根本政治制度。

南宋期间基本维持保甲制度。乡村普遍实行乡、都、保、甲制，部分地区略有差异，如福建、四川等实行乡、里、耆、都制，设置保正长、耆长和壮丁。元代都图制、村社制成为其突出的特点。元代推行唐代的乡里制和金代社制的混合管理模式，县以下的基层政权组织是里甲。元代颁布了劝农立社法令，在农村成立村社组织，这种村社源于金国统治时期的北方地区，乡村的农家聚落称“社”或“村社”。将国家政权事务和民众事务截然分开，分别由两个不同的系统去管理，是元代社会的特点之一（唐鸣 等，2011）。元代还设置村社之约和处罚之法来进行管理，并办有社学，增加了汉以后基层社会日益减少的自治。因此，有学者（赵秀玲，2004）提出，“比较完整意义上的中国村民自治的历史应始于元明时期”。

### 3.1.2　明清时期乡村治理与发展

明清时期是我国传统社会承前启后的一个重要时期。明代乡村治理呈现两种不同的特色，北方的乡村制度带有明显的金元乡里制和村社制色彩，而南方则深受宋代都保制影响（唐鸣 等，2011）。明代乡里组织名称有乡、里、都、图、保、村、区、社、甲等，层级极为复杂。乡村治理制度大致可分为初期的里甲制和中后期的保甲制。明代初期里甲编制为：县以下的基层政权组织是乡，乡之下又为里，里辖 10 甲。一里包括居民 110 户，粮食最多的 10 户为里长户，轮流担任里长，管理里内人户和农业生产（张厚安 等，1992）。明朝后期，里甲不全，赋役惟里长是问，无人愿意充任。洪武四年设粮长制，但到明代中后期，粮长也名存实亡，保甲制取代里甲制。此外，乡约制度与保甲制度相结合，对乡民的控制更为严密。明代中后期保甲制取代乡里制，职役制取代乡官制，这一制度转型大大削弱了乡村自治功能。可以说，这一制度转换的动力主要源自统治者对乡村剩余的索取，当乡村剩余的强制性剥夺而引发社会稳定危机时，统治者往往以社会管制功能更强、与皇权制度相依的里甲制取代之，削弱乡村自治机制，其本质上是乡村与城市发展矛盾不可调和的产物。

清代建立了一套源于北宋的保甲制度，形成“保甲”与“里甲”的双轨乡治制度。同时在少数民族聚居的地区设立特别行政区，实行不同的管理模式。康熙初年，为了维护赋役制度和整顿、加强里甲组织的正常运行，清政府率先在江南地区推行均田均役法。均田即是将一里一甲所属田亩数额大体均平，解决里甲大小不等的问题，均役即是使里甲正役与杂役按里甲组织均摊（刘彦波，2003）。然而该法并未取得理想的效果。从雍正六年开始，顺庄法率先在浙江全面实行，要求以人户现居村庄为编查依据，散落各地的田亩，一概归户主名下，登册纳粮。顺庄法的实施为保甲制取代里甲制创造了基本条件。清中叶以后，随着土地兼并、人口流动和商品经济的发展，清政府改行“摊丁入亩”。公元 1726 年（雍正四年）起，里甲制便被保甲制所替代，县以下的城乡分为保、甲、牌。清代保甲组织的功能得到进一步强化，除承担人口管理、互保连坐、治安报警之类任务外，还承担一切地方公务管理，成为发挥行政职能的地方基层行政组织（唐鸣 等，2011）。保甲对乡里的控制更加严密，乡村自治的色彩越来越弱。咸丰三年清朝谕令各省普行团练，与保甲相互为表里，在社会功能上团练取代了保甲，但在社会组织形式上团练依附于保甲（金钟博，2002）。清末太平天国运动爆发，太平天国的乡官制度是按照《天朝田亩制度》的规定，仿照太平军的军制建立起来的。太平天国的乡官成分混乱、官兵民不分，高级将领又骄奢淫逸，以至于太平天国的基层政权组织，短短几年即告瓦解（张厚安 等，1992）。

从生产力与生产关系的视角看，明清时代农村生产力的缓慢发展，没有触发乡村治理制度的质的变迁。从生产力状况看，社会经济的发展仍然处于落后的传统农业阶段。虽然农村集市空前繁荣，自由劳动、手工业的发展以及货币地租的出现对农业资本主义的萌芽、发展有着极其重要的作用（岳琛，1989）。但是，与中国较为封闭的农耕文明时代相适应的乡里制与保甲制具有内在“相对稳定性”的内核。公元1908年（光绪三十四年）清政府颁布《城镇乡地方自治章程》，采取划分皇权与社会地方权力界线的措施，规定乡村政治结构由保甲制变为乡（镇）——保甲制，乡成为县以下的基层行政建制，由依法产生的代表会议和乡（镇）公所管辖，其下实行保甲制。这种企图让行政权力下沉的“地方自治”制度，既有西方政治制度的色调，又有中国封建政治制度的胎记，是两者混合的产物（赵辰昕，1998）。这是皇权在受到前所未有挑战之下被迫推行乡村改革，此项法令颁布仅3年清王朝便告灭亡。清代末年，传统的乡村基层组织在西方文明与国内战乱的冲击下土崩瓦解。鸦片战争以后，在接连不断的内乱外患的打击下，农村社会的权力组织趋于解体。

明清期间，中国乡村社会在宏观层面发生了两个重塑中国乡村社会的竞争性力量：一是宗族制度的普遍化和庶民化，乡民以宗族的形式组织起来；二是中央政治权力的加强，国家试图强化对乡村社会的控制。但是，两种不同力量在不同的区域形成不同的社会秩序，在中国北方多形成以政权为中心的大共同体，而在南方则多形成以血亲为纽带的宗族小共同体（吴雪梅，2012）。一方面，统治者试图强化对基层政权的控制，地方乡里自治的色彩日趋淡化。另一方面，乡村宗族制度力图通过自治实现民间自我发展。从中国几千年古代乡村治理的变迁可以大致廓清乡村治理的内在演变规律。有社会学家（程又中 等，2009）指出，国家政权对乡村社会治理的介入应当适度，乡村治理不应被过多限制，唯有增强其自治性，方能保持其发展活力。这对于当今中国，无论是实施乡村振兴战略、乡村社区治理，还是村镇生态治理与特色乡镇建设，都有一定的借鉴意义。

### 3.1.3　近代乡村运动与城镇化

鸦片战争揭开了中国近代史的大幕。在外国资本主义的冲击下，农村商品生产扩大、商品流通加快，农村自然经济逐渐解体，资本主义在我国乡村也开始萌发。但是，制约中国农村社会发展的传统封建土地制度并没有被摧毁，地主阶级始终占有大部分或绝大部分土地，地租仍是最主要的剥削形式。土地制度并没有因为传统乡村组织结构的解体而发生根本变化。

辛亥革命的一个重要后果是皇权政治的合法性基础受到破坏，与皇权相依存的保甲体制受到冲击并逐渐失去存在和发挥作用的基础。西方政治话语影响下的“地方自治”成为政权“合法性”的基础。袁世凯于1914年颁布了《自治条例》；北洋政府也于1919年颁布《地方自治条例》，1921年又再次公布《乡自治制》，将县以下组织一律变为市、乡，并规定市乡均为具有法人性质的自治团体，其自治权主要为教育、卫生、交通、水利、农业、商务、慈善等事务，并按西方近代政治制度模式设计了由选举产生的议决机关、执行机关和监督机关。学者（徐勇，1992）认为，民国初期的这种“地方自治”，是在封建皇权受到冲击和废除的情况下，沿袭清末的制度安排所采取的一种被动式回应，从文本制度上否定了具宗法性质保甲体制的合法性，因而它具有一定的“民权”色彩。但是，动荡时代的民众根本不可能通过基层自治组织行使自治权，统治者主要依靠行政权力和暴力机构实行强权统治。1928年9月，国民政府颁布了《县组织法》，规定以“地方自治”的原则建立区、村（里）、闾、邻制度。1932年，蒋介石颁布《施行保甲训令》，在一定区域内废除了“地方自治”的外衣，实行保甲体制。蒋介石认为，“先谋自卫之无成，再作自治之推进”。1935年7月，颁发《修正剿区内各县编查保甲户口条例》训令，通令豫鄂皖赣闽陕甘湘黔川10省，定保甲为地方四项要政之一。此外，保长由法律规定的选举制变成了实际上由乡镇长委派任命，“保”出现半行政化趋向；“保”由无供给改为半供给制；筹粮和征兵等“国家事务”成为保甲的主要职责。乡镇最终纳入到国家行政体制，实现乡镇长行政官僚化。1941年国民政府制定《乡镇组织暂行条例》、国民党提出《加强新县制之推行以完成地方“自治”议案》，都将乡镇自治作为农村基层组织原则。然而，乡镇保长大权在握，“土皇帝”倾向明显，这种高度集权体制只能使得地方自治空有虚名（胡次威，1995）。

辛亥革命后，中国政体从专制制度转变为民主共和制度，与此同时，乡村建设与城镇化试验和改革迅速兴起。辛亥革命后几十年的中国处于军阀混战时期，中央机构频繁变动，地方军阀割据，农村基层政权无暇整编，各地制度不一。其中农村基层政权建设运动取得一定成效的是民国期间山西、云南、浙江、河北的“村治”。山西提倡“村本政治”，实行以村为自治单位；凡满百户的村庄或联合若干村庄在百户以上者编为一村；村以下又编闾和邻。后来，在县与村之间设置“区”一级单位，即：县—区—村—闾—邻四级。村自治的事权包括编查户口，调节诉讼，执行村约，整理村范等。云南的“村治”规定市和村同属县的下级组织，村的设置原则上以原来的区域为界。浙江的“村治”规定：县下设区，区下设街、村，村和街为同级，不过村在乡间，而街在集市。在市集，以 400 - 800 户为一街，在县城，以 300 - 500 户为一街（张厚安 等，1992）。河北定县翟城村米氏“村治工程”是首次由地方乡绅发起的乡村改造工程。米氏在当地享有很高威望，在倡导地方自治运动时起主导作用，并主动把绅权自治向民本自治的方向引导。但是由于实施于一省之局部，持续时间短，其建设的积极效应未有充分体现（周连春，2007）。

20 世纪初，受西方国家社会经济发展的影响，特别是以平民教育和实用主义为代表的教育思潮对于探索中的中国人带来极大的吸引力，再加上一批具留学背景知识分子的身体力行，如梁漱溟、晏阳初和陶行知等，在 20 世纪 30 年代兴起了许多旨在提高农民素质、开启民众思想的乡村建设运动（周连春，2012）。乡村建设包括乡村中的经济建设、文教卫生建设和政治建设等。推广农业生产中的良种良法和推广农村合作社是乡村经济建设的两大项目。在古代，良种良法是有经验的老农在生产实践中摸索出来的，而近代推广的良种良法很多是从由科研试验单位、学校或社会团体来推动的农业科研试验中产生的。后来的乡村建设中把农业推广和乡村教育结合起来，从而增进了农民接受农业推广的兴趣和消化农业科学知识的能力。农村合作社是民国初期至 1949 年前在我国广大农村地区开展的另一重大乡村经济建设项目。近代的合作社主要以调节金融为操作杠杆，在生产、经营、消费等领域对入社参股社员进行扶持和引导，种类分信用、利用、供给、运销、兼营等多种（汪效驷，2009）。民国时期农村合作社制度不仅在东南沿海地区，在中西部地区也迅速发展。乡村文教建设最主要的项目是兴办农村小学和民众教育。经过“五四运动”，部分知识分子认识到国家的基础在农村，要挽救国家的危局，先从建设乡村做起。将小学教育渐渐引入农村，开办民众教育。乡村政治建设主要是指导农民组织农会、妇女会等，加强保甲制度，甚至组织民团，训练壮丁，推行乡村自治自卫等（章楷，1992）。

一般认为，乡村建设运动作为一种社会改良主义运动，代表了一部分爱国知识分子对中国发展的选择与探索，对于农村经济建设和农民思想的启迪起到了积极的推动作用。但也有观点（夏周青，2010）认为，乡村建设运动没有从制约农村发展的根本即土地制度出发，不能从根本上改变农村经济和文化落后的现状。这场乡村建设运动中，影响最大的是梁漱溟在山东邹平的乡村建设实验、晏阳初在河北定县的平民教育运动与卢作孚在北碚实施的城镇化建设项目。

以乡村现代化、城镇化为目标的乡村建设运动的典型是卢作孚倡导的重庆北碚试验项目，见表 3－1。1927 年 2 月，时任峡防局长的卢作孚把峡区乡村建设的中心从合川移到北碚，开始着手乡村建设，并形成了以乡村城镇化为载体，以乡民现代化为主体的乡村建设主张（吕云涛，2014）。卢作孚明确提出以现代化、都市化为目标来建设乡村，强调经济建设和以交通运输引领、因地制宜大兴实业，并注重公共空间建设（田方舟，2014）。短短 20 年左右时间，位于西南重庆西北一隅的地处偏僻、相对闭塞的北碚便由穷乡僻壤变成了具有现代化特征的城市雏形，成为乡村城市化的典范。无疑，卢作孚的乡村城镇化和现代化思想与实践，北碚实验在当时具有非常高的前瞻性和先进性。但碍于当时社会环境与条件等的限制，乡村城镇化和现代化只能止步在小范围。但是，它对于当代中国的国家现代化，特别是新型城镇化和新农村建设等都具有重要的启示意义。

**表 3－1　卢作孚乡村建设具体项目**

| | | |
|---|---|---|
| 经济方面 | 矿业方面 | 倡办天府煤矿 |
| | 农业方面 | 引进现代化农具和种子，建设渔场、养鸡场，发展蚕桑业 |
| | 工业方面 | 倡办染织厂、火柴厂、油漆厂、火力发电厂、磨面厂、水门汀厂、螺丝厂、水泥厂、造纸厂、织造厂、点灯厂 |
| | 商业方面 | 设立消费合作社 |
| | 金融方面 | 设立农业银行，提倡储蓄 |
| 文化事业 | 研究方面 | 设立嘉陵江科学馆，成立西部科学院，建设博物馆、图书馆 |
| | 教育方面 | 学校教育和社会教育（设立各中小学与民众学校） |
| 治安事业 | 军事方面 | 进行剿匪，取缔烟馆、赌场、妓院等场所以及禁止吸毒贩毒 |
| | 警察方面 | 创办少年义勇队、警察学生队，同时寓兵于工，进行生产建设 |
| 游览事业 | 绿化公园 | 开辟温泉公园、平民公园，改善市容市貌 |
| 卫生体育事业 | 卫生设施 | 设立地方医院，改良市街卫生 |
| | 卫生防疫 | 接种牛痘 |
| | 体育设施 | 修建大型体育场 |
| | 体育活动 | 组织峡区运动会 |

续表

| | | |
|---|---|---|
| 交通事业 | 水路 | 保护汽船，治河淘滩 |
| | 陆路 | 建设轻便铁道、马路 |
| | 邮政通信 | 通电话，通邮政 |
| 新闻事业 | 创办报刊——嘉陵江日报（原学生周刊）、教育月刊 | |
| 组织建设 | 成立市民自治会、民众俱乐部，组织市代表会、市执行委员会，共同经营北碚市政 | |

资料来源：田方舟．卢作孚北碚乡村建设和治理的思考和启示［R］．中国城市规划年会，2014.

# 3.2 新中国成立以来村镇发展的演进与冲突

### 3.2.1 改革开放以前的村镇治理与发展

建立乡一级政权组织。1949年新政权刚刚建立，广大人民建设新中国的热情与激情高涨。1950年12月，政务院颁布了《乡（行政村）人民代表会议组织通则》和《乡（行政村）人民政府组织通则》，全国各地普遍建立了乡（行政村）政权。《乡（行政村）人民代表会议组织通则》规定，乡人民行使政权的机关为乡人民代表大会（或乡人民代表会议）和乡人民政府。乡人民政府委员会为乡一级的地方政权机关，由乡人民代表大会选举，乡长、副乡长及委员需经区报县人民政府批准任命。乡（行政村）人民代表会议由乡人民政府召开，一般代行乡人民代表大会职权。这段时期，为了适应社会政治经济发展的需要，农村基层政权做过几次较大的调整：一是撤销县辖区公所。当时的老解放区的省份，行政村数量较多，为方便领导，设立了许多区公所。后来随着乡的规模扩大，区公所失去原有的作用，撤销了其编制。二是在经济恢复期（1949－1952），实施土地改革，将原华东、中南、西南解放区的大乡划小，抗日战争时期形成的行政村改为乡建制。三是为适应兴起的农业合作化大潮，中央决定扩大乡的区划。到1959年底，全国乡的数目从21800多个减少为11700多个，几乎减少一半，平均每个乡辖范围扩大了一倍（张厚安 等，1992）。

掀起农业合作社运动。20 世纪 50 年代的乡村运动最主要的就是农业合作化。土地革命结束后，中国政府迅速推进农业社会主义改造，希望通过农业合作化，把个体农业经济改造成为社会主义集体经济。1951 - 1955 年是农业合作化的初期阶段，中国共产党中央委员会先后通过《关于农业生产互助合作的决议》和《关于发展农业生产合作社的决议》。1955 - 1957 年，合作化运动进入高潮、席卷全国，广大农村很快实现了合作化。农民积极响应党的号召，踊跃加入合作社。

农业合作化对农业生产的积极影响和消极作用是同时并存的。其积极效应在于：农业合作化的推进和农村合作组织的建立，可以避免小农经济和个体农业的弊端，特别是有利于农业基础设施、农田水利建设、农业机械化推进和农业技术的推广，政府通过对农业生产合作社实行贷款优待、增加对农业生产的投资和实行稳定的农业税收政策，刺激了农业生产的发展，也有效调动了农村劳动力的充分投入，使得农民发展社会主义的积极性空前高涨。但是，其弊端也显而易见，突出表现在农业生产合作社的这种生产关系远高于当时低层次的生产力，合作社内部按劳分配的激励机制无法有效实现，计划经济体制下农民经营自主权的丧失导致合作中的“偷闲”行为，反过来又制约了农业生产效率的提升和农民生活水平的提高（王先明，2009）。

推行人民公社化运动。1958 年 8 月，中共中央颁布《关于在农村建立人民公社问题的决议》，“几十户、几百户的单一的农业生产合作社已不能适应形势发展的需要。在目前形势下，建立农林牧副渔全面发展、工农商学兵互相结合的人民公社，是指导农民加速社会主义建设，提前建成社会主义并逐步过渡到共产主义所必须采取的基本方针”。自此，开始推行人民公社化运动，撤乡、镇并大社，农业生产合作社改称生产大队。人民公社承担生产建设、财政、贸易、民政、文教、卫生、治安、武装等职能，既是乡镇基层政权机关，又是农村经济单位和劳动组织。1958 年，全国农村普遍建立了人民公社，取消了乡政府的体制，实行人民公社政社合一的体制，一直延续到 1982 年新宪法公布以前。人民公社实行政社合一，乡党委就是社党委，乡人民委员会就是社务委员会。人民公社分为两级（公社和生产队）或三级（公社、生产大队、生产队）。之前的乡镇人民代表大会由公社社员代表大会、生产大队社员代表大会和生产队社员大会代替。学者（陈剩勇 等，2006）普遍认为，人民公社这种政社合一体制的主要弊端在于：第一、脱离生产力发展水平，忽视农民自主权；第二，强调以党代政，政企不分，忽视经济发展规律，影响农村基层政权的建设；第三，规模过大，不便组织生产和行政管理。因此，引发了一场以否定人民公社体制的改革，即实行生产责任制，特别是联产承包制，推行政社分设。政社分设后产生的“乡政村治”体制，成为当代中国农村社会最基本的社会组织方式。

### 3.2.2　改革开放以后的村镇治理与冲突

重构乡政村治体制。1982 年 12 月，第五届全国人大第五次会议通过《中华人民共和国宪法》，确定了废除人民公社体制后的乡村组织形式。宪法规定，乡、民族乡和镇是我国最基层的行政区域，乡镇行政区域内的行政工作由乡镇人民政府负责，乡镇人民政府实行乡长、镇长负责制，乡镇长由乡镇人民代表大会选举产生。1983 年《中共中央、国务院关于政社分开建立乡政府的通知》要求政社分开，建立乡政府的工作在全国陆续展开。到 1985 年，建乡工作全部完成。全国 5.6 万多个人民公社、镇，改建为 9.15 万个乡（包括民族乡）、镇人民政府。同时取消了原有的生产大队、生产队，建立了村民委员会。1988 年底全国有乡（镇）政府 6.98 万个，村民委员会 84.5 万个（张厚安 等，1992）。党的十七大以来，我国乡村治理机制正在经历快速的变革转型。从乡村基层民主选举、“大学生村官”再到驻村第一书记、村监察委员会、驻村干部等制度创设和实践探索，本质上也反映出我国乡村治理结构中的民主与监督、村民自治与精英治理相结合的治理制度的探索与完善。“大学生村官”制度[①]是党的十七大以来党中央做出的一项重大战略决策，其目的是培养一大批新农村建设骨干人才、党政干部队伍后备人才、各行各业优秀人才。驻村第一书记制度是典型的上级组织机关派出制，是从各级机关优秀年轻干部、后备干

① “大学生村官”制度经历了大约三个阶段。一是“各地自发探索”阶段。从 1995 年江苏省实施“雏鹰工程”开始，到 2004 年，有 10 个省区市启动了选派大学生到村任职工作。二是“局部探索试验”阶段。各地认真落实中央办公厅、国务院办公厅印发的《关于引导鼓励高校毕业生面向基层就业的意见》精神，探索开展选聘大学生村官工作，到 2008 年初已有 17 个省区市启动了这项工作。三是“全面发展推进”阶段。2008 年 3 月，中组部和教育部、财政部、人力资源社会保障部联合下发《关于选聘高校毕业生到村任职工作的意见（试行）》，在 31 个省区市和新疆生产建设兵团部署开展了大学生村官工作。截至 2013 年底，全国选聘大学生村官数量 41 万名，聘期 2－3 年。

部，国有企业、事业单位的优秀人员和以往因年龄原因从领导岗位上调整下来、尚未退休的干部中选派到村担任党组织负责人的党员。第一书记任期一般为2年以上，不占村“两委”班子职数，不参加换届选举，是在乡镇党委领导和指导下，依靠村党组织、带领村“两委”成员开展工作，尤其是帮助软弱涣散村和贫困村建强基层组织、推动精准扶贫、为民办事服务、提升治理水平。驻村干部则是上级机关干部在村开展蹲点调研、收集民情、助农发展等工作。2017年12月，中共中央办公厅、国务院办公厅印发《关于建立健全村务监督委员会的指导意见》，要求建立健全村务监督委员会，进一步加强和规范村务监督工作，切实保障村民群众合法权益和村集体利益，促进农村和谐稳定。应该说，驻村第一书记、驻村干部和村务监督委员会制度有助于克服基层村委民选中出现的浓厚的宗族意识影响选举的公平性、村主任候选人产生不民主、贿选、选举程序不科学等问题，也有助于改善村级治理结构。

城镇化快速扩张与乡村治理。20世纪80年代末，随着农村乡镇企业的迅速发展和城市的扩展，农村城镇化的重要性开始显现。农村城镇化的过程实质是农村向城镇演变的过程中，农村保留着相当的土地，其空间则具有城市设施和功能，农民生活在与城市相同的环境中（王先明，2009）。随着农业现代化和新型城镇化的快速发展，现行的村治与乡镇管理体制弊端突出。于建嵘（2002）认为，其弊端主要表现在利益冲突、体制冲突、人浮于队伍臃肿、财政困难。从体制看，有实行“切块包干、分灶吃饭”的财政体制引起的中央与基层事权财权的分配问题，也有乡镇政权体制中的党委一元化领导和一体化运作与党政职能的改革目标及乡镇长负责制之间的冲突，以及乡镇干部整体综合素质较低及激励机制欠缺、工作效能差，干部行为具明显的短期性和寻租性等问题。从发展阶段看，城市化快速发展过程中农村劳动力大量转移，而导致乡村凋零、空心村以及农村公共服务、生态治理的缺失等问题。

农村社区治理机制创新。2006年以来，中国农村社区得以快速发展。农村社区（或称乡村社区，Rural Community）不同于传统行政村和现代城市社区，是指聚居在一定地域范围内的农村居民在农业生产基础上所组成的社会区域共同体（张红喜，2013）。某种程度上，农村社区比自然村落、社队村组体制更具弹性。其功能主要是围绕如何形成新型社会生活共同体而构建，注重通过共享资源、完善服务来提升人们的生活质量与认同感。

构成农村社区的基本要素包括农村区域的居民集聚、以农业生产为主、以村镇为中心和具基本相同的价值观、生活方式、行为规范。从类型上可分为散村社区、集村社区、集镇社区；从地域上可分为平原村社区、滨湖村社区、沿海村社区、山村社区以及城郊农村社区、城乡交错社区等。相对于城市社区，农村社区具有更广阔的地域、对自然生态环境的依存度更高、人口密度低、人口受教育程度低、社会组织相对简单、居民血缘地缘关系密切、生活方式较为单一、社区类型更多样复杂等特点。农村社区的主体是农民，基础性生产活动是农业，地缘关系、血脉关系、生产关系成为联结农民的纽带，因而社区具有经济联合体、社会服务站、文化共同体等功能。

中国新型农村社区建设从无到有、从试点到扩面，在各地快速推进。尤其不少县市，纷纷以城镇化理念改造农村，以公共服务社会化覆盖农村，把若干个村（自然村）通过规划整合而建成新的农村集中居住点。各地试点探索出了村落自组织、村社合一、企业带动、移民搬迁、联村建社等多种模式（马叶友，2016）。农村集中建设、农民集中居住，一定程度上有利于公共服务、公共资源的共建和共享，有利于土地节约利用和整体开发，有利于统筹城乡规划、改善人居环境。尽管近年来不少地方的新型农村社区建设成效显著，然而在实践中部分地方的不良做法引发诸多后遗症，如不尊重农民意愿，忽视建设农村社区的硬约束，不遵循乡村与城市生活空间和发展规律的差异，盲目规划、片面模仿，以行政化、运动式、“一刀切”的强势推进撤村并居。生产与生活不适应、建设与财力不配套、产业与就业脱节、管理与服务滞后等，“被上楼”往往成为农民难以承受之重①，社区管理定位不清、社区有机构无机制、重建设轻发展、“空心”社区、土地财政在农村的延续等甚至成为新的农村社会问题。从大多数省市的实践探索看，目前新型社区更多是以城镇化发展的思路改造传统农村，将农村新型社区建设成具备城镇的功能，如规划、建筑、公共设施、教育条件等都向城镇标准看齐。

2015 年 5 月，中共中央办公厅、国务院办公厅印发《关于深入推进农村社区建设试点工作的指导意见》，将农村社区定位于农村社会服务管

---

① 《半月谈》编辑部调研小组．新型农村社区建设：“好得很”还是“糟得很”［EB/OL］．新华网，（2015－07－08）．http：//www.banyuetan.org/chcontent/jrt/201576/140802.shtml.

理的基本单元。文件提出，要打造一批管理有序、服务完善、文明祥和的农村社区建设示范点，为全面推进农村社区建设、统筹城乡发展探索路径、积累经验。2016 年 12 月，中办、国办印发《关于全面推行河长制的意见》，要求在全国江河湖泊全面推行河长制，将河长制作为贯彻落实新发展理念、实现河湖管理保护长效机制的重要制度。事实上，近年来农村河长制与网格化的创新管理方式不仅对村镇发展产生了重要影响，而且其管理模式也被引入农产品质量安全监管等产业领域。但是，在广泛的参与机制和自治机制难以发挥作用的情况下，自上而下的管理制度创新往往伴随着人、财、物成本的急剧上升。我国村镇如何走出一条生态、生产、生活契合，就业、服务、管理并举，自然、文化、历史和谐的可持续发展之路，依然任重道远。

从古到今，中国的乡村治理与村镇发展经历了复杂的演变过程。为了将农村社会纳入到国家现代化统一进程之中，从来没有放弃将国家行政权力体制下沉到农村基层社会的努力（于建嵘，2001）。其原因解释为与后发达国家现代化进程中农村动员体制有关。由于中国社会没有进行也不可能完成西方社会那样一个由农村社会向工业社会的自然转型，而是在走一条“规划的社会变迁”之路。这就要求以政治发展来推动社会发展，“政府要在农村发展中扮演主导角色”（潘伟杰，1998）。然而，这种行政支配主导型村镇和社区组织在成为相对独立的利益体后，由于缺少约束制衡的因素，易于表现出强烈的自我扩张惯性，如大量的村主任（村支书）“苍蝇式”腐败、甚至村霸等现象的出现。于建嵘认为，乡镇行政化的过程表现为一种自上而下的控制型治理体制建立，本质是“命令—服从”模式的科层体制，随着市场化的推进，这种体制显现出结构冲突并具有不可修复性，随着国家对乡村经济依赖性的减弱和乡村市场经济的发展，以及传统的权力文化向现代权利文化的转变，国家的行政权力将逐渐退出乡村的政治领域，实现乡镇自治就应该成为改革重要目标。而与之不同的是，自治型治理模式，作为以一定社区或群体为对象而相对独立组织起来的公共权力管理方式，建立的是“法制—遵守”的行为模式，即国家通过强制性的法律预期方式，将基本的社会规范和目标确定下来，社区在法律框架内进行广泛的自治。社区自治并不是村民自治的简单延伸，而是一地方之人，在地方区域内，依国家法律所规定和本地方公共之意志，处理一地方公共之事务。如何科学界定国家行政的形式、边界以及村民社会组织与界限，合理区分地方公共事务与国家公共意志，从而有效选择行政化与非行政化管理工具，这关系到乡村治理与村镇发展成效的关键。可以说，在当今中国工业化、城镇化、信息化与农业现代化和国家治理能力现代化快速推进的背景下，村镇治理体系与能力的现代化正处于新的历史发展阶段下的重大转型。

### 3.2.3　村镇面临资源生态环境的巨大压力

资源、生态、环境压力依然是制约我国村镇可持续发展的突出问题。农业主要依靠资源消耗的粗放发展方式没有根本改变，农业面源污染、村镇生态污染和生态退化的趋势尚未有效遏制。主要变现在：

一是农业资源短缺的压力居高不下。耕地资源短缺与质量不高并存。全国因水土流失、贫瘠化、次生盐渍化、酸化导致耕地退化面积占 40% 以上，中低产田比例高达 70%①，农田有效灌溉面积仅 52%②。根据环保部《2016 年环境状况公报》，2015 年全国耕地平均质量等级为 5.11 等③，评价为一等至三等的耕地占 27.1%，评价为四等至六等的耕地占 45.1%，七等至十等的耕地占 27.8%。农田整体生态环境退化，旱涝灾害面积增加，耕地沙化面积扩大，耕地质量下降。耕地的泥沙流失量占全国水土流失量 60%，盐碱化和渍生盐碱化面积高达 1 亿亩以上。由于化肥长期不合理地施用，导致土壤养分失衡、土壤肥力和有机质下降。此外，我国近 8000 万农村人口饮水不安全、4000 多万头牲畜饮水困难。农业资源相对短缺的矛盾，严重影响了村镇经济社会的持续发展。

二是农业面源污染严重。全国耕地土壤点位污染超标率达到 19.4%，南方地表水富营养化和北方地下水硝酸盐污染突出，西北等地农膜残留较多；土壤有机质含量下降④。全国耕地面积的 10% 以上受到不同程度的重金属污染。其中，受矿区污染耕地 3000 万亩，石油污染耕地约 7500 万

---

① 农业部《关于全国耕地质量等级情况的公报》（农业部公报〔2014〕1 号）.

② 我国农田有效灌溉面积比重达到 52% [EB/OL]. 新华网，(2016-06-01). http://www.xinhuanet.com/2016-06/01/c_1118971451.htm.

③ 耕地质量等级评定依据《耕地质量等级》(GB/T 33469-2016)，划分为十个等级，一等地耕地质量最好，十等地耕地质量最差。一等至三等、四等至六等、七等至十等分别划分为高等地、中等地、低等地。

④ 乔金亮. 我国耕地退化面积超四成 中低产田占 7 成 [EB/OL]. 中国经济网，(2014-12-19). http://www.ce.cn/cysc/newmain/yc/jsxw/201412/19/t20141219_4158190.shtml.

亩，“工业三废”污染近1.5亿亩，污灌农田近5000万亩；农田“白色污染”逐渐加剧，每年有50万吨农膜残留在耕地里，在15－20厘米的土层形成不透水、不透气的难降解层①。据环保部公布的数据，我国每年由于土壤污染的粮食高达1200万吨，直接经济损失超过200亿元。环保部和国土资源部在2014年公开的《全国土壤污染状况调查公报》显示，全国土壤总超标率达到16.1%，其中无机污染物超标点位数占82.8%，长三角、珠三角和东北老工业基地等部分区域土壤污染问题突出。种植业本可改善生态环境，但近年来面源污染造成的生态破坏和环境恶化成为种植业可持续发展的重要障碍。2001－2011年，我国化肥施用量从4254万吨上升至5704万吨，提高了34%；农药施用量从127万吨上升至179万吨，提高了41%。不合理大量使用农药、化肥、添加剂，造成土壤、水体污染和农产品有害物质残留，引起地下水硝酸盐积累和水体富营养化等现象普遍；大面积焚烧秸秆，既污染大气，又造成资源浪费，成为社会公害。由于农业面源污染造成大量的农产品与食品安全突发事件，已经严重影响了农业健康发展和政府的公信力。

三是水资源问题日趋严峻。水资源利用效率不高，农田灌溉用水有效利用系数仅0.52、水资源缺口高达300亿立方米，每年因缺水造成的粮食减产达到750亿－1000亿公斤②。不适宜的过度开发模式，造成水土流失和土地荒漠化现象严重。无节制抽取地下水，使地下水位下降，并引起地面下沉；过度开垦、过度放牧和水资源利用不当等，造成土壤次生盐碱化、土地沙漠化和荒漠化，水土流失面积占国土总面积19%。根据环保部发布的《2016中国环境状况公报》，我国地表水劣Ⅴ类③占国考断面比例依然高达8.6%，七大流域和浙闽片河流、西北诸河、西南诸河劣Ⅴ类占比9.1%。大量的工业废水流入自然水体后成为农业灌溉用水，近1/3的农业灌溉用水不合格，我国许多地区每年都发生由于污水灌溉造成农田减

① 刘瑾．耕地现状调查：我国耕地质量现状堪忧［EB/OL］．中国共产党新闻网，（2014－09－28）．http：//theory.people.com.cn/n/2014/0928/c49154－25752334.html.

② 中国农科院陈印军课题组．“十三五”国家粮食安全和农业结构调整优化——“十三五”前期研究课题主要观点综述（二）［N］．农民日报，2015－04－02.

③ Ⅰ、Ⅱ类水质可用于饮用水源一级保护区、珍稀水生生物栖息地、鱼虾类产卵场、仔稚幼鱼的索饵场等；Ⅲ类水质可用于饮用水源二级保护区、鱼虾类越冬场、洄游通道、水产养殖区、游泳区；Ⅳ类水质可用于一般工业用水和人体非直接接触的娱乐用水；Ⅴ类水质可用于农业用水及一般景观用水；劣Ⅴ类水质除调节局部气候外，几乎无使用功能。

产甚至绝收，其危害后果往往持续多年。

四是村镇生活环境治理滞后。主要表现在：农村居民点利用效率低，文化、教育、医疗、卫生等设施不完善，农村居民点建设基本处于放任自流状态，村庄居住环境质量差，村镇布局零星分散、内部功能混乱。我国县镇污水处理率仅 60%，建制镇污水处理率不足 20%，20% 的小城镇无集中供水，小城镇的人均市政公用设施投入仅为城市的 20%，由于对教育、文化、卫生等公共服务投入的相对不足，导致小城镇居住缺乏吸引力。

## 3.3 我国村镇发展的未来：基于生态文明观与城乡开放的可持续发展框架

工业革命后，人类在极短的时间内创造了非凡的文明成果，同时也付出了高昂的代价，特别是人类的生产与生活对生态环境的破坏已经威胁到了人类自己的生存。可持续发展正是在此背景之下产生并逐步成为人类社会的共识。共同性、包容性、协调性、持续性、公平性、高效性、多维性体现了可持续经济、可持续社会、可持续生态发展的协调统一，是经济社会生态持续发展能力的集中反映。在面向未来的可持续发展框架下，新时代中国农村（乡村）现代化与新型城镇化不仅仅是单纯的乡村产业发展和人口向城镇的转移，更是在生态文明指引下、坚持新的发展理念，在城乡开放体系下实现生态、经济、社会、人口、文化的协调与可持续发展，这也是中国特色乡村振兴之路的本质要求。尤其是经济相对发达的东南沿海地区需要在实践中先行探索、示范引领。党的十八大以来，生态文明建设成为“五位一体”发展格局的重要部分，创新、协调、绿色、共享、开放新的发展理念贯彻于村镇可持续发展与社区治理的实践之中。2017 年 10 月，党的十九大报告提出实施乡村振兴战略，“按照产业兴旺、生态宜居、乡风文明、治理有效、生活富裕的总要求，建立健全城乡融合发展体制机制和政策体系，加快推进农业农村现代化”。我国村镇发展进入一个新的历史阶段，特别是在中央提出开启全面建设社会主义现代化国家新征程的新时代背景下，乡村治理与村镇发展需要植入新的理念、新的机制。

### 3.3.1 城乡开放体系下中国特色乡村现代化与新型城镇化的融合发展

中国特色农村（乡村）现代化与新型城镇化是我国现阶段社会发展两大战略目标。从城乡二元隔离、分离闭塞的系统走向城乡要素自由流动、空间开放的体系，是新时代中国特色农村（乡村）现代化与新型城镇化融合发展的重要特征与方向。

（1）中国特色乡村现代化

现代化是社会文明转型的动态过程。从全球视野看，自20世纪50年代大批发展中国家摆脱殖民统治之后，纷纷跨入现代化的进程。无论是渐进式还是跨越式的现代化路径，发达国家现代化历史往往具有“双刃剑”效应，模仿与借鉴其经验可以体现“后发优势”。然而，置本国历史传统与现实国情于不顾的一味模仿发达国家的发展模式，也易于产生“大城市病”等问题。近代以来中国的现代化大致分为三个时期：第一时期是自给自足农业经济基础上封建社会的解体、资本主义工业兴起、以科学民主为核心的价值观传播的发展过程；第二阶段是新中国成立初期以计划经济体制为基础、模仿苏联模式的现代化道路；第三阶段是改革开放后农村土地制度、组织制度、市场制度创新引发的工业化、城镇化与农业现代化。无论是照搬欧美国家模式还是苏联模式，实践证明并不适合我国国情。应该说，中国农村现代化在不同发展阶段面临的环境与需要解决的问题存在差异。农村现代化涵盖了经济发展、社会发展、生态治理、文明演进等内容，推进中国特色农村（乡村）现代化本质是开创中国特色社会主义道路的根本要求。杨勇（2015）研究后认为，在中国以工业化为主导的农村现代化模式最具有普遍意义，而农业现代化为主导和服务业现代化为主导的农村（乡村）现代化模式普遍性较差。改革开放初期东南沿海的“苏南模式”① 是典型的以乡镇企业（集体经济）发展带动提高非农化水平与农村居民的收入增长。20世纪90年代之后“苏南模式”因乡镇企业产权不清、政企不分造成的弊端开始显现。这之后，随着产权制度的改革与参与国际产业大分工，外向型出口加工企业的快速发展再次激发了苏南的活

① 苏南通常指苏州、无锡和常州所辖12个县（市）。

力。然而，其弊端在于工业化规模小而分散，既面临经济发展新常态下产业升级的压力，又易于造成环境污染和低水平的恶性竞争，如“太湖水污染事件”。此外，无论是以利用外资为重要特征的“苏南模式”“岭南模式”，还是以利用地区性资金为主的“温州模式”，都极易触发系统性金融风险。由于农业的附加值低于工业，与江苏、浙江相比，以农业现代化主导的农村现代化模式在发展农村经济方面存在“力不从心”的问题。农业现代化主导模式的发展质量和现代化层次与工业化主导的现代化模式相比仍然具有较大差距。民族特色、生态资源丰富的西部地区和部分东中部省区农村更多是借助旅游资源、民俗特色等，如江西婺源古村、湖南凤凰古城、云南丽江古城等。然而，这种以农村旅游业的开发等服务业为主导的现代化模式易于忽视旅游资源的保护，部分旅游资源开发模式同质化严重，尤其是缺乏对乡土文化的保护和忽视旅游资源、生态资源的承载能力。

中国农村现代化不能仅仅依靠城市化一条路子来实现。萧洪恩（2015）认为，农村就地现代化可通过农村居民利用近现代工农业科学技术，提高农村生产力水平、发展农村经济、优化农村社会结构、逐步缩小城乡差别，最终实现城乡共同现代化。这一模式不依靠简单粗暴的城市空间扩张和城镇人口聚拢，也不是依靠单纯的工业化来实现现代化。不同于欧美国家的城市化与我国现阶段城市化与工业化的动力机制，其驱动力主要依赖于农村的第一产业、第三产业的发展，即就地现代化的农村不是城市化或城镇化的附属或者单向的输血者，而是与城市化一样重要的中国现代化的发展路径。应该说，随着城乡户籍制度即将全面开放、城乡二元结构逐步缓解、中国全面现代化发展背景下，农村就地现代化不失为未来的重要通道。无论是美国的逆城市化运动、日本的乡村振兴计划，还是韩国的新农村运动，都把提高农民素质、促进农业现代化与工业化、城镇化以及农村现代化发展协调推动。从中国的国情看，立足于乡村本土的农村现代化，既是全面实现城乡现代化发展的要求，也是确保国家粮食安全与重要农产品供给、推进乡村可持续发展的需要。中国特色乡村现代化，既包括新型城镇化发展的路径，也包括农村本土的现代化、农业现代化与农民的现代化。必须避免陷入城市化的高度“同质性”，坚持因地制宜、因时制宜、因业制宜、因史制宜和因俗制宜的多元化模式。

中国农村（乡村）现代化与中国特色农业现代化密不可分。在大多数以农业为主要产业的地区，农业现代化依然是农村现代化的主要内容。中共中央在2014、2015、2016年连续三年发布的1号文件，都把推进农业现代化作为主题①。2014年的中央1号文件提出，努力走出一条生产技术先进、经营规模适度、市场竞争力强、生态环境可持续的中国特色新型农业现代化道路。传统农业向现代农业的转型过程，主要体现在物质能量从封闭的循环圈向开放的循环圈转变、传统农业技术向机械化集约化现代农业技术转变、小规模自给型农业生产方式向规模化社会化市场化组织化农业生产方式转变。从三大产业融合发展的角度看，农业现代化更不单单是第一产业发展的现代化。中国特色新型农业现代化不仅要着眼于确保国家粮食安全和重要农产品的有效供给，而且要考虑到我国农业资源禀赋、生态条件、经营规模、保护水平等制约因素。正如陈锡文（2016）所提到的，在中国这个13亿人的发展中国家，要实现农业现代化，在人类发展史上尚无先例。传统农业向现代农业转变，首先是以农业人口的减少为前提。1996－2015年，中国乡村常住人口减少了2.56亿人，但2015年乡村人口总量依然比1949年增加1.19亿人，比1965年多850万人；中国乡村户籍人口数量占比超过60%，2.3亿承包户中仅1/4实现了土地流转。从经营规模上看，我国户均土地规模仅约7亩，即使90%的农民转移到城市，留下来从事农业的农户户均规模也不足70亩，远远低于美国户均4000亩的农场经营水平。中国经济社会制度条件和农业资源禀赋特征决定了农业现代化路径必须具有中国特色。既不能简单走西方农业现代化的路子，也不能搞一刀切的农业现代化模式。随着农业产值占GDP比重与农村人口的双下降，农村的现代化不单指农业现代化，而是包括乡村治理、生态建设、乡村文明等多领域的现代化。

从社会学的角度看，中国农村（乡村）现代化的社会基础与治理基础更富有中国特色。王立胜（2006）从宏观、中观与微观三个层面解读中国农村现代化的社会结构框架。王立胜认为，即使近年来农民合作社快速发展，但是大多数社员并没有真正纳入到高度科层化的组织体系之中，中国农村的这种社会结构往往难以实现国家政策的制度功能。而中国农村长达

---

① 2014年中央1号文件《中共中央国务院关于全面深化农村改革加快推进农业现代化的若干意见》；2015年中央1号文件《中共中央国务院关于加大改革创新力度加快农业现代化建设的若干意见》；2016年中央1号文件《中共中央国务院关于落实发展新理念加快农业现代化 实现全面小康目标的若干意见》。

上百年的现代化转型，已经不只是一个新问题。农村现代化转型面临的两个突出问题依然是分散的小农与市场对接的交易成本过高、分散的小农与政府的交易成本过高。农民与国家的关系问题一直是中国后发外生型现代化转型需要妥善处理的问题。农村现代化转型的实践路径很大程度上取决于中国的基本政治制度与经济制度以及现代化道路的方向。王立胜（2006）认为，从社会基础看，中国农村现代化目标的实现必须对接农村的联结关系。政策的制定既要从中国的“非均衡”发展导向出发，也要兼顾农民主体的意愿。因而，农村现代化的评价不能简单应用西方的高度量化的指标，而应该触及社会主体农民的真实感受。这一观点与现阶段中国政府提出的尊重农民意愿的政策要求相一致。由于中国农业农村的多样性与复杂性，传统的小农生产方式、现代化的大规模生产模式、机械化信息化设施技术的应用等，必然要求中国农村的现代化具有独特性。从社会制度看，基于家族文化、农村宗族等特色为纽带的农民关系对于农村现代化与国家政策的实施具有重要影响。从内生的视角看，“乡村建设运动与农民心理不动”就不能获得理想意义的结果。然而，后发国家超赶战略的实施又必然要求中央政策与规划的顶层设计和推动。在全球化、市场化、城市化、工业化的大背景下，中国农村（乡村）现代化又具有本土化与多元化的需求。

从政治制度上看，中国农村（乡村）现代化的治理中亦凸显中国共产党的领导核心作用。由于广大农村在中国的特殊地位，乡村治理与现代化不可能脱离我国的历史传承、文化传统、政治制度、经济基础和发展水平。事实上，新中国成立后，中国共产党一直致力于推动农村改革与现代化实践探索。从农村治理法制化进程上看，1988年开始试行的《中华人民共和国村民委员会组织法》（2010年修订），标志着我国农村基层治理进入有法可依的阶段。1999年《中国共产党农村基层组织工作条例》从总则、组织设置、职责任务、经济建设、党员队伍建设等八个方面对农村基层组织工作作了详细而明确的规定。2002年，中央下发《关于进一步做好村民委员会换届选举工作的通知》，要求尊重群众意愿、依法办事、发挥党在农村的基层组织、充分发挥领导核心作用等。《中国共产党农村基层组织工作条例》和《中华人民共和国村民委员会组织法》搭建了中国共产党领导农村的基层组织的框架结构，厘清了乡、民族乡、镇党委和人民政府以及村“两委”四个主体间的具体职责、相互关系和运行机制等。虽然改革开放以来，我国农村治理遭遇过严重失序危机，出现过官民冲突事件、群体性事件，农村公共服务滞后，一些地方出现“过度自治化”与“附属行政化”两个极端并存的困境。但是，中国共产党在我国农村治理和现代化发展中的理论优势、组织优势依然是独特的。据统计，截至2015年底，全国共有党的各级地方委员会3206个，基层组织441.3万个，覆盖全国32431个乡镇、571544个建制村，覆盖率均超过99%[①]。此外，近年来农村各类新型民间组织快速发展。从总体来看，推进农村基层党、政、社功能合理分开，充分发挥各类民间组织与市场主体在农村治理中的积极作用，也是提高农村治理能力现代化的重要内容。

从经济制度看，中国农村现代化基础不同于欧美资本主义国家的私有化属性。国有经济（含农垦经济）、集体经济、合作经济与家庭经济共同组成了中国特色农业农村经济体系。中国拥有庞大的国有农业经济及资产，全国农垦系统拥有1781个国有农场，农垦国有土地总面积37.1万平方公里，占国土陆地面积3.9%，耕地面积9316万亩、占全国4.6%，林地5955万亩、占全国1.6%，草地22822万亩、占全国5.3%；农垦国有及控股企业5400多家，国有资产（不含资源型资产）1.2万亿元[②]。农村集体经济是生产资料归属农村社员共同所有、共同享有劳动果实的经济组织形式，在家庭联产承包责任制和市场经济发展过程中，衍生出大量的村办企业、合作社、股份合作等村集体经济。特别是在东南沿海地区，发展壮大村级集体经济成为部分典型村突破单一农业发展限制、拓展村民经营收入来源、加强党组织引领作用、凝聚村集体合力、实现村民共同致富的重要经验。巩固和完善以家庭承包经营为基础、统分结合的农村基本经营制度，深化农村土地制度改革，完善农村集体土地所有权、承包权、经营权“三权”分置制度，深化农村集体产权制度改革，保障农民财产权益，发展壮大集体经济，成为推动农村现代化的重要动力。农业国有经济、农村集体经济、农村股份经济、合作经济和家庭经济等多层次、多元化并存的农村经济体系，构成了中国农业农村经济的特色。

实践上看，农村（乡村）现代化是一个历史的、渐进的发展过程。由于社会、历史、自然、政策、教育、技术等因素的影响，世界各国农村现

① 中共中央组织部．2015年中国共产党党内统计公报［N］．人民日报，2016－07－01.

② 农业部农垦局．农垦改革与发展情况参阅材料［G］．2015.

代化的模式和路径都存在不同程度上的差别。一般认为，家庭联产承包责任制的普遍实行是改革开放后中国农村现代化的起点。这场改革不仅调动了广大农民的积极性，提高了农业生产力，而且使中国农村开始真正地从自给半自给的状态向商品化、专业化和现代化转变。王立胜（2009）认为，乡镇企业“作为新增的一块与城市现代工业部门相类似的工业经济单元，就它和城市的现代工业部门和农村中的农业的联系相比较，它和后者联系更加紧密。所以可以说，中国农村现代化的道路不是由二元结构直接过渡到一元结构，而是通过乡镇企业的形成与发展构成三元结构，最终走向一元结构，这是中国农村现代化道路的新特点所在。”因此，由于家庭联产承包责任制而引发的乡镇企业的兴起与发展，一方面加快了农村工业化的步伐，另一方面也将农业剩余劳动力向现代工业转化，将相当部分的农村人口转化为城市人口。这种转化的中心是工业化，而转化的表现形式及落脚点则是人口的城市化。

事实上，农业现代化、农村工业化与农村城市化都属于农村现代化的内容。现代化的农业是工业化和城市化的基础；同时，发达的工业和城市能为农业提供现代化的生产要素，并吸收大量农村剩余劳动力。20 世纪 80 年代之后，乡镇企业和小城镇的发展使得工业化与城市化同步推进，工业化和城市化水平的提高又促进了农业现代化，这已成为我国经济发展中的一个重要特征。在 20 世纪 80 年代至 90 年代期间，我国农村现代化更多着力于农村工业化。而随着 20 世纪 90 年代之后伴随农业剩余人口大量向城市的转移，农业现代化与城镇化成为发展的主题，破除城乡二元结构成为改革的重点；2005 年之后，社会主义新农村建设成为我国农村发展的浪潮。由于受城乡二元体制掣肘，我国农业农村现代化明显滞后于工业化、城镇化的发展，成为“四化”同步发展中的短板。党的十六大以后，中国政府力图破除城乡二元体制、推进城乡统筹发展，如取消农业税、实行农业补贴、提高农产品价格，从依靠工农产品价格“剪刀差”进行工业化原始积累转向工业反哺农业、城市支持农村。但由于城乡二元体制根深蒂固，如城乡二元户籍制度改革滞后，农业副业化、农户兼业化、农村空心化、农业劳动力老龄化等问题突出，制约了农业的现代化转型。农业现代化的推进也受制于农村集体土地制度的制约，土地无法流转集中、经营规模无法扩大、规模效应难以体现等。此外，农业现代化与城镇化互为依存、相互促进。叶兴庆（2015）认为，“没有新型城镇化创造条件、辐射带动，农业现代化就难以推进”①。

党的十九大报告提出实施乡村振兴战略，是继2005年中央提出新农村建设战略后又一个加快农业农村发展的新战略与新举措。统筹推进农村经济建设、政治建设、文化建设、社会建设、生态文明建设，加快推进中国特色农业农村现代化，对于2020年实现全面小康社会、2035年实现基本现代化和2050年实现现代化强国的战略目标，具有重大而深远的意义。但总体上，我国农村现代化进程仍然滞后于工业化、滞后于城镇化进程。

（2）中国特色新型城镇化

城市化与城镇化都来源于英文“Urbanization”，其基本含义都是指非农产业和人口向城市集聚、城市生产方式和生活方式向农村扩散、城乡差别缩小直至消除的发展过程。但在中国的语境表述中往往存在不同的认识。持“城镇化”观点的人认为中国特色的城市化道路是以小城镇为主的道路；持“城市化”观点的人则认为中国的城市化道路应以“城市”为主，小城镇不能成为支撑中国城市化和现代化的主要空间载体。也有观点认为，城市化代表的是一种市场逻辑过程，而城镇化代表的是一种权力逻辑（中国官方文件的表述中主要使用“城镇化”）。显然，这种观点更多是从经济社会发展演变的推动力视角出发。从历史演变轨迹看，人口与产业集聚的城市化过程是社会发展经济重心从农业向工业与服务业转型的过程，高工资、高服务驱动人口从农村向城市转移、从农业向非农产业转移。一般来说，欧美国家的城市化（或称之为城镇化）大体经历三个阶段的S曲线走势（田雪原，2013）：第一阶段主要是农村人口向中小城镇转移和集中，称为乡村城市化，处于S曲线底部，城市化率一般在30%以下；第二阶段乡村和中小城镇人口向大城市和超大城市转移和集中，即以大城市为主导阶段，处于S曲线中部挺起部分，城市化率一般在30%－70%；第三阶段大城市特别是超大城市中心区人口向郊区和其他乡村迁移，称为逆城市化，处于S曲线顶部，城市化率在70%以上。持这一观点的人认为，目前我国常住人口城镇化率在56.1%左右、户籍人口城市化率仅43.8%（2015年），正处于城市化发展的第二阶段，城市化发展应以大城市为主导。因而，政策导向上应该落脚于开放大城市，拆除现有城市对

① 叶兴庆．走中国特色新型农业现代化道路［EB/OL］．求是网专访，（2015－02－26）．http：//www.qstheory.cn/zhuanqu/qsft/2015－02/26/c_ 1114439356.htm.

户籍制度等限制的藩篱，配套制度上改善城市居民的公共服务。

有学者根据中国城市化的实践提出了另外的观点。叶裕民（2013）认为，改革开放前，中国走的是一条非正常发展路径的城市化道路。即服从于重工业超前发展的国家战略，中国城市产业以重化工业为主，与重工业规模化发展的基本特征相适应，因而中国城市以大城市为主快速扩张。重工业超前发展的战略内生导致由中央高度集中、统一调配的固定资产投资主要用于重工业发展，将轻工业、服务业、农业投资限于最低规模，也将城市基础设施和生活服务设施投资控制在底线，导致以重工业为主的大城市公共基础设施极端缺乏，交通拥挤、住房紧张、环境污染严重等“城市病”在中国几乎所有大城市普遍存在。改革开放至20世纪90年代期间，随着农村改革及市场机制的活力释放，在转型初期进城高约束性制度框架下，中国客观上走了一条以小城镇为主的城市化道路。1984年国务院颁布《关于农民进入集镇落户问题的通知》（国发〔1984〕141号），规定农民可以自理口粮在集镇（建制镇、乡镇及以下村镇，不含县城关镇）从事工商业活动，并落户小城镇。直至1998年《国务院批转公安部关于解决当前户口管理工作中几个突出问题意见的通知》（国发〔1998〕24号）出台之前，只有小城镇对农民开放，导致整个80年代乃至90年代上半期中国工业化以及人口迁移主要发生在小城镇。特别是随着东南沿海地区乡镇企业的“异军突起”，非农产业就业人口大量增长，小城镇快速得到发展。1978－1995年间，乡镇企业就业人数占中国非农产业就业人数的比重由23.9%增加到39.6%，乡镇工业总产值占全部工业总产值的比重由9.1%增加到55.8%。因而，费孝通先生提出小城镇快速带动工业化进程，大规模解决就业，农民“离土不离乡”，又不产生“城市病”，是符合中国国情的城镇化道路。尤其是当学界总结国际经验，甚至将其概括为具有中国特色的城镇化道路。发达国家在20世纪50年代基本完成城市化之后，卫星城和中小城市为载体的逆城市化和郊区化来解决大城市过密的问题，进而促进城市群结构的产生。然而，以小城镇为主的城镇化道路缺乏市场竞争力，并带来严峻的区域性环境污染，综合效益有限，小城镇难以成为中国现代化和居民生活质量提高的空间依托，只是实践探索中的“次优选择”（叶裕民，2007）。中国城市化要走一条以城市群为主体、大中小城市和小城镇协调发展的道路。正如党的十九大报告中的表述，“以城市群为主体构建大中小城市和小城镇协调发展的城镇格局”。近2万个小城镇（建制镇）在中国的功能不仅是为农村地区数亿农民提供生产和生活服务，更是农业和农村现代化的根本依托。

学术界对改革开放以来的城镇化成效与道路之争依然激烈。贺雪峰（2014）在其著作《城市化的中国道路》中指出，中国城市化是发展中国家最成功的典型，中国的人均 GDP 远低于发达国家，“城市发展像欧洲”，但并没有出现大多数发展中国家的贫民窟。贺雪峰认为，城市化的中国道路的秘密恰恰在于中国独特的政策与制度安排，主要为小农经济、土地制度与二元结构。以家庭联产承包制为基础的基本经营制度形成的小农经济模式，保障了进城农民可选择返乡的策略。集体所有权的土地制度安排为建设用地“涨价归公”提供了发展基础。城乡二元结构由过去的剥削性结构变成保护性结构。中国式的城镇化模式既为农民进城提供了一个可进可退的自然选择空间，也为城市和基础设施建设提供了资金来源。贺雪峰认为，如果中国通过资本下乡、土地流转等方式推动农民不可逆的进城，走加快消除二元结构、消灭小农经济、改革征地制度的激进式城镇化道路，恰恰会导致中国特色制度优越性不复存在，必然导致中国现代化落入中等收入陷阱。但是，简新华等（2016）认为，中国现行的农村土地制度、家庭承包经营责任制、国家征地补偿与土地财政制度的缺陷也是明显的，补偿过度与补偿不足并存、腐败现象严重、土地财政开支不合理等。如果长期坚持不变，中国的“三农”问题无法根本解决、农业现代化难以实现，土地制度本身也难以为继。稳健城镇化道路的好处是没有形成发展中国家常见的大规模城市贫民窟，但也导致“半城市化”现象。农民工的市民化本身也是一个缓慢渐进甚至是反复的过程。究竟继续让小农经济成为中国现代化的“稳定器”与“蓄水池”，还是把二元经济结构转变为一元现代化结构？突破中等收入陷阱是继续维持现有基本制度不变，还是调整产业结构与经济结构、扩大内需、完善收入分配机制？相反，也有学者对改革开放以来的城市化持否定态度。文贯中（2014）认为，中国的城市化不是人的城市化和农民的城市化，而是土地城市化与城市现代化，中国城市化普遍出现所谓“化地不化人”的尴尬局面。他认为，由于要素市场的缺位，中国的城市化严重偏离全球城市化的普遍规律，使中国的城市化蜕变为外生型的、扭曲的和不可持续的。中国的城市化是政府与官员主导，现行土地制度已经造成了两种结构性扭曲，一是农村人口的下降未能与农业产值比重的下降相适应，造成城市化严重滞后与城乡收入差距的扩大；二是服务业比重未能达到世界平均水平，导致农村普遍隐形失业与集聚效应的浪费。文贯中主张，中国必须重启内生型城市化道路，走市场主导、政府辅助和提升法治精神的城市化道路。然而，所谓市场化推动的内生型城市化模式，如当前的印度与欧美国家城市化的初期和中期，也存在着城乡差距巨大、城市病与农村病并存的弊端。简新华（2013）认为，新型城镇化的主要特征和优点是，以人为核心、以提高质量为关键、以农民工市民化为首要任务，城镇化与工业化、信息化、农业现代化和服务化协调推进，工农城乡协调发展，“两个非农化和城镇化”协调、土地节约高效利用，城镇结构和空间布局合理、城镇化地区差异缩小，多渠道筹集城镇化资金，集约紧凑、智能高效、绿色低碳、文化传承、城镇建设和管理水平更高，以市场推动、政府促进，统筹规划、分类指导、积极、稳妥、有序、扎实推进。

中国新型城镇化之路既不同于其他国家所走过的城市化道路，也不同于我国以往走过的城镇化道路。新型城镇化的内涵在于实现城镇化与工业化、信息化和农业现代化良性互动，大中小城市和小城镇的合理布局与协调发展。《国家新型城镇化规划（2014－2020年）》提出，城镇化是现代化的必由之路，是解决农业农村农民问题的重要途径，是推动区域协调发展的有力支撑，是扩大内需和促进产业升级的重要抓手；努力走出一条以人为本、四化同步、优化布局、生态文明、文化传承的中国特色新型城镇化道路，对全面建成小康社会、加快推进社会主义现代化具有重大现实意义和深远历史意义。规划提出了我国城镇化指导思想与发展目标，并对有序推进农业转移人口市民化、优化城镇化布局和形态、提高城市可持续发展能力、推动城乡发展一体化、改革完善城镇化发展体制机制以及规划实施做了全面布局。

2017年7月，国家发改委发布《国家新型城镇化报告2016》。该报告显示，2016年约1600万人进城落户，常住人口城镇化率达到57.35%，户籍人口城镇化率达到41.2%，分别比上年提高1.25个、1.3个百分点；长三角、长江中游、成渝、哈长、中原和北部湾6个城市群规划先后印发发布，国家中心城市布局建设正式启动，新生中小城市培育和美丽特色小（城）镇、绿色城市、新型智慧城市建设有了新进展；城市可持续发展能力提升，第三批新型城镇化综合试点全面启动，试点扩围至2个省246个城市（镇）；城镇化国际务实合作再结新成果。此外，浙江德清、台州等地的试点经验和在宁波召开的首届亚太经合组织城镇化高层论坛被写入报告。

(3) 开放体系下乡村现代化与新型城镇化的融合发展

从未来趋势看，新时期中国村镇的发展将是在全面开放新格局下农村（乡村）现代化与新型城镇化的融合发展。与开放体系相对的是城乡隔离、微观隔离与自我封闭，城乡一体化只是相对于城乡隔离而言。虽然，中国作为后发赶超型国家，城乡隔离成为实施重工业优先发展战略、调动建设资源的制度约束。但是，很大程度上，在计划经济时代开始形成的城乡隔离制度，是导致中国乡村发展滞缓和社会不平等的主要根源。在全面深化改革开放中，城乡关系由隔离走向融合，是农村现代化与新型城镇化发展的必然要求。传统的粮食统购统销制度、农民工进城管制制度已破除，粮食价格形成机制、户籍制度、就业与福利制度、土地制度等也正深化改革。随着城乡一体化的持续推进，城乡二元结构的宏观空间格局被打破，然而城镇之中的微观空间隔离却在滋生（张先昌 等，2015），表现为进城农民在居住空间和社会空间上的边缘化和孤立化。这种发生于城镇内部的微观隔离依然是城乡隔离的一种新的表现方式，城镇之中的空间隔离强化了城乡居民之间的社会距离，固化了城乡之间的社会分层（张占斌，2013）。在开放的体系下，不仅城乡内部空间隔离、微观隔离被消除，而且城乡内外部和村镇内外部形成开放的发展格局。

开放体系下农村（乡村）现代化与新型城镇化的融合发展，主要表现在以下几个方面：①村镇产业融合发展。产业融合（Industry Convergence）是指不同产业（行业）相互渗透、相互交叉、相互促进并融为一体，逐步形成新产业的动态发展过程。产业融合可分为产业渗透、产业交叉和产业重组。村镇产业融合主要是村镇之间三次产业融合发展的过程，产业在乡村与村镇合理布局。20 世纪 90 年代日本东京大学农业专家今村奈良提出六次产业理论，2016 年复旦大学教授张来武（2018）提出六次产业理论（“互联网 +”为第四产业，“创意 +”为第五产业），都是基于产业融合的思想。乡村不再单纯依靠第一产业发展支撑，而是形成乡村旅游、食品加工、康养产业等产业与第一产业融合发展；城镇第二、第三产业也不再局限于城市，高新技术产业、信息技术、智慧农业、创意农业、非农产业与企业也向乡村扩散和转移，传统农业与物联网、大数据等高新技术产业融合提高产业附加值。打破乡村与城镇之间产业的二元分割，建立基于开放体系下产业要素自由流动、产业融合发展的村镇格局，既是新时期中国农村现代化与新型城镇化发展的要求，也是现代市场经济发展的需要。②村镇功能融合发展。将城镇的经济功能、文化功能、集散功能、教育功能、服务功能等，与乡村生产功能、田园功能、生态功能、游居功能等有机融合，形成村镇协调发展的格局。③村镇人口融合发展。不对乡村与镇域之间设置人口流动的阻隔，建立乡村与镇域一体化的就业、教育、医疗、社保制度，促进乡村人口与镇域居民的融合发展。④村镇规划融合发展。将乡村、社区与镇域纳入统一规划，建立功能合理分区、空间合理分布、产业合理分化、人口自由流动、要素双向配置、文明共享发展的体制机制。实际上在融合发展过程中，由于村镇类型的多样化与发展环境的差异性，传统村镇的保护与现代村镇的兴起，市场机制、政府推动以及技术创新和观念更替，乡村与城镇要素的相互流动，往往带来村镇治理与发展理念、价值观等的激烈碰撞。

现阶段我国没有形成城市（镇）与乡村功能互补的村镇发展关系；小城镇数量多，规模小，功能弱；城镇与乡村功能脱节，城镇化对乡村的带动和辐射作用不强。城镇的设计与发展没有与乡村规划相统一。长期以来，政府投入的重点是大中城市，忽视村镇的布局与规划。新型城镇化与农村现代化的融合发展应重视以下方面：①建立乡村与小城镇统一协调发展机制。打破乡村与小城镇户籍制度限制，建立统一的规划协调制度，把乡村建设纳入镇域规划范畴。把乡村振兴计划与城镇化发展水平相适应的基础设施和基本公共服务统筹考虑。②提高城镇化发展质量与农村现代化水平。由过去偏重人口转移为导向的城镇化速度向质量和效益提高转变，积极促进农业转移人口市民化，推动村镇范围内基本公共服务均等化，解决半城镇化问题。建立乡村与小城镇一体化的就业、教育、医疗制度。③加强城镇化与工业化、信息化、农业现代化协同发展，积极探索小城镇带动乡村发展、乡村促进小城镇发展功能的途径和机制。④优化乡村与小城镇空间布局、产业布局、功能布局、生态规划，确保现代乡村与现代城镇健康、协调、持续、融合发展。

### 3.3.2　生态文明趋向下村镇绿色化特色化多维度多元化包容和谐发展

生态文明（Ecological Civilization）是人类文明发展的一个新阶段，即工业文明之后的文明形态，是以人与自然、人与人、人与社会和谐共生、良性循环、全面发展、持续繁荣为基本宗旨的社会文明形态（李晓静，2010）。生态文明覆盖生态意识、生态文化、生态行为、生态产业、生态制度等多个领域，强调人与自然环境的相互依存、相互促进、共处共融，追求人与生态的和谐，追求人与人的和谐以及可持续的生产方式和消费方式，强调在现代化进程中遵循自然规律、经济增长与环境保护的协调发展，强调发展模式由先污染后治理型向生态亲和型转变，强调走可持续发展道路。中国作为全球最大的发展中国家，长期实行主要依赖增加投资和物质投入的粗放型经济增长方式，导致资源和能源的大量消耗与浪费，生态环境面临非常严峻的挑战。党的十七届五中全会明确要求“树立绿色、低碳发展理念”。党的十八大报告将生态文明提高到更高的战略层面。中国特色社会主义事业总体布局由经济建设、政治建设、文化建设、社会建设“四位一体”拓展为包括生态文明建设的“五位一体”。2015 年，中共中央、国务院印发《关于加快推进生态文明建设的意见》，该文件是自党的十八大报告重点提及生态文明建设内容后，中央全面专题部署生态文明建设的第一个文件，生态文明建设的政治高度进一步凸显。

在过去的城市化进程中，村镇是被忽视的地域，处于城镇化进程中的附属和被动地位。特别是在中国城市化快速推进过程中，无论是改革开放以前还是最近 20 多年的发展，乡村往往成为城市发展的生态牺牲者，甚至是城市工业污染与生活污染的排放目标区域。但从生态平衡的视角看，乡村是小城镇的生态保障区，而村镇更是城市生态的重要保障区。如果说党的十八大提出“美丽中国”是我国今后人类居住环境建设和改善的宏伟目标，那么建设“绿色生态村镇”则是宏伟目标的生动实践。强调村镇绿色发展，强调生态文明观，就是因为村镇的“绿化”可以加快我国新型城镇化进程，改善村镇地区的生产生活环境。以村镇绿色发展为手段的城乡一体化发展道路，其核心是通过合理利用绿色资源能源、发展绿色产业和推进村镇基础设施建设，在实现节能、节地、节水、节材和环境保护的同时，最大程度发挥村镇的生产力和创造力，保持和改善村镇自然环境以及人居环境。

绿色发展本质上体现了发展的公平性要求，包括时间维度和空间维度的公平性，即代际、区域、产业之间发展的公平性与持续性。农林牧渔生产空间和自然环境空间作为覆盖村镇的主体要素，是绿色功能的策源地和生态功能的枢纽区域，蕴含了农业、工业以及现代服务业发展所依存的资源条件。这种以绿色资源为载体的生产生活组织方式和运行机制，正是构建绿色村镇空间格局的根基，自然资源的高效合理利用必然会对村镇发展起到至关重要的作用。从技术层面看，加强绿色低碳村镇规划关键技术研究，提高我国村镇资源集约节约利用程度，建设绿色生态村镇并实现其“生态环境良好、能源集约节约、气候健康舒适”等目标，从而促进城乡协调和经济社会可持续发展，是今后的发展方向（王维，2015）。从产业层面看，现代农林牧是自然与人工的复合生态系统，其生产模式遵从基本的自然规律，这使得第一产业成为村镇可持续、难以替代的基础产业。绝大多数村镇以第一产业为主，第一产业的发展可以改善生态系统，不合理的生产方式也可能带来农业面源污染以及生态系统破坏、水资源的污染。此外，基于或服务于第一产业的第二、第三产业应具有更大的效益拓展空间，如基于农产品的绿色储运系统和绿色食品加工业、服务于农业生产的科技研发产业、面向农产品商贸和流通的信息和网络服务系统，以及面向城市区域的农业观光和生态旅游业等。绿色产业链的拓展将逐渐生成特色产业甚至支柱产业，并促进村镇产业结构优化和整体经济水平的提升（赵天宇 等，2015）。从生活层面看，我国村镇分布地域广、等级规模差异大，各地基础设施总体建设与服务水平参差不齐，这就对村镇基础设施和服务组织提出了更高的要求。不同的生产方式带来的对农机具的不同要求，多样的气候条件要求有良好的道路交通设施作为保障；村镇的不同分布形态同样对供水供电、污水与废弃物处理设施提出了要求。不仅如此，高标准的网络设备、学校教育机构、卫生服务设施、购物场所、演出场所、图书室、运动场所等设施使得村镇居民得以享有更好的生活环境。

可持续发展包含了多样性、多元化、多模式、多路径、多维度的内涵，发挥优势、突出特色是村镇可持续发展的一个重点。目前，我国村镇建设雷同的多，富有特色的少。各地的优势和特色应与自身的条件相一致，拥有当地特色的农林牧渔矿等产业资源优势，或是与城市大工业有着较为密切联系的村镇可以利用这些资源优势，发展加工贸易，形成专业产销基地。具有独特的自然景观、人文历史以及文化内涵的村镇应借助于这一优势发展生态旅游业，拉动村镇经济发展。旅游特色村镇同样必须深入挖掘村镇文化，同时又要避免产品粗糙、内容单一、项目雷同等问题。多元化是村镇可持续发展的必然规律和客观表现，也是农村现代化和新型城镇化建设的基本要求。同时，村镇多元化发展与社会多样性存在密切的相互支撑和彼此包容的关系。建设经济、社会和环境相协调发展的绿色村镇应当具有以下特征（王云才，2007）：①绿色的自然生态环境。绿色村镇不仅要求良好的自然生态系统、较低的环境污染，而且要有良好的绿化面积覆盖。②高质量的经济增长。这要求村镇既要保障经济的持续增长，更要保证增长的质量，保持合理的产业结构和生产布局。③高质量的居民物质与精神生活。这要求村镇不仅提供足够的粮食，而且也提供良好的营养素、住房、供水、卫生和能源供给。④健全村镇管理体制与全民生态意识。⑤完善村镇绿色基础设施。

包容性增长是在2007年由亚洲开发银行率先提出惠及弱势群体和欠发达国家的一个概念。而在2011年4月博鳌论坛上，时任中国国家主席胡锦涛提出包容性发展（Inclusive Development），并强调“在经济发展的同时，要获得社会的发展和人的发展”。包容性发展是在全球经济大衰退的背景下，突出发展的包容性这一本质特征，而非单一追求GDP的增长；强调以人为本，人与人、人与社会、人与自然和谐发展，是包括GDP增长指数、人类发展指数、社会发展指数、社会福利指数、居民幸福指数在内的全面发展。同样，村镇的包容性发展强调生态、教育、文化、文明、治理等与产业的协调发展，而不是过于追求GDP增长的城乡间失衡的发展模式。村镇包容性发展是村镇开放、融合、持续的发展方式，而不是二元固化、分割的发展模式。

### 3.3.3 以人为本导向下村镇社区共同性协调性创新性高效性持续发展

村镇可持续发展应把以人为本作为基本原则。城镇化与农村（乡村）现代化本质上是村镇人的现代化，即主要是农民的发展问题。既包括进城农民的市民化，也包括新型职业农民的培养。新型城镇化是以人的城镇化为核心，以创新、协调、绿色、开放、共享的发展理念为引领，更加注重提高户籍人口城镇化率，更加注重城乡基本公共服务均等化，更加注重环境宜居和历史文脉传承，更加注重人口素质与文化素养的提升，更加注重提升城乡居民（含农民工）的获得感和幸福感。

村镇可持续发展要遵循共同性与协调性原则。共同性是指追求区域和系统的整体发展是各方的共同的道义和责任，协调性是指追求人口、经济、社会、环境系统的协调发展。从村镇发展的历史进程来看，不同类型的村镇功能表现各异。与农村（乡村）相比，我国目前镇的特殊功能表现为：①市场功能。作为农村区域的中心，镇起着市场交易空间的重要功能，如我国的集镇市场。镇作为次于城市的人口和经济活动的聚集地，比乡村有着更好的交通、通讯便利条件，而且是重要的信息发送、接收与商品货物中转站，这种功能对城市产业和企业也有一定的促进作用。②吸纳与调剂功能。镇由于具有数量多、分布广、人口集聚，市场机制在村镇较充分，农民进镇的难度、成本和风险较低等优势，对分流剩余劳动力和防止农村人口盲目涌向大城市可起到“蓄水池”的作用。不仅如此，城镇可以通过发展农副产品加工和流通企业来调剂农业劳动力季节性剩余。③素质培育功能。镇是农村的文化、科技和教育中心，也是农村医疗保健的中心，它在乡村居民的健康成长、发展和整体素质的提高等方面发挥着重要作用。镇可以充分利用这些优势向乡村居民传播现代知识和文化，从而在我国农村精神文明建设中承担着极为重要的职责（侯保疆，2006）。共同性、协调性原则要体现在乡村、城镇之间功能的互补和自然协调。即要努力保持乡村与小城镇的自然生态，保护好林地、耕地、园地、水系等农业生态空间，尽可能减少对生态的干扰和损害。保护生态人居景观，建设田园化城镇，使得新型城镇在聚集经济价值之外，具有更高的生态价值、宜居价值。依托现有山水脉络等独特风光，充分保护、尊重和依托现有的地形村貌、田园风光、农业业态和生态本底。依托乡村和镇域现有自然禀赋，配套相关产业，形成特色产业区，形成处处是景的美丽乡村。注重就地取材，体现原汁原味，保持和适度挖掘特色村镇的历史文化。尊重村镇的传统习俗，延续地方历史文脉，彰显村镇民俗风情，通过当地特色文化与村镇建筑和传统产业的融合，发展有历史记忆、地域特色、民族特点的美丽城镇。

村镇可持续发展也要遵循创新性高效性原则。创新性指技术创新、制度创新以及组织创新、模式创新而改进发展方式与效率；高效性指经济、社会、资源、环境、人口等协调下的高效率发展。可持续发展的效率既包括经济意义上的效率，也包含着自然资源和环境的损益成分，体现在发展的高质量方面。特别是信息技术在中国乡村与小城镇的普及，使得乡村现代化发展更具创新性、高效性。中国已进入信息化建设的全面快速发展时期，突出表现为大规模信息基础设施的快速建设和互联网络的广泛普及。随着城镇信息化和农村信息化的快速推进，缩小城乡“数字鸿沟”正成为统筹城乡发展的重要内容。互联网、电话、电视、广播等通信设施向农村不断延伸、广泛覆盖，推动了村镇与城市信息互动、互补，将城镇甚至城市的政务、教育、医疗、卫生、社会保障、市场、文化等信息资源和社会服务，通过网络直接无缝延伸到农村基层，让城市先进的生产方式和生活理念加速向农村涌流。以信息化链接大中城市和乡村小镇、以信息化融合市民与农民，让广大农民能够共享城镇化、现代化建设带来的现代文明成果与丰富多彩的精神文化生活。

应该说互联网时代村镇市场功能的空间弹性将进一步扩大。基于空间距离的传统地理理论已不能完全诠释市场的选址，交通成本亦不再是影响经济活动空间集聚或扩散的主导因素。网络市场、电子商务的出现改变了传统的市场交易方式，无论是村镇居民还是城市居民足不出户便可进行交易，这使得原来市场的作用有所降低。在互联网的作用下，村镇居民能够购买到和城市居民同样的产品。村镇及行政区域具体等级高低的标准不再是人口、经济规模、传统腹地范围，而是信息的可接入性与时间距离。信息网络技术冲破时间、空间的限制，使以劳动力成本为竞争优势的传统型产业向农村、郊外扩散成为可能，利用传统产业和新型产业的集聚效应，在城乡之间、村镇之间形成合理的空间布局，促进乡村、小城镇的新型化。信息化使服务业走向高级化，分工更为精细、专业，服务业的分布也将打破城乡地域的限制，成为促进新型村镇发展的重要支撑产业。信息共享及信息网络技术也将加快农业现代化，现代化农业、智慧农业、农村电商等推动传统乡村演变为特色村镇提供了一种可能的新途径（关丽洁，2014）。

现代信息技术拓展了村镇的经济功能。现代信息技术的发展，正改变过去大中城市为经济中心的发展模式，由于交易成本的大幅度降低，将工业、贸易、金融中心等向信息、物流、知识中心扩展，村镇承载经济功能的作用将显著提升，这也正是城镇化与信息化融合的结果。城镇化与信息化的融合与互动发展，在转变乡村传统生产方式和生活方式、推进城乡产业结构升级、激发村镇内需潜力和培育新的经济增长点等发挥着越来越关键的作用。现代信息技术的发展为乡村文化的传播提供时间、空间和方式上的拓展，使广大村镇居民从文化生活方式和行为规范上得到有效转变。如在文化遗产的保护上，可借助现代化的信息技术手段，通过建立文化遗产数据库和运用虚拟技术，对于一些具有历史价值的文化遗产进行保护。

纵观我国村镇的发展演变历史，可以说可持续发展的朴素思想在中国自古有之，并在传统村镇的布局、传统农耕文明、乡土文化中都有着深刻的烙印。老子主张与大自然和谐共处的“道法自然”思想，包含着可持续发展的深刻和丰富的营养。作为中国古人调节人与自然、人与人及自身内部各种矛盾关系的哲理，与可持续发展所揭示的动态平衡与协调发展不谋而合。如《周易》的环境观、发展观中蕴含着朴素的可持续发展思想，儒家“天人合一”的思想是资源环境可持续发展的哲学基础。这些思想往往都可在中国传统村镇特别是东南沿海传统名村古镇的布局发展中得到充分体现。应该说，可持续发展思想体现了人类自身进步与自然环境关系的反思，反映了人类对自身走过的发展道路的怀疑和抛弃，也反映了人类对今后选择的发展道路与发展目标的憧憬和向往。在当今中国实施乡村振兴战略和加快城镇化进程的时代背景下，可持续发展思想在村镇领域的实践应用无疑有着更为丰富的内涵要求。

# 第4章

# 东南沿海村镇发展转型及可持续导向

生态文明建设已经成为我国“五位一体”发展格局的重要部分，“创新、协调、绿色、共享、开放”的发展理念贯彻于村镇可持续发展与社区治理的实践之中。党的十九大提出实施乡村振兴战略，可以说中国村镇发展进入一个新的阶段，特别是在中央提出开启全面建设社会主义现代化国家新征程的新时代背景下，乡村治理与村镇的可持续发展需要植入新的理念、新的机制。相比较于中西部地区，我国东南沿海经济更为发达、城镇化率更高、村镇体系较为密集、乡村发展水平普遍较高，东南沿海村镇的发展模式往往具有典型性、创新性与示范性。本章在分析比较我国东南沿海村镇发展基础、政策导向、转型特征的基础上，对转型期东南沿海村镇的冲突与困境进行了深入研究，试图梳理出新时代新发展理念下东南沿海村镇可持续发展的内在动力与机制因素。

# 4.1
# 东南沿海传统村落的保护

### 4.1.1　传统村落的价值与保护

传统村落，习惯上又称为古村落，是指村落形成较早，拥有较丰富的文化与自然资源，具有一定历史、文化、科学、艺术、经济、社会价值并应予以保护的村落。我国传统村落往往蕴藏着丰富的历史信息和文化景观，是中国农耕文明遗产的重要载体。由于我国农耕文明史源远流长，广袤的国土上分布着众多形态各异、风情独具、历史悠久、文化多样的传统村落。自 2012 年 12 月国家住房和城乡建设部（简称“住建部”）发布第一批传统村落名录以来，我国政府先后公布并纳入保护的传统村落数量达到 4153 个，其中：2012 年第一批 646 个，2013 年第二批 915 个，2014 年第三批 994 个，2016 年第四批 1598 个（见表 4－1）。如果加上第五批传统村落，我国具有保护价值的传统村落数量将超过 5000 个。传统村落凝结着农耕文明的历史记忆，往往展示了当地的传统文化、建筑艺术和村镇空间格局，反映村落与周边自然环境的和谐关系。每一座蕴含传统文化的村落，都是“活着的文化遗产”，体现了人与自然和谐相处的文化精髓和空间记忆。

传统村落不仅仅是文化意义上中华民族的遗产，在经济上已经成为许多地区独特性、历史性与不可再生性的旅游资源。从农耕文明看，传统村落往往是古人在长期探索中实现传统农业循环经济的经验模式，也是源于自然生态观的绿色发展方式的重要载体，是古代朴素的可持续发展观的实践成果。无论是我国、亚洲其他国家还是欧洲地区，都已经逐步意识到传统村落对于乡村旅游与特色农业的独特价值。如法国香槟酒等地理标志农产品成为传统村落、传统工艺的象征。韩国在 20 世纪 90 年代已经开始反思新农村运动中对丧失的乡村旅游的教训。在城镇化快速推进中的当今中国，决策者已经开始意识到传统村落的经济价值和文化价值，重兴乡村美化运动，纠正过去大拆大建的错误做法，及时恢复传统村落的格局、独特的建筑风格、文化传统、农副产品、地方民俗节庆活动等。但是需要指出的是，目前地方大量推行的乡村美化运动都是“穿衣戴帽”式的刷墙、加顶等强制性做法，实际上这种单一化、统一性的简单做法与传统村落多样化、特色化的发展理念相背离。

2017 年中央 1 号文件首次提出建设田园综合体、培育宜居宜业特色村镇，把乡村建设与三次产业融合发展、山清水秀的田园风光组合在一起。乡村振兴战略的提出，可以认为是从过去片面追求城镇化向乡村现代化与城镇化协调发展的重大战略转变。有学者认为，以农家乐和乡村旅游引领绿色农业与第三产业融合发展的新模式，完全可以取代“村村点火、户户冒烟”工业化初期模式。由于传统村落中村民对周边环境、自然和人际关系等的熟知和了解，实际上传统村落成为村民社会资本的有效载体。如果丧失传统村落这一社会载体，可能比丧失经济资本、自然资本更为严重。如政策性移民后的村民部分回流，主要原因不是源于经济资本的补偿不足，恰恰是社会资本的丧失而难以融入新的生活环境。地方方言、风俗、手工艺品与传统食品、传统节庆、宗族祠堂、亲戚人脉关系等非物质性文化往往成为村民（特别是农民工）回流传统村庄的重要原因，甚至是侨胞不远千山万水、寻根问祖的动力根源。由于我国大量传统村落散落于漫长的边境线和少数民族聚居地，将传统村落的振兴可置于国家安全与民族团结的战略高度。尽管如此，在工业化、信息化与城市化、现代化快速发展进程中，传统村落的保护与可持续发展依然是政界、学界在当前和未来都需要面临的挑战。

### 4.1.2 东南沿海传统村落分布

东南沿海是我国传统村镇分布数量和分布密度较高的地区。我国传统村落在区域的分布上呈现高度非均衡性，传统村落主要集中于长江中下游地区、云贵高原、岭南丘陵和晋冀平原一带，西南和华东地区集中了全国一半以上的传统村落。我国自然村有 270 万个，行政村有 58.5 万个，已经公布的传统村落数占行政村的 0.7%、占自然村的 0.15%，即使加上待公布的第五批，传统村落占行政村的比重大致维持在 1%、占自然村比例不超过 0.2%。从已经公布的四批传统村落数量统计看，浙江省 401 个、占全国总数的 9.66%，仅次于云南、贵州两省；福建省传统村落有 229 个，占 5.5%，在全国排第 6 位。东南沿海三省一市传统村落数量共 663 个，占全国总数的 15.96%。

表 4－1　　　　　　　　中国传统村落分省数量统计

| 地区 | 第一批（2012 年） | 第二批（2013 年） | 第三批（2014） | 第四批（2016） | 总计（个） |
|---|---|---|---|---|---|
| 北京 | 9 | 4 | 3 | 5 | 21 |
| 天津 | 1 | — | — | 2 | 3 |
| 河北 | 32 | 7 | 18 | 88 | 145 |
| 山西 | 48 | 22 | 59 | 150 | 279 |
| 内蒙古 | 3 | 5 | 16 | 20 | 44 |
| 辽宁 | — | — | 8 | 9 | 17 |
| 吉林 | — | 2 | 4 | 3 | 9 |
| 黑龙江 | 2 | 1 | 2 | 1 | 6 |
| 上海 | 5 | — | — | — | 5 |
| 江苏 | 3 | 13 | 10 | 2 | 28 |
| 浙江 | 43 | 47 | 86 | 225 | 401 |
| 安徽 | 25 | 40 | 46 | 52 | 163 |
| 福建 | 48 | 25 | 52 | 104 | 229 |
| 江西 | 33 | 56 | 36 | 50 | 175 |
| 山东 | 10 | 6 | 21 | 38 | 75 |
| 河南 | 16 | 46 | 37 | 25 | 124 |
| 湖北 | 28 | 15 | 46 | 29 | 118 |
| 湖南 | 30 | 42 | 19 | 166 | 257 |
| 广东 | 40 | 51 | 35 | 34 | 160 |
| 广西 | 39 | 30 | 20 | 72 | 161 |
| 海南 | 7 | — | 12 | 28 | 47 |
| 重庆 | 14 | 2 | 47 | 11 | 74 |
| 四川 | 20 | 42 | 22 | 141 | 225 |
| 贵州 | 90 | 202 | 134 | 119 | 545 |
| 云南 | 62 | 232 | 208 | 113 | 615 |
| 西藏 | 5 | 1 | 5 | 8 | 19 |
| 陕西 | 5 | 8 | 17 | 41 | 71 |
| 甘肃 | 7 | 6 | 2 | 21 | 36 |
| 青海 | 13 | 7 | 21 | 38 | 79 |
| 宁夏 | 4 | — | — | 1 | 5 |
| 新疆 | 4 | 3 | 8 | 2 | 17 |
| 合计 | 646 | 919 | 994 | 1598 | 4153 |

资料来源：根据住建部公布的《中国传统村落名录》（2012－2016）整理。

从传统村落分布密度看（见表4-2），东南沿海地区也高于其他区域，甚至高于西南地区。浙江省每万平方公里传统村落数量高达39.39个，排全国第一，比第二位的贵州省高出近8.4个；福建省传统村落分布密度为19.08（个/万平方公里），排在全国第三；上海市的分布密度也高于全国平均水平。东南沿海地区传统村落与西南地区相比，最大的差异在于少数民族区域村落相对较少。第一批传统村落中西南地区（三省一区一市）少数民族区域村落共156个、占全国少数民族区域传统村落数量的83%、占西南地区传统村落数量的81.7%。

**表4-2　中国传统村落在不同省区的分布密度**

| 地区 | 个/万平方公里 | 地区 | 个/万平方公里 | 地区 | 个/万平方公里 |
|---|---|---|---|---|---|
| 北京 | 12.80 | 江西 | 10.49 | 安徽 | 11.68 |
| 天津 | 2.52 | 山东 | 4.77 | 福建 | 19.08 |
| 河北 | 7.71 | 河南 | 7.43 | 云南 | 16.44 |
| 山西 | 17.83 | 湖北 | 6.35 | 西藏 | 0.15 |
| 内蒙古 | 0.37 | 湖南 | 12.13 | 陕西 | 3.45 |
| 辽宁 | 1.15 | 广东 | 8.90 | 甘肃 | 0.85 |
| 吉林 | 0.48 | 广西 | 6.80 | 青海 | 1.09 |
| 黑龙江 | 0.13 | 海南 | 13.43 | 宁夏 | 0.75 |
| 上海 | 7.94 | 重庆 | 8.98 | 新疆 | 0.10 |
| 江苏 | 2.73 | 四川 | 4.63 | 全国平均 | 4.33 |
| 浙江 | 39.39 | 贵州 | 30.97 | | |

资料来源：根据住建部公布的《中国传统村落名录》（2012-2016）以及国家统计局关于各省区市国土面积数据计算整理。

### 4.1.3　东南沿海传统村落保护

我国传统村落的保护与发展已经进入法制化的历史性新阶段。2008年4月，国务院颁布《历史文化名城名镇名村保护条例》，要求遵循科学规划、严格保护的原则，保持和延续历史文化名城名镇名村传统格局和历史风貌，维护历史文化遗产的真实性和完整性，继承和弘扬中华民族优秀传统文化，正确处理经济社会发展和历史文化遗产保护的关系。同时，规定县级以上政府将历史文化名城名镇名村的保护给予相应资金支持、列入本级财政预算，鼓励企业、事业单位、社会团体和个人参与历史文化名城、名镇、名村的保护（名镇名村认定数量详见表4-3）。除中央层面传统村落的划分以及中央财政政策支持以外，部分地方政府也出台了传统村落的划分标准并公布相关名录，将传统村落的保护纳入省级政府政策支持范畴。

东南沿海传统村落普遍建立名录制保护机制。2012 年 9 月，浙江省人大颁布《浙江省历史文化名城名镇名村保护条例》，并于当年 12 月开始实施。2016 年 8 月，浙江省人民政府办公厅印发《关于加强传统村落保护发展的指导意见》（浙政办发〔2016〕84 号），要求按照加快建设“两富”“两美”浙江的决策部署，全面加强传统村落文化遗产保护，实现传统村落活态保护、活态传承、活态发展。2017 年 9 月，浙江省人民政府办公厅公示了杭州市萧山区衙前镇凤凰村等 634 个村庄为省级第一批传统村落（不含国家住建部公布的传统村落）。2017 年 9 月 30 日，江苏省人民政府发布《江苏省传统村落保护办法》（省政府令第 117 号），以省政府令的方式实施对传统村落的保护。该办法将传统村落定义为“村庄主体形成时间较早，乡土文化特征明显，拥有丰富的传统资源或者传统乡村布局的形态、肌理，具有一定的历史、文化、科学、艺术、社会、经济价值，经省人民政府认定予以保护的自然村庄”，明确地方各级政府、有关部门以及村民委员会在传统村落保护中的责任，要求整体保护和延续村落传统格局和历史风貌，以及与村落相互依存的山、水、田、林、路等自然景观环境。据新华社（南京）2017 年 11 月 29 日报道，“十二五”以来江苏省推动“村庄环境整治”“美丽乡村建设”，实现全省 18.9 万个自然村的环境整治全覆盖，建成了上千个省级美丽宜居村庄和万余个市级美丽宜居村庄。2015 年 11 月，福建省住建厅依据《福建省传统村落评审认定办法》，公布了第一批 339 个省级传统村落名录；2017 年 8 月，福建省公布第二批 234 个省级传统村落名录。

从东南沿海众多传统村落的特征性看，不仅体现了东部经济发达的特点，也具有江南地域与乡村文化的典型性。如数量分布众多、江南水乡特征明显、江南人文底蕴浓厚，水文化、桥文化、渔文化、茶文化、稻作文化、民居文化、园林文化、农耕文化、家风文化、儒家文化、诗书文化、宗祠文化等特色鲜明，成为东南沿海地区传统村落传承的农耕文明与农村文化基因。

表 4-3　　中国历史文化名镇名村数量

| | 全国 | 上海 | 江苏 | 浙江 | 福建 |
|---|---|---|---|---|---|
| 中国历史文化名镇数量（个） | 252 | 10 | 25 | 21 | 13 |
| 其中：第一批 | 10 | — | 2 | 2 | 1 |
| 第二批 | 34 | 1 | 3 | 4 | 1 |
| 第三批 | 41 | 1 | 3 | 4 | — |
| 第四批 | 58 | 2 | 4 | 3 | 1 |
| 第五批 | 38 | 4 | 5 | 2 | 4 |
| 第六批 | 71 | 2 | 8 | 4 | 6 |
| 中国历史文化名村数量（个） | 276 | 2 | 10 | 27 | 28 |
| 其中：第一批 | 12 | — | — | 2 | 1 |
| 第二批 | 24 | — | — | — | 2 |
| 第三批 | 36 | — | 2 | 2 | 2 |
| 第四批 | 36 | — | — | 1 | 3 |
| 第五批 | 61 | — | 1 | 8 | 7 |
| 第六批 | 107 | 2 | 7 | 14 | 13 |

资料来源：根据住建部等政府官方网站资料整理。

## 4.2 东南沿海新型村镇的发展

### 4.2.1 新型村镇的基本内涵

新型村镇包括新型小城镇与村庄两个层面，是指新型城镇化发展过程中新兴的村庄与集镇。党的十六大提出了“走中国特色的城镇化道路”，党的十七大进一步要求“按照统筹城乡、布局合理、节约土地、功能完善、以大带小的原则，促进大中小城市和小城镇协调发展”。新型城镇化是在党的十八大正式提出，通常被认为是以城乡统筹、城乡一体、产业互动、节约集约、生态宜居、和谐发展为基本特征的城镇化，是大中小城市、小城镇、新型农村社区协调发展、互促共进的城镇化。党的十九大报告指出，要以城市群为主体构建大中小城市和小城镇协调发展的城镇格局，加快农业转移人口市民化。相对于传统意义的城镇化，新型城镇化是以人为核心的城镇化，必须突破传统的“造城”运动与“土地财政”的发展机制，更注重城镇化发展的质量，如规划的合理性、途径的多元化、个性的鲜明化、效益聚集性、人文的包容性、城乡的互补性、村镇的联动性，这也是村镇可持续发展的内在要求。城镇化不是简单的城市人口比例增加和面积扩张，而是在产业支撑、人居环境、社会保障、生活方式、生态治理等方面实现由“乡”到“城”的转变。传统意义上的城镇化，由于受制于户籍制度、土地制度、公共服务制度等局限，高达 2.6 亿农民工不得不在城市与农村之间做出“候鸟式”“钟摆式”迁徙。如何突破户籍与福利合一的社会管理制度，实现农民工在子女入学、社会保障、技能培训、公共卫生、养老保障等方面的待遇均等，是新型城镇化有待解决的难题。有学者（王如松，2013）指出，新型城镇化的“新”，是指观念更新、体制革新、技术创新和文化复新，是新型工业化、区域城镇化、社会信息化和农业现代化的生态发育过程；“型”指转型，包括产业经济、城市交通、建设用地等方面的转型，环境保护也要从末端治理向“污染防治—清洁生产—生态产业—生态基础设施—生态政区”五同步的生态文明建设转型。因此，集约、智能、绿色、低碳亦成为新型城镇化发展的重要方向。2014 年 3 月，国务院印发了《国家新型城镇化规划（2014 - 2020 年）》。国家发改委在 2015 - 2016 年启动了 3 批国家新型城镇化综合试点工作[①]。

新型城镇化不仅要解决农民的身份问题，更要创新就地城镇化等发展模式，在城乡规划方面既要坚持城市群的统筹规划，也要做好小城镇与乡村发展的统筹布局。在发达国家，小城镇（主要是区别于大城市的村镇）是城镇化的主要载体，如德国 70% 的人口居住于小城镇、而非大城市，美国小城镇人口也占总人口的 65% 以上。从生活空间结构角度，传统村落、新兴的村庄与小镇构成未来村镇一体化发展格局。住建部官员[②]认为，发

---

① 2015 年 2 月，国家发改委印发《国家新型城镇化综合试点方案》，将江苏、安徽两省和宁波等 62 个城市（镇）列为国家新型城镇化综合试点地区；2015 年 11 月，国家发改委公布第二批国家新型城镇化综合试点地区名单（15 个城区、市、县）；2016 年 12 月，北京市顺义区等 111 个城市（镇）列入第三批国家新型城镇化综合试点地区。

② 住建部村镇建设司司长赵晖在 2014 年 1 月 14 日参加新浪财经、城市中国网主办的“新型城镇化过程中的村镇建设”讲座时的谈话实录。

展小城镇有五大好处，一是可以更好成为人的城镇化的主要载体功能；二是更有利于“四化”同步和带动农村发展，为农民提供就地就业和公共服务、商业服务的生活圈；三是有利于国家城镇结构的科学布局；四是绿色发展、降低能耗；五是更有利于文化传承和保护。由于我国小城镇不同于发达国家，更多处于发展的初级阶段、提供的是低端产品，难以吸引白领与高收入人群入住，小城镇没有发挥应有的作用。从功能上看，集镇应更多提供公共服务、商业服务功能，而村庄更多地提供居住功能与生产功能。实际上，由于村与镇在管理体制、土地制度、居民身份、社会保障等制度性的差异，实现村镇的一体化发展首先需要突破这种体制性、制度性的束缚。从发展动力上看，村镇依然表现为缺乏内生快速增长的动力机制。20 世纪 90 年代以来，我国城市化快速推进的重要原因是“土地财政”平台，即政府通过土地开发（卖地）、将从开发商获得的资金投入城市基础设施建设，因而城市化的扩张过程实际上也成为吸纳人口和集聚资金的过程。然而，受制于土地性质，除小部分镇域建设用地属于国有之外，大部分村镇土地都是村集体所有、难以突破跨村的分配与交易，形成村域内部的封闭循环，难以吸纳村镇以外的资金和非农资金、非农人口的流入。东南沿海部分村镇通过发展工业园区、科技园区等方式来集聚生产要素，然而，对于大多数村镇来说，特别是在推进供给侧结构性改革、加大去产能背景下，不可能都以工业园区、科技园区的模式来实现资源集聚。如何以市场机制方式推动生产要素特别是资金跨村入镇，如何在顶层设计中将村镇发展纳入国家基础设施、产业发展的统筹规划之中，激发村镇发展的内生机制，是新时代背景下村镇可持续发展的重大挑战。

### 4.2.2 新型村镇的基本类型

我国新型村镇多样化明显，呈现多部门主导推动的显著特征（见表 4－5）。如果从 21 世纪之后政府推行和认定的村镇类型分析，有社会主义新农村、美丽宜居小镇、美丽宜居村庄、环境优美乡镇、生态乡镇与生态村、特色小镇、专业镇、智慧小镇、特色文化小镇（文旅特色小镇）、历史文化名镇名村①、美丽乡村、美丽休闲乡村等多种形态。社会主义新

① 从历史文化角度，历史文化名镇名村应归入传统村镇，这里主要是便于统计分析；实际上，部分进入美丽乡村与特色小镇名录的村镇也属于传统村镇范围。

农村这一概念，早在 20 世纪 50 年代就提出过。党的十六届五中全会提出要按照“生产发展、生活富裕、乡风文明、村容整洁、管理民主”的要求，扎实推进社会主义新农村建设，则是在以工促农、以城带乡的新历史背景下的重大发展战略。随后的十多年，农业部、住建部、科技部等部委以及地方政府主导的社会主义新农村示范村（场）、新农村科技示范村等蓬勃发展。2003－2014 年，住建部和国家文物局先后公布了 6 批中国历史文化名镇（252 个）、名村（276 个）。2013 年，住建部公布了第一批美丽宜居小镇示范镇（8 个）、美丽宜居村庄示范村庄（12 个）；2015 年，公布了第二批 45 个宜居小镇、61 个宜居村庄建设示范村庄名单；2016 年 1 月，公布了第三批美丽宜居小镇示范镇（42 个）、美丽宜居村庄示范村庄（79 个）。2016 年 12 月，该部公布了第四批名单。四批总共 190 个示范镇、575 个示范村。2016 年，住建部公布 127 个镇为第一批中国特色小镇；2017 年，公布 276 个第二批中国特色小镇。2013 年，农业部启动美丽乡村创建活动，确定了 1100 个乡村为全国“美丽乡村”创建试点乡村，并在 2014 年发布了中国美丽乡村创建十大模式。2015 年，农业部、国标委等部门将《美丽乡村建设指南》[①] 作为国家推荐标准进行发布。2011－2017 年，农业部连续公布七批全国一村一品示范村镇，每次约 300－320 个村镇。2017 年，农业部公布中国美丽休闲乡村推介名单（见表 4－6），包括 41 个特色民居村、35 个特色民俗村、48 个现代新村、26 个历史古村，共计 150 个生态环境优美、产业功能多元、村容景致独特、精神风貌良好的美丽休闲乡村。此外，国家环保部也开展了国家级生态乡镇与生态村的示范工作。2003 年，环保部发布第一批全国环境优美乡镇名单，2003－2008 年共发布 7 批环境优美乡镇名单；2008 年，环保部启动了第一批国家级生态村建设；2014 年 9 月，环保部授予 781 个达到国家生态文明建设示范区考核指标要求的乡镇为“国家级生态乡镇”称号。2003 年，中央文明委发布《关于评选表彰全国文明城市、文明村镇、文明单位的暂行办法》，2011－2015 年公布了五批全国文明村镇名单。2017 年，财政部、国务院农村综改办启动首批 18 个省份田园综合体建设试点工作，要

① 《美丽乡村建设指南》将美丽乡村（Beautiful Village）界定为“经济、政治、文化、社会和生态文明协调发展，规划科学、生产发展、生活富裕、乡风文明、村容整洁、管理民主，宜居、宜业的可持续发展乡村（包括建制村与自然村）”。

求突出生产体系、产业体系、经营体系、生态体系、服务体系、运行体系等六大支撑体系建设。此外，科技部在 1986 - 2014 年认定了 58 个国家级、77 个省级国家可持续发展试验区①。国务院在 2016 年提出“十三五”期间在全国创建 10 个左右国家可持续发展议程创新示范区②。农业部等七部委 2017 年提出创建 40 个国家农业可持续发展试验示范区。

2017 年 4 月，文化部发布《“十三五”时期文化产业发展规划》，提出支持建设一批有历史、地域、民族特色和文化内涵的旅游休闲街区、特色小（城）镇、旅游度假区，培育一批文化旅游精品和品牌。文化部在 2017 年度中央财政文化产业发展专项资金重大项目中对提升特色文化小镇内涵进行重点支持。文化部首批选择了 8 个试点文化特色小镇（见表 4 - 4），通过文脉传承、跨界融合、转型升级、价值链重塑、授权经营等方面来提升文化附加值。文化部在创建文化特色小镇的方式上，除了通过中央财政项目支持外，拟在试点初期通过 PPP 的方式来解决当地公共设施的投入和政府对公共服务的购买问题，试点第二阶段通过“央地共建”（1∶3）、产业发展基金扶持，并吸引社会资本、私募基金和银行机构资金共建。据称，文化部设立的中国文旅小镇双百工程建设发展基金规模已达

① 国家可持续发展试验区主要指县市区范围。2014 年创建国家可持续发展试验区名单（29 个）：北京市门头沟区、山西省晋中市太谷县、内蒙古自治区呼伦贝尔牙克石市、内蒙古自治区赤峰市红山区、内蒙古自治区包头市、辽宁省铁岭市西丰县、吉林省辽源市、江苏省宿迁市沭阳县、江苏省南通市如皋市、浙江省嘉兴市嘉善县、安徽省淮北市烈山区、福建省南平市、福建省三明市将乐县、江西省抚州市资溪县、江西省鹰潭市龙虎山风景区、河南省南阳市淅川县、河南省信阳市平桥区、湖北省黄冈市罗田县、湖南省株洲市石峰区、湖南省长沙市望城区、广东省东莞市、海南省白沙黎族自治县、四川省泸州市江阳区、四川省广安市广安区、贵州省贵阳市乌当区、云南省丽江市永胜县、西藏自治区林芝市、甘肃省兰州新区、宁夏回族自治区固原市彭阳县。2014 年度国家可持续发展实验区通过验收名单（24 个）：天津市东丽区、内蒙古自治区鄂尔多斯市、内蒙古自治区赤峰市元宝山区、江苏省苏州市城区、江苏省苏州市张家港市、江苏省无锡市宜兴市、江苏省苏州市昆山市、江苏省苏州市常熟市、江苏省苏州市太仓市、浙江省绍兴市、浙江省宁波市宁海县、福建省龙岩市、江西省鹰潭市贵溪市、江西省赣州市崇义县、江西省上饶市婺源县、河南省濮阳市华龙区、湖北省神农架林区、广东省梅州市丰顺县、重庆市渝北区、贵州省毕节地区、贵州省黔南布依族苗族自治州都匀市、青海省海西蒙古族藏族自治州、青海省海南藏族自治州、新疆维吾尔自治区克拉玛依市。

② 2016 年 12 月 3 日，国务院印发《中国落实 2030 年可持续发展议程创新示范区建设方案》（国发〔2016〕69 号），提出在“十三五”期间，创建 10 个左右国家可持续发展议程创新示范区，形成若干可持续发展创新示范的现实样板和典型模式，对国内其他地区可持续发展发挥示范带动效应，对外为其他国家落实 2030 年可持续发展议程提供中国经验。2017 年 4 月，科技部办公厅印发《国家可持续发展议程创新示范区申报指引》。

100 亿元。文化特色小镇将建立中央财政、地方财政与社会资金共建机制，打破过去主要以政府投入支持为主的建设方式。

**表 4－4　　文化部首批 8 个试点特色文化小镇定位**

| 试点小镇 | 发展定位 |
|---|---|
| 辽宁大连冰山集团冰山慧谷 | 文旅 + 城市更新 |
| 浙江嘉兴梅花洲小镇 | 文旅 + 景区升级 |
| 山东淄博博山琉璃古镇 | 文旅 + 传统工业 |
| 江苏苏州高新区苏绣小镇 | 文旅 + 非遗活化 |
| 广东深圳华侨城集团甘坑客家小镇 | 文旅 + IP 产业 |
| 陕西扶风全域文化旅游融合 | 文旅 + 全域旅游 |
| 新疆玛纳斯马术红酒森林小镇 | 文旅 + 传统农业 |
| 新疆布尔津冲乎尔小镇 | 文旅 + 精准扶贫 |

资料来源：中国经济网，（2017－08－04）. http://www.ce.cn/culture/gd/201708/04/t20170804_ 24811593.shtml.

从形态上看，不同部门推行的示范村镇更多是契合自身部门的职责而有差异，即使是同一部委不同内设机构推出的村镇发展模式也往往各异。例如，农业部、住建部等推出多种形式的示范村镇。农业部在 2011 年开始认定全国“一村一品”示范村镇，其目的是打造村镇的农业主导产业和优势特色农产品品牌，探索乡村经济的发展模式。“一村一品”是指在一定区域范围内，以村为基本单位，按照国内外市场需求，充分发挥本地资源优势、传统优势和区位优势，通过大力推进规模化、标准化、品牌化和市场化建设，使一个村（或几个村）拥有一个（或几个）市场潜力大、区域特色明显、附加值高的主导产品和产业，从而提升农村经济整体实力和综合竞争力的农村经济发展模式。“一村一品”强调一个村至少要开发一种具有本地特色、打上本地烙印的产品，并围绕主导产品的开发生产，形成特色突出的主导产业，其发展模式有龙头企业带动型、中介组织带动型、专业市场带动型等。“一村一品”示范村镇的实施更多体现了农业部门对发展特色农业主导产业的基本特征。2008 年科技部启动的新农村建设试点项目强调的是科技示范。如果把农业科技园区、星创天地①、梦想小镇、智慧小镇、田园综合体等作为创新创业村镇的一种特色形态，那么

① 星创天地、农业科技园区可认定为新型村镇发展的科技示范点。

新型村镇的类型则更为多样。

田园综合体的创建被誉为农村综合改革创新的实践载体和探索城乡一体化发展的新模式。财政部在 2017 年启动了 18 个省份田园综合体的试点工作，每个省选择 1－2 个试点，规划建设周期 3 年。田园综合体的建设属于探索性质，财政部在《关于开展田园综合体建设试点工作的通知》（财办〔2017〕29 号）提出，围绕农业增效、农民增收、农村增绿，支持有条件的乡村加强基础设施、产业支撑、公共服务、环境风貌建设，实现农村生产生活生态“三生同步”、一二三产业“三产融合”、农业文化旅游“三位一体”，积极探索推进农村经济社会全面发展的新模式、新业态、新路径，逐步建成以农民合作社为主要载体，让农民充分参与和受益，集循环农业、创意农业、农事体验于一体的田园综合体，重点抓好生产体系、产业体系、经营体系、生态体系、服务体系、运行体系等六大支撑体系建设。即田园综合体的功能定位上，体现了“以农为本”“三生同步”“三产融合”的发展思路，突出农田田园化、产业融合化、城乡一体化、区域差异性、农业多功能性、发展综合性，提倡形态多元性、模式多样性。在发展原则上坚持以农为本、共同发展、市场主导、循序渐进。在运行管理机制上，强调因地制宜探索田园综合体的建设模式和运营管理模式，可采取村集体组织、合作组织、龙头企业等共同参与建设田园综合体，盘活存量资源、调动各方积极性，通过创新机制激发田园综合体建设和运行内生动力。

特色小镇强调以新理念、新机制、新载体的模式推进小城镇的产业集聚、升级和创新，具有明显的产业定位、文化内涵、村镇特质、旅游与社区生活功能的创新发展空间。特色小镇并非完整意义上的行政单元，而是独立于城区、主体鲜明、产业集聚发展形成的特色村镇空间，因而被认为是产、镇（城、村）、人、文、景结合的功能平台，也被认为是集产业链、创新链、人才链、服务链于一体的创新创业生态系统，是新型工业化、城镇化、信息化和绿色化融合发展的新形态（王栋，2017）。

### 4.2.3 东南沿海新型村镇认定与发展

我国新型村镇在东部地区呈集中发展的趋势。根据国家统计局 2015 年数据，我国建制镇数量 20515 个，平均每镇人口不足 1 万人，超过 10 万人的建制镇全国只有 56 个，主要分布于珠三角、长三角地区以及重要的产业集聚带上。从国务院相关部门认定的各类新型村镇示范（试点）情况看，东南沿海地区新型村镇比例在全国占较高的份额（见表 4－5、表 4－6）。住建部认定的两批特色小镇中，东南三省一市占 16.87%，江苏、浙江两省数量占 11.17%。住建部 2015 年公布的第一批 8 个小城镇宜居小区，有 2 个来自江苏。住建部公布的四批共 190 个美丽宜居小镇，37 个来自东南沿海地区，占 19.47%；四批共 565 个美丽宜居村庄，99 个来自东南沿海地区，占 17.52%。住建部和旅游局公布的全国特色景观旅游名镇（村）两批共 216 个，其中 35 个来自东南沿海地区，占 16.2%。住建部 2010 年公布的 28 个村镇垃圾治理全覆盖县，东南沿海地区有 13 个，接近 50%。住建部等五部门 2017 年公布的改善农村人居环境示范村中，东南沿海地区占环境整治示范村的 16.5%，占美丽乡村示范村 29.3%。东南沿海三省一市名镇数量占中国历史文化名镇数量的 26.6%，占中国历史文化名村数量的 27.9%。2014 年，国家环保部公布的 781 个国家级生态乡镇中，东南沿海地区占 48.66%。从各类特色、生态、宜居村镇的发展情况看，东南沿海地区具有较好的示范价值，也形成了较好的发展经验。为此，住建部在 2013 年专门在全国范围内印发浙江等地新农村建设的经验（建村函〔2013〕163 号）。发改委等四部门在 2017 年印发的《关于规范推进特色小镇和特色小城镇建设的若干意见》中特别提到，浙江特色小镇是经济发展到一定阶段的产物，具备相应的要素和产业基础；特色小镇的发展要遵循城镇化发展的一般规律，树立正确政绩观和功成不必在我的理念，科学把握浙江经验的可复制和不可复制内容，合理借鉴其理念方法、精神实质和创新精神。

**表 4－5　全国及东南沿海地区部分新型村镇示范认定情况***

| 认定名称 | 认定部门 | 认定时间（年份） | 全国数量（个） | 上海数量（个） | 江苏数量（个） | 浙江数量（个） | 福建数量（个） |
|---|---|---|---|---|---|---|---|
| 特色小镇 | 住建部 | 2016（第一批） | 127 | 3 | 7 | 8 | 5 |
| 特色小镇 | 住建部 | 2017（第二批） | 276 | 6 | 15 | 15 | 9 |
| 小城镇宜居小区 | 住建部 | 2015（第一批） | 8 | — | 2 | — | — |
| 美丽宜居小镇 | 住建部 | 2013（第一批） | 8 | — | 1 | 1 | — |
| 美丽宜居村庄 | 住建部 | 2013（第一批） | 12 | — | 2 | 2 | — |
| 美丽宜居小镇 | 住建部 | 2015（第二批） | 45 | 2 | 3 | 2 | 3 |
| 美丽宜居村庄 | 住建部 | 2015（第二批） | 61 | 2 | 2 | 6 | 2 |
| 美丽宜居小镇 | 住建部 | 2016（第三批） | 42 | 2 | 3 | 3 | 1 |

续表

| 认定名称 | 认定部门 | 认定时间（年份） | 全国数量（个） | 上海数量（个） | 江苏数量（个） | 浙江数量（个） | 福建数量（个） |
|---|---|---|---|---|---|---|---|
| 美丽宜居村庄 | 住建部 | 2016（第三批） | 79 | 1 | 5 | 6 | 4 |
| 美丽宜居小镇 | 住建部 | 2016（第四批） | 95 | 3 | 5 | 5 | 3 |
| 美丽宜居村庄 | 住建部 | 2016（第四批） | 413 | 9 | 20 | 20 | 18 |
| 全国特色景观旅游名镇（村） | 住建部、旅游局 | 2010（第一批） | 105 | 2 | 9 | 6 | 2 |
| 全国特色景观旅游名镇（村） | 住建部、旅游局 | 2011（第二批） | 111 | — | 11 | — | 5 |
| 全国镇规划、村庄规划示范 | 住建部 | 2015 | 14（村庄）+19（镇） | 1（村庄） | 1（村庄） | 1（村庄） | 1（村庄）+1（镇） |
| 村镇垃圾治理全覆盖县 | 住建部 | 2010（第一批） | 28 | — | 7 | — | 6 |
| 全国重点镇 | 住建部等7部门 | 2014 | 3675 | 22 | 96 | 137 | 91 |
| 改善农村人居环境示范村 | 住建部等5部门 | 2017（保障基本示范村） | 99 | — | — | — | — |
| | | 2017（环境整治示范村） | 97 | — | 5 | 6 | 5 |
| | | 2017（美丽乡村示范村） | 99 | 5 | 8 | 9 | 7 |
| 中国历史文化名镇 | 建设部、国家文物局 | 2003－2014（共六批） | 252 | 10 | 25 | 19 | 13 |
| 中国历史文化名村 | 建设部、国家文物局 | 2003－2014（共六批） | 276 | 2 | 10 | 27 | 28 |
| 特色文化小镇 | 文化部 | 2017年 | 8 | — | 1 | 1 | — |
| 国家级生态乡镇 | 环保部 | 2014 | 781 | — | 89 | 110 | 181 |
| 全国环境优美乡镇 | 环保部（环保总局） | 2008（第七批） | 204 | 10 | 17 | 52 | 4 |
| 国家级生态村 | 环保部（环保总局） | 2008（第一批） | 24 | 2 | 2 | 2 | — |
| 美丽乡村 | 农业部 | 2013 | 1100 | — | — | — | — |
| 最美休闲乡村 | 农业部 | 2015 | 120 | 4 | 5 | 7 | 6 |
| 美丽休闲乡村 | 农业部 | 2016 | 150 | 3 | 6 | 7 | 6 |

续表

| 认定名称 | 认定部门 | 认定时间（年份） | 全国数量（个） | 上海数量（个） | 江苏数量（个） | 浙江数量（个） | 福建数量（个） |
|---|---|---|---|---|---|---|---|
| 美丽休闲乡村 | 农业部 | 2017 | 150 | 4 | 6 | 6 | 7 |
| 全国一村一品示范村镇 | 农业部 | 2017（第七批） | 300 | — | 17 | 7 | 7 |
| 全国一村一品示范村镇 | 农业部 | 2016（第六批） | 316 | 1 | 13 | 6 | 5 |
| 全国一村一品示范村镇 | 农业部 | 2015（第五批） | 306 | 4 | 16 | 5 | 6 |
| 全国一村一品示范村镇 | 农业部 | 2014（第四批） | 324 | 4 | 20 | 9 | 3 |
| 全国一村一品示范村镇 | 农业部 | 2013（第三批） | 328 | 3 | 17 | 14 | 10 |
| 全国一村一品示范村镇 | 农业部 | 2012（第二批） | 326 | 5 | 17 | 16 | 12 |
| 全国一村一品示范村镇 | 农业部 | 2011（第一批） | 322 | 5 | 13 | 17 | 14 |
| 新农村科技示范 | 科技部 | 2008 | 100 个试点村、60 个试点乡镇 | — | — | — | — |
| 全国文明村镇 ** | 中央文明委 | 2011－2015（共五批） | 4717 | 75 | 231 | 231 | 129 |
| 田园综合体 | 财政部 | 2017 | 18 | — | 1 | 1 | — |

* 该表中的统计浙江省包含了宁波市的名单、福建省包含了厦门市的名单。

** 中央文明委在 2003 年发布《关于评选表彰全国文明城市、文明村镇、文明单位的暂行办法》（文明委〔2003〕9 号），并在 2011－2015 年间公开发布了 5 批表彰名单。第一批全国 494 个，其中上海 9 个、江苏 21 个、浙江 24 个、福建 13 个；第二批全国 672 个，其中上海 10 个、江苏 28 个、浙江 30 个、福建 18 个；第三批全国 899 个，其中上海 14 个、江苏 45 个、浙江 42 个、福建 24 个；第四批全国 899 个，其中上海 17 个、江苏 58 个、浙江 57 个、福建 27 个；第五批全国 1493 个，其中上海 25 个、江苏 79 个、浙江 78 个、福建 47 个。

资料来源：根据中央各部委官方网站相关资料整理。

**表 4－6 农业部认定的美丽休闲乡村类型分布**

| 年份 | 全国（个） | 上海（个） | 江苏（个） | 浙江（个） | 福建（个） |
|---|---|---|---|---|---|
| 2015 | 120（其中特色民居村 33、特色民俗村 30、现代新村 38、历史古村 19） | 特色民俗村（1）＋现代新村（1）＋历史古村（2） | 特色民居村（2）＋特色民俗村（1）＋现代新村（1）＋历史古村（1） | 特色民居村（2）＋特色民俗村（1）＋现代新村（2）＋历史古村（2） | 特色民居村（2）＋特色民俗村（1）＋现代新村（1）＋历史古村（2） |

续表

| 年份 | 全国(个) | 上海(个) | 江苏(个) | 浙江(个) | 福建(个) |
| --- | --- | --- | --- | --- | --- |
| 2016 | 150(其中特色民居村40、特色民俗村44、现代新村43、历史古村23) | 特色民居村(2)+特色民俗村(1) | 特色民居村(2)+特色民俗村(2)+现代新村(1)+历史古村(1) | 特色民居村(4)+特色民俗村(1)+现代新村(1)+历史古村(1) | 特色民居村(2)+特色民俗村(1)+现代新村(1)+历史古村(2) |
| 2017 | 150(其中特色民居村41、特色民俗村35、现代新村48、历史古村26) | 特色民居村(3)+现代新村(1) | 特色民居村(3)+特色民俗村(1)+现代新村(1)+历史古村(1) | 特色民居村(2)+特色民俗村(1)+历史古村(3) | 特色民居村(1)+特色民俗村(1)+现代新村(2)+历史古村(3) |

资料来源：根据农业部官方网站资料整理。

除上述村镇之外，还值得一提的是专业镇的发展。广东省人民政府把专业镇的发展作为广东特色的区域产业集群发展载体、传统产业和特色优势产业的主要集聚地、民营经济和小微企业孵化育成载体，也被作为“大众创业、万众创新”的实践载体。广东省人民政府提出，到2020年广东全省省级专业镇数量达到500个左右，专业镇GDP总量力争突破4万亿元，专业镇协同创新平台覆盖率达90%以上，专业镇科技研发（R&D）支出占其GDP比重达到2.9%。据2016年统计，经广东省认定的专业镇399个，专业镇GDP达2.77万亿元，占全省38.1%。其中，佛山、汕头、东莞专业镇经济贡献度均超过75%，中山、云浮、潮州、江门等地专业镇经济贡献度超过50%。专业镇作为一种新型的以创新驱动、协同发展的镇域经济模式，在广东省和地区经济格局中都占有重要地位。除东南沿海地区之外，近年来其他东部地区、中部地区、西部地区新型村镇也呈蓬勃发展之势。例如成都市近郊区，依托良好的区位优势和工业、旅游业、市场的推动、现代农业的发展、镇域特色的开发、特色商业的植入等多种产业形式都极大地发展了村镇经济，打破二圈层村镇地区以农业为主的产业结构形式。龙泉驿区的洛带古镇旅游开发、温江区万春镇大型游乐园特色商业、金马镇的国际体育城项目、和盛镇的大规模花木产业、永宁镇的现代医药城及现代农业项目都极大促进了周边村镇地区的特色化、多样化发展。山东青州新农村建设探索特色农业带动型、非农产业主导型、土地整理开发型、生态家园效益型、文化旅游促进型等类型。

在各地、各部门探索试点的基础上，中央政府开始重视推进新型村镇的规范发展。2016 年，住建部会同发改委、财政部等部门制定《关于开展特色小镇培育工作的通知》（建村〔2016〕147 号），国家发改委印发《关于加快美丽特色小（城）镇建设的指导意见》（发改规划〔2016〕2125 号）。2017 年 12 月，国家发改委、国土部、环保部和住建部等四部门下发《关于规范推进特色小镇和特色小城镇建设的若干意见》（发改规划〔2017〕2084 号），对规范推进特色小镇和特色小城镇建设提出相关要求。特色小镇界定为在几平方公里土地上集聚特色产业、生产生活生态空间相融合、不同于行政建制镇和产业园区的创新创业平台。特色小城镇被认为是拥有几十平方公里以上土地和一定人口经济规模、产业特色鲜明的行政建制镇。即在建制方式、地域范围、功能要求上，对特色小镇与特色小城镇进行了区分。特色小镇和小城镇的共性都在于产业特色鲜明、服务便捷高效、文化浓郁深厚、环境美丽宜人、体制机制灵活。特色小镇更强调创新创业平台功能，特色小城镇更强调建制镇的规模经济与特色产业聚集功能。特色小镇立足产业“特而强”、功能“聚而合”、形态“小而美”、机制“新而活”，推动创新性供给与个性化需求有效对接，打造创新创业发展平台和新型城镇化有效载体；结合产业空间布局优化和产城融合，循序渐进发展“市郊镇”“市中镇”“园中镇”“镇中镇”等不同类型特色小镇，依托有特色资源的重点镇培育发展专业特色小城镇。《关于规范推进特色小镇和特色小城镇建设的若干意见》要求不能把特色小镇当成筐，不能盲目把产业园区、旅游景区、体育基地、美丽乡村、田园综合体以及行政建制镇戴上特色小镇“帽子”。在建设方式上要求坚持创新探索、因地制宜、产业建镇、以人为本、市场主导。特色小镇和特色小城镇的发展要注重打造鲜明特色，有效推进“三生融合”，厘清政府与市场边界，实行创建达标制度，严防政府债务风险，严控房地产化倾向，严格节约集约用地，严守生态保护红线。

中国城乡结构的二元性、人口迁移与就业的复杂性决定了人口城市化、乡村城镇化与农村现代化协同推进的基本战略选择。在大中城市发挥城市群主体形态功能和特大城市、大城市的中心辐射作用，推进城市化健康发展；在农村地区通过发展村镇经济和建设小城镇、新社区，推进就地就近城镇化。“双轮驱动”“双重城镇化”是中国特色城镇化道路的合理选择（刘彦随 等，2014）。以农业为主的乡村地区，通过打造田园综合体等新型乡村形态，探索实现农业现代化和农村现代化的新模式、新业态、新路径。实际上，从中国政府政策演变路径和村镇示范建设思路中可以发现村镇发展的轨迹特征。长期以来，“城市优先”发展战略忽视了农村发展特别是村镇建设。从党的十五届三中全会提出以小城镇建设为突破口，十六大报告提出“全面繁荣农村经济，加快城镇化进程”，再到2014年《国家新型城镇化规划（2014－2020年）》提出“有重点地发展小城镇，推动小城镇发展与疏解大城市中心城区功能相结合、与特色产业发展相结合、与服务‘三农’相结合”，可以看出中国城镇化战略转型和模式转变的总体思路。探索推进村镇化和构建村镇建设格局逐步成为新时期城镇化战略转变与实施的重要内容，村镇建设格局逐步上升为与城市化格局、生态安全格局和农业生产格局相匹配、共协调的四大格局之一。2017年中央1号文件提出创建田园综合体和十九大提出实施乡村振兴战略，意味着农业和农村现代化成为与城镇化并行发展的重要主题，乡村振兴与建设成为大中城市、小城镇之后的“主战场”。

## 4.3
## 东南沿海村镇可持续发展与战略趋向

### 4.3.1 上海市：高度城镇化与国际大都市战略定位下的村镇现代化转型

（1）村镇发展基础

上海市村镇已经进入高度城镇化发展阶段。上海市位于长江入海口，郊区地处长江三角洲前缘，东面与南面濒临东海，西面连接江苏、浙江两省，北界至长江入海口。上海作为国际化大都市，其郊区面积达5900平方公里，涉及7个区、1个县和浦东新区。2015年的统计数据显示，上海市有乡镇109个（其中乡2个），行政村1593个，自然村4万余个。《2015年上海市国民经济和社会发展统计公报》显示，2015年底上海市有常住人口约2415.27万人、人均GDP10.31万元，其中外来人口981.65万人，改革开放以来首次出现下降，外来常住人口比上年度下降1.5%，外来常住人口占比下降至40.6%、减少0.5个百分点（14.77万人）。常住人口城镇化率和户籍城镇化率均达90%，已经跨入高度城市化行列；第一产业产值占 GDP 仅 0.5%，全市农业户籍人口从 2010 年 157 万人下降到 2015 年的 136 万人，农业户籍人口仅占全市常住人口的 5.9%；村镇综合经济实力也已占到了城市的半壁江山，农村居民家庭人均可支配收入达到 23000 元，是全国农民人均可支配收入的 2 倍，与全国居民人均可支配收入相当。近年来上海市村镇快速发展，城镇化水平居于大中城市的前列，其村镇发展正处于高度城镇化基础上、面向国际化大都市战略定位下的现代化转型期。

（2）政策规划导向

上海在基本完成村镇空间一体化布局的基础上，致力于推进与国际大都市战略定位下的村镇高质量和可持续发展。“十五”期间，上海在城市总体规划（1999－2020）中提出基于中心地理论的“中心城—新城—中心镇—集镇”都市城镇新体系规划，并计划在未来二十年间将集中建设新城和中心镇；拓展沿江沿海发展空间，形成由沿海发展轴和沪宁、沪杭发展轴以及市域各级城镇组成的“多核、多轴”城市空间布局结构。为促进郊区的城镇发展，“十五”初期上海市人民政府提出了郊区“一城九镇”建设规划（“1966”城乡规划体系[①]），即松江新城和安亭、罗店、朱家角、枫泾、浦江、高桥、周浦、奉城、堡镇 9 个中心镇。2003 年又把“一个新城”增加为“三个新城”（嘉安新城、松江新城和海港新城）进行重点建设，力图改变中心城区蔓延扩张、郊区分散布点的单中心城市空间发展格局。郊区城镇的发展规划通过郊区“三个集中”（即工业向园区集中、人口向城镇集中、土地向规模经营集中）的方式推进。2011 年，《上海市人民政府关于本市加快城乡一体化发展的若干意见》（沪府发〔2011〕77 号）提出，坚持新型城市化与新农村建设双轮驱动，突破城乡资源要素自由流动的制度性障碍，推进建立城乡一体的资源配置和优势互补的发展机制；构建城乡一体的规划建设体系，实现城区现代繁荣、乡村生态优美。上海市人民政府提出，城乡发展格局要与国际化大都市的使命和特点相适应，城乡一体化水平保持全国前列并接近发达国家水平。“十二五”期间，上海市人民政府加大了村镇公共服务设施、小城镇发展改革试点镇的建设，国家历史文化名镇（村）保留保护改

① 上海市“1966”城乡规划体系是指 1 个中心城、9 个新城、60 个左右新市镇、600 个左右中心村。

造，老城镇和规划保留村庄的综合改造，郊区城镇旧住房综合改造和市郊农场危旧房改造，城郊接合部和城中村的改造和管理，都市高效生态农业的发展，开展农村生活污水处理，郊区生活垃圾处理设施建设，水环境综合治理等。

“十二五”期间，浦江、高桥、朱家角、奉城、罗店、枫泾、周浦和堡镇等八个中心镇的常住人口规模明显增加，如嘉定全区常住人口规模从2010年90万人增长至2015年147万人。上海目前已经基本形成“中心城区—中心城镇—集镇或居住村”的城镇体系结构，城市发展模式仍然是单一中心模式。黄浦、卢湾、静安、徐汇、长宁、普陀、闸北、虹口、杨浦等区的城镇已连片发展，难以区分城镇区域边界，形成了常住人口规模910万人左右庞大的中心城区（其中黄浦、卢湾和静安是中心城区的核心部分）；郊区县共拥有100多个乡镇，除了闵行、嘉定和松江的部分城镇规模在10万人以上外，大部分城镇的人口规模都在10万人以下，郊区城镇的平均规模为4.89万人，城镇之间的距离一般在5公里左右；村的平均人口规模只有1.7万人，城镇体系的规模结构分布呈“跳跃状态”（吴元波 等，2010）。

2015年，上海市委、市人民政府出台《关于推进新型城镇化建设促进本市城乡发展一体化的若干意见》，提出在深化完善镇村规划体系、加快农业结构调整、强化农村生态环境整治、加强郊区农村基础设施建设、促进基本公共服务均等化等8个领域重点突破。2016年，上海市人民政府在《上海市城乡发展一体化“十三五”规划》中提出，通过城乡一体化，推动城镇公共服务向农村延伸，重点提高城镇化的质量；以加快转变农业农村发展方式为主线，以改革创新为动力，建立健全符合新型工农城乡关系、体现“三倾斜一深化”[①] 要求的体制机制，力争率先走出一条以人为本、四化同步、生态文明、文化传承的新型城镇化道路。

上海市村镇规划发展的特点如下：一是立足国际大都市的发展战略目标，村镇形态、功能、产业与国际大都市的定位相适应。在此基础上布局镇村规划体系，并致力于建立网络化、多中心、组团式、集约型的城镇空间格局。取消中心村的概念，以集镇的功能替代中心村。二是重视城乡一

① “三倾斜一深化”指公共服务资源配置向郊区人口集聚地倾斜、基础设施建设投入向郊区倾斜、执法管理力量向城乡接合部倾斜、深化农村土地制度改革。

体化配套政策的支持。推进“多规合一”、城乡互动、产城融合，实施“1+21”配套政策，推动城乡教育均衡化、交通城乡一体化、现代公共文化服务体系城乡一体化、提高农村人群社保水平、强镇扩权试点和分类指导、网格化综合管理向镇村覆盖，探索“镇管社区”以及社区党委、服务站等非建制镇服务管理，促进离土农民①就业。三是把水环境治理作为改善郊区生态环境的核心。实施“三水”行动计划（洁水、畅水、活水），政策上加大对郊区水环境治理的扶持力度，探索建立城乡一体化的水环境综合整治行业标准和长效机制②。上海市提高区县管及以下河道日常养护和河道整治的补贴标准，并将镇村级河道整治纳入市对区县的补贴范围。四是重视都市现代农业和生态农业的发展。重点发展都市农业，建立职业农民制度，支持纯农地区发展（纯农地区的本地农民发展），重视农业与第二、第三产业的融合发展。五是重视农村集体产权制度改革。推动土地制度改革、村级经济组织产权制度改革、镇级农村集体经济组织产权制度改革释放村镇经济发展活力。加快实现由“物的新农村”向“人的新农村”的转变。六是重视分类推进村镇发展。对中心城周边镇、新城范围内的镇、中心镇和一般镇、特色小镇，以及保护村、保留村、撤并村、美丽宜居乡村，分别提出不同的功能定位和发展要求。

（3）特色村镇发展

上海市既保留着大量江南水乡风貌的传统村镇，也有体现近现代洋场古典复兴风格的文化风貌区（见表4-7），江南水乡村镇通常被认为具有美丽的自然水系景观、独特的生活特征、丰富的地方文化、发达的经济社会形态、人与自然和谐的居住环境等特点。2005 年，上海市人民政府批

---

① 根据《上海市城乡一体化发展“十三五”规划》，离土农民主要指 16 周岁以上，拥有土地承包经营权，以家庭为单位将土地经营权流转给集体经济组织，并纳入市农村土地承包经营信息管理系统，流转期在 5 年以上的本市户籍人员。

② 据公开数据，2015 年上海市水利专项市财政年度计划总投资较 2014 年增长 30%。上海市人民政府在《上海市农村生活污水处理建设规划》提出，加快推进郊区城镇污水处理厂提标改造，2015-2020 年间，每年新建农村集中小型生活污水处理站及配套管网 5 万户，6 年完成约 30 万户，累计完成 62 万户，至 2020 年全市农村生活污水处理率达到 75% 以上；对其余规划保留农户，采用“截污纳管”的方式纳入城镇污水收集系统；对分散的农户全面实施三格化粪池改造；力争到 2020 年底前对全市 2.6 万余条中小河道全部轮疏一遍、1000 公里河道整治，同步实施村沟宅河治理和村庄改造。

准了总面积约14平方公里的30多片上海市郊区及浦东新区历史文化风貌区，涵盖了8个国家级历史文化名镇。上海村镇有着大量丰富多彩的非物质文化遗产，如民间美术、地方戏曲、曲艺、民间舞蹈、音乐、民间技艺、乡村礼俗等，铜锣书、浦东派琵琶艺术、灶画、盐场民间舞等成为不同村镇的个性标签。上海市至今尚存数量较多、风貌保留较好的传统村镇，其历史价值不仅体现在保留完好的单体建筑、传统村镇的总体环境风貌，以及水网、道路和建筑形成的空间格局与机理之中，更重要的体现在历史沿革、文化传统、社会生活等非物质文化遗产所构建的历史文化文脉与场所精神之中（宾慧中，2012）。由于上海地处江南水乡，水系是构成村镇环境空间的重要元素[①]。村镇街巷、小桥廊道、河畔码头、林荫庭院、宗祠寺院等成为江南水乡村镇的传统公共空间，沿街商铺、田园牧歌等将传统的生产方式与生活方式、消费空间与生活空间紧密结合。但是，与全国大部分乡村一样，改革开放后随着城市化进程的快速发展，“千村一面”的单调模式与人文精神的缺失，大多数乡村的传统历史文化风貌几近丧失。2016年4月，上海市人民政府办公厅印发《关于推进本市历史文化名镇名村保护与更新利用的实施意见》（沪府办〔2016〕32号），要求加强本市历史文化名镇名村的保护和更新利用，呈现与上海国际化大都市相得益彰的“江南水乡”生态景观。根据该文件提出的要求，上海市历史文化名镇名村保护与更新利用工作重点聚焦浦东新区康桥镇沔青村、新场镇、川沙新镇、高桥镇，青浦区练塘镇、金泽镇、朱家角镇，金山区枫泾镇、张堰镇，松江区泗泾镇下塘村，嘉定区嘉定镇、南翔镇，闵行区浦江镇革新村、马桥镇彭渡村，宝山区罗店镇东南弄村等。上海市提出编制保护规划、细化分类方案，综合运用现有旧区改造、“城中村”改造、城市更新、“农民集中居住”等多种政策措施，实施“一镇一方案”“一村一方案”，加大基础设施项目投入；发展文化创意、旅游休闲、民宿、特色商业、地方传统产业等，形成“一镇一业，一村一策”，注入新的经济活力，促进历史文化名镇名村经济、社会、文化的协调、可持续发展。

---

① 上海的三江水系指古代上海地区太湖水流向大海的三条主要水道，即娄江、松江和东江。

表 4－7　　上海市郊区及浦东新区历史文化风貌区

| 序号 | 风貌区名称 | 位置及范围 | 面积（公顷） | 序号 | 风貌区名称 | 位置及范围 | 面积（公顷） |
|---|---|---|---|---|---|---|---|
| 1 | 金山区枫泾古镇历史文化风貌区 | 金山区枫泾镇老镇区，320 国道以北，朱枫公路以东，市河和新开河两侧区域范围内 | 32 | 8 | 青浦区练塘古镇历史文化风貌区 | 青浦区南部，北至练新中路，西至泖新塑料厂附近地段，南距西塘港、东塘港南侧 100 米左右，东距长浦江 80 米左右 | 43 |
| 2 | 松江区松江古城仓城历史文化风貌区 | 松江新城永丰街道辖区范围内。沪杭铁路以北、乐都路以南、花园浜路以东、西林以西的区域内 | 66 | 9 | 青浦区重固古镇历史文化风貌区 | 青浦区北部，东至重固镇大街，西至重固镇政府西侧道路，北至法会庵附近地段，南至通波塘东街南端 | 20 |
| 3 | 松江区松江古城府城历史文化风貌区 | 松江老城东部，环城路以南、通波塘以东、松汇路以北、方塔路以西的区域内 | 31 | 10 | 青浦区徐泾蟠龙古镇历史文化风貌区 | 青浦区徐泾镇北侧，北至蟠龙粮库，西至程家祠堂西侧，南至诸陆东路 | 12 |
| 4 | 松江区泗泾古镇历史文化风貌区 | 松江区泗泾镇区南部，江川路以东、沪松公路以北，泗泾港两侧区域内 | 13 | 11 | 青浦区白鹤古镇历史文化风貌区 | 青浦区最北部，北至青龙港附近，西南至外青松公路，东至东大盈港东侧 60 米左右范围 | 22 |
| 5 | 青浦区朱家角古镇历史文化风貌区 | 青浦区西部，北至大淀湖南岸，南至朱家角支路，东至南港大桥，西至珠溪路，淀浦河沿岸 20－50 米 | 184 | 12 | 嘉定区嘉定古城州桥历史文化风貌区 | 嘉定区嘉定老镇中心，北至清河路以北 30 米；南至沙霞路以南 30 米；东至博东路以东 50 米；西至南大街以西 30 米 | 39 |
| 6 | 青浦区青浦古镇历史文化风貌区 | 青浦区西部偏南，主要为环城河内范围 | 78 | 13 | 嘉定区嘉定古城西门历史文化风貌区 | 嘉定区嘉定老镇以西，北至清河路以北 30 米；南至练祁河以南 30 米；东至环城河以东 50 米；西至沪宜公路以西 30 米 | 31 |
| 7 | 青浦区金泽古镇历史文化风貌区 | 青浦区西南部，北至青浦区第二粮库，西至沪青平公路，东南至环镇南路，还包括东北角部分农田在内 | 52 | 14 | 嘉定区南翔古镇双塔历史文化风貌区 | 嘉定区南翔镇东南面，北至德华路以北 30 米；南至民主街以南 30 米；西至南华路以西 30 米 | 13 |

续表

| 序号 | 风貌区名称 | 位置及范围 | 面积(公顷) | 序号 | 风貌区名称 | 位置及范围 | 面积(公顷) |
|---|---|---|---|---|---|---|---|
| 15 | 嘉定区南翔古镇古猗园历史文化风貌区 | 嘉定区南翔镇东南面，北至走马塘以北30米；南至沪宜公路以南30米；东至黄泥泾以东30米；西至古猗园路以西30米 | 25 | 21 | 南汇区康桥横沔历史文化风貌区 | 南汇区康桥镇东北角，横沔港与盐船港的交叉口 | 16 |
| 16 | 嘉定区娄塘古镇历史文化风貌区 | 嘉定区娄塘老镇，嘉塘公路以南，南至娄塘河；北临嘉塘公路、坝桥；西靠洋泥泾 | 43 | 22 | 南汇区六灶古镇历史文化风貌区 | 南汇区北部六灶镇，沿向学街与六灶港，北至周祝公路，东至南六公路 | 20 |
| 17 | 宝山区罗店古镇历史文化风貌区 | 宝山区罗店老镇，练祁河以南，西至罗太路，东抵罗溪路，南到月罗路以北河道 | 75 | 23 | 奉贤区奉城古镇历史文化风貌区 | 奉贤区奉城镇，西至奉新公路，南至川南奉公路，北至浦东运河，东至南门港 | 111 |
| 18 | 南汇区大团古镇历史文化风貌区 | 南汇区南部大团镇，西至永春北路以西50米，北至东运河，东至河塘港东100米，南至永春西一路 | 12 | 24 | 奉贤区青村古镇历史文化风貌区 | 奉贤区青村镇，北至南奉公路，南至镇南路 | 30 |
| 19 | 南汇区新场古镇历史文化风貌区 | 北至沪南公路，西至奉新公路，南至大治河，东至东横港以东100米 | 85 | 25 | 奉贤区庄行古镇历史文化风貌区 | 奉贤区县境西部，东至东市南端，沿南桥港带状分布 | 22 |
| 20 | 南汇区航头下沙老街历史文化风貌区 | 南汇区西部航头镇的中部，西至沪南公路，北至咸塘港，东至咸塘港以东50米 | 20 | 26 | 闵行区七宝古镇历史文化风貌区 | 闵行区七宝老镇区，七莘路以东，农南路以北，北横泾以西，漕宝路以南区域范围内 | 27 |

续表

| 序号 | 风貌区名称 | 位置及范围 | 面积（公顷） | 序号 | 风貌区名称 | 位置及范围 | 面积（公顷） |
|---|---|---|---|---|---|---|---|
| 27 | 崇明县三星草棚村历史文化风貌区 | 崇明西部，北临协进村，南临洪海村，东临东安村，西临海洪港村，海洪港，白港汇合处 | 2 | 29 | 浦东新区川沙古镇历史文化风貌区 | 川沙镇老城厢东部，西抵北市街，南到城厢小学，北到北城壕路，东至城河以东 30 米 | 19 |
| 28 | 崇明县堡镇古镇历史文化风貌区 | 堡镇位于崇明岛中部偏南。正大街和光明街位居镇中心 | 16 | 30 | 浦东新区高桥古镇历史文化风貌区 | 浦东新区的北部，地处高桥镇的中部，西至高桥港，东至杨高北路以西，南至高桥港以南桥街，北至草高支路 | 32 |

资料来源：根据上海市农委官方网站整理。

（4）郊区村镇发展

大城市郊区村镇的发展转型往往集中体现了城市化、工业化快速发展对村镇转型变迁的影响。上海市郊区包括 9 区 1 县，即近郊的闵行区、宝山区、嘉定区、浦东新区，远郊的青浦区、松江区、金山区、奉贤区、南汇区和崇明县。改革开放之后，城乡隔离逐步打破，郊区农民逐步摆脱土地和农业的束缚，村镇的发展和功能发生巨大的变化。一是乡村成为工业化的重要载体与生态负外部性的输出地。20 世纪 80－90 年代，郊区乡镇企业快速发展，“村村点火”，此起彼伏。一方面，工业化造成土地、水体等自然资源过度侵占和消耗，另一方面，由于乡镇企业规模小、技术水平低，大量污染物直接排出，郊区村镇自然环境在质、量两方面都出现衰退。二是快速城镇化、工业化和国际化打破了传统乡村自然空间格局。高楼、厂房、机动车道路等类城市标志物向乡村扩展、延伸，打破了传统水乡聚落空间。城与乡、新与旧、中与西，村镇的人文属性在选择中迷失（李树，2008）。实际上，在农耕文明时期，江南水乡地区由于受生产力水平的束缚，更多是小型村落，且分布于水源流畅、交通便利的运河连线，并兼顾生产和家务，紧靠农田。集镇成为商贸与服务业发展的中心，集镇对外交通常常以河道水运为主，其空间组织既有有河无街型，也有一河一街、一河两街型。水乡集镇向内的弄巷空间成为公共活动场所。村落的外部空间更多演变出与自然环境、生产生活的融合性、协调性，如“粉墙黛瓦”“前庭后院竹林”“宅畜菜田”。然而，在城镇化和工业化快速推进下，“小桥、流水、人家”的空间格局往往受到挤压。三是城乡交通的快速发展改变了以水运为主的交通形式。郊区村镇工业化和城镇化的快速发展，水运已经无法满足城乡对货物运输和客运的需求，不得不退居公路、轨道交通之后。四是农业区域、产业选择及发展模式发生转型。传统的农业分区已经转变，粮食、棉花等大田作物比重大大下降，设施农业、花卉产业、现代农业园区等都市农业快速兴起。但是，大多数农民的收入已经不再依赖于农业。五是乡村工业从分散、快速增长转向工业园区集中。新中国成立初期，上海市郊区以手工业为主，1978 年郊区工业企业数量 5410 家，2000 年达到 32837 家，21 世纪之后呈下降趋势。郊区工业园区的集聚效应和经济地位明显。据统计，1998 年上海市郊区有 9 个市级工业园区、40 多个区县级工业园区、200 多个乡镇级工业园区，投资额占总投资额的 19.2%，工业企业逐渐向园区集中①。由于工业园区的大量扩张，工业用地对村镇居住用地、农业用地、公共设施用地产生挤压影响。六是新型村镇建设形态与传统村镇迥然不同。大多数情况下异地迁建的新村更多受到现代小区规划的影响，往往是行列并排式的布局，体现密度高、交通便利和易于管理的特点，大多脱离了与水系的联系，新农村更多是单调的线性空间和整齐划一格局。由于建设用地紧张和建筑技术的现代化、建材选择的多样化发展，新型集镇已经催生了大量的高楼和风格迥异的建筑，规划中的经济性、商业性、功能理性取代了传统村镇的人文性、自然性，新型城镇居住空间的封闭性取代了传统村镇的开放性以及与社会、生态的协调性。村镇建筑的外立面五花八门，村民不断通过变换立面造型、外观材质和颜色风格来追求其标志性，与传统村镇整体性风格形成极大的反差，甚至形成建筑色彩“污染”。居民往往更注重通过人工技术的手段来实现室内封闭性的“舒适度”。

（5）村镇生态治理

上海市郊区村镇水系密集，“河道的兴衰决定了传统村镇的命运”。虽然上海市人民政府新建的 600 个中心村大多不受限于农业发展水平，但由于宅基地地块产权的分割，农村独立式住宅占自然村的主要形态，住宅间的土地难以充分利用，住宅也往往保留一定的亲水性。但是由于工业化、

① 1954 年松江有铁、木、竹、雨伞、棉针织等 11 个手工行业。

城市化的过快发展，大量污水排入河道、超过自净化能力，乡村生态环境特别是水环境的质量大幅度下降，河道水质严重污染，劣Ⅴ类水质占比连续多年高达一半以上。根据上海市环保局发布的环境状况公报，2011 年郊区考核断面水质综合污染指数在 0.40－3.28，平均水质综合污染指数为 1.57；2014 年上海市主要河流断面水质达到Ⅲ类的占 24.7%，Ⅳ类占 16.9%，Ⅴ类占 9.1%，劣Ⅴ类高达 49.3%。2015 年，由于氨氮和总磷超标，劣Ⅴ类水质占比甚至提高至 56.4%。在连续实施多年的环保行动和大气、水等专项治理计划和区域生态环境综合治理，2016 年上海市水质开始好转，主要河流断面水环境目标达标率为 63.3%，比 2015 年上升 26.6 个百分点。其中水质达到Ⅱ－Ⅲ类的占 16.2%，Ⅳ－Ⅴ类占 49.8%，劣Ⅴ类下降至 34.0%。此外，村镇水系破碎化以及萎缩化趋势明显，大气污染[①]、严重雾霾也成为上海大都市的环境治理难题。近年来，上海市人民政府大力加强对村镇环保的投入。根据上海市公开的环境污染监测报告，2016 年全市环保投入资金 823.57 亿元、占 GDP 的 3.0%，比 2012 年高出近 1 个百分点；其中污染源防治投资 278.94 亿元，农村环境保护投资 95.68 亿元，分别占总投资额的 33.9%、11.6%。2016 年，上海市人民政府财政投入饮用水源保护区补偿资金 8.8 亿元，全面启动上海“水十条”，加大推进污水处理厂改造升级、污水管网完善、污泥处理处置、黑臭水体整治、农业畜禽污染整治等，启动实施《上海市养殖业布局规划（2015－2040）》《关于加快本市中小河道综合整治的工作方案》，关停 2720 家不规范畜禽养殖场。2016 年，上海市人民政府印发了《上海市土壤污染防治行动实施方案》，对土壤实施分类别、分用途、分阶段治理，严控新增污染，建立政府主导、企业担责、公众参与、社会监督的土壤污染治理体系，促进土壤资源的可持续利用。在环境政策上，上海市启动挥发性有机物排污收费试点，并统筹运用执法、标准和行政监管等手段，推动环境污染治理。应该说，近年来上海市各级人民政府全面加大村镇生态环境治理力度，有力推动了村镇发展向绿色、生态、可持续方向转变。

① 根据 2016 年上海市第六轮环保三年行动计划，农业专项全面完成不规范畜禽养殖场（户）整治，推广商品有机肥 23 万吨，高效低毒农药 300 万亩次，绿色防控技术 19.5 万亩次，秸秆综合利用率 93%，开展村庄改造 112 个行政村；水专项完成河道整治 155 公里。

### 4.3.2 江苏省：城乡区域不平衡下的村镇一体化、差异化与特色化发展

（1）村镇分布格局

江苏省小城镇的空间分布具有中部密集、南北稀疏的特征。江苏省地处中国大陆东部沿海地区中部，位于长江、淮河下游，是长江三角洲地区的重要组成部分；拥有江淮、金陵、吴、中原四大多元文化，拥有13座国家历史文化名城，吴韵汉风文化特色鲜明；江苏平原辽阔，水网密布，湖泊众多①，地理上跨越南北，气候、植被兼具有南、北方特征。近年来，江苏省一大批设施齐全、环境优美、具有明显产业特色的小城镇迅速崛起。据2015年统计，江苏省共有建制乡镇838个（其中乡71个），平均每100平方公里分布密度为0.81个，平均辐射半径6.2公里。由于城市规模扩张大量建制镇改为街道或撤并，中心城市经济水平高的南京、苏州、无锡小城镇分布密度反而较低；盐城、连云港则是经济水平欠发达地区，乡集镇大量存在。从传统村镇分布地域上看，江淮平原属于苏北水乡地带，滨海平原比邻黄海，为海积平原以及黄河夺淮的泥沙淤积区，滩涂湿地、自然景观较多；长江三角洲环绕太湖风景区，河道纵横交错、湖泊星罗棋布，是中国著名的江南水乡，芦虚镇、同里镇、周庄镇、角直镇、千灯镇、沙家浜镇等分布于此区域；北部低山丘陵保存有成片的明清古街区建筑；西南低山丘陵有民国时期文化建筑。

（2）村镇发展基础

江苏是我国典型的人口大省、城镇化率较高，水域滩涂面广、商业气息浓厚，农村工业、乡镇企业和村级经济较发达，城乡间、区域间发展的不平衡性较高。江苏省为陆域小省，占全国土地面积的1.06%。截至2016年末，江苏常住人口7998.6万人，常住人口城镇化率67.7%，比全国平均数高出约10个百分点；2016年江苏实现地区生产总值76086.2亿元，三次产业比重为5.4∶44.5∶50.1，人均生产总值95259元。2015年，江苏省农村居民人均可支配收入达16257元，仅为城镇居民的43.7%，为全国农村居民平均收入的1.5倍。耕地面积6875万亩，人均占有耕地0.86亩；全省海域面积3.75万平方公里，共26个海岛；沿海未围滩涂面

① 江苏省境内有中国五大淡水湖的两个，太湖2250平方公里、洪泽湖2069平方公里，此外还有大小湖泊290多个，其中50平方公里以上的湖泊12个。

积 5001.67 平方公里，占全国滩涂总面积的 1/4，居中国首位。江苏省耕地大多数位于平原，因而人口可以在平原大量集聚，平原成为小城镇密集分布的地区。由于江苏吴文化讲究士农工商同道、经济文化同步发展，苏南地区一直拥有浓厚的商业气息。改革开放初期，苏南地区农民率先经商创业，农村工业化和乡镇企业的发展走在全国前列，这种先发优势推动了苏南村镇的快速发展，并形成在全国知名的村镇特色产业。如宜兴市官林镇的电线电缆、高塍镇的环保设备、西渚镇的亚麻纺织、万石镇的石材、新建镇的化纤、屺亭镇的精细化工等形成知名的特色产业集群，其中电线电缆和环保设备在全国的市场占有率分别达到 15% 和 20%，其他如亚麻纺织、石材、化纤、精细化工等产业在全国有相当大的市场影响力。这些村镇依托资源优势和交通便利，在发展成为行业标杆后，依靠龙头带动，形成产业链条，催生出繁华的交易市场。

从村镇分布格局与城镇化进程看，苏南、苏中、苏北呈现显著的发展不平衡性。根据江苏省统计局公布的数据，比较 2016 年末苏南、苏中、苏北城镇化率可知（见表 4－8），苏南地区城镇化率比苏中高出 11.9 个百分点、比苏北地区高出 15.2 个百分点。苏中、苏北地区城市化水平明显低于全国平均水平，江苏省不同地区之间、城乡之间村镇的发展差异较大。

**表 4－8　　江苏省各地区人口及城镇化率比较**

| 地　区 | 2015 年 | | | 2016 年 | | |
|---|---|---|---|---|---|---|
| | 总人口（万人） | 城镇人口（万人） | 城镇人口比重（%） | 总人口（万人） | 城镇人口（万人） | 城镇人口比重（%） |
| 全　省 | 7976.30 | 5305.83 | 66.5 | 7998.60 | 5416.65 | 67.7 |
| 南京市 | 823.59 | 670.40 | 81.4 | 827.00 | 678.14 | 82.0 |
| 无锡市 | 651.10 | 490.93 | 75.4 | 652.90 | 494.90 | 75.8 |
| 徐州市 | 866.90 | 529.24 | 61.1 | 871.00 | 543.85 | 62.4 |
| 常州市 | 470.14 | 329.10 | 70.0 | 470.83 | 334.29 | 71.0 |
| 苏州市 | 1061.60 | 795.14 | 74.9 | 1064.74 | 803.88 | 75.5 |
| 南通市 | 730.00 | 458.15 | 62.8 | 730.20 | 470.03 | 64.4 |
| 连云港市 | 447.37 | 262.61 | 58.7 | 449.64 | 270.68 | 60.2 |
| 淮安市 | 487.20 | 283.31 | 58.2 | 489.00 | 291.84 | 59.7 |
| 盐城市 | 722.85 | 434.43 | 60.1 | 723.50 | 445.39 | 61.6 |

续表

| 地区 | 2015 年 | | | 2016 年 | | |
|---|---|---|---|---|---|---|
| | 总人口（万人） | 城镇人口（万人） | 城镇人口比重（%） | 总人口（万人） | 城镇人口（万人） | 城镇人口比重（%） |
| 扬州市 | 448.36 | 281.53 | 62.8 | 449.14 | 289.25 | 64.4 |
| 镇江市 | 317.65 | 215.78 | 67.9 | 318.13 | 220.08 | 69.2 |
| 泰州市 | 464.16 | 285.69 | 61.6 | 464.58 | 293.61 | 63.2 |
| 宿迁市 | 485.38 | 269.53 | 55.5 | 487.94 | 280.71 | 57.5 |
| 苏　南* | 3324.08 | 2501.35 | 75.3 | 3333.60 | 2531.29 | 75.9 |
| 苏　中** | 1642.52 | 1025.37 | 62.4 | 1643.92 | 1052.89 | 64.0 |
| 苏　北*** | 3009.70 | 1779.12 | 59.1 | 3021.08 | 1832.47 | 60.7 |

*苏南地区包括南京、苏州、无锡、常州、镇江 5 市及所辖县区。**苏中地区包括南通、扬州、泰州 3 市及所辖县区。***苏北地区包括徐州、连云港、淮安、盐城、宿迁 5 市及所辖县区。

资料来源：根据江苏省统计局官方网站数据整理。

（3）总体发展脉络

江苏省新农村和小城镇建设起步较早。20 世纪 80 年代前期和中期，江苏农村建设率先得到发展；80 年代中后期开始，小城镇建设进入规划发展期，农村非农产业和经济活动开始向小城镇集中；1992 – 1996 年期间，小城镇建设进入一个高峰，小城镇吸纳农村劳动力的能力大大提升，并带动了农村基础设施、住房的发展；1997 – 2002 年，随着城市化进程的推进，大中城市的主导地位开始突出；2003 年之后，新农村建设进入高潮，特别是 2005 年江苏率先在全国组织以“适度集聚、节约用地、有利农业生产、方便农民生活”为原则的镇村布局规划（张鑑 等，2015）。2000 年 3 月，江苏省人民政府出台《关于推进小城镇建设加快城镇化进程的意见》（苏政发〔2000〕36 号），提出着力抓好 222 个重点中心镇的建设，加快发展小城镇、促进生产要素集聚和推进城镇化进程。该意见要求努力形成一镇一业、一镇一品的特色，以重点中心镇作为信息、技术、加工、流通的依托，在农业生产上逐步推行工业化、社会化生产方式；引导乡镇企业向重点中心镇集中；加快撤并规模偏小的乡镇，重点撤并行政区域面积 30 平方公里以下或乡镇域人口 2 万人以下的乡镇。同时，通过在村镇设立居委会，全面推开户籍管理制度改革，深化土地使用制度改革，推动小城镇建设和发展。如将 1999 年占补平衡净增耕地面积 60% 折抵指标，主要用于重点中心镇建设；小城镇国有存量建设用地出让、租赁的政府净收入的80%返还乡镇，投资用于小城镇基础设施建设；鼓励农村居民点向小城镇集中等。2000－2010 年，江苏省城镇化率从 41.5% 提高至 60.6%，每年提高近 1.91 个百分点，比"九五"时期（1996－2000 年）约低 1 个百分点。按照三阶段理论[①]，2010 年江苏被认为从高速增长进入成熟的城市化社会，实际上 2011－2016 年，城镇化率增长率每年依然提高 1 个百分点以上，维持在较高的水平。2000 年之后，江苏的城镇发展战略重点在于南京、苏锡常和徐州 3 个都市圈的建设，构筑"三圈五轴"的城镇空间结构框架。根据江苏省统计局数据，2010 年苏锡常、南京、徐州三大都市圈（江苏部分）城镇人口规模合计达到 3481.42 万人，占全省城镇人口总数的 73.5%，城镇化率分别为 68.7%、67.7%、51.5%，地区之间城镇化水平差距较大。

随着人口、生产要素和产业向城市的集聚，城市人口规模急剧扩张。江苏城镇化与村镇发展存在以下明显特点。一是空间城市化明显快于人口城市化。尽管 2003 年实施取消农业与非农户籍的改革，但由于依附于户籍管理的社会保障制度没有剥离、与户籍捆绑的行政管理模式没有根本改变，进城农民难以及时转化为城市居民。据统计，2005－2010 年期间，主城区人口反而每年下降 0.12%，大量人口积聚于城乡接合区，户籍人口年均增长率高达 21.35%。二是城镇化体系重心转向大中城市。以南京、苏锡常、徐州等特大城市和大城市为中心、中小城市得到快速发展，建制镇数量明显下降，村镇功能没有得到相应加强。2000－2010 年间，江苏省建制镇减少了 314 个，2011－2015 年建制镇继续从 877 个下降至 767 个。三是城镇化发展水平差距扩大。城市化水平自南向北梯度递减，苏南东南部沿长江两岸和环太湖地区城镇非常密集，然后向苏中、苏北呈阶梯状稀疏；长江以南地区，城镇是东密西疏。城乡居民收入差距也随之扩大。有观点认为，对于未来城镇化发展模式的选择，应着眼于江苏实情、因地制宜、多管齐下，把相对集中和适度分散相结合，走大中小城市和村镇协调发展的城乡一体化、可持续的发展模式。特别是村镇作为农村剩余劳动力转移的中转站、城市劳动力的蓄水池和消费品市场新的目的地，村镇的发展在江苏城镇化发展中地位和作用不可取代。在追求城市化和实现现代化

① 城市化三阶段论：城市化水平低于 30% 为低速增长阶段，城市化水平在 30%－60% 为高速增长阶段，城市化水平高于 60% 为成熟的城市化社会。

过程中，如何避免扩张城镇土地面积、片面推动村改居而人为提高城市化率，坚持分类指导、推动以人为核心的城镇化，依然任重而道远。

（4）政策规划导向

在新型城镇化战略和乡村振兴战略的推进进程中，乡村与小城镇规划建设将成为未来较长时间的工作重心，江苏省已经构架村镇发展中长期蓝图，突出城镇化发展质量与可持续发展能力建设。“十三五”期间，江苏省省级层面涉及村镇发展的规划主要有三个，即《江苏省新型城镇化与城乡发展一体化规划（2014 - 2020）》《江苏省城镇体系建设规划（2015 - 2030）》《江苏省“十三五”现代农业发展规划》。2014 年，江苏省人民政府发布《江苏省新型城镇化与城乡发展一体化规划（2014 - 2020）》，对江苏未来推进新型城镇化和城乡发展一体化的总体目标、重大任务、空间布局、发展形态与发展路径、关键举措提出了总体要求（见表 4 - 9）。江苏已经进入工业化的中后期，推进新型城镇化和城乡发展一体化，对江苏加快转型发展、实现“两个率先”无疑具有重大意义。规划对有序推进农业转移人口市民化、提升城镇化发展质量、优化城乡空间布局形态、提升城乡公共服务水平和可持续发展能力、创新完善城乡一体化发展体制机制等提出了明确的目标和任务要求。

**表 4 - 9　新型城镇化与城乡发展一体化主要指标**

| 指标 | 2012 年 | 2020 年 |
|---|---|---|
| 总体发展水平 | | |
| 常住人口城镇化率（%） | 63 | 72 |
| 户籍人口城镇化率（%） | 56 | 67 |
| 城乡居民收入之比 | 2.43:1 | 2.2:1 |
| 城乡统筹规划优化覆盖率（%） | | 100 |
| 基本公共服务 | | |
| 农民工随迁子女接受义务教育比例（%） | 99 | 100 |
| 城镇失业人员、进城务工人员、新成长劳动力免费接受基本职业技能培训覆盖率（%） | | 100 |
| 城镇常住人口基本养老保险覆盖率（%） | 96.07 | 98 |
| 城镇常住人口基本医疗保险覆盖率（%） | 96.94 | 98 |
| 城乡居民社会养老保险基础养老金水平比较指数（%） | 92 | 100 |
| 城乡居民医疗保险政策范围内报销水平比较指数（%） | | 100 |

续表

| 指标 | 2012 年 | 2020 年 |
|---|---|---|
| 城镇常住人口保障性住房覆盖率（%） | 12.6 | ≥23 |
| 城乡最低生活保障标准并轨覆盖率（%） | 32 | 100 |
| “一委一居一站一办”城乡社区服务管理体制覆盖率（%） | 96 | 100 |
| 百万以上人口城市公共交通占机动出行比例（%） | 52 | 60 |
| 镇村公交覆盖率（%） | 38 | 100 |
| 基础设施 | | |
| 城乡统筹区域供水覆盖率（%） | 79 | 95 |
| 城镇污水达标处理率（%） | 80 | 95 |
| 城乡生活垃圾无害化处理率（%） | 70 | 95 |
| 城乡家庭宽带接入能力（Mbps） | 20(城) 4(乡) | 100 |
| 城乡社区综合服务设施覆盖率（%） | 91 | 99 |
| 资源环境 | | |
| 人均城市建设用地（平方米） | 130 | ≤100 |
| 生态红线区域占国土面积比例（%） | 18 | 20 |
| 城市建成区绿地率（%） | 35 | 38.9 |

资料来源：根据《江苏省新型城镇化与城乡发展一体化规划（2014－2020）》整理。

区域发展差异化与城乡发展一体化是江苏省村镇发展规划的特点之一。《江苏省城镇体系建设规划（2015－2030）》提出，坚持“协调推进城市化、区域发展差别化、建设模式集约化、城乡发展一体化”的新型城镇化道路。总体目标：通过“四化”同步发展，将江苏省建设成经济高效、空间集约、环境优美、具有较强国际竞争力的城市群地区，城乡发展一体化示范区，率先基本实现现代化先行区，将江苏沿江城市带建成长三角世界级城市群的北翼核心区。规划提出 2020 年城镇化率达到 72%、2030 年达到 80%，农村人口 2020 年下降至 2380 万、2030 年下降至 1800 万；城镇建设上形成“一带两轴、三圈一极”的紧凑型空间结构①（见图 4－1）。建制镇作为农村地域基本公共服务中心和镇域非农产业集聚中心，走特色化、集约化和现代化发展道路。2030 年江苏省建制镇（含乡）将下降至 540 个，将比 2015 年下降约 35%；择优培育 96 个重点中心镇、

① “一带两轴”指沿江城市带，沿海城镇轴和沿东陇海城镇轴；“三圈一极”指南京都市圈、徐州都市圈和苏锡常都市圈，淮安创新发展、特色发展增长极。

100 个特色镇。显然，江苏省在未来的 10 - 15 年内，城市化的进程将进一步提升，村镇数量、人口将进一步下降。规划提出，在 2020 年全省形成一个特大城市、14 个大城市、5 个中等城市、35 个小城市和 620 个乡镇构成的城镇等级规模体系。玉—洛—横小城镇群、“三市七镇”小城镇群、南通川姜—三星小城镇群、苏南水系古镇群等将构成跨市县共建共享发展的小城镇群。在村庄发展方面，规划提出要保持村庄特有的自然生态、乡土风情和景观风貌，加大村庄环境整治力度，推广农村生活污水处理技术等；加强村庄分类建设指导，将村庄按区位划分为城郊型、乡村型，乡村型又分为种植型、养殖型、旅游型、工业型、保护型等。此外，规划对土地资源、水资源、岸线资源、节能减排和低碳发展、环境保护，历史文化资源保护与旅游发展、空间管制和省际协调等方面都提出了实施要求。相比较于城镇化高度发达、城市化进入发展后期、城乡一体化加快发展的上海市，江苏的村镇规划的着力点更多在于构建城镇体系格局、推动小城镇的发展、发挥建制镇域的带动功能，提高城镇化对生产要素的集聚效应。

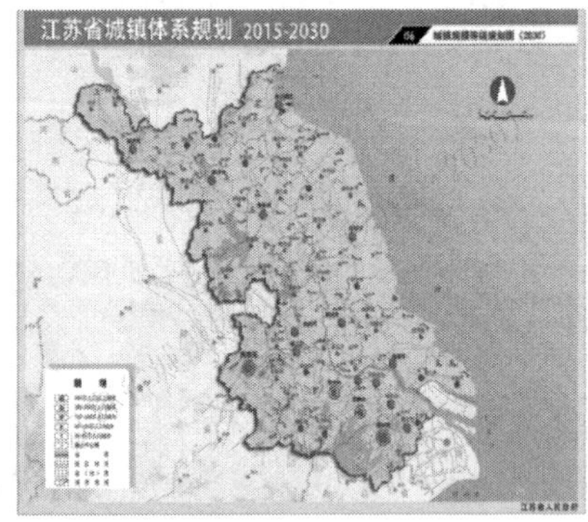


**图 4 - 1　江苏省城镇体系规划图**

资料来源：根据《江苏省城镇体系建设规划（2015 - 2030）》整理。

2016 年 12 月，江苏省农委发布《江苏省“十三五”现代农业发展规划》，提出“十三五”期间培育发展一批休闲观光农业集聚村、重点打造都市休闲观光农业圈，环湖、环丘陵休闲观光农业区，沿江风光带、沿海风情带、沿黄河故道农耕文化带，形成“一圈二区三带”休闲观光农业发展格局，建成省级农家乐集聚村 200 个。以农业为主、三产融合发展的特色田园乡村建设也纳入江苏省现代农业规划发展的重要内容。

（5）特色村镇发展

江苏省村镇发展的重要特色之一在于水乡文化，她有着丰富深厚的吴文化底蕴。历史上苏南水乡是吴文化的中心地带，其优越的自然资源、悠久的历史渊源、深厚的文化底蕴以及“天人合一”的生活理念，构成了苏南水乡村镇的空间布局和建筑风格。苏南素有“水乡泽国”之称，吴文化实质是一种水文化、稻文化、桥文化、船文化、渔文化的载体。苏南水乡村镇的特征之一是村落聚集或分布均能满足农户在水乡劳作生产和生活的需要，纵横交错的河道塘面、果树竹林的分布是自给自足自然经济的重要形态，村镇街巷和自然景观都体现了对人的关怀（孙斐 等，2002）；建筑临河依水、体态多样、色调素雅、粉墙黛瓦等独特的水乡民居风貌，是适应水乡采光、通风、避暑等需求。从文化上，传统的水乡村镇体现了吴文化的灵秀、智巧、素雅、飞动、开放的特色。由于历史上尚文、重商以及宗教的多元性、大量移民的迁入等，文化上体现出包容性、开放性的一面，宗法观较为淡薄。

在城镇化与工业化快速扩张的过程中，由于经济导向、文化趋同和规划缺失等，传统水乡村镇往往被过度开发或者处于异变之中。改革开放后，苏南地区率先冲破计划经济的束缚、发展乡镇企业，造就了一批特色新型村镇，但是大多数村落建筑枯燥单调、缺乏美感。一定程度上，大部分的新型村镇往往是工业文明下的“异质”文化入侵、传统农耕文明凋落的重要体现。据统计，苏南地区小微古村镇现有 300 多个①，对于难以通过商业化模式、依靠门票收入来实现收支平衡（类似于周庄、乌镇等大型古村镇），或者没有纳入政府保护范围的小微古村镇，大部分老街老屋处于闲置状态。也有学者（李亚卿，2013）提出，“使用是最好的保护手段”。然而，在政府主要依赖财政手段对规模较大、列入名录的古村镇进行保护之外，大多数棋罗大众的普通古村镇往往处于老街有街无市、乱搭乱建、老街院落功能失调、修补各自为战、河塘失修与河水污染等问题。因而，在工业化、城镇化快速发展的背景下，苏南村镇的发展不仅需要加大新型村镇的建设、改善居民生活质量，更需要坚持生态文明观、可持续发展观，完善保护和发展机制，加大保护传统水乡村镇特色，传承水乡文化、保护绿色田园景观。近年来，江苏

① 小微古镇在历史上大多数是非建制镇的乡村集市。

省历史文化名镇（村）、新农村建设示范村（生态文明村、农业旅游示范点、特色田园乡村等）等迅速兴起，通过依托景观、名人效应带动等发展特色村镇旅游业，成为特色村镇实现可持续保护与发展的重要方式。

加大传统村落的保护与可持续利用，推动特色小镇的持续发展，也是江苏村镇规划发展政策的重要导向。中共江苏省委 2016 年 1 号文件提出，“十三五”期间江苏将对 1000 个左右省级传统村落和传统民居建筑组群进行保护，并力争实现纳入规划发展的 4 万个左右村庄的规划优化调整全覆盖。2017 年 9 月 28 日，江苏省人民政府发布《江苏省传统村落保护办法》，决定于 2017 年 12 月 1 日开始实施。2016 年 12 月，江苏省人民政府印发《关于培育创建江苏特色小镇的指导意见》（苏政发〔2016〕176 号），提出在 3 – 5 年内分批培育创建 100 个左右产业特色鲜明、体制机制灵活、人文气息浓厚、生态环境优美、多种功能叠加、宜业宜居宜游的特色小镇。2017 年 3 月，江苏省发展改革委发布了《关于培育创建江苏特色小镇的实施方案》，提出按照“宽进严定、动态管理、优胜劣汰、验收命名”的原则，分批创建特色小镇；特色小镇规划面积原则上控制在 3 平方公里左右、建设面积原则上控制在 1 平方公里左右；坚持政府作引导、企业为主体、市场化运作。2017 年 4 月，江苏省人民政府公布第一批 25 个省级特色小镇创建名单（见表 4 – 10）。

**表 4 – 10　江苏省第一批特色小镇创建名单**

| 地市 | 创建名单（共 25 个） |
| --- | --- |
| 南京 | 未来网络小镇、高淳国瓷小镇 |
| 无锡 | 鸿山物联网小镇、太湖影视小镇、新桥时裳小镇 |
| 徐州 | 沙集电商小镇 |
| 常州 | 石墨烯小镇、殷村职教小镇、智能传感小镇 |
| 苏州 | 苏绣小镇、东沙湖基金小镇、昆山智谷小镇 |
| 南通 | 吕四仙渔小镇、海门足球小镇 |
| 连云港 | 东海水晶小镇 |
| 淮安 | 盱眙龙虾小镇 |
| 盐城 | 数梦小镇、汽车小镇 |
| 扬州 | 头桥医械小镇 |
| 镇江 | 大路通航小镇、丹阳眼镜风尚小镇、句容绿色新能源小镇 |

续表

| 地市 | 创建名单（共 25 个） |
|---|---|
| 泰州 | 医药双创小镇、黄桥琴韵小镇 |
| 宿迁 | 电商筑梦小镇 |

资料来源：根据江苏省政府官方网站资料整理。

### 4.3.3　浙江省：生态文明与创新创业融合下特色村镇示范模式引领发展

（1）村镇发展基础

浙江是我国东南沿海发达省份，村镇发展的经济基础、文化基础很好。浙江省地处中国东南沿海长江三角洲南翼，东临东海，南接福建，西与安徽、江西相连，北与上海、江苏接壤，国土面积 10.55 万平方公里，仅为全国的 1.1%，是中国面积较小的省份之一。浙江是吴越文化、江南文化的发源地，是中国古代文明的发祥地之一，境内河姆渡文化、马家浜文化、良渚文化距今 5000 多年。浙江省也是中国经济最活跃的省份之一，以民营经济发展带动经济起飞，形成具有鲜明特色的“浙江模式”。2016 年，浙江省人均 GDP 达到 83538 元、约合 1.25 万美元；常住人口 5590 万人，户籍人口 4911 万人，常住人口城镇化率 67%，其中杭州市城镇人口比重 74.3%、宁波市 69.4%、温州市 66.7%；2016 年浙江地区生产总值为 46485 亿元，三次产业结构比重分别为 4.2∶44.2∶51.6。农业（农林牧渔业）就业人口从 2010 年 582 万下降至 2016 年 466 万，占就业人口比重 12.4%，平均每年下降 0.6 个百分点、19.3 万人。2016 年，城镇居民家庭人均可支配收入为 47237 元，农村居民家庭人均可支配收入为 22866 元（见表 4－11）。根据浙江省统计局公开数据（2016 年），浙江省建制镇 655 个、乡 274 个、行政村 27568 个，村镇区域分布的密集程度较高（见表 4－12）。

**表 4－11　　浙江省各市常住居民人均可支配收入比较**

| 城　市 | 全体居民（元/人） | | | 城镇常住居民（元/人） | | | 农村常住居民（元/人） | | |
|---|---|---|---|---|---|---|---|---|---|
| | 2014 | 2015 | 2016 | 2014 | 2015 | 2016 | 2014 | 2015 | 2016 |
| 杭州市 | 39237 | 42642 | 46116 | 44632 | 48316 | 52185 | 23555 | 25719 | 27908 |
| 宁波市 | 38074 | 41373 | 44641 | 44155 | 47852 | 51560 | 24283 | 26469 | 28572 |
| 温州市 | 33478 | 36459 | 39601 | 40510 | 44026 | 47785 | 19394 | 21235 | 22985 |
| 嘉兴市 | 34318 | 37139 | 40118 | 42143 | 45499 | 48926 | 24676 | 26838 | 28997 |

续表

| 城 市 | 全体居民（元/人） | | | 城镇常住居民（元/人） | | | 农村常住居民（元/人） | | |
|---|---|---|---|---|---|---|---|---|---|
| | 2014 | 2015 | 2016 | 2014 | 2015 | 2016 | 2014 | 2015 | 2016 |
| 湖州市 | 31510 | 34251 | 37193 | 38959 | 42238 | 45794 | 22404 | 24410 | 26508 |
| 绍兴市 | 35335 | 38389 | 41506 | 43167 | 46747 | 50305 | 23539 | 25648 | 27744 |
| 金华市 | 31599 | 34378 | 37159 | 39807 | 43193 | 46554 | 18544 | 20297 | 21896 |
| 衢州市 | 22436 | 24460 | 26745 | 30583 | 33212 | 36188 | 15354 | 16884 | 18421 |
| 舟山市 | 35330 | 38254 | 41564 | 41466 | 44845 | 48423 | 23783 | 25903 | 28308 |
| 台州市 | 30950 | 33788 | 36915 | 39763 | 43266 | 47162 | 19362 | 21225 | 23164 |
| 丽水市 | 22426 | 24402 | 26757 | 30413 | 32875 | 35968 | 13635 | 15000 | 16459 |

资料来源：根据浙江省统计局官方网站数据整理。

浙江省被誉为典型的水乡江南、鱼米之乡、丝绸之府，历史悠久、文化传承源远流长。从自然条件看，人口密集、人地矛盾较突出。浙江省为全国陆域小省，以丘陵山地为主，素有“七山二水一分田”之称，人均耕地仅0.56亩，不足全国人均水平的一半，且耕地集中分布于浙东北沿海平原和河谷盆地，这种空间分布特征决定了人口在沿海平原和河谷盆地集聚。从人文因素看，创新创业精神、经商历史氛围浓厚。浙东南自古以来深受带明显功利主义的永嘉学派、四明学派、永康学派和金华学派的影响，区域商业氛围浓厚。浙江农民经商历史悠久，尤其是浙东南义乌、永康、温州等地农民，富有创业精神。改革开放初期，浙东南农民就率先进镇经商办厂，开启浙江省“自下而上”城镇化的序幕。正是浙江这种人文精神创造了敢打敢拼、市场嗅觉敏锐的优秀人力资源，从而带动了浙东南小城镇的迅速发展。从村镇分布看，浙江省小城镇的空间分布呈现“疏密不均、局部连绵”的典型特征。浙江东北部，尤其是以杭州市为中心形成了一个明显的城镇集聚区，并嘉兴、绍兴、宁波地区的小城镇在空间趋向连绵，形成环杭州湾城镇连绵区。浙东南，尤其是温州沿海地区也形成了一个较为密集的城镇空间群体，并沿海岸线绵延。西北和西南地区的小城镇数量则明显较少，且空间距离大，城镇分布呈稀疏状态。浙北平原区地势平坦、水源充沛、交通便捷，自古是鱼米之乡，富庶之地，城镇密度达1.44个/百平方公里；沿海丘陵平原区面积狭长，兼有低山丘陵和平原，因地处沿海，有丰富的滩涂、海洋资源可供利用，天然的深水港优势也促进了小城镇的集聚；浙中金衢丘陵盆地地区待开发的土地资源丰富，形成浙江省第二大城镇密集带；浙东盆地低山区城镇密度达到 1.08 个/百平方公里；浙西中山丘陵区和浙南中山区城镇密度最低。总体来看，浙江省小城镇分布基本上依地势变化，呈“东北密，中部聚，西南疏”的格局。从经济条件看，较发达的经济区催生了大量特色专业村镇。据统计，1984 - 1996 年，浙江省小城镇数量增加了 742 个，其中 60% 以上的新建镇是由于专业市场和特色产业集群共生而成的专业镇。尤其是专业市场最发达的浙东南区温、台两地区，对国有经济和集体经济投资较少、外资利用率不高，其发展很大程度上正是依靠专业市场突破，走市场促镇、私营企业兴镇之路。而专业市场不太发达的浙西南地区衢州和丽水两市，其经济发展和城镇空间分布在全省都属较低水平。也有专家认为，由于浙江省在撤并乡镇时对建制镇设置作了新的规划和调整，将中心镇作为重点培育对象施行优惠扶植政策的倾斜，加大基础设施投入，改善产业投资环境，从而促进产业、人口向中心镇集中，使得各地区中心镇经济实力迅速增强，无形中拉大了行政区划调整幅度较大的浙东地区与行政区划调整幅度较小的浙西南地区之间的区域差距。

**表 4 - 12　　浙江省建制村镇分布（2016 年）**

| 城　市 | 土地面积 | 市辖区 | 县(县级市) | 建制镇 | 乡 | 村 |
|---|---|---|---|---|---|---|
| | (平方公里) | (个) | (个) | (个) | (个) | (个) |
| 浙东北 | 46190 | 24 | 21 | 328 | 59 | 8849 |
| 杭州市 | 16596 | 9 | 4 | 75 | 23 | 2043 |
| 宁波市 | 9816 | 6 | 4 | 75 | 10 | 2519 |
| 嘉兴市 | 4223 | 2 | 5 | 43 | — | 787 |
| 湖州市 | 5820 | 2 | 3 | 39 | 6 | 1003 |
| 绍兴市 | 8279 | 3 | 3 | 79 | 15 | 2170 |
| 舟山市 | 1456 | 2 | 2 | 17 | 5 | 327 |
| 浙西南 | 58605 | 12 | 32 | 327 | 215 | 18719 |
| 温州市 | 12088 | 4 | 7 | 93 | 26 | 5406 |
| 金华市 | 10942 | 2 | 7 | 76 | 36 | 4460 |
| 衢州市 | 8845 | 2 | 4 | 44 | 39 | 1483 |
| 台州市 | 9411 | 3 | 6 | 61 | 24 | 4645 |
| 丽水市 | 17324 | 1 | 8 | 53 | 90 | 2725 |

资料来源：根据浙江省统计局官方网站数据整理。

（2）美丽乡村发展

在推动新型城镇化和新农村建设的基础上，创建美丽乡村是浙江省探索乡村可持续发展模式的成功经验。在20世纪80年代，随着第二、第三产业的快速发展和农民收入水平的大幅提高，浙江省村镇建设进入一个高峰期。据统计，1978－1988年，浙江省第二产业和第三产业从业人员占比从10%增加至35%，乡镇企业产值从27亿元增加至622亿元，农民收入翻了两番多；1981－1988年浙江全省村镇共建各类建筑4.1亿平方米，村镇各类建筑增加至13.26亿平方米，1988年新增住宅中86%为楼房，人均住宅建筑面积达到30平方米；全省供电基本普及，52%农户用上自来水，75%农户饮用水安全达标（查家德，1990）。同时，由于村镇规划缺失、建设管理滞后，该时期村镇发展大多处于无序自发状态，部分地区农民相互攀比建房、建筑大多华而不实、大而不当，严重浪费人力、物力和土地资源。1985－1986年，省人民政府颁布了《浙江省关于小城镇建设的决定》《浙江省村镇建设管理办法》，随后又出台了《关于加强农村私人建房管理的暂行规定》。20世纪90年代开始，浙江省城镇化进入快车道。1991－2000年，城镇化率从26.5%提高至39.5%，2005年提高至55%。进入21世纪后，村庄整治示范与新农村建设进入高峰。2003年，浙江省按照全面建设小康新农村的标准，整治10000个村庄，建成1000个示范村，即“千村示范、万村整治”工程。2001－2005年，浙江省村镇建设固定资产投资累计完成1647.84亿元，建制镇人均公共绿地达到4.3平方米，农村供水普及率达到70%以上，小城镇的功能进一步完善，镇容村貌得到了明显改善；2005年，全省建制镇、集镇和村庄人均居住面积分别达到21平方米、23平方米和27平方米。“十一五”期间，浙江省提出抓住社会主义新农村建设的历史机遇，大力培育重点镇、中心镇，整体推进村庄整治，加快城市市政基础设施向农村延伸和覆盖，建设一大批生产发展、生活富裕、乡风文明、村容整洁、管理民主的小城镇和农村新社区；争取建成240个省级生态乡镇，创建80个全国环境优美乡镇，再建成100个现代化示范镇；村镇水质综合合格率达到80%，生活垃圾集中收集率达到72%。“十一五”期间，浙江省完成了全省80%以上的省级、国家级风景名胜区、历史文化名城（街区、村镇）完成总体规划和保护规划修编。

2008年浙江安吉县在全国率先开展“美丽乡村”创建行动。2010年，浙江省委、省人民政府发布《浙江省美丽乡村建设行动计划（2011－2015年)》，2012 年实施美丽宜居示范村工程。2014 年，浙江省提出“两美浙江”重大战略决策，启动“浙派民居”建设。2016 年，浙江省制定《浙江省深化美丽乡村建设行动计划（2016－2020 年)》，对美丽乡村升级版建设提出新的要求。可以说，浙江省村镇建设从以“村村通”为主导的农村基础设施建设阶段，向“上层次、上水平”的“美丽乡村”“特色小镇”内涵发展阶段迈进。浙江村镇建设的重心开始从浙东北及东南沿海发达地区，向中西部、南部次发达及欠发达的丘陵、山区转移。美丽乡村的创建为全国推动村镇可持续发展提供了可复制、可推广的浙江样本。

2010 年以后，浙江省村镇发展进入整体布局、宜居治理与保护发展阶段。“十二五”期间，浙江省完成了约 2 万个规划保留村的村庄布点规划，建立了具有浙江特色的“村庄布点规划—村庄规划—村庄设计—农房设计”四级规划设计层级体系；完成 154 万户危房改造，实施了“百万农户生活污水净化工程”“农村环境连片整治工程”，“五水共治”“三改一拆”“四边三化”“农村双清”“森林村庄”等专项行动；95% 以上行政村生活垃圾实现集中收集处臵，79% 以上农户家庭实现卫生改厕，65% 以上村庄完成生活污水治理，农村自来水覆盖率达 97.5%；建成 58 个美丽乡村示范县，46 个美丽乡村先进县，100 多条景观带和 300 多个特色精品村落（见表 4－13)。至 2016 年底，累计启动实施美丽宜居示范村国家级试点 17 个、省级试点 747 个，完成投资 102.78 亿元，先后有 8 个村列入住房城乡建设部公布的第一、二批全国美丽宜居示范村庄名单，数量居全国首位。历史文化名镇名村也进入专项支持、全面保护的新阶段，至 2015 年底，浙江省有 20 个镇、28 个村、4 个街区被命名为中国历史文化名镇名村、街区。如杭州市每年安排不少于 1 亿元的专项资金用于历史建筑保护，宁波市每年安排 5000 万元的名城保护资金，金华市金华历史文化名城保护整治改造项目列入“中德合作—城市可持续发展”优先实施项目，项目总投资 14 亿元，并形成不同保护模式。此外，浙江省 2015 年底启动了 260 个传统村落的利用保护工作（见表 4－14)，108 个村落列入中央财政补助范围（补助资金超过 3.24 亿元)。2017 年 9 月，浙江省公布了第一批 634 个省级传统村落公示名单（见表 4－15)。可以说，在政府一系列的政策指引下，无论是传统村落、历史名镇名村的保护，还是宜居村镇的建设，都纳入可持续发展要求框架。

**表 4 – 13　　浙江省美丽乡村特色精品村分布**

<table>
<tr><th>地市</th><th>第一批美丽乡村特色精品村数量（个）</th><th>第一批美丽乡村示范乡镇</th><th>第二批美丽乡村示范乡镇</th><th>第二批美丽乡村特色精品村</th><th>第一批美丽乡村示范县</th><th>第二批美丽乡村示范县</th></tr>
<tr><td>丽水市</td><td>28</td><td>9</td><td>10</td><td>28</td><td rowspan="11">安吉县、德清县、浦江县、江山市、桐庐县、象山县</td><td rowspan="11">开化县、温州市洞头区、杭州市临安区、宁海县、遂昌县、嵊泗县</td></tr>
<tr><td>金华市</td><td>28</td><td>9</td><td>10</td><td>28</td></tr>
<tr><td>宁波市</td><td>31</td><td>11</td><td>11</td><td>31</td></tr>
<tr><td>台州市</td><td>28</td><td>9</td><td>9</td><td>28</td></tr>
<tr><td>杭州市</td><td>31</td><td>11</td><td>12</td><td>31</td></tr>
<tr><td>温州市</td><td>30</td><td>11</td><td>11</td><td>30</td></tr>
<tr><td>衢州市</td><td>28</td><td>9</td><td>9</td><td>28</td></tr>
<tr><td>绍兴市</td><td>28</td><td>9</td><td>9</td><td>28</td></tr>
<tr><td>湖州市</td><td>27</td><td>8</td><td>8</td><td>27</td></tr>
<tr><td>舟山市</td><td>14</td><td>6</td><td>4</td><td>14</td></tr>
<tr><td>嘉兴市</td><td>27</td><td>8</td><td>7</td><td>27</td></tr>
<tr><td>总计</td><td>300</td><td>100</td><td>100</td><td>300</td><td>6</td><td>6</td></tr>
</table>

资料来源：根据《浙江省城乡建设事业“十三五”规划》整理。

**表 4 – 14　　浙江省各市中国传统村落分布***

| 地市 | 传统村落数（个） | 占比（%） | 面积（平方公里） | 密度（个/万平方公里） |
|---|---|---|---|---|
| 丽水市 | 77 | 43.75 | 17298 | 44.51 |
| 金华市 | 24 | 13.64 | 10941 | 21.94 |
| 宁波市 | 18 | 10.23 | 9816 | 18.34 |
| 台州市 | 16 | 9.09 | 9411 | 17.00 |
| 杭州市 | 15 | 8.52 | 16596 | 9.04 |
| 温州市 | 9 | 5.11 | 11786 | 7.64 |
| 衢州市 | 9 | 5.11 | 8841 | 10.18 |
| 绍兴市 | 4 | 2.27 | 8279 | 4.83 |
| 湖州市 | 3 | 1.70 | 5818 | 5.16 |
| 舟山市 | 1 | 0.57 | 1400 | 7.14 |
| 嘉兴市 | — | — | 3915 | — |
| 总计 | 176 | 100 | 104101 | 16.91 |

* 该表中数据为列入中国传统村落前 3 批名录的村落。

资料来源：根据《浙江省传统村落保护“十三五”发展规划》整理。

表 4－15　　浙江省级传统村落分布*

| 地市 | 数量（个） | 县市分布 |
| --- | --- | --- |
| 丽水市 | 198 | 莲都区 7 个、缙云县 36 个、景宁县 57 个、龙泉市 22 个、松阳县 13 个、云和县 6 个、遂昌县 44 个、庆元县 13 个 |
| 金华市 | 62 | 婺城区 2 个、金东区 9 个、金华开发区 4 个、金义都市新区 2 个、金华山旅游经济区 1 个、兰溪市 10 个、东阳市 6 个、义乌市 13 个、永康市 3 个、武义县 10 个、磐安县 2 个 |
| 宁波市 | 22 | 余姚市 1 个、慈溪市 1 个、宁海县 10 个、象山县 3 个、海曙区 1 个、镇海区 1 个、鄞州区 1 个、奉化区 4 个 |
| 台州市 | 52 | 椒江区 1 个、黄岩区 3 个、临海市 15 个、温岭市 1 个、玉环市 2 个、天台县 5 个、仙居县 8 个、三门县 17 个 |
| 杭州市 | 63 | 萧山区 2 个、余杭区 3 个、富阳区 1 个、桐庐县 13 个、建德市 17 个、临安市 13 个、淳安县 14 个 |
| 温州市 | 63 | 瓯海区 4 个、乐清市 4 个、瑞安市 4 个、文成县 6 个、平阳县 1 个、泰顺县 16 个、苍南县 3 个、永嘉县 35 个 |
| 衢州市 | 83 | 柯城区 20 个、衢江区 18 个、江山市 11 个、龙游县 9 个、常山县 13 个、开化县 12 个、 |
| 绍兴市 | 41 | 越城区 3 个、柯桥区 2 个、上虞区 5 个、诸暨市 17 个、嵊州市 9 个、新昌县 5 个 |
| 湖州市 | 35 | 德清县 4 个、长兴县 1 个、安吉县 5 个、吴兴区 12 个、南浔区 13 个 |
| 舟山市 | 3 | 普陀区 2 个、嵊泗县 1 个 |
| 嘉兴市 | 12 | 秀洲区 1 个、南湖区 1 个、嘉善县 2 个、平湖市 3 个、海盐县 1 个、海宁市 3 个、桐乡市 1 个 |
| 总计 | 634 | |

*该名单不包括已列入中国传统村落（4 批）名录名单。

资料来源：根据《浙江省传统村落保护“十三五”发展规划》整理。

（3）特色小镇发展

浙江省特色小镇的发展已成为全国学习借鉴推广的模式。特色小镇与美丽乡村建设一样，发端于浙江省，侧重于追求特色产业的空间聚集和创新发展。2015 年 1 月，浙江省“两会”首次明确提出建设一批“特而强”“小而美”“新而活”的特色小镇①。2015 年，浙江省人民政府印发《关

① 也有专家认为，特色小镇的概念并不是始于浙江省，2011 年前后在北京、天津、云南等地先后提出特色小镇概念，并制定了相关发展支持政策；浙江特色小镇起始于 2014 年余杭互联网创业小镇—梦想小镇，全国首个云计算产业生态小镇—杭州转塘“云栖小镇”。

于加快特色小镇规划建设的指导意见》(浙政发〔2015〕8号),提出在全省规划建设一批特色小镇[①],特色小镇要聚焦信息经济、环保、健康、旅游、时尚、金融、高端装备制造等七大产业,兼顾茶叶、丝绸、黄酒、中药、青瓷、木雕、根雕、石雕、文房等历史经典产业,坚持产业、文化、旅游"三位一体"和生产、生活、生态融合发展。应该说,浙江省特色小镇的规划定位通过围绕特色产业空间集聚和创新发展,实现特色资源利用、产业发展、文化发展相协调与"三生"相融合的可持续发展理念。2015-2017年,浙江省公布了三批特色小镇创建名单和两批培育名单(见表4-16)。第一批创建特色小镇37个、第二批创建42个、第三批创建35个,合计创建114个,加上两批培育特色小镇68个,共183个。特色小镇对创建时间、总投资规模、特色产业投资占比、特色产业产出、功能融合度等都有要求,共性指标与特色指标验收合格后命名。浙江省特色小镇实行年度考核、分等评价、升降级制度,由省规划建设工作联席会议办公室对特色小镇创建工作组织考核,考核结果分为优秀、良好、合格、警告、降格小镇。特色小镇创建考核验收合格后,将获得土地使用指标和财政配套奖励的支持[②]。浙江省人民政府对2015年度创建的特色小镇考核中,有7个特色小镇获得优秀、9个特色小镇获得良好、17个特色小镇合格[③]。南浔善琏湖笔小镇、苍南台商小镇、磐安江南药镇共3个被"警告",而奉化滨海养生小镇成为首批37个特色小镇里唯一被降格为培育对

① 该文件提出,特色小镇规划面积一般控制在3平方公里左右,建设面积一般控制在1平方公里左右。特色小镇原则上3年内要完成固定资产投资50亿元左右(不含住宅和商业综合体项目),金融、科技创新、旅游、历史经典产业类特色小镇投资额可适当放宽,淳安等26个加快发展县(市、区)可放宽到5年;所有特色小镇要建设成为3A级以上景区,旅游产业类特色小镇要按5A级景区标准建设。

② 土地要素方面,对如期完成年度规划目标任务的,省里按实际使用指标的50%或60%给予配套奖励,对3年内未达到规划目标任务的,加倍倒扣省奖励的用地指标。财政方面,特色小镇在创建期间及验收命名后,其规划空间范围内的新增财政收入上交省财政部分,前3年全额返还、后2年返还一半给当地财政。

③ 2015年度考核获评优秀的特色小镇有:余杭梦想小镇、诸暨袜艺小镇、上城玉皇山南基金小镇、西湖云栖小镇、嘉善巧克力甜蜜小镇、龙游红木小镇、莲都古堰画乡小镇。良好小镇:临安云制造小镇、桐乡毛衫时尚小镇、海宁皮革时尚小镇、江干丁兰智慧小镇、黄岩智能模具小镇、武义温泉小镇、富阳硅谷小镇、景宁畲乡小镇、德清地理信息小镇。合格小镇:仙居神仙氧吧小镇、越城黄酒小镇、湖州丝绸小镇、桐庐健康小镇、青田石雕小镇、义乌丝路金融小镇、江北动力小镇、海盐核电小镇、开化根缘小镇、余杭艺尚小镇、南湖基金小镇、梅山海洋金融小镇、瓯海时尚智造小镇、西湖龙坞茶镇、常山赏石小镇、龙泉青瓷小镇、路桥沃尔沃小镇。

象的小镇。浙江省人民政府对 2016 年度省级特色小镇创建考核结果，上城玉皇山南基金小镇等 16 个小镇为优秀小镇，滨江物联网小镇等 32 个小镇为良好小镇，南浔善琏湖笔小镇等 19 个小镇为合格小镇，南湖基金小镇等 6 个小镇为警告小镇，余姚模客小镇、天台天合山和合小镇、平阳宠物小镇、平湖九龙山航空运动小镇、梅山海洋金融小镇等 5 个小镇为降格小镇，从省级特色小镇创建对象降格为省级特色小镇培育对象。浙江省人民政府对 2016 年度培育对象的考核结果，上城南宋皇城小镇等 10 个小镇为优秀小镇，萧山机器人小镇等 19 个小镇为良好小镇，临海时尚眼镜小镇等 18 个小镇为合格小镇，长乐创龄健康小镇等 4 个小镇为警告小镇，龙游新加坡风情小镇为淘汰对象。这种创建考核、分级评价、公开名录、能升能降、奖补结合的管理机制克服了传统行政工作中“重在命名轻于管理、一哄而上一哄而下”难以持续发展的弊端。

**表 4－16　浙江省特色小镇创建和培育名单**

| 批次 | 地市分布 | 特色小镇名称 |
| --- | --- | --- |
| 第一批创建(37 个) | 杭州市（9 个） | 上城玉皇山南基金小镇、江干丁兰智慧小镇、西湖云栖小镇、西湖龙坞茶镇、余杭梦想小镇、余杭艺尚小镇、富阳硅谷小镇、桐庐健康小镇、临安云制造小镇 |
|  | 宁波市（3 个） | 江北动力小镇、梅山海洋金融小镇、奉化滨海养生小镇 |
|  | 温州市（2 个） | 瓯海时尚制造小镇、苍南台商小镇 |
|  | 湖州市（3 个） | 湖州丝绸小镇、南浔善琏湖笔小镇、德清地理信息小镇 |
|  | 嘉兴市（5 个） | 南湖基金小镇、嘉善巧克力甜蜜小镇、海盐核电小镇、海宁皮革时尚小镇、桐乡毛衫时尚小镇 |
|  | 绍兴市（2 个） | 越城黄酒小镇、诸暨袜艺小镇 |
|  | 金华市（3 个） | 义乌丝路金融小镇、武义温泉小镇、磐安江南药镇 |
|  | 衢州市（3 个） | 龙游红木小镇、常山赏石小镇、开化根缘小镇 |
|  | 台州市（3 个） | 黄岩智能模具小镇、路桥沃尔沃小镇、仙居神仙氧吧小镇 |
|  | 丽水市（4 个） | 莲都古堰画乡小镇、龙泉青瓷小镇、青田石雕小镇、景宁畲乡小镇 |
| 第二批创建(42 个) | 杭州市（9＋2 个） | 下城跨贸小镇、拱墅运河财富小镇、滨江物联网小镇、萧山信息港小镇、余杭梦栖小镇、桐庐智慧安防小镇、建德航空小镇、富阳药谷小镇、天子岭静脉小镇；杭州湾花田小镇（省农发集团和上虞区）、西湖艺创小镇（中国美院、浙江音乐学院和西湖区） |

续表

| 批次 | 地市分布 | 特色小镇名称 |
|---|---|---|
| 第二批创建(42个) | 宁波市（4个） | 鄞州四明金融小镇、余姚模客小镇、宁海智能汽车小镇、杭州湾新区滨海欢乐假期小镇 |
| | 温州市（3个） | 瓯海生命健康小镇、文成森林氧吧小镇、平阳宠物小镇 |
| | 湖州市（3个） | 吴兴美妆小镇、长兴新能源小镇、安吉天使小镇 |
| | 嘉兴市（4个） | 秀洲光伏小镇、平湖九龙山航空运动小镇、桐乡乌镇互联网小镇、嘉兴马家浜健康食品小镇 |
| | 绍兴市（3个） | 柯桥酷玩小镇、上虞e游小镇、新昌智能装备小镇 |
| | 金华市（3个） | 东阳木雕小镇、永康赫灵方岩小镇、金华新能源汽车小镇 |
| | 衢州市（2个） | 江山光谷小镇、衢州循环经济小镇 |
| | 舟山市（3个） | 定海远洋渔业小镇、普陀沈家门渔港小镇、朱家尖禅意小镇 |
| | 台州市（2个） | 温岭泵业智造小镇、天台天台山和合小镇 |
| | 丽水市（4个） | 龙泉宝剑小镇、庆元香菇小镇、缙云机床小镇、松阳茶香小镇 |
| 第一批培育(51) | 杭州市（13+2个） | 上城吴山宋韵小镇、江干钱塘智造小镇、江干东方电商小镇、拱墅上塘电商小镇、西湖云谷小镇、西湖西溪谷互联网金融小镇、滨江创意小镇、萧山机器人小镇、淳安千岛湖乐水小镇、临安颐养小镇、临安龙岗坚果电商小镇、大江东汽车小镇、大江东巧客小镇；长乐创龄健康小镇（省物产集团和余杭区）、西湖紫金众创小镇（浙江大学和西湖区） |
| | 宁波市（4个） | 海曙月湖金汇小镇、江北前洋E商小镇、鄞州现代电车小镇、宁海森林温泉小镇 |
| | 温州市（4个） | 乐清雁荡山月光小镇、永嘉玩具智造小镇、泰顺氡泉小镇、温州汽车时尚小镇 |
| | 湖州市（4个） | 南浔智能电梯小镇、安吉影视小镇、湖州智能电动汽车小镇、湖州太湖健康蜜月小镇 |
| | 嘉兴市（7个） | 秀洲智慧物流小镇、嘉善归谷智造小镇、平湖光机电智造小镇、海盐集成家居时尚小镇、海宁潮韵小镇、海宁厂店小镇、桐乡时尚皮草小镇 |
| | 绍兴市（3个） | 柯桥兰亭书法小镇、诸暨环保小镇、嵊州领尚小镇 |
| | 金华市（5个） | 金东金义宝电商小镇、永康众泰汽车小镇、浦江仙华小镇、磐安古茶场文化小镇、金华互联网乐乐小镇 |
| | 衢州市（2个） | 龙游新加坡风情小镇、衢州莲花现代生态循环农业小镇 |
| | 台州市（3个） | 椒江绿色药都小镇、临海时尚眼镜小镇、玉环生态互联网家居小镇 |
| | 丽水市（4个） | 青田欧洲小镇、庆元百山祖避暑乐氧小镇、遂昌农村电商创业小镇、丽水绿谷智慧小镇 |

续表

| 批次 | 地市分布 | 特色小镇名称 |
| --- | --- | --- |
| 第三批创建(35) | 杭州市（5个） | 上城南宋皇城小镇、淳安千岛湖乐水小镇、滨江互联网小镇、萧山湘湖金融小镇、杭州东部医药港小镇 |
| | 宁波市（7个） | 镇海I设计小镇、慈溪小家电智造小镇、海曙月湖金汇小镇、江北前洋E商小镇、余姚智能光电小镇、宁波杭州湾汽车智造小镇、象山星光影视小镇 |
| | 温州市（2个） | 乐清智能电气小镇、瑞安侨贸小镇 |
| | 湖州市（2个） | 德清通航智造小镇、长兴县太湖演艺小镇 |
| | 嘉兴市（4个） | 海宁阳光科技小镇、嘉善归谷智造小镇、秀洲智慧物流小镇、平湖国际游购小镇 |
| | 绍兴市（3个） | 诸暨环保小镇、嵊州越剧小镇、新昌万丰航空小镇 |
| | 金华市（2个） | 浦江水晶小镇、义务绿色动力小镇 |
| | 衢州市（2个） | 柯城航埠低碳小镇、常山云耕小镇 |
| | 台州市（4个） | 台州无人机航空小镇、玉环时尚家居小镇、椒江绿色药都小镇、临海国际医药小镇 |
| | 丽水市（4个） | 丽水绿谷智慧小镇、云和木玩童话小镇、青田千峡小镇、遂昌汤显祖戏剧小镇 |
| 第二批培育(18) | 杭州市（4个） | 富阳黄公望金融小镇、余杭淘宝小镇、杭州树兰国际生命科技小镇、杭州人工智能小镇 |
| | 温州市（1个） | 温州文昌创客小镇 |
| | 湖州市（2个） | 安吉两山创客小镇、吴兴原乡蝴蝶小镇 |
| | 嘉兴市（2个） | 南湖云创小镇、海盐六旗欢乐小镇 |
| | 绍兴市（1个） | 柯桥蓝印时尚小镇 |
| | 金华市（1个） | 兰溪光膜小镇 |
| | 衢州市（1个） | 江山木艺时尚小镇 |
| | 舟山市（1个） | 嵊泗十里金滩小镇 |
| | 台州市（4个） | 三门滨海健康小镇、温岭医养健康小镇、路桥游艇小镇、天台时尚车品小镇 |
| | 丽水市（1个） | 丽水微纳小镇 |
| 首批特色小镇文化建设示范点(20个) | 杭州市（4个） | 上城南宋皇城小镇（原吴山宋韵小镇）、余杭梦想小镇、拱墅天子岭静脉小镇、杭州湾新区滨海欢乐假期小镇 |
| | 宁波市（2个） | 宁海森林温泉小镇、北仑梅山海洋金融特色小镇 |
| | 湖州市（2个） | 丝绸小镇（吴兴片区）、湖州南浔湖笔小镇 |

续表

| 批次 | 地市分布 | 特色小镇名称 |
| --- | --- | --- |
| 首批特色小镇文化建设示范点(20个)* | 嘉兴市（1个） | 桐乡乌镇互联网小镇 |
| | 绍兴市（2个） | 越城黄酒小镇、诸暨袜艺小镇 |
| | 温州市（1） | 瓯海时尚智造小镇 |
| | 金华市（1个） | 磐安古茶场文化小镇 |
| | 衢州市（2个） | 开化根缘小镇、龙游红木小镇 |
| | 台州市（1个） | 天台天台山和合小镇 |
| | 舟山市（1个） | 普陀沈家门渔港小镇 |
| | 丽水市（3个） | 莲都古堰画乡小镇、景宁畲乡小镇、龙泉青瓷小镇 |

* 首批特色小镇文化建设示范点是浙江省文化厅2016年12月公布，强调运用“文化+”的动力和路径有效助推特色小镇建设。

资料来源：根据浙江省政府官方网站信息整理。

（4）村镇发展规划

涵盖资源、生态、经济、文化、人口等领域的可持续发展理念，已经成为浙江省经济和社会发展规划中指导美丽宜居村镇、传统村镇、名镇名村等发展的实践思路。《浙江省国民经济和社会发展第十三个五年规划》提出：新型城市化有序推进，常住人口城市化率达到70%左右，美丽乡村建设水平进一步提高；加强历史文化名城、名镇和街区、村落保护利用，突出自然风貌、文化特色和旅游元素，打造具有浙江记忆、彰显江南特色的城乡风貌；生态环境质量继续改善，黑臭河和地表水劣Ⅴ类水质全面消除、地表水达到或优于Ⅲ类水质比例达到80%，市级以上城市空气质量优良天数比例达到80%。此外，省级层面直接涉及“十三五”期间村镇建设的有5个规划（计划）。

《浙江省美丽宜居村镇建设“十三五”发展规划》提出，在高水平全面建成小康社会、积极推进“两富”“两美”浙江建设、美丽中国建设大背景下，遵循“五大”新发展理念，按照“山水林田湖是一个生命共同体”“绿水青山就是金山银山”“人民对美好生活的向往，就是我们的奋斗目标”等一系列新思想新观点新要求，推进村镇转型升级发展。2020年目标：乡镇域村庄布点规划编制覆盖率100%，村庄规划修编覆盖率100%，村庄设计覆盖率70%，基础公共服务进一步配套；农村生活污水治理村覆盖率90%，农村卫生厕所普及率100%，行政村垃圾集中收集100%，畜禽养殖粪便综合处理率98%，废弃农膜回收率93%，无违建村比例 70%，农村环境治理能力进一步增强；从 2017 年开始，按照“串点成线、连线成片”要求，2020 年底前打造 100 条美丽宜居示范带。

《浙江省传统村落保护“十三五”发展规划》提出，全面加强传统村落文化遗产保护，合理开发适度利用，努力实现传统村落活态保护、活态传承、活态发展，彻底扭转传统村落日趋消亡的势头。《浙江省历史文化名城名镇名村保护“十三五”规划》提出，坚持保护优先、民生优先、应保尽保、永续利用的原则，按照重传承、显特色、提品质、促转型的要求，充分发挥各级政府在历史文化名城名镇名村保护工作中的主导地位，最大限度的尊重和发挥广大人民群众的主体作用，依法加强历史文化名城名镇名村保护与建设，构建政府主导、部门协同、全民参与的浙江特色保护新格局。按照规划要求，“十三五”期间浙江省将实施的名城名镇名村保护项目计划共计 90 项，其中：杭州市 11 项、宁波市 11 项、温州市 17 项、嘉兴市 5 项、湖州市 6 项、绍兴市 4 项、金华市 8 项、台州市 8 项、衢州市 6 项、丽水市 8 项、舟山市 6 项。

《浙江省现代农业发展“十三五”规划》提出，打造农业领域的“一区一镇”，即按照“政府引导、市场导向、统筹规划、分步实施”原则和“集聚、特色、精品”要求，在农业“两区”建设[①]基础上，通过集聚资源要素、提升产业层次、延伸产业链条、拓展农业功能等途径，创新农业生产、经营、管理方式和资源利用方式，培育建成 30 个左右农业产业集聚区和 100 个左右特色农业强镇。按照规划要求，以农业产业为主的产业集聚村镇成为现代农业发展的重要内容。

2016 年出台的《浙江省深化美丽乡村建设行动计划（2016 – 2020 年）》中提出，浙江将进一步全面改善农村生态环境、人居环境和发展环境，不断提升农村的美丽度和广大农民群众的幸福感；继续以水为镜，全力推进农村生活污水治理；以净为底，努力保持农村干净质朴的第一感观；以美为形，因地制宜打造美丽乡村风景线；以文为魂，强化历史文化村落保护利用；以人为本，着力优化农村公共服务。浙江省美丽乡村建设从“一处美”向“一片美”转型，重点打造“人的新农村”。浙江省在调整后的美丽乡村建设政策清单中（见表 4 – 17），把农民素质提升工程作为政府投资准公益类政策框架。在新时代新思想新理念指导和系列政策支

---

① 农业“两区”指粮食生产功能区和现代农业园区。

持、规划指引下，浙江省村镇建设从过多追求城镇化率和经济增长的发展阶段进入生态文明观与可持续发展理念下的高质量、高水平的发展阶段。

**表4-17　　浙江省调整后的美丽乡村建设政策清单**

| 序号 | 政策类别 | 政策名称 |
| --- | --- | --- |
| 1 | 公益类 | 农村生活污水治理 |
| 2 | | 历史文化村落保护利用 |
| 3 | | 农村生活垃圾减量化资源化处理 |
| 4 | | 农村固定观察点调查 |
| 5 | 准公益类 | 农家乐休闲旅游业提升发展 |
| 6 | | 千万农民素质提升工程 |

资料来源：根据浙江省财政厅等《关于修订〈浙江省美丽乡村建设专项资金管理办法（试行）〉若干条款的通知》（浙财农〔2016〕21号）整理。

### 4.3.4 福建省：生态立省战略趋向下城乡一体化布局与村镇绿色化发展

（1）村镇发展基础

福建省拥有丰富的海洋文明、农业文明、客家文化、旅游资源。福建省位于中国东南沿海、依山傍水，拥有丰富的旅游资源，九成陆地面积为山地丘陵地带，被称为“八山一水一分田”，森林覆盖率65.95%，人均耕地仅0.61亩、不足全国平均水平一半。福建以侵蚀海岸为主，海上岛屿星罗棋布，共有1500多个。福建位于东海与南海的交通要冲，由海路可以到达南亚、西亚、东非，是历史上海上丝绸之路、郑和下西洋的起点，也是海上商贸集散地。由于其独特的地理位置，在福建沿海地区形成了丰富的海洋文明，而在内地客家地区形成了辉煌的农业文明。在此基础上，福建省兴起了众多的经济发展、文化深厚的村镇。福建省是东南沿海三省一市中城镇化率相对较低的省份，2016年底全省常住人口3874万人（汉族人口占97.84%）、其中人户分离半年以上的占30%（其中市辖区内人户分离占分离总数的75%），城镇化率63.6%。2016年，福建省三次产业结构为8.3:48.5:43.2，第三产业产值低于第二产业；三次产业就业比例为22:36:42，乡村就业人员1436万人、占总就业人员约50%；人均生产总值（GDP）为73951元，2011-2016年年均增长率9.5%；城镇居民人均可支配收入36014元，农村居民人均可支配收入14999元、略高于全国平均水平（见表4-18）。从不同地市居民收入差异比较看，福建省城乡间、地区间的收入水平差距较大，厦门市、福州市城镇居民收入分别是农村居民收入的 2.45 倍、2.31 倍。南平市的城镇居民收入水平仅为厦门市的 60%。福建省建制镇 631 个、乡 296 个，行政村 14401 个，农村总户数 753.8 万户，农村卫生厕所普及率 93.9%，近年来每年用于改厕投资 2 亿至 3 亿元。2014、2015、2016 年，城市环境基础设施投资分别为 141.96 亿元、137.61 亿元、70.3 亿元。

（2）村镇发展水平

改革开放后，福建省乡镇企业和外资企业快速发展，村镇建设也进入发展的快车道。据研究统计（杜建飞 等，1996），1980 – 1995 年，福建省建制镇数量从 13 个增加至 510 个；乡镇企业总产值从 19.9 亿元增加至 1000 亿元以上，村镇建设投入资金 440 亿元，211 万农户搬进新居、人均住宅面积达到 24 平方米，远高于全国平均水平。在 20 世纪 90 年代中期，所有的小城镇和 85% 的村庄实现通电，62% 的集镇和 14.6% 的村庄实现自来水供水，普及率达到 1/3。1995 – 2005 年，福建省第二产业发展迅速，产值从 882.3 亿元增加至 3175.9 亿元，增长 2.6 倍；2005 – 2016 年，第二产业产值从 3175.9 亿元增加至 13845 亿元，扩大 3.36 倍。从城乡居民收入水平看，1980 – 1984 年、1991 – 1996 年、2009 – 2013 年三个时间段，农村居民人均可支配收入保持高达 10% 的年均增长率；2001 – 2012 年，城镇居民人均可支配收入年均增长率也高达 10% 左右，经济发展水平的高速增长为村镇发展提供了有力支撑。但是，福建省城乡收入差距一直较大，2000 年城乡收入比例为 2.3:1，2005 年扩大至 2.77:1，2010 年增加至 2.93:1，2016 年缩小至 2.4:1，福建省城乡之间发展的不平衡性高于东南沿海其他省。“十五”期间，福建省城镇化率从 41.6% 提高至 47%，建制村通硬化公路比重达到 64.5%，建制村自来水普及率从 43% 提高至 71%。“十一五”期间，福建省重点中心镇数量达到一百多个，形成了一批各具特色的工业主导型、资源开发型、边贸旅游型、交通枢纽型、城市辐射型村镇。“十二五”期间，生态环境和宜居村镇建设持续发展，建制镇数量在 2012 年达到 606 个，沿海城镇带集聚了全省 79.4 % 的人口（占全省国土面积 44.4%），成为拉动经济快速增长和集聚人口的主要区域。2015 年，全省森林覆盖率提高到 65.95%，持续位居全国第一；全省 23 个城市空气优良天数比例为 99.5%，9 个设区城市优良天数比例为 97.9%；12 条主要水系水域功能达标率和 Ⅰ—Ⅲ 类水质比例分别为

98.1%、94.0%，近岸海域海水水质达到或优于Ⅱ类标准的面积占66.1%；5县获得国家生态县命名，2个市、20个县通过国家生态县（市）考核验收。“千村整治、百村示范”工程有序推进，创建了一批美丽乡村示范村；建成城镇污水处理厂132座、日处理能力461.5万吨，市县污水处理率88%；推广“村收集、镇中转、县处理”城乡一体化垃圾处理模式，累计建成城镇生活垃圾无害化处理厂（场）70座、日处理能力2.5万吨，市县生活垃圾无害化处理率96.5%（见表4-18）。

**表4-18　（2016年）福建省各市城乡居民可支配收入比较**

| 项目 | 城镇居民人均可支配收入 | | 农村居民人均可支配收入 | |
|---|---|---|---|---|
| | 收入（元） | 同比增长（%） | 收入（元） | 同比增长（%） |
| 全省 | 36014 | 8.2 | 14999 | 8.7 |
| 福州市 | 37833 | 8.2 | 16346 | 7.5 |
| 厦门市 | 46254 | 8.6 | 18885 | 7.6 |
| 莆田市 | 31818 | 8.7 | 15131 | 9.0 |
| 三明市 | 29677 | 8.3 | 13918 | 8.7 |
| 泉州市 | 39656 | 6.4 | 17179 | 8.3 |
| 漳州市 | 30726 | 9.4 | 15320 | 10.5 |
| 南平市 | 27818 | 6.5 | 13331 | 8.7 |
| 龙岩市 | 30408 | 7.8 | 14429 | 8.7 |
| 宁德市 | 28164 | 8.2 | 13516 | 9.1 |

资料来源：根据福建省统计局官方网站数据整理。

（3）政策规划导向

福建省村镇规划建设起步较早。“八五”期间，福建省以“翻两番、奔小康”为目标，出台了一系列政策措施，扶持村镇建设发展。特别是重点扶持产值10亿元、5亿元、1亿元的典型乡镇产业发展。“十五”期间，福建省重点强化了农村基础设施建设和农业综合生产能力建设，如“六千”水利工程、“年万里”农村路网工程建设、农田水利基本建设和渔港建设、农村危房改造等，开展创建“平安乡镇”“平安村居”活动，形成临海蓝色产业带、闽西北绿色产业带、闽东南高优农业产业带等一批产业密集区。

2006年，福建省制定了《海峡西岸社会主义新农村建设五年规划纲要》，提出因地制宜、走各具特色的新农村建设路子。规划纲要对经济发达乡村、中等发展水平乡村、基础薄弱乡村三类乡村的发展提出不同的定位要求。要求经济发达乡村，加快乡村一体化进程、走在全省前列；中等发展水平乡村重点培育主导产业、特色产品，发展现代农业，整治人居环境，建设体现乡村田园风光、生态和文化特色的新农村；基础薄弱乡村重点培植新的经济增长点、转移剩余劳动力、拓宽增收渠道，缩小与其他乡村差距。规划纲要对现代农业建设重点工程、农村基础设施建设工程（“年万里”农村路网工程、“村村通客车”工程、“三网融合”农村信息化工程、农村“户户通电”工程等）制定了具体要求。规划提出重点发展有条件的建制镇，各县市择优确定 1－2 个建制镇、重点扶持发展为中心镇，促进农村人口与产业向中心集镇集聚，培育小城镇支柱产业，引导农民进城、住宅进区、工业进园；推进建制村重组整合，撤并分散的自然村，改造空心村，建设中心村；开展“百村试点、千村整治”“三清六改”、农村“家园清洁行动”、欠发达地区的“四通”基础工程、扶贫开发整村推进计划、造福工程、平安乡村建设工程等①，加大对“五江两溪”流域②水污染综合治理。2006 年，福建省启动实施《“十一五”城镇体系建设专项规划》，提出“一带三区六轴”的城镇空间发展布局③，构建“二纵四横”发展形态；对城镇体系等级结构分为中心城市（3 个）、区域中心城市（6 个）、县市域中心城市（14 个）、县城和中心镇、一般镇，中心镇规划数量为 140 个④。从村镇发展布局看，政府主要实施依据等级结构、重点支持的非均衡性发展策略，“十一五”期间与城镇化相配

① 造福工程即对居住在生产生活条件恶劣的贫困群众实施“造福工程”，每年搬迁 2 万人以上，五年搬迁 10 万人以上；扶贫开发整村推进是采取领导挂点、部门挂钩、资金捆绑、干部驻村等办法，“十一五”期间，省级分两批，每批重点扶持 200 个左右村；欠发达地区的“四通”基础工程是指争取在“十一五”时期，欠发达地区与全省同步基本实现各建制村通安全饮用水、通硬化路面公路、通公共交通，返盲建制村和 20 户以上盲点自然村通广播电视。

② “五江两溪”指闽江、九龙江、晋江、汀江、敖江、木兰溪、交溪（赛江）。

③ “一带”即沿海城市带，是覆盖福州、厦门、泉州三大中心城市，漳州、莆田、宁德三大区域中心城市及众多沿海经济发达中小城市和小城镇的城镇密集地带。“三区”即三大城镇密集地区，是指以福州为核心的闽江口城镇密集地区，以厦门为核心的厦门湾城镇密集地区，以泉州为核心的泉州湾城镇密集地区。“六轴”即与高速道路并行的福鼎—诏安（沈海高速）城镇发展轴、松溪—武平（长深高速）城镇发展轴、福州—邵武（福银高速）城镇发展轴、泉州—宁化（泉南高速）城镇发展轴、厦门—长汀（厦成高速）城镇发展轴、福安—武夷山（宁上高速）城镇发展轴。

④ 中心镇布局：福州 21 个、厦门 5 个、莆田 7 个、泉州 19 个、漳州 19 个、南平 18 个、三明 21 个、宁德 14 个、龙岩 16 个。

套的重大工程项目237项、总投资达827亿元。随着城镇化的快速推进，毗邻中心城市的部分乡镇并入中心城市行政区。2006年，福建省人民政府发布了《福建省“十一五”城乡居民饮用水工程建设专项规划》，对加强城乡居民饮用水保障提出了建设规划。2008年，福建省人民政府办公厅转发省环保局等11部门《关于扎实做好农村环境保护工作实施意见的通知》（闽政办〔2008〕87号）。2010年，福建省人民政府办公厅印发《福建省农村环境连片整治示范工作方案》（闽政办〔2010〕250号）、转发《福建省住房和城乡建设厅、省农办关于加快城乡绿化建设实施方案》（闽政办〔2010〕290号）。

“十二五”期间，福建省先后出台了大量促进城乡发展和村镇建设的政策文件。主要包括：《福建省人民政府办公厅关于加强地沟油整治和餐厨废弃物管理工作的实施意见》（闽政办〔2011〕8号），《福建省人民政府办公厅关于实施农村土地整治和城乡增减挂钩的补充意见》（闽政办〔2011〕197号），福建省人民政府办公厅转发省农业厅等部门《关于实施福建新农村综合信息服务项目意见》（闽政办〔2011〕20号），《福建省农村村民住宅建设管理办法》（闽政办〔2011〕189号），《城乡基础设施提升行动计划实施方案（2014－2015年）》（闽政办〔2014〕10号），《进一步健全城乡发展一体化体制机制实施方案》（闽政办〔2014〕94号），《2011年小城镇改革发展战役实施方案》（闽政办〔2011〕22号），《福建省建设厅绿色低碳重点小城镇建设评价指标（试行）》（建材〔2011〕144号），《福建省重点流域水环境综合整治考核办法（修订）》（闽政办〔2011〕247号），《福建省人民政府办公厅关于全面开展城乡环境综合整治“点线面”攻坚计划的通知》（闽政办〔2013〕16号），《福建省人民政府关于加快推进乡镇生活污水处理设施建设的实施意见》（闽政〔2013〕57号），《福建省人民政府关于加强城乡基础设施建设的实施意见》（闽政〔2013〕38号），《福建省人民政府关于进一步改善农村人居环境推进美丽乡村建设的实施意见》（闽政〔2014〕57号）。2014年5月，福建省委、省人民政府印发《福建省新型城镇化规划（2014－2020年）》，对优化城镇化规划布局形态、强化产业支撑、提高综合承载能力、推进城乡一体化发展做出全面规划。规划提出坚持五位一体、四化同步、三群联动、城乡统筹、山海协作，着重解决“人进城、建好城、管好城”的问题，走具有福建特色的以人为本、优化布局、生态文明、文化传承的新型城镇化道路，实现“百姓富、生态美”有机统一。

2016年，福建省发布的《福建省国民经济和社会发展第十三个五年规划》提出，户籍人口城镇化率从2015年34.7%提高至48%，常住人口城镇化率从62.7%提高至67%（见表4-19）；优化新型城镇化布局和形态，分类发展小城镇；建设美丽宜居乡村，分类分阶段开展农村环境综合整治，打造一批美丽乡村示范村和景观带，创建绿色乡镇和水保生态村、绿色村庄，创新村庄建设与治理模式，建设具有优美田园风光的新农村。同年，福建省人民政府办公厅印发《2016年全省宜居环境建设行动计划》（闽政办〔2016〕73号）、《福建省培育发展农村污水垃圾处理市场主体方案》（闽政办〔2017〕37号）、《福建省政策性农村住房保险实施方案》（闽政办〔2016〕161号），福建省人民政府发布《福建省十三五城乡基础设施建设专项规划》《福建省“十三五”现代农业发展专项规划》等。

**表4-19　福建省新型城镇化发展主要指标**

| 指标 | 2012年 | 2020年 |
|---|---|---|
| 城镇化水平 | | |
| 常住人口城镇化率（%） | 59.6 | 67 |
| 户籍人口城镇化率（%） | 34.1 | 48左右 |
| 基本公共服务 | | |
| 义务教育阶段公办学校接收随迁子女比率（%） | 90.5 | 95 |
| 城镇失业人员、农业转移人口、新成长劳动力免费接受基本职业技能培训覆盖率（%） | — | ≥95 |
| 城镇常住人口基本养老保险覆盖率（%） | 66.9 | ≥90 |
| 城镇常住人口基本医疗保险覆盖率（%） | 96 | 98 |
| 城镇常住人口保障性住房覆盖率（%） | 15.4 | ≥25 |
| 基础设施 | | |
| 设区市建成区公共交通占机动化出行比例（%） | 21 | 35 |
| 城市（含县城）公共供水普及率（%） | 98.4 | 99 |
| 城市（含县城）污水处理率（%） | 83.8 | 90 |
| 其中，城市污水处理率 | 85.6 | 95 |
| 城市（含县城）垃圾无害化处理率（%） | 93.2 | 98 |
| 城市宽带接入能力（Mbps） | 4 | 100 |
| 城市社区综合服务设施覆盖率（%） | 90.5 | 100 |

续表

| 指标 | 2012 年 | 2020 年 |
|---|---|---|
| 资源环境 | | |
| 人均城市建设用地（平方米） | 89.8 | ≤100 |
| 城镇绿色建筑占新建建筑比重（%） | 2 | 50 |
| 非化石能源消费比重（%） | 14.5 | 20 |
| 城市（含县城）建成区绿地率（%）， | 37.5 | 38.5 |
| 其中，城市建成区绿地率（%） | 38.2 | 39 |
| 设市城市空气质量达到国家标准的比例（%） | 30 | 60 |

资料来源：根据《福建省新型城镇化规划（2014－2020 年）》整理。

福建省坚持生态立省战略取向。2004 年 11 月福建省委、省人民政府发布《福建生态省建设总体规划纲要》并提出，构建协调发展的生态效益型经济体系、永续利用的资源保障体系、自然和谐的城镇人居环境体系、良性循环的农村生态环境体系、稳定可靠的生态安全保障体系、先进高效的科教支持和管理决策体系；将全省划分为 5 个生态区、17 个生态亚区和 107 个生态功能区，提出要建设国家级和省级示范区、可持续发展实验区，建立一批生态功能保护区，综合整治生态脆弱区。福建省部分村镇按照划分的限制开发区域和禁止开发区域类型进行保护和管理①。全面推行河长制，开展企业环境信用评价，推行绿色信贷；建立生态保护财力转移支付制度，对限制开发、禁止开发区域予以生态保护财力补助和激励；推进生态产品市场化改革，开展排污权、节能量交易，排污权二级市场交易额位居全国前列；在南平延平区率先开展畜禽养殖污染第三方治理试点。从 2014 年起对限制开发区域内的 34 个县（市）取消地区生产总值考核，实行农业优先和生态保护优先的绩效考评方式。2016 年 4 月，福建省人民政府办公厅发布《福建省“十三五”生态省建设专项规划》（闽政办〔2016〕44 号），提出贯彻落实新发展理念，坚持绿色富省、绿色惠民，协同推进新型工业化、信息化、城镇化、农业现代化和绿色化，打造天更蓝、山更绿、水更清、环境更好的美丽福建，建成在全国具有较强引领示范作用的生态文明先行示范区。在城镇化布局上提出，要实施差异化发展

① 限制开发区域指资源环境承载能力较弱、大规模集聚经济和人口条件不够好并关系到全省或较大区域范围生态安全的区域，如生态敏感地区、自然灾害易发地区、水源涵养地等；禁止开发区域指自然保护区、世界文化自然遗产、风景名胜区、森林公园、地质公园。

战略，根据资源环境承载能力，调节城市规模，合理确定开发边界、开发强度和保护性空间，优化城镇化空间布局和规模结构，构建以人为核心、以中心城市为依托，中小城市和小城镇协调发展、产业和城镇融合发展、新型城镇化和新农村建设协调推进的格局。把以人为本、尊重自然、传承历史、绿色低碳等理念融入城市规划，注重留白、留绿、留旧、留文、留魂。加强城乡规划“三区四线”（禁建区、限建区和适建区，绿线、蓝线、紫线和黄线）管理。在持续推进美丽乡村建设上，提出推进生态省细胞工程建设，实施新一轮“千村整治、百村示范”美丽乡村建设工程，每年整治改善 1000 个村庄人居环境，打造 30 条以上美丽乡村景观带，到 2020 年建成 800 个以上美丽乡村示范村；全面完成“六江两溪”流域 1 公里范围内乡镇污水处理设施建设；加大传统村落保护力度，按照“一村一档”要求建立传统村落档案。2017 年 3 月福建省人大发布《福建省历史文化名城名镇名村和传统村落保护条例》，传统村落纳入立法保护范围。

（4）特色村镇发展

2016 年 6 月，福建省人民政府印发《关于开展特色小镇规划建设的指导意见》（闽政〔2016〕23 号），提出对特色小镇规划设计补助给予债券和贴息支持，经过 3 - 5 年培育创建一批特色小镇。2016 年、2017 年，福建省人民政府分别公布了第一批和第二批特色小镇创建名单（见表 4 - 20）。要求进入创建名单的第一批 28 个、第二批 27 个特色小镇搞标准规划设计，推进“多规合一”，推动人才、技术、资本等高端要素向特色小镇集聚，突出产业特色和竞争力、挖掘文化内涵、建设宜居环境，服务创业创新和产业转型升级，三年创建期满验收合格后由省政府命名为福建省特色小镇。

**表 4 - 20　福建省特色小镇创建名单**

| | |
|---|---|
| 第一批（28 个） | 长乐东湖 VR 小镇、永泰嵩口休闲旅游小镇、集美汽车小镇、南靖山城兰谷小镇、长泰古琴小镇、东山海洋运动小镇、诏安四都渔乡休闲小镇、永春达埔香都小镇、德化三班瓷都茶具小镇、安溪藤云小镇、晋江人才梦想小镇、晋江深沪体育小镇、明溪药谷小镇、永安石墨小镇、仙游仙作工艺小镇、城厢华林鞋艺小镇、秀屿上塘银饰小镇、湄洲妈祖文化小镇、光泽圣农小镇、武夷山五夫朱子文化休闲小镇、政和石圳白茶小镇、建瓯徐墩根艺小镇、上杭古田红色小镇、漳平永福花香小镇、连城培田草药小镇、屏南药膳小镇、霞浦三沙光影小镇、蕉城三都澳大黄鱼小镇 |

续表

| | |
|---|---|
| 第二批（27 个） | 宁德锂电新能源小镇、鼓楼金牛“互联网 +”小镇、闽侯海丝时尚居艺小镇、集美动漫小镇、翔安大嶝台贸小镇、龙文时间小镇、长乐网龙智能教育小镇、漳浦海峡花木小镇、平和琯溪蜜柚小镇、芗城天宝香蕉小镇、晋江“芯”小镇、福清东壁渔乐文旅小镇、福安湾坞不锈钢新材料小镇、莆田妈祖国际医疗健康小镇、仙游艺雕小镇、荔城北高黄金珠宝小镇、涵江雪津啤酒小镇、建宁贡莲小镇、宁化石壁客家文化小镇、清流林畲桂花小镇、长汀河田鸡美食小镇、武平岩前新显小镇、延平王台百合小镇、建阳麻沙建本小镇、寿宁廊桥文旅小镇、周宁人鱼小镇、政和东平酿造小镇 |

资料来源：根据《福建省政府关于公布福建省第一批特色小镇创建名单的通知》《福建省政府关于公布福建省第二批特色小镇创建名单的通知》整理。

2012 年以来，福建省开展了对传统村落的调查和完善传统村落档案管理信息系统。据统计，普查登记的传统村落有 1017 个，其中有 229 个入选国家级传统村落名录，数量居全国第六位。2015 年住房城乡建设部、文化部、国家文物局、财政部等四部局认定公布第一批福建省省级传统村落名录 339 个；2017 年公布了第二批 234 个省级传统村落名录（见表 4 – 21）。此外，三明、龙岩、漳平、连城等地都认定公布了市县级传统村落。福建省普查传统民居类型 51 种，初步登记 9600 余栋历史建筑；有 2/3 的国家级传统村落完成保护规划编制。福建省级财政每年重点扶持 10 个传统村落和名镇名村环境景观建设。通过完善基础设施配套、提升环境景观面貌等传统村落的有效保护和利用，延续了历史风貌和古民居遗产，带动了乡村休闲旅游。如南靖土楼群田螺坑、河坑等传统村落依托云水谣影视基地，发展影视拍摄、绘画写生、民俗体验、主题民宿等旅游业态；培田村依托客家民居群落与耕读文化，发展民俗体验、科普考察、休闲旅游；桂峰村重点保护几十栋历史建筑和古街古墙，已经形成了良好的镇村文化休闲旅游品牌效应。

**表 4 – 21　　福建省级两批传统村落分布**

| 地市 | | 数量（个） | 县市分布 |
|---|---|---|---|
| 第一批（339 个） | 福州市 | 42 | 福清市 3 个、长乐市 1 个、闽清县 14 个、罗源县 7 个、永泰县 17 个 |
| | 厦门市 | 3 | 集美区 1 个、海沧区 1 个、翔安区 1 个 |
| | 漳州市 | 17 | 平和县 2 个、南靖县 3 个、华安县 3 个、漳浦县 1 个、东山县 2 个、云霄县 3 个、诏安县 2 个、长泰县 1 个 |
| | 泉州市 | 26 | 泉港区 5 个、晋江市 3 个、石狮市 1 个、安溪县 4 个、永春县 7 个、德化县 4 个、惠安县 1 个、南安县 1 个 |

续表

| 地市 | | 数量（个） | 县市分布 |
|---|---|---|---|
| 第一批（339 个） | 三明市 | 51 | 宁化县 7 个、大田县 8 个、三元区 3 个、尤溪县 11 个、永安市 7 个、将乐县 3 个、明溪县 3 个、建宁县 3 个、清流县 1 个、泰宁县 5 个 |
| | 莆田市 | 11 | 仙游县 3 个、荔城区 2 个、涵江区 3 个、北岸经济开发区 1 个、城厢区 1 个、湄洲岛管委会 1 个 |
| | 南平市 | 85 | 延平区 11 个、武夷山市 11 个、建瓯市 8 个、顺昌县 9 个、浦城县 3 个、光泽县 6 个、政和县 19 个、松溪县 9 个、建阳区 4 个、邵武市 5 个 |
| | 龙岩市 | 29 | 新罗区 3 个、漳平市 1 个、永定区 11 个、连城县 3 个、上杭县 6 个、长汀县 4 个、武平县 1 个 |
| | 宁德市 | 70 | 蕉城区 18 个、福鼎市 3 个、福安市 9 个、屏南县 11 个、古田县 8 个、周宁县 9 个、柘荣县 3 个、霞浦县 5 个、寿宁县 4 个 |
| | 平潭综合实验区 | 5 | |
| 第二批（234 个） | 福州市 | 33 | 福清市 3 个、闽清县 1 个、连江县 1 个、永泰县 28 个 |
| | 漳州市 | 16 | 云霄县 3 个、南靖县 4 个、华安县 2 个、长泰县 4 个、东山县 2 个、漳浦县 1 个 |
| | 泉州市 | 26 | 晋江市 2 个、台商投资区 1 个、惠安县 1 个、南安市 3 个、泉港区 1 个、德化县 14 个、永春县 1 个、安溪县 3 个 |
| | 三明市 | 26 | 沙县 5 个、大田县 5 个、尤溪县 6 个、永安市 7 个、将乐县 1 个、明溪县 1 个、建宁县 1 个 |
| | 莆田市 | 1 | 涵江区 1 个 |
| | 南平市 | 36 | 延平区 6 个、武夷山市 3 个、建瓯市 6 个、顺昌县 2 个、浦城县 13 个、政和县 4 个、松溪县 2 个 |
| | 龙岩市 | 40 | 新罗区 4 个、漳平市 17 个、永定区 6 个、连城县 7 个、上杭县 2 个、长汀县 3 个、武平县 1 个 |
| | 宁德市 | 56 | 福安市 12 个、蕉城区 8 个、寿宁县 9 个、柘荣县 2 个、屏南县 2 个、古田县 15 个、福鼎市 1 个、霞浦县 2 个、周宁县 5 个 |

资料来源：根据福建省第一批、第二批省级传统村落名录[①]整理。

① 传统村落有行政村和自然村。

# 4.4 东南沿海村镇可持续发展面临的矛盾与冲突

村镇的发展不仅取决于区域自然资源、历史文化与经济条件，政策导向对我国村镇的发展演化也有着极其重要的影响。特别是对于经济发展水平和城镇化水平较高、已步入工业化中后期阶段的东南沿海地区来说，村镇面向可持续发展中的主要矛盾与冲突更具有典型性、先导性。

## 4.4.1 空间演化个性与共性的冲突

空间格局的演化是村镇现代化转型发展中的重要表现，也是新时期城乡关系地域结构优化的重要方式。村庄是乡村地区的空间集聚单元，是农民生产生活的主要场所和乡土文化、乡村风貌的空间载体。伴随着城镇化进程中城乡要素关联、农村人地关系的显著变化，构建新型的村镇空间发展格局，提升乡村与小城镇要素空间集中与集聚能力，既是实施新型城镇化、加快推进城乡一体化的战略需求，也是推进乡村振兴战略实施、加快农业农村现代化发展的现实需要。

村镇空间是人与环境相互作用的复杂空间系统，包括地域范围内的自然、社会、经济、村落、生态等。现代村镇的空间发展与布局不局限于传统的农业区位理论，而是追求城乡之间产业的整体性、三产发展的融合性、农业产业与关联产业的特色性、“三生”发展的协调性。村镇空间一般包含村镇人居、生态、产业、文化空间，村镇空间的优化包括了居住空间、生产空间、公共空间与生态空间的均衡与优化。村镇发展演化的驱动力包括：资本推动、政策引导、产业主导、文化变迁、人口迁徙、生态变化、技术创新等。

然而，相对于农耕时代村镇的空间演变主要源于自然生态或战争的影响之外，工业化时期村镇的空间演化更多是基于经济利益驱动下的无序发展，甚至以牺牲环境作为代价。特别是从工业化、城镇化快速推进中的中国村镇格局发展来看，村镇空间的发展模式往往趋同，即具有代表性的工业化时期的城镇化空间特色成为样板，个性化的村镇空间正在消失。在城市追求后工业化时期“城市田园”的同时，村镇的发展却在追求城市化的空间特征，特别是部分地方政府盲目套用理想化的城市空间布局、简单复制小城镇的建设，乡村个性与村镇特色趋于消失。村镇空间格局的趋同性在东南沿海发达地区往往表现得更为明显，一方面农民（工）对城市生活向往和城市空间的简单认识，另一方面地方政府对村镇发展的盲目性与空间规划的缺失或无序性，村镇建设也易于落入“村村像城镇、镇镇像农村”的“单一化”陷阱。在这一点上，浙江、江苏、福建、上海村镇，都有着相同的发展特征，20 世纪 80－90 年代在杭州、福州等大城市郊区快速成长并充斥大量的“半土半洋”式的独栋建筑是最好的“证据”。

因而，学者赵立德（2004）提出，村镇可持续发展机制的建设，应遵循自然环境、民俗文化、市场机制的可持续发展。应借鉴传统村镇空间发展的自发性，引导城镇空间走向自然化，充分考虑城镇空间的发展与自身自然环境的关系。重视民俗文化的可持续发展，弘扬村镇地方性民俗文化和个性特色，避免盲从外来文化。建立村镇自组织演化与规划设计互动机制，明确村镇市场化发展的动力因子，创造高效、有序、宜人、宜居、生态的新型村镇空间。有学者（李文忠 等，2013）认为，村镇空间的发展应通过增强外部基础设施环境、改善内部生活设施条件，以经济发展为先导、以市场化机制的内生动力和政府等组织的外部推动，利用城乡资源的互动带动村镇发展，建立村镇公共设施的联建共享，通过市场机制和总体规划来有效引导居民的居住空间行为。

### 4.4.2　古村古镇保护与利用的冲突

古村古镇是世界遗产保护的重点领域之一，其保护利用绝不单纯是“古物”的收集整理与堆积重现。一方面，在中国不少地区特别是东南沿海地区随着经济的高速增长，乡村人口的大量流失以及社会文化的变迁，大量古村落古村镇缺乏保护而凋敝消亡、失去活力。然而，另一方面，许多原本鲜活的古村古镇因为过度保护利用而变成毫无生命力的“文化标本”，产生“保护开发性破坏”的异象，部分文物价值较低而文化价值丰富的古村古镇出现“留物不留人”“留体不留魂”的问题。有学者（雷蕾，2012）从文化视角认为，古村古镇不仅仅是一种器物、建筑的砖灰结构，更是一种包含独特的器物文化、行为文化、制度文化和精神文化的综合体，这种由人与人所创造的文化成果及周围环境构成的完整的微型“文化生态系统”中，人是文化生态系统的核心，与生态环境、历史环境、村落肌理共同决定了古村古镇的特色和个性以及发展的可持续性。

一是如何处理好保护环境与破坏环境的关系问题。现代化的新农村、新兴的联排建筑对传统村落的空间挤占，对历史文化和环境风貌认知的曲解以及对商业文化的过度追求，都很难避免不破坏古村落的文化生态肌理。二是如何处理好“重现特色”与“消解特色”的关系问题。东南沿海地区水乡文化、吴越文化、客家文化等特色鲜明，然而在古村古镇的保护和利用中，大量对古村古镇建筑符号的简单“复古复制”、编造模仿，甚至用于改造古村古镇，对“原生态”的肢解和异质商业文化的植入，忽视传统村落整体格局、功能设计的内涵，使得部分建筑面目模糊，“不古不今”“有尸无魂”。三是如何处理好帮助原住民与驱逐原住民的关系问题。由于过度的商业化取向、居住成本上升导致部分原住民被迫迁出，加上部分村民对城市生活的向往与追求，部分古村落传统文化及价值观念趋于退化。当代市场经济体系下的重商主义、实用主义、消费主义、享乐主义等文化在东南沿海地区更为突出，如何在理性的认知、有效的保护与合理的利用之间建立可持续发展机制，破除古村古镇保护利用中的“中国式悖论”值得深入探讨。

### 4.4.3 政府导向与市场导向的冲突

无论是我国小城镇建设的推动、古村古镇的保护利用还是特色小镇的倡导，政府的引导作用与市场的引导机制都必不可少，需要处理好政府与市场的关系、发挥好“两只手”的功能作用，解决发展中“一哄而上”“一哄而散”“千镇一面”“形象工程”、政府大包大揽和不可持续等问题。推进美丽乡村、古村落保护、特色小镇和小城镇建设。要尊重市场规律与人文、生态发展要求，使之成为市场主导、自然发展和政府引导、科学发展的过程。政府“有形之手”的主要功能在于制定发展规划、政策框架，提供制度环境、资金支持，承担监管整治、协调平衡以及提供部分公共产品和公共服务的供给等，而基于市场机制基础上的商业开发要有利于促进资源的优化配置、产业支撑和引导资本投入于古村镇的保护与发展、特色小镇和美丽乡村的创新发展，激发村镇发展的内在动力和活力。政府要善于推进体制机制创新，营造村镇发展的软环境，鼓励社会力量和民间资本投入村镇建设与运营管理。

以小城镇建设为例，政府在过去主要是通过“土地财政”的模式来提高城镇化建设中的基础设施供给能力。由于受限于建设资金单一、总量不足，经济增长滞后地区的城镇化水平往往落后于发达地区，特别是相对贫困的村镇发展建设资金主要依赖于上级部门的转移支付。而在经济较为发达的东南沿海村镇，私营企业与民间资本更多钟情于商业街、商贸市场的投入建设，村镇建设资金主要依赖于政府的投入。在坚持以新发展理念的引领和坚持使市场在资源配置中起决定性作用，同时又更好发挥政府在创造制度环境、编制发展规划、建设基础设施、提供公共服务、加强社会治理等方面的职能要求下，国家层面对新型城镇化建设提出遵循“政府引导、企业主体、市场运作”的发展机制，加强对特色小镇和特色小城镇的奖励支持和金融支持。住建部等三部门印发的《关于开展特色小城镇培育工作的通知》（建村〔2016〕147 号）提出两条支持渠道，一是国家发改委等对符合条件的特色小镇建设项目进行专项建设支持，二是中央财政对较好的特色小镇给予奖励支持。国家发改委联合国家开发银行、光大银行等 6 部门发布《关于实施“千企千镇工程”推进美丽特色小（城）镇建设的通知》，住建部与中国农业银行联合发布《关于推进政策性金融支持小城镇建设的通知》（建村〔2016〕220 号）、与国家开发银行发布《关于推进开发性金融支持小城镇建设的通知》（建村〔2017〕27 号），国家发改委与国家开发银行联合发布《关于开发性金融支持特色小（城）镇建设促进脱贫攻坚的意见》（发改规划〔2017〕102 号），开启探索政企银社联合推进小（城）镇建设新机制。2017 年，住建部与国开行签署《共同推进小城镇建设合作框架协议》，建立合作协商机制[①]。

浙江省在推进特色小镇培育、创建工作中，力图通过评价分级、可上可下、创建补贴、摘帽惩罚等政策创新性设计，引导市场主体和地方政府创建特色小镇，突破了过去村镇建设直接挂牌、财政投入支持的传统模式。浙江省规定，特色小镇新增财政收入上交省财政部分，前 3 年全额返还、后 2 年返还一半。福建省提出每个特色小镇要明确投资建设主体，可

---

① 根据国家开发银行官方网站公开信息：截至 2016 年末，国开行新型城镇化贷款余额 1.04 万亿元；支持小城镇建设项目 439 个，评审承诺额 3773 亿元，累计支持山西平遥、浙江乌镇、贵州青岩古镇、苏州吴江七都小镇等一批重点知名古镇、古街区建设。

以是国有投资公司、民营企业或混合所有制企业。福建省对于特色小镇的资金支持政策：2016－2018年，新发行企业债券用于特色小镇公用设施项目建设的，按债券当年发行规模给予发债企业1%的贴息，贴息资金由省级财政和项目所在地财政各承担50%，省级财政分担部分由省发改委和省财政厅各承担50%；特色小镇完成规划设计后，省级财政采取以奖代补的方式给予50万元规划设计补助，省发改委、省财政厅各承担25万元；优先支持特色小镇向国家开发银行、中国农业发展银行等政策性银行争取长期低息的融资贷款；鼓励特色小镇完善生活污水处理设施和生活垃圾处理收运设施建设，省级财政给予“以奖代补”资金倾斜支持。江苏省提出创新特色小镇建设投融资机制，激发市场主体活力，推进政府和社会资本合作，鼓励利用财政资金撬动社会资金，共同发起设立特色小镇建设基金；鼓励金融机构加大金融支持力度；支持特色小镇发行企业债券、项目收益债券、专项债券或集合债券用于公用设施项目建设。不仅在资金支持上，特色小镇在人才引进、土地资源配置、发展规划等方面都获得政府相关支持。

在村镇发展中充分利用社会资金的投入和市场主体共同参与建设上，东南沿海地区特别是浙江省有较多成功的案例。如中青旅在2007年初以3.55亿元收购乌镇景区60%的股份，获得浙江乌镇东栅、西栅独家经营权以及南栅、北栅的优先开发权。杭州玉皇山南基金小镇，致力于打造“金融生态圈”，构造“私募金融产业链”。随着浙江帅伯乐、敦和资管、湖畔山南资管、玉皇山南对冲基金资管、永安国富资管、财通资管等纷纷入驻，基金小镇管理资产规模在2016年6月超过3500亿元，已有800多亿元资金投入实体经济。“全球对冲基金西湖峰会”永久落地玉皇山南基金小镇。

在古村古镇保护与利用中，政府与市场之间的冲突表现得更为明显。在资源资产化资本化时代，古村古镇保护利用中的商业资本甚至成为主导者。在缺乏政府有效监管的情形下，资本追求短期利润最大化的本性，商业开发往往呈现高速度、高密度、高强度的特征，易于导致古村古镇历史风貌的破坏。因而，无论是对于古村古镇的保护与利用，还是新兴的特色小镇、特色小城镇、美丽乡村的培育创建，还是城郊结合型、移民开发型、市场带动型、交通枢纽型、资源开发型、特色农业型、专业支撑型、园林景观型、休闲旅游型、文化展示型等形态各异的村镇建设，都要尊重历史文化和经济发展的基本规律以及以人为本、生态文明的理念要求，根据不同村镇类型实施差异化支持政策与发展模式，推动投融资体制、组织管理机制、商业模式、保护机制、社会共治机制的创新。

对村镇资源利用与生态环境保护的政府职能转变以及决策、执行、监督职能的协调性问题也需要进一步理顺。2018 年 3 月第十三届全国人大第一次会议表决通过的国务院机构改革方案，决定组建新的自然资源部和生态环境部。新组建的自然资源部整合了原国土资源部、国家发改委、水利部、农业部、林业局等八大部委对水、草原、森林、湿地及海洋等自然资源的确权登记管理等方面的职责，反映了政府管理对自然资源从“产业开发”到“资产管理”“资源保护”“集中监管”的发展脉络。同时，组建的生态环境部将原环境保护部的职责及其他六个部委的相关职责进行了整合，新一轮机构改革对分散的行政职能进行了集中，力图改变原环境保护部“大格局”与“小职能”之间的冲突困境，如管排污但不管碳减排；管点源污染但不管面源污染；管水污染但不管污水治理；管内陆环境但不管海洋环境。从自然资源具有的经济属性与生态系统的双重属性看，山、水、林、田、湖、草、海等自然资源仅是生态系统的要素之一，只通过分设于各产业部门对资源要素进行保护，容易产生“运动员”与“裁判员”之间的矛盾冲突，产业部门在资源开发与生态保护之间“暗度陈仓”的风险较高，难以实现从自然资源经济产业功能向生态系统保护功能转换。从国外情况看，不同国家自然资源与生态保护管理机制各异，美国是典型的“自然资源保护”（内政部，DOI）+“环境污染防治”（环境保护局，EPA）两部门为主监管模式①，但是美国农业部（USDA）也承担了与农业林业相关的自然资源与环境保护服务职能。日本同样如此，农林水产省

① 美国内政部（DOI）是美国联邦政府的重要部门之一，成立于 1849 年，初期负责管理全国的自然资源，后来职责扩大到矿产、海洋资源的管理和保护，国家公园、纪念馆和历史名胜的管理也是内政部重要职责。内政部职能涵盖了自然资源和文化资源管理与保护，执行联邦狩猎和捕鱼法，检查煤矿的安全，并负责印第安事务管理与服务。联邦环境保护局（EPA）是美国联邦政府的一个独立行政机构，主要负责维护自然环境和保护人类健康不受环境危害影响，于 1970 年 12 月开始运行。EPA 总部管理机构包括：空气和辐射办公室、环境执法办公室、环境信息办公室、环境司法办公室、国际事务办公室、污染、杀虫剂和有毒物质办公室、固体废弃物和应急反应办公室、水办公室等。EPA 还在全国范围内设有 10 个区域分局和 27 个实验室。EPA 的职责包括：实施环境评估、环境研究和教育；根据国会颁布的环境法律制定和执行相关法规；向州政府、非营利机构和教育机构提供资金，支持高质量的研究工作；向州政府、地方政府和小企业提供环境融资服务和项目方面的信息等。

承担日本国内农业生态环境保护职能。目前，这一轮机构改革我国新组建的自然资源部其功能更聚焦于对自然资产的产权界定、确权、分配、流转、保值与增值，有利于理顺自然资源资产管理体系，新的生态环境部一定程度上推动了分散的污染防治和生态保护职责统一，打通“地上与地下”“岸上和水里”“陆地和海洋”“城市和农村”“大气污染与气候变化”。然而，对于理顺村镇区域自然资源可持续利用保护以及生态保护监管机制来说，具有更复杂的冲突与困境，如村镇空间规划的协调性和统一性、自然资源的国有属性与农村土地村集体所有权属性、村镇公益性资产与经营性资产的分类与管理、村镇生态环境的保护监管以及村镇文化资源的保护管理等等，更需要通过管理与服务机制的创新，促进实现村镇自然资源、文化资源的可持续利用与生态保护的长效机制。

# 第 5 章

# 东南沿海村镇可持续发展战略与空间布局

东南沿海地区是我国改革开放的前沿地区，经济社会发展总体水平高于其他地区。东南沿海地区实施村镇可持续发展存在着较明显的发展优势和难得的发展机遇，但同时也面临着人均资源占有量少、污染治理任务重等劣势，以及来自自然、生态和社区治理等方面的挑战。本章运用 SWOT 分析框架，提出东南沿海村镇可持续发展战略与空间布局。即以统筹、协调、特色、均衡、包容和创新为原则，以空间发展合理性、经济发展持续性、生态环境协调性、资源利用集约性、社会管理适应性、居民教育终身性、人文传承和谐性为目标，以空间优化战略、产业现代化战略、全域生态战略、文化振兴战略、社区治理优化战略、人才振兴战略作为子战略支撑，分阶段推进可持续发展，分类型设计发展路径；空间布局上应因地制宜、集聚成片为原则推进东南沿海村镇可持续发展，村镇个体应从功能优化、产业布局、生态重构、社区规划等方面展开。

# 5.1 发展背景

东南沿海地区是我国经济先行发展地区，已基本实现工业化。东南沿海地区小城镇高度密集，村镇发展水平较高。但与此同时，东南沿海地区在城镇化不断发展的过程中出现了不少问题，例如绝大多数小城镇规模小、密度大，工业布局分散零乱，村镇土地利用粗放，资源浪费、生态退化和环境污染等不可持续发展的问题亟待解决。

## 5.1.1 发展优势

(1) 经济优势

东南沿海村镇由于区域经济发展水平相对较高，人均产出水平、就业总量、规模以上企业数量、财政收支状况等反映经济发展水平和优势的指标均优于全国其他地区，总体上经济发展优势明显。从人均国内生产总值看（见图5－1），东南沿海地区明显高于全国平均水平和其他地区，且差距不断拉大，东南沿海地区的经济产出相对优势不断增强。从省均就业人数看（见图5－2），东南沿海地区显著高于全国平均水平和其他地区，甚至与剔除东南沿海地区四省市之后的东部地区相比也有着较大优势，说明东南沿海地区经济发展中的就业吸纳能力强劲。从规模以上企业省均数量看（见图5－3），东南沿海地区也具有明显的优势，但近年来这种优势有所缩小。从财政一般预算收入和支出看（见图5－4、图5－5），东南沿海地区相对于全国平均水平和其他地区而言均具有明显的优势，说明东南沿海地区财政能力显著强于其他地区，在公共产品、公共服务提供上自然比其他地区具有优势。东南沿海地区的经济优势为其村镇可持续发展提供了优于其他地区的经济支撑能力和社会保障能力。

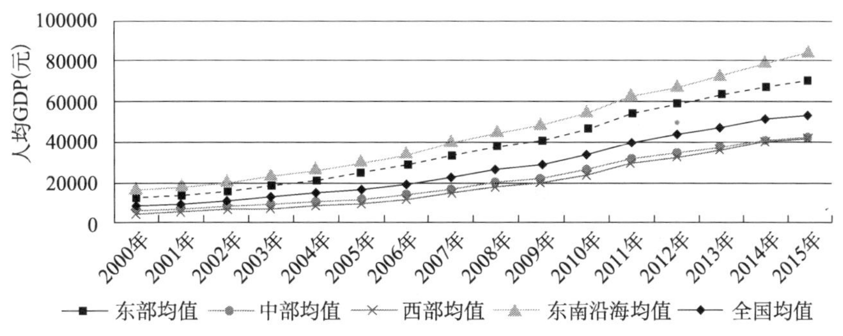


**图 5－1　分地区人均国内生产总值①**

数据来源：根据历年《中国统计年鉴》整理。

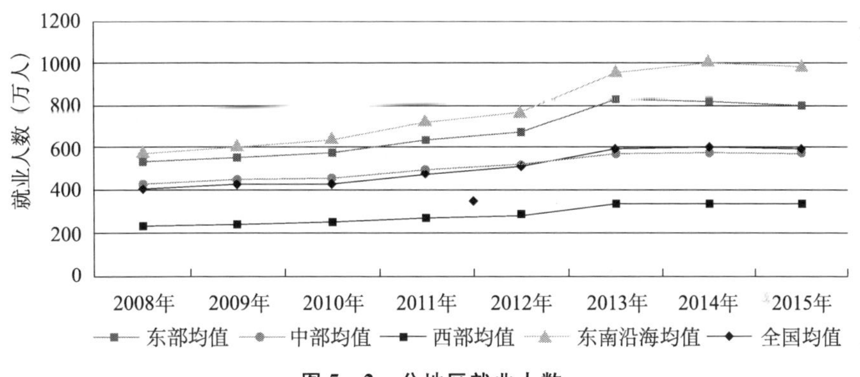


**图 5－2　分地区就业人数**

数据来源：根据历年《中国统计年鉴》整理。

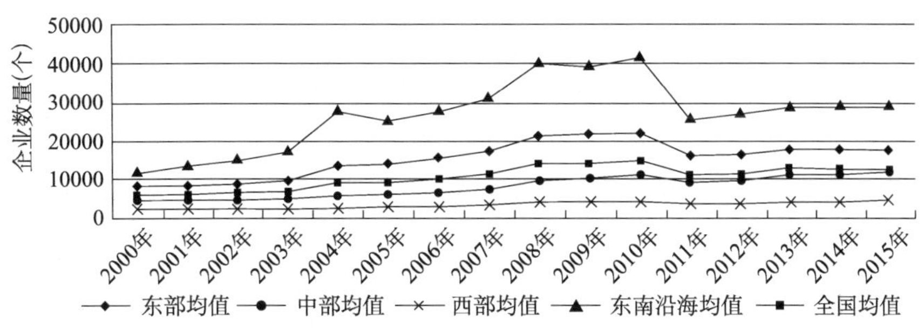


**图 5－3　分地区规模以上企业数量**

数据来源：根据历年《中国统计年鉴》整理。

---

①　东南沿海地区指浙江、江苏、福建、上海三省一市，东部地区指除上述四省市之外，还包括北京、天津、河北、山东、海南、辽宁、广东等省市；中部地区包括吉林、黑龙江、湖北、湖南、山西、河南、江西、安徽；西部地区包括内蒙古、广西、陕西、新疆、甘肃、宁夏、青海、四川、云南、贵州、西藏、重庆。下同。

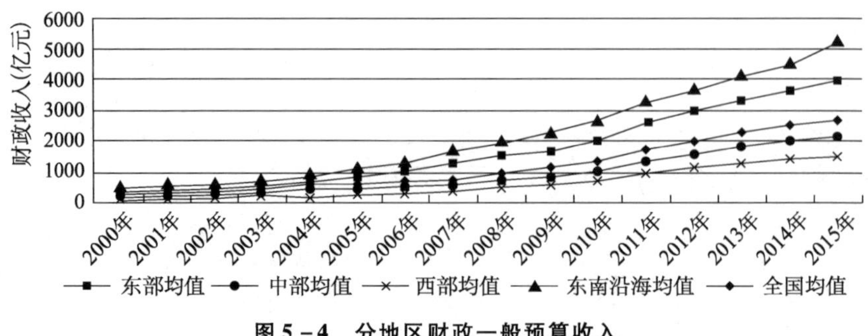


**图5－4 分地区财政一般预算收入**

数据来源：根据历年《中国统计年鉴》整理。

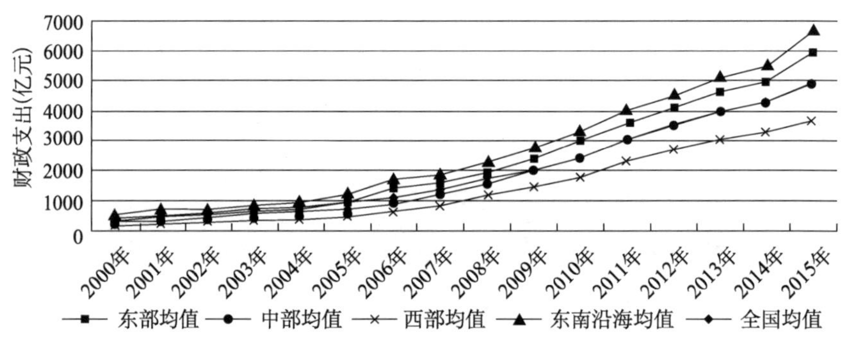


**图5－5 分地区财政一般预算支出**

数据来源：根据历年《中国统计年鉴》整理。

（2）交通优势

高质量高密度高通畅的道路交通网络、海陆空齐全衔接便捷的交通体系是区域经济发展的重要保障。交通覆盖状况以及由此带来的对运输成本的影响始终是生产力发展、布局的重要因素，从而也是区域经济均衡可持续发展的重要因素。东南沿海地区在高速公路密度、等级公路密度等方面具有明显优势。从高速公路密度看（见图5－6），2015年东南沿海地区四省市的平均密度为609公里/万平方公里，高出全国平均密度近一倍，也明显高于除四省市之外的东部地区平均密度。东南沿海地区除上海遥遥领先外，其余三省的水平比较接近，也在全国处于领先，分列全国第4、5、7位（见表5－1）。从等级公路密度看（见图5－7），东南沿海地区也具有一定的优势。东南沿海村镇所在区域的交通发达，覆盖城乡的公路交通网络密度大，公路等级水平高。除此之外，东南沿海地区高速铁路、空港等交通基础设施发达，绝大部分村镇与所在区域的各级城市之间的交通联系十分便捷。这有助于村镇获取各类外部资源并获得广阔的市场，为可持续发展提供持久动力。

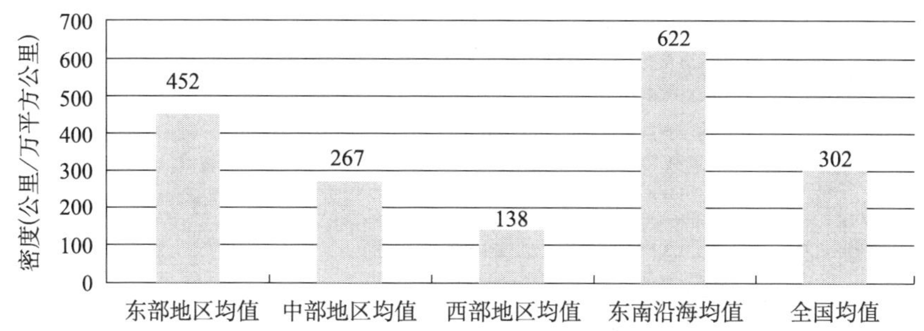


**图 5－6　2015 年分地区高速公路密度**

数据来源：根据《中国统计年鉴 2016》整理。

**表 5－1　2015 年中国高速公路密度前十位的省市** 单位：公里/万平方公里

| 名次 | 1 | 2 | 3 | 4 | 5 | 6 | 7 | 8 | 9 | 10 |
|---|---|---|---|---|---|---|---|---|---|---|
| 省份 | 上海 | 天津 | 北京 | 江苏 | 福建 | 广东 | 浙江 | 河南 | 山东 | 河北 |
| 密度 | 1270 | 973 | 595 | 439 | 396 | 389 | 382 | 377 | 345 | 336 |

数据来源：中国统计年鉴（2016）。

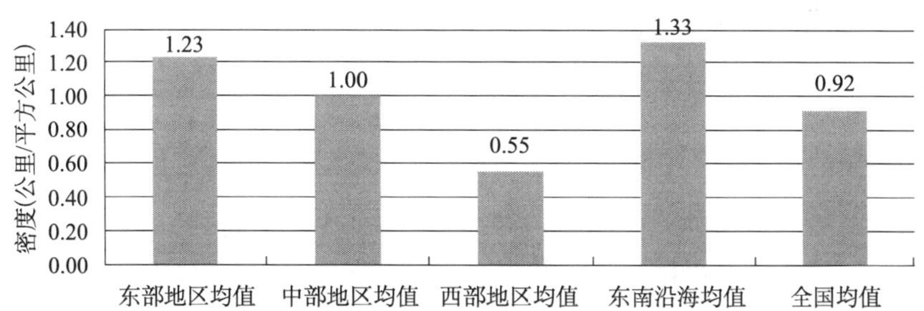


**图 5－7　2015 年分地区等级公路密度**

数据来源：根据《中国统计年鉴 2016》整理。

（3）区位优势

如果说交通优势是经济发展的基础条件，那么区位优势就是经济发展的助推器。东南沿海村镇所在的区域是沿海经济开放地带，最大的区位优势在于与国际市场的联系便捷，同时兼得内外两个市场，易于获取两种资源，各类要素集聚与市场化配置程度高。从进出口贸易发展情况看（见图 5－8），东南沿海地区历年的进出口总额明显高于全国其他地区，且这种优势呈现不断扩大的趋势。此外，沿海主要港口货物吞吐量东南沿海地区占到近三分之一，拥有全国吞吐量最大的两个港口——宁波—舟山港和上海港。东南沿海地区的村镇坐拥开放这一最大的区位优势，是国内其他地区的村镇无法比拟的，这种区位优势有利于东南沿海村镇能够获得更多的经济发展资源，为可持续发展提供物质保障、制度保障。

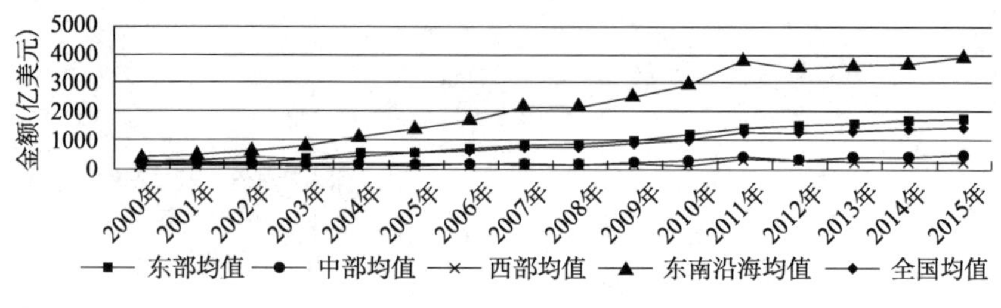


**图 5－8　分地区进出口贸易额**

数据来源：根据历年《中国统计年鉴》整理。

（4）人口优势

东南沿海地区村镇人口密集度大，容易形成市场的规模经济效应，有利于东南沿海村镇根据自然特色形成适合本地资源优势和特色的产业。从年末常住人口密度看（见图 5－9），东南沿海地区的人口密度显著高于全国平均水平，接近东部地区的两倍。从就业人口受教育程度看（见图 5－10），东南沿海地区就业人员受过高等教育的比例为 27.5%，显著高于全国的 18.8%，也略高于东部地区的 26.4%。东南沿海地区由于经济比较发达，各产业部门吸引了许多外来务工人员就业，这些人员也被部分吸引到村镇经济的各类产业中。

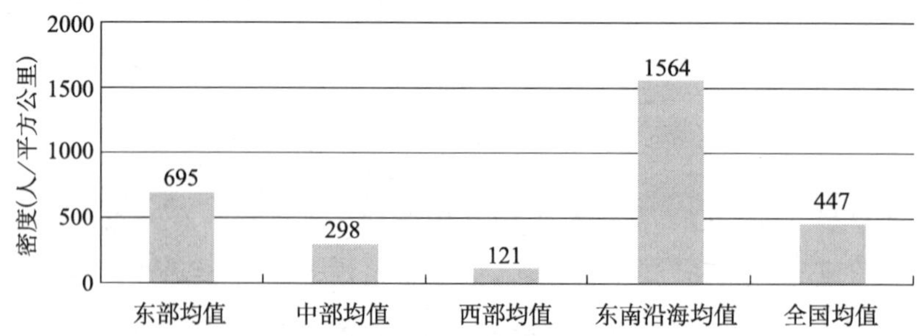


**图 5－9　2015 年分地区常住人口密度**

数据来源：根据《中国统计年鉴 2016》整理。

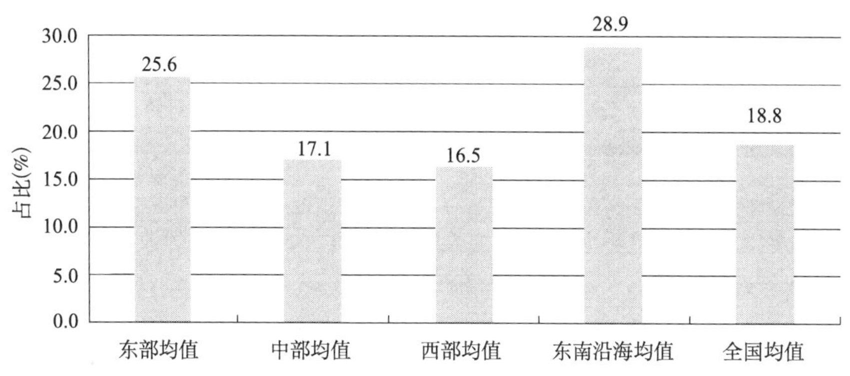


**图 5－10　2015 年分地区就业人员受过高等教育的占比***

＊高等教育包括高等职业教育、大学专科、大学本科和研究生。

数据来源：根据《中国人口与就业统计年鉴 2016》整理。

（5）特色资源优势

东南沿海地区人均资源虽然有限，但各具特色。一是东南沿海地区虽然人均土地面积不多，但土地资源利用效率较高，精细化耕作、经济化种植普遍，单位土地经济效益高（见表 5－2）。有些村镇成为特色经济作物生产区域。二是东南沿海地区拥有广阔的大陆架海域和众多的河流湖泊，是我国水资源比较丰富的地区，大多数村镇具有良好的水资源条件，沿海地区的村镇也是水产资源和众多经济作物适宜生长的地区。有些村镇利用这一资源优势，成为养殖和捕捞等渔业特色生产区域。三是东南沿海地区自然景观资源丰富，地处温带、亚热带和热带，兼有不同地带的景观资源；沿海地区政府重视支持村镇依托自身优势的发展旅游业，部分村镇依托相关资源优势形成了旅游休闲特色产业。四是东南沿海地区也是我国社会历史文化底蕴深厚的地区，具有丰富的人文景观资源，部分村镇凭借这一优势形成了人文旅游特色产业。五是东南沿海村镇是我国改革开放以来随着乡镇企业崛起而率先发展起来的。部分村镇依托各类优势如交通区位优势、产业关联优势、自然地理优势、传统文化优势、开放开发优势等，形成了各类村镇经济发展模式并获得了先发优势。各具特色的村镇发展模式已趋于成熟，逐渐探索出了符合自身特色的可持续发展之路。

表 5-2　　2015 年分地区渔业增加值情况

| | 全国 | 东南沿海 | 上海 | 浙江 | 江苏 | 广东 |
|---|---|---|---|---|---|---|
| 增加值（亿元） | 6569 | 1953.3 | 19 | 500.7 | 831.6 | 668 |
| 占比（%） | 100 | 29.74 | 0.29 | 7.62 | 12.66 | 10.17 |

数据来源：根据《中国统计年鉴 2016》整理。

（6）政策优势

东南沿海地区是我国改革开放的前沿地区，拥有明显的改革开放和先行先试等政策优势。一方面东南沿海地区承担了率先开放开发的任务，我国改革开放以来设立的 4 个经济特区、14 个沿海开放城市中的 6 个位于东南沿海地区，这些地方获得了中央政府给予的包括土地使用、税收优惠等政策，并产生了巨大的政策效应。另一方面随着改革开放不断深入，东南沿海地区又承担了先行先试的改革任务，我国自 2013 年开始设立的 11 个自由贸易试验区中，东南沿海共有 3 个，总数占全国四分之一强。这些区域获得中央政府及其相关部门的政策授权进行先行先试，率先获得了制度改革红利。此外，东南沿海地区还是拥有众多的国家级开发区，比如东南沿海地区拥有 63 个国家级经济技术开发区（见表 5-3），无论分区域比重，还是省均拥有的数量（即密集度）都是全国最高的。

部分东南沿海村镇拥有省市级开发区，个别村镇甚至拥有国家级开发区和保税区。由于政策的外溢效应，部分村镇实际上获得了上述政策优势带来的溢出效应。同时，东南沿海地区各级政府为了促进地区经济和城镇化发展，给予一些村镇在投资融资和税收等方面优惠的政策。以项目强镇、调整富镇、商贸活镇、城建美镇为发展战略。以整体推进新农村建设为契机，坚持科学规划、合理布局、点面结合、循序渐进、节约土地、集约发展的原则，坚持以人为本、创新机制、强化管理、加强城镇建设村镇整治，完善配套基础设施。围绕促进村镇可持续发展的目标，按照生产集约高效、生活宜居适度、生态山清水秀的要求，颁布实施相关的政策。促进区域内城乡协调发展，大力促进村镇的发展。

表 5-3　　国家级经济技术开发区分布情况

| | 全国 | 东南沿海 | 东部地区 | 中部地区 | 西部地区 |
|---|---|---|---|---|---|
| 数量（个） | 219 | 63 | 44 | 63 | 48 |
| 比重（%） | 100 | 28.77 | 20.09 | 28.77 | 21.92 |
| 省均数量（个） | 7.06 | 15.75 | 6.29 | 7.88 | 4 |

数据来源：商务部网站（http://www.mofcom.gov.cn/xglj/kaifaqu.shtml）。

（7）科技优势

东南沿海地区因具备工业基础、科技力量雄厚、高层次知识性人才聚集、交通便利、对外开放程度高等有利因素，已经开始形成高新技术产业带。从规模以上工业企业新产品产值看（见图 5 - 11），2011 年东南沿海地区省均达到 8945 亿元，远高于全国的 3254 亿元，也明显高于东部地区的 5285 亿元，说明东南沿海地区的高新技术产出水平居于全国领先地位。从规模以上企业专利申请数量（见图 5 - 12）、规模以上工业企业 R&D 人员全时当量（见图 5 - 13）和规模以上工业企业 R&D 项目数量（见图 5 - 14）看，东南沿海地区这三项指标省均值分别达到 58298 个、230473 年 × 人和 27833 项，均高于全国省均值 21384 个、88278 年 × 人和 10382 项的两倍以上，甚至也远高于东部地区（不包括东南沿海四省市）省均值 31284 个、135662 年 × 人和 16542 项。由此可知东南沿海地区的科技优势十分明显。东南沿海村镇由于处于我国高新技术产业密集带，容易获得科技外溢效应，有利于村镇相关产业的科技化发展。同时科技优势又对东南沿海村镇可持续发展的生态保护、环境治理、产业升级、市场拓展、人力资源提升等所需要的各类技术和知识形成强大支撑。

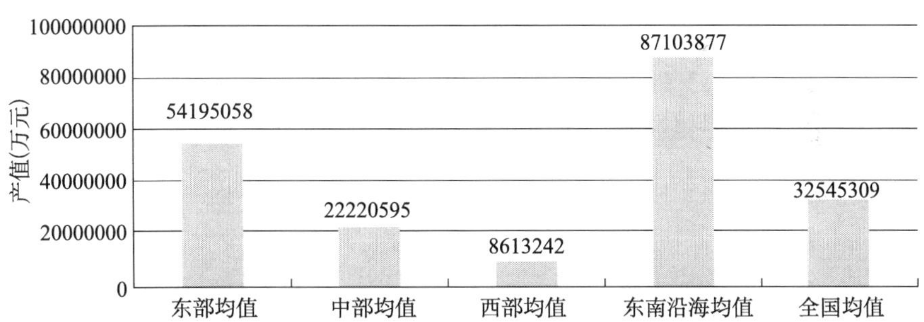


**图 5 - 11　2011 年规模以上工业企业新产品产值**

数据来源：根据《中国统计年鉴 2012》整理。

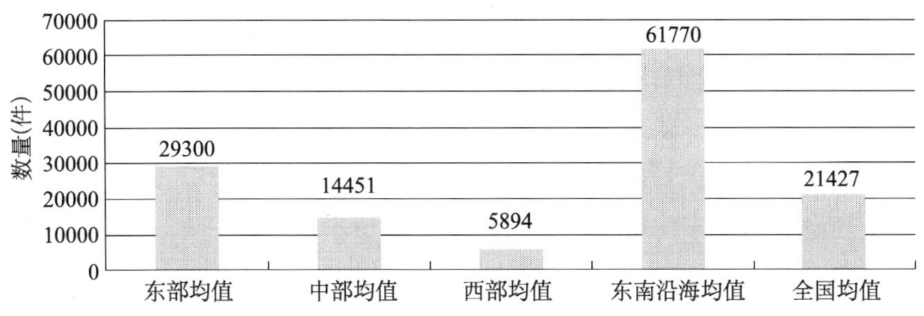


**图 5 - 12　2015 年规模以上企业专利申请数量**

数据来源：根据《中国统计年鉴 2016》整理。

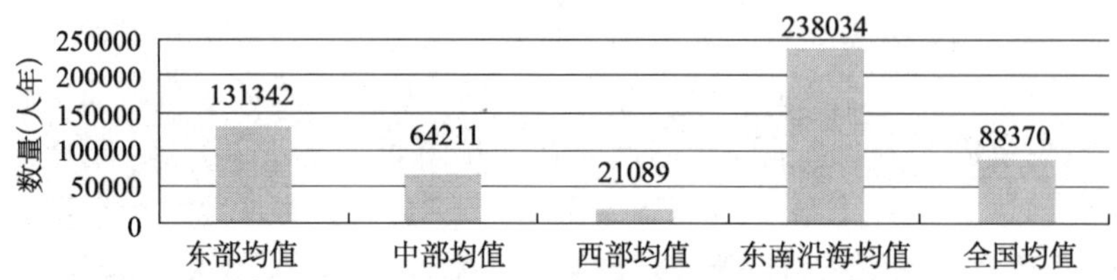


**图 5-13 2015 年规模以上工业企业 R&D 人员全时当量**

数据来源：根据《中国统计年鉴 2016》整理。

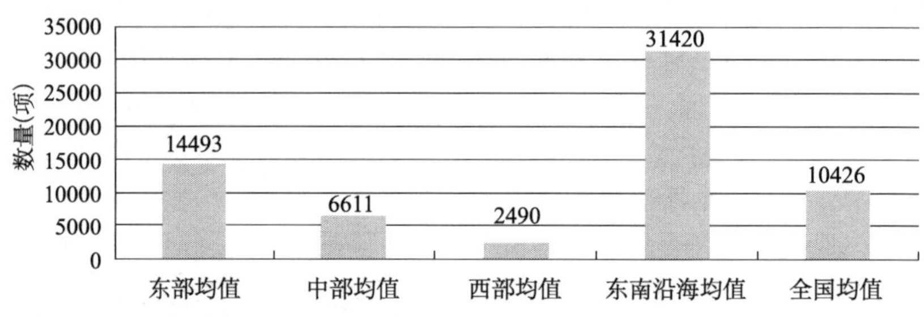


**图 5-14 2015 年规模以上工业企业 R&D 项目数**

数据来源：根据《中国统计年鉴 2016》整理。

此外，东南沿海地区由于经济比较发达，各级政府财力比较雄厚，村镇在公共产品、公共服务、配套设施等获得方面也具有明显的优势。

### 5.1.2 发展劣势

(1) 人均资源占有量小

东南沿海地区资源占有量小主要表现在人地矛盾突出（见表 5-4）。东南沿海三省一市的人均耕地占有量均明显少于全国平均，其中上海为全国最低，人均耕地占有量为 0.19 亩，不足全国人均数的 14%，浙江和福建人均耕地占有量分别为 0.56 亩和 0.55 亩，仅为全国人均数的 40%，福建人均耕地占有量排名全国倒数第三，浙江人均耕地占有量排名全国并列倒数第四，全国人均耕地占有量排名倒数第二和第四的分别是北京和天津两个直辖市。江苏人均耕地占有量略高为 0.93 亩，也仅是全国人均数的 73%。由此，可知东南沿海村镇可持续发展面临着土地资源，尤其是耕地资源的紧约束。

**表 5－4　　　　全国各地区人均耕地占有量**

| 地区 | 耕地面积（千公顷） | 年末人口（万人） | 人均耕地面积（亩） |
|---|---|---|---|
| 北京 | 231.7 | 1695 | 0.21 |
| 天津 | 441.1 | 1176 | 0.56 |
| 河北 | 6317.3 | 6988.82 | 1.36 |
| 山西 | 4055.8 | 3410.61 | 1.78 |
| 内蒙古 | 7147.2 | 2413.73 | 4.44 |
| 辽宁 | 4085.3 | 4314.7 | 1.42 |
| 吉林 | 5534.6 | 2734 | 3.04 |
| 黑龙江 | 11830.1 | 3825.39 | 4.64 |
| 上海 | 244 | 1888.46 | 0.19 |
| 江苏 | 4763.8 | 7677.3 | 0.93 |
| 浙江 | 1920.9 | 5120 | 0.56 |
| 安徽 | 5730.2 | 6135 | 1.40 |
| 福建 | 1330.1 | 3604 | 0.55 |
| 江西 | 2827.1 | 4400 | 0.96 |
| 山东 | 7515.3 | 9417.23 | 1.20 |
| 河南 | 7926.4 | 9429 | 1.26 |
| 湖北 | 4664.1 | 5711 | 1.23 |
| 湖南 | 3789.4 | 6380 | 0.89 |
| 广东 | 2830.7 | 9544 | 0.44 |
| 广西 | 4217.5 | 4816 | 1.31 |
| 海南 | 727.5 | 854 | 1.28 |
| 重庆 | 2235.9 | 2839 | 1.18 |
| 四川 | 5947.4 | 8138 | 1.10 |
| 贵州 | 4485.3 | 3792.73 | 1.77 |
| 云南 | 6072.1 | 4543 | 2.00 |
| 西藏 | 361.6 | 287 | 1.89 |
| 陕西 | 4050.3 | 3762 | 1.61 |
| 甘肃 | 4658.8 | 2628.12 | 2.66 |
| 青海 | 542.7 | 554.3 | 1.47 |
| 宁夏 | 1107.1 | 617.69 | 2.69 |
| 新疆 | 4124.6 | 2130.8 | 2.90 |
| 全国 | 121715.9 | 132802 | 1.37 |

资料来源：根据《中国统计年鉴 2016》整理。

（2）污染治理任务严峻

根据2007年进行的第一次全国污染源普查公报（见表5-5），东南沿海三省一市的污染源数量分别为江苏520978个、浙江496998个、福建201407个、上海100061个。在全国分别居于第二位、第三位、第十三位、第二十三位。如果按人均污染源数量排名（见表11-6），浙江以97.07个/万人高居榜首，远高于以74.45个/万人居于第二位的辽宁，江苏以67.86个/万人居第三位，福建和上海分别以55.88个/万人和52.99个/万人居全国第七位和第八位。如果按污染源密度排名，则上海以15.88个/平方公里高居全国第一位，江苏以5.08个/平方公里居全国第二位，浙江以4.87个/平方公里居全国第三位，福建以1.66个/平方公里居全国第十一位。

从分项污染源来看，浙江省的工业污染源数量居全国首位，有313445个之多，远高于居于第二位的广东省的268968个。江苏省以185371个居第三位，福建和上海分别居全国第七和第九位。江苏的农业污染源数量为256900个，仅略低于农业大省河南的256998个，居全国第二位。除上海城市化程度较高农业污染源较少外，浙江和福建分别位居全国第十一和十三位。生活污染源相对浙江、江苏分别位居全国第三和第五位，福建和上海状况较好，分别位居第十七和第二十位。集中式污染治理设施数量三省的排位也较高，均在全国前五位之内。

**表5-5　全国各地区污染源数量**　　单位：个

| 地区 | 工业污染源 | 农业污染源 | 生活污染源 | 集中式污染治理设施 | 合计 |
|---|---|---|---|---|---|
| 北京 | 18475 | 14845 | 37386 | 156 | 70862 |
| 天津 | 16920 | 21394 | 12908 | 38 | 51260 |
| 河北 | 79942 | 213888 | 52591 | 183 | 346604 |
| 山西 | 20215 | 45367 | 38271 | 148 | 104001 |
| 内蒙古 | 11416 | 74450 | 41571 | 99 | 127536 |
| 辽宁 | 47948 | 213605 | 59552 | 125 | 321230 |
| 吉林 | 15873 | 79312 | 45648 | 77 | 140910 |
| 黑龙江 | 13988 | 171201 | 48110 | 47 | 233346 |
| 上海 | 48755 | 13776 | 37417 | 113 | 100061 |
| 江苏 | 185371 | 256900 | 78269 | 438 | 520978 |

续表

| 地区 | 工业污染源 | 农业污染源 | 生活污染源 | 集中式污染治理设施 | 合计 |
|---|---|---|---|---|---|
| 浙江 | 313445 | 101759 | 81449 | 345 | 496998 |
| 安徽 | 42481 | 96910 | 63325 | 277 | 202993 |
| 福建 | 67673 | 91388 | 42037 | 309 | 201407 |
| 江西 | 28628 | 48646 | 36748 | 111 | 114133 |
| 山东 | 95252 | 181224 | 78656 | 341 | 355473 |
| 河南 | 44963 | 256998 | 56481 | 182 | 358624 |
| 湖北 | 27533 | 195228 | 46082 | 126 | 268969 |
| 湖南 | 38673 | 145985 | 45778 | 156 | 230592 |
| 广东 | 268968 | 189749 | 143056 | 418 | 602191 |
| 广西 | 23174 | 90817 | 31307 | 109 | 145407 |
| 海南 | 2219 | 16239 | 9160 | 28 | 27646 |
| 重庆 | 30530 | 39279 | 50112 | 178 | 120099 |
| 四川 | 49167 | 138624 | 103669 | 199 | 291659 |
| 贵州 | 16090 | 16335 | 30416 | 33 | 62874 |
| 云南 | 23424 | 40305 | 50307 | 135 | 114171 |
| 西藏 | 231 | 573 | 3205 | 8 | 4017 |
| 陕西 | 15963 | 49636 | 36406 | 61 | 102066 |
| 甘肃 | 7603 | 29653 | 23067 | 58 | 60381 |
| 青海 | 1855 | 2385 | 8441 | 44 | 12725 |
| 宁夏 | 4248 | 20994 | 10609 | 23 | 35874 |
| 新疆 | 14481 | 42173 | 43610 | 225 | 100489 |
| 合计 | 1575504 | 2899638 | 1445644 | 4790 | 5925576 |

数据来源：全国第一次污染源普查公报（2010 年 2 月 6 日发布）。

**表 5－6　　　　　　　　全国各地区污染源密度**

| 地区 | 污染源数量 | 人均数量（个/万人） | 密度（个/平方公里） |
|---|---|---|---|
| 北京 | 70862 | 41.81 | 4.22 |
| 天津 | 51260 | 43.59 | 4.54 |
| 河北 | 346604 | 49.59 | 1.85 |
| 山西 | 104001 | 30.49 | 0.67 |
| 内蒙古 | 127536 | 52.84 | 0.11 |
| 辽宁 | 321230 | 74.45 | 2.20 |

续表

| 地区 | 污染源数量 | 人均数量（个/万人） | 密度（个/平方公里） |
|---|---|---|---|
| 吉林 | 140910 | 51.54 | 0.75 |
| 黑龙江 | 233346 | 61.00 | 0.51 |
| 上海 | 100061 | 52.99 | 15.88 |
| 江苏 | 520978 | 67.86 | 5.08 |
| 浙江 | 496998 | 97.07 | 4.87 |
| 安徽 | 202993 | 33.09 | 1.45 |
| 福建 | 201407 | 55.88 | 1.66 |
| 江西 | 114133 | 25.94 | 0.68 |
| 山东 | 355473 | 37.75 | 2.31 |
| 河南 | 358624 | 38.03 | 2.15 |
| 湖北 | 268969 | 47.10 | 1.45 |
| 湖南 | 230592 | 36.14 | 1.09 |
| 广东 | 602191 | 63.10 | 3.35 |
| 广西 | 145407 | 30.19 | 0.62 |
| 海南 | 27646 | 32.37 | 0.81 |
| 重庆 | 120099 | 42.30 | 1.46 |
| 四川 | 291659 | 35.84 | 0.61 |
| 贵州 | 62874 | 16.58 | 0.36 |
| 云南 | 114171 | 25.13 | 0.30 |
| 西藏 | 4017 | 14.00 | 0.00 |
| 陕西 | 102066 | 27.13 | 0.50 |
| 甘肃 | 60381 | 22.97 | 0.13 |
| 青海 | 12725 | 22.96 | 0.02 |
| 宁夏 | 35874 | 58.08 | 0.54 |
| 新疆 | 100489 | 47.16 | 0.06 |

数据来源：根据全国第一次污染源普查数据计算得到。

### 5.1.3 发展机遇

（1）开启全面建设社会主义现代化国家

全面建成小康社会开启全面建设社会主义现代化国家，为村镇可持续发展指明了方向。党的十六大提出到 2020 年全面建成小康社会，党的十七大提出建设生态文明，党的十八大明确提出“五位一体”新发展理念，党的十九大提出到2020年全面建成小康社会，开启全面建设社会主义现代化国家的新征程。在全面建成小康社会的过程中，村镇是其重要组成部分，村镇建设发展将受到更大程度的重视。率先发展起来的东南沿海地区，在村镇可持续发展道路的开辟和探索上走在前列。可持续发展的本质就是现代化，在我国即将全面开启社会主义现代化国家新征程的转折关头，东南沿海地区应该起到排头兵和探路者的角色，利用率先发展所形成的较强的财政能力，敢于现代化，蹚出一条村镇现代化发展的新路子来。

（2）“一带一路”倡议不断推进

“一带一路”倡议的实施给东南沿海地区可持续发展带来了新契机。东南沿海地区处于21世纪海上丝绸之路的始发地，随着铁路路网和海铁联运不断完善，未来必将成为“一带一路”倡议实施的重要交汇点。“一带一路”倡议的不断推进，将使东南沿海地区的产业转型升级全面展开，生态文明建设的能力和水平提升到一个新的高度。这给东南沿海地区村镇可持续发展带来了新的契机。一方面，产业全面转型升级将给村镇可持续发展提供重要的产业支撑，低能耗、低污染、知识型、生态型产业将逐渐占据产业主体地位，为村镇产业生态化可持续发展提供了重要的产业支撑、技术支撑。另一方面，随着生态文明建设能力和水平的提升，村镇生态建设和可持续发展能力将不断得到加强。

（3）生态文明建设体制机制上形成创新

生态文明建设体制机制创新为东南沿海地区村镇可持续发展提供有效的制度保障。东南沿海地区率先开展生态文明建设，在生态文明建设的体制机制上形成了创新（常纪文，2017）。首先，在理念方面，全社会已经形成了“保护环境就是保护生产力”“绿水青山就是金山银山”以及“生态兴则文明兴、生态衰则文明衰”的理念，高质量、高效益的发展正在成为各地上下的自觉实践。其次，在体制方面，通过改革有序地发挥了地方党委、地方政府、地方人大、地方政协、司法机关、社会组织、企业和个人在生态文明建设中的作用，通过权力清单的建设，确立了权责一致、终身追究的原则。通过环境保护考核、督察、督查、约谈、追责，推进了环境保护党政同责。通过建立健全区域环境影响评价制度和区域产业准入负面清单制度，既提高了行政审批效率，又预防和控制了区域环境风险。再次，在机制方面，上游与下游间的生态补偿和禁止开发区域、重点生态功能区等重要区域生态保护补偿正在全面建立，区域绿色发展的公平机制开始发挥效应。排污权交易、碳排放权交易、水权交易、用能权交易正在不断完善。

（4）加快乡村现代化促进乡村振兴

乡村振兴战略的提出为村镇可持续发展提供了广阔的前景。党的十九大报告提出实施乡村振兴战略，指出“农业农村农民问题是关系国计民生的根本性问题，必须始终把解决好三农问题作为全党工作重中之重。要坚持农业农村优先发展，按照产业兴旺、生态宜居、乡风文明、治理有效、生活富裕的总要求，建立健全城乡融合发展体制机制和政策体系，加快推进农业农村现代化”。乡村振兴战略的提出是社会主义新农村建设的升级版，既体现了乡村现代化的要求，也体现了村镇可持续发展的要求。产业兴旺要求大力发展农村生产力，加快建设现代农业产业体系、生产体系、经营体系，促进农业转型升级和一二三产业融合发展。生态宜居强调乡村振兴不仅是经济振兴，也是生态的振兴、文化的振兴、教育的振兴、科技的振兴、社会的振兴，要建设人与自然和谐共生的农业农村现代化，不断缩小城乡差别。因此，党的十九大提出的乡村现代化实质上就是要走村镇可持续发展之路。乡村振兴战略的提出，表明党和政府将采取超常规措施促进农业农村优先发展，为村镇可持续发展提供了广阔前景。

在“逆城市化”的过程中，大城市的一些功能和产业、人口向周边村镇转移，使得小城镇、乡村的发展发生深刻变化，逐步形成了产业呼应、优势互补、城乡区域经济社会统筹发展的双向对流的格局。中心城市的功能分解和人口分流，为城镇化与村镇的发展提供了新的条件、机遇和能量。“逆城市化”主要表现在：第一，经济中心功能分解、机械制造业外迁。第二，文化中心功能分解。随着城市的发展，这些位居中心城区的文化优质资源难以就地扩张、纷纷向周边村镇突围。第三，消费功能分解。比如“农家乐”成为城市居民消费热点。“农家乐”发展升级的历程反映出中心城区人们对自然的追求，对乡村人与自然和谐环境的向往。第四，居住功能分解，人口向城郊和小城镇转移。以上四个方面，无论是机械制造业外迁、文教体娱优质资源突围，还是城市居民消费、居民居住的郊区化趋向，都有利于村镇的发展，是村镇发展的巨大力量和重大机会。

此外，中共浙江省第十四次代表大会报告提出了“谋划实施‘大湾’建设行动纲要”“重点建设杭州湾经济区”，意味着浙江即将开启湾区经济建设。国际一流湾区是目前引领世界经济发展的增长极和引领技术变革的领头羊。宁波处在杭州湾、象山港湾和三门湾三个湾区交叠区域，这意味着宁波在湾区经济发展中具有地理区位优势。湾区经济发展给宁波村镇可持续发展又带来一项新的机遇，将形成对村镇可持续发展在经济、技术、产业方面的强劲支撑和动力。

### 5.1.4　面临挑战

（1）自然环境挑战

东南沿海来自自然环境的挑战主要有两个，一是环境污染，二是自然灾害。其中环境污染中水污染是其集中体现。东南沿海地区是我国水资源相对丰富的地区（见图 5 - 15），但是随着经济的快速发展，东南沿海部分地区面临水质性缺水的问题。水质性缺水是指大量排放的废污水造成淡水资源受污染而短缺的现象。东南沿海地区是我国经济发达地区，其工业发展规模和人口规模均较大，工业生产形成的废水量较大（见图 5 - 16），产均废水量高于全国平均水平，远高于东部地区。工业废水和城市污水以及各类污水直接排入江河湖泊是造成水资源污染的主要原因。此外，农业面源污染和城市面源污染也是导致水资源污染和水质性缺水的原因之一。东南沿海地区的农药使用量高于全国平均水平（见图 5 - 17）。水质性缺水相伴而生的是环境恶化，外加自然气候变化等自然因素的影响、农业开发等人类活动的干扰、外来物种的入侵使环境污染加剧，东南沿海地区村镇自然生态系统受到了严重破坏，许多物种及其生存环境遭到损害，多个生物种群处于数量急剧下降、濒临灭绝甚至已经灭绝的状态。

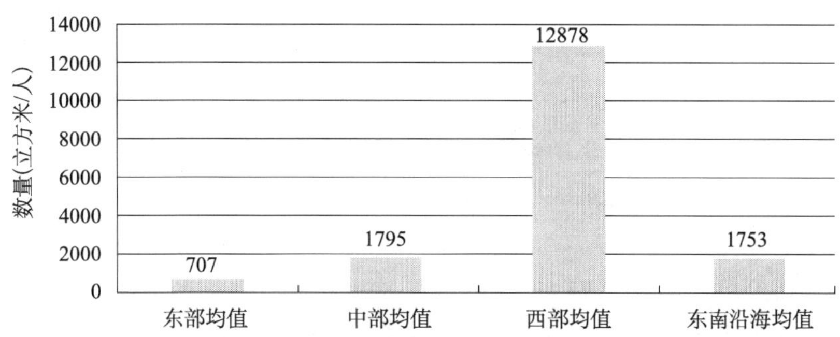


**图 5 - 15　2015 年分地区人均水资源拥有数量**

数据来源：根据《中国统计年鉴 2016》整理。

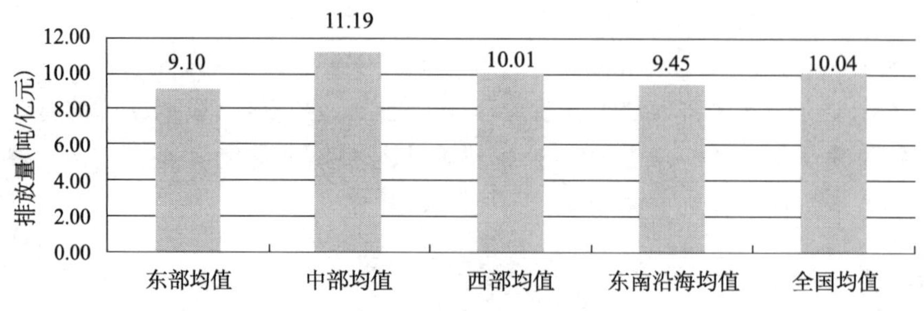


**图 5-16 分地区产均废水排放量**

数据来源：根据《中国统计年鉴 2016》整理。

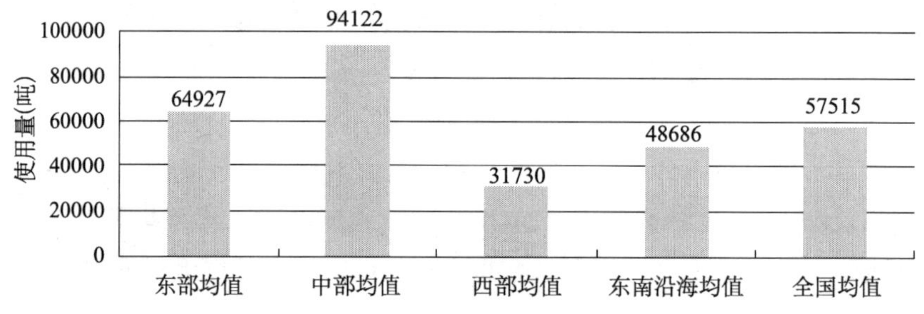


**图 5-17 2015 年分地区农药使用量**

数据来源：根据《中国农村统计年鉴 2016》整理。

就自然环境方面而言，东南沿海地区虽然大部分地区是平原，但是闽西、浙南都是丘陵地带，滑坡、泥石流等自然灾害会影响部分村镇的可持续发展，临海地区还面临着季节性的台风等海上自然灾害，破坏沿海地区的农田和房屋等。比如在 2006 年超强台风“桑美”在中国东部沿海登陆，中心最大风力达 17 级，伴随而来的风暴潮和严重洪涝冲垮大量海堤，毁损大量房屋和基础设施，造成 458 人死亡、197.5 亿元的巨大损失（国家海洋局，2006）。可见，台风及其导致的风暴潮、暴雨洪涝、滑坡、泥石流等巨灾灾害链，已对东南沿海地区人口和经济发展构成严重威胁，对沿海村镇的可持续发展也造成了严重的威胁。从致灾机制上看，中国东南沿海紧邻西太平洋，热带气旋活动频繁，伴随亚热带季风气候的显著形成特殊的灾害环境。受其影响 6—9 月份台风频发，而且该区河流水系众多，台风带来的强降雨与风暴潮及河流洪峰叠加，极易造成洪涝灾害。尤其浙江、福建等沿海省市山地丘陵广布，地质条件复杂且碎屑松散沉积物较多，在台风及其局地强降水的影响下，极易导致滑坡、泥石流等地质灾害的发生。从成害机制上看，东南沿海在快速城市化过程中，沿海平原区人口、经济高度集中，亚热带农业生产、渔业和水产养殖业快速发展。然而，沿海堤防、内陆水库等工程的设防标准往往滞后于经济发展，加大了区域承灾体的暴露性和脆弱性。不合理的人类活动，使得很多天然河道和泄洪区被无序开发和占用，加大了洪涝灾害风险。近年来城市和工程建设逐渐由平原向山区延伸，在丘陵山区大规模的交通干线建设、矿山开发活动，加剧了山体边坡的不稳定性，一旦遭遇局地强降水极易诱发山区滑坡泥石流等地质灾害。

此外，东南沿海地区生态系统功能退化，环境质量趋于恶化，生态空间被大量蚕食。区域碳收支平衡能力日益下降。湿地破坏严重，外来有害生物威胁加剧，太湖、巢湖等主要湖泊富营养化问题严峻，内陆河湖水质恶化，约半数河流监测断面水质低于 III 类标准；近岸海域水质呈下降趋势，海域水体呈中度富营养化状态。区域性灰霾天气日益严重，江浙沪地区全年空气质量达标天数少于 250 天。城市生活垃圾和工业固体废弃物急剧增加，土壤复合污染加剧，部分农田土壤多环芳烃或重金属污染严重。

（2）增长方式转型的挑战

自 1995 年党的十四届五中全会提出“积极推进经济增长方式转变”以来，各产业部门一直在进行转变经济增长方式的探索。2007 年党的十七大又提出“加快经济发展方式转变”，进一步升级了我国国民经济发展战略。经济增长方式内容比较明确，一般是指通过生产要素变化包括数量增加、结构变化、质量改善等实现经济增长的方法和模式。经济发展方式的内容则比较丰富复杂，它除了包括经济增长方式的内容，还包括产业结构、收入分配、居民生活以及城乡结构、区域结构、资源利用、生态环境等方面的内容。转变经济发展方式，既要求从粗放型增长转变为集约型增长，又要求从通常的增长转变为全面、协调、可持续的发展。

2014 年 5 月，习近平总书记在河南考察时首次提及“新常态”，之后进一步阐明新常态的主要特点是：从高速增长转为中高速增长；经济结构不断优化升级；从要素驱动、投资驱动转向创新驱动。经济新常态下经济增长方式转型的内容更加丰富，包括由不可持续性向可持续性转变；由粗放型向集约型转变；由出口拉动向出口、消费、投资协调发展转变；由结构失衡型向结构均衡型转变；由高碳经济型向低碳经济型转变；由投资拉动型向技术进步型转变；由技术引进型向自主创新型转变；由第二产业带动向三大产业协调发展转变；由忽略环境型向环境友好型转变；由“少数人”先富型向“共同富裕”型转变。党的十九大报告指出中国特色社会主义建设进入新时代，“我国经济已由高速增长阶段转向高质量发展阶段，正处在转变发展方式、优化经济结构、转换增长动力的攻关期”。由此可知，我国经济增长方式转型的要求越来越高。

东南沿海地区作为先发展起来的地区，既面临着经济增长方式转变，更面临着经济发展方式转变的引领性挑战，如何率先走出一条经济增长动力平稳转换、经济发展方式全面升级的开拓之路存在着诸多的挑战。尤其是东南沿海地区作为先发地区，长期形成的依靠粗放增长、外需拉动、忽略环境的经济增长方式具有较强的惯性，同时这种增长方式所遗留的经济结构问题、社会民生问题、生态环境问题等如何有效扭转，需要通过长期努力来解决。东南沿海地区的村镇可持续发展正是在这个背景下来推进的，如何与当地经济增长方式转变协调推进，同时促进村镇可持续发展存在着较大的挑战。

（3）社区治理的挑战

村镇可持续发展需要有一个现代的社区治理体系作为保障，良好的现代社区治理体系也是村镇可持续发展的重要内容。东南沿海面临的社区治理方面的挑战包括外来人口管理、就业保障、村级组织管理等方面。一是外来人口承载压力。东南沿海地区是我国经济发达地区，工资水平高，吸引了大量的农民工进入东南沿海地区村镇，使得此地区非自然增长人口迅速增长。人口的激增给本来已不堪重负的村镇和资源带来了更大的包袱，从土地和水资源总量来看，许多村镇已达到或以超越极限增长；同时外来人口激增也带来了社会治安问题，并且外来人口在各村镇保持着一种超低消费的生活方式，没有承担本地区可持续发展的义务，却增加了可持续发展的难度。与此同时，部分村镇随着城市化发展本地人口以“进城上楼”为追求，导致一些村镇特别是农业为主的人口流向城市而成为留守老人、儿童村。二是产业结构不合理。随着东南沿海地区普遍富裕以及城镇化的大幅提高，产业结构体系的不合理性越来越突出，特别是许多村镇过分依赖工业发展，第一产业严重萎缩，第三产业明显不足，三大产业之间联动性较小。工业要依靠“三来一补”的支撑，各村镇经济发展主要依靠土地和厂房出租。这种“工业房地产”经营为主体的工业化模式显现出明显的非持续性。发展与调整的矛盾制约着村镇的可持续发展。东南沿海村镇有着良好的地理优势和国家政策支持，各村镇利用土地这一资本，以惊人的速度完成了从传统农业经济向现代农业经济的转变。土地利用方式的转变，致使该地区非农建设用地进一步自由分散发展，同时，农村土地使用属性的改变，使农村大量剩余劳动力被置换，其中大部分由于自身素质的限制及利益的比较关系，不愿从事劳动工作，但又缺乏从事第三产业的能力，这对社会可持续发展构成较大的障碍。

此外，面临村镇组织管理问题。农村集体组织保持着极强的地域范围内利益集团的利益关系，同时具有较强的应对来自政府的政策、法规的能力，政府也很难采取有效的办法去避免它。乡村式农村管理体制和城乡二元化的社会结构的存在加大了东南沿海地区村镇可持续发展的难度。可持续发展论所要实现的和谐美好目标对目前东南沿海地区的村镇来说是一个漫长而艰辛的过程。

## 5.2 发展战略

可持续发展的概念是由世界环境与发展委员会在其报告《我们共同的未来》中提出的，并被广泛接受。他们认为能满足当代人的需要，又不对后代人满足其需要的能力构成危害的发展就是可持续发展。具体到东南沿海村镇发展上，我们认为，自然、环境、社会、经济、文化、人口等方面实现可持续发展是其重要内容和建设的落脚点。可持续发展的核心是经济发展、保护资源和生态环境协调一致，让子孙后代能够享受充分的资源和良好的生态环境。因此村镇在建设的过程中不但要注重经济的发展，更重要的是保护资源和生态环境，各种经济活动要满足生态合理性、环境亲和性的要求。东南沿海村镇可持续发展至少应该包括空间发展合理性、经济发展持续性、生态环境协调性、社会管理合理性、资源利用集约性、居民教育终身性、人文传承和谐性等内容。基于这样的认识，本节从原则目标、战略构想、推进思路等方面提出东南沿海村镇可持续发展战略。

### 5.2.1 原则目标

(1) 基本原则

东南沿海村镇可持续发展是一项长期战略，应以党的十九大提出的建设中国特色社会主义现代化强国为方向，新型城镇化与乡村振兴为依归，充分考虑地区经济社会发展水平、各类型村镇发展现状与基础，遵循统筹、协调、特色、均衡、创新、包容六大基本原则。

统筹发展原则。东南沿海村镇可持续发展是一项系统工程，要统筹五个方面。一是城乡统筹。新型城镇化是以城乡统筹、城乡一体、产业互动、节约集约、生态宜居、和谐发展为基本特征的城镇化，是大中小城市、小城镇、新型农村社区协调发展、互促共进的城镇化。村镇发展是新型城镇化的重要内容，因此东南沿海村镇可持续发展战略必须基于城乡统筹的基础之上，只有城乡同步可持续发展才有村镇可持续发展。二是全域统筹。村镇是农村、农业、农民在空间上的概念。村镇有行政区划、自然环境、人文历史等诸多因素共同作用所形成的，同一区域内的村镇有相似性，也存在着差异，发展水平、资源占有、外部联系和发展能力等各不相同，村镇的可持续发展本质上是区域的可持续发展，只有统筹考虑区域内村镇整体可持续发展才是真正的可持续发展。三是全面统筹。可持续发展不可能是单一的，每个村镇的可持续发展必须是全面的可持续发展，即要统筹经济、社会、文化、生态、人口等村镇可持续发展的各个方面。四是子战略统筹。东南沿海可持续发展战略应该有各项子战略，各项子战略要相互配合、协调互促，共同支撑东南沿海可持续发展。

协调发展原则。统筹的重要目的就是协调，协调才能更好地实现统筹。东南沿海村镇可持续发展战略必须协调各方面因素。一是全域协调。全域协调包括城乡协调和村镇协调。城乡之间的协调就是既要尊重城乡的差异性，更要注重城乡的互补性，并把东南沿海地区的城乡协调提升到都市圈发展的高度来认识[①]。村镇之间的协调就是要全域一盘棋，在尊重差

---

① 发达国家的逆城市化经验：当城市的发展到了一定极限，就得调整和优化城市的功能结构和空间结构，由此，中心城市的各种功能，比如政治中心、经济中心、文化中心以及居住和休闲娱乐等功能纷纷向有条件的中小城镇及乡村分解，这些功能分解就是“逆城市化”。发达国家的逆城市化推动了都市圈的形成，大城市开始合并为大都市圈；逆城市化导致的结果是模糊了城市与农村，产生了都市圈与非都市圈的区别。

异化的基础上，形成村镇之间的产业联系、文化联系和人员交往。呈现百花齐放、竞相争春的发展局面。二是内部协调。内部协调主要指村镇可持续发展的各个方面协调，要充分考虑空间与生态、文化、人口协调，生产、生活与生态环境协调，产业与资源生态协调。

特色发展原则。特色意味着差异，差异是基于特色基础上的差异，东南沿海村镇可持续发展战略应遵循特色发展原则上的差异化发展，从而形成区域内村镇发展的特色化，避免千村一面。村镇由于社会历史、自然生态、资源文化等诸多因素影响存在类型和发展模式各不相同，其可持续发展的模式、路径也都各不相同。特色发展原则主要应该贯彻体现在空间、产业、文化、管理等方面。一是空间特色。可持续发展战略设计时要充分考虑各村镇所处的自然地理环境不同、生态状况不同、人文历史不同、产业发展类型不同等，在遵循国家土地使用基本法规的基础上，因地制宜规划各村镇发展的空间，形成空间的特色发展。村镇民舍建筑、公共设施等也应该鼓励特色化，形成与自然、环境的和谐协调，但要防止求洋、求怪。二是产业特色。各类型村镇要根据产业现状、生态资源、交通区位等因素谋划适合本村镇可持续发展的产业，实现特色化差异化发展。三是文化特色。每个村镇都有各自不同的历史，也会形成不同的文化特色，要鼓励村镇特色文化的发展，避免千村一面，但不求怪、不求异，只求与村镇其他发展相和谐。四是管理特色。每个村镇有各自的历史传承、文化特色、产业差异，村镇管理、服务也要允许和鼓励特色发展，使得村镇的管理与空间、产业、文化特色相得益彰。

均衡发展原则。东南沿海地区城市化水平较高，大都市圈正在形成，村镇总体发展较好，但城乡差距、村镇之间差距、经济发展与生态之间的矛盾、经济发展与社会文化发展之间的差距等仍然客观存在，甚至比较明显，这也是制约东南沿海村镇可持续发展的重要因素，因此要突出强调均衡发展原则。一是城乡均衡。城乡均衡发展基础是公共服务提供的均等化、基础设施建设的均衡化、社会保障的均等化。关键是将村民市民化，实现“人的城市化”或“准城市化”，释放人这个关键要素的活力。二是村镇体系均衡。村镇之间在经济基础、资源环境、文化历史、人口素质等方面存在着差距，发展水平各不相同，这是客观事实。但区域协调可持续发展要求村镇要均衡发展，不能有过大差距，从而造成不必要或者无序的人口流动。三是村镇内部均衡。村镇内部均衡发展不要求村镇发展的各个方面齐头并进，而是要求实现一种动态的稳态发展状况。包括经济与生态保护、环境治理之间，社会文化、社会管理与经济发展之间，人口素质与经济发展之间等等，要在补齐短板和发扬优势之间形成动态均衡的稳态发展。

包容发展原则。包容性发展是指以人为中心的，人与人、人与社会、人与自然的和谐发展，是包括 GDP 增长指数、人类发展指数、社会发展指数、社会福利指数、幸福指数在内的全面发展。任何真正的发展都是包容性发展。包容性发展的提出为经济与社会可持续发展提供科学的理论指导与顶层设计。东南村镇可持续发展战略中也应该承袭包容发展原则。重点强调以下几个方面。一是包容多样发展。深入贯彻以人为本的理念，尊重村镇发展历史，遵从区域文化差异，遵循经济发展规律，包容不同村镇发展模式、发展路径，鼓励创造性发展产业、发展文化和社会治理。二是包容人口流入。东南沿海村镇由于经济相对发达，流入了大量外来人口，村镇发展过程中应该包容外来人口，在外来人口职业发展、生活居住、子女教育、社会保障等方面提供与在籍人口同等待遇和条件。

创新发展原则。创新是人类进步的不竭动力。创新的形式多种多样，创新的内容各不相同。村镇可持续发展是一项系统工程，东南沿海村镇发展水平、发展条件又各异，国外和国内发展较好的村镇的发展模式、发展路径只能作为参照不能照搬，因此必须鼓励东南沿海村镇走向可持续发展之路时坚持创新发展原则。一是发展模式创新。要鼓励村镇根据自身发展基础、优势特色辨识自身的发展类型，借鉴国内外同类村镇发展模式，创造性形成适合自身的发展模式。二是发展路径创新。要鼓励村镇在充分考虑自身发展条件、发展机遇的基础上，借鉴吸收国内外类似村镇发展路径的经验，创造性形成村镇的发展路径。三是发展机制创新。政府要充分考虑不同类型的村镇，构建不同的发展促进机制，村镇积极探索形成有利于自身能力发展的机制。

（2）发展目标

村镇可持续发展是指在村镇地域范围内实现一个以人的生存与发展为主导，以自然环境系统的良性循环和空间优化布局为依托，以经济发展为命脉，以社会体制为经络，以经济、社会、环境相协调为目标的动态发展过程（夏显力，2005）。东南沿海村镇可持续发展的持续性要求体现在空间发展合理性、经济发展持续性、生态环境协调性、资源利用集约性、社会管理适应性、居民教育终身性、人文传承和谐性等方面。按分类型设置的东南沿海村镇可持续发展的指标评估，到 2035 年，东南沿海可持续发展村镇数量达到全部村镇的 60%，到 2050 年全部村镇达到可持续发展水平（见图 5 - 18）。

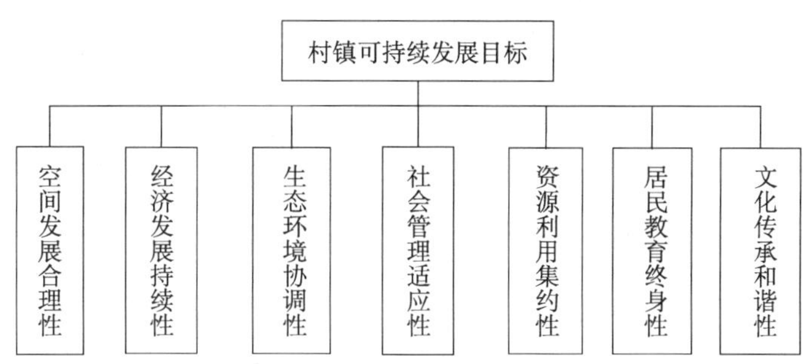


**图 5 - 18　东南沿海村镇可持续发展目标构成**

空间发展合理性目标。一是区域空间布局合理。从东南沿海都市圈发展的高度规划和合理设置城、镇、村，实现空间上的城乡融合，达到新型城镇化发展的要求。二是村镇空间布局合理。坚持人与自然融合协调，生活、生产、生态景观自然和谐，合理布局村镇的生活空间、生产空间和生态空间。

经济发展持续性目标。一是实现城乡产业融合。形成区域内城乡产业链，实现城乡之间的合理产业分工。二是形成村镇产业自生能力。通过村镇产业特色化构建，推动村镇产业与资源环境的协调性提升。通过推进农业现代化、农村工业生态化、农村服务业与农村第四产业发展，实现村镇产业升级转型。

生态环境协调性目标。一是空间分区与生态环境的协调。农村与农业现代化要求农村生产生活的空间应该与生态环境形成协调，实现生态涵养和生产发展相协调，生活居住与生态养护相亲和，以此为原则进行生产、生活、生态在空间上的科学规划和实施。二是经济活动与生态环境的协调。村镇的各类经济活动包括农业生产、农村工业、乡村旅游等必须与生态环境的承载能力相协调，达成和谐共生。大力推进农业综合体、田园综合体等统筹考虑村镇与生态环境协调发展的村镇发展方式。

社会管理适应性目标。东南沿海村镇可持续发展的重要内涵是农村的现代化，村镇可持续发展必须有相应的社会管理与之相适应。一是传统村规民约与现代社会治理相适应。农村现代化的关键在于农村人口的现代化，其中的关键是要在继承的基础上创新村规民约等传统管理与方式，使之与现代社会治理的需求相适应。二是公共服务与现代农村经济社会发展要求相适应。公共服务供给充裕是现代社会区别于传统社会的显著特征。村镇可持续要求公共服务均衡化延伸到村镇，实现社会保障城乡全覆盖和均衡化。

资源利用集约性目标。资源集约利用是经济社会可持续发展的关键性指标，也是村镇可持续发展的关键目标。资源利用集约就是要在集聚、集约、高效利用资源的基础上发展村镇。一是集聚目标。集聚主要体现在空间上，尤其是在土地利用上，要尽可能运用较少的土地满足村镇居民生活、社会文化和休闲娱乐等活动。在村镇布局规划过程中，加强贯彻集聚性目标。二是集约目标。农业生产、农村工业和村镇生活要以集约利用山、水、林、地等自然资源，大力发展循环经济。三是高效目标。加强实施垃圾分类回收、污水有效分类处理等的基础设施建设，加大水系、山林、绿地等生态涵养区域的保护，大力倡导和实施可循环、可再生经济活动和生活方式，把人类活动对环境资源的损害降到最少，实现人类活动与自然环境和谐协调。

居民教育终身性目标。东南沿海村镇可持续发展的重要内涵是农村现代化，农村现代化的核心是人的现代化。这就需要确立村镇居民教育终身性的目标。一是村镇基础教育目标。大力推进基础教育均衡化，通过多种方式将优质教育资源合理配置到村镇。二是村镇职业教育目标。政府利用财政资金积极推动和引导社会力量将职业教育和培训延伸到村镇，提升村镇居民的职业素养，帮助村镇居民顺利就业和创业。三是村镇终身教育目标。积极鼓励村镇组织和社会力量兴办村镇文化设施和文化活动，为村镇居民创造实现终身教育的条件。

人文传承和谐性目标。人文传承是人类社会进步的精神根脉。东南沿海村镇可持续发展离不开人文的和谐传承。一是保护传统文化目标。每个地区有每个地区的人文历史，每个村镇也有每个村镇的人文传统，要提高全社会对传统文化重要性和传承必要性的认知，从历史的高度加大村镇传统文化的发现、发掘、提炼。使传统文化中的合理内核成为村镇居民的共同精神家园，使之成为农村现代化发展的精神力量，弘扬社会正义、正气。二是农村文化再造目标。在保护传统文化的基础上，也要进行必要的扬弃，只有在发展中保护才是真正的保护，也只有进行必要的扬弃才能更好地得到传承。要使传统文化与现代村镇文明发展不断融合，不断与农村现代化要求相适应。为此要加大村镇文化设施建设，加强文化内核的提炼和宣传，将村镇传统文化渗透到村镇发展的方方面面。

### 5.2.2　战略思路

（1）总体战略

东南沿海村镇可持续发展战略应以村镇经济社会全面协调可持续发展理念为指引，以乡村现代化与新型城镇化同步推进为方向，以特色化多样性发展为途径，以统筹、协调、特色、均衡、包容、创新为原则，坚持以人为本，全面促进村镇经济系统、生态系统、人文系统和社会系统不断完善并相互支撑，全面促进村镇经济协调发展、生态治理保护、文化传承创新、社会治理包容。

东南沿海村镇可持续发展需要构造系统性支撑，村镇可持续发展中空间优化是依托、产业现代化是基础、文化振兴是灵魂、全域生态是指引、社会治理优化是保障、人才振兴是关键。

由此总体战略的实施需要分解为空间、产业、生态、文化、社区治理、人才六个方面的支撑点，相应需要空间优化战略、产业现代化战略、全域生态战略、文化振兴战略、社区治理优化战略、人才振兴战略六个子战略作为战略支撑，形成东南沿海村镇可持续发展的战略体系（见图 5－19）。

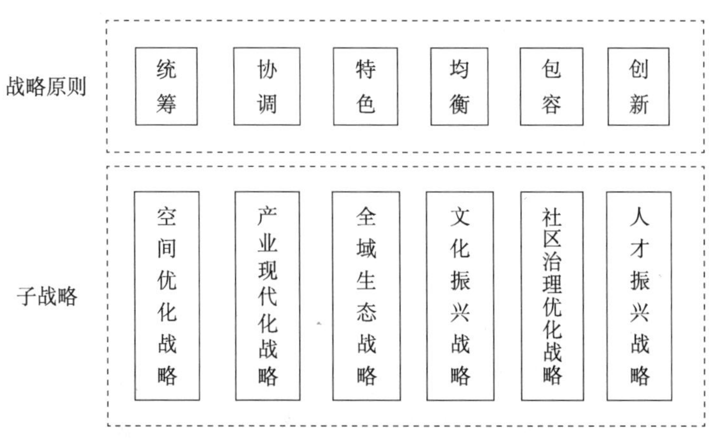


**图 5－19　东南沿海村镇可持续发展战略体系**

（2）子战略

——空间优化战略。空间优化战略是东南沿海村镇可持续发展战略的依托，村镇发展是在空间上的展开，没有空间优化村镇发展仍然会沿袭无序发展的状态，也就谈不上可持续发展。村镇空间优化就是要实现村镇布局和村镇空间布局的合理化，形成人的活动与自然生态和谐共生，体现城乡协调、人居舒适、集聚集约、各具特色的发展要求。东南沿海村镇可持续发展空间优化战略要适应大都市圈发展需要、新型城镇化需要、农村现代化需要，适应生态环境承载能力需要、资源集约利用需要，适合村镇产业新形态、新业态发展需要，适应人的教育、文化、生产、休闲娱乐等需要。一是要实施全域空间规划。从东南沿海地区大都市圈发展和新型城镇化发展的高度，根据山水田园和生态条件、各类村镇发展基础，突出生态分区理念，科学规划村镇布局，切实做好“撤并扩”，加强空间发展的软硬约束。二是要全面实施村镇空间规划。省级行政单位提出各自村镇空间规划要求，各县（市区）加强对村镇空间规划的指导和督查，各乡镇（街道）具体负责村镇空间规划的制定和实施，村镇具体实施空间发展规划。村镇空间规划要遵循生产、生活、生态协调，存量改造和增量改进同步推进，充分考虑村镇文化特色、产业特色的发挥和发展，突出村镇空间发展宜居宜业性要求。三是加强基础设施配套布局。水电气网、公路路网、公交系统等基础设施充分考虑域内村镇空间布局需要，提前规划优化布局。村镇基础设施逐步实现与城区充分对接，逐渐消除城乡之间的公共基础设施方面的差距。

——产业现代化战略。产业现代化是东南沿海村镇可持续发展的基础，没有产业现代化，农村不可能现代化，也就不可能走上可持续发展之路。因此，东南沿海村镇实现可持续发展的基础是村镇产业现代化。村镇产业现代化需要与东南沿海产业转型升级、产业体系现代化相协调。一是推动乡村工业转型升级。东南沿海地区已经进入工业化后期阶段，高耗能、高污染、高资源占用的低端产业根据产业发展规律正在逐渐向外转移，与地区工业化阶段相配套的乡村工业也面临着调整和转移。产业转型升级的方向是产业服务化和高技术化，要引导村镇发展成为与之相适应的各类产业特色小镇。二是促进现代农业发展。大力推进都市农业、休闲农业、乡村旅游、农家乐、民宿等经济发展。做好土地承包流转，促进土地集中利用，充分激发农业规模经济效应，发展高效农业。三是延伸农业产业链。大力支持农业服务业发展，鼓励技术创新，发展符合生态要求的农产品加工业，充分利用地域文化优势，加强农产品开发和研发，促进农业产业链延伸。大力发展农业循环经济和绿色经济。

——全域生态战略。注重生态是可持续发展理念的核心，也是东南沿海村镇可持续发展战略的指引。只有实现生态化发展才是真正意义上的可持续发展。全域生态就是要统筹考虑整个区域的生态系统以及每个子系统的承载能力，形成生态保护和自然生态资源利用的体制机制。一是加强生态区域规划。科学测算并确定区域内的生态承载能力，并据此划定生态保护和涵养区域，强调生态立法，划定生态红线，配套实施生态区域内村镇整体移民搬迁。每个村镇在空间布局规划中应充分强调生态功能建设。二是加强环境治理。加强环保监测和监控，加大村镇生产和生活污水处理能力建设，加强农业面源污染的控制与治理。试点推广村镇垃圾分类及其回收利用和无害化处理，加强垃圾分类与回收处理能力建设。三是加强生态环境保护教育宣传。生态保护和环境治理关键是人们的认识和行为的纠正。要通过多种途径和形式持续加强生态与环境保护相关知识和法律法规的宣传教育，在全社会形成节约和集约利用资源能源的氛围，使村镇居民养成保护生态环境的行为习惯。

——文化振兴战略。每个国家有每个国家的文化传统，每个区域也有每个区域的文化传统，每个村镇同样有每个村镇的文化传统。文化是一个国家的灵魂，同样也是村镇发展的灵魂，它决定着村镇发展的历史、现在和未来。一是加强传统文化挖掘和利用。一方面，中华民族的传统文化历史悠久、内涵丰富、地域特色明显。中华民族的传统文化本身包含着对可持续发展的深刻洞见，比如天人合一的思想，就代表着先人对人与自然和谐共生的认识。另一方面，传统文化包含着产业发展的机遇和可能，比如传统文化中的乡村民俗、民间手工艺品、特色饮食等都是可以有所作为的新的产业生长点。二是古村落古建筑修复与利用。传统文化的物质载体是古建筑与各类传统器具，它承载着传统文化和精神，反映着治世理政、天地人伦的质朴思想，吸取其中的精华有助于现代村镇社会系统的构建。三是加强村镇文化设施建设。普及村镇图书馆、文化馆，促进村民学习知识，改进乡风民俗，形成符合现代社会发展要求的村镇文化氛围，加强村镇文化建设。四是现代村镇文化塑造。鼓励村镇在承继传统文化精华的基础上，开展文化创新活动，通过传统文化精神内核提炼、村镇文化设施建设、文化产业发展，形成“一村（镇）一品”各具特色的村镇现代文化，使村镇文化成为村镇可持续发展精神引领。

——社区治理优化战略。村镇可持续发展是一项系统工程，社区治理优化是其重要内容，也是重要保障。现代化高水平的社区治理能力才能保障其他各项子战略得到落实和贯彻。社区治理优化需要通过体制机制的优化设计来实施，落实的关键在于人。一是加强社区治理优化设计。加强社区治理优化的顶层设计。社区治理的优化要与乡村现代化要求相适应，包括生态环境保护、产业转型升级、乡村文化振兴等均应该成为社区治理涉及或协调的内容。二是加强村镇自治能力建设。村镇自治能力水平较高，相应的社区治理水平也就较高。要加强村镇社区管理的内部力量建设，打造一支专兼职结合的社区管理服务队伍，积极引导村镇居民参与社区管理，通过共商共管、建章立制创新社区治理的制度体系和运行机制。三是积极引入社会服务机构。社区治理优化本质上要求社区管理工作不断向服务提供转变，一方面要使社区管理服务队伍转变观念，另一方面要积极吸引社会力量提供相应的服务。逐渐从政府办社区管理向村镇居民办社区服务以及社会向社区提供服务转变。

——人才振兴战略。东南沿海村镇可持续发展战略实施的关键在于人才。只有拥有充足的立志于村镇建设的人才资源，才能真正推进村镇可持续发展。人才振兴战略要考虑村镇的基础教育、职业教育、终身教育，要引得进、留得住、用得上、发展好，使村镇可持续发展真正成为人才发挥才能、创业圆梦的乐土。一是加强村镇基础教育投入与建设。要加强村镇基础教育的规划和投入，切实推进城乡基础教育均等化，大力推进优质教育资源向村镇延伸，为村镇子女提供获得优质教育的均等机会。二是加大村镇居民职业培训投入。设立财政专项资金，扶持符合村镇产业发展方向的村镇居民职业培训，促进村镇居民就业能力和职业转换能力提升。三是加强适用人才引进。鼓励通过人才委托培养和回村创业等政策手段，促进适用人才向村镇回流，为村镇可持续发展注入不歇动力。四是促进外来人口本地化。外来人口是东南沿海村镇发展中的一支重要力量，不是包袱和负担。要通过各种政策手段，化解人口流动带来的社会保障、子女就学等方面的难题，逐渐使外来人口本地化，使之成为村镇可持续发展建设的参与力量而不是打工者。

### 5.2.3　发展阶段

东南沿海村镇可持续发展战略的实施过程可分为典型试点推进、全面铺开建设和协调发展提升三个阶段。每个阶段大致为五年、五年和十年，即从目前开始到新中国成立九十周年这二十年时间内要走过三个战略推进阶段，使东南沿海村镇全面形成可持续发展的局面。

典型试点推进阶段是东南沿海村镇可持续发展战略推进的初级阶段，主要完成尝试试验和经验积累的目标任务。并为下一阶段全面铺开建设奠定实践基础和理论准备。这一阶段首先要做的一项重要战略准备就是按一定的行政区划对所辖村镇进行全面的摸底分类，根据不同类型提出村镇可持续发展的评价标准，分层分类拟定试点推进的规划方案。在此基础上，分层分类选择典型试点村镇，明确试点推进目标，实施试点推进计划，组织力量加强定点指导和调查研究，及时总结试点经验，保证典型试点工作的科学性，在实现典型试点村镇走上可持续发展之路的同时，形成可复制可推广的典型试点经验。

全面铺开建设阶段是东南沿海村镇可持续发展战略推进的关键阶段，起到承上启下的重要作用，主要完成各类型各层次村镇都找到适合自身基础和特色的可持续发展之路。这一阶段既是对前一阶段试点所形成的经验和由此形成的理论准备的检验，也是对实践进行深化和理论不断完善的过程，并为下一阶段区域内各类型村镇协调发展全面推进区域可持续发展奠定基础。这一战略阶段的核心目标是所有区域内村镇都走上可持续发展之路。

协调发展提升阶段是东南沿海村镇可持续发展战略推进的完成阶段，这一阶段是战略的收官阶段，也是实施未来发展战略的起点阶段。不仅要使各类村镇都走上适合自身的可持续发展之路，也要实现以村镇可持续发展为基础的区域可持续发展之路，形成良好的区域发展生态。因此，这个阶段是战略推进的高级阶段，战略实施时间预计为 10 年，为相对开放性的战略阶段。

### 5.2.4　发展路径

发展战略确定后，就是选择发展路径。发展路径的选择要充分考虑目标、时间、资源要素和政策选择等因素。根据以上确定的战略思路和发展阶段，充分考虑各类约束和选择的可能性，发展路径的选择可从总体和个体两个方面进行设计。

（1）总体发展路径

总体发展路径以五大文明建设与城乡一体化进程为要求，充分考虑发展基础、环境约束、资金约束、政策可能。可以考虑分两步走的发展路径，第一步是政府主导、市场参与，政府作为村镇可持续发展建设的主导者，首先应加强村镇可持续发展的规划制订，通过规划引领东南沿海村镇可持续发展的总体布局和分类建设，积极运用财政、土地、环保、产业等政策，引导市场参与村镇可持续发展建设，构建起推进东南沿海村镇可持续发展的动力机制。第二步是社会主导、政府引导。在形成村镇可持续发展总体布局展开和动力机制初步构建以后，各村镇可持续发展找到各自发展特色、发展方向和发展路径的基础上，要积极发挥社会力量和企业、消费者等市场主体的作用和力量，以社会主导推动村镇可持续发展。同时政府要积极发挥引导作用，加强对产业发展和投资的引导，制订出台相应的标准和监督监管制度，实施必要的监督监管，以保证村镇可持续发展过程中社会力量的正确发挥。

（2）个体发展路径

个体发展路径要依据各类型村镇的实际情况，按分类推进的原则进行设计。概括起来，大致可以设计或选择如下几类发展路径。

第一类：产业先导发展路径。这一发展路径强调产业发展，适用于那些经济发展基础比较薄弱的村镇。经济合理增长和高效运转是任何类型村镇可持续发展的基础，也是形成可靠自生能力的基础。没有自生能力而靠外部力量尤其是政府扶持的村镇经济是不可持续的，也就不可能走上村镇可持续发展之路。产业先导发展路径要求村镇找到适合自身发展又能被市场所容纳的产业，本书对村镇的分类从经济角度看是以产业为基础的，比如工业型、贸易型、农业生态型、文化旅游型、生态旅游型等。村镇产业的选择一定要符合自身资源优势同时符合市场需求方向，并考虑未来市场变化可能带来的影响，预留可调整或转型的空间。通过村镇产业发展形成可持续发展的经济基础，同时加强对环境保护、生态维护等基础设施建设。

第二类：生态先导发展路径。“绿水青山就是金山银山”，随着经济发展进入工业化后期阶段，市场对生态环境质量的要求逐渐显现，生态型消费需求日益增加，优良的生态环境将越来越成为稀缺资源，其经济价值和市场意义将不断显现。对那些拥有良好生态资源，工业化进程相对滞后，环境污染较少的村镇，宜采取生态先导的发展路径。生态环境质量的好坏本身就是评价是否可持续发展的重要指标，生态保护和合理开发结合生态经济建设将是东南沿海村镇可持续发展的路径之一。

第三类：保护治理发展路径。严格说这一路径又可以分为两类，一类是文化保护传承，主要是针对那些历史民俗悠久、文化传承良好的村镇。这类村镇社会文化价值高，其经济价值也逐渐被重视和发掘，因此适宜走文化保护传承的发展路径。另一类是由于工业化、现代农业发展而造成一定的环境污染，但已一定的经济积累，需要按照可持续发展的理念进行环境治理和生态修复，但其历史形成的产业和经济模式仍然具有发展意义。这一发展路径的关键是处理好经济发展与环境保护的关系，制定合理的产业发展规划和环境治理措施，加强落实，走上可持续发展之路。

## 5.3 空间布局

空间布局是社会经济发展过程中的空间过程，是一种复杂的社会、经济、文化活动在特定环境条件下的地域投影，是功能组织方式在空间上的具体表现。东南沿海村镇可持续发展的空间布局就是要使村镇层面的各类系统和各类功能按照可持续发展的要求在空间层面得到落实。本节从总体空间布局、村镇功能优化、村镇产业布局、村镇生态重构、村镇社区规划等方面提出东南沿海村镇可持续发展的空间布局设想。

### 5.3.1 总体空间布局

东南沿海地区经济发展水平较高，村镇的建设发展总体水平也较高，但也存在着耕地分散、村落分散、用地无序、产业零散、发展水平参差不齐、公共服务提供低效、环境整治难度较大等影响总体可持续发展的许多限制。因此在总体空间布局时，要统筹考虑区域产业生态、农业整体发展、公共服务提供、村镇特色发展等目标，特别要遵循以下三项基本原则：

一是促进村镇集群，连点成线、集聚成片的原则。东南沿海地区人地矛盾突出，产业升级转型、生态文明建设正处于关键时期，未来村镇可持续发展必须沿着产业集聚发展、生态有序治理、土地高效利用、公共服务有效提供的路子加以推进。而且浙江省已在“十三五”美丽乡村建设规划中率先提出了乡村成线的空间布局理念。在这一原则指导下，应将生态保护区内的分散村落分步实施搬迁，平原地区应科学规划，改变星罗棋布式分布的自然小村落现状，通过新村建设、农民进城（镇）上楼等，通过连点成线、集聚成片使村镇在空间上形成集群。实现耕地连片和规模经营、乡村工业集中布局、“三废”集中处理、城乡公共服务有效均等和高效提供。从而实现村镇整体可持续发展，乡村现代化和新型城镇化同步发展。

二是采取因地制宜，分类定位、明确功能的原则。可持续发展同样需要东南沿海地区总体村镇生态的构建。这就要求对不同村镇应采取因地制宜，根据村镇所在区域总体经济发展和产业生态状况，明确村镇发展类型和相应数量，避免千村一面，强调特色发展，突出村镇经济、社会、文化功能分类定位，明确各类型村镇的功能，完善区域内村镇生态多样性。

三是合理交通布局，连镇通村、有机融合的原则。要实现东南沿海地区村镇整体可持续发展和村镇个体可持续发展，形成乡村现代化与新型城镇化同步发展，合理的交通布局是基础。结合村镇集群发展原则，统筹考虑交通布局，加强村镇与村镇之间、村镇与城市之间、村镇与域外以不同等级公路路网为基础的包括公、铁、航的立体交通网络体系，实现区域内村镇之间有机融合、村镇与城市有机融合、村镇与域外无缝对接。

### 5.3.2 村镇功能优化

与村镇的四大系统相对应，村镇功能包括经济功能、生态功能、文化功能、社会功能。村镇可持续发展从一定意义上讲就是要让这四大系统协调运行。四大系统有效运行即发挥村镇的各项功能，因此村镇功能优化本质上还是使这四大系统有效协调运行。

就每个村镇而言，这四项功能发挥不是同步的，也不是同等重要的，但从可持续发展的角度看有效协调运行的要求则是一样的。协调的基本要求就是各项功能可以相互支撑、互相兼容。比如一个以生态旅游为主导产业的村镇，那么它的生态功能一定是发挥最佳的，生态功能必须能够支撑经济功能的发挥，村镇的组织管理等社会功能必须与生态功能、经济功能相适应，文化功能也要服务于生态功能，同时反映体现生态功能。

村镇功能优化要考虑差异性。在新型城镇化的背景下，对于不同导向的村镇可持续发展需要进行差异化，寻找适合各个村镇自身特点的发展路径，实现各村镇的功能优化。正确认识村镇的差异性，对于村镇自身资源的全面梳理是做好村镇功能优化的基础。主要包括两方面内容：对村镇自身资源的梳理和外界发展环境的梳理。村镇自身资源主要包括区位条件、自然资源、文化资源、经济和产业发展状况、村镇建设现状、基础设施条件等。外界环境包括政策和相关规划、农业产业发展趋势以及周边地区产业的竞合关系等。在充分认识现状的基础上，总结村镇建设和发展的优势、劣势、机遇和挑战，实现村镇的功能优化。

村镇功能优化要突出发展导向。每一类村镇都会有自己的主导（特色）产业，有些侧重于产业功能，有些侧重生态功能，有些侧重文化功能。在村镇功能优化的过程中，应在对村镇主导产业发展模式评估的基础上做出判断，确定是否可持续发展，如何转型优化等，在明确发展导向的基础上确定以哪一类功能为引导，进而明确其他功能发展方向并与之兼容优化。

对于以生态旅游为主导产业的村镇，应该坚持在不干扰自然地域、保护生态环境、降低旅游的负面影响和为当地人口提供有益的社会和经济活动的情况下，积极利用自身的生态资源优势，充分发挥生态功能，积极谋求生态的经济功能，大力开展生态保护宣传利用，实现生态的文化功能，配套形成相应的社会组织管理体制，充分发挥村镇的社会功能服务于生态可持续发展。

村镇功能优化要充分利用资源优势。比如，对于以农业发展为导向的村镇，应根据自身的区位优势，加快转变农业发展方式，大力发展高效、设施、休闲、品牌农业。提高农业综合生产能力，农业标准化、产业化、规模化和设施水平要显著提高。首先，农业发展方式要持续转变，以“精品农业、生态农业、休闲农业”建设为抓手，大力推动农业发展方式转变，农业规模经营模式不断完善，合作农场健康发展。其次，注重精品农业发展，加大对大宗作物农业品牌的培育推广力度，带动整个区域农业品质提升，休闲农业建设不断推进，建立一批休闲农业景点，如农家乐、生态园等。最后，农业产业发展要将主导产业确定规划好，主导产业在产业结构中处于支配地位，主导产业的相关问题确定之后，其他产业才能随之确定，主导产业的选择要以市场为导向，效益为中心，充分利用优势和特色资源，来实现村镇农业产业化发展，获得经济效益、社会效益、生态效益同步实现。

### 5.3.3 村镇产业布局

产业布局在静态上是指形成产业的各部门、各要素、各链环在空间上的分布态势和地域上的组合。在动态上，产业布局则表现为各种资源、各生产要素甚至各产业和各企业为选择最佳区位而形成的在空间地域上的流动、转移或重新组合的配置与再配置过程。产业布局合理与否影响到经济优势的发挥和经济的发展速度。优化产业布局是经济发展的核心，产业布局优化有利于产业可持续发展能力的形成，又能保护环境，促进良好人居环境的建设，还能促进产业集聚和规模效应的形成，从而加快村镇产业发展，提高村镇经济发展竞争力。

村镇产业布局应该划分为两个层面，一个是区域层面，另一个是村镇层面。

在区域层面上，村镇产业布局要按照“合理布局、节约资源、保护环境、体现特色”的要求，突出特色、因地制宜，统筹利用好各村镇的资源。一是要结合本地产业结构、资源状况、交通区位、科技水平等综合因素，立足于宜工则工、宜农则农、宜商则商、宜游则游，有针对性地确立产业发展重点，打造各村镇的特色，扩张优势，开辟适合各类村镇发展的活力和竞争力。二是要统筹兼顾，协调区域产业生态，促进区域经济可持续发展。比如工业发展适宜集聚集约发展，依托中心集镇发展乡镇企业，以中心集镇和辐射中心，选择合适地理位置，合理布局村办企业，以利于中心集镇企业与村办企业之间进行经济技术合作，实现两者共同的发展。在企业选址上要以节约土地资源为准，避免土地等相关资源的浪费。又如农业发展要以现代农业发展为方向，要充分考虑农业生产、观光休闲的需求，坚持因地制宜，节省投资的原则，以现有的道路和基本水系为规划基准点，按照服从科学性、弘扬生态性、讲求艺术性以及具备可行性的原则，可将农业园划分为农业规模种植区、生产加工区、生产示范区、观光旅游区、休闲娱乐区、管理服务区等大类。

在村镇层面上，村镇产业布局要遵循村镇的产业功能与生活功能相协调，与产业特点相一致的基本原则。有利于村镇功能优化、有利于产业特色发挥为归依。村镇在发展符合自身环境特点的产业时，要着眼可持续发展注重环境保护，在全力发展村镇经济的同时，要坚持以科学的发展观为统领，重视环境保护。

### 5.3.4 村镇生态重构

良好的自然生态是村镇持续发展的基础。要构建生态安全格局，强化生态优先的发展理念，推进村镇可持续发展与生态文明融合发展。将生态文明理念贯穿于推动村镇可持续发展工作之中，构建绿色生产方式、生活方式和消费模式，走以人为本、绿色低碳的新型发展之路。

坚持科学规划。村镇生态重构要立足区位、资源和产业优势，突出城镇规划与农村规划统筹考虑、城镇建设与生态建设统筹考虑、经济发展与环境建设统筹考虑、快速发展与可持续发展统筹考虑，开展村镇生态重构规划和建设。构建多层次、多功能的生态网络，加强水源地的森林建设，打造绿色生态屏障，形成绿色自然空间，重点做好区域生态修复与生态多样性保护，增强农林水对生态平衡的贡献率。实现村镇生态重构，促进村镇生态空间山清水秀、生产空间集约高效、生活空间宜居适度。在规划设计及其实施中应遵循三个基本原则：一是高标要求、适度超前。本着高点定位、适度超前、着眼长远的原则，对村镇进行生态重构规划。二是整体规划、分步实施。村镇生态重构规划要注重整体性，具体执行宜分步实施。三是分类指导、因村制宜。对不同类型村镇生态重构规划和建设要区别对待、因村制宜。

构建生态安全格局。生态安全格局是指对维护生态过程的健康和安全具有关键意义的景观元素、空间位置和联系，包括连续完整的山水格局、湿地系统、河流水系的自然形态、绿色体系以及防护林体系等。要明确基本生态控制线，树立底线思维，在重点生态功能区、生态环境敏感区和脆弱区划定生态红线。

治理和美化环境。按照“硬化、净化、绿化、亮化、文化化、有序化”的“六化”标准，对污染问题进行集中整治，建立起小城镇环境综合治理的长效机制。加强村镇基础设施和公共服务设施的建设，提升村镇的公共服务配置。对于农村基础设施的建设，要积极实施“五清五改五通”工程，优先解决农村行路、饮水、用电、燃料和通信等方面的困难。

对村镇主次干道进行修建、修建排水沟，对居民房前屋后，道路两旁、庭院内外，街道广场，全部绿化。加强环境综合整治，根据环保要求，按照先重点、后全面，先示范、后推开的原则，对村镇环境进行综合整治，对于某些污染严重的村镇或者产业进行重点整治。

### 5.3.5 村镇社区规划

村镇社区是村镇居民生活休憩、开展社会文化活动的场所。在新的历史条件下，传统上的封闭村镇已不存在，而且由于居民自身素质和生活水平的提高，对所处社区的组织治理、空间环境、社会文化设施均提出了更高的要求，从而产生居民“自下而上”参与社区建设的内在要求。

在功能上，村镇社区规划主要考虑居住、休憩健身、社会交往、文化活动等基本功能的实现，并能满足未来发展的需要。同时要考虑原有村镇格局、基础设施、乡风民俗等情况。立足现实条件，考虑未来发展。在空间上，村镇社区规划要考虑私人空间和公共空间，实现私人空间和公共空间的合理配置。在设施上，村镇社区规划要强调与城市基本设施的水平相一致，努力实现公共服务城乡均等化。

村镇社区规划的最终目标是实现人与人之间的社会关系以及人与物之间互动关系的和谐与持续发展，促进人的全面发展。村镇社区规划可以增强居民的社区共同意识和社区归属感。村镇社区规划的重点在村镇社区物质空间环境和设施方面，如土地的综合利用、道路交通组织、居住空间结构组织、社区公共服务设施、环境设计与社区形象等方面。村镇社区规划还要考虑发展动力源、村镇社区类型、社区居民特点等方面。

# 第 6 章

# 东南沿海村镇可持续发展模式与经验

可持续发展理念贯彻于村镇建设与实践，我国有着丰富的样本与经验。东南沿海地区具有村镇经济较发达、人口密度与城镇化水平较高、传统文化底蕴深厚、村镇治理建设与发展较快等共性，尤其是通过创建美丽乡村、特色小（城）镇和保护发展名镇古村等，打造村镇可持续发展模式的升级版，探索中国特色乡村振兴之路，在全国具有较好的先导性、示范性。本章重点通过比较分析东南沿海地区村镇发展的典型模式、发展成效、典型经验、负面案例及教训，试图总结提炼出东南沿海地区可借鉴、可推广、可复制的做法。

## 6.1 可持续发展“古典版”——古村古镇发展典型模式

具有历史文化底蕴的古村名镇往往依托其独特的传统文化资源和区位资源，通过政府主导、村集体经营或企业开发、外来资本投入、股份合作经营等多种方式，在保护传统文化资源与改善村镇生态环境、促进村镇经济繁荣之间寻找新的平衡点，努力实现村镇的可持续发展。在这里，我们权且称之为可持续发展的“古典版”，严格上说，这种划分并不十分科学，因为大部分古村古镇都是在市场经济和开放格局下的村庄重建与活力振兴。

### 6.1.1 生态旅游开发型

**三山村：“岛屿湿地+循环生态+古村文化+旅游主导”。**

三山村为第六批中国历史文化名村。位于苏州西南50公里的太湖之中，因一岛三峰得名，过去交通不便、经济落后。辖区面积2.8平方公里，共5个自然村、6个村民小组，人口850人，村级集体年收入超过1000万元，村民人均年收入3.6万元（课题组2015年实地调研数据）。先后获得国家地质公园、国家5A级景区、全国农业旅游示范点、国家湿地公园（试点）、江苏最具魅力休闲乡村、江苏省生态村等荣誉。其基本做法如下：

一是坚持低碳岛屿发展理念，打造太湖三山岛国家湿地公园。太湖三山岛国家湿地公园是2007年启动建设。为解决蓝藻严重污染水质的问题，村党支部下决心以氮磷拦截法对沿岛滩涂和水域进行湿地建设。2009年、2011年先后启动发改委立项的一期2000亩和二期1000亩湿地开发项目，2013年通过国家林业局验收。园区内共分为生态保育区、管理服务区、宣教展示区、休闲体验区、社区共建区等5大功能区，成为全国唯一的岛屿湿地、村级建设湿地和社区参与共建的湿地。坚持“保护优先、科学修复、合理利用、持续发展”原则，提高了湿地生物多样性、完善湿地生态功能，湿地公园集水利疏浚、湿地保护、科普宣教、湿地旅游为一体。太湖三山岛国家湿地公园建设为太湖流域水资源保护创造了良好的生态环境，为提升苏州水源地——太湖的水源涵养、水质净化设置了一道生态屏障。

二是创新水环境治理机制，促进资源保护与循环生态持续发展。创新水环境治理模式，发起“企业水伙伴”项目，签订湿地“认养”单，率先在太湖流域建成企业和社区参与水环境保护与治理的模式。将门票收入优先投入湖岸线整治、滩涂清淤、蓝藻拦截与打捞还肥等。选择生态湿地处理技术、生态隔离带技术、水生作物缓冲和拦截氮磷污染物，有效控制农业污染源，提高氮磷利用率，实现生态循环机制。因地制宜配置浮水植物、沉水植物、挺水植物，利用湿地植被群落的吸附能力，净化水质和丰富景观；投放大量鱼类、螺类、贝类等，提高水体生态修复能力，促进水生物资源的有机平衡；建立生态保育区，繁衍栖息白鹭等 10 多种鸟类，改善生态系统食物链结构，完善湿地生态系统功能；利用底泥清淤原位处理技术进行水利疏浚，构建生态复层防浪防藻区，建设复层防浪降藻围堰和多生境岛屿，整治低洼地，拓展土地使用面积，实现湿地生态净化与土地资源保护有机结合；与中国林科院湿地研究所、中科院土壤所、苏州科技学院等单位合作建立试验示范基地。经过努力，湿地水质由Ⅳ类提升至Ⅲ类。

三是坚持文化传承与绿色旅游，建设低碳生态文化旅游示范村。重视文化传承与村民致富相促进、生态保护与经济发展相平衡。三山村遗留明清民居建筑 1 万多平方米，坚持统一规划、合理修复、有限开发，促进生态旅游和文化传承的协调发展。重视对全村低碳产业的规划设计，对低碳农业、低碳旅游业、低碳交通、低碳建筑和低碳能源进行升级改造。完成全部农家乐低碳建筑改造和餐厨油污分离与餐厨垃圾综合利用。重点建设污水厂、自来水厂，引导村民以天然气替代煤气。三山村成为江苏最具魅力休闲乡村、江苏省生态村的一个典型。

### 6.1.2　环境整治示范型

**珪后村：环境综合整治 + 特色农业 + 旅游业。**

珪后村位于漳州长泰县岩溪镇，距离镇区 2 公里，2016 年被列入第四批中国传统村落名录公示名单、2017 年被列入改善农村人居环境示范村（环境整治示范村），评为第五届全国文明村镇。村庄地势低平，属于南亚热带海洋性气候区，总面积 13280 亩、耕地 3890 亩。全村 1245 户，总人口约 4900 人，劳动力 2300 多人（外出占一半以上），党员近 200 人。近年来分别获得“国家级生态村”“全国敬老模范村”“全省民主法制示范村”“全省敬老模范村”“漳州市第八届文明村”“漳州市民主法制示范村”“长泰县第十届文明村”“长泰县计生协会先进单位”“岩溪镇全面工作先进单位”“全省农村固定观察点工作先进单位称号”“长泰县先进基层党组织”等。2013 年，全村工农业总产值达 12327 万元（农业产值 1416 万元，占 11.5%）；村创办集体企业有龙眼山、东仔坑等，年创产值 250 多万元。全村水果面积 2230 亩，其中荔枝 300 亩、龙眼 660 亩、香蕉 670 亩；水稻面积 1320 亩，蔬菜 2600 亩。珪后村保留有漳州闽南生态文化走廊橡林驿站的建筑原型，唐代的庙宇、宋代的宗祠、明代的城堡、清代民国时期的民居将近 30 座，有庵庙宫亭 10 座、楼寨桥堡 23 座、古墓 11 座。珪后村通过制定村庄整体规划，分期分批进行“美丽乡村”建设和旧村改造，配套建设乡村公园、学校等公共活动场所，开展古村保护行动，整理古迹名居，邀请设计院调查设计，开发乡村文化旅游资源，打造“历史文化名村”名片①。

### 6.1.3 政府主导保护型

20 世纪 80 年代中期开始，以江苏昆山市周庄镇和安徽黟县西递村为代表的江南古村古镇进入政府为主导的保护阶段，主要以县（市）旅游局、镇政府、村委或其成立的公司为主开发；90 年代以后古村落的旅游品牌价值开始凸显，保护理念、保护管理方式和保护方式呈现多元化的发展，外来资本开始进入古村古镇的开发。

**周庄镇：“镇政府主导 + 旅游业 + 制造业”。**

周庄古镇位于苏州城东南，昆山、吴江、上海三地交界处，占地 38.96 平方公里。古镇四面环水，因河成镇，依水成街，以街为市；“井”型河道上完好保存着 14 座建于元、明、清不同时代的古石桥；800 多户原住民枕河而居，60% 以上的民居依旧保存着明清时期的建筑风貌。2010 年获“全国特色景观旅游名镇”，入选第一批“中国历史文化名镇”“全国低碳旅游实验区”“江苏省智慧旅游示范基地”。主要景点有：双桥、沈厅、张厅、富安桥、全福寺、迷楼、周庄图书馆、周庄舫、澄虚道院等；特色文化包括：茶文化、民间曲艺、丝弦宣卷等。周庄古镇的保护主要是镇政府负责组织、协调、监督古镇重点保护区、缓冲区及旅游配套控制区的建设工作。成立了周庄古镇保护委员会办公室，负责古镇保护事项；制定了《周庄古镇保护暂行办法》《周庄古镇保护详细规划》，对古镇保护工作实施管理、监督和指导。周庄镇成功打造了“中国第一水乡”旅游品牌，年接待游客维持在 300 万人次以上，旅游年收入超 20 亿元。江苏日久光电股份有限公司是周庄镇首家上市企业，2015 年实现产值超 2 亿元②。周庄古镇的发展不单一依赖于旅游业收入。

---

① 长泰县岩溪镇珪后村古民居保护纪实［N］. 闽南日报，2015 - 10 - 12.

② 周庄要着力做好古镇保护这篇文章［N］. 昆山日报，2016 - 08 - 19.

**诸葛村："村集体主导 + 学者倡导 + 村民参与 + 文物保护所 + 旅游公司"。**

诸葛村又名八卦村，位于浙江省金华市兰溪市西部，国家 4A 级旅游景区，是迄今发现的诸葛亮后裔的最大聚居地。村中建筑格局按"八阵图"样式布列，村落在 8 座小山的合抱之中，小山分布形成外八卦；村中的楼宇建筑、街道八方呼应。"钟池"位于中心，似太极阴阳鱼图，8 条小巷向外辐射，形成内八卦，其建筑布局在中国建筑史上尚属孤例①。诸葛村保存了 200 多座明清古建筑，被认为是全国保护最好、群体最大、型制最齐古村落之一。诸葛村宗祠的规模宏大，各种建筑的木雕、砖雕、石雕工艺精湛、建筑豪华。诸葛村的景点主要有大公堂、民居、大经堂、古商业街、丞相祠堂、钟池、天一堂、农坊馆、百草生态园、寿春堂、雍睦堂、隆丰禅院、孔明生平展等。诸葛村的保护始于村民的自发参与。1995 年之前，村民筹款募捐自发抢修崇信堂、尚礼堂、大公堂等厅堂。在清华大学教授的呼吁下，1996 年诸葛村被国务院列为全国重点文物保护单位。1997 年，清华大学建筑学院编制完成《诸葛村保护规划》，成为全国首例古村落整体保护规划。诸葛村实行村委会负责下的旅游公司开发保护模式。旅游公司是诸葛村委会、村经济合作社所辖的经营企业，资产归属村经济合作社集体所有，村委会同时为旅游公司董事会。村级集体经济体制是该村保护与开发的重要模式，诸葛村每年门票收入 1000 余万元，一部分用于古村修缮，另一部分用于改善农民福利，特别是让老人分享古村文化保护的成果。但是，这一机制也在 90 年代中后期遭遇对古村资源的争夺冲击，"无中生有，虚中生实"的旅游开发模式导致了假景观的泛滥和古村落文化的破坏。有观点认为，八卦是 20 世纪 90 年代中后期镇政府与市政府为收回旅游经营权，搞大规模商业开发，在村前山庄建起仿古街、编造假景观，以八卦作为旅游卖点，但这一行为遭到当地村民强烈反对②。为避免这种破坏现象的再次发生，诸葛村成立了文物保护管理所，负责在诸葛村保护规划上把关，不参与旅游公司的旅游经营业务；推动村委会与旅游公司职能分开，村务工作、古建筑维修及保护、工程建设、旅游项目

① 诸葛村的这种建筑布局，也被认为是传统村落宗法组织关系的体现。

② 杜凡丁．怎样保护好"老房子"［EB/OL］．人民网，（2016 - 04 - 05）．http：//opinion. people. com. cn/n1/2016/0405/c1003 - 28250555. html.

投入、行政事务等都由村委会管理，旅游公司按规划管理和保护景区，经营和宣传促销工作；村集体财务公开受村民监督，村民成为旅游公司股东，也是古村落保护的受益者，公司主要干部由村两委决定，形成了完整的“政府主导（文保所）、村落自治管理（村委会）、企业化运作（旅游公司）”保护机制。据报道①，诸葛村建立了古民居产权归属和保护者受益分享机制，并制定了《村规民约》约束村民行为。专业力量在诸葛村的保护中发挥了重要作用，该村与清华大学教授组建了诸葛村保护顾问小组，提出“不拆一座老屋，不砍一棵古树，不占一分农地，不造一个人工景观”的原则②，建立古村落的长期保护机制。浙江诸葛村的保护机制与安徽西递村类似。

### 6.1.4 企业合作开发型

**南浔古镇：“政府规划+企业合作+申遗保护+综合整治”。**

南浔古镇位于湖州市南浔区，明清时期为江南蚕丝名镇，是一个人文资源充足、中西建筑合璧的江南古镇，素有“文化之邦”和“诗书之乡”之称，列入第二批中国历史文化名镇、国家5A级旅游景区。南浔古镇景区面积34.27平方公里。古镇保护范围东起宜园遗址东侧起，西至永安街，南自嘉业堂藏书楼及小莲庄起，北至百间楼，保护面积约168公顷。古镇以南市河、东市河、西市河、宝善河构成的十字河为骨架，河流纵横交错、街和民居沿河分布，以南东街、南西街为串联，构成了“十”型格局，街巷肌理完整，河道水系基本保存。河两岸形成商业街道，既有傍水筑宇、沿河成街的江南水乡小镇风貌，又有众多高品质的私家大宅第和江南园林，形成小桥流水人家与大宅园林交相辉映的街区特色③。景点包括：张石铭故居、刘氏梯号、小莲庄、嘉业堂藏书楼、南浔文园、辑里湖丝馆、张静江故居、百间楼、广惠宫等。1985年成立嘉业堂文保所；2003年获联合国教科文组织“亚太地区文化遗产保护杰出成就奖”；2004年编制《南浔历史文化保护区保护规划》，浙江省政府批准设立南浔历史文化

① 徐宪忠．兰溪诸葛村创新文化保护机制引来八方客［EB/OL］．浙江在线新闻网，（2008-09-01）．http：//zjnews.zjol.com.cn/system/2008/09/01/009893069.shtml.

② 学者+政府+村民：三位一体的古村落保护经验［N］．中国文化报，2016-06-26.

③ 丝绸之府湖州名镇名村［EB/OL］，新华网．（2015-06-21）．http：//www.xinhuanet.com/world/2015-06/21/c_127936595_7.htm.

保护区，并成立南浔区文保所；2005年获"中国十大魅力名镇""中国历史文化名镇"称号，并成立南浔古镇历史文化保护管理委员会，编制《南浔历史文化保护区控制性详细规划》；2011年6月，南浔区政府成立湖州南浔古镇管理委员会（副区长兼任管委会主任），作为区政府派出机构，对古镇区开展保护、利用、规划、建设和管理工作；2013年列入省级现代服务业集聚示范区；2014年，入选大运河世界文化遗产名录，通过申请世界文化遗产和成立"南浔学研究会"，提升古镇保护和环保意识[①]。2013年，南浔古镇启动20公里的综合管网工程，涉及百间楼社区、夏家桥社区内的57条街道（里弄）、共7131户居民。南浔古镇是典型的社区型景区，原住民10000多人，实行联票制；有丰富多彩的景区文化活动、完整的旅游产业链条。2015年，南浔古镇接待游客量500万人次，营业收入6000多万元。

南浔古镇的保护与开发是政府与外来企业联手、政企合作管理的典型，经历了从政府主导开发到引入外部资金联手开发的转型。南浔镇自20世纪90年代末开发旅游产业。2000年，湖州市房地产开发总公司出资900万元（隶属于市建设局），湖州市南浔房地产开发物业经营公司出资500万元（隶属于市建设局），湖州市南浔城建发展总公司出资200万元（隶属于南浔镇政府），共同组建湖州南浔旅游发展有限公司；2003年7月，湖州房地产开发总公司将其900万元股份划转至湖州市南浔房地产开发物业经营公司。2001－2004年，共投入1亿多元，修复南浔古镇风貌，但是经评估旅游公司已资不抵债、已无力筹资投入古镇开发建设[②]。2003年，湖州市南浔区政府与上海博大投资公司签订协议，双方组建浙江南浔古镇旅游发展有限公司（上海博大出资2100万元，占注册资本70%；区政府通过南浔欣欣城建发展有限公司出资900万元，占注册资本的30%），由博大公司出资23亿元独家拥有南浔古镇30年的保护性开发权和旅游经营管理权，古镇区由博大公司独家垄断经营，南浔区政府履行监督职责和提供相关服务（黄莹，2012）。2014年，南浔区政府与中国康辉旅行社集团、中国美术学院、农业银行湖州分行分别开展旅游发展战略合作。政府

---

① 车海芬，古镇保护与利用的"南浔模式"［N］．南浔时报，2015－02－03.

② 陈智霞，陈云．南浔区基本情况及古镇保护性开发［EB/OL］．人民网，（2004－12－25）．http：//www.people.com.cn/GB/jingji/1037/3078956.html

控股合资组建南浔旅游发展集团有限公司，陆续成立南浔古镇旅游发展有限公司、南浔古镇旅游投资发展有限公司、南浔古镇景区营销有限公司等子公司，分别负责南浔古镇的运营、投资以及营销等业务。2016 年 5 月，浙旅集团与南浔旅发集团签署战略合作协议，共同开发南浔古镇旅游度假区项目①。

**同里古镇："政府规划 + 技术机构参与 + 合资开发 + 经营转让 + 政企分开"。**

同里古镇被称为"江南六大古镇"之一，位于苏州市吴江区、国家 5A 级旅游景区。截至 2011 年，同里镇辖 5 个社区、12 个行政村，占地 131.54 平方公里。自宋代建镇距今已有 1000 多年历史，1980 年被列为国家太湖风景区景点之一，1982 年被列为省级文物保护单位。1992 年被列为省级文物保护镇，1995 年被列为首批历史文化名镇，著名景点"退思园"被联合国教科文组织列入世界文化遗产。同里镇属太湖水网平原区中的湖荡平原，境内有大小河道近 300 条，大小湖荡约 20 个；镇域工业发达，外资企业、港资、台资企业众多，形成了电子、医药、化工、机械、纺织、蔺草、建材、印刷、包装等产业。同里古镇内有明清两代园宅 38 处，寺观祠宇 47 座，士绅豪富住宅和名人故居数百处，自然景观尚存"东溪望月""南市晓烟""北山春眺""水村渔笛""长山岚翠"。景点主要有明清街、耕乐堂、吴江同里湿地公园、绍鏊纪念馆、松石悟园、陈去病故居、罗星洲、南园茶社、崇本堂、嘉荫堂、三桥、退思园等。同里古镇文物古迹众多，保存完好的明清建筑达 6.5 万平方米，占总建筑面积的 61%。同里古镇与同济大学和文化部门的有关专家合作，共同开展全镇历史街区、传统民居和文物古迹的调查，并建立了电子档案进行管理。

1998 年以前，同里古镇实行的是在吴江市建委主导下的景区管理模式，古镇保护与景区的修复主要依赖于政府投入。1998 年，吴江市政府将景区管理权下放给同里镇政府；2001 年，镇政府引入苏州凯达公司，开展政府与企业合作，投资 2700 万元用于景区建设；2003 年底组建同里古镇保护发展有限公司，由政府（同里镇集体资产经营公司）、技术专家（同济大学旗下公司）、专业化公司（苏州新沧浪房地产开发有限公司）

① 徐光．浙旅投资公司与南浔旅发集团签署战略合作协议［EB/OL］，浙江在线—浙商网，（2016－05－20）．http：//biz. zjol. com. cn/system/2016/05/20/021158286. shtml.

联手，探索古镇保护企业化运作方式；2005 年，同里总公司注册成立 8 家子公司，实现政企分离、独立运行；2006 年，吴江市政府引进中国世贸集团，成立由同里镇与港合资的苏州同里国际旅游开发有限公司，合资公司中方和港方分别占股 49%、51%，景点以租赁形式向合资公司转让经营权。同里古镇通过政府主导与市场引导的方式，实现了公共政策在激励开发者积极性与维护公共利益之间的平衡（陈玮，2006），在严格详尽的保护技术指标控制下，让更多主体投入到历史文化古镇保护工作中并从中受益。

### 6.1.5　民风民俗传承型

**石壁镇："客家文化 + 寻根文化 + 客家民俗"。**

石壁镇位于福建省宁化县西部，距县城 17 公里，古称玉屏，唐中叶更名为石壁。全镇区域面积 136.5 平方公里，耕地面积 3.19 万亩，林地面积 14.87 万亩；辖 22 个行政村、1 个居委会、242 个村民小组、总人口 37000 余人[①]。石壁镇是山区农业大镇、闽赣边贸重镇，也是闻名海内外的客家祖地所在地，列入第六批中国历史文化名镇。石壁镇现有省级文物保护单位 3 个，保存基本完好的古迹建筑总数达 106 处，主要包括寨堡关隘、桥梁路亭、宗祠宫庙、香火祖厅、民居建筑等，其中又以宗祠、香火厅及古民居数量最多，是客家传统聚居村镇的典型。唐宋以来，每逢清明、重阳两节，世居潮梅的何姓后人及其他各姓的客家后裔代表都会跋山涉水回到客家祖地"石壁"寻根问祖、祭拜祖先。宁化石壁客家公祠在 1995 年落成之后，每年公历 10 月定为"祭祖月"。通过寻根祭祖以及客家民俗等活动，吸引了国内大量游客及海外 30 个国家和地区的游客返乡寻根。宁化石壁客家祖地被海内外客家人公认为客家人的"麦加"和"朝圣中心"。

**大陈村："古祠文化 + 村规民约 + 崇尚教育"。**

大陈村位于衢州市江山市西北部，是大陈乡的中心村。村土地面积 3885 亩，园地面积 1510 亩；全村人口约 1300 人，580 户。大陈村有着悠久的历史，明朝永乐初（约 1403 年）徽州汪氏迁入，创建了一个以徽派建筑为主的古村落。大陈村列入第 6 批中国历史文化名村、第四批浙江省

---

① 宁化县政府官方网站（http://www.fjnh.gov.cn/）.

历史文化名村。村庄依山傍水，里巷村道青石铺垫，曲径通幽；公共建筑恢宏大气，民居细巧精美。现保存有古民宅、古祠堂、古戏台等古迹 111 处，其中明、清时代的古建筑 75 座，青石路 3000 多米。省级文物保护单位 2 处、市级文物保护单位 19 处，文物点 59 个。大陈汪氏宗祠、汪汉滔旧宅为主的一批古建筑是其代表。大陈村充分挖掘、传承和发扬“麻糍文化”“古祠文化”“崇尚教育”等传统文化，着力打造“文化大陈、幸福乡村”；大陈村人尊师重教，倡导“以商养教，以教育人”，致力于培养“囊中有银，腹有经纶”的儒商①。大陈乡通过实施一系列的惠民工程，先后实施汪氏宗祠修缮、村道硬化、村庄绿化、亮化工程、户厕改造和污水处理等项目，建立健全卫生长效保洁机制，保持村容村貌长年整洁。村委在大陈村的古村落保护与开发前期工作中，印制了 400 多份《大陈村古村落保护与开发倡议书》，教育村民遵守法律法规和村规民约②，提高村民参与古村保护开发的积极性和自豪感。大陈村获衢州市全面小康建设示范村，衢州市最具历史文化村庄，江山市先进基层党组织、江山市和谐新农村、江山市首批中国幸福乡村等多项荣誉。

## 6.2 可持续发展“升级版”——美丽乡村发展典型模式

自 2008 年浙江安吉首次开展美丽乡村创建之后，美丽乡村建设的理念和模式在其他省区市迅速推广。党的十八大首次提出“美丽中国”的概念，强调必须树立尊重自然、顺应自然、保护自然的生态文明理念。2013 年中央一号文件中提出建设“美丽乡村”的目标，2015 年中央一号文件提出美丽乡村建设要遵循乡村自身发展规律，体现农村特点、注重乡土味道，保留乡村风貌，努力建设农民幸福家园。同年，农业部公布首批 1100

① 吕若禾. 江山市大陈乡大陈村［EB/OL］. 浙江文明网，（2013－10－28）. http：//www.zjwmw.com/07zjwm/system/2013/10/28/019672273.shtml.

② 江山市大陈乡大陈村“1＋7”模式推进党群“一家亲”［EB/OL］. 浙江在线新闻网，（2012－11－13）. http：//zjnews.zjol.com.cn/05zjnews/system/2012/11/13/018942783.shtml.

个美丽乡村建设试点。此外，农业部在 2016 年推介特色民居村、特色民俗村、现代新村等中国美丽休闲乡村。住建部也先后公布了三批美丽宜居村庄。中央电视台也组织开展“寻找中国最美乡村”推介活动，并以“自然生态美、生活幸福美、文化和谐美、创新引领美”等四美作为评选标准。近年来，东南沿海地区美丽乡村的发展模式多样丰富、特色鲜明，可以说美丽乡村发展模式成为可持续发展理念在乡村探索实践的“升级版”。

### 6.2.1　特色农业主导型

**黄桥村：“生态农业 + 家庭农场 + 网格管理 + 综合服务”。**

黄桥村位于上海市“国家级生态乡镇”泖港镇中心地区，属于黄浦江上游，素享浦江第一村的美誉。据课题组 2015 年实地调研了解，黄桥村面积 3.2 平方公里，基本农田 3200 亩，村民 581 户，总人口 2087 人，常住人口约 800 余人，主要为 55 岁以上老人，青壮村民外出进城打工为主。外来人口约 300 人，主要集中于黄桥工业园。该村无工业企业、基本依赖农业收入，村集体年收支 200 余万元，村民年均纯收入约 3 万元（含打工收入）。镇政府重点围绕“生态兴镇”目标，坚持“打环境牌、走生态路、创特色镇”的发展思路。黄桥村先后获沪上“楹联第一村”、申城第一眼温泉、首个火龙果种植村等，同时荣获全国妇联基层组织建设示范村，2010 年全国特色村（绿色村庄）、2014 年全国生态文化村，中国最美休闲乡村等国家级荣誉，上海市文明村、上海市生态农业村、卫生村、整洁村、民主法制村、整洁示范村等荣誉。其基本做法如下：

一是实行准入制与责任制，推进生态农业和家庭农场的发展。为实现农业生产经营的组织化和规模化，村集体以每亩 500 斤稻谷（按稻谷价格 1.54 元/斤、人均 1 亩折算，约 770 元/人）作为补偿，将农田承包经营权统一收回、统一发包，以家庭农场模式进行竞标。设定竞标门槛，只有符合自耕农、夫妻双方有经营能力和必需资本条件的本村村民才能参与竞标；严格竞标程序，村委会集体讨论竞标标准并进行初选，参与竞标的村民公开演讲，由村民打分评价；严控生产管理，农药、化肥在便民超市统一购买、配送，保护黄浦江水源；规范考核制度，对家庭农场特别是农药使用进行考核，每三年进行一次竞标。该村家庭农场创建成为农业部高标准粮食生产基地。

二是实行网格制与专职化，提高村镇社区的管理服务能力。2010 年开始，推行网格长管理制。黄桥村将村民小组划分为 6 个网格片，每片一个网格长，负责网格片内公共服务与问题发现，网格长主要由村委会成员担任。如发现污染、治安等问题，村委会统一上报镇、区有关执法部门处理。据介绍，村镇社区网格长制度已经在上海市普遍推广，促进了生活服务的专职化。设置 1 名专职的社区家庭医生，公开招聘 8 名专职保洁员。家庭医生为全日制本科毕业的全科主治医生，以家庭为单位与责任区居民签订《家庭预防保健服务责任制》，重点开展多发病、传染病、慢性病等防治以及孕妇、儿童、老年人的保健服务与咨询指导。建立便民服务中心，开设文体服务室、老年棋牌室、中心卫生室、连锁品牌超市，开展水电费收缴等综合服务。

三是实行民主制与公示制，提升村民自治与村务管理水平。家庭农场竞标、网格长选拔与考核、村事务管理等，都实行民主制和公开制。家庭农场竞标召开村民代表大会，实行村民票决制。网格长由村委会提出招聘条件，镇政府统一组织招聘，其工资收入由财政通过平台统一支付。重视发挥村委和党员（包括离退休党员）的示范带头作用，村级重要事项实行集体商议与决议制度。村委会班子个人经镇政府考核合格后由财政统一支付工资。此外，网格长与家庭医生职责、村级资产、卫生服务收费标准、星级家庭评选、建设工程项目、工作人员考核与收入、土地流转等村务党务情况均实行公开制度，接受村民监督。

四是实行星级家庭创建制和垃圾分类制，引导乡风文明建设。黄桥村推行星级家庭创建活动。让村民主动申报家庭星级，由网格长负责每半年考核一次。4 星级以上家庭以小额奖品形式进行奖励，辅以小报宣传给予激励。黄桥村列入市级垃圾分类示范村。2014 年开始，实行干湿垃圾分类管理，每个家庭门口放置 2 个垃圾桶，再统一由卫生员分为四类，运输至末端集中处理。对于超过额定数量的垃圾产出户，加收一定的垃圾处理费，引导村民养成生态环保的良好生活习惯。此外，举办楹联沙龙，每两月发行一期《村务小报》，引导乡风文明建设。

五是实行项目投入与转移支付，维系农田与生态保护的可持续性。近年来，市财政累计投入约 2700 万元，用于农田水利设施建设、村容村貌整治、污水治理、河道整治与道路硬化等。松江区实施“七五三”工程（镇村所通道路宽度为 7 米，村与村道路宽度为 5 米，村民小组间道路宽度为 3 米）对道路进行改造，生态化改造河道 13 公里。为弥补因生态保护和产业发展的经济损失，区政府每年通过财政向村集体转移支付 70 万 - 80 万元，转移支付收入占村集体年收入的 1/3。2016 年开始财政转移支付将大幅提高至 150 万元，目的是鼓励村里重点搞好生态保护和社区服务，而不是过度追求产业发展。对于 55 岁以上老人，每月增加 150 元（加上土地流转的 770 元，共 920 元）作为失地保障收入。松江区集中建设有大学园区、工业区和新城，通过以工哺农、以城带乡的机制，推动农田保护和生态保护可持续发展。

**瀛东村："生态渔业 + 带头创业 + 集体文化 + 共同致富"。**

瀛东村位于上海市崇明岛东南端，距上海长江隧道桥大通道 5 公里，原为"潮来一片白茫茫，潮退遍地芦苇荡"的芦苇湿地，1985 年起经六次围垦形成现有村庄，围垦滩田 4000 亩，村域面积约 2.67 平方公里，是国家级生态示范村、全国农业旅游示范点，获全国生态文化村、全国文明村镇、全国先进基层党组织等荣誉。2015 年末有农户 73 户、村民 202 人，每户村民都拥有自己的洋房、田地和鱼塘，以渔业为主导产业；村集体资产约 1 亿元、年产值超过 1000 万元，村民人均年纯收入约 22000 元；外地人口约 100 人，主要在村下属旅游公司打工（课题组实地调研数据）。瀛东村在茫茫荒滩上建起以淡水养殖和渔文化为特色的社会主义新村庄，建成较为完善的旅游配套服务设施，整体环境优美。其基本做法如下：

一是党支部带头艰苦创业，带领村民共同致富。在党支部的带领下，瀛东村民崇尚"艰苦创业、敢为人先"的围垦创业精神，凝聚村民力量，发展壮大村集体经济。在围垦创业、产业发展、村庄建设、关爱村民等都重视创业精神与集体文化建设。村支书清正廉洁、艰苦创业，带领瀛东村民艰苦奋斗、共同致富，成为展示崇明岛精神的一个典范。

二是积极发展生态渔业，推行统包结合管理。生态养殖业与生态旅游业是瀛东村的主要产业，该村创造性推出"两头统中间包"的管理模式，同时调动集体力量和个人活力。即养殖前端统一规划、统一采购，养殖环节分户承包、独立经营，养殖产品统一组织、统一销售。在生产方面，产前种子、资金、饲料、水电由集体垫支，按需供给；产中分户承包，责任全额到人；产后产品统一组织销售，依托集体面向市场，年终核算到户，账目公开。在采购环节推行阳光采购制，接受村民监督。既充分调动了村民养殖经营的积极性，也避免了滥用药带来的污染问题，规避了小农户面向大市场的高风险。生态渔业的发展模式，为瀛东村生态旅游业、渔家乐文化、生态度假村产业带来新的发展机会。

三是发挥村集体的凝聚力和引导力，倡导洁美的村容环境与温暖关爱的集体文化。在村居建设方面，坚持村集体统一设计、分区规划、统一标准、建造新居，自力为主、村助为辅、内部调剂、互帮互助，结合村民收入个体差异，集中、分步建设村民住宅。全村58户村民都拥有家庭洋房、田地和鱼塘。在生活管理方面，实行集中居住、集中管理，引导村民种植品种多样的花卉与农作物，引导村民保持整洁的村容环境。在文化传承方面，保存完好的脚踏水车、牛车等传统农业工具，建成村史馆、渔具博物馆、农具展示厅、鸟类展示馆等文化场馆，进一步打造瀛东生态村。在关爱老人方面，村委会投入建设生活用房，聘请专职人员为独居老人提供保育服务。在共享收益方面，村委会组建渔家乐旅游开发公司，村民入股、年底分红，每个村民每年可获得1100元的土地出让和股份红利收益。

**东林村："合作农场 + 循环经济 + 成果共享 + 社区共治"。**

东林村位于江苏太仓市城厢镇北部，2004年合并而成，是国家级水利风景区金仓湖公园所在地。拥有元代石拱桥、张溥宅第、王锡爵故居、宋文治旧居等文化遗存，村史悠久、人文荟萃，为国家级生态村、江苏省文明村、江苏最具魅力休闲乡村、江苏省卫生村。辖区面积7平方公里，农户768户、人口3200人，村集体2015年收入约2000万元，村民年人均纯收入2.8万元（课题组实地调研数据）。东林村以富硒大米、生态猪肉、生态羊肉、四季水果等闻名。近年来村委会紧抓"城中村、区中村（开发区）和园中村（生态园）"发展机遇，开发生态园，大力发展高科技农业、生态养殖业、休闲旅游业，经济发展和人居环境大为改善。其基本做法如下：

一是坚持生态循环大农业理念，推动生态化、种养加、品牌化、高效益现代农业的可持续发展。东林村的农业发展坚持走"三化"，即用机械化实现高效农业、用科技化实现品牌农业、用生态化实现循环经济。为降低农业面源污染，村委会先后投资300万元购买韩国秸秆发酵饲料的生产设备3套，投资4000万元建成生态饲料厂，投资2000万元发展食品加工业。将稻草打包、密封、发酵成饲料，将羊粪集中收集、发酵成有机肥，既解决了秸秆等农业废弃物的高效综合利用问题，也解决了养羊的饲料原料和种植业的生物肥料问题，实现了粮食、加工、饲料、养殖、肥料产业的生态循环。村委提出在2020年化肥农药实现零增长的目标。为解决劳动力短缺问题，村委会集中投入建设育秧、插秧、植保和联合收割、烘干、加工全程机械化作业，大大提高了劳动效率。水稻育秧期缩短至 12 天，富硒量保持在 200 毫克/千克，劳均收割作业能力提高至 70 亩/天，水稻烘干能力达到 160 亩/天。2014 年 5 月，村委会发起成立苏州金仓湖农业科技股份有限公司，与扬州大学、江苏省农科院等长期合作，建设种母羊良种培育、育肥生产、饲料研发、食品加工等基地，主打高科技、富硒米、生态农业品牌。

二是坚持合作农场“大承包小包干”体制机制创新，共享产业发展成果。由东林村、东林劳务合作社、东林农机专业合作社发起组建东林合作农场，以“大承包、小包干”的管理模式解决农业生产的体制机制问题。东林村合作农场是太仓市建立的首批合作农场之一，经营土地面积 1800 亩，体现科技支撑、体制创新、立体循环三大优势。合作社确定了“大承包、小包干”的公司化经营机制，通过竞争和考核来调动农场管理人员和职工的主动性、积极性，节约了成本开支，提高了粮食产量。调研了解到，合作农场分为 3 个约 600 亩的小农场，通过公开招标进行小承包。由原村农机手来承包并担任分场场长，对生产成本和产量实行包干制，包产、包肥、包农药、包用工，定产量、定奖赔；通过强化考核调动农场管理人员的积极性，以记账式、奖励制实现对农业投入成本的控制、产量的保障和生态的保护。总投入低于控制成本（1100 元/亩）、单量高于预计产量的（水稻 1100 斤/亩），给予 20% 的奖励；超出成本部分和非因不可控因素导致的减产部分，从分场场长收入中扣减 20%。农场常年聘用包括分场场长在内的 20 名正式职工，主要负责平时的田间管理；农忙期间由村劳务合作社提供劳动力，实行按工计酬，既解决农场季节性用工急需，又为村劳务合作社增加劳务收入，实现合作农场与劳务合作社的双赢。通过合作农场模式，整合了集体土地资源，配套了完善基础设施，实现高标准、规模化农田建设和经营管理，村民共享产业发展和新农村建设的红利。

三是坚持放权理念和疏堵结合机制，构建多方参与、共同管理的社区治理模式。2007 年规划 21 万平方米，投资 3.5 亿元，建设东林佳苑居住小区。小区已建成农民公寓房 40 幢 1182 套，道路、绿化、景观、污水管网、水电等基础设施完备，实行封闭式物业管理，由东林劳务合作社下属物业公司管理。建成社区党建、社区事务、劳动保障、社区文化、社区治安、社区环境、社区卫生、社区老龄等八位一体的新型社区服务中心。社区建筑面积3500平方米，设有行政办公、卫生服务站、党员活动室、图书馆、警务站、便民超市、文体活动等场所。东林佳苑小区妥善解决了村民私装防盗窗、绿地变菜地、私占公共空间的问题。第一，实施疏堵结合的管理理念，抓好“宣、疏、堵、奖、示”。“宣”，如宣传煤炉的安全隐患、环境污染，宣传电炉的价格成本，宣传回收的日期及规则，宣传超过期限后的惩罚措施；“疏”，如按标准配置给每家村民专用菜地，让村民有菜可种；“堵”，制订“东林佳苑十不规范”；“奖”，对入住农户进行考核，满分则每户发放1元/天奖励，不合格扣钱；“示”，考核合格的住户上墙公示，不合格住户短信提醒。劳务合作社统一打包购买财产损失险（含第三方责任险、金银首饰险），基本消灭了小区安装防盗窗的陋习。第二，搭建党员议事组、业主委员会两个交流平台。由村委委员和党员组成党员议事组，充分调动和发挥全体党员和老同志的积极性，通过面对面的交流、讨论，通过村民代表大会决策，实现“阳光管理”。让村民的呼声变为议事组的议题，再成为政府方案，最后落实为便民举措，有效化解内部矛盾，加速村民自治进程。小区通过党员志愿者、业主委员会和物业公司三方网格式管理，实现社区多方共治。第三，建立律师坐堂服务百姓制度。每周一次免费律师坐堂、提出依法解决问题的办法，普及了法律知识，调解了村民纠纷。东林村曾是上访较多的地区，这一问题得到很好化解。第四，设立“爱心服务基金”和服务社团。倡导“我的东林我的家”理念，重点关心老年人健康和困难户，成立劳务合作社。通过政府40%、村集体30%、个人30%的比例为劳动力购买意外人寿保险，解除劳务用工的后顾之忧。第五，实行民警进村、进小区。深入村民，开展警民恳谈会，协助小区治安管理，结合电子监控设备，积极排查社会矛盾，及时处理治安问题，维护了小区安宁与和谐。

**三坪村：林地资源＋高效农业＋特色旅游。**

漳州市平和县三坪村是福建省以传统农业为主导的美丽乡村的典型模式。三坪村位于福建省漳州市平和县国家4A级风景区三平寺所在地，在“祖师文化村、生态优美村、和谐富裕村”融为一体的“富美乡村”建设中，实现华丽转身，从一个普普通通的山乡，演变成了远近闻名的“美丽乡村”，并入选2013年国家农业部“美丽乡村”建设示范村。

三坪村全村共有山地60360亩，毛竹18000亩，种植蜜柚12500亩，耕地 2190 亩。该村在创建美丽乡村过程中，充分发挥林地资源优势，采用“林药模式”打造金线莲、铁皮石斛、蕨菜种植基地，以玫瑰园建设带动花卉产业发展，壮大兰花种植基地，做大做强现代高效农业。同时整合资源，建立千亩柚园、万亩竹海、玫瑰花海等特色观光旅游，和国家 4A 级旅游区三坪风景区有效对接，提高旅游吸纳能力。

### 6.2.2　乡村旅游开发型

**前卫村：“循环农业 + 度假旅游 + 生态社区 + 民俗文化”。**

前卫村位居上海市崇明岛中北部，自 1969 年围垦而成。全村面积 2.5 平方公里，村民 283 户、人口 520 人，村民年纯收入约 3 万元，是典型的移民村，独具良好的区位、资源、环境优势。前卫村自 20 世纪 80 年代开始，致力于生态农业良性循环、强村富民、持续发展的探讨与实践，先行尝试发展种、养、沼、资源综合利用。2000 年以来，坚持生态农业发展理念，走“生态、环保、可持续”发展之路，规划先行、环境优先、科技引领，实施农、工、商、旅、教五位一体多价值叠加的循环经济与低碳经济，在生态经济、环境保护、精神文明和社区建设上得到中央和市领导的充分肯定，是上海市循环生态农业的一面旗帜，获全国生态农业旅游示范点、全国文明村、联合国生态环境全球 500 佳提名等。其基本做法如下：

一是重视村庄科学规划和分区功能建设，以功能改环境、以环境促产业。为发展生态循环农业和建设生态型社区，前卫村规划先行，将全村分为居住区、休闲服务区、旅游度假区、有机农业展示区及生产片区，村庄功能的合理划分为改善居住条件、提高治污效率、发展观光旅游、提高生态旅游价值创造了条件。村民房屋多为 2 – 3 层别墅结构，院落多为景观型组合构架，生活设施齐全，旅游接待能力较强。据统计，全村有 106 户村民具备旅游住宿接待能力，占全村户数的 37%，生态旅游产业成为村民主要收入来源。

二是重视科技支撑和发展低碳经济，以生态促旅游、以旅游养生态。为追求低碳经济、绿色经济发展，近年前卫村大力发展绿色有机农业，建设千亩、百亩两个种植和养殖有机结合的种、养、沼、资源综合利用的循环型生态农业体系。与复旦大学、同济大学、上海交大等高校开展技术合作，建设 6 个生态农业实验室，创建全国生态科普教育培训基地。投资太阳能、风能等四个领域，建设日处理 630 吨生活污水管网收集和人工虚拟处理系统、800 吨/日河水生态修复处理系统、2000 立方米沼气/有机肥建设工程、800 平方米智能化生态农业大棚、生态节能建筑和绿色交通信息化管理系统、生活垃圾绿色处理系统等，实现年减少碳排放 2.3 万吨。为发展生态旅游业，建立了村委搭建平台、土地集中供给、公司投入运作、门票按比分成的运行机制。

三是重视农耕文化和生态文明建设，以生态创品质、以品质求效益。前卫村以循环型生态农业为基础，发展农业观光、民俗风情、科技科普、休闲度假、疗养保健等观光区和沙地农耕文化。倡导村民绿色生活模式，规定家庭户污水排放量，定期监测水质。实行协会制，规范会员家庭旅游接待要求。重建与修复瀛洲古村、沙地农耕文化，建立前卫村史馆，举办生态文化旅游节、生态文明旅游节，发展崇明版画、年糕等传统手工艺品。结合生态旅游，保存和发展传统婚嫁习俗、传统手艺与耕作习惯。利用高技术农业的吸引力，发展体验式观光旅游，提升旅游业的附加值和效益。

**大埔村："政府投入＋巷道整治＋古民居修缮＋民俗旅游"。**

大埔村位于福建省漳浦县，是农业部 2017 年公布的中国美丽休闲乡村推介的特色民俗村。全村辖大埔、北叶、石厝、佳山、南面 5 个自然村，全村不足 400 户、约 1600 人；有耕地面积 1260 亩，其中水田 1037 亩，农园 224 亩，山地 4500 亩；主要农产品有稻谷、红薯、花生、黄豆、蔬菜等及龙眼、桃、李、枇杷、柑橘、杨梅、香蕉等水果；全村发展现代农业 500 亩，现代农业和旅游带动收入 5300 万元，2016 年人均纯收入 2.5 万元①。大埔村按照"规划科学、村容整洁、设施完善、经济发展、生态优良、乡风文明"的目标要求，充分利用山清水秀、有果蔬、有古民居等优势，进行了整体规划建设。以"富有乡土气息、闽南风情特色"为特征，在突出自然景观，挖掘历史文化，整治提升环境等方面下功夫，营造"看得见山，望得见水，记得住乡愁"乡村自然意境，将其打造成宜居宜业宜游的美丽"乡村旅游"样板村。政府投入改善村内巷道整治、对池塘排污清淤、建设排污设施和公共厕所、对村内空地进行绿化、规范圈养牲畜和房屋菜园、安装漫道音乐广播和监控探头。为了放大古民居特色和

① 林长生．福建美丽乡村大埔村"无中生有"有门道［EB/OL］．人民网—福建频道，(2017－03－14)．http：//fj.people.com.cn/n2/2017/0314/c181466－29853883.html.

打造三国主题的特色美丽乡村，投资 286 万元，完成了清末闽南同字型民居的修缮。此外，还建设了 20 亩荔海休闲公园、设立农耕器物馆、农家生活馆、婚嫁习俗馆、闽南戏曲馆、渔家生活馆、怀旧休闲馆等，犁、水车、风柜等农耕器物，水缸、石磨等生活用具，汉服戏服、收音机等文化用品集中展示。打造大埔公园，营造清新生态环境，加大道路硬化、整治卫生、加强绿化、安装路灯、实现村庄绿化、亮化、清化，加强休闲农业和乡村旅游特色村的电力、饮水、停车场、垃圾污水处理设施、信息网络等公共服务设施建设，围绕农村生态经济、生态人居、生态环境和生态文化，发展生态特色农业和乡村旅游业①。

**顾渚村："茶文化 + 传统民居 + 环境治理 + 生态旅游"。**

顾渚村位于浙江省长兴县水口乡，东临太湖、北与江苏宜兴接壤，是自古闻名的风景区，也是农业部 2017 年中国美丽休闲乡村推介的特色民居村、浙江省全面建设小康社会示范村，浙江省农家乐特色示范村、湖州市文明村。全村辖 11 个自然村，农户 760 户，总人口 2500 余人，2014 年游客接待量达到 180 万人次、村营业收入 3.8 亿元②。顾渚村主导产业为茶文化产业、生态旅游产业和效益农业。顾渚村拥有历史久远的茶文化、厚重广博的佛教文化和乡土浓郁的草根文化，被誉为是茶文化的发祥地。建于东汉年间的古刹寿圣寺、顾渚狮舞、浙北京剧村、茶艺表演队等成为当地文化的主要特色。为了保护顾渚的青山绿水和发展生态旅游业，顾渚村禁止污染企业入驻，实施生活垃圾、污水无害化处理，实现"户集、村收、乡运、县处理"无害化处理，"人工湿地"污水处理技术得到全面运用，村里的生态环境得到保护。顾渚村是水口茶文化景区的中心，景区内山清水秀、修竹苍翠的自然环境和丰富的茶文化资源，成为游客追寻陆羽足迹、研究茶文化真谛的胜地。

**电站村："水乡资源 + 林果乐园 + 集体经济 + 生态游牌"。**

电站村位于江苏省太仓市北端城厢镇、金仓湖西延区，先后荣获"国家级生态村""全国农业旅游示范点""全国计划生育协会先进组织""全国平安家庭示范村""全国巾帼示范村""江苏省社会主义新农村建设示

---

① 农业部农产品加工局．福建省漳浦县大埔村［EB/OL］．农业部信息网，（2017 - 09 - 18）．http：//www. moa. gov. cn/ztzl/xxly/fujianjty/201709/t20170918_ 5818535. htm.

② 王丽玮．浙江长兴顾渚村：以景区概念经营农家乐 打造乡村旅游新"样板"［EB/OL］．人民网浙江频道，（2015 - 09 - 18）．http：//zj. people. com. cn/n/2015/0918/c370934 - 26434386. html.

范村”“江苏省文明村”“江苏省卫生村”“江苏省廉洁文化示范点”“江苏省民主法治示范村”“苏州市十大美丽乡村”“苏州市十大生态旅游乡村”等荣誉，也是农业部2017年中国美丽休闲乡村推介的现代新村。该村辖区面积3.2平方公里，耕地面积3080亩，下设30个村民小组，人口约2200多人。电站村集体资产较为雄厚，2010年村级总资产达3580万元、集体经济可支配收入820万元，农民人均纯收入达到18560元。电站村交通出行便捷、水乡资源丰富，生态环境优美，绿化覆盖率达40%以上，形成“千亩特色林果、千亩绿色蔬菜、千亩优质水稻”规模基地，投资建成的林果生态园是具有生态、休闲、观光、旅游等综合功能的“农家乐园”。电站村先后与农科院所、高等院校、咨询机构合作，利用科技“智囊团”的优势，致力开发农业生态旅游新项目、引进林果新品种、开发农业旅游特色产品、提升农产品品牌效应、打响电站生态游品牌①。

**荻港村：“渔文化 + 古村 + 民营经济 + 文化旅游”。**

荻港村位于浙江省湖州市南浔区和孚镇，是杭嘉湖平原一个典型的江南水乡古村，被住建部和国家旅游局命名为第六批中国历史文化名村。全村面积6.3平方公里，中心村1.3平方公里，有41个村民小组、村民1100余人、总人口4000余人（含外来常住人口）。全村农业产业以渔业、蚕桑业为主，工业以纺织业、制造业为主，有近30家私营企业。2015年全村工农业总产值达到12.5亿元，村民人均年收入约2.6万元，村集体经济收入159万元。荻港村因河港两岸芦苇丛生而得名，自古有“苕溪渔隐”之称。荻港历史悠久、古迹众多，有3家市级文保单位、4家市级文保点，庙前桥、秀水桥、隆兴桥等古石桥31座，章家三瑞堂、吴家礼耕堂、朱家鸿志堂等50座。该村人杰地灵，名人辈出，历史上曾走出2名状元、57名进士、100多名诗人，近现代也走出了大量科学家、外交家、教育家、企业家等。荻港村文化遗产丰富，联合国粮农组织命名的桑基鱼塘，入选第二批中国重要农业文化遗产，保存有器乐表演《江南丝竹》、荻港渔庄“陈家菜”、民间山歌《十房媳妇》等非物质文化遗产。通过古村保护和旅游开发，荻港村的传统农业、工业经济和旅游产业得到较好的发展。有学者（沈费伟 等，2017）通过对荻港村运作模式的解析认为，

① 徐允上．太仓电站村主打“生态游”［N/OL］，苏州日报，2011－10－10. http://www.subaonet.com/2011/1010/797708.shtml? ejnc5.

获港村不同于“城市支持农村、工业反哺农业”的发展观，而是通过村庄重建挖掘和彰显村庄的自身发展潜力，注重在乡村一端发力，重整村庄的组织活力和复兴村庄的产业活力、重塑村庄的文化魅力、再造村庄的环境美化，提升村民的生存发展能力和激发村庄的内在发展活力。实际上，通过村庄的重建模式，实现村庄内部资源重组与外部资源要素的流动，扭转和纠正了以往“城市中心主义”，回归到村庄本位主体性的可持续发展轨道，是探索振兴乡村之路的有益实践。

**专栏 6－1**

**农业部发布中国“美丽乡村建设”十大模式**

1. 产业发展型。主要在东部沿海等经济相对发达地区，其特点是产业优势和特色明显，农民专业合作社、龙头企业发展基础好，产业化水平高，初步形成“一村一品”“一乡一业”，实现了农业生产聚集、农业规模经营，农业产业链条不断延伸，产业带动效果明显。典型示范村：江苏省张家港市南丰镇永联村。

2. 生态保护型。主要是在生态优美、环境污染少的地区，其特点是自然条件优越，水资源和森林资源丰富，具有传统的田园风光和乡村特色，生态环境优势明显，把生态环境优势变为经济优势的潜力大，适宜发展生态旅游。典型示范村：浙江省安吉县山川乡高家堂村。

3. 城郊集约型。主要是在大中城市郊区，其特点是经济条件较好，公共设施和基础设施较为完善，交通便捷，农业集约化、规模化经营水平高，土地产出率高，农民收入水平相对较高，是大中城市重要的“菜篮子”基地。典型示范村：上海市松江区泖港镇。

4. 社会综治型。主要在人数较多、规模较大、居住较集中的村镇，其特点是区位条件好，经济基础强，带动作用大，基础设施相对完善。典型示范村：吉林省松原市弓棚子镇广发村。

5. 文化传承型。是在具有特殊人文景观，包括古村落、古建筑、古民居以及传统文化的地区，其特点是乡村文化资源丰富，具有优秀民俗文化以及非物质文化，文化展示和传承的潜力大。典型示范村：河南省洛阳市孟津县平乐镇平乐村。

6. 渔业开发型。主要在沿海和水网地区的传统渔区，其特点是产业以渔业为主，通过发展渔业促进就业，增加渔民收入，繁荣农村经济，渔业在农业产业中占主导地位。典型示范村：广东省广州市南沙区横沥镇冯马三村。

7. 草原牧场型。主要在我国牧区半牧区县（旗、市），占全国国土面积的40%以上。其特点是草原畜牧业是牧区经济发展的基础产业，是牧民收入的主要来源。典型示范村：内蒙古锡林郭勒盟西乌珠穆沁旗浩勒图高勒镇。

8. 环境整治型。主要在农村脏乱差问题突出的地区，其特点是农村环境基础设施建设滞后，环境污染问题，当地农民群众对环境整治的呼声高、反应强烈。典型示范村：广西壮族自治区恭城瑶族自治县莲花镇红岩村。

9. 休闲旅游型。休闲旅游型美丽乡村模式主要是在适宜发展乡村旅游的地区，其特点是旅游资源丰富，住宿、餐饮、休闲娱乐设施完善齐备，交通便捷，距离城市较近，适合休闲度假，发展乡村旅游潜力大。典型示范村：江西省婺源县江湾镇。

10. 高效农业型。主要在我国的农业主产区，其特点是以发展农业作物生产为主，农田水利等农业基础设施相对完善，农产品商品化率和农业机械化水平高，人均耕地资源丰富，农作物秸秆产量大。典型示范村：福建省漳州市平和县三坪村。（资料来源：财政部官方网站）

### 6.2.3 村社综合治理型

**盛家埭村（炎武社区）：“股份合作＋生态养殖＋分区治污＋绿色社区”。**

盛家埭村位于昆山市千灯镇西南部，北至昆山市国家农业园区，具有江南水乡的典型特征。行政村面积有 4.77 平方公里，农户 588 户、约 2800 人，以农业种植、特色水产和电子、包装、五金等工业为主。自然村农户 123 户，村民 385 人，属于保留村庄。盛家埭村根据千灯镇保留村庄规划和千灯镇环境整治实施方案，在维持原有村落临水布置的空间格局的基础上，注重滨水环境的塑造，加强绿化和村庄道路、设施配套的建设。现有公共服务中心 1 处，室外健身场地 2 处，停车场 4 处，医疗卫生服务中心 1 处，公共厕所 3 个，污水处理站 3 个，宣传栏若干。炎武社区是千灯镇集农贸市场、商业街、幼儿园、老年活动中心等为一体的综合性住宅区，成立于 2005 年底，辖美景园、锦景园和良景园 3 个小区，建筑面积 83 万平方米，居民 5000 户，总人口 1.68 万人，社区主要由千灯镇 24 个行政村的动迁农民通过“双置换”的方式入住（课题组 2015 年实地调研数据）。其基本做法如下：

一是建立农地股份合作社机制，推动土地流转和集约化经营。2007 年组建了村农地股份合作社，2009 年全村农民的土地所有权全部转换为合作社股权，推动农民向“市民、股东”的身份转换。共流转面积 3229 亩，其中昆山国家园区租用 1246 亩，大户承包 982 亩，水产养殖约 1000 亩。农民每年获取土地租金 220 元/亩。为减少农业面源污染，村委会推行免费领取农药制度。

二是实施统一规划和运行招标制，推动污水分区集中式治理。近年来，为打造江南水乡新农村，该村加大了对环境的统一规划和治理。全村统一建设污水管网，加大道路楼房改造、绿地建设、河道整治、危桥修理、污水治理。按照集中分区情况，投资建设智能化 MBR 膜工艺小型污水处理站。镇政府每年预算开支 100 万元，用于解决污水处理设施的日常维护与运行支出的资金问题。

三是实施“三化”管理工程，打造绿色、新型、现代化社区。围绕“欢乐家园、亲情服务、和谐社区”建设，炎武社区启动生活城市化、环境园林化、社会关系亲情化的“三化工程”。重点建设社区服务中心、教育中心、活动中心等，服务中心面积 7300 平方米，内设便民服务大厅、电子阅览室、市民学校、医务室、书画室、棋牌室、放映室、乒乓室等，图书室等免费向社区居民开放。对居民需求进行详细调查，创建养生太极社、戏曲沙龙、欢乐门球、茶话畅谈社、雅致花艺等社区活动项目。制定炎武社区制度手册，如社区党建议事会、社区成员代表会议制度、社区服务站工作制度、社区居务公开制度、社区综治工作制度、社区生产及消防安全工作制度、信访工作制度、公益性活动场所管理制度、未成年人活动场所管理制度等制度。完善的设施、优美的环境、配套的制度、亲情的服务，为社区居民提供了与城市接轨的便利的现代生活。

**谢埭荡村：“江南水乡 + 生态养殖 + 休闲旅游 + 分区责任”。**

谢埭荡村地处无锡、常熟、苏州三地交界，隶属无锡市锡山区厚桥镇，路网发达、交通便捷，水域面积达到70%、绿化率50%，属典型的“村水交融”的江南水乡风貌，获国家级生态村、江苏最美乡村等荣誉。辖区面积3.57平方公里、水域面积2.45平方公里，有16个自然村，村民人口2600多人，村民年均纯收入28500元、村集体年收入450万元，村工业年产值约5亿元。外来人口1000多人，主要在村工业企业打工(课题组2015年实地调研数据)。其基本做法如下：

一是着力打造水生态景观，发展循环高效养殖业和休闲观光旅游业。谢埭荡村依托丰富的水生态资源，以发展城乡休闲旅游产业为核心，围绕苑山荡、西沿荡两大生态景观带，着力打造乡村旅游休闲区、生态农业区、水产养殖区等三大功能区。积极发展循环高效渔业，采用循环水养殖系统，整合改建1000多亩标准化生态养殖基地，完成高效设施渔业基地、无公害水产养殖基地、物联网农业示范基地、节水灌溉草坪基地等项目建设。坚持科技支撑高效农业发展思路，积极引进、示范和推广循环水养殖、高效渔业养殖、渔业物联网养殖新技术，建成生态河道和生态水处理塘（人工湿地），与渔区内封闭河道和进排水沟渠形成水循环系统，构建环境友好型现代渔业模式。积极发展乡村旅游，因地制宜设计渔家体验式旅游模式，打造特色农事体验活动，建成国际垂钓中心、无公害采摘园、游船码头、星级假日酒店等旅游设施与场所。

二是实施河长、路长等责任制度，构建河道整治的长效机制。与无锡城市规划设计院联合编制《村生态建设规划》《村庄总体设计规划》，大力实施村庄整治和环境美化工程，打造具浓厚现代气息和浓郁江南水乡特色的国家级生态村。注重加强水环境治理，采取突击治理与长效管理并重的方针，实行河长制并落实长效管理，定期对河道进行治理维护。截至2012年，共投入治水资金3000多万元。累及清淤8万多立方米，修建河道驳岸3千多立方米，完成村道建设总长6000多米，村道已通达村民各家各户。据锡山区陈建清副区长介绍，为实现对排污企业监管的长效化和动态化，一方面引导企业在区域间进行迁移，环保企业区域相对集中，另一方面坚决关闭高污染企业。开发区普遍推行河长制和路长制并进行考核，河长、路长的主要职责是发现问题、上报信息。推行河边畜禽禁养制度、选林绿化制度、蓝天工程、秸秆集中处理制度、生活垃圾集中收集转运处理制度。

三是坚持产业转型与生态富民相同步，源头管控与生态涵养相协调。谢埭荡村立足高位、因地制宜，走出了一条以“农渔为基础、工业为主体、三产为方向”的发展路子。积极推进产业转型助推村民增收，推动生态与富民并进。先后组建谢埭荡水产专业合作社、富民合作社、资产股份合作社、土地股份合作社、农渔业发展有限公司，进一步整合村级资源，推动产业结构加快调整，为集体资产保值增值和农民财产性收入增加注入新的活力。高效农业面积 1600 亩，占农业用地 89%；年销售商品鱼 1200 吨，实现营销额 1600 多万元，年利润 500 万元；全村劳动力就业率保持在 98% 以上。2014 年，谢埭荡资产股份合作社对全村 2582 人进行每股 98 元、共 25 万元的股金分红，让百姓享受村集体资产的红利。2013 年，作为全国城乡一体化建设示范点，投入资金 2200 多万元大力开展村级建设，整治村庄环境、综合治理水环境、建设村级道路、新建社区服务中心、规划旅游线路。下大力气整治“三高两污”涉污企业，先后关停重度污染企业 4 家，整治轻度污染企业 5 家，严把控污关。重点加强污水源头管控，为 16 个自然村配备独立的微动力污水处理设备，全村污水接管全覆盖，养殖河塘用水全部达到功能区用水标准。积极促进传统渔村与水景交融，构建立体绿化形成四季常绿的天然雅致氧吧。充分利用空闲地、河塘岸边、道路周边和池塘、鱼塘，种植紫薇、银杏等花草树木和菖蒲、荷花、金线莲等水生植物，与原有的十里香樟步道、百亩水杉林、千户丛竹相映成趣，蔚然成景。村庄绿化率达到 50%，村内主干道及河道绿化成荫率分别达到 80% 和 50% 以上。

四是推行网格化管理，探索“街道、社区、物业”三位一体的社区管理机制。以行政村为单位划分网格，街道为每个网格配备一名城管队员担任网格的片长，以整治环境、秩序。建立数字化的城市化建设管理体系，每个村设 1 名城管站站长，同时配置保洁、保绿、保修、巡查 4 支队伍。全力推行落实“户集、村收、镇运、县（市）处理”的农村生活垃圾无害化“四级”处理体系。组建物业公司分片管理安置房小区，以熟人管理熟人。充分挖掘乡土、历史、人文资源，保护开发“宛河秋月”“钓渚姑娘”“乾隆碧波觅芳踪”等名胜典故传说，挖掘渔乡渔作传统、饮食文化，积极弘扬保护当地文化遗产。

专栏 6－2

**莫舍社区：集中式、自动化餐厨垃圾处理示范社区型**

位于苏州市吴中区越溪街道吴山街南的莫舍社区是一个拆迁安置小区，是苏州市餐厨垃圾处理示范基地。莫舍社区占地面积约63万平方米，居民户约940户，常住在册人口3850人，外来流动人口1万余人。社区积极探索发展集体经济、完善社区管理和繁荣群众文化的治理模式。据中国日报网报道①，莫舍社区集体经济从2004年的零资产发展到2015年1860万元，社区居民人均分红600元；莫舍社区党支部有141名党员；成立物业管理公司，购置土地并建设标准厂房并用于出租，搭建集体“三资”监管交易平台；打造“10＋2”服务和谐社区模式。莫舍社区建立了“人管、物管、技管”模式，先后获得“全国人口和计划生育基层群众自治示范村居”“江苏省和谐示范社区”“省民主法治示范社区”“苏州市群众文化十佳社区”“吴中区社区党建工作示范点”“吴中区十佳基层党建品牌”等荣誉称号。

莫舍社区通过引进1台韩博科技公司制造的餐厨垃圾处理系统装置，变餐厨垃圾为宝。其基本原理是利用全自动设备对餐厨垃圾粉碎，经高温菌发酵和油水分离，再产出固体肥料。此外，社区通过宣传餐厨垃圾分类处理知识，为居民进行培训，宣传餐厨垃圾回收流程和公开奖励餐厨垃圾分类执行较好的居民，进而提高居民参与餐厨垃圾处理项目的积极性。

### 6.2.4 集体经济带动型

**华西村：“乡镇企业＋支书带领＋共同致富”。**

华西村隶属于江苏省江阴市华士镇，位于江阴市区东、华士镇西、太湖平原北侧，被列入全国第二批特色景观名村。华西村是典型的发展乡镇企业、村党组织带领村民共同致富的全国知名村，获得“全国文明村镇”“全国文化典范村示范点”“全国乡镇企业思想政治工作先进单位”“全国乡镇企业先进企业”等荣誉。华西村面积35平方公里，人口约3万人；

① 张潇宇，蒋颖异．莫舍社区打造经济文化惠民的和谐社区［EB/OL］．中国日报网，(2016－06－14)．http：//www.chinadaily.com.cn/dfpd/js/2016－06/14/content_25707381.htm

该村华西集团控股的“华西股份”为上市公司，1996 年被农业部评为“全国大型一档乡镇企业”。2001 年，该村已经实现“有青山、有湖面、有高速公路、有航道、有隧道、有直升机场”。2015 年，周边的 20 个经济薄弱村加入华西村大家庭。2016 年华西村拥有企业 254 家，资产总额 534 亿元[①]，村民人均年收入接近 10 万元。2012 年开始，华西村农业向绿色、生态、观光都市型农业转型。华西集团公司现有职工 2.5 万人，其中中高级工程技术人员 2000 多人，华西村大多数企业从国外引进了一流生产设备，形成面料、西服、化纤、针织染整、线材、等系列产品。华西村的锡剧、沪剧、评弹、黄梅戏较为出名。华西村一度被认为是乡镇企业和集体经济带动村民共同致富的典范，然而，也一直存在对华西村“财富神话”质疑的声音[②]。在钢铁、纺织品产业产能过剩的背景下，如何实现产业转型升级值得探讨。此外，在以集体经济为主导的发展模式和家长式的管埋体制下，村民的投资分红收入与福利捆绑于村集体经济和单一的产业，村民的就业转型和流动性极低，本村村民、周边村民和外来村民形成严格的圈层划分，这种发展模式的可持续性有待在实践中进一步验证。

**蒋巷村：“农业起家 + 工业发家 + 旅游旺家”。**

蒋巷村位于江苏常熟市支塘镇的东南，位于常、昆、太三市交界的阳澄水网地区的沙家浜水乡，国家 4A 级旅游景区，被列入第一批全国特色景观名村名录，先后被表彰为“全国文明村”“全国文明村镇建设先进村”“全国新农村建设科技示范村”“十佳小康建设红旗村”“国家级农村现代化示范村”“全国民主法治示范村”以及“江苏省文明村”、卫生村、百佳生态村、循环经济示范村、民主法治示范村、人居环境范例奖等。村域面积 3 平方公里，全村 186 户、村民 800 余人，外来劳动力近 2000 人。蒋巷村与华西村类似，也是村党支部带领党员和村民群众艰苦奋斗，努力克服偏远闭塞的不利因素，坚持“农业起家、工业发家、旅游旺家”的发

---

① 单庆，郭慧，武淳．华西天地：江苏省江阴市华西村采访纪实［EB/OL］．中国共产党新闻网，（2017－06－06）．http：//theory. people. com. cn/n1/2017/0606/c40531－29321930. html.

② 20 世纪 90 年代，吴仁宝抓住机会、分别在江阴和唐山投资钢铁厂，赶上了中国钢铁的“黄金年代”，1999 年华西集团在深交所上市，成为中国“农村第一股”，钢铁成为华西村财富神话的支柱。然而，随着近年来全国钢铁产业整体下滑，华西钢铁在不具备规模优势和技术优势的情况下，华西村从劳动密集型产业转型进入金融领域，引起业界担忧。据每日财经网 2017 年 3 月 8 日报道，2016 年 3 月华西集团总资产 541.93 亿元，总负债 389.07 亿元，资产负债率 68.78%（http：//www. mrcjcn. com/n/207327. html.）。

展思路。一是推动农业集约化经营。建设1000多亩、机械化耕作、标准化生产、生态化种植的无公害优质粮油生产基地，发展生态种养园，扶持养殖专业大户。二是发展村集体经济。村属企业（江苏常盛集团）[①] 主要从事轻、重钢构件及轻质建材系列产品、风电设备生产，列入江苏省先进企业、高新技术企业。村民家庭电话、数字电视、有线广播、气化灶具、太阳能热水器、卫生洁具、小水井等安装建设均由村集体投入。村集体经济成为村民股份分红、别墅房补贴等共享经济的重要来源。三是打造“四园一基地”。即蒋巷生态园、村民新家园、常盛工业园、农民蔬菜园和无公害优质粮油生产基地。村民居住区绿化覆盖率超过50%。投资建设村史展览馆、江南农家民俗馆、农艺馆、蒋巷图书馆、青少年科普馆、实践基地中心大楼、农耕实践区域等景区景点，发展生态旅游业。四是推进“三化三集中”，即农村集镇化、管理信息化、服务社会化和工业向园区集中，居住向社区集中，农田向能手集中。五是坚持共同富裕、共享经济。村里建有186幢别墅和150套老年公寓组成的村民新家园，被江苏省建设厅评为“江苏省村镇文明住宅小区”。老年人按“老”取酬，每月享有300－1000元养老金。2011年全村总产值12亿元，主体工业产值销售超过10亿元，人均国内生产总值超过3万美元，村民人均收入超过2.5万元（不包括集体福利和别墅房补贴），人均社区股份制分红6000元[②]。

**航民村：“集体经济＋工业化致富＋现代新村”。**

航民村地处钱塘江南岸，是杭州市萧山东部瓜沥镇辖下的一个行政村，先后被评为“浙江省文明村”“浙江省新农村建设示范村”“全面建设小康示范村”和全国“村镇建设文明村”等。村域面积约2平方公里，村民1000余人；可耕土地800亩，山林200亩，精养鱼塘126亩。该村拥有强大的集体经济，航民集团拥有25家企业，2012年实现产值96亿元，利润4.5亿元，其资产51%归属于村集体所有，剩余股份为村民、职工和经营骨干占有。村民每年享受企业分红，年均收入超过3万元。航民村建立了以纺织、印染、热电、建材、冶炼、饰品等行业为主体的多门类工业

---

① 江苏常盛集团为蒋巷村办龙头企业，下属4家股份制公司，1997年被批准为省级企业集团，同年跻身全国乡镇企业集团行列。2003年就评为全国" 诚信守法乡镇企业"，并列入江苏省先进企业、高新技术企业，公司员工近千人，2006年实现销售额11.5亿元。

② 蒋巷村政务网（http：//www.jiangxiangcun.cn/zhengwu/index.php）.

体系，以宾馆、商场和房地产为主的第三产业和以集约化经营、机械化生产相配套的现代农业经营模式，发展成为全国知名的以印染为主，织布、染料、热电配套发展的印染基地。其发展经验：一是坚持发展壮大集体经济作为航民村的立村之本。二是坚持三次产业协调发展。提出“强工、兴商、稳农”的发展策略，在坚持工业主体的前提下，大力发展高效农业和现代服务业。三是坚持改善民生。实行“按劳分配＋按股分红＋社会福利”的新农村分配模式。航民村积极推进12年义务教育，村民的子女从幼儿到高中教育全部实行免费。对考上大学的学生给予奖励、学费报销、生活费补贴等。四是搭建合理的组织构架。村党委、村委会、航民集团合理分工，航民集团成立董事会、监事会，董事会主要由党员及外部专业人士出任，监事会主要由村委、村民代表出任。

### 6.2.5 产业园区示范型

**黎山后村：“现代农业园区＋旅游观光＋带动致富”。**

黎山后村是典型的以现代农业园区示范模式发展起来的现代新村。黎山后村位于宁波市姜山镇南面，地处鄞奉交界，2004年由原来的两个行政村合并，村域面积2.5平方公里。全村总户数约650户，总人口1700余人，党员近90名。1999年开始建成的宁波港城农业示范园是宁波市鄞州区重点农业示范基地、市级农业科技示范园区。黎山后村依托“宁波港城农业示范园”，建设高效生产、生态建设、观光休闲为主要特征，突出科技示范、农业示范、生态建设为要求的都市旅游农业。宁波港城农业示范园区带动了黎山后村经济，园区种植农户已达到80余户，直接吸收就业人员150多人，间接吸纳就业300多人。2010年村级农业总收入30110万元，人均收入为17315元。先后获得省级、市级和区级“文明村”“宁波市生态村”“浙江省特色旅游村”“宁波市信息化示范村”“宁波市全面小康示范村”“省无公害农产品基地”“鄞州区科技示范基地”“宁波市科普示范村”“宁波市新农村建设科技示范村”等多项荣誉①。

**建山村：“依托开发区＋全面整治＋公共服务”。**

建山村位于江苏省镇江市丹阳市开发区东北部，被住建部列入第三批

① 黎山后村［EB/OL］. 浙江政务服务网. http://nbyzjs.zjzwfw.gov.cn/art/2015/12/30/art_1075613_331023.html.

美丽宜居村庄名录。丹阳经济开发区成立于1992年，是镇江及丹阳市重要的工业经济集聚区、科技创新引领区、城市现代化建设的样板区。建山村三面环山，依山傍水，自然环境优美，现有12个自然村，居民793户，总人口2500人，村域面积12000余亩，绿化覆盖率35%。近年来，建山村着力培育富民产业、加快产业结构调整、重视发展乡村旅游，实现从“美丽环境”到“美丽经济”的嬗变。制订了村级发展规划，引进全国500强企业，累计投入建设资金1600余万元，新建污水处理设施2座，铺设雨水管网3800米、污水管网4200米等。主要做法：一是“控制”。坚持以村庄规划为龙头，综合考虑农村集镇化、乡村特色保护等因素，调整优化农村布局规划，统筹安排村庄各项建设。二是“拆除”。全面拆除各类违章建筑、乱搭乱建、破败房、空心房和废弃的猪圈、禽舍、露天粪坑，确保视域范围内无有碍观瞻的建筑物和构建物。三是“种植”。加大对村庄主次道路建设以及村中空间绿化建设，形成四季有绿、季相分明、层次丰富的绿化景观。四是“清理”。全面清理村庄路面、河道沟塘、排水沟渠和暴露性垃圾、乱堆乱放、乱贴乱画，做到河塘水体清洁，雨污水排放通畅，生活垃圾日产日清，有效改善村庄环境卫生水平。五是“整治”。整理破损路面、墙面、屋面，整治废弃住宅、闲置宅基地和闲置用地。全面实施卫生户厕无害化改造，规范电力、电信、有线电视等线路架设，打造整洁有序、美化、绿色的村庄环境。六是“刷新”。选择具有地方特点、与周边环境相协调的建筑色彩，对建筑外墙立面、屋面进行粉刷出新，使村庄建筑格局协调，外观整洁，风貌一致。七是“建设”。结合村级便民服务中心建设，优先配置教育、科技、文化、医疗卫生、体育等公共服务设施。八是“管理”。引导农民群众改变落后的生活习惯，养成崇尚文明、爱护环境、讲究卫生的生活方式①。建山村位于丹阳开发区的东北片区的文化科技产业园，与开发区的工业经济、新兴产业集聚形成良好的功能分工，成为开发区内的美丽宜居现代新村。

### 6.2.6 全域规划发展型

**安吉模式：“整体规划+全域覆盖+生态立县+一村一景”。**

安吉是我国美丽乡村建设的先行者、发源地。从2008年开始，湖州

① 建山村：倚青山钟灵毓秀临秀水满眼风光［N］. 丹阳日报，2017-07-20.

市安吉县在全国率先开展美丽乡村建设行动，形成美丽乡村建设的“安吉模式”。“美丽乡村”与“中国竹乡”“中国生态县”成为安吉的三张名片。安吉地处浙西北、有1800年的建县历史，全县人口45万，辖9镇4乡1街道和1个省级经济开发区、187个行政村，面积1886平方公里，森林覆盖率71%，植被覆盖率75%，“七山一水二分田”。安吉县在20世纪80年代走“工业强县”之路，虽然在90年代末建成小康县，然而其代价是工业污染极为严重，安吉被国务院列为太湖水污染治理重点区域。2000年，安吉明确提出生态立县战略。2003年开始，开展“千万工程”、整治环境污染和创建“生态县”建设。2008年，率先提出建设“中国美丽乡村”，围绕“村村优美、家家创业、处处和谐、人人幸福”等，开启生态文明建设特色模式。全县建立了“户集村收、乡镇中转、县统一处理”的垃圾处理网络，有288支义务保洁队活跃在城乡各地。安吉县村民人均收入高于全省平均水平，通过保护环境和发展经济“两条腿走路”，完成了从创建中国的“竹子、椅业、电力、书画”四乡，到实施“大都市后花园”工程，再到“培育绿色产业、发展生态经济”、打造“中国美丽乡村”的转型发展①。

安吉模式的经验可以简要总结为：一是坚持因地制宜、整体规划。安吉县按照“四美”（尊重自然美、侧重现代美、注重个性美、构建整体美）要求，编制了《美丽乡村总体建设规划》《乡村风貌营造技术导则》，各乡镇也依据各自特点编制镇域规划，突出体现“一村一业、一村一品、一村一景”。按照宜工则工、宜农则农、宜游则游、宜居则居、宜文则文的原则，将全县187个建制村划分为5类，即工业特色村、高效农业村、休闲产业村、综合发展村和城市化建设村。在居住点建设上，因村制宜划分为城郊融合型、旧村改造型、拆迁整合型。将全县按照一个大乡村来规划布局，实施东育、南优、西进、北拓和中间提升五大工程，立足小镇原有的生态优势、乡土文化、风物人情，按照“一次规划、分步实施”的原则，精心打造“人文鄣吴”“休闲报福”“秀美山川”等一批“宜居、宜业、宜游、宜文”的风情旅居小镇集群。二是坚持综合整治、全域推进。安吉县全面开展河道与环境整治，先后关闭30多家高污染造纸企业。据

① 成果．“美丽中国”建设的先行者——中国美丽乡村安吉县走笔［EB/OL］．浙江新闻网，（2013－10－08）．http：//zjnews. zjol. com. cn/system/2013/10/08/019631277. shtml.

2013 年统计，全县美丽乡村创建覆盖面达到 95.7%、精品村覆盖率 87.7%。安吉建成中国大竹海、黄浦江源、白茶飘香、昌硕故里 4 条精品观光带，串起六大核心区，形成了“一环四带六区”的整体格局。三是坚持乡村特色、文化同步。安吉县非常重视美丽乡村特色与文化的挖掘。重视吴昌硕故居、报福老店铺、文革大礼堂、姚村石片屋等古建筑的保护与利用，建设村落文化展示馆、生态博物馆等，挖掘乡村竹文化、孝文化、造纸文化、茶文化、邮驿文化、移民文化、少数民族文化等，开发皮影戏、威风铜锣等特色乡村节目。四是坚持年度考核、奖补投入。制定了美丽乡村考核验收办法，采取“5 + X”办法清理项目，项目资金投入与细化的考核指标相挂钩，引导村集体盘活存量资产、闲置资源，引导农户开展土地流转和发展乡村旅游、规模农业，吸引民间资本投入生态绿色产业。

**田园综合体：浙江的样本。**

2017 年中央一号文件提出打造田园综合体、探索农业农村发展新模式，其实施处于起步试点阶段。2017 年，财政部印发《关于做好 2017 年田园综合体试点工作的意见》（财办农〔2017〕71 号）和《关于开展田园综合体建设试点工作的通知》（财办〔2017〕29 号），提出要适应农村发展阶段性需要、遵循农村发展规律和市场经济规律，围绕农业增效、农民增收、农村增绿，支持有条件的乡村开展生产生活生态“三生同步”、一二三产业“三产融合”、农文旅“三位一体”，探索推进农村发展的新模式、新业态、新路径，建设集循环农业、创意农业、农事体验于一体的田园综合体，实现可持续、可复制、可推广。田园综合体被认为是推进农业供给侧结构性改革、新型产业发展，实现中国乡村现代化、新型城镇化以及经济社会全面发展的一种可持续模式。2017 年，财政部在全国选取了 18 个省份[①]开展田园综合体建设试点（其中财政部农业司、国务院农村综合改革办公室牵头负责在内蒙古、江苏、浙江、江西、河南、湖南、广东、甘肃 8 个省份开展试点工作），其中浙江和江苏进入试点范围。

据官方公开报道[②]，柯桥区漓渚镇“花香漓渚”和安吉“田园鲁家”

① 18 个省（自治区、直辖市）包括河北、山西、内蒙古、江苏、浙江、福建、江西、山东、河南、湖南、广东、广西、海南、重庆、四川、云南、陕西、甘肃。

② “花香漓渚”成为全市首个国家级田园综合体试点项目［N/OL］. 浙江新闻网（绍兴日报），(2017 - 08 - 03). http://zjnews.zjol.com.cn/zjnews/sxnews/201708/t20170803_4729826.shtml.

是浙江省进入首批国家级田园综合体试点项目（全国首批15个国家田园综合体试点项目）。漓渚镇是中国花木之乡，有6个花卉专业村，花木基地4万余亩，其中外拓基地2万多亩，兰花基地1200亩，形成了绿化苗木、盆景树桩、造型苗木、名优兰花等8大系列2900个品种的花木。据悉，该镇有10多个信息服务社和花卉专业合作社组织、250多家花卉企业、10多家园林绿化工程企业，形成了镇内苗木种植与外出苗木销售、绿化工程承包的产业联动、集群发展。花香漓渚”田园综合体核心区将依托该镇6个行政村，重点在产业支撑、多元投入、主体培育、土地利用、基层治理、公共服务等6个方面机制进行探索，开展农业主导产业培育、兰花综合交易集散、农旅融合建设、农业科技支撑、农业新型主体培育、村集体经济发展壮大等10个领域试点。从柯桥的设计思路看，田园综合体主要是专业村镇在产业发展与社会治理的升级版。安吉“田园鲁家”田园综合体是以鲁家村为核心，辐射、带动周边南北庄、义士塔、赤芝3个行政村，构筑“1+3”格局，规划范围总计55.78平方公里，核心功能板块划分为“一廊三区”，最终形成“一带为核、一环贯通、三点辐射、四村共赢”的局面①。

此外，也有其他模式的农业综合体类项目建设。如浙江蓝城集团农业综合体，位于浙江嵊州，蓝城集团打造的蓝城农庄、社区农业与生活小镇；江苏无锡阳山田园综合体，以田园生活为核心、开发面积300亩，打造现代农业、休闲文旅、田园社区三大板块，规划有乡村旅游主力项目集群、田园主题乐园、健康养生建筑群、农业产业项目集群、田园社区项目集群等；宁波江北区甬江街道畈里塘田园综合体，浙江达人旅业公司与江北区政府签订开发协议，投资5亿元，占地628亩，实施“田园+民俗+旅游+商业”一体化经营模式，打造农业生产交易、乡村旅游休闲度假、田园娱乐体验、田园生态享乐居住等复合功能。此外，东南沿海以外也有其他综合体模式，如河北邢台南和农业综合体，由南和县政府与中国农业大学合作、企业参与建设。

从目前看，田园综合体的建设处于试点探索、实践总结阶段。财政部

① 潇易. 安吉“田园鲁家”入围首批国家田园综合体试点项目［N/OL］. 浙江新闻网（湖州日报），（2017-08-25）. http://zjnews.zjol.com.cn/zjnews/huzhounews/201708/t20170825_4872395.shtml.

在有关田园综合体建设试点工作中提出，要重点抓好生产体系、产业体系、经营体系、生态体系、服务体系、运行体系等六大支撑体系建设，支持有基础、有优势、有特色、有规模、有潜力的乡镇（村）、特色片区，全域统筹开发，推进农、林、牧业与休闲观光、康养农业等产业深度融合，推动农村（牧区）绿色发展，打造一批环境美、产业兴、品牌响、农民富、生态优，具有浓郁“田园牧歌”风情的乡村田园综合体。有观点[①]认为，田园综合体是集现代农业、休闲旅游、田园社区为一体的特色小镇和乡村综合发展模式，强调全域开发和成片推进，是乡村旅游发展、美丽乡村建设的升级版。田园社区是田园综合体走向城镇化结构的重要支撑，通过产业融合、产业聚集和人口集中，形成原住民、新住民及游客的居住环境，建设新居民的聚集区，田园综合体将是农业、文旅、社区“三驾马车”同步推进的发展模式。一定意义上，田园综合体借鉴了城市综合体提供综合服务的方式，意欲在农业供给侧结构改革的大背景下，突破传统农业发展困境和乡村空间发展滞后的局面。因而，综合体园区的功能构成上，往往包括农业生产区、休闲集聚区、景观游览带、居民生活区、社区服务区等。需要注意的是，统一按照国家有关部门文件要求规划设计的田园综合化是否会落入“去特色化”陷阱，有待实践进行检验。

## 6.3 可持续发展“创业版”——特色小镇发展典型模式

特色小镇被界定为重组生产要素，创造新的经济增长点，推进供给侧结构性改革的新平台和推动经济转型升级、发展动能转换的新载体。美国硅谷高科技特色小镇、瑞士朗根塔尔全球纺织品企业总部中心特色小镇、法国格拉斯香水小镇、德国赫尔佐根赫若拉赫体育用品小镇等，这些全球著名小镇体量普遍不大，但产业与文化的独特性、精致性，使得小镇富有朝气与活力。2016－2017年，住建部联合国家发改委、财政部先后公布了

① 侯明贤．田园综合体—乡村旅游新引擎［N］．江南游报，2017－08－24.

两批中国特色小镇名单（第一批 127 个镇、第二批 276 个镇）。然而，认定的特色小镇名称都是小城镇意义的建制镇范畴，其概念与浙江省推出的特色小镇内涵（非区非镇）并不一致。近年来，在政府引导下，东南沿海特色小镇、特色小城镇快速兴起。实际上，以浙江省为引领的特色小镇创建培育大多都有共性要求，如“三生融合”“创新创业集聚”“多主体推动”等，但要严格区分其发展模式是较为困难的。在本节，我们把浙江省特色小镇作为可持续发展模式的“创业版”进行分析。

### 6.3.1 传统产业主导型

**西湖龙坞茶镇——打造茶文化产业链。**

西湖龙坞茶镇是进入 2015 年浙江省第一批 37 个创建名单的特色小镇之一，位于杭州市西湖区，是传统西湖龙井茶产业区域，素有“万担茶乡”之称。该镇以原龙坞镇所在地葛衙庄社区为中心，示范带动龙坞地区慈母桥等其他 10 个村社，辐射带动外桐坞、上城埭、大清谷、白龙潭等景区景点[①]。定位于以“龙井茶文化产业”为主导，集乡村旅游与民俗体验、文创产业及文化商业、运动休闲产业、养生健身产业等特色产业于一体，打造全国最大的西湖龙井茶集散地和最具茶文化竞争力的特色小镇。规划面积 3.2 平方公里，建设面积 1.4 平方公里，水域面积 0.08 平方公里，山林面积 0.72 平方公里。计划 3 年完成总投资 50 亿元，其中 2015 年 15 亿元、2016 年 15 亿元、2017 年 20 亿元。规划形成七大功能区块：文创艺术集聚区、养生健身度假区、茶园风光观赏区、茶叶交易集散区、茶文化体验区、茶乡民俗体验区、户外运动休闲区。突出“一村一品一特色”、画外桐坞文化艺术气息、茶源保护与茶文化产业链、村社精品民俗等[②]。目标是 3 年左右实现龙坞年旅游人数达到 300 万人次，旅游收入达到 5 亿元，茶叶及相关产业总产值 35 亿元。

**诸暨袜艺小镇——促进袜艺产业升级。**

诸暨袜艺小镇位于诸暨市大唐镇，是浙江省第一批创建考核评价优秀的特色小镇，也是浙江省首批特色小镇文化建设示范点，是以特色小镇创

① 龙坞茶镇［EB/OL］. 杭州市西湖区政府官方网站.（2018－05－21）. http：//www. hzxh. gov. cn/art/2018/5/21/art_ 1476192_ 18193052. html

② 虞建萍，丁伟杰．“万担茶乡”今蜕变且看杭州龙坞茶镇绘蓝图［EB/OL］．浙江新闻在线，（2017－05－19）．http：//zjnews. zjol. com. cn/zjnews/hznews/201705/t20170519_ 4012019. shtml.

建促进传统产业转型升级的典型。从20世纪70年代开始，大唐袜业就以家庭手工作坊和集市零散贸易为主起步，鼎盛期袜企高达6500多家，形成低廉劳动力、低端产品、低价竞争的“三低”传统发展路径。2014年大唐镇开展专项整治，彻底关停企业3203家，验收复工3143家，政府通过“一破一立”，淘汰能耗高、污染重、产出低的落后产能，主动引进创新要素、建立承接转型企业的平台。2015年，按照“重构袜业、重塑大唐”的思路，打造全球唯一的以袜子为图腾的特色小镇，规划面积2.96平方公里、建设用地1162亩，计划3年内完成投资55亿元，重点规划建设“智造硅谷、时尚市集、众创空间”三大区块①。“智造硅谷”即智能制造集聚区，“时尚市集”即智慧中枢和文化艺术旅游区，“众创空间”即电商园、大学生创业园、中国针织原料市场、物流园区。先后引进纺织袜业研究院、文化传播公司、“互联E家”淘宝大学、天津股权交易所诸暨服务中心、高伦新材料研发机构、袜业指数发布中心等项目，建立以“互联网+”为主体的袜业垂直交易平台、云端设计库和云端人才库，多所高校的研究生定期入驻进行创作研究，成为人才的创意区和信息的聚合地。

**龙泉青瓷小镇——传统瓷器文化园。**

龙泉青瓷小镇位于浙江龙泉市上垟镇，处于浙闽赣交界处，上垟镇青瓷有着悠久的历史、是现代龙泉青瓷的发祥地。上垟镇森林覆盖率高达80%，素有“青瓷之都”“浙江林海”之称，也是“全国生态镇”。龙泉青瓷小镇规划面积3.21平方公里，用地面积700亩。龙泉市政府与上海道铭公司签订约30亿元的投资协议，以上垟镇龙泉瓷厂旧址为核心、保留原国营龙泉瓷厂风貌，以5年为建设周期，打造开放式、生态化、人文化青瓷小镇。投资项目包括披云青瓷文化园、1957创意设计基地、国际陶艺村、国际陶瓷会展中心、旅游休闲度假中心、青瓷研发和产业集聚发展基地等，此外将在上海建设约4000平方米的青瓷展示中心。青瓷小镇以青瓷产业为基础，依托“青山、碧水、古窑”民俗民风，把“青瓷元素”融入产业转型、产品创意之中，打造“青瓷寻踪”剧场等文化旅游业，促进了传统瓷器产业以及相关文化旅游产业的快速发展。据统计，

---

① 诸暨大唐袜艺小镇以特色促转型［EB/OL］. 浙江省发改委官方网站，（2016－06－29）. http：//www.zjdpc.gov.cn/art/2016/6/29/art_112_1711069.html.

2015年，青瓷小镇接待旅游人数达到47.9万人次、比2013年增长12.5倍，旅游总收入达到1.96亿元，带动了当地4000多个农民就业创业[①]。青瓷小镇现已成为中国美院、景德镇陶瓷学院等院校学生实习基地，已吸引近百家青瓷企业入驻，吸引了国家级、省级工艺美术大师入镇设立工作室。

### 6.3.2 新兴产业引领型

**西湖云栖小镇——云产业创新生态圈。**

云栖小镇位于杭州市转塘科技经济园区，是西湖区依托阿里巴巴云公司打造、以云计算产业为主导的生态体系聚集地，也是浙江省第一批考核获评优秀的特色小镇。小镇地处杭州西湖区南部杭州之江国家旅游度假区核心区块，规划面积3.5平方公里。转塘园区是2002年8月经杭州市人民政府批准设立，起初定位于传统工业园区；2005年调整为主导发展生物医药、电子信息、机电一体化、新能源等为主的高科技产业和企业总部型产业；2012年再次调整为把“云产业”作为未来发展的主导方向。按照小镇规划，经过3-5年的发展，形成产值100亿元、税收5亿元以上的完整的云计算产业链，发展成为创新创业的圣地、创新人才集聚的高地、科技人文的传承地、云计算大数据科技的发源地[②]。杭州市城市规划设计院提出，云栖小镇用地布局上应形成八大功能区，即创业孵化区、创业服务区、云储存云计算产业区、工程师社区、成功发展区、国际化生活区、生活配套区和创业创新拓展区。小镇于2016年引进阿里云、富士康科技、英特尔、中航工业、银杏谷资本、华通云数据、数梦工场、洛可可设计集团在内的各类企业433家，其中涉云企业300多家。园区内成立了阿里云技术学院（云栖学院），云栖大会永久落户于小镇，西湖大学也将落户于云栖小镇。云栖小镇的规划设计，开创了新兴产业引领与创业创新发展的模式。

**滨江物联网小镇——物联网新兴产业集聚基地。**

滨江物联网小镇位于杭州高新区（滨江）的东大门，是浙江省2016

---

① 钟根清，鄢鸣．特色小镇有了“模范生”青瓷小镇跻身省级示范特色小镇［N］．丽水日报，2016-06-07.

② 云栖小镇：打造百亿级产业的未来云端小镇［EB/OL］．浙江在线新闻网，（2014-09-01）．http：//hangzhou. zjol. com. cn/system/2014/09/01/020232730. shtml.

年创建的第二批特色小镇。规划面积3.66平方公里，形成“一心、两翼、两轴”的功能结构，即“一心”是产业核心区，“两翼”是北部商住配套区（江南大道以北）和南部复合发展区（月明路以南），“两轴”是江南大道城市发展轴和西兴路产城融合轴。物联网小镇定位于新兴物联网产业及关联的云计算、大数据、移动互联网和信息安全核心器件等支撑产业，依托现有网络信息高新技术产业基础，集聚一批具国际竞争力的物联网产业龙头企业，致力于建设成为中国物联网产业示范区、长三角物联网产业中心区、浙江省物联网产业核心区①。2017年滨江物联网小镇已落户重点项目25个，投资100多亿元，入驻企业200多家；2016年小镇实现营业收入982.6亿元、税收收入16亿元②。

**秀洲光伏小镇——光伏产业创新基地。**

秀洲区光伏小镇位于嘉兴市秀洲区西侧，是浙江省2016年创建的第二批特色小镇。小镇规划面积2.9平方公里，建设面积1.99平方公里，主体功能结构为“一核、两带、三片区”。“一核”即围绕光伏科创园形成的核心节点，集聚产业孵化、研发办公、企业总部、会议会展等功能；“两带”即沿马泾港—洪福桥港形成的滨水景观带；三片区即文化休闲服务区、光伏研发创新区和光伏装备制造区。光伏小镇产业主要包括光伏研发、制造、检测服务以及休闲旅游；规划三年内投资超过56亿元，建成后每亩投资强度达500万元以上；集聚科技型企业300家，引进创业创新团队30个、技术研究院8家③；坚持“处处有光伏、家家用光伏、人人享光伏”发展理念，打造宜业、宜居、宜游“三生融合”的光伏特色小镇。

### 6.3.3 创新创业集聚型

**江北动力小镇——先进制造业集聚基地。**

江北动力小镇位于宁波市江北区慈城镇，处在宁波市联结中心城、副中心城之间重要的经济、生态、文化、城镇集聚带，小镇总规划面积约

---

① 滨江物联网小镇概况［EB/OL］.“中国杭州”政府官方网站，（2016-01-06）. http://www.hangzhou.gov.cn/art/2016/1/6/art_1085799_347533.html

② 林建安.滨江13个重大项目昨天集中开工90亿元都投到了哪里［N/OL］.杭州网（都市快报），（2017-05-20）. http://hznews.hangzhou.com.cn/chengshi/content/2017-05/20/content_6556001.htm.

③ 叶嘉妍.秀洲光伏小镇［EB/OL］.浙江在线新闻网，（2017-07-15）. http://cs.zjol.com.cn/system/2017/07/15/021556625.shtml.

3.3 平方公里，核心区 1.5 平方公里。近年来，慈城镇着力培育高端装备制造、新材料、生命健康科学、电子商务等产业，引进培育十余个重大高新项目，着力打造战略性新兴产业重要集聚区。按照特色小镇规划设计，慈城镇将以“培育优势产业集群、提升特色小镇竞争力、引导江北产业转型升级”为宗旨，坚持以高端海洋工程动力装备制造业为主导产业，发展新材料、机电与电子、信息与控制、新能源等上下游配套产业，促进要素集聚和产业融合发展，打造国内一流的高端海洋工程动力装备制造业。在运作上，“动力小镇”由中国船舶工业集团公司（央企）、联东投资（集团）有限公司（民企）作为投资主体，以宁波（江北）高新技术产业园为发展平台，其运作模式是由企业主导项目建设。力争通过 3 年的努力，以海洋工程动力装备制造业为核心，以中船（宁波）装备产业园、联东国际企业港为载体，集聚发展以高端装备制造为主的都市工业，打造产城联动、人口集聚的特色小镇。按照协议，中船集团将在慈城建设“一园一院”[①]。动力小镇将以“一园一院”建设为抓手，打造自主品牌产业化基地，形成 6 大产业板块，通过产业升级和产业链延伸，在“十三五”期间建成年产值 100 亿元规模的动力装备产业园。

**富阳硅谷小镇——城市产业综合体。**

富阳硅谷小镇位于富阳经济技术开发区银湖新区北部，紧邻西湖区，是浙江省第一批创建的特色小镇。规划实施面积约为 3.1 平方公里、核心区域为 1 平方公里。富阳硅谷小镇依托山水环境优美、文化气息浓厚的富阳，以光通信、信息技术、工业设计和文化创意产业为重点，集聚科研机构和智慧经济企业等创新创业主体，打造以“城市产业综合体”为特点的绿色生态硅谷小镇。富阳硅谷小镇通过对企业实施“陪商计划”“一站式”服务，建设和运营“孵化器”，孵化一批智慧型的中小企业，促进企业的转型升级。“硅谷小镇”可享受开发区关于土地、财税、金融、环保、价格等方面的政策优惠，入驻企业最高可享 300 万元的一次性补贴。硅谷小镇与浙江工业大学合作共建，“政府引导 + 高校主导 + 资金集聚”，推动科技成果转化和创新创业。小镇已引进天安□富春硅谷、浙大网新、中国

① “一园”是中船（宁波）装备产业园，将主要建设和发展中船动力与宁波中策合作项目、盾构生产基地、齿轮箱和螺旋桨等动力集成装置生产基地、大功率柴油机研发及生产基地；“一院”是指装备动力研究院，它主要聚焦海洋装备动力产业研究设计及其产业化，将逐步建设成为国家级研究机构，推动海洋装备动力技术进步和发展。

智谷富阳园区、银湖创新中心、颐高圣泓工业设计园、雄迈信息集团总部基地等产业项目，总投资额逾70亿元，培育同兴科技、易莱克网络、多米广告、字节信息等40多家科技型企业①。

**温州文昌创客小镇——创新创业生活区。**

文昌创客小镇位于温州市龙湾区状蒲片区，是浙江省第二批培育的特色小镇之一。小镇规划面积约3.42平方公里，是温州市创新资源最为集聚的区域之一。按照规划，文昌创客小镇拟通过3年的创建开发，投资30亿－50亿元，打造成为全国知名、省内领先的海内外青年创业创新梦想地、“互联网＋”应用产业集聚地、“两创”示范省级特色小镇；按照“政府主导、国企主体、市场化运作”的运营模式，打造孵化加速平台、公共服务平台、金融资本平台、社区生活平台。目前，小镇已经建设核心区创客广场、欢乐大街、城市客厅、空中走廊、青年创客公寓、滨水景观区、艺术酒店、创意休闲集市、文化创意园、科技创新园②。从规划设计的功能看，文昌创客小镇可归类于“众创空间”的升级版。

### 6.3.4 产镇融合发展型

**西湖艺创小镇——艺术创意文化综合体。**

西湖艺创小镇位于西湖区转塘街道，是浙江省启动的第二批创建特色小镇。规划面积3.5平方公里、建设用地1733.5亩，依托中国美院、浙江音乐学院、西湖大学（筹）三所高校，以“艺术＋”为核心，联动艺术和科学两大创新力量，围绕象山、龙山、狮山三座山体，通过“美育塑造”“文创智造”和“生态织造”三种策略，构建集文创设计、艺术展演、社群经济、时尚消费和特色旅游五位一体的新型小镇，致力于打造全球最大的艺术教育社区、全国最强的文创设计航母、全民共享的艺术生活家园③。小镇艺术创意产业包括融汇设计、绘画、雕塑、建筑、新媒体、音乐、动漫、舞蹈等艺术门类④，推动艺术创意向社会生产转化，以艺术

---

① 富阳硅谷小镇［EB/OL］．“中国杭州”政府官方网站，（2015－11－06）．http：//www.hangzhou.gov.cn/art/2015/11/6/art_1092216_395354.html

② 周瑶瑶．四平台助力文昌创客小镇20多家高端运营商排队入驻［EB/OL］．温州网，（2017－01－12）．http：//news.66wz.com/system/2017/01/12/104954838.shtml.

③ 周慧敏．西湖艺创小镇：以艺术的力量改变世界［N］．中国改革报，2017－01－03.

④ 西湖艺创小镇概况［EB/OL］．“中国杭州”政府官方网站，（2016－01－06）．http：//www.hangzhou.gov.cn/art/2016/1/6/art_1085799_347520.html.

生活为主体、实现产学一体、产城（镇）融合发展。艺创小镇得益于西湖之江板块多年来形成的美术和设计产业形态、文化产业基础和强大的艺术基因。艺创小镇多个工作室参与了G20西湖音乐喷泉改造、LOGO设计、亚洲最大的3D裸眼光影秀等。据统计，艺创小镇内汇聚的2600余家企业中（其中科技企业380余家、占15%），文创企业占比达60%。小镇于2015年搭建了“凤创汇投融资服务平台”，聚集了100多家创投机构，培育了全国第一家在新三板挂牌上市的画室。此外，地方政府建立高中端艺术设计人才引进驻留机制，在小镇规划美术培训业、音乐娱乐业、工业设计业、风景建筑设计业、服装设计业、动漫设计业等六大产业和独具特色的艺术村落或艺术街区，探索创建“产、城、人、文”四位一体的“新文化江南名镇”。

**景宁畲乡小镇——民族特色产城人景融合。**

景宁畲乡小镇位于景宁县外舍新城区块，进入浙江省第一批特色小镇创建名录。小镇立足畲族文化和生态两大优势资源，按照“产城融合、景城融合”发展思路，融入山大车、凤凰、畲族彩带等传统畲族元素，构筑生态环线、风情环线、仿古宋式建筑风格的民族特色、绿色生态小镇。景宁畲乡小镇规划面积3.44平方公里，建设面积0.88平方公里。按照国家“5A”级旅游景区标准，以山哈凤凰古镇、外舍大酒店、山哈剧院、民族经济总部等特色项目为主体，打造“旅游服务产业、文化创意产业、民族总部经济、生态特色农业”为重点，产业、文化、旅游和社区的功能叠加，宜居、宜业、宜游的绿色旅游文化小镇①。畲乡小镇创建机制主要是依赖于景宁县政府推动和吸引企业大规模资金投入，两年累计完成固定资产投资43.65亿元，其中企业资金占比72.8%，借助民族特色培育小镇发展动力②。

**鄞州四明金融小镇——产城（镇）融合金融创新中心。**

鄞州四明金融小镇位于宁波市南部新城区块、鄞州中心城区，是浙江省第二批创建的特色小镇。小镇依托鄞州区最繁华的核心区域、高教园区、南部商务区，规划面积3.2平方公里，规划分为财富管理总部区、金

---

① 景宁县“五个注重”推进特色小镇规划建设［EB/OL］. 浙江省发改委官方网站，(2015-09-11). http://www.zjdpc.gov.cn/art/2015/9/1/art_112_1493712.html.

② 黄玉环，施雄风. 景宁畲乡小镇：大投入大建设 借民族特色培育发展动力［EB/OL］. 浙江在线新闻网，(2017-08-29). http://tsxz.zjol.com.cn/ycnews/201708/t20170829_4894674.shtml.

融商务核心区、生态公园景观区、创业孵化动力区、精英人才生活区、特色金融示范区等6大区块。重点引进量化投资、私募基金、财富管理和其他新型金融产业，打造特色金融产业集聚区、产城融合的金融创新中心，力争5年内汇聚千家以上新型金融机构、资产管理规模超千亿元。据统计，2016年小镇新增各类基金类企业90余家、机构总数达400余家，注册资金总额超过400亿元。中钰资本、易联支付、南华公募基金、同创伟业、盛世投资等金融机构落户，四明金融小镇正逐渐发展成为宁波乃至长三角区域集聚度最高、吸引力最强的区域①。

### 6.3.5 多主体联动建设型

浙江在特色小镇的创建中，突出依靠企业为主体、多主体联动建设的创建和培育方式。例如，长乐创龄健康小镇是省物产集团和余杭区政府联合创建，西湖紫金众创小镇是浙江大学和西湖区政府联合创建。

**长乐创龄健康小镇——企业与政府联合打造健康产业集聚区。**

长乐创龄健康小镇地处余杭区径山镇双溪风情带、中笤溪风情带和生态城镇发展带的核心区，列入浙江省第二批特色小镇创建名录。小镇依托2.3万亩长乐林场优质生态资源，由物产中大集团（世界500强）控股子公司浙江物产中大长乐投资有限公司作为项目投资建设开发的主体。小镇融合周边山、水、林、田、村等要素，产业定位于以森林康养为核心，融合高科技林业、现代农业、养生养老、健康医疗、食品中药、森林旅游、教育文化等绿色健康产业体系，打造“四季缤纷、宜学畅游、生活精美、产业兴旺”的中国森林康养第一小镇。小镇通过项目实施的方式，与浙江蓝城集团合作，打造现代农业与都市农庄；与浙江省民政厅、省康复医院合作，引进国外优质医疗资源，建设康复医院国际部；坚持“互联网+”思维，对接欧美等国家和地区的先进基因诊疗，打造全国一流的国际体检中心；推动林下经济发展，建立具有长乐特色的健康食品品牌和优质食品全产业链；与杭州师大等高校合作，共建康复医院国际部，构建创龄健康小镇现代化健康服务业集聚区；创立“林雨堂”民宿品牌，打造特色森林民宿；引入国际学校、建立浙江经济职业技术学院长乐学院”，建设创龄小镇特色的健康教育平台等。

---

① 鄞州四明金融小镇官方网站（http：//www.yzsmjr.com/）.

**西湖紫金众创小镇——政府与高校联手规划培育。**

西湖紫金众创小镇列入浙江省 2016 年第一批特色小镇培育名录，是浙江大学与杭州市西湖区政府联手规划建设。小镇以浙江大学紫金港校区为核心区域，规划面积 7.2 平方公里、核心区 0.91 平方公里。依托浙江大学 3 个校区（紫金港校区、玉泉校区、西溪校区）、留祥路国际创业创新街、西湖科技园、浙大科技园等技术力量，搭建具国际技术与人才引进平台、校企合作创新平台、产业技术公共研发平台等功能的创新创业社区。按照规划设计，小镇以分散式的“村落”布局，建设研发村（坐落于西湖区西科园内）、联创村（位于西湖区西科园内、留祥路一侧）、国际村（浙大西溪校区内）、学院村（浙大紫金港校区内）和创客村（西溪路浙大科技园内）等 5 个特色“村落”①。西湖紫金众创小镇总投资预算 165 亿元，拟在 2015－2017 年投资 54.5 亿元，定位于建设集“高校、高知、高技”为一体，面向世界的国际科研人才特区、辐射全国的创新创业基地、引领未来的生态智慧城区②。

## 6.4 东南沿海村镇探索可持续发展的经验与启示

### 6.4.1 经验分析

从以上实地考察和归类分析的村镇生态化治理与可持续发展模式上看，无论是“古典版”“升级版”还是“创业版”，虽然不同村镇各具特色、各有千秋，但在生态治理、环境整治、产业发展、社区管理上，有一些共同的做法和经验值得借鉴。

（1）注重生态规划和空间布局相协调

村镇社区都十分重视村域生态区域的规划和分区功能的布局，优化城

① 周丹红．西湖区 3 年内再建一批特色小镇［EB/OL］．杭州网，（2015－07－13）．http：//hznews.hangzhou.com.cn/chengshi/content/2015－07/13/content_5842246.htm.

② 严东．西湖区和浙大联手打造紫金小镇［EB/OL］．浙江在线新闻网，（2015－10－12）．http：//hangzhou.zjol.com.cn/system/2015/10/12/020869145.shtml.

镇、工业、农业、居住、生态、水系等规划，确定城乡空间布局和区域主体功能定位，促进城乡空间融合、资源优化配置。如前卫村全村分为居住区、休闲服务区、旅游度假区、有机农业展示区及生产片区等 5 个区域；谢埭荡村分为乡村旅游休闲区、生态农业区、水产养殖区等 3 大功能区，并将企业集中于工业区；三山村湿地公园分为生态保育区、管理服务区、宣教展示区、休闲体验区、社区共建区等 5 大功能区。不仅村镇区域内的空间布局需要合理化，而且需要推动村域与村镇所在市区空间结构布局和产业带建设相协调，推动村镇主动融入所在城市、开发区、生态园的产业链布局和空间结构分工。村庄功能的合理划分为促进村镇产业的健康发展、改善生态环境、提高治污效率、改进居住条件、强化社区管理打下了坚实的基础。

（2）注重生态涵养与产业发展相平衡

考察的村镇十分重视生态涵养、产业发展的相互平衡、相互促进。三山村打造国家湿地公园，既保护了岛屿生态、改善蓝藻污染，也成为传统产业升级、村民致富的重要推动力。东林村发展生态循环产业，村民共同享受高效率、高效益、规模化产业发展带来的红利。谢埭荡村立足高位、因地制宜，积极推进产业转型助推村民增收，实现产业转型与生态富民相同步，源头管控与生态涵养相协调。在生态涵养与产业发展、村民致富之间找到合理的平衡点，是村镇生态化治理与可持续发展的关键。

（3）注重项目建设与专业运作相匹配

村镇生态治理和规划建设中，由于交通网络建设、生态系统构建投资需求大、技术要求高，往往是通过政府项目建设起步。黄桥村用于农田水利设施建设、河道整治与道路硬化、村容村貌整治、污水治理与垃圾处理等的资金达到 2700 万元。三山村湿地公园总投资超过 1 亿元。要实现生态化治理与社区的可持续发展，不仅在项目建设中需要专业化公司、科研机构参与，在污水治理站的运行维护中也离不开专业化公司与技术人员的支撑。周庄镇、南浔古镇、诸葛村等传统村落和历史古镇古村的开发和保护亦如此。

（4）注重带头创业与成果共享相依存

“好市长好找、好支书难寻”。生态治理和经济发展较好的村镇一个普遍特点是拥有一个具备“双带”能力的好支书，既能带头开拓创业，也能带领村民共享发展成果。瀛东村在党支部的带领下，崇尚“艰苦创业、敢为人先”的围垦创业精神，凝聚村民创业力量，支撑产业的持续发展，村民共享发展成果的一个典型。东林村在村支书兼金仓湖公司董事长苏齐芳的带领下，大胆开拓、创新创业，推动“大承包小包干”体制机制创新，集中力量发展集体经济，发展生态循环产业，创新社区治理模式，村民共享改革成果的一个典范。三山村村民也是在村支书的带领下，艰苦创业、共同开拓，齐心建设国家湿地公园，发展生态旅游，共同发家致富。村镇的可持续发展往往离不开一个视野开阔、站位高远、开拓创新、踏实肯干、凝聚力强的村支书这个带头人。此外，无论是江苏、还是上海，普遍以股份合作的方式，来实现土地的集约化、规模化利用，扩展了工业化和城镇化发展空间，让农民共同享受集体经济发展带来的收益。

(5) 注重党群服务与多方共治相促进

村党支部（党总支）、村委会和党员干部在村镇生态化治理和社区可持续发展中发挥了不可取代的核心领导作用。黄桥村实行网格长管理制、推行村务公开制，充分体现了村委的组织功能和党员的责任意识，村镇社区的综合性服务能力的改善与党组织的凝聚力、先进性密不可分。谢埭荡村推行的河长制与路长制，都离不开基层党组织和党员服务群众、服务社区的良好机制。东林村由村委会委员和党员组成党员议事组，充分调动和发挥全体党员和老同志的积极性，通过村民代表大会决策，实现“阳光管理”。东林佳苑小区通过党员志愿者、业主委员会和物业公司三方网格式管理，实现社区多方共治，推动了村民自治进程。重视党组织的凝聚力和党员服务群众的责任意识，探索多主体参与、社会化共治机制，是适应我国国情、加快新型城镇化发展和新农村建设的重要方向。

(6) 注重技术创新与文化传承相支撑

村镇生态治理与社区发展的可持续既离不开技术创新“硬”实力，也离不开精神文化“软”实力。考察的大多数村镇在生态治理中，都重视与科研院所、高等院校、专业公司等技术机构的支撑合作，同时也重视村镇文化的展示、宣教与激励。部分村镇在社区治理中，积极探索高端的智能社区、物联网管理模式，推动社区服务的现代化。创业精神、传统文化、乡土特色、生态理念的传承，在推动村镇生态治理与社区发展中的作用不可忽视。瀛东村崇尚“艰苦创业、敢为人先”的围垦创业精神。三山村崇尚亲水文化、生态文化与古建筑文化的传承。千灯镇重视昆曲文化、古建筑、传统民居、历史文化等的保护。低碳牌、绿色牌、生态牌成为村镇社区发展的重要品牌。以江苏社区建设为例，江苏社区实施统一的标识管理，推行社区一站式服务，提高社区综合化与集成化服务能力；上海推行星级家庭管理模式，积极引导居民养成生态、环保的生活习惯。文化的传承不仅成为开发旅游产业的重要资源，也是引导生态理念、约束村民行为的重要手段。

(7) 注重民主决策与阳光管理相配套

民主决策与阳光管理，成为村镇社区现代化发展的重要保障。黄桥村的村务公开制、农场公开竞标和票决制，东林村的村民大会决策制，盛家埭村的治污招标制，谢埭荡村的河长路长考核制等，都体现了村镇发展和社区管理中的民主决策与阳光管理的特点。实施基层民主决策与阳光管理制，是减少矛盾纠纷、提升管理能力、改善服务质量、推动村镇发展和促进社区自治的重要制度保障。

(8) 注重宣传疏导与奖励惩罚相结合

通过正反宣传、疏堵结合、奖惩并举、软硬并施，提高村镇社区的管理能力，是村镇生态化治理与社区可持续发展的重要手段。东林村通过“宣、疏、堵、奖、示”，有效解决了大部分村镇社区普遍面临的转变村民陋习的难题。黄桥村通过实行星级家庭创建制和垃圾分类制，有效改善了家庭生活垃圾处理习惯、引导文明乡风。要实现村镇生态化治理和社区可持续发展，需进一步探索创新生态治理、产业发展、乡风文明、社区管理的长效机制。

(9) 注重机制创新与实践改革相互动

实地考察的村镇有一个共同特点是，勇于通过制度创新、机制创新和实践探索、改革创新，突破体制机制的束缚，推动村镇社区可持续发展。江苏村镇普遍推行“三集中、三置换、四对接”城乡一体化模式。带来的直接效应：一是为实现规模化农场经营腾出了土地空间，二是为农村工业企业进入工业园区提供了便利，三是为村镇产业、生态、水系、居住布局创造了条件。在探索推进资源资产化、资产资本化、资本股份化的过程中，发展“农村社区股份合作、土地股份合作、农民专业合作”三大合作组织，形成集体经济发展与农民增收协同机制。以村办合作农场方式解决农村土地问题，集体经济成为一个产权清晰的主体，农民可以直接受益于集体经济的发展。农民身份转换为城镇居民后，社会保障实行“农保”和“城保”接轨，农民拥有的集体资产所有权置换成社区股份合作社股权

“带股进城”。这一模式被视为推动城乡一体化发展改革中“苏南模式”的创新和丰富。

（10）注重现代村镇与特色产业相关联

浙江省通过推进特色小镇建设，城镇化发展水平已跃居全国前列，全国千强镇浙江已占三分之一。浙江省政府提出，特色小镇必须是产业特色明显、自然资源丰富或历史文化悠久的地区，在全省乃至全国同行业中占有相当大的比重，并将其打造成为产业集中、专业化强、富有特色的地方特色产业集群；特色小镇均应明确投资主体，投资主体可以是国有投资公司、民营企业或混合所有制企业，政府重点做好特色小镇建设的规划引导、资源整合、服务优化、政策完善等工作。通过明确特色产业、投资主体和发展方向，聚力创新建设现代化村镇。

（11）注重“输血”向“造血”机制转变

实现村镇的可持续发展不能单方面依靠政府资金和自上而下的项目或外部资本的主导，更需要通过重塑村镇居民主体地位，培育和发展村镇特色优势产业，塑造村庄的公共精神、激发内在人文活力。东南沿海大部分古村古镇和新型村镇都是依托其独特的人文资源和区位资源，通过创新创业实现传统产业的改造升级，并致力于文化传承、人文教育、村规民约等内在机制的塑造，推动环境改善和生态修复。在发挥政府引导和项目支持作用提高公共服务供给的同时，更需要借助市场力量实现村镇资源的优化配置，完成从“输血”到“造血”的自我循环发展。如荻港村、三山村等生态旅游业的发展与村民实现互利共赢的经营模式。

（12）注重经济、生态与社会协调发展

村镇的可持续发展不仅仅是经济或生态的单一层面，而是经济、社会、生态、政治、文化的协调发展。东南沿海村镇既有“经济先发展生态后治理”的大量案例，如华西村等以乡镇工业为主导产业的村镇，也有“边发展边治理”的典型，如三山村等以乡村旅游业为主导产业的村镇，而大部分古村古镇往往坚持“先治理后发展”的发展路径。东南沿海大部分村镇发展实践说明，无论选择哪种发展路径，实现村镇的可持续发展都必须协调解决经济增长、生态建设与社会治理问题。村镇社区建设、集体经济发展、农民主体教育、乡村治理体系、乡土文化传承等都是村镇建设与可持续发展的重要内容。

### 6.4.2 存在问题

实际上，地方政府对美丽乡村建设和特色小镇创建中的问题也已有系统评价。2017 年 5 月，《福建省城乡住房建设厅关于印发〈2016 年美丽乡村建设负面案例〉的通知》（闽建村〔2017〕16 号）对检查验收中发现的负面案例进行了整理，并将问题归结为：整治建设中存在利用财政资金（包括以奖代补资金），建大亭子、大牌坊、大公园、大广场等形象工程，忽视农村生活污水垃圾治理、裸房整治等重点；照搬城市模式，脱离乡村实际；破坏乡村风貌、自然生态等突出问题。福建省住建厅、财政厅《关于做好美丽乡村建设有关工作的通知》（闽建村〔2016〕2 号）提倡种菜、种树绿化，多使用乡土材料，多搞地方特色的建筑，真正把村庄整治得像农村，展现城市居民向往的乡土气息和乡村风貌。然而，部分村庄绿化采用草皮、灌木修剪等城市园艺手法，不利于村庄后期维护；同时部分村庄还存在水泥过度硬化、透水不足等问题。福建省要求注重保留村庄原始风貌，保持原有道路、排水沟渠线型，不大面积平整场地，尽可能在原有村庄形态上整治环境；要求保护好村落周边的山、水、田、林、园、塘等自然资源，努力做到不推山、不削坡、不填塘、不砍树、不改路。然而，部分村庄依然存在推山削坡、填塘以及溪流、沟渠等驳岸硬化过度等破坏乡村风貌和自然生态的行为。福建省住建厅通报的这些问题，在东南沿海和其他地区也具有较强的典型性和代表性。

我们在第 4 章已提到了东南沿海村镇发展中存在的空间演化个性与共性、政府与市场、保护与利用等领域的矛盾与冲突。从对特色小镇、古村古镇、美丽乡村发展的典型案例分析中，也暴露出可持续发展中的相关问题。主要表现在：

(1)“地产立镇（村）”与“产业立镇（村）”问题

实际上，特色小镇建设中的“房地产化”倾向问题已经开始引起国务院有关部门的重视和警惕。2017 年 5 月，住建部下发的《关于做好第二批全国特色小镇推荐工作的通知》要求，对存在以房地产为单一产业，镇规划未达到有关要求、脱离实际，盲目立项、盲目建设，政府大包大揽或过度举债，打着特色小镇名义搞圈地开发，项目或设施建设规模过大导致资源浪费等问题的建制镇不得推荐。2017 年 7 月，住建部印发的《关于保持和彰显特色小镇特色若干问题的通知》（建村〔2017〕144 号）[1] 也对特色小镇“地产化”倾向提出警示。2017 年 12 月印发的国家发改委等四部委文件《关于规范推进特色小镇和特色小城镇建设的若干意见》（发改规划〔2017〕2084 号）直接指出，有些地区在推进特色小镇和特色小城镇的建设中，出现了概念不清、定位不准、急于求成、盲目发展以及市场化不足等问题，甚至存在政府债务风险加剧和房地产化的苗头。该文件特别提出，不能把特色小镇当成筐、什么都往里装，不能盲目把产业园区、旅游景区、体育基地、美丽乡村、田园综合体以及行政建制镇戴上特色小镇“帽子”，防止“新瓶装旧酒”“穿新鞋走老路”。特色小镇必须摒弃政府大包大揽、“假小镇真地产”的老路，拉回“产业立镇”“特色兴镇”的正途，即资源特色、产业基础、科技创新、资本植入和消费带动成为特色小镇建设的关键要素。然而，并不是所有的镇域都具有发展特色小镇的条件，大中城市郊区和具传统文化特色与产业的典型村镇更具有发展基础。浙江特色小镇是经济发展到一定阶段的产物，具备相应的要素和产业基础，特色小镇的创建要合理把握浙江经验的可复制和不可复制内容。

（2）特色小镇的布局与产业导向问题

在全国各地如火如荼兴起特色小镇的建设中，把握好特色小镇的空间布局与产业选择、产业竞争力与可持续发展问题非常重要。从国外典型的特色小镇发展看，如格林尼治的对冲基金小镇，对冲基金规模占美国约 1/3；英国伦敦附近的剑桥镇是英国教育和科技创新中心，而全球著名航空发动机公司罗伊斯·罗尔斯总部位于辛芬（Sinfin）小镇上；德国奥迪总部位于英戈尔斯塔特的小镇，距离慕尼黑 60 公里。以高端产业为导向的特色小镇的发展，实际上打破了创新创业资源集中于大中城市的空间布局。特别是在我国大中城市和城镇布局规划中，往往以中心城市、重点镇、中心镇、中心村的发展格局来配置资源和基础设施建设，从而导致中心城市和城镇经济集聚发展，房价高企、交通拥堵、空气污染等“大城市病”日渐突出，特色小镇恰恰是打破传统城镇体系分工的突破口。然而，特色小镇的发展和布局是否应定位于高端的战略性新兴产业，还是定位于承接城市的配套产业，或者是传统产业与旅游、文化产业的融合发展，依

---

[1] 该文件提出：尊重小镇现有格局、不盲目拆老街区；保持小镇宜居尺度、不盲目盖高楼；传承小镇传统文化、不盲目搬袭外来文化。

然是人们争议和探讨的话题。对住建部公布的276个全国第二批特色小镇的初步统计，属于电子、通讯、汽车、互联网、金融、航空、新材料、新装备等高新技术产业类的小镇不足5%，绝大部分小镇的特色产业都是基于传统农业、旅游、文化产业及其产业链的延伸。东南沿海省份已经公布的省级特色小镇中，主要是以高端产业类为主，浙江省高端产业类特色小镇占58%、江苏省高端产业类特色小镇占64%，而福建省特色小镇高端产业类仅占22%。有观点认为，特色小镇主要应该发展高端产业，以高端产业为主导、高收入人群为主体的特色小镇应该是对生活环境有很高的要求，不宜于发展旅游类产业，高端产业与旅游业不适合“双轮驱动”。其实，大部分以旅游业为主的小镇只适于“游”、而非宜“居”。特色小镇区别于传统的工业园区，正是因为园区往往只具有生产功能，而缺乏生态、生活功能。也有观点认为，特色小镇对3A级以上景区的标准规定，只是对特色小区生态建设的一种表达方式、而不应该是硬性指标要求，如果一个仅3平方公里特色小镇，既需要搞生产研发、创新创业，又要搞旅游设施，并不符合产业的发展规律。由于特色小镇主导产业选择的不同，对基础设施建设和配套产业发展要求就必然存在差异。如美国格林尼治基金小镇要求完备的电力系统、良好的通信系统和严格的安保系统，以及满足交易员缓解紧张的精神压力的娱乐设施。

（3）特色小镇的发展路径与持续活力问题

特色小镇的发展必须要解决创建路径、内生动力和可持续发展机制问题。从目前国家级特色小镇和省级特色小镇的创建方式看，主要有六种路径。一是依托从产业园区创建特色小镇，即通过生产、生活、生态一体化的空间功能构造，促进产业园区（各类经济开发区、高校技术产业开发区、产业园区等）向产业社区的转变。二是将重点镇功能集聚为特色小镇。通过对重点镇核心区的统筹规划、产业集聚，利用创新创业资源的优化配置推进镇域优势特色产业转型升级，将重点镇、中心镇打造为特色小镇。三是利用城市集聚的产业资源和生活空间布局，推动城市综合体到特色小镇的转变。四是依托高等院校或龙头企业研发中心，重新对所在区域功能区规划布局、凝聚创业创新资源，打造高端产业和新兴产业特色小镇。五是利用传统产业、文化与生态资源，拓展传统产业链和促进三产融合发展，发展传统农业、手工业、文化、旅游产业类特色小镇。六是依托区位、贸易、港口、金融等特殊优势，面向未来战略性新兴产业，谋划、布局、打造高端新兴产业特色小镇。影响特色小镇创建和持续发展的主要问题包括：一是层层创建、“特而不特”。从中央层面看，各部委之间特色小镇的形态不尽一致。住建部、国家发改委、财政部在 2016 年联合发布的《关于开展特色小镇培育工作的通知》中提出，到 2020 年，培育 1000 个左右各具特色、富有活力的休闲旅游、商贸物流、现代制造、教育科技、传统文化、美丽宜居等特色小镇；2016 年、2017 年已经公布了两批共 403 个全国特色小镇。国家发改委在 2016 年公布的《关于加快美丽特色小（城）镇建设的指导意见》和《关于实施“千企千镇工程”推进美丽小（城）镇建设的通知》中，明确提出要建成 1000 个左右特色鲜明、产城融合、惠及群众的新型美丽特色小（城）镇。目前，全国大部分省（自治区、直辖市）出台了开展创建特色小镇或特色小城镇的意见。按照中国自上而下的行政构架，通过省级、市级行政体系层层创建、层层示范，创建的特色小镇必然远远超过一千个，易于回归到“特而不特”的局面。二是舍近求远、生搬硬套。在没有特色产业基础和创新创业环境下的特色小镇创建活动中，易于出现舍近求远、生搬硬套东南沿海省份的做法。三是政府包办、缺乏活力。无论在经济较发达地区、还是在经济落后地区，特色小镇的培育创建中，都有政府大包大揽、市场活力不足的问题。

（4）“输血”与“造血”机制的长效性和可持续问题

村镇生态治理和社区管理往往面临基础投入大、运行成本高的普遍现象，如何维持稳定的“外部输血”机制和“内生造血”机制，是可持续发展中的最大难题。即使是生态旅游发展较好的三山村，全岛湿地总面积 625.2 公顷，湿地公园总投资超过 1 亿元，投资额巨大。由于岛屿型湿地常受风浪冲击，每年对湿地堤岸与植被恢复的维护费近 100 万元，每年秋冬季节对湿地水生作物收割与清理费用高达 350 万元，刚性支出对村级经济造成沉重的负担。由于投入过高，村支书表示，即使是省发改委积极推动，受财力制约无法启动第三期项目建设。又比如谢埭荡村，前期投入 2200 万元开展村级建设，每年用于治污网管、道路养护的支出 70 万元，社区工作人员年度支出 120 万元，占村集体年收入近一半。另外，黄桥村的财政转移支付不得不从每年 70 万元提高至 150 万元。目前，生态治理项目主要依靠政府前期投入。在中央和地方财权事权不匹配、税收关系没理顺、地方政府高负债的情况下，如果没有足够的财力支撑，实现生态治理的可持续性很困难。在村镇生态治理和社区管理中，如何理顺生态治理中的财税事权关系、科学构建区域间生态补偿机制、完善产业支撑的内生发展机制，建立合理、稳定的输血和造血功能，是实现可持续发展的关键。

(5) 城乡一体化发展中土地资源的优化配置与农民持续增收问题

伴随城乡一体化发展中村民向“市民、股民”的身份转换，面临两大问题需要进一步探索解决。一是如何实现城乡土地要素资源的市场化配置，改善村镇用地结构、优化土地资源配置。包括农用土地流转机制、集体非农建设用地使用权流转机制、城镇空间扩张和宅基地有效退出机制、合作社股权的市场化流转机制等。二是离开土地后农民的持续增收问题。农民身份转化为“市民、股民”，一部分转变为城市的劳动者，少部分成为职业农民（或农场主），农民的土地承包经营权更多转化为出让土地使用权收益或土地财产收益权，一定意义上意味着“传统农民的终结”。对于经济欠发达地区大多数农民来说，农村房屋所有权、宅基地使用权和耕地承包经营权，是农民的基本保障和社会保险，是他们维持底线生存的基本资料。显然，如果无法通过“三集中、三置换”方式完成土地的集约化使用，村镇生态化治理和社区管理的难度将大大提高。从短期看，农民可以分享因土地集中流转带来资源开发和产业发展的股权红利。从长远看，农民的持续增收和社会保障更加依赖于村集体经济的壮大，更加依赖于区域产业发展的效益。农民的增收渠道更多取决于外部因素，而非传统意义的家庭自我保障。

(6) 治污技术短缺、运行费用过高的问题

村镇治污技术投入大与运行成本居高不下是普遍问题。调研了解到，莫舍社区的餐厨垃圾处理站投入 35 万元、寿命 3 – 5 年，日处理能力 300 公斤。初步测算，一个处理站仅能满足约 300 户小区的需求，即使不计算电费、人工等运行费用，投入和运行费用依然超出一般社区的承受能力。此外，大多数社区污水处理站也存在投入和运行成本居高，如污水处理的微动力装置投入高、处理效果不够理想的问题。调研中锡山区领导介绍说，由于部分社区污水处理站实际治污效果不够理想，不得不关闭，或者在终端重新增加处理站，社区污水处理的技术保障依然不足。

(7) 城镇化进程中根除村民的落后观念和陋习问题

推动村民变为市民、转变传统生活习惯，改变安装防盗窗、绿地变菜

地、绿树变“晾衣杆”、侵占公共空间和不缴纳物业管理费等陋习，是城镇化进程中的一个难题。据介绍，锡山开发区由于村民不缴纳物业管理费，每年财政负担高达 1000 多万元，长期显然难以为继。从调研的情况看，只有东林村等少数村镇妥善解决了农民集中居住后的管理和服务问题。对于大多数村镇社区而言，转变村民的落后观念和改变陋习，依然是普遍面临的一个挑战。

(8) 农业劳动力短缺和村庄“空心化”问题

即使是经济发达的村镇，也同样面临农村劳动力短缺和村庄“空心化”、农村留守人口的服务问题。外出的黄桥村民回村后，大多不愿意从事农业生产，且近年来村人口呈下降趋势，村民以留守老年人居多，社区服务某种意义上成为“养老院”。东林村支书也提出，现在种地的都是 60 岁以上老人，再过 10 年谁来种地是个大问题。即使是在经济较发达、收入水平较高的东部地区，村镇农机专业人手也是缺乏的。由于身份差异、“社群区隔”等原因的客观存在，外来人口和家庭很难真正融入社区管理和服务。培养职业农民、改善社区服务依然是村镇社区可持续发展的重要命题。

(9) 现代化进程中有效保护传统村落特色和传承传统文化的问题

追求生态产业发展和开发生态文化成为一个普遍的趋势。调研发现，千灯镇、三山村等村镇保留了较好的村落建筑和村落文化，但部分村镇依然存在文化开发过度、产业升级过急过快、传统村落消逝、建筑不洋不土、千篇一律等问题。在追求产业发展和新村建设过程中，如何合理保存传统民居特色，在现代文化和传统文化找到合理的平衡，促进文化传承与经济发展相协调，依然是村镇建设中的一个难点。

(10) 不切实际追求“高大上”项目、发展速度过快、产业无法持续的问题

个别村镇盲目追求技术含量高、项目投资过大、与当地产业关联不大的项目，造成村镇资源浪费、运行无法持续的问题。以崇明岛前卫村为例，2003 年以来村集体共投入 3000 多万元，社会资金投入 2 亿元，用于引进太阳能、风能企业以及环保产业的运行。组建 3 家太阳能公司，太阳能并网费用 4 元/度，农户用电 0.6 – 0.9 元/度，输入输出差价巨大，必须依靠政府大量的财政补贴才能运行。此外，投入大量资金建设与本村产业关联不大的世界奇石馆、木化石馆、根雕艺术馆。从而造成村集体只能

依赖土地收入，人才资金无法跟进，村委能力弱化、管理难度加大的问题，这是发展理念脱离实际、导致“村穷民富”、发展无法持续的一个典型。

### 6.4.3 政策思考

促进城乡一体化发展，实现村镇生态化治理与可持续发展是关系我国现代化建设全局的重大战略。从实地考察的村镇看，无论是上海的松江区、崇明岛，还是江苏的苏州市、无锡市，都属于已进入工业化中后期经济发达地区，其做法和经验对于东南沿海发达地区村镇有一定的借鉴意义。实际上，浙江省推出的特色小镇重要的创新点在于突破了过去以行政构架从上至下配置资源的方式，利用政府搭台、多个主体唱戏和市场机制的方式引导资本、人力和创新要素注入特色产业的发展，实现产镇融合发展；避免了过去行政主导力量配置资源的创新资源空间分布的大中城市、中心镇、中心村的分布方式，在新的区域找到新的经济增长点。

一要加强分类规划、统筹推进、量力而行、良性运转的机制建设。推进村镇生态化治理与社区可持续发展，是一项复杂的系统工程。要重视加强区域分类、空间规划与功能布局，改革和建立部门协作、定位清晰、功能互补、衔接协调的生态、区域和产业规划体制。坚持城乡一体化统筹发展，科学配置城乡资源、布局产业发展、谋划区域功能和整修生态环境。科学测算财政担负能力，设立生态治理补偿基金、生态产业发展基金，建立合理、稳定的生态补偿制度。因地制宜、积极稳妥推进产业转型升级，不能盲目、不计成本的追求绿色、低碳产业发展的示范效应、轰动效应。设定经济、合理的社区服务区域和范围，扩大覆盖常住人口的均等公共服务，构建村镇社区治理和服务的长效机制。通过要素双向流通、产业生态循环、主体多元共治的机制，将人口向城镇的聚集与农业生产方式的变革、村镇经济的发展有机统一起来，既发挥城市集聚的经济效率，又要兼顾农村的生态功能。对于产业发展、基础设施建设和社会事业发展实行城乡统筹规划，使城乡经济相互促进、城乡社会相互融合，形成资源要素配置、公共服务、社会管理等一体化的良性互动格局。

二要加强生态治理、产业发展、文化建设、社区服务与人的城镇化同步推进的机制建设。要同步推进生态治理、产业发展、文化建设、社区服务与人的城镇化，避免只重视产业发展、忽视文化建设，只重视前期投入、忽视运行维护，只重视社区集中、忽视人文精神等的问题。重视生态涵养与产业发展相平衡，技术支持与制度保障相结合。特别是要重视村镇生态治理与社区管理中村民人文素养的提升、职业技能的培养、精神文化的塑造和文明习俗的养成。美丽乡村建设要立足于打造“人的新农村”。

三要加强政府搭台、党群带动、市场驱动、社会参与和奖惩引导的机制建设。要突破就城镇论城镇、就农村论农村、就农业论农业、就工业论工业的“二元分割式”城乡发展思维。借鉴沪、苏两地村镇普遍采取的政府搭建统一平台、基层党组织和党员干部带动、市场化驱动、多主体参与和堵疏奖惩相结合的做法经验，构建村镇生态治理和发展的长效机制。村务决策、社区管理中要重视引入民主制、公开制，发挥党员作用、尊重村民意见、发动村民参与。因地制宜推广“一委一居一站一办”新型社区管理模式，河道治理、社区管理的网格制，城乡规划、产业发展、基础设施、公共服务、就业社保和社会管理“六个一体化”模式，生活垃圾四级运转模式，农村劳务合作社管理模式，新农合制度、村办合作农场模式、政社互动模式等。加强科研机构、技术人员、科技企业共同参与村镇生态化治理的协作机制和长效机制建设，重视提升社区治理与服务的信息化、智能化、集成化、便利化和经济性。

四要加强对不同区域和产业类型村镇的生态治理和管理模式探索。江苏、上海城镇化水平远高于全国平均水平，非农产业比重也较高，工业反哺农业、城市带动农村的能力较强。考虑到东南沿海地区区域类型、产业类型、生态类型等的多样性，需要进一步完善不同类型村镇和社区生态治理与可持续发展机制，深入研究体制机制问题，深入挖掘现代社区型、集中居住型、整治改造型、生态自然型、古村保护型、城乡结合型、专业村镇型、山区地貌型、特色文化型、特色旅游型、民族风情型等多种模式的发展机制。

五要利用专业机构等多主体参与村镇规划顶层设计，探索政企合作的古镇古村和特色小镇、美丽乡村发展模式。坚持“政府搭台、企业唱戏”，政府只提供规划、土地指标、税收返还，不但减轻了政府负债压力，也厘清了政府与企业的责任与分工。如杭州西湖云栖小镇以阿里巴巴为战略合作伙伴，打造基于云计算产业的特色小镇；嘉兴海盐核电小镇围绕秦山核电站，与中国核工业集团共建“中国核电城”；衢州龙游红木小镇则由年年红家具集团公司投资 80 亿元建设等。这种以企业为投资主体的运作方式，有效解决了城镇化融资难的问题，这也是实施乡村振兴战略中也要合理借鉴的模式与机制。

六要坚持古村古镇保护为主、适度开发与文化创意产业升级。历史古村古镇和传统村落是中国文化的活标本，在挖掘其文化资源和经济资源中，不能操之过急和过度商业化、人工化。可通过大学等专业机构的设计和运作，促进古村镇文化创意产业发展带动传统产业和旅游产业的升级，避免古村镇单一化、同质化现象，也要合理评价其承载力、避免商业化的过度开发问题。

# 第 7 章

# 东南沿海村镇可持续发展机制与评价

建立长效机制是推进村镇可持续发展的关键。探索可持续发展机制需要从城乡协调关系、村镇空间布局、产村（镇）融合发展、古村古镇保护、自然人文资源协调、生态保护治理、法治共治自治、现代文明与乡土文化、开放共享与均衡发展等多个维度进行分析。本章重点分析东南沿海村镇可持续发展机制与可持续性的动力，深入研究村镇可持续发展机制实现的资源条件、制度框架、政策环境、主体动因和利益关系，剖析影响村镇可持续发展的城乡关系、生态治理、投入管理、文化保护、产业协调、社会共治等方面存在的问题，并从东南沿海村镇可持续发展的实践案例以及机制评价出发，探讨推进村镇可持续发展以及形成可复制、可推广的模式机制的路径。

## 7.1 东南沿海村镇可持续发展机制概述

东南沿海村镇可持续发展机制是实践中的产物，包含一系列开放式动态演进的组织、制度、政策、习俗等，是以产业发展、资源利用、环境治理、社区管理、文化传承等为载体，以经济、社会、人口、生态、文化等可持续发展为目标，形成了城乡协调互促机制、村镇空间协同发展机制、产村（镇）整合发展机制、自然人文资源协调机制、古村古镇保护发展机制、生态保护治理长效机制、法治共治自治结合机制、现代文明乡土文化融合机制、开放共享与均衡发展机制等多项互补、务实创新的机制。其基本关系如图 7－1 所示。

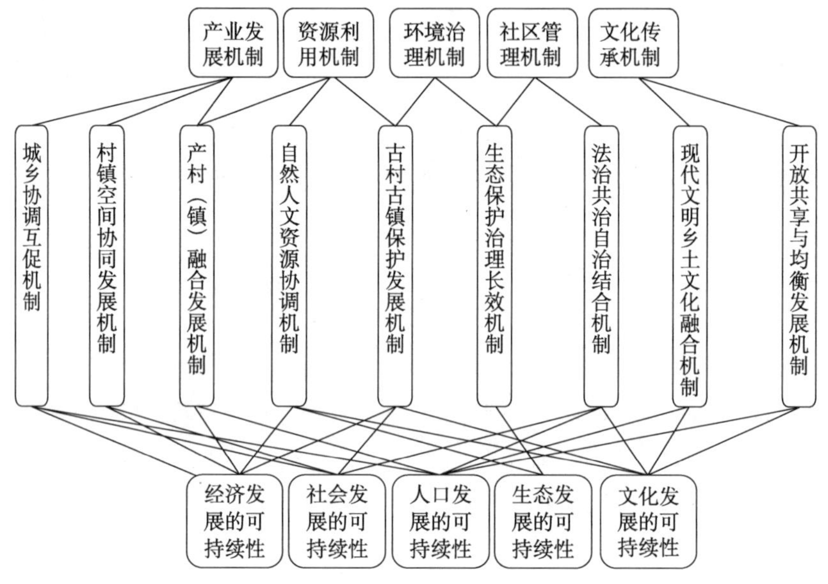


**图 7－1　村镇可持续发展机制示意图**

## 7.2
## 城乡协调互促发展机制

城乡协调发展是国民经济社会协调发展的重要部分，也是推进村镇可持续发展、实现新型城镇化和农村现代化的关键点。《国家新型城镇化规划（2014—2020 年）》提出“努力走出一条以人为本、四化同步、优化布局、生态文明、文化传承的中国特色新型城镇化道路”，规划第 6 篇第 20 章“完善城乡发展一体化体制机制”，明确提出要加快消除城乡二元结构的体制机制障碍，推进城乡统一要素市场建设和推进城乡规划、基础设施和公共服务一体化[①]。党的十八届五中全会把“协调发展”作为五大新发展理念之一，提出要重点促进城乡区域协调发展，促进经济社会协调发展，促进新型工业化、信息化、城镇化、农业现代化同步发展。党的十九大报告提出要紧扣我国社会主要矛盾变化、统筹推进五大建设，实施乡村振兴战略、区域协调发展战略、可持续发展战略等 7 大战略[②]。党的十九大报告对我国东南沿海地区的发展提出“创新引领率先实现东部地区优化发展，建立更加有效的区域协调发展新机制”“以共抓大保护、不搞大开发为导向推动长江经济带发展”等要求。在新时代实施新型城镇化和乡村振兴战略的发展要求下，在东南沿海率先构建城乡协调互促发展机制，对于全面建成小康社会和推动村镇现代化发展具有重要的意义。

### 7.2.1　城乡发展关系理论观点

城乡发展关系理论经历了从二元经济结构的效率分析到重视城乡发展公平性的过程。城乡关系理论是城乡协调发展的理论基础，涉及经济、社会、政治、人文、地理等诸多领域。西方经济学对城乡发展关系的理论分析视角通常包括二元结构、空间极化、公平性、互动性等。亚瑟·刘易斯开创了二元经济分析方法，构建了剩余劳动力从传统农业部门向现代工业部门转移的模型。而“刘易斯—拉尼斯—费景汉”模型深化了二元经济理论，从工农业平衡发展的角度研究经济结构问题。这时期理论界的主流观点认为，经济增长和现代化需要将农业剩余和农村劳动力向更有效率的城市工业部门转移。戴尔·乔根生则把农业剩余作为研究重点，认为不能只重视“城市—工业”的发展模式。1970 年，约翰·哈里斯和托达罗提出城乡人口流动模型（托达罗模型），认为发展中国家农业落后的主要原因是忽视了对农业部门的重视，因而应将资金投向改善乡村生产生活条件，这一思想至今对于我国乡村发展依然具有借鉴意义。

以城市增长极为导向的非均衡发展战略并不能自动缩小城乡差距。佩鲁的“增长极”理论、缪尔达尔的“地理二元经济”理论、赫希曼的“空间极化”理论等从空间极化的角度分析城乡发展关系。“增长极”理

① 《国家新型城镇化规划（2014—2020 年）》第二十章第一节“推进城乡统一要素市场建设”，第二节“推进城乡规划、基础设施和公共服务一体化”。

② 七大战略指“科教兴国战略、人才强国战略、创新驱动发展战略、乡村振兴战略、区域协调发展战略、可持续发展战略、军民融合发展战略”。

论认为，发展中国家可以通过加大对中心城市、中心地区资本密集型工业的投资，刺激经济的增长和社会福利的改善，并预期这种增长会通过“滴涓效应”扩散到乡村地区。这一理论为一些集权式发展中国家所推崇，并通过自上而下的规划系统来实现。然而，在拉美和非洲地区的实践证明，“滴涓效应”往往被“回流效应”所取代，城乡差距进一步强化。杰弗里·威廉姆逊则认为，经济发展初期极化效应起主导作用，经济发展成熟阶段扩散效应将增强，从而使得区域差异的变化呈现“倒 U”形曲线。在赫希曼和罗斯托的研究基础上，约翰·弗里德曼“核心—边缘”理论将区域分解为核心区、边缘区，认为工业化和经济发展将集中在少数地区，在空间上表现为二元结构。这些理论不回避核心地区的受益是牺牲外围为代价的事实，主张中心城市优先发展，发展到一定阶段后通过政府和市场的引导，逐渐扩散带动乡村发展。其政策取向主要在于实施非均衡发展战略，强调城市的作用和工业导向，发展资本密集和高技术产业、大型项目来实现工业和城市的现代化（阎小培 等，1994）。

改变“城市偏好”资源配置、重视乡村发展的自主性和建立城乡网络空间，有助于城乡融合与可持续发展。迈克尔·利普顿“城市偏向”（Urban Bias）理论则从公平发展的视角指出，政府偏向于城市的自上而下（Top-Down）的政策，导致资源要素过度向城市集聚，既造成乡村发展的滞缓，也带来国民经济发展的低效、不健康与不公平，穷人无法摆脱贫穷陷阱、城乡冲突以及农村内部的不平等加剧。昂温（Unwin，1989）却认为城乡差异的问题在于“人口流”，而非空间的作用。阿玛蒂亚·森指出，农村贫困是一种权利的不足，反贫困需要改变权利配置城市偏好的格局，赋予穷人更多的发展权利。沃尔沃·斯特尔等（1981）提出的“选择性空间封闭”（Selective Spatial Closure）理论认为，乡村应该按照空间平等与区域发展的自主性原则，结合资源禀赋制定发展规划，阻断影响其发展的消极联系，即以满足基本需求和降低贫困为目标，选择劳动密集型、小规模、以内部资源为基础的农业和技术，而不是高技术的发展。在 20 世纪 70 年代之后，理论研究更多地集中于城乡的互动关系上。朗迪勒里（1991）提出“次级城市发展”（Secondary Cities）战略，即发展中国家应建立次级城市体系、支持城乡间经济功能和行政功能的传递和平衡，这一理论观点与费孝通教授的观点类似，也与我国推进村镇发展的实践相契合。在城乡规划实践中，日本学者岸根卓郎从点（城镇）—线（网状基础设施）—面（农村区域）网络化关系，构建“自然—空间—人类系统”，强调城乡融合社会的发展，与我国吴传钧院士（1991）提出的“人地关系地域系统”思想极为类似。

新型的城乡形态成为城乡融合发展的载体。20 世纪 90 年代之后，随着全球经济浪潮和网络社会的兴起，大都市、大都市伸展区、巨型城市（Mega-city）等在发展中国家崛起，大城市边缘的乡村被同化和消失，“似城非城、似乡非乡”的新城乡区域类型出现。这种被称之为灰色区域（Desakota）① 或城乡混合带，是指在亚洲许多城市边缘及交通走廊带之间非农非城的地带（Mcgee T G，1997），这种地带在我国东南沿海发达地区更为明显。麦克·道格拉斯（1998）建立了基于城乡依赖关系的“区域网络发展模型”，认为乡村与城市之间的联系依赖于“人、生产、商品、资金和信息”五种“流”，区域网络基于聚落的族群（Clustering），每一个族群都有其特征和内部关联。麦克·道格拉斯提出的乡村城市（Agro-politan）战略强调提高居民的生活质量与改善城乡基础设施网络的联结。某种程度上，这可认为是田园综合体提出的理论渊源，也与次级城市理论较为接近。此外，塞西莉亚·塔科里等提出“城乡连续体”（Rural-urban Continuum）的概念，强调生计（Livelihood）基础是城乡的主要区别。肯尼斯·林奇（2005）提出城乡动力学（Rural-urban Dynamics）的概念，从生计战略和资源分配角度分析城乡联系的复杂性。从研究角度看，深入分析城乡共生关系形成和发展的背景、机制及在发展进程中所处的阶段对于政策制定者非常重要。对于城镇化的研究，必须借助跨学科的方法，从人口、社会、经济、生态、物理（建筑）、管理等多方面入手。然而，我国的城乡关系承载着独特的历史文化传统和发展过程，不能简单套用他国的经验与模式，在追求高质量发展过程中也要重视经济风险、社会风险、生态风险的防范。

从城乡分离到城乡协调、城乡融合是经济社会发展的基本规律和要求。2004 年，时任中共中央总书记胡锦涛在党的十六届四中全会提出“两个趋向”的重要论断，即“在工业化初始阶段，农业支持工业、为工业提供积累是带有普遍性的趋向；但在工业化达到相当程度后，工业反哺

① Desakota 由印尼语中 Desa（乡村）与 Kota（城市）组合而成，是指某一地理区域内同时发生乡村活动与城市活动的一种空间形态。

农业、城市支持农村，实现工业与农业、城市与农村协调发展，也是带有普遍性的趋向”。“两个趋向”重要论断为中国城乡关系发展政策的调整提供了理论依据。也有学者（赵东明，2015）从马克思主义经济学理论出发，认为随着生产力的提高与生产关系的完善，城乡差别将最终消灭、城市与乡村将由分离走向融合，因而，实现从城乡分离到融合发展，必须适应生产力发展水平和因地制宜推进城乡协调发展。赵东明提出，东部沿海发达地区发展重点应适度从中心城市向次级城市和乡村转移，构建多层次的城镇化体系，促进产城融合、加快农村城镇化和农业现代化，建立城乡统一的要素市场，促进产业链从中心城市向农村延伸。从实践看，大多数国家的城乡关系都经历了“孕育—分离—对立—融合”的演进过程。也有学者（党国英，2018）认为，实施乡村振兴战略，必须建立城乡统一的要素市场、扩大要素在城乡之间的自由流动，抛弃将农村视为“两个蓄水池”① 的陈旧思想，将农业竞争力提高战略纳入国民经济整体竞争力提高战略，必须使各项经济政策推动中国人口布局大调整、完成现行农村政策在实施对象上的大调整，建立健全城乡融合发展体制机制和政策体系是乡村振兴的保障，实施路径的关键在于“转变四个模式和产权变革”，即农业技术进步模式转变、农地保护模式转变、城乡区划模式转变、城乡社会治理模式转变、土地产权变革。

### 7.2.2 城乡协调发展与可持续性

实现城乡协调发展是村镇可持续发展观的基本要求，涉及诸多领域、有着丰富的内涵。一般意义上，城乡协调发展是指城市和乡村同处于一个相互联系、相互依存、相互促进的整体内，城乡资源和生产要素在城乡空间内有序互动、优化配置，实现城乡均衡发展的过程（段娟 等，2005）。城乡协调包括城乡政治协调、经济协调、生态环境协调、人口协调、文化协调、空间协调等多个方面，发展模式上要求在推进城市发展的同时实现乡村现代化，功能上强调城乡的一体化，空间和景观生态上城乡紧密联系、相互依存、相互补充。有学者（胡国远，2007）认为，城乡协调发展具有一体性、均衡性、动态性等基本特征。一体化发展不仅体现在城乡产业规划与经济发展的一体化，也包括城乡设施、生活方式、教育医疗、社

---

① 两个“蓄水池”是指剩余劳动力的“蓄水池”和贫困人口的“蓄水池”。

会保障、社会治理等公共服务领域的一体化发展。城乡均衡发展主要体现在城乡主体权利的平等性、要素流动的开放性、人文的包容性。城乡动态化发展是要消除城乡体制隔离、制度固化的“藩篱”，形成城乡间发展的动态依存、相互促进的过程，强调城乡之间发展的可持续性。

（1）城乡发展统筹协调机制——促进资源在城乡间优化配置的可持续

统筹城乡发展往往是强调通过自上而下的规划布局和资源配置，依托政府功能和政策导向机制，推进实现城乡发展的一体化和均衡化。即通过体制机制改革、战略规划和政策调整，促进城乡在规划建设、资源配置、产业发展、生态治理、环境保护、民生改善、公共服务、社会治理等发展一体化，改变长期形成的城乡二元经济结构，实现城乡在政策上的平等、产业发展上的互补，实现城乡经济社会全面、协调、可持续发展。在实现方式上，也有观点认为，政府自上而下主导力量过强、市场在资源配置中力量不足和社会资本的参与度不足，是导致资源和要素过多地配置到城市和我国城乡发展差距继续扩大的原因①。因而，必须创新城乡发展机制、转换增长动力、创新土地制度和打通城乡要素市场、促进城乡产业的合理布局，城镇化的发展应该回归到“人”本身。

（2）城乡发展规划一体化机制——推进城乡空间与功能发展的可持续

按照城乡发展规划整体性、衔接性的要求，把乡村和城镇作为一个有机整体，统一制定土地利用总体规划，明确分区功能定位，统一规划农田保护区、居民生活区、工业园区、商贸区、休闲区、生态涵养区等，合理优化城镇建设、产业集聚、村落分布、生态涵养等空间布局，使城乡规划发展能够互相衔接、互相促进。如浙江开化县试点探索“多规合一”“一张蓝图”等方式，研究制定规划体系、空间布局、基础数据、技术标准、信息平台和管理机制“六个统一”为目标的“多规合一”改革方案②，将国民经济和社会发展规划、城乡规划、土地利用规划、生态环境保护规划等多个规划融合到一个区域上，实现一个市县一本规划、一张蓝图，解决现有各类规划自成体系、内容冲突、缺乏衔接等问题，推进国家主体功能

① 城乡融合是城乡协调发展的核心—访国务院发展研究中心学术委员会副秘书长刘守英［N/OL］. 中国经济新闻网（中国经济时报），（2016－01－18）. http：//m. hexun. com/news/2016－01－18/181860849. html.

② 2014年8月26日，国家发展改革委、国土资源部、环境保护部、住房城乡建设部等部委联合下发《关于开展市县“多规合一”试点工作的通知》（发改规划〔2014〕1971号），开化县成为全国28个试点市县之一。

区、省级重点生态功能区示范区建设，“多规合一”试点工作得到中央深改组肯定[①]。“多规合一”并非只制定一个规划，而是以理顺各类规划空间管理职能为中心，以国民经济和社会发展规划为依据，强化各类规划的有机衔接，确保“多规”确定的保护性空间、开发边界、城市规模等重要空间参数一致，以实现优化空间布局、有效配置土地资源、提高政府空间管控水平和治理能力，推进城乡空间与功能的一体化布局与可持续发展。

(3) 城乡产业链协调发展机制——促进城乡产业链价值链协同发展的可持续

城乡产业链的协调发展是城乡经济协调发展的基础和重点，也是改变城乡间产业布局不合理、价值链在城乡分化格局，牺牲村镇资源环境为代价支持城市发展、最终使村镇难以持续发展的关键。城乡产业链协调发展机制要求一二三产业和产业链在城乡间实现合理分工与协作、相互补充、相互促进，改变过去工业与服务业集中于城市、第一产业和低端产业集中于乡村，产业链在城乡分割、产业效益在城乡间两极分化的格局。因而，要重视将资本、信息、技术等现代生产要素和创新资源引入农业农村，促进现代工业和服务业在农村的发展，推动农业和农村现代化发展。

(4) 城乡基础设施一体化机制——提升村镇可持续发展的基础支撑能力

形成城乡经济社会发展一体化新格局，必须在推进城乡基础设施建设领域统筹安排、一体化布局和建设。一是统筹规划城乡基础设施建设布局，建立对乡村道路、水、电、通信和垃圾处理设施、生态治理等建设投入的保障机制，扩大公共财政在村镇建设中的覆盖范围。二是提高村镇公共设施的质量和服务功能。三是推动水电路气等基础设施城乡共建、城乡联网、城乡共享。

(5) 城乡公共服务均衡化机制——提升村镇公共服务与可持续发展能力

加快完善公共财政体制，加大公共财政向村镇教育和公共卫生等方面的转移支付，特别是要加大中央和省级政府的投入力度。提高对在城镇就业的农民工子女享受教育的平等权利。建立覆盖城乡居民的社会保障体系。加快形成政府主导、覆盖城乡、可持续的基本公共服务体系，在东南沿海经济发达城市率先实现基本公共服务均等化、城乡公共服务一体化。

---

① 一张图看懂开化“多规合一”［N/OL］. 新华网（浙江日报），（2016－03－21）. http：//www. xinhuanet. com/local/2016－03/21/c_ 128816143. htm.

（6）城乡社会管理一体化机制——推进村镇社区治理的现代化和可持续发展

打破城乡社会管理分割的格局，改革并在经济发达地区率先取消户籍管理制度，把城乡居民纳入统一的社会管理体系，实现城乡居民和劳动力要素的自由流动。将城镇社区的社会管理与服务理念融入乡村社区，创新乡村社区治理机制，提高乡镇政府管理者素质和行政能力，完善村民自治、社会共治以及德治机制，选拔优秀大学生入基层挂职、任职，提升村委和村集体的管理和带动能力。通过城乡社会管理一体化机制建设，改变城乡二元管理结构，促进村镇社区治理的现代化和提升村镇发展的可持续性。

### 7.2.3　城乡发展评价

东南沿海三省一市作为我国城镇化率和城市化发展质量相对较高的地区，在破除城乡二元结构、促进村镇协调发展方面具有示范性和引导性。从城镇化与工业化角度，江苏的“苏南模式”、浙江的“温州模式”、福建的“晋江模式”等被广为认可。由于经济相对发达、城镇化率较高，一方面，东南沿海地区“城中村”“城乡边缘区”等特殊聚落问题相对较为突出，另一方面，东南沿海特色小镇、美丽乡村的建设和古镇古村保护利用又走在全国前列。在城乡发展关系的调整上，我国特别是东南沿海地区从城乡严重分离、对立正走向城乡协调、村镇协调的发展转型之中，其发展特点与经验如下。

（1）东南沿海城乡收入的相对差距呈缩小趋势，但绝对差距依然在扩大

城乡居民收入差距的变化是反映城乡协调发展的一个重要指标。从城乡居民收入比较看（见表 7 - 1），东南沿海城乡收入比在 2010 年之后逐步缩小，但是绝对差距并没有相应下降。2010 年，上海、江苏、浙江、福建城乡收入比值分别高达 2.32、2.52、2.42、2.93，2016 年下降至 2.26、2.28、2.07、2.40。相对来说，福建省的城乡差距在东南沿海地区最大，而浙江省城乡差距相对最小，这与浙江省民营经济高度发达密不可分。然而，从城乡收入差距的绝对值看，差距扩大的趋势并没有真正扭转。城乡收入比最小的浙江省，2016 年城乡居民收入差距的绝对值为 24371 元，比 2015 年扩大 1782 元，比 2010 年扩大 8315 元。这一趋势在经济最发达、城镇化率高达 90% 的上海市表现得更为明显，2016 年上海市城乡居民收入差距的绝对值高达 32172 元，比 2015 年扩大 2414 元，比 2010 年扩大 18092 元。在某种意义上，正是因为城乡收入差距的不断扩

大，推动了城镇化率的快速提升。按照这一趋势，江苏、浙江、福建在未来十几年城镇化的快速推进过程，城乡收入绝对差距将持续扩大。而城镇化最高的上海市随着逆城市化的到来，城乡收入绝对差距扩大的趋势可能在提高城镇化质量和实施乡村振兴战略的背景下发生逆转。同时，收入差距也影响城乡消费支出结构，从恩格尔系数看（见表7-2），浙江省的城乡消费支出结构相对较为接近。东南沿海地区城乡收入绝对差距的扩大趋势对于推进村镇可持续发展依然是很大的挑战。

表7-1　　东南沿海地区城乡居民人均收入比较*

| 年份 | 上海 | | | 江苏 | | | 浙江 | | | 福建 | | |
|---|---|---|---|---|---|---|---|---|---|---|---|---|
| | 城镇（元） | 农村（元） | 城乡比值 | 城镇（元） | 农村（元） | 城乡比值 | 城镇（元） | 农村（元） | 城乡比值 | 城镇（元） | 农村（元） | 城乡比值 |
| 1990 | 2183 | 1665 | 1.31 | 1464 | 884 | 1.66 | 1932 | 1099 | 1.76 | 1749 | 764 | 2.29 |
| 1995 | 7172 | 4246 | 1.69 | 4634 | 2457 | 1.89 | 6221 | 2966 | 2.10 | 4853 | 2049 | 2.37 |
| 2000 | 11718 | 5565 | 2.11 | 6800 | 3595 | 1.89 | 9279 | 4254 | 2.18 | 7432 | 3230 | 2.30 |
| 2005 | 18645 | 8342 | 2.24 | 12319 | 5276 | 2.33 | 16294 | 6660 | 2.45 | 12321 | 4450 | 2.77 |
| 2010 | 31838 | 13746 | 2.32 | 22944 | 9118 | 2.52 | 27359 | 11303 | 2.42 | 21781 | 7427 | 2.93 |
| 2015 | 52963 | 23205 | 2.28 | 37173 | 16257 | 2.29 | 43714 | 21125 | 2.07 | 33275 | 13793 | 2.41 |
| 2016 | 57692 | 25520 | 2.26 | 40152 | 17606 | 2.28 | 47237 | 22866 | 2.07 | 36014 | 14999 | 2.40 |

*城乡比是指城镇居民与农村居民人均可支配收入的比值。

资料来源：根据上海、江苏、浙江和福建省统计局官方网站数据整理。

表7-2　　东南沿海地区城乡居民家庭恩格尔系数比较

| 年份 | 上海 | | 江苏 | | 浙江 | | 福建 | |
|---|---|---|---|---|---|---|---|---|
| | 城镇 | 农村 | 城镇 | 农村 | 城镇 | 农村 | 城镇 | 农村 |
| 1990 | 56.5 | 46.4 | 55.5 | 52.3 | — | — | — | — |
| 1995 | 53.4 | 44.3 | 51.9 | 54.8 | — | — | — | — |
| 2000 | 44.5 | 44.0 | 41.1 | 43.5 | — | — | — | — |
| 2005 | 35.9 | 36.8 | 37.2 | 44.0 | — | — | — | — |
| 2010 | 33.5 | 37.2 | 36.5 | 38.1 | 34.26 | — | — | — |
| 2013 | — | — | 34.7 | 36.3 | — | — | — | — |
| 2014 | 35.0 | 40.5 | — | — | — | — | — | — |
| 2015 | — | — | — | — | 28.23 | 31.05 | 32.99 | 37.57 |
| 2016 | — | — | — | — | 28.16 | 31.80 | 33.19 | 37.32 |

资料来源：根据上海、江苏、浙江和福建省统计局官方网站数据整理。

（2）城乡发展的不平衡性也表现在省内区域间城乡收入差异的不均衡性上、财政收入的不平衡性上

以江苏省为例（见表 7－3），苏南、苏中、苏北城乡收入、城乡消费的绝对差距和相对差距都表现出强烈的非均衡性。2016 年，苏南城镇居民人均可支配收入是苏北地区的 1.75 倍，农村居民收入是苏北地区的 1.63 倍，这种差异性也是另一种形式的城乡差异，与苏南地区高度工业化、城镇化水平密切相关。苏北地区城镇居民的人均收入水平仅比苏南地区农村居民高出 3877 元。从城市之间的比较看，这种差异性更为突出。宿迁市城镇居民人均可支配收入仅为苏州市农村居民可支配收入的 87%、为苏州城镇居民的 44%；宿迁市农村居民人均可支配收入仅为苏州市农村居民的 50%、为苏州市城镇居民的 26%。这种区域间和区域内收入差距的高度不平衡必然带来城乡居民生活水平的显著差异。宿迁市城镇居民和农村居民消费支出水平不足苏州市的一半，宿迁农村居民生活支出仅为苏州城镇居民生活支出的 28%。显然，对于东南沿海地区来说，推动城乡协调和村镇可持续发展不仅面临区域内城乡绝对差距不断扩大的问题，更面临着区域间城乡发展高度不平衡的挑战。

**表 7－3　2016 年江苏省分地区城乡常住居民收支比较①**

| 地区 | | 苏南 | 苏中 | 苏北 | 南京 | 无锡 | 徐州 | 常州 | 苏州 |
|---|---|---|---|---|---|---|---|---|---|
| 人均可支配收入（元） | 城镇 | 49920 | 37585 | 28515 | 49997 | 48628 | 28421 | 46058 | 54341 |
| | 农村 | 24638 | 18320 | 15102 | 21156 | 26158 | 15274 | 23780 | 27691 |
| 人均消费支出（元） | 城镇 | 30444 | 23311 | 17163 | 29772 | 31438 | 17255 | 27080 | 33305 |
| | 农村 | 17423 | 13460 | 10929 | 15773 | 18463 | 11059 | 16567 | 18820 |
| 地区 | | 南通 | 连云港 | 淮安 | 盐城 | 扬州 | 镇江 | 泰州 | 宿迁 |
| 人均可支配收入（元） | 城镇 | 39247 | 27853 | 30335 | 30496 | 35659 | 41794 | 36828 | 24086 |
| | 农村 | 18741 | 13932 | 14319 | 17172 | 18057 | 20922 | 17861 | 13929 |
| 人均消费支出（元） | 城镇 | 25217 | 18344 | 16912 | 17546 | 21064 | 24388 | 22480 | 15521 |
| | 农村 | 13440 | 10113 | 9633 | 13145 | 13722 | 15925 | 13250 | 9395 |

资料来源：根据江苏省统计局官方网站数据整理。

（3）实现城乡协调发展、缩小城乡差距并不能完全依赖于市场机制，恰恰更需要发挥财政能力与转移支付等政府的有效支持功能

① 收入指人均可支配收入，消费指人均消费支出；居民均指常住居民。

从浙江省的市县经济数据分析可知（见表7－4），人均GDP与财政收入越低的地区，城乡收入差异越大。城乡收入比高于2.0的24个市（区）县中，人均GDP高于8万元的仅1个，低于6万元的有18个，占75%，即按照人均GDP8000－12000美元的中等收入标准，城乡收入比高于2.0的市县往往没有走出这个区间，甚至个别市县处于更低收入区域。部分经济发展水平不高、城乡收入比相对较低的市县恰恰是财政转移支付力度较高的地区（见表7－5）。如金华市的金东区，2016年人均GDP不足5万元，其财政收入中转移支付收入高达10.6亿元，占财政总收入的36.7%，转移支付弥补了城乡之间的差距。衢州的江山市、常山县也是如此，转移支付收入分别占地方财政总收入的34.2%、26.1%。除了通过加快经济增长之外，政府的政策支持也是实现城乡协调发展的重要途径。

**表7－4　2016年浙江省市县经济发展与城乡收入差异比较**

| 市县 | 年末常住人口（万人） | 人均GDP（元） | 财政总收入（亿元） | 城乡收入比值 | 市县 | 年末常住人口（万人） | 人均GDP（元） | 财政总收入（亿元） | 城乡收入比值 |
|---|---|---|---|---|---|---|---|---|---|
| 杭州市区 | 737.99 | 134798 | 2384.42 | — | 诸暨市 | 117.67 | 95413 | 112.59 | 1.77 |
| 萧山区 | 157.20 | 124748 | 345.99 | 1.75 | 嵊州市 | 68.81 | 70571 | 48.78 | 1.96 |
| 余杭区 | 135.90 | 110611 | 400.03 | 1.68 | 新昌县 | 38.49 | 98754 | 52.65 | 2.00 |
| 富阳区 | 73.64 | 96966 | 97.17 | 1.74 | 金华市区 | 113.53 | 61804 | 136.65 | — |
| 临安市 | 58.85 | 88232 | 64.79 | 1.74 | 金东区 | 35.67 | 49281 | 29.70 | 1.81 |
| 建德市 | 44.70 | 78439 | 38.87 | 1.90 | 兰溪市 | 56.51 | 54660 | 37.39 | 2.11 |
| 桐庐县 | 42.30 | 88379 | 43.04 | 1.73 | 东阳市 | 83.34 | 60873 | 92.40 | 1.81 |
| 淳安县 | 34.96 | 67454 | 27.29 | 2.28 | 义乌市 | 128.04 | 89146 | 130.69 | 1.99 |
| 宁波市区 | 412.20 | 135769 | 1619.04 | 1.82 | 永康市 | 74.94 | 70762 | 81.84 | 1.97 |
| 鄞州区 | 125.70 | 115075 | 338.45 |  | 武义县 | 35.93 | 61391 | 37.46 | 2.22 |
| 奉化区 | 51.00 | 97178 | 62.61 | 1.75 | 浦江县 | 41.82 | 51227 | 25.00 | 2.15 |
| 余姚市 | 104.60 | 86954 | 139.11 | 1.71 | 磐安县 | 17.89 | 47033 | 13.75 | 2.22 |
| 慈溪市 | 150.10 | 85135 | 244.93 | 1.72 | 衢州市区 | 82.54 | 64613 | 85.23 | 2.16 |
| 象山县 | 52.50 | 84694 | 62.61 | 1.79 | 江山市 | 47.47 | 57556 | 24.10 | 1.91 |
| 宁海县 | 68.10 | 71572 | 80.04 | 1.82 | 常山县 | 24.68 | 48636 | 12.72 | 1.84 |
| 温州市区 | 301.13 | 47486 | 332.46 |  | 开化县 | 24.79 | 46249 | 12.90 | 2.02 |
| 洞头区 | 10.01 | 83598 | 11.51 | 1.90 | 龙游县 | 36.71 | 57781 | 20.08 | 2.00 |

续表

| 市县 | 年末常住人口（万人） | 人均 GDP（元） | 财政总收入（亿元） | 城乡收入比值 | 市县 | 年末常住人口（万人） | 人均 GDP（元） | 财政总收入（亿元） | 城乡收入比值 |
|---|---|---|---|---|---|---|---|---|---|
| 瑞安市 | 141.92 | 56298 | 98.01 | 1.99 | 舟山市区 | 88.08 | 103395 | 144.12 | |
| 乐清市 | 141.85 | 60489 | 128.19 | 1.87 | 岱山县 | 20.36 | 115601 | 20.73 | 1.51 |
| 永嘉县 | 82.69 | 44379 | 49.09 | 2.08 | 嵊泗县 | 7.36 | 133546 | 8.44 | 1.58 |
| 平阳县 | 78.53 | 47866 | 43.89 | 2.10 | 台州市区 | 194.40 | 72961 | 248.49 | 2.13 |
| 苍南县 | 122.89 | 37849 | 51.66 | 2.15 | 温岭市 | 137.00 | 65273 | 103.20 | 1.89 |
| 文成县 | 23.59 | 33802 | 10.00 | 2.27 | 临海市 | 104.70 | 50777 | 76.42 | 1.89 |
| 泰顺县 | 24.90 | 33014 | 10.66 | 2.22 | 玉环县 | 62.90 | 74834 | 74.34 | 2.04 |
| 嘉兴市区 | 124.18 | 78576 | 213.71 | 1.59 | 三门县 | 34.00 | 55282 | 24.77 | 1.86 |
| 平湖市 | 68.61 | 77073 | 99.10 | 1.71 | 天台县 | 39.80 | 52684 | 29.89 | 2.03 |
| 海宁市 | 83.50 | 92270 | 123.88 | 1.72 | 仙居县 | 35.20 | 54391 | 26.71 | 1.95 |
| 桐乡市 | 83.44 | 86266 | 100.45 | 1.62 | 丽水市区 | 47.43 | 65068 | 65.23 | 1.81 |
| 嘉善县 | 57.25 | 80771 | 73.17 | 1.69 | 龙泉市 | 23.65 | 50469 | 11.32 | 2.14 |
| 海盐县 | 44.42 | 93551 | 63.06 | 1.70 | 青田县 | 35.03 | 61322 | 24.17 | 1.96 |
| 湖州市区 | 132.97 | 76369 | 148.70 | | 云和县 | 11.39 | 52714 | 7.62 | 2.19 |
| 德清县 | 50.48 | 86198 | 72.79 | 1.71 | 庆元县 | 13.75 | 45507 | 6.33 | 2.19 |
| 长兴县 | 65.97 | 77492 | 79.08 | 1.71 | 缙云县 | 36.51 | 56629 | 18.36 | 2.19 |
| 安吉县 | 48.08 | 69073 | 60.33 | 1.74 | 遂昌县 | 19.02 | 51521 | 11.42 | 2.38 |
| 绍兴市区 | 273.83 | 102575 | 416.05 | | 松阳县 | 18.94 | 50470 | 8.86 | 2.16 |
| 柯桥区 | 97.56 | 129391 | 165.21 | 1.73 | 景宁自治县 | 10.78 | 45792 | 11.54 | 2.06 |
| 上虞区 | 79.03 | 99841 | 103.72 | 1.88 | | | | | |

资料来源：根据浙江省统计局官方网站数据整理计算。

**表 7－5　　2016 年浙江省市县财政收支情况***

| 市县 | 财政总收入（亿元） | 地方财政预算内收入（亿元） | 地方财政预算内支出（亿元） | 人均财政收入（万元/人） | 市县 | 财政总收入（亿元） | 地方财政预算内收入（亿元） | 地方财政预算内支出（亿元） | 人均财政收入（万元/人） |
|---|---|---|---|---|---|---|---|---|---|
| 杭州市区 | 2384.4 | 1324.98 | 1242.87 | 3.23 | 诸暨市 | 112.59 | 71.79 | 97.24 | 0.96 |
| 萧山区 | 345.99 | 195.16 | 204.55 | 2.20 | 嵊州市 | 48.78 | 32.01 | 51.63 | 0.71 |
| 余杭区 | 400.03 | 244.29 | 221.50 | 2.94 | 新昌县 | 52.65 | 30.94 | 41.42 | 1.37 |

续表

| 市县 | 财政总收入（亿元） | 地方财政预算内收入（亿元） | 地方财政预算内支出（亿元） | 人均财政收入（万元/人） | 市县 | 财政总收入（亿元） | 地方财政预算内收入（亿元） | 地方财政预算内支出（亿元） | 人均财政收入（万元/人） |
|---|---|---|---|---|---|---|---|---|---|
| 富阳区 | 97.17 | 57.61 | 66.16 | 1.32 | 金华市区 | 136.65 | 82.05 | 136.87 | 1.20 |
| 临安市 | 64.79 | 37.34 | 60.17 | 1.10 | 金东区 | 29.7 | 19.10 | 24.31 | 0.83 |
| 建德市 | 38.87 | 22.71 | 41.19 | 0.87 | 兰溪市 | 37.39 | 22.65 | 39.46 | 0.66 |
| 桐庐县 | 43.04 | 26.17 | 40.94 | 1.02 | 东阳市 | 92.4 | 56.26 | 71.42 | 1.11 |
| 淳安县 | 27.29 | 17.36 | 60.07 | 0.78 | 义乌市 | 130.69 | 81.79 | 114.40 | 1.02 |
| 宁波市区 | 1619.04 | 777.37 | 857.66 | 3.93 | 永康市 | 81.84 | 48.53 | 67.89 | 1.09 |
| 鄞州区 | 338.45 | 207.78 | 202.85 | 2.69 | 武义县 | 37.46 | 22.04 | 44.54 | 1.04 |
| 奉化区 | 62.61 | 37.05 | 63.07 | 1.23 | 浦江县 | 25 | 16.61 | 42.51 | 0.60 |
| 余姚市 | 139.11 | 81.16 | 93.69 | 1.33 | 磐安县 | 13.75 | 8.22 | 25.27 | 0.77 |
| 慈溪市 | 244.93 | 132.10 | 145.72 | 1.63 | 衢州市区 | 85.23 | 55.10 | 107.51 | 1.03 |
| 象山县 | 62.61 | 38.07 | 61.37 | 1.19 | 江山市 | 24.1 | 15.86 | 42.00 | 0.51 |
| 宁海县 | 80.04 | 48.79 | 67.76 | 1.18 | 常山县 | 12.72 | 9.40 | 35.15 | 0.52 |
| 温州市区 | 332.46 | 203.69 | 221.98 | 1.10 | 开化县 | 12.9 | 8.16 | 41.29 | 0.52 |
| 洞头区 | 11.51 | 6.52 | 20.34 | 1.15 | 龙游县 | 20.08 | 14.04 | 42.13 | 0.55 |
| 瑞安市 | 98.01 | 59.05 | 92.80 | 0.69 | 舟山市区 | 144.12 | 99.51 | 188.79 | 1.64 |
| 乐清市 | 128.19 | 72.23 | 86.21 | 0.90 | 岱山县 | 20.73 | 14.09 | 38.15 | 1.02 |
| 永嘉县 | 49.09 | 29.59 | 60.86 | 0.59 | 嵊泗县 | 8.44 | 6.73 | 23.60 | 1.15 |
| 平阳县 | 43.89 | 27.77 | 54.70 | 0.56 | 台州市区 | 248.49 | 145.19 | 166.29 | 1.28 |
| 苍南县 | 51.66 | 31.82 | 70.13 | 0.42 | 温岭市 | 103.2 | 61.69 | 94.34 | 0.75 |
| 文成县 | 10 | 7.92 | 41.23 | 0.42 | 临海市 | 76.42 | 44.92 | 86.67 | 0.73 |
| 泰顺县 | 10.66 | 7.81 | 38.85 | 0.43 | 玉环县 | 74.34 | 42.62 | 54.39 | 1.18 |
| 嘉兴市区 | 213.71 | 124.16 | 152.67 | 1.72 | 三门县 | 24.77 | 15.58 | 32.90 | 0.73 |
| 平湖市 | 99.1 | 56.79 | 56.41 | 1.44 | 天台县 | 29.89 | 17.04 | 36.50 | 0.75 |
| 海宁市 | 123.88 | 72.00 | 78.09 | 1.48 | 仙居县 | 26.71 | 16.25 | 43.31 | 0.76 |
| 桐乡市 | 100.45 | 58.00 | 64.01 | 1.20 | 丽水市区 | 65.23 | 39.10 | 74.24 | 1.38 |

续表

| 市县 | 财政总收入（亿元） | 地方财政预算内收入（亿元） | 地方财政预算内支出（亿元） | 人均财政收入（万元/人） | 市县 | 财政总收入（亿元） | 地方财政预算内收入（亿元） | 地方财政预算内支出（亿元） | 人均财政收入（万元/人） |
|---|---|---|---|---|---|---|---|---|---|
| 嘉善县 | 73.17 | 41.80 | 47.51 | 1.28 | 龙泉市 | 11.32 | 7.86 | 36.01 | 0.48 |
| 海盐县 | 63.06 | 35.18 | 43.51 | 1.42 | 青田县 | 24.17 | 16.00 | 42.50 | 0.69 |
| 湖州市区 | 148.7 | 87.83 | 127.92 | 1.12 | 云和县 | 7.62 | 4.66 | 20.75 | 0.67 |
| 德清县 | 72.79 | 42.03 | 46.04 | 1.44 | 庆元县 | 6.33 | 3.91 | 26.74 | 0.46 |
| 长兴县 | 79.08 | 45.46 | 57.46 | 1.20 | 缙云县 | 18.36 | 12.15 | 37.67 | 0.50 |
| 安吉县 | 60.33 | 35.85 | 57.19 | 1.25 | 遂昌县 | 11.42 | 7.80 | 34.80 | 0.60 |
| 绍兴市区 | 416.05 | 255.56 | 265.81 | 1.52 | 松阳县 | 8.86 | 5.86 | 34.46 | 0.47 |
| 柯桥区 | 165.21 | 106.02 | 98.95 | 1.69 | 景宁自治县 | 11.54 | 6.23 | 34.51 | 1.07 |
| 上虞区 | 103.72 | 59.65 | 65.03 | 1.31 | | | | | |

* 人均财政收入经计算而得，即财政总收入/年末常住人口。

资料来源：浙江省统计局浙江统计年鉴 2017（电子版）。

（4）城乡协调互促发展的可持续动力与机制需要注入创新要素

从统筹城乡发展政策看，促进城乡发展一体化和区域协调发展成为全国和地方制定“十三五”规划纲要的重要内容。实现城乡协调发展涉及规划、政策、产业、经济、民生、生态等多领域问题。例如，长期以来我国城乡规划与村镇规划分割，或只注重城市规划忽视乡村规划而导致城乡发展的不协调。即使是工业化、城镇化和经济发展水平整体较高的东南沿海地区，城乡一体化发展特别是村镇发展的可持续动力与机制的建设依然处于探索之中。例如，在浙江等地兴起的特色小镇是在规划设计中注入了创新创业的要素，即技术创新、资本注入引致新兴产业的集聚，在特色镇区形成新的经济增长点。无论是立足于“金融小镇”“旅游小镇”“文化小镇”，抑或是“工业小镇”“农业小镇”，都有可能通过融合村镇特色资源、产业、文化、资本、人才等发展通道，创建城乡之间新的区域经济形态，破除过去单一的依赖于工业化、城市化的城乡“两极分化”发展路径，实现城乡和村镇的协调发展。

## 7.3 村镇空间协同发展机制

### 7.3.1 村镇空间协同机制与可持续性

村镇空间承载着农业及关联产业的生产功能、村镇居民的生活功能和村镇环境生态功能，妥善处理好村镇空间与功能关系，建立村镇空间的优化布局与协同机制是提高可持续发展能力的重要前提。

(1) 区域空间关系与协同机制

区域空间结构是由点、线、网络和域面四个基本要素所组成。工业点、居民点、商业点、服务网点等是区域经济活动和社会活动的重要场所；在空间点之间的交通线、通讯线、能源供给线、给排水线等构成经济活动的轴线；点与线之间共同组成交通网络、通信网络、能源供给网络，并产生各种商品流、资金流、信息流、人流；域面则往往是经济和社会活动在地理空间内的连续分布，如农业产业带、城市辐射区等。从村镇区域空间结构看，“点—点”构成节点系统，表现为条状或块状村镇群，其分布取决于村镇人口的聚集度。“点—线”构成村镇间交通、工业等枢纽系统。“点—面”构成乡村区域系统，表现为村镇聚集区、经济区。“线—线”构成基础设施网络设施系统。“线—面”组成村镇产业区域系统。“面—面”组成宏观经济地域系统，如经济区、经济地带。“点—线—面”就构成了空间经济一体化系统。村镇空间协同发展表现为生产要素和文化资源、生态资源、设施网络、生活位点在空间区域的优化组合，节点相互依存，通道配套运行，域面协调发展，网络开放共享。发挥村镇区域比较优势、强化区域经济关联、促进产业链分工与协作、加强村镇文化联结、优化生态系统等，都有助于实现村镇空间协同发展和提高可持续发展能力。

区域空间的可持续协同机制和效应往往与区域功能定位、产业结构转换、产业转移升级、城镇化的推进等紧密相关。以京津冀协同发展为例，由于区域合作体制机制没有建立，城市之间难以错位发展，京津产业结构雷同，在基础设施建设、制造业、产业平台搭建和项目招商、生态资源、水资源等方面过度竞争，区域之间的发展缺乏空间协同，导致京津冀地区成为“发达的中心，落后的腹地”。因而，建立可持续的区域空间协同发展机制，需要突破区域空间发展的体制机制束缚，建立污染产业转移和生态治理的空间补偿机制，实现区域分工协作、功能互补、产业协同、生态协同、基础设施共建共享等。

（2）村镇空间功能的协同性

从空间发展角度，村镇空间协同发展涉及村镇空间布局、城乡发展规划等。村镇通常分布于乡村区域，“村”既包括行政村、也包括自然村庄和中心村，其功能在于实现农业生产和农村居民居住的聚居性，是城乡规划、村镇规划的基本单元，也是承载农业生产和生态调节的重要功能区域。“镇”既包括县级以下的建制镇（中国一线城市重点镇有上升为县级市（镇）的趋势）、中心镇、重点镇与一般镇，也包括非建制性的特色小镇、集镇，其功能在于联结城乡、承接城市产业的转移和人口的集聚等。现代村镇空间发展定位、人口分布、产业分布、土地规划等应与当地人口、资源、环境、文化、区域定位相协调，村镇之间、村镇与城市之间发展相协调，这种空间功能的协同性也正是村镇演化及发展可持续性的具体表现。

从地理空间视角看，由于受中心地理论和区域发展空间组织的影响，地理学家（Budhraja J. C，1987）往往借鉴城市增长中心理论和构建思路，提出农村增长中心的培育计划与发展政策。如农村都市（Agro-politan）概念的提出，意欲通过乡村就地城市化而享受城市文明、避免“大城市病”（崔曙平，2005）。“田园城市”理论[①]则促使人们追求兼有城市和乡村优点的“理想城市”。这一概念接近于我国提出的“田园综合体”，实质上是兼具城市的人口集聚度与以乡村为主体的生产生态空间。在实践中，这一理论应用于发达国家“花园城市”的构建，如澳大利亚堪培拉花园城市等，将城市划分为居住区、商业服务区、公共设施、绿地、绿化带等不同圈层。我国的“园林城市”“生态城市”“宜居城市”理念均与此类似。二战后，美国在大都市郊区建立“卫星城镇”的概念促使城郊

① 田园城市的概念由空想社会主义者罗伯特·欧文在 1820 年提出，并在 19 世纪末由英国霍华德最早付诸实践。

的大规模扩张，中产阶层纷纷远离闹市区、迁往宁静美丽的郊外。然而，如果在空间布局中卫星城镇与产业脱节，也易于演化为缺乏活力的“睡城”。

(3) 村镇生产生态生活功能的协同性

从可持续发展视角看，村镇空间协同发展既要考虑村镇规划中的土地资源集约化与可持续利用，也要考虑村镇生态功能分区与产业空间集聚、居住环境的治理等。农村土地的合理规划和集约化可持续利用对于人口大国尤其是我国东南沿海地区有着更重要的意义。土地分区、功能定位、控制农地非农化、划分永久农地和绿地、保护水源区、合理遴选有发展潜力的村镇区域等都是村镇空间布局中要考虑的重要因素。尤其是在进入工业化和城镇化发展中后期的地区，对于乡村与小城镇居民点的布局中，更要重视村镇环境、流域、湖泊、小溪、沼泽、湿地、山坡、林木等资源，使村镇的空间布局与其地理环境、历史、经济和文化维度相适应。必要时，通过空间开发管制政策保护水源地、湿地和生态脆弱区（石忆邵，2007）。在空间布局中，如何解决村镇人口适度集聚和生活污水治理的长效机制问题，借助合理的投入机制（政府投入、开发商投入、公私合营、居民合作投入等）与合理安排污水处理设施显得非常重要。

专栏 7－1

**村镇聚落集中化、土地集约化与产业集聚化**

村镇聚落的集中化包括农村人口、工业向中心镇、中心村集中和村镇的合并重组过程。传统村庄具有数量多、规模小、分布散、同质性强等特点，特别是在农村人口向城市大量转移的过程中，空心村数量增多、土地闲置问题突出，推动传统村落适度集聚有助于改善土地资源的利用效率和降低公共设施供给成本。日本在 20 世纪 50 年代推动实施的町（镇）村合并政策，村的数量减少约 70%，以提高农村现代化发展水平。近年来，在我国东南沿海地区推行的农村中小企业向工业园区集中的政策也成为村镇发展过程中推进产业集聚和村镇空间功能优化的重要措施。

### 7.3.2　东南沿海村镇空间规划评价

要实现对村镇空间规划和政策机制做出科学、合理、全面、系统评价是非常困难的，在本章我们仅对东南沿海典型地区的村镇空间发展规划做出简要评价。对村镇空间发展机制的评价不能仅局限于村镇内部，也要着眼于村镇以及发展关联的大中城市的牵引与协调发展关系，评价指标的选取上需要突出生态环境的功能和可持续发展的要求。东南沿海省市在村镇空间规划与发展机制建设上也有许多特色性、示范性做法。

以浙江省为例，“十二五”期间，浙江省在村镇规划与空间布局方面取得了显著进展，形成如下主要经验：一是立法推动村镇空间规划和实施。浙江省人大在 2011 年 5 月颁布《浙江省村镇规划建设管理条例》，以立法的形式强制性推动村镇规划建设管理。《条例》第五条规定，耕地保有量、基本农田（含标准农田）保护面积、城乡建设用地规模、节约集约用地等土地利用总体规划主要控制指标执行情况纳入各级人民政府年度责任目标考核内容。《条例》将建设区域划分为允许建设区、有条件建设区、限制建设区、禁止建设区。二是全面优化村镇分类规划与布局。实现全省 2 个规划保留村全域范围的村庄布点规划。同时，分类完成村庄整治规划、历史文化名村保护规划、传统村落保护发展规划、美丽宜居示范村规划、美丽乡村建设规划等。三是建立规划四个层级体系。形成了具有浙江特色的村庄“布点规划—村庄规划—村庄设计—农房设计”四个规划设计层级体系，配套推动覆盖县市城乡的专项规划，如土地利用规划、农村住房改造建设规划、社区发展规划等。四是分类推进发达地区、中等发达地区、欠发达地区的中心镇、一般镇、中心村和保留村的规划标准实施。在立法之外，浙江省还制定了大量的规范文件和村镇规划建设标准规范体系①。“十二五”期间，建成了 58 个美丽乡村示范县，46 个美丽乡村先进县，100 多条景观带和 300 多个特色精品村落。应该说，浙江省在推动村镇空间优化布局，以“千村示范、万村整治”工程建设为载体，推进“科学规划布局美、村容整洁环境美、创业增收生活美、乡风文明身

---

① 包括《浙江省村庄规划编制导则》（试行）《浙江省村庄整治规划编制内容和深度的指导意见》《美丽乡村建设规范》《农房改造示范村规划设计指引》《镇域总体规划编制规范》《中心镇中心村规划编制规范》《小城市试点培育镇公共服务设施规划建设标准》《中心镇中心村规划建设标准》《美丽乡村建设指标和评价体系》等。

心美”及“宜居、宜业、宜游”的美丽乡村建设，在全国具有较好的示范意义。但是，与全国其他地区类似，浙江省村镇空间规划与发展中也存在着如下主要问题：村镇规划的无序性，约束性不强，规划滞后；法律法规不健全，建设管理机制不健全；资金不足、集体经济薄弱、土地资源浪费，村落空心化；人居环境建设滞后，村镇基础设施与公共服务欠账多，基础设施建设的投入与运行机制没有建立；建设部门多、组织协调难度大；重规划、轻建设，市场机制和社会力量发挥不够等。

《浙江省国民经济与社会发展“十三五”规划纲要》提出，实施主体功能区、都市区和“小县大城”三大空间结构优化战略，在新型城市化发展上提出“一城数镇”“小县大城”和培育新兴中小城市、特色小城镇、推进中心村建设。《浙江省美丽宜居村镇建设“十三五”发展规划》提出，实现村庄规划的全覆盖、推进美丽宜居村镇转型升级，力争2020年底在全省范围内打造100条美丽宜居示范带，实现“从点到带”的空间发展转换。

江苏省与浙江省类似，政府力图通过村镇空间规划布局提升可持续发展空间。2014年江苏省整合美丽乡村建设试点与村庄规划建设示范，2015年江苏省财政下达奖补资金3.1亿元，重点支持128个美丽乡村示范村建设项目。此外，东南沿海大部分市县也出台了村镇空间布局规划。如江苏省昆山市2014年出台的《昆山市村镇布局规划》也体现了“尊重居民意愿、保护乡土文化、增强发展活力、促进城乡共荣”的总体思路，规定了村庄分类调整方案、特色村名录、重点村名录、分区镇村庄分类等，为不同类型村庄建设与发展提供了可操作性的规划指导。昆山市将特色村分类为建筑风貌特色、传统环境特色、文化遗址、水乡风貌、非物质遗产、特色农业等六类，盛家埭村等31个村庄被划定为特色村。昆山市220个规划发展村庄（特色村、重点村）和218个一般村已完成村庄规划编制工作，基本实现“一村一规划”①。昆山市通过村庄规划，对村镇建筑形态、风貌、户型进行设计引导，以保护和延续江南水乡风貌、改善村庄道路交通和基础设施、公共服务、景观设计，营造乡村宜居的空间环境，促进村镇可持续发展。

---

① 昆山400多村庄“一村一规划”［N］. 苏州日报，2017－07－29.

## 7.4 产村（镇）融合发展机制

村镇可持续发展观要求改变过去单纯追求产业发展和经济增长，忽视村镇生活功能、生态功能与产业发展之间的有机联系，尤其是在进入工业化中后期，村镇主导产业及关联产业的选择、转移、升级，必须结合村镇区位特点与资源特色、市场空间、生态承载力，推进产村（镇）融合发展是可持续发展理念的具体实践。

### 7.4.1 产村（镇）融合与可持续

产村（镇）融合是村镇产业发展与村镇空间形态发展相适应的协同关系，融合机制的实现要求村庄和镇域的产业选择、产业结构、发展方式，与村镇的区位条件、资源生态、生产条件、乡村特色等禀赋相适应，能与周边城镇产业相对接，与城市及其产业形成新型的协同发展关系，在村镇空间、产业、要素等之间实现平衡与可持续发展。从产业结构看，村镇主导产业的选择往往要考虑村镇的生产、生活与生态功能与自身区位、资源特点。从空间结构看，既要考虑传统的农业分区、村落聚居特点，也要考虑面向现代社会发展需求，融入游憩空间、物流空间、信息网络等空间要素，形成产业复合、功能多元、游居平衡、服务完备的产村（镇）空间融合模式。不同特点和类型的村镇其产村（镇）融合发展的实现机制往往不同。例如，以制造业为主导产业的村镇，其产业链的空间结构更为重要；以农业为主导产业的村镇，其农业生产区域与生活区域的空间结构、生产组织与协作更为重要。

从产业发展理论上分析，产村（镇）融合发展的基础在于市场机制下生产要素与村镇资源禀赋互惠、互补、互依、互促的共生关系，而非一种“外生性”产业强制性植入、产业与村镇发展的非关联性或者是单向的要素流动、产村（镇）定位的冲突关系。因而，实现产村（镇）融合发展的机制受制于村庄与镇域经济发展水平、资源生态禀赋、技术知识结构、历史人文环境、要素的流动性、产业分工与组织方式、市场条件与政府功能等。一种观点（Stohr W. B.，1981）认为，产村（镇）关系的改善应以乡村产业为中心，最大限度利用当地的自然、人文、制度资源，满足当地居民需要为首要目标的发展模式。在这一模式下，应赋予乡村更高的自主权，使得政治权力从城市向乡村单向流动的方式得以改变，并通过改善乡村的交通网络环境而提升产业发展的规模与层次。另一种观点（Rondinelli D. A.，1983）认为，应通过实施次级城市发展战略或城乡混合带（Desa-kota）区域模式，构建相对分散的投资体系，实现产业要素在村镇、城乡之间的联系与互动。这两种观点其实都立足于通过政府干预、打破“城市偏好”的发展模式，变资源流动从乡村流向城市的单向流动为城市与乡村双向流动，以实现产业在村镇的集聚、产业链在城乡空间的均衡分布，在城乡产业与村镇之间实现分工合作、优势互补、共生的产业和乡村、镇域发展格局。显然，借助政府产业政策主导和项目资源的倾斜，可以有效突破落后地区村镇贫困“陷阱”和有效推进“生态村镇”“专业村镇”发展。然而，仅仅依托于政府干预促进自上而下的资源要素流动或者“外生性”产业的强制性植入，缺乏市场机制对资源的配置功能，产村（镇）融合发展是难以实现可持续的。

### 7.4.2 产村（镇）融合发展模式

作为特定的地域单元，村庄与镇域不同于城市，而镇域又不同于村庄，镇域承载着配套城市经济社会发展和提供村庄社会服务、市场交易的中心功能。从产镇（村）融合发展模式看，东南沿海地区普遍推行的“镇园合一”是一种典型的实现机制。如江苏省实施的“三集中”方式，推动镇域产业资源、人口资源、公共服务资源的相对集中，提高规模经济和效益。

“产业综合体”模式则更强调产业集聚效应，通过关联产业发展和生活设施配套，实现小城镇或者乡村范围内产业园区在空间形态上的创新发展。在建筑形态和不同产业类型的结合上，衍生出“工业园区”“农业园区”“文旅综合体”“田园综合体”“金融小镇”和“互联网小镇”等多种形态。产村融合与产镇融合的区别在于乡村以农业为主导、以农民为主体的结合方式。乡村的生态功能与农业生产功能显然与集镇的公共服务功能有着显著的不同，因而产业结构以及空间分布也有着明显的差异。然而，在实践中政策制定者往往忽视这一差异，而过于强调乡村产业的经济功能、忽视生态功能，从而导致村镇产业布局的低端化甚至承接高污染产业；另一个极端是过于忽视乡村产业的发展，村镇成为城市发展的资源输出区，而导致“空心村”大量衍生。

随着城乡一体化发展，村镇的传统功能不断扩展，乡村和小镇不仅成为农村居民、集镇居民的居住空间，而且成为集产业链、投资链、服务链于一体的地域单元。农业综合体、田园综合体、美丽乡村、特色小镇多种模式的探索实践，在促进农、文、旅、社“四位一体”和生产、生活、生态融合发展上不断创新。其中，农业综合体是全国实施较早、影响力较大的产村（镇）融合发展模式之一（见专栏 7 - 2）。

**专栏 7 - 2**

### 农业综合体——产村（镇）生产生活生态融合的模式之一

中国工程院院士陈剑平在我国最早将综合体引入农业领域[①]。农业综合体基本含义界定为：以农业为主导，以科技支撑和文化创意为两翼，融合农产品加工、商贸物流、科普会展、教育培训、休闲观光、文化创意等多个相关产业，构建多功能、复合型、创新性的产业综合体。现代农业综合体内涵（章伟江 等，2014）被延伸为：以发展现代农业为核心，以农业资源要素整合、农业产业链整合、城乡空间整合为目标，以创新培育现代农业产业综合经营体系和建设社会主义新农村为主要任务，集农业产业新园区、农业科技新城区、农民生活新社区和农村休闲新景区为一体的区域农业农村经济、文化、科技服务集聚新平台和发展新载体。

综合体被认为是现代农业园区化发展的高级形态和升级版，是我国现代农业发展的一个创新载体和综合解决方案（吴明华 等，2017）。包括多元产业融合生产、创新创业经营主体和职业农民培育、科技支撑与引领、食物和生态质量安全管控、互联网 + 流通、公共服务、多重组合的投融资、政策制度创新等 8 个系统集成。“综合”体现在通过“生产、生活、生态”的现代农业理念，实现农业多元产业融合、多功能拓展。陈剑平院士认为，相对于城市综合体单一的功能，农业综合体的功能更为多样，其实现路径包括“依村一体”“依园一体”“依企一体”“依业一体”等。

---

① 陈剑平. 农业综合体：区域现代农业发展的新载体 [N]. 农民日报，2012 - 11 - 03.

综合体的建设需要政府、农业科研机构、企业、农民合作社和职业农民等。

2012年11月，浙江省农科院联合绿城现代农业公司、绿城现代农业院士专家工作站签署合作协议，在嵊州探索“嵊州市政府+绿城农业公司+浙江省农科院”三方力量共建的绿城现代农业综合体模式。

### 7.4.3 产村（镇）融合机制评价

实现产村（镇）融合发展，要求在村镇与产业集聚融合机制、创新要素集聚机制以及人、产、村（镇）协同发展机制上具有可持续性。

（1）村镇与产业融聚机制

相较于大中城市的产城融合，绝大部分村镇在产业发展、基础设施和公共服务体系供给上具有天然的短板。因而，需要推进产业集群和村镇适度聚居，提高村镇公共服务能力和基础设施完善水平，充分发挥产业政策与区域政策的功能在促进产村（镇）融合发展中的作用，探索发展“以产带镇（村）”“以镇（村）聚产”“产镇（村）融聚”模式。在我国东南沿海发达地区，往往经历了“先产后城”“以产带村”到“产村同步”“产村协调”的发展过程，如江苏永联村（见专栏7－3）。以产业园区模式集聚生产资源是我国东南沿海地区发达村镇的普遍做法，随着工业化和高新技术产业化的深入推进，农业科技园区、现代农业园区、农业高新区等的蓬勃发展，一定程度上正在改变村镇作为低端产业承载空间的落后局面。

（2）村镇创新要素集聚机制

从发展趋势看，随着未来城市核心区创新要素、知识分享、高端产业将更加聚集，城市周围镇村将融入大中城市的发展区域，而在城市与乡村之间可能形成新的生产要素聚集带（点），传统乡村和小镇的现代化改造也将继续加快。如以浙江为代表的特色小镇的规划设计中，注入了创新创业的要素，即技术创新、资本注入、信息网络可能引发新兴产业的集聚，在特色镇区形成新的经济增长点。浙江省的“现代农业综合体”被定位为现代农业园区的“升级版”，融入了现代创新与创业要素。推动现代信息技术、现代农业技术、现代制造技术、智慧管理技术等在村镇的转化应用，将可能开辟新兴产业与现代村镇、智慧小镇、智慧乡村社区融合发展之路。

(3) 人、产、村（镇）协同发展机制

村镇可持续发展的核心要素是“人”。产城融合成功的纽约曼哈顿区、中国苏州、杭州等科技园区等案例表明，成熟的产业发展园区也一定是以人为本的城市社区。人才短缺、现代市场经营主体缺乏是产村（镇）融合发展中的弱势。对于促进产镇（村）融合与可持续发展机制的建设中，需要重视人的发展与产、村（镇）的协同共兴。一是村镇现代市场主体的培育。东南沿海地区村镇发展中要加强对新型农民、经理人、企业家等现代市场主体的培育，特别是要重视现代市场新型主体的发展。二是产业链条提升与产业融合发展。通过延伸和提升产业链条，实现东南沿海传统乡镇企业和传统农业的转型升级。三是先进技术与资本知识的引入。适度引入高新技术和适用技术、非农资本流向乡村与镇域主导产业，或者加强职业技术和管理能力培训，吸引和发挥大学生、技术人才在村镇社区管理中的作用。四是对外来农民工的包容性发展。改善外来农民工在当地的生产和生活条件，提高覆盖外来农民工家庭的社会保障和公共服务能力。五是促进城乡要素的双向流动。通过政策引导改善产业服务能力、基础配套条件、生活服务设施、生态居住环境，促进人才、资金、产业向村镇回流。对于工业化和城镇化水平较高的东南沿海地区，实施合理的产业政策与区域政策，推动产村（镇）融合发展，既要充分考虑到地域之间发展的不平衡性与产业布局的差异性，既要发挥政府的引导作用，也要充分调动市场主体的积极性，在提高村镇产业的聚集质量与效应的同时，要坚持生态文明发展理念，充分考虑到乡村的生态保障功能与镇域的环境治理功能、公共服务功能，提高产业与村镇的可持续发展能力。

## 7.5 古村古镇保护发展机制

从国际上看，国际古迹遗址理事会（ICOMOS）在 1975 年通过《关于保护历史小城镇的决议》（Resolution on the Conservation of Smaller Historic Towns），在 1982 年通过《关于小聚落再生的特拉斯卡拉宣言》（Declaration of Tlaxcala on the Revitalization of Small Settlements)，对如何继承和保护历史性古村镇提出了很有价值的措施建议。我国特别是东南沿海地区传统村落和名镇古村分布较为密集，在城市化和工业化快速推进过程中，建立合理的古村古镇保护和发展机制，无论是对于历史文化的保护传承还是对于激发传统村镇的可持续发展活力都有着重要意义。

### 7.5.1 我国古村镇保护政策要求

1986 年，我国政府在公布第二批国家级历史文化名城时首次提出，对文物古迹比较集中，或能较完整地体现出某一历史时期传统风貌和民族地方特色的街区、建筑群、小镇、村落等也予以保护，可根据它们的历史、科学、艺术价值，核定公布为地方各级“历史文化保护区”。

我国对古村镇的法制化保护可追溯到 2002 年修订通过的《中华人民共和国文物保护法》。该法对历史文化村镇的概念界定为“保存文物特别丰富且有重大历史价值或者革命纪念意义的城镇、村庄”。2008 年 7 月，国务院颁布实施《历史文化名城名镇名村保护条例》①，要求遵循科学规划、严格保护的原则，保持和延续其传统格局和历史风貌，维护历史文化遗产的真实性和完整性，继承和弘扬中华民族优秀传统文化。《条例》第四条规定，历史文化名城、名镇、名村所在地的县级以上地方人民政府，根据本地实际情况安排保护资金，列入本级财政预算；国家鼓励企业、事业单位、社会团体和个人参与历史文化名城、名镇、名村的保护。该条款实质上规定了古村镇所在地方政府作为保护责任主体的职责。第十三条规定，历史文化名镇、名村批准公布后，所在地县级人民政府应当组织编制历史文化名镇、名村保护规划。第十五条规定，历史文化名城、名镇保护规划的规划期限应当与城市、镇总体规划的规划期限相一致；历史文化名村保护规划的规划期限应当与村庄规划的规划期限相一致。第十七条规定，保护规划由省、自治区、直辖市人民政府审批。即从法律意义上，古

① 各类文献和文件中对古村镇的提法众多，如传统村镇、传统聚落、古村古镇、古村落、传统村落、历史古镇、历史街区、历史风貌区等，概念界定较为混乱。《历史文化名城名镇名村保护条例》对申报历史文化名镇、名村的条件要求：（一）保存文物特别丰富；（二）历史建筑集中成片；（三）保留着传统格局和历史风貌；（四）历史上曾经作为政治、经济、文化、交通中心或者军事要地，或者发生过重要历史事件，或者其传统产业、历史上建设的重大工程对本地区的发展产生过重要影响，或者能够集中反映本地区建筑的文化特色、民族特色。

村镇的保护规划应纳入当地所在村镇发展规划，且古村镇规划的审批权限上升到省级政府，从法律制度上改变了之前地方政府过度开发、难以持续的不合理机制。在保护措施上，《条例》第二十一条至三十六条对历史文化名镇名村保护范围、禁止性行为、保护方案的制定、建设控制要求、建筑档案、外部修缮等做了详细规定。

2014 年 4 月，住建部、文化部、国家文物局和财政部等 4 部门发布《关于切实加强中国传统村落保护的指导意见》（建村〔2014〕61 号）并制定了《中国传统村落技术审查规范》[①]，对列入名录的中国传统村落保护提出要求。文件要求传统村落保护遵循科学规划、整体保护、传承发展、注重民生、稳步推进、重在管理的方针，并要求保护传统村落的完整性、真实性和延续性，提出实施名录制（统一标志、挂牌保护）、纳入保护发展规划、加强建设管理、加大资金投入（下达中央补助资金等）、做好技术指导等措施。该《指导意见》对保护和利用文化遗产、改善基础设施和公共环境、建立保护管理机制都提出了明确规定。包括法制化保护，制定保护发展规划，出台支持政策，鼓励村民和公众参与，建立档案和信息管理系统，实施预警和退出机制[②]等。《指导意见》规定，省级四部门（即建设、文化、文物、财政四部门）是本行政区域内传统村落保护的责任主体，负责编制保护发展规划；地市级政府负责编制整体实施方案，制定支持措施和建立项目库；县级政府对传统村落保护发展负主要责任；村集体负责将保护要求纳入村规民约，发挥村民民主参与、民主决策、民主管理、民主监督的主体作用。在中央层面我国传统村落还没有像历史文化名镇名村一样纳入立法保护范围，但是在四部门的推动之下，特别是在多级责任主体的落实、资金补助、政策项目支持、信息化管理、预警与退出机制的建设上都取得有效进展。应该说，传统村落和历史文化名镇名村在政策层面进入可持续利用和规范发展的轨道。

---

① 该审查规范对村落基本信息、村域环境、选址格局、传统建筑、历史环境要素、非物质文化、文献资料、保护发展基础资料、保护管理等都提出了明确的要求，并对保护对象的认定和特征等发展规划提出严格要求。

② 住建部于 2016 年出台《中国传统村落警示和退出暂行规定（试行）》，对列入《中国传统村落名录》的村落出现保护不力的实施警示立案、警示通报、整改验收、警示撤销以及退出等管理制度。

### 7.5.2 典型保护模式与可持续性

古村古镇的保护既不是不加利用的保护、更不是没有保护原则的过度开发，恰恰是基于可持续发展理念下的有限利用与合理保护，不同类型的古村古镇保护方式不尽相同。有学者（赵勇，2008）从典型特征出发，将古村古镇划分为六类：一是建筑遗产型，如同里镇、周庄镇、乌镇等；二是民族特色型，如丽江古镇、凤凰古镇；三是革命历史型，如福建古田镇；四是传统文化型，如宏村、南浔古镇；五是环境景观型；六是商贸交通型。实际上，除了革命历史型、民族特色型之外，大多数古村古镇和传统村落都兼有其他类型的基本特征，这种划分仅是粗略的方法。从保护开发主体看，古村古镇可分为政府主导模式、村社主导模式、企业开发模式等类型。政府主导模式以周庄为典型，村社主导模式以西递村、诸葛村为典型，企业开发模式以南浔镇、乌镇和安徽宏村等为典型。

古村古镇的保护方式大致可分为三种：一是严格保留古村镇原貌。即采用文物建筑的保护方式，保持其原始状态，仅允许必要的修缮和加固。二是保护性整治。即基本保留原有的古村古镇格局和建筑物，对建筑物内部进行翻修并改善基础设施和环境质量。三是开发性改造。即通过适当更新改造和开发，在传统风貌和现代村镇之间寻求一种过渡与平衡。但在实践中往往由于过度商业开发而导致古村古镇失去其原有风貌的案例发生，在保护与开发之间难以找到公认的平衡点。有益的保护措施包括：保护性规划与管理、传统街巷与建筑的保持、排水系统与水体环境的合理整治、村落路网骨架与街巷胡同格局的保护、村落周边建筑与风景线的设定、绿地与公共空间的保护、古木古树的保护、民俗文化的保留、村规民约管理、游览与开发强度评价、环境监测管理等。从可持续发展角度古村镇更应重在保护而非开发，应在经济的可持续性、生态的可持续性基础上，实施生态应对策略（见专栏 7－3），实现古村镇社会和文化的可持续性发展。

专栏 7－3

**古村古镇保护的生态应对策略**

保护良好的生态环境特别是水环境，是古村古镇保护性开发和可持续发展的要求。一是加强对决策者的生态教育；二是制定村镇生态规划；三是严格管控餐馆、商店数量与分布；四是设立生态治理专项、加大对村镇污水系统和排水系统的整治；五是建立生态理念的村规民约；六是建立生态卫生治理队伍；七是加大环保意识宣传和公众参与；八是开展生态环境动态监测与评估；九是实施分区管理与责任人制度、生态污染处罚制度；十是发展生态农业模式；十一是建立专业人员参与机制。

### 7.5.3　东南沿海古村古镇保护机制评价

理论上，保护机制是由“行为导向”“内部协调”和“环境适应”三方面构成的目标体系实现的整体方式，其可持续性要求不同主体之间在保护目标框架下的协调协作与管理要素的稳定运行。古村古镇保护的特质性内涵在于维持其完整的历史风貌，包括道路骨架、传统民居群以及形成的自然环境、人文环境的空间格局。这些历史遗存又往往体现在文化时空的连续性、社会结构的延续性和视觉的协调性，即在可持续发展的整体框架之内。在实践中，古村古镇的保护需要面临村镇传统格局及功能与现代化的矛盾、保护内在动力机制与开发利用之间的矛盾、特色风貌延续性真实性与人工改造之间的矛盾等三大问题。在政府缺乏资金投入的情况下，经济落后、地处偏远的古村古镇处于自然衰败、房屋空置、人口流失之中，或者是在追求旅游经济开发价值的导向下，往往形成“千村一面”“千镇一面”的同质化发展格局，甚至是人造景观的大量充斥，古村古镇的历史原真性（Authenticity）丧失。如何建立满足统一保护规范要求又适合于当地条件的保护性开发机制，东南沿海地区古村古镇在开发性利用的实践中不断探索和总结（见专栏 7－4）。

专栏 7－4

**周庄旅游业过度开发案例**

1996－2000 年，周庄接待游客的数量增长了 3 倍，仅 0.47 平方公里的周庄每天接待游客数量高达 3 万人次，旅游业年收入达到 4.2 亿元，古镇拥挤不堪，幽静的水乡环境氛围被破坏，几乎无法正常游览（陈晓宇，2007）。受经济利益驱使的过度商业化造成古镇内外历史风貌的破坏。周庄 800 多处房产、80% 为镇集体所有，全部被用于出租开店或居住。周庄古镇内饭店和商店数量在开发后增长了2.5倍，几乎形成家家经商、户户开店的景象，满街地方特产、真假难辨。保护区外围现代仿古商业建筑与保护区并存，降低了历史文化古镇的整体风貌，出入口成了小商贩叫卖的“游乐园”。此外，古村镇几乎坚持了“旅游观光”为主的模式，旅游开发产品“同质化”现象严重，成了“看了就走、拍照留念”的代名词。实际上，这种过度开发的现象在我国社会名气较响的古村镇大量存在，如何处理好保护与发展和正确引导公众参与是古村镇保护与发展中的可持续发展问题。

---

东南沿海地区历史文化名镇名村和传统村落的数量多、分布广，近年来保护性政策呈现加强趋势。浙江省对古村古镇的保护机制较为完善。一是通过立法把村镇建设规划和名镇名村保护纳入法制化轨道。2011年颁布实施《浙江省村镇规划建设管理条例》，2012年颁布实施《浙江省历史文化名城名镇名村保护条例》。二是保护理念先进。浙江省强调对传统村落“活态保护、活态传承、活态发展”和整体保护、最少干预、因地制宜、政府主导、村民自主等原则。三是政策体系完善并具有很强的可操作性。浙江省提出对传统村落实施全面普查建档、建立分级名录保护制度，设立重点村落保护专项，在政策支持、项目支持、技术保障和人才支持上提出了完整的保护措施（见表7-6）。四是保护机制强调政府主导、社会参与、专家对口、教育培训等机制。在上一章我们对浙江省的古村镇保护案例做了详细分析。此外，江苏省在2017年9月颁布《江苏省传统村落保护办法》，以政府令的方式推动传统村落的保护。2016年，上海市印发《关于推进本市历史文化名镇名村保护与更新利用实施意见的通知》。福建省制定了传统村落保护“十三五”规划，并于2017年3月颁布实施《福建省历史文化名城名镇名村和传统村落保护条例》。从保护机制上看，建立名录制度、规划机制、责任主体制度、专项资金支持、标识标牌制度、合理利用机制、专家咨询制度、监测与检查制度等成为东南沿海地区保护古村古镇的主要政策机制。从未来发展看，东南沿海古村镇的保护发展能否摆脱单纯的旅游开发路径，而是借助现代科技和设计融入现代创新要素、实现智慧化村镇与传统村镇的有机结合，值得深入思考和实践探索。

表 7-6　　浙江省提出对传统村落的保护政策和机制要点

| 政策 | 内容要点 |
|---|---|
| 指导思想 | 坚持创新、协调、绿色、开放、共享五大发展理念，按照加快建设“两富”“两美”浙江的决策部署，全面加强传统村落文化遗产保护，合理利用，适度开发，努力实现传统村落活态保护、活态传承、活态发展 |
| 基本原则 | 整体保护，活态传承；保护优先，合理利用；居敬行简，最少干预；因地制宜，分类推进；政府主导，村民自主 |
| 总体目标 | 力争 2017 年底前，全省列入国家、省和地方名录的传统村落数量分别达到 400 个、1000 个和 2000 个以上。每年选择 100 个左右传统村落开展重点保护，打造“两美”浙江建设样板 |
| 重点任务 | 实施全面普查建档行动；实施分级名录保护行动；实施规划设计全覆盖行动；实施风貌保护提升行动；实施特色产业培育行动 |
| 保障措施 | 加强组织保障；加强法规保障；加强政策保障；加强技术保障；加强人才保障 |
| 保护机制 | 强调市县级政府的主体责任，设立重点村落保护专项资金，推广政府与社会资本合作（PPP）模式、社区营造、合作社主导传统村落建设等模式，多元化、社会化、转移性的传统村落保护机制，制定《浙江省传统村落保护发展规划编制导则》《浙江省传统村落保护技术指南》，传统村落保护专家咨询机制，建立领导负责制、对口专家指导制，建立教育培训制度 |

资料来源：根据《浙江省人民政府办公厅关于加强传统村落保护发展的指导意见》（浙政办发〔2016〕84 号）整理。

## 7.6 自然人文资源协调机制

### 7.6.1　村镇资源利用的可持续性

村镇作为城乡发展的重要接合点，可持续思想引入村镇发展，不仅对自然资源利用的可持续性提出要求，而且对传统村镇独特的人文资源的可持续利用也提出要求。

影响资源可持续利用的因素包括资源丰度、环境容量、人口因素、经济发展、技术进步以及制度变迁等。资源丰度是影响自然资源能否实现可持续利用的首要因素，环境容量决定了资源可利用的最大空间和安全标准，人口数量、分布与素质都对资源的可持续利用有着重要影响，经济增长与资源利用有着强烈的相关性，能否避免掠夺性开发、实施保护性开发，取决于经济增长目标与资源利用强度及效率之间的平衡关系。实现资源的优化配置和可持续利用，需要有合理的制度安排，如合理的产权制度安排、持久的激励机制等。技术创新可以提高资源利用效率和开辟新的资源利用渠道。对于水资源来说，保持河流流域、生态环境与经济系统的整体性，水资源利用、水利工程建设以及污染治理、生态净化之间的良性循环，是可持续利用的关键。对于土地资源来说，土地性质与空间维度的布局、土地数量增减与代际分配、土地质量与利用效率、土地收益分配机制等都影响利用的可持续性。以农村建设用地为例，从江苏、福建两省城乡居民家庭人均住房面积看，2016 年福建省农村居民人均住房面积已经达到 66. 47 平方米，是城镇居民的 1. 55 倍，江苏省农村居民人均住房面积也达到 56. 88 平方米，村镇发展通过城镇化以土地财政的方式实现扩张、依赖乡村内部消化的空间已经很小。

从广义上说，土地、水资源、森林、滩涂、矿产、气候等自然资源，资金、技术等经济资源，以及文化、人口等社会资源都是村镇可持续发展的基础。无论是现代村镇的发展还是传统村镇的保护与发展，其开发模式都需要与其自身的资源特点相适应。以人文景观（文化景观）资源为例，具有历史价值的人文景观往往是在自然景观的基础上叠加人类创造而形成的独具特色文化价值的景观，在缺乏合理开发与保护机制下，随着村镇居民交流空间贫乏和村镇生态环境的破坏，乡土特色逐渐丧失，村镇的整体风貌受到严重影响。村镇人文景观中的自然风光、民族风情、传统聚落等，具有较大的脆弱性、易变形等特点，一旦变异往往很难恢复，其可持续利用机制难以维持。

从机制设计看，资源协调机制、宏观调控机制、市场交易机制、技术创新机制、资源保护机制、监测预警机制等都影响资源利用的可持续性。资源协调机制是重点解决资源配置在时间和空间的公平分配及效率问题；市场交易机制包括产权交易机制、使用权（排污权）交易机制、碳排放交易机制、补偿机制、可持续消费机制，重点解决资源利用的效率问题；宏观调控机制重点解决市场失灵下通过政府政策引导规范微观主体的行为，如通过动态监测、绩效考核、转移支付等手段来促进村镇资源的可持续利用与保护；技术创新及其成果可提高村镇产业资源的利用效率、改进人文资源的保护机制；资源保护机制重点是面向古村镇物质文化遗产和非物质文化遗产资源的有效保护，实现文化资源的传承性、发展的可持续性。建立村镇资源环境承载能力监测预警机制，重点强化对村镇水资源开发利用控制、用水效率控制、水功能区限制纳污管理，为村镇可持续发展提供风险管理依据（见专栏 7－5）。

专栏 7－5

### 安徽黟县探索科技创新引领的可持续示范模式

黟县隶属于安徽省黄山市，是古徽州六县之一，位于安徽省南端、黄山风景区西南麓。黟县因黟山（黄山）而得名，建制于公元前 221 年，总面积 857 平方公里，总人口 9.45 万人，辖 4 镇 4 乡、4 个社区、66 个行政村。黟县是“徽商”和“徽文化”的发祥地之一，也是安徽省级历史文化名城。境内存有大量的明清民居、祠堂、牌坊、园林，明清古建筑 1000 多处，列入世界文化遗产的西递、宏村古村落位于黟县，黟县又被称为“中国画里乡村”“桃花源里人家”。黟县坚持生态立县、旅游强县、文化名县理念，正由一个传统的山区农业县向新兴的旅游文化强县跨越，成为安徽省对外开放的重要窗口之一。

课题组于 2017 年 7 月下旬在黟县的调研中了解到，该县 2012 年开始以创建国家级可持续发展试验（示范）区为契机，探索以科技创新引领的可持续发展模式。

在科技支撑上，加大科技创新投入，如旅游信息化建设、绿色旅游食品开发、生态治理技术等，带动了传统农业和县域经济的发展，形成了几十个系列、400—500 个品种的工艺品。在生态建设上，黟县投入 2.8 亿元，使生态环境得到显著改善。在旅游业开发上，利用非遗项目平台，打造精品旅游、文化服务，全面加快旅游业转型升级。投入 5 亿元成立旅游集团公司，现旅游经营店铺 800 多家，基本实现集团化经营。在农业发展上，黟县以绿色生态农业为方向，构建种养循环产业生态圈，探索联合体和龙头企业、合作社、家庭农场、村集体、联合共享发展模式。设立 200 万元专项资金，推动农村土地流转和标准化绿色基地建设，流转率达到 60%。在水利建设上，将水利规划、水土保持规划与其他各项规划、美丽乡村建设相结合，2014 年投入 7500 万元用于水土保持和水利建设，投入约 5000 万元治理中小河流域，实施农田水利建设、水土保持项目、农村饮水工程。在水源地保护上，全面推行河长制，成立河长制办公室，22

家单位共同治理，实施一河一策、一库一策。在8个乡镇专门成立水源地保护队伍如专业的打捞队、保洁队。有保洁人员300多人，每人每月收入800元。建立黟县“环保警察”制度，建立水域治理网格化体系（14片、8个网、741个网格）。在源头上严格管控农药和除草剂的使用，实施重污染企业禁入制度。在财政投入上，每年投入2000万元用于景区中心村建设，250万元用于后期管控；每年投入600万元，支持茶叶、黑猪黑鸡、蔬菜等绿色生态产业发展；投入200万元支持主导产业与经营大户发展。2017年，设立农业面源污染专项资金270万元，探索垃圾处理PPP项目建设，实施农村垃圾集中处理。在社区建设方面，启动“美丽社区”建设，实行网格化管理，网格412个；建立完善社区规章规范和标准化管理，开展窗口服务培训。在考核制度上，为建立长效机制，县美办（美丽乡村办公室）每年对各个村进行考核，对考核通过的村，县里奖励10万元，市级、县级对每个村奖励5万元。

宏村镇：景区年收入2.4亿元，其中旅游收入占53%。民俗客栈发展较快，客栈547家，其中民俗类客栈大约200家。宏村镇美丽乡村建设在2013年有5个中心村通过验收，2017年有2个中心村通过验收。主要做法：一是重视规划布局。以原生态、自然生态为指标，推动古村落、古民居保护、文化建设。二是重视项目带动。以项目带动基础设施建设、路网建设。三是重视环境治理。既重视硬件环境、也重视软件环境。软件环境主要包括乡风文明、文化传承、家族家规。硬件环境包括污水处理、整改、停业整顿等。坚持疏堵结合，与专业公司合作，疏通暗沟暗水，彻底解决污水问题。环境治理带动创业就业3000多人。四是重视共享发展。建立三级保护、三级管理、三级分成机制。村级（村民）、镇级、公司按照规定的比例享受非遗保护和旅游收入。村民每人从出生开始享受每年分红4200元，提高了村民生态保护、村落保护的积极性。

西递村：全村约1200人、300多户，人均年收入1.85万元。2013年西递村开始探索如何推进美丽乡村建设。一是加大基础设施建设。投入3.5亿元，进行基础设施建设。西递村有遗产资源与生态资源，世界文化遗产是西递村的宝贵资源。西递村是安徽省12个特色小镇之一，被定位为遗产小镇。二是成立专设机构。专门成立了遗产资源管理办公室，负责遗产资源保护和延续性管理，并争取国家文物保护资金、国家遗产保护资金、古村落保护资金等项目资金的支持。三是完善服务设施，县财政投入

4000 万元开展河道整治，率先在全省实现“三网合一”。实施西递村三水共治项目，加大环境整治、改善生态系统，提升公共服务。四是全域环境整治。规范景区安全秩序等，实施垃圾袋装化制度，狠抓厕所革命。建立垃圾中转站、无害化处理、保洁员制度等。五是发展民俗产业。发展精品化民俗 80 多家，主导产业为“旅游 + 农业 + 文化遗产 + 休闲 + 生态”等。六是提升旅游形象。常态化开展西递音乐节。成立村书法协会、舞蹈协会等。实施村民素质提升行动。

### 7.6.2　自然资源人文资源协调性

实现村镇自然资源与人文资源协调发展，应遵循生态文明观，重点坚持以下原则：一是推进合理的村镇空间功能布局，建立分区管理机制。根据村镇资源特点因地制宜制定产业功能区、生态功能区、生活居住区、水源保护区、限制开发区、禁止开发区等。以农业为主的村镇，要合理划分粮食生产功能区、特色农产品产区、优势农业产业带、现代农业园区、生态农业园区等，因地制宜发展田园综合体、农旅开发区。二是推进自然资源与人文景观的协调开发与合理利用。对于古镇名村和传统村落，要保护历史文化风貌、民居建筑，在保护性开发的前提下改善人居环境，而非盲目改造人文景观、过度开发旅游资源。对于新农村建设，要避免土地资源的无序开发、房屋建筑的“崇洋”倾向，要保持乡村的特色。三是坚持资源节约、绿色发展的理念，推行绿色生态农业和绿色低碳生活方式。从国家统计局公布的 2016 年全国生态文明建设年度评价排序看，江苏省、上海市、浙江省在生态保护指数、环境质量指数排名在全国靠后，说明三地资源利用与生态环境保护没有保持同步发展。

从资源利用和协调发展角度看，现代村镇的发展也要重视转变发展方式和引入现代创新要素。特别是在技术、资金、人才、市场、文化较为丰裕的东南沿海地区，现代村镇的发展也要合理植入新的发展理念，引入现代创新创业要素，建设富有活力的特色小镇和现代乡村，积极实施乡村振兴战略和新型城镇化战略，打造特色小镇和现代乡村示范模式，形成可学可用、可借鉴的可持续发展机制。

## 7.7 生态保护治理长效机制

村镇生态环境治理包括生态流域（河道）治理、农业生态环境治理、居住区生活环境治理（含生活污水和餐厨垃圾）、工业污染治理等。在生态文明建设的诉求下，美丽村镇的可持续发展必须构建生态保护和环境治理的长效机制。

### 7.7.1 生态治理对象与目标

一是生态河道治理。东南沿海很多村镇分布于传统水乡，生态河道治理对于村镇可持续发展的价值重大。生态河道治理要坚持全域性、综合性、协调性、自然性、经济性原则，在满足防洪、排涝及引水等河道基本功能的基础上，充分考虑河流的生态功能、水质净化、生态景观等功能需要，注重与沿河整体风貌相协调、河道生态景观与周边景观相协调，通过自然修复、人工修复促进恢复河道水生态，构建具有自我稳定能力的河道水生态系统。村镇生态河道治理要考虑到建设投入与运行管理的经济成本、治理技术的可行性，明确治理相关利益方，确定治理的优先顺序，选择合理的治理目标、策略与措施。

二是生活环境治理。重点是村镇生活垃圾、生活污水的整治。在村民集中居住点坚持完善配套设施、适度集处理的方式；因地制宜推广利用污水净化装置、中水循环系统设施和气化处理设备等，加快推进农村垃圾的资源化、无害化和垃圾处理产业化。合理引入社会资本，采用 BOT 模式、PPP 模式①等，创新垃圾和污水处理机制。倡导村民生活方式的绿色化以推动生活环境治理，如绿色消费、资源节约、垃圾分类等。探索建立政府补助、村集体和村民为主的管护机制，实现村镇人居环境治理常态化。在村镇建设中推广绿色建材，建设美丽乡村、绿色村镇、生态村镇、宜居

① BOT 是 Build Operate Transfer 的缩写，通常译为“建设 - 经营 - 转让”。PPP 是 Public Private Partnerships 的缩写，通常称为公私合营模式。

村镇。

三是生产环境治理。农业污染包括农业生产过程中不合理使用而流失的农药、化肥、残留在农田中的农用薄膜和处置不当的农业畜禽粪便、恶臭气体以及不科学的水产养殖等产生的土壤污染物、水体污染物、空气污染物等。要重视推行农业标准化，实现化肥农药使用量零增长，开展农业面源污染综合整治，积极发展生态农业。加大专业村镇的工业污染治理，推动工业企业进园和加强园区工业污染排放治理。推动东南沿海村镇制造业朝高端、智能、绿色、服务方向发展，支持绿色低碳等领域的产业发展。

### 7.7.2　生态治理主体与机制

一是政府主导的治理机制。即以政府为主体，动员社会力量，对村镇环境恶化地区进行综合整治，修复和恢复良好的生态环境与人居环境，实现资源环境发展的可持续。其政策内容包括：科学规划村镇生态空间，出台生态立法和治理制度，实施生态治理问责制度，设立生态治理专项，开展生态治理行动计划，实施产业发展与生态管制政策，制定排污标准与收费制度，主导推广有效的生态治理技术模式和设施，开展生态环境监测和治理评价，落实生态补偿和治理补贴制度，推行河长制和网格化管理等。如安徽省黟县西递村开展全域环境整治，实施垃圾袋装化制度，狠抓厕所革命，建立垃圾中转站、无害化处理、保洁员制度等。

二是村民参与的社区治理机制。村民是村镇生态环境破坏的主要责任主体，也是生态环境改善的直接受益者。提高民众生态文明意识、调动微观主体的积极性，让农民参与村镇生态治理的决策建议、过程治理、环境信访、环境诉讼、行为治理、末端治理等，可以弥补政府行政治理成本过高、效率不足的弊端。以村镇社区为单元，发挥基层管理功能与村社自治功能，通过加强生态教育、行为自律、村规民约等，建立自下而上的分散治污模式。

三是第三方治理机制。通常是指由独立的第三方即专业污染治理企业，通过签订合同或协议承担应由污染排放者承担的环境污染治理任务，并从中获取收益的市场化治理模式。这一模式颠覆了“谁污染、谁治理”的机制，取而代之的是“谁污染、谁付费、专业化治理”模式。在经济活力较强的东南沿海地区，村镇生态治理可鼓励社会资本参与市场化机制，如水权、排污权交易制度等，因地制宜、探索多机制协同推动生态治理。

### 7.7.3 生态治理制度与策略

一是法律法规的约束。加快国土空间开发保护立法。中国现行的环境法律体系主要针对工业城市的点源污染设计的，农业污染和农村环境保护与生态治理尚缺少系统的法律和政策体系框架，农业面源污染防治和农村生态治理的主管责任部门不清晰。东南沿海地区可率先出台地方国土空间开发保护立法和面向村镇生态治理的地方法规，特别是加强农村生活污染、农业面源污染、村镇生态治理领域的法规与标准规范建设，发挥法律制度在村镇生态治理中的强制性约束力。

二是生态环境监管的约束。在村镇范围建立重点污染物排放环境监测、风险预警制度。完善污染物排放许可制，试点居民区污染物排放总量控制制度。把农业面源污染纳入村镇生态环境监测范围。加大在村镇的环境监管与行政执法。建立水生态补偿制度。

三是责任管理制度的约束。推动建立村镇绿色发展的体制机制。建立面向村镇的生态文明考核评价机制、生态治理责任人制度（如河长制、社区网格化制）、政府一把手生态治理问责制、村镇社区责任管理制度。把资源消耗、环境损害、生态效益纳入村镇发展评价体系。建立完善限制开发区、生态涵养区、生态脆弱区、生态功能区、重点农产品主产区空间开发管控制度，实行领导考核生态评价一票否决制度。对不同主体功能区实行差别化财政、投资、产业、土地、人口、环境、考核等政策。

四是村规民约的约束。重视发挥村规民约、村民行为道德在村镇生态治理和环境保护中的自律性约束。加强村镇社区在生态治理和环境保护中的管理功能，通过宣传教育与体验式参与相结合、制度规范与案例示范相结合、激励与奖惩机制相结合等方式，推动村民主动参与垃圾分类治理、绿色生产生活行动等。要改变以往单一的以政府为主体、强制性规范的生态文明建设模式，构建多元主体协同合作、制度与行为多重约束的生态文明建设长效机制。

# 7.8 法治共治自治结合机制

村镇治理是基层社会整体治理格局中的“末梢”，直接关系到国家治理体系和治理能力现代化。党的十八届五中全会提出，“完善党委领导、政府主导、社会协同、公众参与、法治保障的社会治理体制”。2018 年中央一号文件以“实施乡村振兴战略”为主题，提出要建立健全党委领导、政府负责、社会协同、公众参与、法治保障的现代乡村社会治理体制，坚持自治、法治、德治相结合。在建设法治国家和实现国家治理体系和治理能力现代化的发展要求下，推进村镇法治建设、社会共治体系建设和村民自治机制的完善非常关键，对于实现乡村振兴和村镇可持续发展至关重要。

## 7.8.1　村镇法治管理框架

法治是以其权威性和强制手段规范社会成员行为的管理制度，也是把村镇治理纳入可持续发展框架的法律诉求。村镇法治内容一般包括：一是推动乡镇基层政府依法行政、依法管理，充分运用司法手段维护和实现社会的公平与正义。二是加强乡镇政府政务公开、阳光管理、依法监督，确保基层干部依法行政。三是推动村镇规划编制和管理程序化、法制化。四是提升村镇行政管理人员和村民的法律素质、思想认识和道德觉悟。随着乡村现代化和城镇化发展，现代村镇的法治框架与依法行政内容也有了新的拓展。例如，强化法律在维护农民权益、规范市场运行、农业支持保护、生态环境治理、化解农村社会矛盾等方面的权威地位，推动综合行政执法改革向基层延伸，建立健全乡村调解、县市仲裁、司法保障的农村土地承包经营纠纷调处机制等。法治为本的理念不仅是对村镇干部依法行政提出行为要求，也对村民行为规范和法律素养提出要求。课题组实地调研了解到，东南沿海地区村镇社区普遍把加大农村普法力度，提高农民法治素养，健全农村公共法律服务体系，加强对农民的法律援助和司法救助作为提高乡村治理能力的重要措施。以法治体系的强制性约束来规范村镇治理，是建立可持续发展长效机制的根本措施（见专栏7-6）。

专栏7-6

**安吉县美丽乡村建设“三同步”长效机制**

建设项目化与年度考核同步。规划蓝图的实现需要将规划定性定量、不断细化。安吉县制定了一系列行动计划。《安吉县“中国美丽乡村”行动纲要》计划用10年左右时间完成，前两年抓点成线打出品牌，中间三年延伸扩面产生影响，后五年完善提升全国领先。《“风情小镇”建设五年计划》提出，争取用5年时间逐步将全县所有城镇打造成为“环境优美、功能配套、产业发展、特色鲜明”的特色小城镇。《“优雅竹城”建设实施意见》提出，力争用5年时间把中心城区打造成为“功能优越、品质卓越、竹韵深厚、充满活力”的“优雅”。安吉县围绕“村村优美、家家创业、处处和谐、人人幸福”设定4大类目标、细化为36项指标，空间上覆盖到全县187个建制村。

资金多元化与产业支撑同步。坚持政府主导、乡村主体、社会参与，调动各方积极参与美丽乡村建设。县财政每年安排专项资金1.2亿元，乡镇给予配套，实行“以奖代补”，变“给钱办事”为“以结果奖钱”。按照特色村、重点村、精品村人均250元、500元、1000元的标准给予奖励，对全覆盖乡镇则给予300万至500万元奖励。安排200万元专项考核奖励资金，对先进单位和个人进行表彰奖励（吴理财 等，2014）。引导村集体通过向上争取、盘活资源等方式加大项目投入，引导农户通过投工投劳改善居住条件、优化周边环境。积极盘活村庄存量资产、闲置资源，鼓励开展农户土地规模流转，统筹开发利用村级6%留用地等方式，让农民通过“四金”实现增收致富；强化村集体三资管理，发挥集体资产最大效益，通过积极探索乡村旅游、物业开发、规模农业等乡村多元化经营路子，壮大村集体经济。此外，鼓励吸引工商资本、民间资本投入效益农业、休闲产业等生态绿色产业，参与美丽乡村建设。

管理长效化与发展水平同步。安吉的美丽乡村建设已经从规划、建设转向管理和经营。安吉县制定了美丽乡村物业管理办法，设立“美丽乡村长效物业管理基金”，建立“乡镇物业中心”，强化监督考核，实行美丽乡村警告、降级、摘牌制度，建立动态评价机制，强化过程监管，开通美丽乡村长效管理网络投诉举报平台，开设“美丽安吉找不足”媒体曝光台，引导全民参与、全民共享。定期召开村书记季度恳谈会，交流分析长效管理、村集体经济壮大等方面的问题建议。

### 7.8.2　村镇社会共治机制

社会共治强调治理主体的多元化和社会组织、公众的参与性、主动性，是可持续发展共同性、包容性、开放性、协调性理念的体现。理论上，多元共治机制包含着竞争、对话、合作、妥协和集体行动五个核心机制。政社合作已经产生了多种模式，如“法团主义模式”“合作治理模式”“第三方治理模式”“契约治理模式”等，体现了包容与博弈共存的“共治”机制。中国村镇治理的最大特色在于加强农村基层党组织的建设。实践证明，在东南沿海地区发达村镇往往与坚强的村（镇）党组织的核心作用和带头人的创业精神密不可分。在中国未建立起类似于日本农协这种强大的经济（政治）组织的条件下，发挥基层党组织领导核心地位和凝聚功能，不仅是维护乡村稳定、提升村镇治理能力的需要，也是帮扶贫困村镇、促进经济持续发展的需要。近年来，建立选派第一书记工作长效机制，吸引高校毕业生、农民工、机关企事业单位优秀党员干部到村任职，从优秀村党组织书记中选拔乡镇领导干部，加大在优秀青年农民中发展党员力度等一系列乡村治理制度创新，对于振兴乡村发展有着重要的意义。

提升德治水平也是契合中国传统文化道德规范、提升村镇治理能力的有效途径。2018 年中央一号文件把德治作为构建乡村治理新体系的重要内容。以乡村熟人社会、宗族血缘关系为特点的中国传统村镇，通过乡规民约等道德规范约束，强化道德教化和自律作用，有助于引导村民践行生态文明观、养成节约资源生态环保的生活习惯。通过“生态家庭”“文明家庭”评选等道德激励约束机制，引导农民向上向善、孝老爱亲、重义守信、勤俭持家，有助于建立村镇诚信体系，弘扬真善美、传播正能量，提升自我约束、自我管理的能力。在第 6 章的案例剖析中，东南沿海村镇已有大量的经验实证。

不可忽视的是，村镇社区社会共治机制的建设应发挥农村集体经济组织、合作经济组织、互助性社会组织、公益性服务组织、企业与商业组织、专业技术机构（如科研机构、高校）等的作用。在开放的社会环境下，东南沿海地区的村镇发展和管理，要建立和充分发挥农民合作社、企业与企业家、商业联合会、专业机构（技术人员、设计人员）等参与商议重大事宜的机制。特别是在生态治理机制、古村古镇的开发机制设计中，都要考虑到多主体参与治理、管理与经营服务的必要性。

### 7.8.3 社区村民自治机制

农村社区是农村社会服务管理的基本单元。2015 年 5 月，中共中央办公厅、国务院办公厅印发《关于深入推进农村社区建设试点工作的指导意见》，提出创新农村基层社会治理、提升农村公共服务水平、促进城乡一体化建设。该文件的着眼点在于通过创新农村社区示范点建设，完善村民自治与多元主体参与有机结合的农村社区共建共享机制，健全村民自我服务与政府公共服务、社会公益服务有效衔接的农村基层综合服务管理平台，形成乡土文化和现代文明融合发展的文化纽带，构建生态功能与生产生活功能协调发展的人居环境，探索统筹城乡发展的路径和模式。农村社区治理机制是在村党组织领导下、以村民自治为基础，不改变村民自治机制，不增加农村基层管理层级。文件强调要以农村基层党组织建设带动农村自治组织、群众组织、经济社会服务组织建设；完善农村社区建设重大问题的民主决策、民主监督制度，依托村民会议、村民代表会议等载体，探索村民议事会、村民理事会、村民监事会等协商议事机制；健全利益相关方参与决策机制、专业化组织服务社区制度，建设农村社区司法行政工作室、完善法律服务体系，创新农村立体化社会治安防控体系，探索建立公共服务事项全程委托代理机制，健全农村社区现代公共文化服务体系等。2018 年中央一号文件提出，“推动村党组织书记通过选举担任村委会主任；发挥自治章程、村规民约的积极作用；全面建立健全村务监督委员会，推行村级事务阳光工程；依托村民会议、村民代表会议、村民议事会、村民理事会、村民监事会等，形成民事民议、民事民办、民事民管的多层次基层协商格局；积极发挥新乡贤作用，推动乡村治理重心下移”。中央政府力图通过社区建设试点和村民自治试点，将城市公共服务与管理模式与村民自治机制有机衔接，探索建立中国特色的乡村治理模式，以提升村镇的现代化治理能力。

对于东南沿海地区来说，农村集体经济组织、农民合作经济组织、农村群团组织和社会组织等较为发达，在创新探索农村社区治理机制和村民自治机制方面具有较好的经济基础、组织基础和实践基础。2017 年 12 月，民政部公布的全国农村幸福社区建设示范单位中，县级示范单位共 23 个、乡镇级示范单位 7 个、村级示范单位 104 个，东南沿海三省一市分别占 4 个、3 个、15 个（见表 7－7，见专栏 7－7）。

**表 7－7　　民政部公示的全国农村幸福社区建设示范单位**

| 类型 | 县级示范单位 | 乡镇级示范单位 | 村级示范单位 |
| --- | --- | --- | --- |
| 上海 | — | — | 嘉定区江桥镇太平村、金山区漕泾镇护塘村、松江区泖港镇黄桥村、青浦区赵巷镇中步村、崇明区竖新镇仙桥村 |
| 江苏 | 南京市江宁区、太仓市 | 南通市海安县曲塘镇 | 江阴市周庄镇山泉村、盐城市大丰区大中镇恒北村 |
| 浙江 | 杭州市余杭区、湖州市安吉县 | 余姚市泗门镇、嘉兴市海盐县沈荡镇 | 温州市龙湾区海滨街道宁城社区、东阳市南马镇花园村、台州市温岭市大溪镇沈岙村、江山市新塘边镇日月村 |
| 福建 | — | — | 长乐市漳港街道百户村、永安市曹远镇霞鹤村、漳州市长泰县马洋溪生态旅游区十里村、龙岩市新罗区适中镇新祠村 |
| 全国（个） | 23 | 7 | 104 |

资料来源：民政部．关于公示首批全国农村幸福社区建设示范单位的公告，2017－12－22.

**专栏 7－7**

### 慈溪：培育农村法治文化提升乡风文明

为切实抓好乡风法治文明建设，提高农村法治化管理水平，近年来，慈溪市围绕中心工作，从培育法治文化入手，增强农民的法律素质和依法维权能力，营造良好的乡风文明氛围。基层矛盾纠纷总量从 2013 年的 21905 件下降至 2015 年的 13540 件，建成民主法治示范村（社区）93 个，建立“学法中心户”5923 户，开展集中家庭学法活动 785 场次。

立法治文化之基，固乡风文明之态。将法治建设与“美丽乡村”建设紧密结合，充分利用村内原有基础设施，植入法治元素。积极开展以“弘扬法治文化、打造品牌亮点、实现惠民便民”为主题的“一地一品”法治文化示范点建设，建成 50 余个集观赏性、互动性为一体的开放包容、融合自然的农民法治文化公园。

推法治文化之旅，吹乡风文明之风。组建文艺普法志愿者队伍，调动社会各界力量参与法治文艺作品创作和表演的积极性，将法治文化建设与慈溪传统文化、民间文化、地域文化等有机结合，将法治元素融入剪纸、农民画、面塑、书画影、戏曲、小品、评书等一系列作品和表演中。组织开展法制宣传“五百”专项活动，即百场巡回法治讲座、百场法治文艺活动、百场法治电影送基层活动、百场校园法治图板展活动、百家法律书屋送进村活动，营造浓厚法治氛围。

传法治文化之魂，结乡风文明之果。以基层“学法中心户”为抓手，深入群众家中、街头巷尾、田间地头，围绕家庭婚姻、法律援助等问题，拓展法治文化的覆盖面，增强法治文化的渗透力。充分利用宣传栏、有线广播、有线电视、网络、学校、农贸集市、LED 电子屏等载体，开辟法治文化专栏。积极引导村民通过慈溪普法微博微信平台了解最新动态，使用司法 APP、法律电子书、法律讲座视频等获取法律知识。

## 7.9 现代文明与乡土文化融合机制

中国的乡土文化（Vernacular Culture）源远流长，而村镇正是产生乡土文化的根源和基因。保持乡土文化的可持续传承和与现代文明的融合发展，对于中国乡村振兴与村镇可持续发展有着更为特殊的意义和价值。

### 7.9.1 乡土文化传承的可持续性

乡土文化源于农业社会、农业文明，是中华民族得以繁衍发展的精神寄托和智慧结晶，是区别于其他文明的根本特征。从文化角度看，村镇最大的特色就是有别于城市风貌的乡村聚落及其文化的“乡土性”。民俗风情、传说故事、古建遗存、名人传记、村规民约、家族族谱、传统技艺、古树名木等物质文化和非物质文化绝大部分分布于村镇。社会组织、宗教信仰、民间习俗、语言知识、人文地理等通过长期的沉淀，最终形成带有浓厚地域色彩的文化。近年来，随着城镇化和工业化的快速发展，城市文明和工业文明对农民的生活方式、价值观念影响巨大，以农民为主体的乡土文化也受到很大的冲击。一是城镇化的冲击。城市文明和工业文明的价值观往往消解了农民传统的生活方式和文化理念。如现代社会理性的人际关系、利益关系对乡村地缘文化、血缘文化的影响。特别是追求物质文化享受导致村镇建设与城市化的趋同性、同质性、劣质性。受城市文明的影响，很多村镇规划建设中刻意模仿城市的建筑形式、色彩、风格和材料、设施设备等，由于更多强调的是外观上的模仿而非功能上的改善，导致村镇充斥大量“非城非乡”“不洋不土”的建筑群，村镇所依托的农耕文明、乡土文化正在消失。二是工业化的冲击。越是经济发达地区的村镇受工业化的影响越大，在急于改变传统农业经济的目标取向下，以牺牲乡村生态环境为代价发展高污染产业，资源过度消耗、生活环境破坏。三是市场化的冲击。以单纯追求经济利益为导向的乡土文化开发，把传统的乡土文化过度推向市场。在东南沿海部分古村古镇的改造中也出现不少问题，如一味追求民居硬件上的现代化，导致整体上丢失水乡意象，肌理上与传统村镇相去甚远，千年古村韵味已无，乡邻走门串巷、檐前屋后、桥头岸边氛围已被喧嚣的商业环境所取代。此外，大量一味“仿古”“复古”“微缩”甚至离奇怪诞、格调低下、内容粗俗、带有封建迷信色彩的人造景观也大量出现。如何实现传统古村古镇在发展中延续乡土文化、传承中华民族特色的文明基因，在当代开放环境下面临着很大的挑战。

### 7.9.2 乡土文化与现代文明融合

推进村镇可持续发展机制建设，应该遵从现代文明与乡土文化、历史文化融合发展，人与自然协调发展的理念。在现代文明的冲击之下，传承乡土文化既要继承传统的人文理念、人与自然和谐关系的思想，也要适应现代生活需求创新内涵，在保护好原生态乡土文化基础上创造新生态乡土文化，在融入现代文明基础上复兴乡土文化。一是树立正确的乡土文化观。不仅要传承乡土文化的“文脉”，更重要的是传承作为乡土文化载体的“人脉”。既要传承乡土文化的“形似”物质表象，更要注重传承乡土文化的“神似”精神内涵。不能忽视本土宗教、家族文化、宗族祠堂、乡亲邻里在乡土文化中的作用。二是树立全民乡土文化保护意识。通过多种渠道和媒体开展乡土文化宣传，开展乡土文化保护培训、提高村民保护意识，把乡土文化纳入基础教育内容。提高管理者对乡土文化的认知能力和保护管理能力。三是建立区域性、整体性保护机制。把传统村落、名镇古村纳入区域性、整体性保护框架，建立保护名录制和监测评价制度。四是推动立法和规划保护。研究制定《乡土文化保护法》《传统村落保护条例》，强化地方政府在乡土文化保护中职责。编制《乡土文化保护技术指南》，把历史沿革、民俗风情、传说故事、古建遗存、名人传记、村规民约、家族族谱、传统技艺、古树名木等纳入乡土文化保护规划。

应充分认识村镇人文景观的历史文化价值，坚持保护、开发与利用相结合，保护和遵循本土传统建筑风格和生活习俗，继承特色鲜明的地方人文景观形式与地域文化，提取出适合塑造村镇面貌所需的元素，并在此基础上进行创新性设计，将之融于村镇景观的建设之中，才能激发村镇的生态、历史、文化和社会的生命活力。

## 7.10 开放共享与均衡发展机制

村镇可持续发展必须融入开放的经济与社会体系，在开放、包容、共享、均衡的发展理念下，实现人、经济、社会的全面发展。

### 7.10.1 村镇融入开放发展体系

推动村镇融入开放的现代化经济体系。党的十九大提出实施乡村振兴战略，坚持农业农村优先发展，按照产业兴旺、生态宜居、乡风文明、治理有效、生活富裕的总要求，建立健全城乡融合发展体制机制和政策体系，加快推进农业农村现代化。实施乡村振兴战略，要改变中国传统乡村的封闭性、局限性，主动融入开放的现代化经济体系。建立开放的生产要素市场、现代产业体系、特色经济体系，积极推进乡村经济“走出去”与“引进来”，为村镇发展和乡村振兴提供内在动力。特别是通过盘活村镇集体建设用地、引入非农资金与创新创业主体等，重点建设特色小镇、美丽乡村、现代村镇等载体，实现乡村人口、生态资源、特色资源、乡土文化、创新要素等在乡村空间上的适度集中和集聚，推动乡村现代农业、特色产业和特色经济的发展，主动承载城市产业转移与人口、资金流入，加快村镇经济的现代化和开放发展。

推动村镇融入开放的现代社会治理体系。农村现代化要求乡村治理体系必须现代化。乡村基层组织是架构在农村与政府之间的桥梁，也是国家现代化治理的重要基础。实现乡村有效治理，需要突破传统封闭的思维理念，树立开放、协调的新发展理念。要加大发挥基层党组织在村镇治理中的功能，探索建立自治、法治、德治、共治相结合的乡村治理体系。通过乡规民约、道德约束等德治方式着力预防和减少乡村矛盾；运用法治思维和法治方式解决乡村发展稳定中遇到的问题。同时，加强乡村自治和社会共治，引导村民和农民经济组织有序参与乡村治理，提升农民自我管理和自我服务能力。

推动村镇融入开放的社会服务体系。推动城市基础设施、文化设施、生活设施、医疗机构向村镇延伸，提高村镇特别是经济基础薄弱地区村镇面向村民的公共服务能力。加大财政投入和政策支持，改善村镇生态环境、生活环境、公共教育、公共医疗等公共服务能力，提升乡村居住质量、生活质量，弥补乡村发展的短板。特别是要加大面向东南沿海村镇外来农民工的社会服务能力建设。

### 7.10.2　建立包容共享发展机制

建立精准脱贫与可持续发展机制。传统村镇往往是欠发达地区，是精准脱贫的重点区域，需要合理的财政转移支持和政策支持。在贫困村和贫困户建立稳定的、内生的增收机制，形成切实有效、可持续的政策举措，以创新机制、制度保障实现精准脱贫和持续增收，是我国建设全面小康社会、推进村镇可持续发展的需要。东南沿海地区村镇可利用较好的经济基础，探索精准脱贫的示范“样本”。以浙江省为例，2012 年后实施“百乡扶贫攻坚计划”“欠发达乡镇奔小康工程”“低收入群众增收行动计划”等，扶持欠发达地区农民和低收入农户加快增收。2015 年初，中共浙江省委和省人民政府做出 26 个欠发达县一次性全部“摘除”欠发达县“帽子”的决策，并出台了《关于推进淳安等 26 县加快发展的若干意见》

（浙委发〔2015〕8号）以及配套的考核办法[①]，促进“摘帽”的26个县加快绿色发展、生态富民、科学跨越。浙江省在全国率先完成脱贫攻坚任务，全面消除了家庭人均年收入低于4600元的贫困现象[②]，这一标准为全国绝对贫困线的两倍。浙江以多措并举实施精准扶贫，实现帮扶机制长效化、增强“造血”能力、美丽经济促增收等，成为全国脱贫攻坚的“样本”。

建立覆盖村镇全域的包容性发展机制。包容性增长（Inclusive Growth）是亚洲开发银行在2007年首次提出，宗旨是寻求社会和经济协调发展、可持续发展。与单纯追求经济增长相对立，包容性增长倡导机会平等的增长。包容性发展（Inclusive Development）[③]则更多强调以人为中心的，人与人、人与社会、人与自然的和谐发展，是包括GDP增长指数、人类发展指数、社会发展指数、社会福利指数、幸福指数在内的全面发展。村镇的可持续发展根本上要回归到人的发展、人与自然的和谐发展，要建立覆盖村镇全域、覆盖外来人口、覆盖生态环境的包容性政策体系、评价体系和发展机制。

建立村集体与村民共享发展机制。共享发展是五大新发展理念之一。东南沿海村镇可持续发展，要破除重效率轻公平、重城市轻农村、重GDP轻民生、重“做大蛋糕”轻“分好蛋糕”等观念，要把村民的获得感与幸福感和共同富裕作为根本目标。特别是在乡镇企业、村镇集体经济较为发达的村镇，要建立村集体和村民共建共享发展的体制机制。例如宏村镇建立三级保护、三级管理、三级分成机制，村级（村民）、镇级、公司按照规定的比例享受非遗保护和旅游收入。

### 7.10.3 建立教育均衡发展机制

坚持以人为本，建立教育均衡发展机制，促进人的全面发展是可持续

① 核心的政策包括四项：一是加大省对26县的财政支持力度，一般性转移支付不低于2014年的总量，并不断增加；二是对26县不再考核GDP及相关指标，大幅提高生态经济、生态保护、民生保障、居民增收的考核权重，探索绿色GDP考核；三是按照“干得好的奖、增、加，干不好的罚、减、换”导向，考核结果与财政补助奖励、土地指标配置、党政领导班子提拔使用相挂钩。

② 浙江在全国率先完成脱贫攻坚任务［N］. 中国青年报，2016-01-25.

③ 2011年4月15日，在博鳌亚洲论坛2011年年会开幕式上，中国国家主席胡锦涛发表以“包容性发展：共同议程与全新挑战”为主题主旨演讲，强调“在经济发展的同时，要获得社会的发展和人的发展”。

发展的核心。教育差异是城乡发展的主要差异之一。教育均衡实质是坚持教育公平思想和教育平等原则指导下，在教育机构和教育群体之间，平等分配教育资源，达到教育需求与教育供给的相对均衡。城乡间基础教育资源配置的巨大差异是导致村镇发展滞后的重要原因。促进教育均衡发展的责任主体主要在于政府。实现村镇可持续发展，必须加快建立教育均衡发展机制。以浙江省为例，高等教育、中等职业教育和基础教育在市县之间存在严重的不均衡性，高等教育、中等教育主要分布于大中城市市区，经济发达市县和欠发达市县中小学生数量分布也很不均衡，这种不均衡性被经济发展的差距所极化。

一是建立教育均衡发展的管理体制。建立保障乡村教育投资需求的公共财政投入体制，建立教育均衡化经费保障机制、城乡老师收入均衡化机制。加快乡村、集镇义务教育学校标准化建设。建立以城支乡的教师管理体制。

二是建立教育均衡发展的公益体制。公益性教育设施要向中心村、重点镇延伸。建立村镇低收入家庭教育救助机制。加大面向农民、农民工的公益性职业教育。积极探索市区职业技术学校（包括技工学校）与农村甚至外地（市）职业技术学校联合办学。

三是建立教育均衡发展的政策体系。加大支持村镇义务教育和职业教育。通过“捆绑式发展”“校校对接”与教师“互助式培训”等各项扶持政策，培育壮大乡村薄弱学校。合理运用产业补助、税收优惠、土地费减免等政策，建立厂校挂钩的新型职业教育基地。鼓励高等院校、城市知名中小学开办网络学校，通过远程教育模式把城市优质教育资源向村镇学校延伸。加大高等教育资源向大中城市周围村镇、名镇名村延伸，鼓励经济发达小镇与龙头企业、科研机构、高等院校合作，探索建立以创新基地、大学分校的特色小镇。

# 第 8 章

# 村镇可持续发展评价方法与指标体系

如何评价和监测国家、区域和特定地理空间的可持续发展能力，成为理论界和政策导向的关注焦点。东南沿海村镇可持续发展指标体系框架的建构，需要结合我国东南沿海地区的生态、经济、社会和文化发展的实践，立足可持续发展普适性指标选取的基本标准，突出表征东南沿海地区特色和村镇发展特殊要素所体现的指标内涵，建构充分体现该地区村镇可持续发展整体性指标体系的基础框架。本章将在深入分析可持续发展的评价理论和方法的基础上，通过比较、借鉴可持续发展评价与生态村镇等评价指标，构建村镇可持续发展评价指标体系的通用框架和分类框架，为东南沿海村镇可持续发展监测评价提供方法依据。

## 8.1

## 区域可持续发展评价的分析框架

在可持续发展进入各国实践应用阶段之后，如何对国家、区域和特定地理空间以及产业的可持续发展能力进行评价监测成为研究的热点和前沿领域（赵玉川，2000）。在国际上较知名的有联合国可持续发展委员会

(UNCSD) 应用压力—状态—响应 (PSR) 模型，建立由社会、环境、经济和制度四要素 134 个指标组成的可持续发展指标体系框架，世界银行的新国家财富指标等。持续发展评价方法和模型不仅应用于国家、区域的发展，也应用于城市、农业、生态、制造业、服务业、社会等多个领域。

### 8.1.1　可持续发展评价的 DEA 模型

数据包络分析 (Data Envelopment Analysis，简称 DEA) 是广泛应用于区域、城市、产业等可持续发展评价的非参数估计方法。DEA 分析方法是从数学规划角度即从投入、产出的比较来评价具有多个输入、输出的被评价对象的相对有效性，其特点是可以避免主观因素并简化算法，也可指出需要调整的指标并给出具体的调整量。DEA 最早是由美国运筹学家 Charnes、Cooper 和 Rhodes 于 1978 年提出的用于评价具有相同类型的部门或单元的相对有效性，这些部门和单元被称之为决策单元 (Decision Making Unit，DMU)。由于 DEA 的评价中权重也被作为变量，因而不需要为各个指标提前确定权重。CCR 模型是第一个 DEA 方法模型，该模型对 DMU 的规模有效性和技术有效性同时进行评价。1984 年，Banker、Charnes 和 Cooper 提出了一个被称为 BCC 的模型，用于专门评价决策单元技术有效性。DEA 模型在应用过程中又可分为面向投入、面向产出两类，面向投入是指 DEA 模型构建过程中假定产出不变而要求投入尽可能小，面向产出的 DEA 模型则假定投入不变而产出最大（陈丁楷 等，2015）。如果建立有效的输入、输出指标体系，通过 DEA 方法则可对一个城市或者区域的可持续发展能力进行综合测度评价。

假设存在 $n$ 个 $DMU$，可持续发展综合评价指标体系由 $m$ 个投入和 $t$ 个产出指标构成，即每个决策单元都有 $m$ 种类型的“输入”、$t$ 种类型的“输出”，“输入”和“输出”分别用 $X_j$ 和 $Y_j$ 表示：

$$X_j = (x_{1j}, x_{2j}, \cdots, x_{mj})^T$$

$$Y_j = (y_{1j}, y_{2j}, \cdots, y_{tj})^T,$$

$$j = 1, 2, \cdots, n$$

式中：$x_{ij}$ 表示第 $j$ 个决策单元 $DMU_j$ 的第 $i$ 种类型输入的投入量，$i=1,2,\cdots,m$；$y_{rj}$ 表示第 $j$ 个决策单元 $DMU_j$ 的第 $r$ 种类型输出的产出量，$r=1,2,\cdots,t$。具有非阿基米德无穷小量的 DEA 模型 CCR 如下：

$$\min(\theta - \varepsilon(\sum_{r=1}^{t} S_r^+ + \sum_{r=1}^{m} S_i^-)),$$

$$s.t. \sum_{j=1}^{n} x_{ij}\lambda_j + S_i^- - \theta x_{ij0} = 0,$$

$$\sum_{j=1}^{n} y_{rj}\lambda_j - S_r^+ - y_{rj0} = 0,$$

$$\lambda_j \geqslant 0$$

$\lambda_j$ 为权重，$S_r^+$ 分别为 $S_i^-$ 松弛变量，且均大于或等于0。存在一个正数 $\varepsilon$，在计算中可取 $10^{-6}$，使得最优解 $\theta^0$，$\lambda_j^0$，满足 $\theta^0 = 1$，$S_i^{-0} = 0$，$S_r^{+0} = 0$，该 $DMU_{j0}$ 模型经济意义如下：

当 $\theta = 1$ 时，$DMU_{j0}$ 为 CCR 模型下弱 DEA 有效。即 $n$ 个 $DMU$ 组成的系统中投入的 $X_{ij0}$ 不变的情况下，产出可提高 $S_r^{+0}$，或者投入减少 $S_t^{-0}$，产出不变。

当 $\theta = 1$ 且 $S_r^{+0} = S_i^{-0} = 0$ 时，称 $DMU_{j0}$ 为 CCR 模型下有效。即在投入 $X_{ij0}$ 的基础上，产出已经达到最优。

当 $\theta < 1$，则认为 $DMU_{j0}$ 为 CCR 模型下非 DEA 有效。若 $S_r^{+0} = S_i^{-0} = 0$，则为技术有效。若令 $K = sum_{j=1}^{n}\lambda_j^0/\theta$，当 $K=1$ 时，称 $DMU_{j0}$ 规模有效；当 $k > 1$ 时，规模收益递减，反之递增。

如果考虑时间变量，即任取 $i > 0$，当 $\theta^0(t-i) < \theta^0(t)$，随着时间的进展投入产出效应会有所改善，此时称之为处于可持续发展的轨道；如 $\theta^0(t-i) > \theta^0(t)$，那么称系统处于劣可持续发展；如 $\theta^0(t-i) = \theta^0(t)$，则称之为弱可持续发展（刘丽英，2013）。

传统的 DEA 模型只能将决策单元分为效率为 1 的有效单元和效率不为 1 的无效单元，难以进行深入研究。Fare 等 1994 年运用 Malmquist 生产率指数模型将技术因素进一步分解为技术效率变化和技术进步变化两个部分，即从技术效率变化、技术进步变化和规模效率变化三个方面进行描述评价（Fare et al.，2010）。

### 8.1.2 可持续发展评价的 PCA 模型

主成分分析法（Principal Components Analysis，PCA）作为评价工具，可以将重叠的信息去除，剔除评价指标之间的相关性，是用于可持续发展水平评价的重要方法。PCA 基本思路是对原变量进行线性组合，从而得到新的不相关的“主成分”，即采用降低维度的思想，将多指标转化为少数综合指标，并可避免赋权方法的主观性，该方法适合于处理指标和样本较多且指标间存在相互关联的测度评价。由于可持续发展涉及人口、经济、社会、资源、生态等复合系统，系统间指标并非完全独立，因而 PCA 模型可应用于可持续发展的评价（曾奔豪 等，2016）。其基本原理（刘丽英，2013）如下：

假设 $X = (x_1, x2, \cdots, x_p)'$ 为 p 维随机变量，$X_{(t)} = (x_{t1}, x_{t2}, \cdots, x_{tp})'$ $(t = 1, \cdots, n)$ 来自总样本 $X$ 的样本，求 $X$ 的第 $m$ 个主成分。

第一步是原始数据的标准化，$x_{ij}' = (x_{ij} - \bar{x}_i,)/\sigma_i, i = 1,2,\cdots,p$ ，$\bar{x}_i, \sigma_i$ 为样本均值和标准差。

第二步计算样本相关矩阵，在公式 $R = (r_{ij})_{p \cdot p}$ 中：

$$r_{ij} = \frac{1}{n} \sum_{t=1}^{n} \frac{(x_{ti} - \bar{x}_i)(x_{tj} - \bar{x}_j)}{\sigma_i \sigma_j}$$

第三步计算 $R$ 的特征根 $\lambda_i$ ，按大小 $\lambda_1 \geqslant \lambda_2 \geqslant \lambda_3 \geqslant \cdots \geqslant \lambda_p$ 排列。

令 $u_1, u_2, \cdots, u_p$ 为相应的单位特征向量，且标准正交。

第 $m$ 个主成分得分为 $F_m = u_m' X, m = 1,2,\cdots,p$，

第四步计算各主成分的贡献率及累计贡献率，选取累计贡献率大于 85% 的前 $s$ 个主成分作为参考指标。

贡献率 $e_m = \lambda_m / p$ ，累计贡献率 $E_s = \sum_{m=1}^{s} \frac{\lambda_m}{p}$

第五步对主成分进行综合评价。

$$F = \sum_{m=1}^{s} F_m, m = 1,2,\cdots,s$$

### 8.1.3　可持续发展评价的 AHP 模型

层次分析法（Analytic Hierarchy Process，AHP）也是用于区域、产业可持续发展能力评价的重要工具，该法最早由美国运筹学家（SATTY T L）在 20 世纪 70 年代提出的一种定量和定性相结合的分析方法。AHP 的基本步骤：把复杂的系统分解为若干子系统，并按照从属关系进行分组，形成有序梯阶层次结构；对某些特性进行两两比较，确定各个子系统的相对重要性，构造判断矩阵进行一致性检验；综合专家等人的判断，采用标度法对各个子系统进行单排序和相对重要性总排序（温淑瑶 等，2000）。

AHP 是用来确定不同因素权重的重要方法。

AHP 基本过程如下：第一步，指标的无量纲化处理。阈值法、标准化法、比重法等都可以用来进行无量纲化处理。第二步，评价指标权重的确定。首先，建立层次结构模型，构建“目标层—准则层—指标层”三位一体的层次结构模型。其次，构造两两比较判断矩阵。假设 $n$ 个因素 $X$ 对目标 M 的影响，$X = (x_1, x_2, \cdots, x_n)$，$a_{ij}$ 表示 $x_i$ 和 $x_j$ 对 M 的影响之比，得到两两比较判断矩阵。即：$A = (a_{ij})^{n \times n}$，其中 $a_{ij} > 0$，$a_{ij} = 1/a_{ji}(i \neq j)$。确定 $a_{ij}$ 采用 1 -9 及其倒数作为标度。第三步，层次排序及其一次性检验。在层次单排序的基础上，进行层次总排序及其一致性检验。层次总排序是利用单排序结果，计算针对上一层次而言本层次所有元素的重要性的权值。

一致性指标：$CI = \sum a_j CI_j$。$CI_j$ 为与 $a_j$ 对应的目标层判断矩阵的一致性指标。

层次总排序随机一致性指标：$RI = \sum a_j RI_j$。$RI_j$ 为与 $a_j$ 对应的目标层判断矩阵的随机一致性指标。层次总排序随机一致性比率为：$CR = CI/RI$。当 $CR \leq 0.10$ 时，认为总排序的结果符合满意一致性。

AHP 可用于指标体系的选择和确定，往往与熵值法、模糊综合评价法、专家评分（Delphi）法等相结合，应用于可持续发展能力的评价。熵值法是利用信息熵对系统有序程度的一个度量，通过样本数据的信息特征来计算各指标的权重系数，克服评价的主观性（陈楚琳 等，2017）。

以熵值法确定指标权重的基本步骤如下：

第一步，对原始数据进行归一化处理，计算指标值的 $P_{ij} = x_{ij}/\sum_{i=1}^{n} x_{ij}$ 比重 $P_{ij}$

第二步，计算第 $j$ 项指标的熵值，$S_j = -\sum_{i=1}^{m} p_{ij} \text{In} p_{ij} S_i$

第三步，计算平均度值 $E_j$，假设

$$K = 1/\text{In} m, E_j = -K \sum_{i=1}^{m} p_{ij} \text{In} p_{ij}, E_i \in [0,1]$$

第四步，计算第 $j$ 项指标的标准偏差值 $G_j = 1 - E_j$

第五步，计算熵权，$\omega_i = G_j / \sum_{j=1}^{J} G_j$

评价指标的信息熵越小，则指标值变异度越大，指标的权重也越大。

### 8.1.4　可持续发展的模糊综合评价方法

模糊综合评价是在单因素评价的基础上，利用模糊数学中的模糊变换原理以及最大隶属度原则，通过构建综合评判矩阵对可持续发展能力做出多因素综合评价（齐义军 等，2012）。基本步骤包括：第一，确定隶属度函数。根据研究需要，选择隶属度函数，判定评价指标在评价向量中所占权重比例，确定评定等级值，获得量化的评语集合。第二，建立模糊矩阵，根据准则层评价指标权重及确定的隶属度，对准则层进行模糊综合评价（包括模糊关系矩阵、权重模糊矩阵、模糊评语矩阵）。第三，模糊矩阵复合运算。根据准则层对目标层的权重及得到的准则层模糊评价结果，进行综合评价。模糊综合评价法广泛应用于区域可持续发展的综合评价评估（陈守煜，1999）。具体的计算步骤如下（柯丽娜，2013）：

第一步，建立多指标多级别标准区间矩阵。设可持续发展评价对象 U，根据 m 个指标按 c 个级别的指标标准进行识别，形成多指标、多级别的指标标准区间矩阵。

$Y_1 = [a_{ih}, b_{ih}]$，其中：$a_{ih}, b_{ih}$ 为评价指标 $i$ 级别 $h$ 标准值区间的上下阈值。区域可持续发展综合能力可以数字代表的等级来划分，如 1、2、3、4、5 级分别代表弱可持续、较弱可持续、中可持续、较强可持续、强可持续性。

在指标标准区间范围内，存在一点 $y_{ih}$，使得 $y_{ih}$ 对于级别 $h$ 的相对隶属度等于 1，$y_{ih}$ 定位为指标 $i$、级别 $h$ 的指标标准值。区域可持续发展的多指标标准特征值矩阵 $Y_2$。

$$Y_2 = \begin{bmatrix} y_{11} & y_{12} & \cdots & y_{1c} \\ y_{21} & y_{22} & \cdots & y_{2c} \\ \cdots & \cdots & \cdots & \cdots \\ y_{m1} & y_{m2} & \cdots & y_{mc} \end{bmatrix} = (y_{ih})\, mxc(i = 1,2,\cdots,m; h = 1,2,\cdots,c)$$

$y_{ih}$ 可根据可持续发展评价对象各指标的等级优劣隶属程度来确定，公式如下：

$$y_{ih} = \frac{c - h}{c - 1} a_{ih} + \frac{h - 1}{c - 1} b_{ih}$$

第二步，计算可持续发展评价对象 u 对级别 $h$ 的单指标级别隶属度。

设可持续发展评价对象 u 指标 $i$ 的特征值 $x_i$ 落入 $h$ 与（$h+1$）级别相对隶属度为 1 的特征值矩阵的标准值区间 [$y_{ih}, y_{i(h+1)}$] 内，则 $x_i$ 对 $h$ 级的相对隶属度为：

$$\mu_{ih}(u) = \frac{y_{i(h+1)} - x_i}{y_{i(h+1)} - y_{ih}}, h = 1,2,\cdots,c$$

根据对立统一可变模糊集定理，级别 $h$ 与（$h+1$）构成对立模糊概念，即：

$$\mu_{ih}(u) + \mu_{i(h+1)}(u) = 1$$

第三步，可持续发展评价对象 u 对级别 $h$ 的综合相对隶属度。可持续发展综合评价指标 $i$ 对于级别 $h$ 位于左端点 $p_1$ 与右断点 $p_r$ 之间的一点。

$$p_1 : \mu_A(u) = 1, \mu_{A^c}(u) = 0$$

$$p_r : \mu_A(u) = 0, \mu_{A^c}(u) = 1$$

则 $p_i$ 与 $p_1$，$p_r$ 的广义权距离分别为：

$$d_h(p_1, p_i) = \left\{ \sum_{i=1}^{m} [w_i(1 - \mu_{ih}(u))]^p \right\}^{1/p}$$

$$d_h(p_i, p_r) = \left\{ \sum_{i=1}^{m} [w_i(1 - \mu_{i(h+1)}(u))]^p \right\}^{1/p} = \left\{ \sum_{i=1}^{m} [w_i\mu_{ih}(u)]^p \right\}^{1/p}$$

则可持续发展评价对象 u 对级别 $h$ 的多指标综合相对隶属度为：

$$v_h(u) = 1/\left(1 + \left[\frac{d_h(p_1, p_i)}{d_h(p_i, p_r)}\right]^a\right)$$

$p$ 为距离参数，$p = 1$ 为海明距离，$p = 2$ 为欧式距离；$a$ 为优化准则参数，$a = 1$ 为最小一乘方，$a = 2$ 为最小二乘方准则参数。

第四步，计算待评价对象 u 的级别特征值。应用最大隶属原则对级别归属进行识别，容易导致评价结果的错判。应用级别特征值公式，充分表达 $h$ 与 $v_h(u)$ 分布列的整体特征，利用级别变量 $h$ 隶属于各等级的相对隶属度信息，作为可变模糊集理论评判、识别、决策的准则。

$$H(u) = \sum_{h=1}^{c} v_h(u)h$$

可根据 $H$(u) 值来评价区域 u 的可持续发展水平。$H$(u) 的取值区间可以根据对应的等级区间来确定。如 $H$(u) 值 [0, 1.5) / [1.5, 2.5) / [2.5, 3.5) / [3.5, 4.5) / [4.5, 5) 分别对应等级区间 1、2、3、4、5。

评价指标权重的确定可以采用熵值法、经验法等。

### 8.1.5　可持续发展评价的 DPSIR 模型

“驱动力—压力—状态—影响—响应”（DPSIR）模型是欧洲环境署（EEA）将“压力—状态—响应”模型（PSR）和“驱动力 - 状态 - 响应”模型（DSR）的优点相结合，建立起来的解决环境问题的管理模型。该模型成为近年来我国区域生态环境安全、资源可持续利用、环境管理能力分析、农业可持续发展等领域的重要分析工具（黄志烨 等，2016）。

DPSIR 模型方法也常与熵值法、层次分析法相结合，从人与自然系统的相互作用出发。将表征自然系统的评价指标体系分为驱动力（Driving forces）、压力（Pressure）、状态（State）、影响（Impact）、响应（Response）等 5 种类型，对可持续发展关键因素进行识别和分析，从而开展系统评估并提出改进建议。其基本思想是经济、社会和环境发展作为主要驱动力对环境产生压力，导致可持续发展能力受到影响。该方法的优点是可清晰反映评价指标体系各指标之间的因果关系，并综合体现环境、社会、经济之间的制约关系，能较好说明经济发展作为间接驱动力对环境的影响，环境改变的社会反响以及公众意识对经济、社会的反馈（魏君仙等，2013）。相对于层次分析法和 Delphi 法的主观性，DPSIR 模型与熵值法的结合利用可以避免主观赋值的弊端，提高客观评价和综合评价的效果，但是也受指标数值的获取制约。

从系统学的角度看，区域的可持续发展是一个由自然（资源与环境）、经济、社会（含人口）三大子系统共同组成的复合生态系统。PSR 模型是国际科学联合会（ICSU）环境问题科学委员会（SCOPE）于 1994 年提出的指标矩阵，包括社会、经济、环境、资源、制度等领域。1996 年，英国环保局提出类似的包含 120 个指标的多目标指标体系。即使如此，指标体系也难以对区域可持续发展系统状态和可持续发展水平做出综合评价。在基于资源承载力的可持续发展评价模型中，往往是把资源广义化，将自然、社会、经济三大系统都纳入评价范畴，并作为量化人口环境承载能力的分析框架。然而，对自然资本和人力资本的价值估算依然存在较大争议，且现行统计指标体系十分庞大且复杂。因此，如何对现行的统计指标和参数进行筛选和组合，在区域可持续发展评价中至关重要。

目前，很多评价指标往往基于简单的线性模型：$SD$ 为可持续发展综合指标，$x_i$，$w_i$ 分别为分项指标与权重。

$$SD = \sum_{i} w_i x_i$$

但是，可持续发展综合指标与单项指标的关系未必是线性的、简单连续的关系，可能在不同发展阶段有不同权重，即权重本身就是一个变量。例如，有观点认为，在环境自净能力范围内，污染物排放强度的提高并不一定对区域可持续发展能力产生较大的负面影响，甚至可能出现污染物排放强度与可持续发展能力呈正相关的关系。但是，当污染物排放强度超出环境自净能力或者接近临界阈值时，区域可持续发展水平会对污染物排放的变化表现出高度的敏感性，呈显著的负相关关系（匡耀求 等，2000）。

### 8.1.6 可持续发展评价的 ESDA 模型

探索性空间数据分析（ESDA）模型也开始应用于区域可持续发展的空间维度评价（彭程，2016）。ESDA 作为一种数据驱动的分析方法，其原理是利用统计学、图形图表等方法工具，对区域空间信息进行分析，从而发现数据分布的空间规律，揭示数据的空间依赖性和空间异质性现象（王远飞 等，2007；王劲峰 等，2010），并可结合 GIS 将空间差异格局进行可视化表达。彭程等（2016）将 ESDA 模型与 DEA 模型相结合，测算可持续发展能力的空间分布。其基本步骤（彭程 等，2016）如下：

第一步，建立 DEA 的线性表达 CCR 模型，把区域可持续发展的环境污染、资源消耗等视为投入，人口发展状况、经济发展能力、社会发展能力等视为产出，可持续发展的水平指数表现为 DEA 效率值。

第二步，运用主成分分析法、频度分析法、Delphi 法等，对指标进行总结和筛选，构建环境、资源、人口、经济、社会等一级指标和若干二级指标体系。

第三步，建立空间自相关分析模型。如全局空间自相关系数（Morans'I）和局部空间自相关系数（Local Morans'I）。全局空间自相关系数是用于度量可持续发展能力在整个研究区域的空间分布特征，局部空间自相关系数是用于度量子区域与其邻近区域可持续发展同一属性的相关程度。

第四步，结合 Moran 散点图和 LISA 集聚图，识别冷热点区域空间分布，再结合 GIS 将局部空间差异格局可视化。具体公式如下：

$$Moran'sI = n\sum_{i=1}^{n}\sum_{j=1}^{n} w_{ij}(x_i - \bar{x}) / (\sum_{i=1}^{n}\sum_{j=1}^{n} w_{ij}) \sum_{i=1}^{n} (x_i - \bar{x})^2$$

$$LocalMoran'sI_i = \frac{x_i - \bar{x}}{\sum (x_i - \bar{x})^2} \sum_j w_{ij}(x_i - \bar{x})$$

式中：$n$ 表示区域总数量；$x_i$，$x_j$ 分别表示区域 $i$ 和区域 $j$ 的可持续发展能力相对效率；$\bar{x}$ 表示所有区域可持续发展能力相对效率的平均值；$w_{ij}$ 表示区域 $i$ 和区域 $j$ 之间空间的权重矩阵，可以用距离函数来表达。

ESDA 方法可以从时间维度、空间维度、多领域维度对区域可持续发展能力的时空分布差异和变化规律进行可视化的分析，直观表达区域可持续发展能力的时空变化特征。

### 8.1.7　可持续发展评价的生态足迹 EF 模型

生态足迹（Ecological Footprint，EF）的概念于 1992 年由 William 提出并经 Wackermagel 完善。该方法的原理是通过比较人类活动消耗的自然资源与自然生态系统所提供的生态承载力，定量判断区域的可持续发展状态。生态足迹模型包括：生态足迹（Ecological Footprint，EF）、生态承载力（Ecological Capacity，EC）、生态赤字/盈余（Ecological Deficit/Remainder，ED/ER）三个基本模型。该模型公式如下：

$$EF = \sum ea_i r_j = \sum (c_i/p_i) r_j$$

$$EC = \sum c_j = \sum a_j r_j y_j$$

$$ED = EF - EC$$

式中：$EF$ 表示人均生态足迹（$hm^2$/人）；$ea_i$ 表示人均消费所需的生物生产面积（$hm^2$/人）；$r_j$ 表示生产某消费品对应的生态生产性土地类型的均衡因子；$c_i$ 表示第 i 种消费品的人均年消费量；$p_i$ 表示对应的生态生产性土地生产第 i 类消费品的年全球平均生产力（单产）；$EC$ 表示人均生产承载力（$hm^2$/人）；$c_j$ 表示人均生态承载力分量；$a_j$ 表示人均生物生产面积；$r_j$ 表示均衡因子；$y_j$ 表示产量因子；$ED$ 表示生态赤字或盈余。

为了更好地评价区域的可持续发展状态，可结合压力模型引入生态压力指数进行衡量。该指数是指一个国家或地区单位生态承载面积上的生态足迹，代表一个区域所能承受压力的程度。生态压力指数即：$EPI = EC/EF$。生态足迹模型可结合模糊聚类方法等，对区域生态可持续发展能力进行综合评价（童亿勤，2009）。

### 8.1.8 可持续发展评价的能值指数模型

能值指数（Energy Index，EI）模型常用于农业或农业生态区域可持续发展指数（Agriculture Sustainable Development Index，ASDI）分析。农业是典型的生产经济系统，农业生产的本质是物质与能量的转换过程，将生态系统的不同投入与产出转换为统一标准的能量单位，并应用能量单位作为度量标准，可以克服经济分析的主观性。

基于能值分析的农业生态可持续发展指数模型（杨芳 等，2017）基本原理如下：按照生态最大承载力理论与投入产出边际报酬递减理论，可以假定投入产出的“S”形曲线分为三个区，最左端表示投入产出报酬递增，在临界点 P 到达边际报酬最高点；中间段表示进入预警期，投入产出的边际报酬递减，到区域生态最大承载量时可获得生物产出能最大所需要的投入，即投能临界点 E，投入能与产出能相平衡；在最右端，表示不可持续，生态负效应递增。

因而，可通过 Logistic 曲线来求出产投效应的拐点 P，划分边际报酬递增和递减的区间，通过抛物线的一阶导数作为投能临界点 E，确定生态负效应递增区间。具体计算方法如下：

第一步，根据边际生产力、平均生产力和生产弹性系数发现产投效益的拐点 P，将 Logistic 曲线划分为两个阶段。其公式如下：

$$y = k/(1 + e^{ax+b}),$$

$$MEP = dy/dx = -k * \frac{a * e^{ax+b}}{[1 + e^{ax+b}]^2}$$

$$AEP = (y - y^0)/x$$

$$EEI = \frac{dy/(y - y)^0}{dx/x} = \frac{dy/dx}{(y - y^0)} = MEP/AEP$$

式中：生物量 $y$ 表示种植业生物产出能；农业生产方式 $x$ 表示各种农业生产模式下的要素投入能；生态最大承载力 $k$ 即为各生产要素在合理条件下农牧业能够达到的最大产出能；a、b 分别为估计系数。即当边际生产力 *MEP* 等于平均生产力 *AEP* 时，*EEI* 等于 1，产投效益拐点值 P 出现。

第二步，通过对抛物线方程求导，令其等于 0，可求出投能临界点 E，可以找到效应指数出现的第三阶段。

第三步，根据产投效益拐点值 P 和投能临界点 E，将农业可持续发展指数（ASDI）划分为 3 个区间。当 $X < PX$，ASDI 指数进入区间［0，1］表示健康发展；当 $PX < X < E$，ASDI 指数进入区间［1，0］表示进入预警期，规模报酬递减，到临界点 E 时达到区域生态最大承载量；当 $X > E$，指数进入（0，－1］区间，表示不可持续，生态负效应递增。

该模型需要将不同种类的农作物产出折合成能量值。

### 8.1.9　可持续发展评价的距离指数模型

基于欧氏距离理论的可持续发展指数模型（杨世琦，2018）是可用于产业或区域可持续发展评价的分析方法。该理论是在假定一个系统处于可持续发展状态时，其一系列的具体指标进入合理期望值区间。即当一组评价指标都达到最佳值时，称之为佳态系统（Good System），被视为可持续发展状态。因此，对农业或区域的可持续发展评价即可转化为被评价系统与可持续发展状态之间的差距或距离与相似度的比较。引入欧氏距离函数（Euclidean Distance）可以对可持续发展水平进行评价，该方法可以避免区域性的差异和指标体系的差异带来的评价结果的不公平与不可比性的问题，也可避免主观评分与指标权重的选择带来的评价差异性问题。

可持续发展状态可表示为：

$$d_{IG} = \sqrt{\sum_{i,k=1}^{m,n}\left(\frac{x_{ik} - x_{GK}}{S_k}\right)^2}$$

式中：$d_{IG}$ 表示 $I$ 系统与佳态系统的加权欧式距离；$x_{ik}$ 表示被评价系统的第 $k$ 个评价指标值；$x_{GK}$ 表示被评价系统的第 $k$ 个评价指标值；$S_k$ 表示第 $k$ 个指标值的标准差。方差的倒数是指标的权重。

标准欧式距离需要对各数据进行标准化处理，消除量纲的差异。即：$x_{ik} = (x - m)/s$。$x$ 代表原始值，m 代表均值，S 代表标准差。标准化后的数据数学期望为 0，方差为 1。

可持续发展指数（Sustainable Development Index，SDI）：$SDI = 1 - d_{IG}/d_{0G}$。式中：$d_{IG}$ 表示状态 $I$ 与佳态 G 之间的距离；$d_{0G}$ 表示原点系统与佳态系统之间的距离，假设原点系统为相对与佳态系统的差态系统。即 $SDI$ 的取值区间为［0，1］，值越大则距离佳态越近。

### 8.1.10　可持续发展评价的系统演化模型

大多数评价方法都是通过建立指标体系的方式来对可持续发展状态进

行测度，而系统分析法是基于系统运行机理进行的可持续评价，其特点是既考虑系统内部组分与外部环境之间的关系，又考虑系统内部组分之间的关系。美国系统生态学家 Ulanowicz 于 2009 年从信息论的角度和系统演化视角出发，提出可持续发展性指标 R，这一方法并非基于传统的指标体系构建中的指标选取、标准化、赋权和集成的思路，而是从阈值范围和最佳状态来进行评价比较。其基本原理（黄茄莉，2015）如下：

假设系统的演化能力由系统的上升性（效率）和恢复力组成，二者的平衡关系决定了系统的可持续发展水平。

系统的演化能力：假设事件 i 发生的概率为 $p_i$，发生的不确定性为 $s_i$，则 $s_i = -k\log(p_i)$，表征事件发生变化的潜力。事件发生的概率越大，发生变化的概率越小，不确定性越低。系统的平均不确定性可记为 $H$。

$$H = \sum_i h_i = \sum_i p_i s_i = -k \sum_i p_i \log p_i$$

当 $p_i \approx 1$ 时，事件几乎肯定会发生，但几乎不会发生变化（即 $s_i \approx 0$），此时 $h_i \approx 0$；当 $p_i \approx 0$，事件发生变化的潜力很大（即不确定性 $s_i >> 1$），但在系统动力学中几乎不以作用者的身份出现（$p_i \approx 0$），此时也有 $h_i \approx 0$。即，只有当 $p_i$ 取中间值时，事件才能频繁发生，同时又有足够的变化潜力。就是说，$h_i$ 表征事件 $i$ 在系统变化或发展过程中起重要作用的能力，$H$ 则表示整个事件经历变化的总能力。变化的协调与否取决于不同事件 $i$ 之间是否相互联系相互以及联系的程度。可能事件之间必须存在一种约束，这种约束可以平均相互信息来表示，即不确定性的减少量来表示。

当事件 $i$ 发生的不确定性已知，事件 $j$ 发生时事件 $i$ 发生的不确定性也已知，即事件 $i$ 从事件 $j$ 得到的信息，表征了事件 $j$ 对事件 $i$ 的约束。

$$X_{i|j} = [-k\log p_i] - [-k\log p_{i|j}] = k\log\left(\frac{p_{ij}}{p_j p_i}\right) = [-k\log p_j] - [-k\log p_{j|i}] = X_{j|i}$$

式中：$X_{j|i}$ 表示事件 $j$ 对事件 $i$ 的约束；$X_{i|j}$ 表示事件 $i$ 对事件 $j$ 的约束；$p_{j|i}$ 表示事件 $j$ 发生时事件 $i$ 发生的概率；$p_{i|j}$ 表示事件 $i$ 发生时事件 $j$ 发生的概率；$p_{ij}$ 表示事件 $ij$ 一起发生的概率。将上式中的每一项乘以相应的联合概率，则整个系统的相互平均信息 AMI（Average Mutual Information，AMI），即系统内部各个事件之间的相互约束为：

$$AMI = k \sum_i \sum_j p_{ij} \log\left(\frac{p_{ij}}{p_i p_j}\right)$$

如果把事件看作物质、能力和信息的流动，那么当 $AMI$ 的值越高，介质流动受到的约束越强，系统的组织结构越清晰。根据对数函数的凸性可知，$H \geqslant AMI \geqslant 0$，即系统的不确定性时系统平均相互信息的上限（黄茄莉，2015）。记不确定性 $H$ 与平均相互信息 $AMI$ 之间的差值为“条件熵”（$\psi$）。

$$\psi = H - AMI = -k\log\sum_{i,j} p_{ij}\log\left(\frac{p_{ij}^{2}}{p_i p_j}\right) \geqslant 0$$

$$H = AMI + \psi$$

即系统的演化或自组织能力可以分解为两个组分：量化系统有序、连贯、有效的平均相互信息和量化系统无序、不连贯和无效的“条件熵”。

如果我们把动力系统理解为流量网络，那么可以将事件发生的概率以流量来表达（Ulanowicz，1986）。$p_i$ 可以表示为 $T_i/T..$，$p_i$ 可以表示为 $T_i/T..$，$p_{ij}$ 表示为 $T_{ij}/T..$。其中：$T_{ij}$ 表示 i 流入 j 的流量；$T_i$ 表示离开 i 的流量；$T_j$ 表示离开 j 的流量；$T_j$ 表示流入 j 的流量；$T..$ 表示总流量。

$$T.. = \sum_{i,j} T_{ij}$$

$$H = -k\sum_{i,j}\frac{T_{ij}}{T..}\log\left(\frac{T_{ij}}{T}\right), AMI = k\sum_{i,j}\frac{T_{ij}}{T..}\log\left(\frac{T_{ij}}{T_{.j}T_{i}}\right), \psi = -k\sum_{i,j}\frac{T_{ij}}{T..}\log\left(\frac{T_{ij}^{2}}{T_{.j}T_{i.}}\right)$$

上式中，$k$ 为表征参数，只与对数底数有关，不代表系统的物理维度。

$$C = T \cdot H = -\sum^{ij} T_{ij}\log\left(\frac{T_{ij}}{T}\right)$$

$$A = T \cdot AMI = -\sum^{i,j} T_{ij}\log\left(\frac{T_{ij}T..}{T_{i.}T_{.j}}\right)$$

$$\varphi = T \cdot \psi = -\sum^{i,j} T_{ij}\log\left(\frac{T_{ij}^{2}}{T_{.j}T_{i.}}\right)$$

式中：$C$ 表示发展能力（演化能力）；$A$ 表示上升性；$\varphi$ 表示恢复性。即发展能力为上升性与恢复性之和，$C = A + \varphi$。该模型的直观解释为在网络中效率指网络系统充分表现出有组织和有效行为保持系统的整体性，而恢复力是指网络系统的后退空间以及多样性面对异常扰动及发展进化的异常需求。对系统而言，上升性与恢复性缺一不可，上升力与恢复性的缺失都可能导致系统的活力丧失或崩溃。即只有当上升力与恢复性的比值处于一定的平衡范围内，系统才能实现可持续发展。因此，定义 $a = A/C(0 \leqslant a \leqslant 1)$，描述恢复性与上升力之间的关系，并基于指标 F 构建了可持续发展指标 R。

$$F = -ka\log(a)$$

指标 F 可测量系统的演化和自组织潜力。当 $a = 1$，系统的恢复力为 0，F=0；当 $a \approx 0$，系统的上升力趋近于0，$F$ 趋近于1。当 $a$ 取中间值，即效率与恢复力的比例合适时，系统才可能实现可持续发展。通过取 $F$ 的最优值，可以得到效率和恢复力的最优比例。即当 $a = 1/e$，$F$ 取得最大值，此时理论上效率与恢复力的比值为0.58。由于受不确定的动力因素影响，Ulanowica 引入了调整参数 $\beta$ 。

$$F = -k\alpha^{\beta}\log(\alpha^{\beta})$$

选取 $k = e/\log(e)$ 标准化该函数，则 $F = -[e/\log(e)]\alpha^{\beta}\log(\alpha^{\beta})$ 。函数 F 的取值在 0－1 之间变化，且无量纲。

当 $$\alpha = e^{\frac{1}{\beta}}$$

那么，F 将取得最大值。即确立了 β 值就可确定最优 $\alpha$ 值，就确定了上升力和恢复力之间的最佳平衡比值。$F$ 描述了 $A$ 与 $\varphi$ 之间的可持续平衡的活力部分。即总活力扣除（$1-F$）部分，可以作为计算可持续活力的部分。即系统的可持续性 $R = T..F$。

对于任意已知网络，若确定了 $\beta$ 值，那么就可得出系统当前的可持续状态及距离最佳可持续状态的距离。由于并没有通用的 $\beta$ 值，生态系统网络、经济系统网络等具有不同的 $\beta$ 值。ULANOWICZ 对生态系统的研究认为，$\alpha$ 值约为0.46，效率和恢复力的比值为0.58。

该系统演化理论不仅仅应用于生态系统领域，也可将投入产出表转化为流量网络，从而比较经济系统可持续发展的阈值范围。

此外，聚类分析、人工神经网络、灰色关联等方法也被应用于区域与自然资源可持续发展评价（陈新军，2010；倪海儿 等，2003；丁琪 等，2014）。由于可持续发展涉及的领域极为广泛、评价指标层次复杂，指标设计的维度差异较大，权重的选择往往与专家的主观性相关，指标体系的通用性和科学验证往往存在缺陷。因此，村镇可持续发展的评价方法与指标体系的构建也要针对不同区域的特点，优化评价方法与指标体系，提高评价方法的可操作性、客观性与针对性。

# 8.2 可持续发展与村镇评价典型指标体系评述

在国际上，联合国可持续发展委员会、世界银行等国际组织以及加拿大、荷兰等国家，已经成功应用具有代表性的可持续发展评价指标体系。在国内，科技部、环保部、农业部、住建部、中国科学院等机构以及部分地方政府也发布了涉及可持续发展示范区、生态村镇、美丽乡村、传统村落等的评价认定指标体系。本节重点对具有典型性的指标体系进行简要介绍和评述，为建立东南沿海村镇可持续发展评价指标体系提供借鉴。

## 8.2.1 联合国 UNCSD 指标

联合国可持续发展委员会（UNCSD）使用了“驱动力—状态—响应”（DSR）模型建立可持续发展指标体系，包括 134 个指标。2001 年，UNCSD 对指标体系进行重构，新设计的核心指标体系框架包括 15 项 38 个子项（见表 8－1）。其特点是：①强调面向政策的主题，服务于决策需求；②可持续发展涵盖四个领域，社会、经济、环境和体制；③取消对“驱动力－状态－响应”的对应分类。UNCSD 可持续发展指标体系覆盖了《21 世纪议程》所强调的主要部分，指标以矩阵的方式表达，既简单也实用（兰国良，2004）。但是，UNCSD 指标体系不能简单加总，也没有提供不同系统之间的关联方式，缺乏对可持续发展整体性的评价认识。

表 8－1　UNCSD 指标体系框架

| 领域 | 项 | 子项 | 指标 |
|---|---|---|---|
| 社会 | 公平 | 贫困 | 贫困人口百分比、基尼系数、失业率 |
| | | 性别平等 | 女性对男性平均工资比 |
| | 健康 | 营养状况 | 儿童的营养状况 |
| | | 死亡率 | 5 岁以下儿童死亡率、出生时的预期寿命 |
| | | 卫生 | 适宜污水设施受益人口 |
| | | 饮用水 | 获得安全饮用水的人口 |
| | | 保健 | 获得初级保健的人口比、儿童预防传染免疫率、避孕普及率 |
| | 教育 | 教育水平 | 儿童小学 5 年级达到率、成人二次教育水平 |
| | | 识字 | 成人识字率 |

续表

| 领域 | 项 | 子项 | 指标 |
|---|---|---|---|
| 社会 | 住房 | 居住条件 | 人均住房面积 |
| | 安全 | 犯罪 | 每10万人犯罪次数 |
| | 人口 | 人口变化 | 人口增长率、城市常住与流动人口 |
| 环境 | 大气 | 气候变化 | 温室气体的排放 |
| | | 臭氧层 | 破坏臭氧层物质的消费 |
| | | 空气质量 | 城区空气污染物环境浓度 |
| | 土地 | 农业 | 可耕地与永久耕地面积、肥料使用情况、农药使用情况 |
| | | 林业 | 森林面积占土地面积比例、木材采伐强度 |
| | | 荒漠化 | 受荒漠化影响的土地 |
| | | 城市化 | 城市常住与流动人口的居住面积 |
| | 海洋与海岸带 | 海岸带 | 海岸带水域的藻类浓度、海岸带居民百分比 |
| | | 渔业 | 主要水产每年捕获量 |
| | 淡水 | 水量 | 地下地表年取水占可取水比 |
| | | 水质 | 水体中的生化需氧量BOD、淡水中的粪便大肠杆菌浓度 |
| | 生物多样性 | 生态系统 | 选定的关键生态系统面积、保护面积占总面积的百分比 |
| | | 物种 | 选定的关键物种的丰富程度 |
| 经济 | 经济结构 | 经济运行 | 人均GDP、GDP中的投资份额 |
| | | 贸易 | 商品与服务的贸易平衡 |
| | | 财政 | 债务占GNP的比例、政府发展援助占GNP比例 |
| | 消费与生产方式 | 原料消费 | 原材料利用强度 |
| | | 能源利用 | 人均年能源消费量、可再生能源消费所占份额、能源利用强度 |
| | | 废物的生产与管理 | 工业与城市固体废弃物的产生、危险废物的产生、放射性废物的产生 |
| | | 交通运输 | 废物的再循环与再利用、通过运输方式的人均旅行里程 |
| 机制 | 机制框架 | 战略实施 | 国家的可持续发展战略 |
| | | 国际合作 | 已批准的全球协议的履行 |
| | 机制能力 | 信息获取 | 每千人因特网上网人数 |
| | | 通讯设施 | 每千人电话线路数 |
| | | 科学技术 | 研发费用占GDP的百分比 |
| | | 防灾减灾 | 天灾造成的生命财产损失 |

资料来源：United Nations，2001. Indicators of Sustainable Development：Guidelines and Methodologies ［R］. New York：United Nations.

联合国193个会员国在2015年9月举行的历史性首脑会议上一致通过了可持续发展目标。2016年，联合国大会第七十次会议通过《2030年可持续发展议程》，新议程涉及三个层面的可持续发展内容：社会、经济和环境，以及与和平、正义和高效机构相关的重要方面。新议程提出了今后15年实现17项可持续发展目标和169个具体目标，愿景中强调不让任何一个人掉队。新议程指出，可持续发展目标和具体目标是一个整体，不可分割，具全球性和普遍适用性。

### 8.2.2　世界银行新国家财富指标

1992 年联合国环境与发展大会之后，世界银行根据可持续发展的理念提出了新国家财富指标，并用于评价一个国家和地区的可持续发展状况。世界银行 1995 年使用“资本”与“财富”的存量来衡量可持续发展，将可持续发展的经济目标、社会目标和生态目标转化为资本和财富的三种表现方式，再加上人力资本作为第四种财富。即生产资本、自然资本、人力资本、社会资本，可持续发展意味着留给后代的这四种财富至少一样多。

（1）生产资本

又称为产品资本或人造资本，是人类过去生产活动积累的财富和物质财富的直接体现。可持续发展要求在不过度消耗自然资源和破坏环境的前提下追求最大的经济产出。生产资本主要通过机械、运输设备、建筑等来表征。世界银行根据生产力要素永续盘存模型为基础计算，通过计算净积累量获得。

（2）自然资本

又称为自然资源、天然资源，指大自然赋予人类的财富，包括农地、牧地、森林、保护区、金属矿产、石油、天然气、煤炭等。自然资源主要通过农田、牧地、木材、自然保护区以及不可再生资源来度量。世界银行通过世界市场价格（以贸易价格的租金折算）来估算自然资本存量。

（3）人力资本

又称为人力资源，指一个国家或地区民众的知识、经验和技能，是人类对自身教育、健康和营养的投资，包括对教育和初级劳动力的收益。人是一切活动的主体，人的资源性即人类为自身创造福利的能力也是一种重要的资源。人力资本主要通过人类的技能、知识、健康（预期寿命）等来评价。世界银行通过人口收益的余量价值来计算人力资本价值，即劳动力收益减去自然资本的经济租金和生产资本的贴现，然后按人口平均生产年限进行贴现来估算。

（4）社会资本

社会资本是将生产资本、自然资本和人力资本相结合的“粘合剂”资源，决定了人与人之间的相互关系。社会资本主要通过市民的自由指数、公平、包容、犯罪率、社会机构数量、公众信任、有效率的市场与政府、个体文化与团队责任、脱贫等来衡量。世界银行没有提出社会资本的估算方法。

世界银行 1997 年提出的新国家财富指标提供了监测可持续发展的一个综合方法，通过使用资本（货币计量）的概念来进行存量和流量的分析，并对一个国家或地区的发展趋势进行评价。

### 8.2.3 绿色 GNP 指标

由于国内生产总值（GDP）只能评价一个社会的经济财富，因而国际上一些研究尝试将环境纳入国民账户体系。根据可持续发展思想，绿色 GNP（Green GNP）被界定为：在不减少现有资本资产水平的前提下所必须保证的收入水平，绿色 GNP 也被称之为“可持续收入”。绿色 GNP 核算原理：在传统国民经济核算体系 GNP 的基础上，扣除环境资本的折旧以及环境损害预防费用支出、资源环境恢复费用支出、非优化利用资源的超额计算部分。即可持续收入或绿色 GNP = GNP -（预防支出 + 恢复支出 + 非优化利用超额）-（固定资产折旧 + 自然资源折旧）。

由于将环境信息纳入 GNP 核算的方法不能对国民经济体系中的每一个指标进行修正，各组成部分与传统国民经济核算体系中已有的有关资源环境的内容之间缺乏有效协调和对应，在应用中难以实际操作。近年来，基于国家资源账户的近似调整的 GNP 开始成为政策分析工具（兰国良，2004）。

### 8.2.4 环境 ESI 指标

环境可持续发展指数（Environmental Sustainable Index，ESI）是耶鲁大学和哥伦比亚大学合作开发设计，包括 22 个核心指标、每个指标 2 - 6 个变量，共 67 个基础变量（见表 8 - 2）。该指标被用于 120 多个国家的应用评价。ESI 定义的环境可持续性：以可持续的方式创造五个方面高水平业绩的能力。该五个方面包括：环境系统的状态，如空气、土壤、生态、水；环境系统承受的压力，如污染程度和开发程度；人类应对环境变化的脆弱性，如粮食匮乏与环境恶化带来的疾病；社会与法制应对环境挑战的能力。ESI 可以用简单的数字如 1 - 1000，对一个国家或地区的环境可持续发展能力进行评价度量。

表 8-2　ESI 指数指标核心内容

| 内容 | 指标 | 指标说明 |
|---|---|---|
| 环境系统 | 大气质量、水的数量、水的质量、生物多样性、陆地系统 | 一个国家如果是环境可持续的，那么环境系统保持健康水平，而不是恶化状态 |
| 降低环境压力 | 减少空气污染、减少缺水压力、减少生态系统压力、减少废物和消费压力、减少人口压力 | 人口造成的压力没有对环境系统造成明显的损害 |
| 降低人类的脆弱性 | 基本营养、环境健康 | 脆弱性的减少是可持续发展方向的标志 |
| 社会和法制能力 | 科学技术、辩论能力、法律与管理、环境信息、生态有效性、减少公众选择的混乱 | 拥有适当的法制以及技能和网络手段等基本的社会体制 |
| 全球合作 | 承担的国际义务、全球规模的基金/参与、保护国际公共权 | 能与其他国家一起合作共同应对环境问题 |

资料来源：Ycele, Ciesin. 2001 Environmental Sustainability Index [R]. An Initiative of the Global Leaders of Tomorrow Task Force. World Economic Forum, Annual Meeting 2001. Davos, Switzerland.

ESI 允许对不同国家环境进展方面的定量化对比，以确定一个国家的环保成果是在期望之上或之下，政策是否成功，评价环境与经济业绩的影响，为更精准的环境决策分析提供基础。

### 8.2.5　加拿大 NRTEE 指标

加拿大国家环境与经济圆桌会议（National Round Table on the Environment and Economy, NRTEE）可持续发展课题组在 1991－1995 年期间，设计了一种系统的方法来建立指标体系。NRTEE 指标体系包括：生态系统的状况和完整性；广义的人类福利（包括个体、社区与国家）和自然、社会、文化、经济等属性的评价；人类与生态系统之间的相互作用；以上方面的整合及其关联。NRTEE 方法被称之为联系人类/生态系统福利方法。

NRTEE 指标体系中评价生态系统的因素包括土壤、水、空气、生物多样性与资源利用，评价广义的人类福利因素包括个人、家庭幸福、社区稳定与团结、事务活动、政府效率与生态系统活力等。NRTEE 包括 245 个指标，单个指标取值范围为 0－100，然后通过综合单个指标的得分来计算生态系统、人类福利、人类与生态系统的相互作用以及系统整合与关联这四个方面的水平，最后计算出一个反映加拿大人类/生态系统可持续状态的综合指数。NRTEE 指标体系突出了对社会福利的优先选择，并把人类/环境、经济/生态系统置于同等重要，但对系统之外的信息较少涉及，且综合指数带有很大的主观性，容易遗失重要信息（兰国良，2004）。

### 8.2.6 荷兰 PPI 指标

荷兰的住房、自然规划和环境部设计了一套对环境政策的评价体系（Policy Plan Index，PPI），帮助决策者评价荷兰国家环境规划（NEPP）的实施情况。该指标体系包括 6 个子系统，即气候变化、环境酸化、环境富营养化、有毒物质的扩散、固体废弃物的处理和当地环境的破坏。政策业绩指标的每个系统是对多个指标进行综合衡量后评价。如气候变化系统是对二氧化碳、甲烷、氮氧化物等温室效应排放量指标的综合，环境富营养化是对磷酸盐和硝酸盐化合物排放量的综合。有毒物质的扩散包括农业杀虫剂、重金属、放射性物质等排放指标的综合评价。每个指标的权重根据其在系统之间的相关大小来确定，如对破坏力的相对大小。政策业绩指标是通过排放等价物的等量转换来计算的，如温室气体中二氧化碳当量及其总排放量。环境压力的变化是通过比较某一时间点的环境压力值与事先选取的某标准年份的环境压力而得，单个系统的压力值之和作为环境压力的综合指数。此外，荷兰 PPI 指标也给经济部门提供环境经济分析指标，包括农业产值、工业产值、交通运输量、发电量、建筑业产值、年产油量、年消费量等指标。

荷兰 PPI 指标体系提供了衡量经济与环境政策绩效的有效评价方法，并在两层指标体系的基础上形成综合定量评价指数，对于政策决策与执行的有较好的参考价值。与荷兰类似，英国环境部在 1996 年提出了可持续发展评价指标体系，其目标包括：保持经济健康发展、不可再生资源优化利用、可再生资源可持续利用、人类活动对环境承载力和人类健康及生物多样性的危害最小化等 4 个目标。每个目标下设专题、共 21 个专题，每个专题下设关键指标，共 118 个指标。

### 8.2.7 美国可持续发展指标

美国政府 1993 年成立了总统可持续发展理事会（PCSD），下设可持续发展指标工作组，并在 1996 - 1998 年研究提出可持续发展指标框架。工作组从国际机构、政府部门、社区等提出的 400 多个指标中筛选了 40 多个指标作为监测评价可持续发展的指标。美国可持续发展指标框架是基于存量与流量的概念，强调演化过程而引起的期初存量可提供的产品与服务以及可传给后代的存量的变化。

美国可持续发展指标的选择坚持一般性标准与特殊性标准（兰国良，2004）。一般性标准主要强调：基于可持续发展的一般问题；尽管指标背后的方法论较为复杂，但指标要为公众易于理解；可以定量；建立在已有的数据基础之上；指标应用在全国范围内衡量某一问题或全国所关心的问题；可将某项关注的指标在区域、州等地方层次测度。特殊性标准强调：反映可继承性资源的变化；反映可能使现代人和后代人付出重大代价或带来重大利益的问题；反映只能通过几年、几十年或几个世纪才能够起作用的问题（如全球变暖）；反映存在极限的问题，如小的变化经过长期集聚可能超出极限且不可逆转（如濒危物种的灭绝）。

1996 年，PCSD 发布《美国国家可持续发展战略——可持续的美国和新的共识》报告，并提出美国可持续发展的 10 个目标。围绕每个目标，可持续发展指标框架都设定了对应的评价指标，见表 8－3。显然，这些指标更强调动态变化的评价。

**表 8－3　美国 PCSD 发布的可持续发展指标体系**

| 目标 | 指标及描述 |
|---|---|
| 健康与环境 | 空气质量：居住在空气质量不合标准的人口减少数量 |
| | 饮用水质量：饮用不达标水的人口减少数量 |
| | 有害物质排放：人类排放的有害物质的减少量 |
| 经济繁荣 | 经济指标：人均 GDP、NDP（国内生产净值） |
| | 就业指标：就业机会、工资水平、工作质量增加与改进 |
| | 贫困指标：贫困线以下人口数量减少 |
| | 生产效率指标：人均每小时工作的产品增加量 |
| 平等 | 收入平等：与占人口总数 20% 的富人相比，占人口总数 20% 的下层人口的收入变化 |
| | 环境平等：不同社会阶层承担的环境负担 |
| | 社会平等：不同社会阶层的公民在获得必要的教育、健康保障、社会服务、参与决策等机会进行评价 |
| 自然保护 | 生态系统、居住地丧失、面临威胁的物种、营养物质、有毒物质、外来物种、全球环境变化 |
| 资源管理 | 资源消耗、废物减少、能源效率、再生资源利用 |
| 可持续发展的社会 | 社会经济生存力、安全睦邻关系、公园、面向后代子孙的投资、交通结构、社会对信息的获取、庇护场所、城市收入结构、婴儿死亡等 |
| 公民参与 | 选民参与国家、州和当地选举投票的百分率 |
| 人口 | 人口增长、怀孕、妇女地位、移民等 |
| 国际责任 | 国际援助、环境援助、进展评价、环境技术输出、科研领先 |
| 教育 | 信息获取、课程设置、国家标准、社会参与、国家成就、毕业率等 |

资料来源：周天军，PCSD 的共识与《可持续发展的美国》的十大目标［J］. 中国软科学，1996.（12）：103－106.

美国建构可持续发展指标的方法很多，也有很多的经验值得借鉴。比如，强调指标制定与选择的公众参与，研究小组通过市民委员会公开征集和筛选指标，通过信函调查等方式提请公众对指标草案提出修改意见，市民委员会成立专题小组讨论指标体系，对关键指标形成统一的共识。城市管理部门、媒体也广泛参与可持续发展指标体系的研究、宣传，志愿者也广泛参与指标体系的调查，重视相关信息在技术顾问、公众之间的传递。此外，强调指标的代表性与可行性，将指标数量减少到可接受的水平，根据数据的可获得性对指标进行修改与优化，对于无法获得数据资料的指标通过调查等方式测度。如美国可持续的西雅图社区指标体系（见表 8 -4）制定过程中，通过广泛的公众自愿参与，共同构建“可持续的西雅图愿景”。

**表 8 -4　　可持续的西雅图社区指标体系**

| 指标层 | 指标 |
|---|---|
| 环境 | 野生鲑鱼、生态健康、土壤侵蚀、空气质量、适于步行者和自行车的街道、城市附近的开放空间、不渗透层 |
| 人口与资源 | 人口、水消耗、固体废物的产生与循环利用、污染防治、地方农业生产、交通工具的行驶里程与油耗、可再生能源与不可再生能源的利用 |
| 经济 | 每美元收入的能源消耗、职业集中度、失业率、个人收入的分布、保健支出、满足基本生活需求需要花费的劳动、闲暇时间、房屋费用的支付能力、生活在贫困中的儿童数量、用于非急救目的的急救病房数 |
| 素质教育 | 高等学校毕业生数量、教师人种的多样性、艺术教育、学校中的志愿者人数、青少年犯罪、参加社区服务的青年数、司法公平、成人识字率 |
| 健康与社区 | 低体重出生婴儿数、治疗儿童哮喘的医疗设施、选举参与率、图书馆与社区中心的利用率、公众对艺术活动的参与、园艺活动、邻里关系、对生活质量的感知 |

资料来源：兰国良，可持续发展指标体系构建及其应用研究［D］. 天津：天津大学，2004.

### 8.2.8　国家科技部：可持续发展指标

国家科技部（原国家科委）依据《中国 21 世纪议程》提出的行动目标，组织中国 21 世纪议程管理中心、中国科学院地理所、国家统计局统计科学研究所等机构，研究提出中国可持续发展指标体系。该指标体系基于国家统计资料，分目标层、基准层 1、基准层 2 和指标层，共设置了描述性指标 196 个和评价性指标 100 个。指标覆盖面广，但是指标庞杂、难以对不同地区进行衡量和比较（兰国良，2004）。1997 年，科技部组织创建“国家可持续发展实验区”，示范区主要以县、市、区为区域单位申报和验收。2001 年 6 月，科技部发布《国家可持续发展实验区管理办法》《国家可持续发展实验区工作指南》（该办法在 2007 年做了修订），并在国家可持续发展实验区规划大纲中提出发展要求和参考指标（见表 8-5）。从表 8-5 可知，国家可持续发展实验区规划指标主要为静态指标，除了一个主观指标之外，其他 48 个指标都为定量指标。

2016 年 12 月，国务院印发《中国落实 2030 年可持续发展议程创新示范区建设方案》（国发〔2016〕69 号），通过 2030 年可持续发展议程创新示范区的创建，积极履行国际承诺。科技部在 2017 年公布的《国家可持续发展议程创新示范区申报指引》中，强调要“五位一体”总体布局、“四个全面”战略布局以及创新、协调、绿色、开放、共享五大发展理念，围绕落实 2030 年可持续发展议程，瞄准未来 15 年全球在减贫、健康、教育、环保等方面的发展目标，以可持续发展理念为引领，以创新为第一动力，促进经济社会协调发展。国家可持续发展议程创新示范区定位于打造科技与社会发展深度融合的创新高地，培育新的发展动能，实现更高层次的经济发展，形成可复制、可推广的可持续发展模式，向国内外分享实践经验。

**表 8-5　国家可持续发展实验区规划参考指标**

| 指标 | 指标描述 |
|---|---|
| 经济发展指标 | 国内生产总值、国内生产总值平均增长率、财政收入、人均国内生产总值、社会劳动生产率、非劳动力占劳动总人口比重、第三产业增加值比重、第二、三产业劳动力比重 |
| 人口发展指标 | 总人口、人口自然增长率、人口平均预期寿命、新生儿残疾发生率、九年义务教育普及率、每万人口大专以上文化程度人数、青壮年文盲率、城镇人口比重 |
| 资源环境指标 | 林木覆盖率、城镇绿化覆盖率、人均公共绿地面积、人均耕地面积、万元工业产值综合能耗、万元工业产值耗水量、工业固体废弃物综合利用率、工业废水处理达标率、生活垃圾无害化处理率、大气二氧化硫日平均值、大气总悬浮颗粒物年日均值、工业废气处理达标率 |
| 社会发展指标 | 科技投入占当年财政支出比重、科技进步对经济增长贡献率、每万人拥有科技人员数、教育经费占 GDP 比重、教育"双基"达标率、引用清洁安全卫生水人口比重、每千人卫生技术人员数、城镇居民养老保险覆盖率、农村养老保险覆盖率、城镇居民人均居住面积、残疾人就业率、城镇居民年人均可支配收入、农民年人均收入、每百人电话拥有量、广播人口覆盖率、电视（含有线电视）人口覆盖率、城镇人均体育场地面积、城镇基础设施配套率、社会服务设施配套率、公共建筑、道路实行无障碍设施普及率 |
| 主观指标 | 人民群众对治安工作的满意程度 |

资料来源：科技部．可持续发展实验区规划大纲．可持续发展实验区规划参考指标 2001。

### 8.2.9 中国科学院等：区域可持续发展指标

中国科学院可持续发展研究课题组于2000年研究建立了由5大支撑系统构成的中国可持续发展指标体系。该指标体系是在区域可持续发展框架下，分总体层、系统层、状态层、变量层和要素层五大层级，从资源承载力、发展稳定性、经济生产力、环境缓冲力和管理调控能力来测度区域可持续发展能力，指标体系的构成分为生存支持系统、发展支持系统、环境支持系统、社会支持系统、智力支持系统。该指标体系依据人口、资源、环境、经济、技术、管理相协调的基本原理，将中国可持续发展战略所涉及的249项要素、45个指数、16个模型和5大系统，进行分类、综合与递归，比较全面地反映了城市的可持续发展要求。

1998年，当时的国家环保局环境与经济政策研究中心提出了基于压力—状态—响应框架的可持续发展指标体系，并合成可持续发展政策指标——真实储蓄率。

除了政府机构主导之外，也有部分学者提出省域可持续发展指标体系。如山东师范大学提出的山东省城市可持续发展指标体系，由自然、经济、社会三个领域和1个目标层、4个系统层、13个指数和31个指标组成；南京大学提出的江西省社会经济可持续发展评价指标体系包括经济、人口、科技教育、社会、资源和环境6个子系统，发展水平、发展质量、发展潜力、发展调控度和发展均衡度等5个方面；曹凤中（1998）提出的云南省可持续发展评价指标体系，从经济、社会与人口角度，从发展度指标、承载力指标和环境容量指标三类来评价可持续发展协调度，并根据省级、市级、县级区域的特点对评价指标做了适当调整；牛文元（1994）从自然、社会和经济3个方面选取有关要素作为评价生态环境质量的指标因子，并提出可持续发展的12项判别准则；张世秋等（1997）提出包含社会系统、经济系统、环境系统和制度安排4个方面的区域可持续发展指标体系框架；毛汉英等（1995）以人地关系理论为指导，构建区域PRED系统，从人口、资源、环境、发展四个截面评价区域可持续发展水平；龚建华（1995）从人口水平、发展效益、发展变化率、发展潜力、发展效率、发展协调度、发展调控度、发展开放度和发展缓冲度等9个领域，构建了涵盖 53 项指标的区域可持续发展水平评价体系；王晓云等（2014）运用三维空间结构模型对城市可持续发展能力进行评价，其模型基于“经济—社会—资源环境”三维空间结构，并赋予发展度、协调度、持续度新的内涵。

### 8.2.10　国家环保部：生态文明示范县市与生态村镇创建指标

为推进生态文明建设，国家环保部于 2016 年 1 月印发了《国家生态文明建设示范区管理规程（试行）》和《国家生态文明建设示范县、市指标（试行）》，并于 2017 年 9 月公布第一批 46 个国家生态文明建设示范县市。国家生态文明建设示范区包括生态文明建设示范省、生态文明建设示范市、生态文明建设示范县、生态文明建设示范乡镇、生态文明建设示范村、生态工业示范园区。国家生态文明建设示范县、市是国家生态县、市的“升级版”，已经获得国家生态市、生态县和国家级生态乡镇称号的创建地区可以直接申请考核验收。从指标设计看，国家生态文明建设示范县市评价遵循创新、协调、绿色、开放、共享的发展理念，坚持科学性、系统性、可操作性、可达性和前瞻性原则，从生态空间、生态经济、生态环境、生态生活、生态制度、生态文化六个方面，分别设置 38 项（示范县）和 35 项（示范市）建设指标（见表 8－6）。国家生态文明建设示范区更多强调绿色发展、绿色生活，突出约束性阈值指标要求，并对东中西不同地区实行差异化的管理。

此外，国家发改委、财政部、国土资源部、水利部、农业部、国家林业局等六部委在 2013 年 12 月发布《关于印发国家生态文明先行示范区建设方案（试行）的通知》。2014 年 3 月，国务院批准福建省为全国第一个生态文明先行示范区。

表 8－6　国家生态文明建设示范县指标

| 领域 | 任务 | 序号 | 指标名称 | 单位 | 指标值 | 指标属性 |
|---|---|---|---|---|---|---|
| 生态空间 | （一）空间格局优化 | 1 | 生态保护红线 | — | 划定并遵守 | 约束性指标 |
| | | 2 | 耕地红线 | — | 遵守 | 约束性指标 |
| | | 3 | 受保护地区占国土面积比例<br>山区<br>丘陵地区<br>平原地区 | % | <br>≥33<br>≥22<br>≥16 | 约束性指标 |
| | | 4 | 规划环评执行率 | % | 100 | 约束性指标 |

续表

| 领域 | 任务 | 序号 | 指标名称 | 单位 | 指标值 | 指标属性 |
|---|---|---|---|---|---|---|
| 生态经济 | （二）资源节约利用 | 5 | 单位地区生产总值能耗 | 吨标煤/万元 | ≤0.70<br>且能源消耗总量不超过控制目标值 | 约束性指标 |
| | | 6 | 单位地区生产总值用水量<br>东部地区<br>中部地区<br>西部地区 | 立方米/万元 | 用水总量不超过控制目标值<br>≤50<br>≤70<br>≤80 | 约束性指标 |
| | | 7 | 单位工业用地工业增加值<br>东部地区<br>中部地区<br>西部地区 | 万元/亩 | ≥80<br>≥65<br>≥50 | 参考性指标 |
| | （三）产业循环发展 | 8 | 农业废弃物综合利用率<br>秸秆综合利用率<br>畜禽养殖场粪便综合利用率 | %<br>% | ≥95<br>≥95 | 参考性指标 |
| | | 9 | 一般工业固体废物处置利用率 | % | ≥90 | 参考性指标 |
| | | 10 | 有机、绿色、无公害农产品种植面积的比重 | % | ≥50 | 参考性指标 |
| 生态环境 | （四）环境质量改善 | 11 | 环境空气质量<br>质量改善目标<br>优良天数比例<br>严重污染天数 | —<br>%<br>—— | 不降低且达到考核要求<br>≥85<br>基本消除 | 约束性指标 |
| | | 12 | 地表水环境质量<br>质量改善目标<br>水质达到或优于 III 类比例<br>山区<br>丘陵区<br>平原区<br>劣 V 类水体 | —<br>%<br>— | 不降低且达到考核要求<br>≥85<br>≥75<br>≥70<br>基本消除 | 约束性指标 |
| | | 13 | 土壤环境质量<br>质量改善目标 | — | 不降低且达到考核要求 | 约束性指标 |
| | | 14 | 主要污染物总量减排 | — | 达到考核要求 | 约束性指标 |
| | （五）生态系统保护 | 15 | 生态环境状况指数（EI） | — | ≥55<br>且不降低 | 约束性指标 |

续表

| 领域 | 任务 | 序号 | 指标名称 | 单位 | 指标值 | 指标属性 |
|---|---|---|---|---|---|---|
| 生态环境 | （五）生态系统保护 | 16 | 森林覆盖率<br>山区<br>丘陵区<br>平原地区<br>高寒区或草原区林草覆盖率 | % | <br>≥60<br>≥40<br>≥18<br>≥70 | 参考性指标 |
| | | 17 | 生物物种资源保护<br>重点保护物种受到严格保护<br>外来物种入侵 | <br>—<br>— | <br>执行<br>不明显 | 参考性指标 |
| | （六）环境风险防范 | 18 | 危险废物安全处置率 | % | 100 | 约束性指标 |
| | | 19 | 污染场地环境监管体系 | — | 建立 | 参考性指标 |
| | | 20 | 重、特大突发环境事件 | — | 未发生 | 约束性指标 |
| 生态生活 | （七）人居环境改善 | 21 | 村镇饮用水卫生合格率 | % | 100 | 约束性指标 |
| | | 22 | 城镇污水处理率<br>县级市、区县 | % | ≥95<br>≥85 | 约束性指标 |
| | | 23 | 城镇生活垃圾无害化处理率<br>东部地区<br>中部地区<br>西部地区 | % | <br>≥95<br>≥90<br>≥85 | 约束性指标 |
| | | 24 | 农村卫生厕所普及率 | % | ≥95 | 参考性指标 |
| | | 25 | 村庄环境综合整治率<br>东部地区<br>中部地区<br>西部地区 | % | <br>≥80<br>≥65<br>≥55 | 约束性指标 |
| | （八）生活方式绿色化 | 26 | 城镇新建绿色建筑比例<br>东部地区<br>中部地区<br>西部地区 | % | <br>≥50<br>≥40<br>≥30 | 参考性指标 |
| | | 27 | 公众绿色出行率 | % | ≥50 | 参考性指标 |
| | | 28 | 节能、节水器具普及率<br>东部地区<br>中部地区<br>西部地区 | % | <br>≥80<br>≥70<br>≥60 | 参考性指标 |
| | | 29 | 政府绿色采购比例 | % | ≥80 | 参考性指标 |
| 生态制度 | （九）制度与保障机制完善 | 30 | 生态文明建设规划 | — | 制定实施 | 约束性指标 |
| | | 31 | 生态文明建设工作占党政实绩考核的比例 | % | ≥20 | 约束性指标 |
| | | 32 | 自然资源资产负债表 | — | 编制 | 参考性指标 |
| | | 33 | 固定源排污许可证覆盖率 | % | 100 | 约束性指标 |
| | | 34 | 国家生态文明建设示范乡镇占比 | % | ≥80 | 约束性指标 |

续表

| 领域 | 任务 | 序号 | 指标名称 | 单位 | 指标值 | 指标属性 |
|---|---|---|---|---|---|---|
| 生态文化 | （十）观念意识普及 | 35 | 党政领导干部参加生态文明培训的人数比例 | % | 100 | 参考性指标 |
| | | 36 | 公众对生态文明知识知晓度 | % | ≥80 | 参考性指标 |
| | | 37 | 环境信息公开率 | % | ≥80 | 参考性指标 |
| | | 38 | 公众对生态文明建设的满意度 | % | ≥80 | 参考性指标 |

资料来源：国家环保部．国家生态文明建设示范县、市指标（试行），2016.

此前，环保部（原国家环保局）还制定了国家级生态村、生态乡镇的创建标准（见表8－7、表8－8）。2006年颁布的国家级生态村创建标准，基本条件包括：制定了符合区域环境规划总体要求的生态村建设规划，规划科学，布局合理、村容整洁，宅边路旁绿化，水清气洁；村民能自觉遵守环保法律法规，具有自觉保护环境的意识，近三年内没有发生环境污染事故和生态破坏事件；经济发展符合国家的产业政策和环保政策；有村规民约和环保宣传设施，倡导生态文明。此外，国家生态村创建标准在经济水平、环境卫生、污染控制、资源保护与利用、可持续发展及公众参与等六个领域，分东部、中部、西部提出了定量考核要求。

**表8－7　　　　国家级生态村创建标准**

| 指标名称 | | 东部 | 中部 | 西部 |
|---|---|---|---|---|
| 经济水平 | 1. 村民人均年纯收入（元/人/年） | ≥8000 | ≥6000 | ≥4000 |
| 环境卫生 | 2. 饮用水卫生合格率（%） | ≥95 | ≥95 | ≥95 |
| | 3. 户用卫生厕所普及率（%） | 100 | ≥90 | ≥80 |
| 污染控制 | 4. 生活垃圾定点存放清运率（%） | 100 | 100 | 100 |
| | 无害化处理率（%） | 100 | ≥90 | ≥80 |
| | 5. 生活污水处理率（%） | ≥90 | ≥80 | ≥70 |
| | 6. 工业污染物排放达标率（%） | 100 | 100 | 100 |
| 资源保护与利用 | 7. 清洁能源普及率（%） | ≥90 | ≥80 | ≥70 |
| | 8. 农膜回收率（%） | ≥90 | ≥85 | ≥80 |
| | 9. 农作物秸秆综合利用率（%） | ≥90 | ≥80 | ≥70 |
| | 10. 规模化畜禽养殖废弃物综合利用率（%） | 100 | ≥90 | ≥80 |
| 可持续发展 | 11. 绿化覆盖率（%） | 高于全县平均水平 | | |
| | 12. 无公害、绿色、有机农产品基地比例（%） | ≥50 | ≥50 | ≥50 |
| | 13. 农药化肥平均施用量 | 低于全县平均水平 | | |
| | 14. 农田土壤有机质含量 | 逐年上升 | | |
| 公众参与 | 15. 村民对环境状况满意率（%） | ≥95 | ≥95 | ≥95 |

资料来源：国家级生态村创建标准（试行（环发〔2006〕192号）.

**表 8－8　　　　国家级生态乡镇（环境优美乡镇）标准**

<table>
<tr><th rowspan="2">类别</th><th rowspan="2">序号</th><th rowspan="2" colspan="2">指　标　名　称</th><th colspan="3">指标要求</th></tr>
<tr><th>东部</th><th>中部</th><th>西部</th></tr>
<tr><td rowspan="5">环境质量</td><td rowspan="2">1</td><td colspan="2">集中式饮用水水源地水质达标率（%）</td><td colspan="3">100</td></tr>
<tr><td colspan="2">农村饮用水卫生合格率（%）</td><td colspan="3">100</td></tr>
<tr><td rowspan="3">2</td><td colspan="2">地表水环境质量</td><td colspan="3" rowspan="3">达到环境功能区<br>或环境规划要求</td></tr>
<tr><td colspan="2">空气环境质量</td></tr>
<tr><td colspan="2">声环境质量</td></tr>
<tr><td rowspan="12">环境污染防治</td><td rowspan="2">3</td><td colspan="2">建成区生活污水处理率（%）</td><td>80</td><td>75</td><td>70</td></tr>
<tr><td colspan="2">开展生活污水处理的行政村比例（%）</td><td>70</td><td>60</td><td>50</td></tr>
<tr><td rowspan="2">4</td><td colspan="2">建成区生活垃圾无害化处理率（%）</td><td colspan="3">≥95</td></tr>
<tr><td colspan="2">开展生活垃圾资源化利用的行政村比例（%）</td><td>90</td><td>80</td><td>70</td></tr>
<tr><td>5</td><td colspan="2">重点工业污染源达标排放率（%）</td><td colspan="3">100</td></tr>
<tr><td>6</td><td colspan="2">饮食业油烟达标排放率（%）＊＊</td><td colspan="3">≥95</td></tr>
<tr><td>7</td><td colspan="2">规模化畜禽养殖场粪便综合利用率（%）</td><td>95</td><td>90</td><td>85</td></tr>
<tr><td>8</td><td colspan="2">农作物秸秆综合利用率（%）</td><td colspan="3">≥95</td></tr>
<tr><td>9</td><td colspan="2">农村卫生厕所普及率（%）</td><td colspan="3">≥95</td></tr>
<tr><td rowspan="2">10</td><td colspan="2">农用化肥施用强度（折纯，公斤/公顷．年）</td><td colspan="3"><250</td></tr>
<tr><td colspan="2">农药施用强度（折纯，公斤/公顷．年）</td><td colspan="3"><3.0</td></tr>
<tr><td rowspan="7">生态保护与建设</td><td>11</td><td colspan="2">使用清洁能源的居民户数比例（%）</td><td colspan="3">≥50</td></tr>
<tr><td>12</td><td colspan="2">人均公共绿地面积（$m^2$/人）</td><td colspan="3">≥12</td></tr>
<tr><td>13</td><td colspan="2">主要道路绿化普及率（%）</td><td colspan="3">≥95</td></tr>
<tr><td rowspan="3">14</td><td rowspan="3">森林覆盖率（%，高寒区或草原区考核林草覆盖率）＊</td><td>山区、高寒区或草原区</td><td colspan="3">≥75</td></tr>
<tr><td>丘陵区</td><td colspan="3">≥45</td></tr>
<tr><td>平原区</td><td colspan="3">≥18</td></tr>
<tr><td>15</td><td colspan="2">主要农产品中有机、绿色及无公害产品种植（养殖）面积的比重（%）</td><td colspan="3">≥60</td></tr>
</table>

资料来源：国家级生态乡镇申报及管理规定（试行）（环发〔2010〕75 号）.

国家生态文明建设示范村（镇）主要从生产发展、生态良好、生活富裕，乡风文明四个方面建构了基本的指标框架（见表 8－9）。该框架在国家生态村和生态乡镇指标体系的基础上，整合和归纳了生产、生态、生活、文化等方面的要素，提出了更趋近于可持续发展的评价框架。该框架增加了村民对生态环境的满意度的主观指标内容，对于村务管理等制度层面也提出要求。从指标体系的构成看，生态文明建设示范村指标包含了可持续发展评价的基本内容。

表 8 - 9　　国家生态文明建设示范村指标

| 类别 | 序号 | 指标 | 单位 | 指标值 | 指标属性 |
|---|---|---|---|---|---|
| 生产发展 | 1 | 主要农产品中有机、绿色食品种植面积的比重 | % | ≥60 | 约束性指标 |
| | 2 | 农用化肥施用强度 | 折纯，千克/公顷 | <220 | 约束性指标 |
| | 3 | 农药施用强度 | 折纯，千克/公顷 | <2.5 | 约束性指标 |
| | 4 | 农作物秸秆综合利用率 | % | ≥98 | 约束性指标 |
| | 5 | 农膜回收率 | % | ≥90 | 约束性指标 |
| | 6 | 畜禽养殖场（小区）粪便综合利用率 | % | 100 | 约束性指标 |
| 生态良好 | 7 | 集中式饮用水水源地水质达标率 | % | 100 | 约束性指标 |
| | 8 | 生活污水处理率 | % | ≥90 | 约束性指标 |
| | 9 | 生活垃圾无害化处理率 | % | 100 | 约束性指标 |
| | 10 | 林草覆盖率<br>山区<br>丘陵区<br>平原区 | % | ≥80<br>≥50<br>≥20 | 约束性指标 |
| | 11 | 河塘沟渠整治率 | % | ≥90 | 约束性指标 |
| | 12 | 村民对环境状况满意率 | % | ≥95 | 参考性指标 |
| 生活富裕 | 13 | 农民人均纯收入 | 元/年 | 高于所在地市平均值 | 约束性指标 |
| | 14 | 使用清洁能源的农户比例 | % | ≥80 | 约束性指标 |
| | 15 | 农村卫生厕所普及率 | % | 100 | 约束性指标 |
| 村风文明 | 16 | 开展生活垃圾分类收集的农户比例 | % | ≥80 | 约束性指标 |
| | 17 | 遵守节约资源和保护环境村规民约的农户比例 | % | ≥95 | 参考性指标 |
| | 18 | 村务公开制度执行率 | % | 100 | 参考性指标 |

资料来源：国家环保部．国家生态文明建设示范村镇指标 2014.

### 8.2.11　住建部等：绿色低碳小镇与传统村落评价指标

除国家科技部、环保部等外，住建部、农业部、文化部等部门也开展了相关村镇的创建评价，并提出评价指标体系。不同类型的村镇评价指标有所侧重和差异。比如，住建部于 2011 年提出《绿色低碳重点小城镇建设评价指标（试行）》，该指标体系包含社会经济发展水平、规划建设管理水平、建设用地集约性、资源环境保护与节能减排、基础设施与园林绿化、公共服务水平、历史文化保护与特色建设等七大类型，涵盖 35 大项、62 小项，并对每一个指标赋予了相应的分值（见表 8 - 10）。2012 年，住建部发布《传统村落评价认定指标体系（试行）》，提出村落传统建筑评价指标体系、村落选址和格局评价指标体系、村落承载的非物质文化遗产评价指标体系等三大类指标体系，分定量评估和定性评估对分解的指标评分。传统村落的评价指标强调历史文化的久远度、丰裕度、稀缺度、完整性、协调性、活态性、依存性、美学价值、文化价值等。

**表 8－10 绿色低碳重点小城镇建设评价指标（试行）**

<table>
<tr><th>类型</th><th>项目</th><th>指标</th></tr>
<tr><td rowspan="5">一、社会经济发展水平（10 分）</td><td>1. 公共财政能力</td><td>（1）人均可支配财政收入水平（%）</td></tr>
<tr><td>2. 能耗情况</td><td>（2）单位 GDP 能耗</td></tr>
<tr><td>3. 吸纳就业能力</td><td>（3）吸纳外来务工人员的能力（%）</td></tr>
<tr><td>4. 社会保障</td><td>（4）社会保障覆盖率（%）</td></tr>
<tr><td>5. 特色产业</td><td>（5）本地主导产业有特色、有较强竞争力的企业集群，并符合循环经济发展理念</td></tr>
<tr><td rowspan="10">二、规划建设管理水平（20 分）</td><td rowspan="3">6. 规划编制完善度</td><td>（6）镇总体规划在有效期内，并得到较好落实，规划编制与实施有良好的公众参与机制</td></tr>
<tr><td>（7）镇区控制性详细规划覆盖率</td></tr>
<tr><td>（8）绿色低碳重点镇建设整体实施方案</td></tr>
<tr><td>7. 管理机构与效能</td><td>（9）设立规划建设管理办公室、站（所），并配备专职规划建设管理人员，基本无违章建筑</td></tr>
<tr><td>8. 建设管理制度</td><td>（10）制订规划建设管理办法，城建档案、物业管理、环境卫生、绿化、镇容秩序、道路管理、防灾等管理制度健全</td></tr>
<tr><td>9. 上级政府支持程度</td><td>（11）县级政府对创建绿色低碳重点镇责任明确，发挥领导和指导作用，进行了工作部署，并落实了资金补助</td></tr>
<tr><td rowspan="4">10. 镇容镇貌</td><td>（12）居住小区和街道：无私搭乱建现象</td></tr>
<tr><td>（13）卫生保洁：无垃圾乱堆乱放现象，无乱泼、乱贴、乱画等行为，无直接向江河湖泊排污现象</td></tr>
<tr><td>（14）商业店铺：无违规设摊、占道经营现象；灯箱、广告、招牌、霓虹灯、门楼装璜、门面装饰等设置符合建设管理要求</td></tr>
<tr><td>（15）交通与停车管理：建成区交通安全管理有序，车辆停靠管理规范</td></tr>
<tr><td rowspan="7">三、建设用地集约性（10 分）</td><td>11. 建成区人均建设用地面积</td><td>（16）现状建成区人均建设用地面积（平方米/人）</td></tr>
<tr><td rowspan="3">12. 工业园区土地利用集约度（注：无工业园区此项不评分）</td><td>（17）工业园区平均建筑密度</td></tr>
<tr><td>（18）工业园区平均道路面积比例（%）</td></tr>
<tr><td>（19）工业园区平均绿地率（%）</td></tr>
<tr><td rowspan="2">13. 行政办公设施节约度</td><td>（20）集中政府机关办公楼人均建筑面积（平方米/人）</td></tr>
<tr><td>（21）院落式行政办公区平均建筑密度</td></tr>
<tr><td>14. 道路用地适宜度</td><td>（22）主干路红线宽度（米）</td></tr>
</table>

续表

| 类型 | 项目 | 指标 |
| --- | --- | --- |
| 四、资源环境保护与节能减排（26分） | 15. 镇区空气污染指数（API指数） | （23）年API小于或等于100的天数（天） |
| | 16. 镇域地表水环境质量 | （24）镇辖区水Ⅳ类及以上水体比例（%） |
| | 17. 镇区环境噪声平均值 | （25）镇区环境噪声平均值（dB（A）） |
| | 18. 工矿企业污染治理 | （26）认真贯彻执行环境保护政策和法律法规，辖区内无滥垦、滥伐、滥采、滥挖现象 |
| | | （27）近三年无重大环境污染或生态破坏事故 |
| | 19. 节能建筑 | （28）公共服务设施（市政设施、公共服务设施、公共建筑）采用节能技术 |
| | | （29）新建建筑执行国家节能或绿色建筑标准，既有建筑节能改造计划并实施 |
| | 20. 可再生能源使用 | （30）使用太阳能、地热、风能、生物质能等可再生能源，且可再生能源使用户数合计占镇区总户数的15%以上 |
| | 21. 节水与水资源再生 | （31）非居民用水全面实行定额计划用水管理 |
| | | （32）节水器具普及使用比例（%） |
| | | （33）城镇污水再生利用率（%） |
| | 22. 生活污水处理与排放 | （34）镇区污水管网覆盖率（%） |
| | | （35）污水处理率（%） |
| | | （36）污水处理达标排放率100% |
| | | （37）镇区污水处理费征收情况 |
| | 23. 生活垃圾收集与处理 | （38）镇区生活垃圾收集率（%） |
| | | （39）镇区生活垃圾无害化处理率（%） |
| | | （40）镇区推行生活垃圾分类收集的小区比例（%） |
| 五、基础设施与园林绿化（18分） | 24. 建成区道路交通 | （41）建成区道路网密度适宜，且主次干路间距合理 |
| | | （42）非机动车出行安全便利 |
| | | （43）道路设施完善，路面及照明设施完好，雨箅、井盖、盲道等设施建设维护完好 |
| | 25. 供水系统 | （44）饮用水水源地达标率100% |
| | | （45）居民和公共设施供水保证率（%） |
| | 26. 排水系统 | （46）新镇区建成区实施雨污分流，老镇区有雨污分流改造计划 |
| | | （47）雨水收集排放系统有效运行，镇区防洪功能完善 |
| | 27. 园林绿化 | （48）建成区绿化覆盖率（%） |
| | | （49）建成区街头绿地占公共绿地比例（%） |
| | | （50）建成区人均公共绿地面积（平米/人） |

续表

| 类型 | 项目 | 指标 |
|---|---|---|
| 六、公共服务水平（9 分） | 28. 建成区住房情况 | （51）建成区危房比例（%） |
| | 29. 教育设施 | （52）建成区中小学建设规模和标准达到《农村普通中小学校建设标准》要求，且教学质量好、能够为周边学生提供优质教育资源 |
| | 30. 医疗设施 | （53）公立乡镇医院至少 1 所，建设规模和标准达到《乡镇卫生院建设标准》要求，且能够发挥基层卫生网点作用，能够满足居民预防保健及基本医疗服务需求 |
| | 31. 商业（集贸市场）设施 | （54）建成区至少拥有集中便民集贸市场 1 座，且市场管理规范 |
| | 32. 公共文体娱乐设施 | （55）公共文化设施至少 1 处：文化活动中心、图书馆、体育场（所）、影剧院等 |
| | 33. 公共厕所 | （56）建成区公共厕所设置合理 |
| 七、历史文化保护与特色建设（7 分） | 34. 历史文化遗产保护 | （57）辖区内历史文化资源，依据相关法律法规得到妥善保护与管理 |
| | | （58）已评定为“国家级历史文化名镇”，并制定《历史文化名镇保护规划》，实施效果好 |
| | 35. 城镇建设特色 | （59）城镇建设风貌与地域自然环境特色协调 |
| | | （60）城镇建设风貌体现地域文化特色 |
| | | （61）城镇主要建筑规模尺度适宜，色彩、形式协调 |
| | | （62）已评定为“特色景观旅游名镇”，并依据相关规划及规范进行建设与保护 |

资料来源：住建部．绿色低碳重点小城镇建设评价指标（试行）（2011）．

### 8.2.12　国家标准委与浙江：美丽乡村建设标准与评价指标

自 2013 年中央一号文件提出建设美丽乡村以来，美丽乡村建设在全国迅速兴起，其创建规范和评价指标甚至上升为地方标准和国家标准。2014 年 3 月，浙江省发布推荐性地方标准《美丽乡村建设规范》（DB33/T 912－2014），首次以标准的形式系统阐述美丽乡村建设与评价要求。2015 年 5 月，国家标准委发布《美丽乡村建设指南》推荐性国家标准（GB/T32000－2015）。美丽乡村创建可视为探索乡村可持续发展的一种具体模式和实现机制。

浙江省《美丽乡村建设规范》标准框架包括基本要求、村庄建设、生态环境、经济发展、社会事业发展、社会精神文明建设、组织建设与常态化管理等 7 个部分。从标准内容看，涉及乡村建设的整体情况，其创建要求和指标体系的设计对于村镇可持续发展的评价也有较好的借鉴价值。比如，标准要求美丽乡村建设要把产业发展规划、土地利用规划和村镇建设规划融合，要跳出村域规划范围，必须与周边村、镇联动，与主城区、中心镇、中心村空间上呼应、产业上互补。美丽乡村建设规范指标采取定性与定量相结合，其中量化指标项共 36 个、量化指标值 40 个，涉及生态环境的指标 11 项（见表 8－11）。规划以定性的方式要求最大程度保存原汁原味的乡土文化和乡土特色，预留乡村发展空间和彰显乡村特色。规范强调常态化管理模式和运行机制、监督制度建设，确保美丽乡村建设成效的可持续性；强化村民在美丽乡村建设中的主体作用和参与度，提出构建美丽乡村建设信息平台。

**表 8－11　浙江省《美丽乡村建设规范》中的量化指标**

| 序号 | 指标项 | 量化标准值 | 序号 | 指标项 | 量化标准值 |
|---|---|---|---|---|---|
| 1 | 有线电视入户率 | 90% 以上 | 19 | 主要道路、河岸宜绿化地段绿化覆盖率 | 95% 以上 |
| 2 | 农村宽带入户率 | 高于当年所在县市平均水平 | 20 | 平原区农田林网控制率 | 90% 以上 |
| 3 | 农村饮水安全覆盖率 | 98% 以上 | 21 | 农村居民人均纯收入增长率 | 高于当年所在县市平均水平 |
| 4 | 应实施强制性清洁生产的企业通过验收比例 | 100% | 22 | 低收入农户人均纯收入增长率 | 高于当年所在县市平均水平 |
| 5 | 工业污染源达标排放率 | 100% | 23 | 区域内骨干灌溉渠系建筑物配套率 | 100% |
| 6 | 农家乐经营污水处理率 | 75% 以上 | 24 | 区域内骨干灌溉渠系工程完好率 | 90% 以上 |
| 7 | 饮食业油烟达标排放率 | 95% 以上 | 25 | 主导产业标准化生产程度 | 高于当年所在县市平均水平 |
| 8 | 生活污水处理或综合利用率 | 80% 以上 | 26 | 村内适龄劳动力就业率 | 95% 以上 |
| 9 | 生活垃圾无害化处理率 | 90% 以上 | 27 | 医疗保险参保率 | 95% 以上 |
| 10 | 工业固体废物处置利用率 | 95% 以上 | 28 | 残疾人社区康复服务率 | 90% 以上 |
| 11 | 塑料农膜回收率 | 80% 以上 | 29 | 60 岁以上参合老年人健康体检率 | 65% 以上 |
| 12 | 农作物秸秆综合利用率 | 85% 以上 | 30 | 免费妇女病普查服务率 | 两年高于 80% |
| 13 | 规模化畜禽养殖粪便综合利用率 | 97% 以上 | 31 | 农民养老保险参保率 | 高于当年所在县市平均水平 |
| 14 | 清洁能源普及率 | 70% 以上 | 32 | 全年月人均养老金水平 | 不低于上年度水平 |
| 15 | 丧葬管理率（骨灰跟踪管理率、墓地管理率） | 略 | 33 | 学前三年入园率 | 95% 以上 |

续表

| 序号 | 指标项 | 量化标准值 | 序号 | 指标项 | 量化标准值 |
|---|---|---|---|---|---|
| 16 | 卫生公厕拥有率 | 高于 1 座/600 户 | 34 | 九年义务教育普及率 | 100% |
| 17 | 农村卫生厕所普及率 | 90% 以上 | 35 | 刑事案件年发生率 | 低于 0.3% |
| 18 | 林木覆盖率（山区村、海岛村、半山区村、城郊村和平原村） | — | 36 | 满意度（村民对村务公开的满意度、居民满意度） | 95% 以上 |

资料来源：浙江省美丽乡村建设规范（DB33/T 912 – 2014）.

国家标准委发布的《美丽乡村建设指南》标准内容体现“民建、民享”的核心理念，反映了生态美、生活美、生产美和行为美的建设要求。标准框架分总则、村庄规划、村庄建设、生态环境、经济发展、公共服务、乡风文明、基层组织、长效管理等（应珊婷 等，2015），指标内容也是通过定性与定量方式，在村庄建设、生态环境、经济发展、公共服务等领域规定了 21 项量化指标，其中生态环境类量化指标占 11 项（见表 8 – 12）。与浙江省的地方标准类似，国家标准也强调因地制宜、合理布局、村民参与、节约用地的思路，对农村综合改革、农村经济转型、城乡一体化、公共服务的均等化、自然资源利用与生态环境的保护提出整体要求。从指标体系看，美丽乡村建设规范实质上是对乡村的高质量建设与可持续发展、科学化评价提出了指导依据。相比较之下，浙江省的美丽乡村建设指标涉及的范围比国家标准更细、部分指标要求更高。

**表 8 – 12　《美丽乡村建设指南》国家标准中的量化指标**

| 序号 | 指标项 | 量化标准值 | 序号 | 指标项 | 量化标准值 |
|---|---|---|---|---|---|
| 1 | 路面硬化率 | 100% | 12 | 户用卫生厕所普及率 | 80% 以上 |
| 2 | 村域内工业污染源达标排放率 | 100% | 13 | 村卫生室建筑面积 | 大于 60 平方米 |
| 3 | 农膜回收率 | 80% 以上 | 14 | 学前一年毛入园率 | 85% 以上 |
| 4 | 农作物秸秆综合利用率 | 70% 以上 | 15 | 九年义务教育目标人群覆盖率 | 100% |
| 5 | 病死畜禽无害化处理率 | 100% | 16 | 九年义务教育巩固率 | 93% 以上 |
| 6 | 畜禽粪便综合利用率 | 80% 以上 | 17 | 农村五保供养目标人群覆盖率 | 100% |
| 7 | 生活垃圾无害化处理率 | 80% 以上 | 18 | 农村五保集中供养能力 | 50% 以上 |
| 8 | 生活污水处理农户覆盖率 | 70% 以上 | 19 | 管护人员与常住人口比例 | 0.2% |
| 9 | 使用清洁能源的农户数比例 | 70% 以上 | 20 | 基本养老服务补贴目标人群覆盖率 | 50% 以上 |

续表

| 序号 | 指标项 | 量化标准值 | 序号 | 指标项 | 量化标准值 |
|---|---|---|---|---|---|
| 10 | 林草覆盖率 | 平原 20%、山区 80%、丘陵 50% 以上 | 21 | 村民享有城乡居民基本医疗保险参保率 | ≥90% |
| 11 | 卫生公厕拥有率 | 高于 1 座/600 户 | | | |

资料来源：国家标准委．美丽乡村建设指南（GB/T32000－2015）．

### 8.2.13 指标构建与应用的简要评述

除上述列举的指标体系之外，可持续发展评价也应用于农业等产业领域。例如，农业部会同发改委等 7 部门在 2016 年 8 月发布《国家农业可持续发展试验示范区建设方案》，并于 2017 年 10 月公布了第一批 40 个国家农业可持续发展试验示范区。国家农业可持续发展试验示范区建设目标在于探索符合我国不同区域特征的农业可持续发展模式，示范区创建内容包括“生产、生活、生态”领域，力图在农业产业可持续、资源环境可持续、农村社会可持续探索新的机制。国家农业可持续发展试验示范区创建强调依据《全国农业可持续发展规划（2015—2030 年）》的区域布局，立足不同区域资源环境条件，在严格保护自然生态系统的前提下，明确区域农业可持续发展重点。此外，也有学者建立可持续发展进程指数、可持续晴雨表、人类发展指数（HDI）、社会发展指数（SPI）、可持续经济福利指数（ISEW）等方法来对一个国家或地区的可持续发展水平进行评价。可持续晴雨表是应用模糊数学原理，通过建立生态状况与人类社会状况的二维分析图，划分不可持续、潜在的不可持续发展、中间阶段、潜在的可持续发展、可持续发展五个领域等级，计算可持续发展状况相对于理想状态所得到的分值。

从指标研究与应用主体来看，可持续发展指标的构建主要是国际机构、国家或地方政府、学者等三类主体。虽然可持续发展的评价指标体系的研究成果和应用案例不少，由于对可持续发展的理解受制于研究者行业与知识背景的差异，无论是国际还是国内学界政界，对可持续发展评价的争议依然不断。一般来说，发达国家对可持续发展指标体系的设计更注重环境指标、生态指标和福利指标评价，强调把生态投入与人类发展纳入评价指数框架，强调信息技术对居民生活改善的重要性，指标的构建过程更注重公众的参与与互动。2014 年 5 月，国际标准化组织发布了第一项关于城市可持续发展的国际标准（ISO37120），主要针对同类城市的横向比较，包括经济、教育、能源、环境、财政、火灾与应急响应、治理、健康、休闲、安全、住房、固体废弃物、通讯与创新、交通、城市规划、废水、水与卫生等 17 个领域。

我国关于可持续发展评价指标体系主要分为两类，一类是政府主导建立和应用，一类是学者研究探索。政府主导的指标体系主要集中于各类示范区与生态村镇等的创建评价，通过“创建、评价、挂牌、示范”的路径，往往是以评价指标为最低标准，对村镇的可持续发展提供方向性指导。学者研究提出的指标体系更多是强调评价方法与指标构成的科学性与合理性。从评价方法看，可持续评价方法的研究与评价模型、指标选择容易脱节。从指标的选择上，由于指标体系繁杂、同类重复，很多指标面临难以量化、应用受限等问题。在数据处理上，如何处理好指标的代表性与数据的可获得性、动态数据与空间数据、单一数据与综合数据、存量数据与流量数据、显性数据与隐形损耗之间的关系，也一直是可持续发展指标体系需要着力解决的问题。此外，国内的指标体系建设往往是政府机构或学者独立设计，缺乏公众的广泛参与。我国国家生态文明村镇、国家可持续发展实验区等创建指标，更多强调要达到的标准和阈值要求，是对建设成果的肯定性评价，在大多数情况下并不强调时空变量差异。虽然指标难以覆盖所有领域，并不足以充分反映一个国家是否向可持续发展阶段迈进，但指标依然可成为一种帮助理解可持续发展挑战、机遇和必要的协调平衡的工具。

此外，大量学者对农村和城镇开展了可持续发展的多种路径评价研究。如周艳丽等（2011）从农村可持续发展的影响因素之间的相互影响关系出发，通过因素的相互影响关系构建的综合影响矩阵。秦国伟等（2016）以安徽省为例对农村可持续发展水平进行了评价，通过聚类分析和 DPSIR 模型分析，将安徽省农村可持续发展划分为农村区域可持续发展高水平、较高水平、中等水平、较低水平、低水平和极低水平种类型；王富喜（2009）从经济、人口、生活、社会和环境五个方面，姚丽（2010）从农业生产、经济发展和区域基础三个方面分别对山东和河南农村的可持续发展水平进行了综合测度和梯度分析。王松林等（2001）提出了具有一般意义的区域农业 - 农村可持续发展评价体系：包括评价目标、评价内容、评价指标、评价方法以及评价的一般程序，提出了特定县级农村中高低可持续的三种类型。刘辉（2013）则从可持续基础能力的经济发展、社会生活、人口素质、自然资源禀赋4个二级指标和可持续能力的人口支持、技术支持、环境支持3个二级指标的两大维度，对西部农村可持续发展水平运用熵权法进行评价。但是，目前针对农村领域的可持续发展研究主要集中于农业领域或新农村领域，面向村镇可持续发展共性特点与个性要求相结合的评价指标框架与实践方法依然缺乏。

国内学者针对特色村镇发展的评价指标体系也做了大量研究。吴一洲等（2016）从特色小镇的内涵出发，将其发展水平评估体系分为4个维度，分别为产业维度、功能维度、形态维度和制度维度，将发展理念和特色小镇内涵进行交叉构建得到评估框架。周传斌等（2010）通过文献分析、公众问卷调查和专家咨询相结合的方式获取了包括自然环境、交通、居住条件、能源利用等18类69项指标的生态社区评价指标集，主要从社区生态建筑与环境保护的视角，在综合分析和筛选指标基础上建构了城市生态社区评价指标体系。白涛等（2016）指出，绿色生态小城镇的建设可以有效地提高小城镇的生态环境质量，使得小城镇的发展在合理的、可持续的条件下进行，对小城镇生态系统、城镇建设系统、社会系统、经济系统四个方面进行调查与分析的基础上，结合城镇生态规划的理论，构建小城镇生态规划指标体系。同样，腾颖等（2007）也从生态复合系统的社会－经济－生态入手，建构了苏州城市型生态社区四层次三大系统七大子系统和31个指标项的评价体系。宁昭玉等（2008）通过对福建农村生态环境的变化动态进行分析，依据农村生态环境的内涵和特征、农村环境保护理论、农业生态环境保护理论及可持续发展理论，将影响农村生态环境的因子归结为自然环境和社会环境两个子系统，自然环境有大气环境、水环境、土壤环境和生物环境四个准则，社会环境有人口环境、农业生产环境和生活环境三个准则，遵循指标的代表性、可比性、层次性、系统性、科学性以及数据的可取性原则，从众多的评价指标中筛选出了34项指标，从而构成了福建农村生态环境评价指标体系。温燕等（2017）在波特GEM模型基础上，建构了特色小镇的核心竞争力评价指标体系，提出了GSC模型环。通过专家调研最终形成了以环境资源力、基础设施力、资本资源力、产业发展力、政府支持5个一级指标，18个二级指标，32个三级指标要素构成的指标体系。目前，无论是国际还是国内，可持续发展评价主要集中于一般意义上的国家和区域，具体的研究对象也更多是针对国家、省或市县等城市范畴，几乎没有针对村镇的可持续发展指标。对于村镇的评价研究主要集中于生态村镇与特色小镇等领域。

村镇可持续发展强调的是发展的可持续性或理想状态在村镇领域的延伸。由于可持续发展指标评价领域的交叉性，很难简单以经济、社会、环境三个维度的边界来截然区分，如宜居性更多属环境与社会维度的交叉，公平性主要是经济与社会维度的交叉，可行性属于经济与环境维度的交叉，可持续性可视为经济、社会、环境三个维度的交叉复合（Tanguay G. A，et al.，2010）。面向村镇领域的可持续发展评价指标体系构建，需要根据村镇区域特点、结合已有的相关研究，尝试阐释村镇可持续评价指标的选取原则、方法和要点，以此针对东南沿海特点合理设计村镇可持续发展指标体系，提出科学的理论依据和可行的建构标准，提高可持续发展指标的描述功能、评价功能、监测功能和预测功能。

## 8.3 村镇可持续发展评价体系的建构逻辑

从新农村建设开始，中央就提出了五个方面的要求——生产发展、生活富裕、乡村文明、村容整洁、管理科学，因而新农村和美丽乡村的评价基本围绕着这五个方面开展。随着党的十八大以后新型城镇化的推进和党的十九大乡村振兴战略的提出，我国村镇必将迎来新一轮的发展，乡村振兴战略再次提出了五方面的要求——产业兴旺、生态宜居、乡风文明、治理有效和生活富裕。应该说，乡村振兴战略的要求内容更加完善，除了生产、生活，更强调了生态的地位，标准也更高，对于乡村治理和社会发展质量、人民生活幸福水平程度提出了明确要求，是一个综合产业发展、生态发展、人文发展、乡村治理和生活质量改善的综合系统工程。不仅如此，乡村振兴战略是新型城镇化整体推进过程中实现农业农村现代化的重大举措，是进一步推动城乡均衡发展和生态社会进步的新路径，包括特色小镇和田园综合体在内的新的组织业态，已经成为乡村振兴战略的重要内容。因此，村镇可持续发展评价体系，既要突破过去单纯面向产业或生态的评价对象，也要涵盖乡村、镇域（小城镇）、社区范围的评价，指标要素的选取将更加突出涵盖城乡空间要素的融合、村镇经济社会发展、生态环境治理、人文提升等各个方面，评价方法也将定量和定性评价紧密结合起来。同时，在指标体系选取方面，会更加突出环境生态、生活质量和社会治理的价值以及村镇的整体发展。

### 8.3.1 村镇可持续发展的评价维度与要素

村镇可持续发展评价维度不能仅局限于产业与生态领域，也不能局限于区域经济、社会的单一层面。本节重点从人口、经济、社会、生态与文化五个维度来分析村镇可持续发展评价的要素，需要强调的是，不同维度之间的评价要素不能割裂，而是应该交错对应分析。村镇可持续发展评价维度与要素要充分考虑到村、镇（社区）不同层面及其多样性特点，评价维度之间、要素之间的交互性与平衡性。

（1）村镇人口可持续发展

快速工业化、城镇化进程中的乡村衰退问题已成为全球性趋势。从全球经验上看，村镇区域是乡村社会向城镇社会演进、从农业经济向非农经济转型、从乡村自治向强调公共服务质量改善的重要交错区，即使是逆城市化的出现，也并没有改变绝大多数发展中国家乡村地区青壮年人口流失、“空心化”、经济衰退、农业效益低下、城乡差距不断扩大等问题，乡村人口的急剧减少往往加剧乡村发展的不稳定性与脆弱性，甚至导致乡村经济社会、文化的全面衰退。因而，人口的可持续性是实现村镇可持续发展的关键。村镇人口的可持续发展根本上是村镇区域人力资本的发展，其评价要素不仅仅涉及人口的数量与结构问题，人力资本的质量问题同等重要甚至更为重要。从理论上看，村镇人口的可持续发展评价要素包括以下方面：

第一，人口数量、结构及其变动。可持续发展评价不仅需要关注动态指标，也要关注静态指标。村镇人口总量、密度、结构（包括年龄结构与性别结构等）的横向比较属于静态评价指标，静态指标的评价既可以通过不同区域的对比来进行，也可以通过相对于资源环境的人口承载力来分析。村镇人口数量、密度、结构的时序变化是动态评价指标，其时空动态的演进分析是可持续发展评价的重要内容。人口数量、结构及其变动制约村镇可持续发展和治理效率，人口政策的调整对于人口数量、结构及其变化有着重要的影响。我国计划生育政策始于20世纪70年代，并于1982年写入宪法确立为基本国策，提倡“晚婚、晚育、少生、优生”。这一政策持续至2011年向“双独两孩”调整，2013年进而调整为“单独两孩”政策，2015年又调整为“全面两孩”。人口发展阶段的转型和城镇化、工业化的快速推进效应对于村镇人口的可持续发展的影响更为复杂。一方面，正如《国家人口发展规划（2016—2030年）》的判断，“人口众多的基本国情不会根本改变，人口对经济社会发展的压力不会根本改变，人口与资源环境的紧张关系不会根本改变”；另一方面，近30年我国一直处于低生育水平（全国妇女总和生育率多年约处于1.6），人口老龄化明显加速，将严重影响经济社会可持续发展进程，甚至削弱国家竞争力（张力，2018）。我国东北地区人口负增长与经济低增长之间的相关关系成为部分学者研究的重要议题（韩美兰 等，2018）。对于村镇特别是农业类村镇来说，大量的青壮年劳动力流向大中城市与东南沿海地区，无论是绝对人口数量还是乡村人口占比的变化，乡村人口数量与结构正在经历历史性的巨变。在开放的市场体系下，村镇人口数量、结构与变动不再局限于省市地域内，而是因省级间流动而变化。我国东南沿海村镇的特殊性在于既有城镇化过程中本村镇人口的外流现象，也有专业化村镇大量吸纳区域外转移的劳动力人口现象。保持合理的人口数量与变化区间，是实现村镇人口与经济可持续发展的关键要素。

实际上，全球乡村人口变化趋势与我国相似。据李玉恒等（2018）研究，1960－2015年全球乡村人口由20.08亿人增长至33.83亿人，但乡村人口占比却由66.44%下降至46.16%。特别是作为新兴市场代表的金砖国家，在快速的工业化和城镇化进程下乡村人口占比下降幅度更高。同期，俄罗斯、中国、印度、南非和巴西乡村人口占比分别减少44%、47%、18%、34%和73%。与之相应，第一产业就业人口数量也相应降低。由于农业和农村生产技术的改善，乡村人口占比的下降，并没有降低农业产出，相反，农业生产条件和效益、农村基础设施往往得以提升。但是，由于人口快速、大规模的减少和转移，特别是青壮年人口和初中以上学历人口外流，乡村地区陷入劳动力短缺、村镇市场萎缩甚至经济衰退的困境，乡村式微与衰败成为普遍现象。在中国中西部地区，大量的乡村留守儿童①、留守妇女与留守老人已经成为乡村发展的难题②。

第二，人口质量与受教育程度。村镇人口质量的评价不仅体现在居民接受义务教育的程度，也表现在劳动力职业培训、职业素养、文化素养、道德素养等方面。显然，乡村现代化的提升依赖于高质量人口的发展，依赖于高质量的劳动力与高素质的村民。我国村镇无论是传统农业、加工业，还是新兴产业，高素质、高技能人口的需求远远大于供给，这也是供给侧结构性改革中必须突破的难题。高质量人口的供给，不仅意味着平均劳动生产力水平的提升，也直接影响新技术、新理念植入乡村的可能性与可行性，也决定了产业与经济发展的创新力，是村镇从过去人口数量红利转入人力资本红利的关键。我国妇女总和生育率在2010年降至2以下，标志着已进入后生育率转变时期（张现苓，2018）。普遍观点认为，随着经济发展水平的提升，人口会从数量偏好向质量偏好转变；生育率越低，人口质量与人均消费水平会提升。此外，受教育水平也将影响生育率的变化。随着乡村生育率的持续下降，不得不通过农村人力资本的提升来转变生产方式，技术进步提高人力资本的回报率（杭帆 等 2017）。正如速水佑次郎和弗农拉坦所指出，“以有知识、有创新精神的农民、称职的科学家和技术人员、有远见的公共行政管理人员和企业家的形式表现出来的人力资本的改善，是农业生产率能否持续增长的关键”。

第三，人口的城市化与人的全面发展。人口的城市化与市民化也是影响村镇人口可持续发展的重要原因。受制于城乡二元结构和制度壁垒，大量的乡村流动劳动力无法实现“社会融入”，对流动人口以及留守儿童与老人的教育、医疗等公共服务滞后，村镇人力资本的提升受到制约（张建武 等，2017）。随着乡村人口大量的流动，对城市的资源环境承载力、公共服务和社会管理带来巨大挑战，也对村镇发展效率与公共服务产生重要的影响。此外，乡村地区的转型发展在资金、就业、信息、市场、教育、医疗等对城市的依赖性越来越强。人口既作为生产者、消费者，也作为文

---

① 我国不同机构对乡村留守人员的估计差异较大。民政部在2015年估计，中国留守儿童6000万人，留守妇女4700万人，留守老人5000万人。但是，在2016年民政部、教育部、公安部等部门全国排查数据与此数据出入很大。

② 民政部．中国农村空心化日趋显著 留守人员总数超1.5亿［EB/OL］．人民网，(2015-06-02). http://politics.people.com.cn/n/2015/0602/c70731-27093835.html.

化的创造者，人的全面发展不仅仅是对物的发展的需求，也包括思想、文化、精神等方面的发展。因而，村镇可持续发展与乡村振兴的焦点必然要回归到人的全面发展，而非过度追求经济增长的“物的发展”。生态文明视角下推进村镇的可持续发展，要求通过人的自我管理、自我服务、自我教育与自我约束，实现人与自然的协调发展、城镇与乡村之间的互动发展，重构村镇生产、生态与生活空间。

（2）村镇经济可持续发展

村镇经济的可持续发展评价要素既要包含经济类的通用指标，也要区别于城市、体现村镇产业与区域经济的发展特点。主要包括：一是村镇经济总量及其增长量。如村镇地区生产总值（GDP）、人均 GDP、农民人均可支配收入或家庭可支配收入、务工收入等。二是经济结构及其变化。如三产经济结构比重、三产劳动力结构比重、外出务工人员比重、外来务工人员比重、主导产业比重及变化等。三是区域差异与城乡差异。如城乡居民收入差异、基尼系数、恩格尔系数、贫困人口占比及变化等。四是经济基础及市场环境。如财政收入与支出差异、村镇集体经济占比、转移性收入占财政收入比重、村镇债务占财政收入比及变化、村镇交通便利性、乡村农林水利设施发达程度、专业化社会化服务水平等。五是村镇市场主体发展活力。如农民专业合作社、科技型企业、职业农民等新型主体等发育情况、企业的生存率等。

（3）村镇社会可持续发展

村镇社会可持续发展评价的要素主要包括：一是教育领域。如村民识字率、初等教育人口/比例、中等教育人口/比例、高等教育人口/比例、职业教育人口/比例、人均受教育年限、预期受教育年限等。二是健康与医疗保障。如预期寿命、婴儿死亡率、新生儿近 5 年死亡率、儿童传染病免疫情况、肥胖率、自杀率、精神疾病发病率、农村医疗资源的供给水平、农村医保覆盖水平等。三是社会治理。如村镇社区建设与服务水平、村镇党组织的建设与管理能力、村镇领导干部配置与能力、村民自治及参与度、村民公约及执行情况、村镇管理的责任性与透明度、村镇治安水平、恶性治安事件发生率。四是公平与包容。如基尼系数、贫困率、适龄儿童入学率、外来人口学生入学率、村镇社区活动外来人口参与率等。五是居民生活满意度。如村镇居民幸福指数自评、村镇居民对环境的满意度、居民人均住房面积等。

(4) 村镇生态可持续发展

村镇生态可持续发展评价的要素主要包括：一是资源利用水平。如人均占有土地资源、人均占有林地资源、人均占有水资源、家庭水资源消耗量及其变化。二是生态环境承载力。如亩均农药使用量、亩均化肥使用量、农膜回收率、水土资源流失情况、工业污染排放量与处理水平。三是生活环境污染与治理。如饮用水质达标率、厨房用水及处理、空气质量、生活垃圾分类及处理率、村镇改厕及处理能力、村镇居民生活习惯改良等。

(5) 村镇文化可持续发展

村镇是指城市之外的地域，从这点意义上看其地域范围等同于传统意义上的乡村。因而，村镇的功能形态更接近于乡村的物理空间、地理特征和人口密度，其文化价值也与乡村社会的文化更为相似。村镇原有的传统文化、伦理和秩序受到冲击。村镇文化可持续发展评价的要素主要包括：一是文化资源的供给。如村镇社区文化机构的数量与分布、村镇社区文化活动的开展与居民的参与度等。二是文化资源的保护。如传统村落与历史文化名镇名村的认定及保护情况、传统历史文化遗传的保护情况。三是文化投资与文旅产业发展。如村镇文化领域投资开发情况、文旅创意产业的发展情况。

### 8.3.2 村镇可持续发展评价方法选择思路

从研究现状看，可持续发展评价框架与指标体系的确立方法普遍存在一定的缺陷。主要表现在：一是对评价维度与指标体系之间的机理关系缺乏研究。研究者往往从经济、社会、文化、生态和制度等维度选择可持续评价指标，但很少考虑不同维度与评价指标、评价对象之间的内在逻辑关系及相互作用（黄茄莉，2015），分类指标与可持续性发展综合指数的关系容易模糊。特别是对于村镇区域的复杂性、生态空间的多样性而言，组分之间的非线性关系与时空的异质性，决定了单一的评价方法与评价指标具有明显的局限。二是指标的选取具有很大的主观性与随意性。不同的研究者对于相同研究对象的指标选择难以避免主观性的弊端，从而导致评价结果的不一致性、不确定性。特别是在生态、经济、社会、文化等复杂系统的相互作用下，人为主观选择的评价方法和评价指标，指标的代表性、非干扰性难以保证。三是指标的标准化、赋权与集成方法存在较大的差异性。同样的指标与原始数据由于标准化方法、赋权与集成方法的差异，可导致可持续性评价结果出现偏差。特别是对于多层级指标体系的构建，这种差异性可能更大。四是特定评价模型的方法存在局限性。如能值分析法并不能根本上解决能量的转化率问题，主成分分析法也可能会忽视起决定性作用背后的指标等。不同的评价模型与方法对于不同类型的村镇可持续发展的评价适用性不一。五是缺乏对指标可持续发展阈值范围的研究。由于指标属性的差异，高值的指标并不一定能说明发展的可持续性更高。在缺乏参考值或阈值的前提下，对可持续发展评价的研究并不一定具可靠性与科学性。从阈值的角度看，如果没有落入不可持续性的“陷阱”，那么相反就可以理解为可持续。即对生态脆弱性、文化脆弱性、经济运行脆弱性的研究正好是对可持续发展研究的反证。六是缺乏对动态性、未来不确定性的研究。基于时间序列的指标评价比较往往是研究者在对过去的经验判断下的逻辑推理，对未来技术创新、资源消耗、生产生活方式变化的预测以及对可持续发展的影响研究较少。

因而，对东南沿海村镇可持续发展评价方法的选择上，我们将采用定性与定量方法相结合，单项评价与综合评价相结合，专家评价与公众评价相结合，阈值指标与数值指标相结合，动态指标与静态指标相结合，预期性与约束性指标相结合，建立通用评价框架和分类评价框架。在定量分析模型上，根据不同评价对象选择复合评价模型。

### 8.3.3　村镇可持续发展评价指标设计原则

（1）适应可持续发展模式多样性的需求

可持续发展是一种理想模式，是以人地协调的和谐性为主要评价维度的多样化发展路径。就某种程度而论，东南沿海人地和谐的区域化，造就了该区域村镇整体性生态发展的良性环境，同时，区域发展与人口、资源和环境的关系，区域化地方特色的人文资源和自然资源耦合程度的差异化、可持续发展的阶段性及生态治理路径的多元化等多重元素嵌套融合在一起，共同构建了村镇可持续发展模式的多样性。村镇生产空间的结构形成与区域的资源基础、产业布局及经济结构有关；生态空间由社区的环境容量、生物多样性及自适应系统构成；生活空间则主要由人类自身生存性和发展性相关的具体活动空间组成。在合并空间结构要素重叠选项和抽取核心内核基础上，组合成广义的村镇生态社区公共空间结构的资源禀赋、文化基因、地域因素三大系统要素并加以阐释，构成了村镇生态发展多样性的分类基础领域。

（2）适应可持续发展目标多层次的需求。

可持续发展的目标具有多层性，这是由不同村镇具体的资源容量、经济水平和政策环境决定的，这也决定了生态治理的阶段性和层次性。村镇可持续发展本身呈现一种复合型目标体系，包括产业结构调整、生产力和城镇体系布局、资源开发和利用以及生态环境质量、科技创新、社会体系、村镇文化的建立等，从地域资源、生态环境、培育政策、发展机制及生态文化等领域协同推进，体系出和谐、高效、优化和有序的发展内涵。在东南沿海村镇可持续发展普适性指标建构思路方面，我们将结合国内外有关可持续发展内涵及指标体系研究的基本框架、层级体系及指标要素，构建村镇可持续发展的通用框架与分类框架。

（3）适应可持续发展指标合理性的需求

关于可持续发展评价指标的选取原则，很多研究者都提出了各自的观点，如 Schomaker（1996）提出了 SMART 原则，即精确（Specific）、可测量（Measurablem）、可获得（Achievable）、相关联（Relevant）和时效性（Time-bound）原则。白涛等（2016）在特色小城镇生态可持续发展的指标设计中提出，应该遵循可持续性、科学性、针对性和可操作性的四原则，可持续性以可持续发展理论为基本出发点，科学正确评价和测定小城镇发展水平，真正引导小城镇向着生态的可持续方向发展。在村镇可持续性指标体系的指标层设计方面，将依据“压力—状态—响应”（PSR）模型理论和人口、社会、经济、生态、文化及制度评价等要素框架的基本思路，为每个领域设计 3－5 个评价主题，彼此间相互促进形成互动关系，构建复合互动的合理架构，实现建设行动的相对稳定性，维系其可持续性（见图 8－1）。

（4）适应可持续发展评价指标适用性的需求

首先，村镇可持续发展评价指标体系应该是能够反映地方特色并具有普遍性示范功能的先进指标体系。其次，指标设计要讲究针对性。东南沿海地区城乡共生性发展水平较高，经济一体化程度发达，社会文明程度高，并且有着良好的生态自然条件。东南沿海村镇可持续发展的评价指标体系必须符合科学、合理、简洁、可操作的要求，即既能评价地区发展现状、诊断存在的问题，也能指引方向进行跟踪评估，以保证村镇生态治理始终朝着既定目标，有序推进。再次，指标体系作为指导实践的理论工具和引导目标，必须服务于治理主体对村镇参照对象具备现实的管理、引导的功能，必须与地方政府部门的发展规划相衔接，与地方政策相契合，也要同村镇社会经济文化的整体发展需求对应起来，使指标能够落地找到现实对应点。最后，指标的建构一定要立足发展性。因为现实的参照对象处于时刻的变动之中，静态的指标设计本来就具有一定的滞后性，难以避免脱节于现实治理的逻辑框架，村镇可持续发展评价指标应反映区域发展趋向性，不但能一定程度上揭示历史的发展情况，并且能为未来可持续发展提供间接信息，如预测指标和门槛值等。

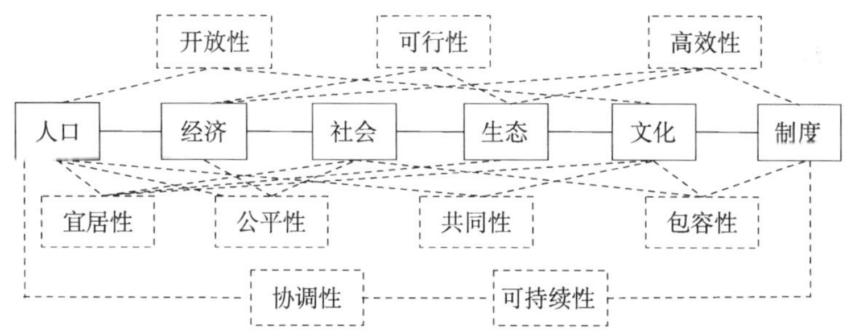


**图 8－1　村镇可持续发展指标评价维度示意图**

（5）适应可持续发展指标评价体系科学性的需求

可持续发展指标评价体系要结合已有村镇可持续研究成果，契合村镇发展的现实特征和评价的要求。主要原则包括：村镇可持续发展评价指标选取要体现典型性与代表性，即选取的指标应该能为生态村镇的可持续评价服务，立足村镇内涵，全面科学反映村镇可持续发展的综合特征；系统全面性原则，即所选取的指标应覆盖自然、经济、社会、生态及人文等全域性社会空间系统领域；指标相对独立性原则，即指标之间不应该相互覆盖，不能互为解释，从而确保评价结果的全面性和科学性；普遍性与特殊性相结合的原则，即评价体系既包含共性指标，也包含个性指标，既有约束性指标，也有参考性、预期性指标，全面覆盖研究对象的整体评价范围；可操作性原则，即选取的指标数据明确，标准合理，获取可能性较高，可以实际运用研究对象的检测过程和评价要求；动态发展性原则，村镇处于持续的发展进程中，外界客观环境的变化，内在系统的流变及评价标准的变化，所选取的指标无论在指标维度、指标权重和具体指标内涵方面都应具有合理的时间跨度与动态调整性，以及时跟踪和嵌入村镇评价的新要求和新标准；人文原则，即指标体系虽然是定量的综合评分，但在具体设计中，要同时考虑主客观评价要素，将主体感受、心理感受及满意度等情感及价值评价适度体现在指标设计的内容框架中。

村镇可持续发展评价指标体系的设计要充分借鉴相关研究成果，根据东南沿海乡村发展的历史背景、现实条件和不同类型村镇特点，重点围绕环境治理、资源利用、产业发展、社区管理、公共服务和文化传承等领域，遵循公平性、持续性、共同性、协调性、高效性、多维性、开放性和包容性等 8 大原则，涵盖人口、资源、产业、环境、生态、就业、收入、科技、文化、教育、管理等指标，科学设计和构建东南沿海村镇与社区可持续发展的评价指标体系。

## 8.4 东南沿海村镇可持续发展评价指标体系

东南沿海作为我国改革开放的前沿地区，村镇经济发展水平和社会管理水平普遍较高，但是经济的快速发展消耗了大量自然资源，部分村镇甚至出现生存环境恶化的现象。耕地面积锐减，水资源紧缺，资源消耗速度快于国民经济增长速度，生态状况堪忧等，同样成为东南沿海村镇“先发展、后治理”模式下的基本特征（陈秀山，2000）。在普遍面临要素成本上升、环境承载能力下降、市场拥挤效应较为突出的困境下，亟须通过产业转型升级与生态环境改善来提升村镇经济竞争力和促进村镇的可持续发展。建构体现东南沿海地区特点的村镇可持续发展整体性指标体系的通用框架，并通过针对村镇类型和发展模式合理分类的基础上，提出类别化的评价指标框架，对于评价探讨村镇可持续发展路径与治理机制，具有前瞻性、针对性的实践指导价值。

### 8.4.1 通用框架

东南沿海村镇可持续发展评价指标体系采用“通用框架 + 分类框架”评价模式。通用框架（General Index Framework，GIF）对村镇可持续发展做出一般性的综合评价，分类框架（Classifying Index Framework，CIF）对分属不同类别的村镇提出针对性的评价。这样，既可以体现评价的普遍性需求，也可以体现评价的多样性要求。通用框架主要体现全面性、普适性原则，分类框架更多体现特色性、针对性原则。“通用框架 + 分类框架”评价模式可有效规避指标单一、指数模糊与村镇多样性、发展多元化需求之间的矛盾。

通用框架目标维度包括人口可持续发展、经济可持续发展、生态可持续发展、社会可持续发展和文化可持续发展五个领域（见表 8 - 13）。每个领域由若干一级指标组成，一级指标下设若干二级指标，二级指标共 86 项。其中：人口可持续发展维度包含 3 项一级指标，11 项二级指标；经济可持续发展维度包含 7 项一级指标，16 项二级指标；生态可持续发展维度包含 4 项一级指标，27 项二级指标；社会可持续发展维度包含 6 项一级指标，22 项二级指标；文化可持续发展维度包含 4 项一级指标，10 项二级指标。二级指标属性分定量指标、定性指标，约束性指标、预期性指标与参考性指标等类，并注重动态指标与静态指标、阈值指标与区间指标的结合。指标的选择主要依据代表性、普遍性原则，避免同类评价的交叉重复。指标的评价标准参考联合国 UNCSD 指标体系、美国 PCSD 指标体系、国家可持续发展试验区规划参考指标、国家生态文明建设示范县（市）指标、国家生态文明建设示范村指标、国家级生态村（乡镇）创建指标、绿色低碳重点小城镇建设评价指标、浙江省《美丽乡村建设规范》量化指标、《美丽乡村建设指南》国家标准量化指标以及相关研究成果。

在具体实践运用中，根据数据的可获得性可对二级指标进行一定程度的修正，在此基础上确立二级指标在一级指标中的权重。在该通用框架下，一级指标保持稳定性，且假设一级指标在每一个目标维度中的比重均等，即一级指标之间并不产生相互交叉影响，二级指标的修正并不影响一级指标对目标维度的评价结果。最后，可持续发展指数以目标维度等级来表达，每一个目标维度分 ABCD 四个等级，不同维度之间不交叉。综合评价得分在 85 - 100 分的区间（含 85 分），进入 A 等级，视为强可持续性；在 70 - 85 分区间（含 70 分），属于 B 等级，视为较强可持续性；在 60 - 70 分区间（含 60 分），属于 C 等级，视为中度可持续性；低于 60 分，进入 D 等级，视为弱可持续性。如有必要，也可通过加注“ + ”“ - ”来对同一等级适度细分。例如，某个村镇可持续发展 GIF 评价结果为 $A^{+}$

AABB⁻，即表征为人口发展可持续性为 $A^+$ 等级，经济、生态发展可持续性为 A 等级，社会发展可持续性为 B 等级，文化发展可持续性为 $B^-$ 等级。显然，这种评价方法既结合了定量分析与定性分析的优势，也结合了区间评价与聚类分析的优势，具有较好的实用价值。

在人口可持续发展维度领域，一级指标包括人口数量、人口结构与人口质量。人口数量以 3 个二级指标来评价，即人口适宜增长、妇女生育率、劳动力人口变化。人口适宜增长以常住人口增长率来度量，包括村镇常住人口的自然增长率和机械增长率①。计算公式为：人口增长率 =（年末人口数 - 年初人口数）/年平均人口 ×1000‰。适度人口理论②的奠基者是英国经济学家 E. 坎南，但最初提出"适度人口"概念的瑞典经济学家 K. 维克塞尔认为，人口增长应与它的技术进步和经济发展相适应。尽管适度人口理论得到众多人口学家的赞成，但是对于适度人口定义与适度增长率的确立并没有公认的权威计算方法。考虑到东南沿海村镇对外来务工人口的吸纳性与城镇化进程推进村镇人口整体呈现下降趋势，这里我们用区间范围的方式进行计算，假设年度人口变化率超过 2%（阈值），则视为不可持续性③。即：人口变动率在 0 - 0.5% 以内视为合理区间 A（强

① 人口增长率包括人口自然增长率和人口机械增长率，但又不是两者的简单相加。人口机械增长率是指一年内人口因迁入和迁出因素的消长，导致人口增减的绝对数量与同期该年平均总人口数之比。人口机械增长率 =（本年迁入人口数 - 本年迁出人口数）÷年平均总人口数 ×1000（‰）。人口自然增长率，指在一定时期内（通常为一年）人口自然增加数（出生人数减死亡人数）与该时期内平均人数（或期中人数）之比。人口自然增长率 =（年内出生人数 - 年内死亡人数）/年平均人口数 ×1000‰ = 人口出生率 - 人口死亡率（人口出生率 = 年内出生人数/总人口；人口死亡率 = 年内死亡人数/总人口）。

② 最初确定"适度人口"概念的人是瑞典经济学家 K. 维克塞尔。他在《论适度人口》中认为，任何一个国家都应当有其适度的人口规模、合适的人口密度，绝不能使人口规模超过该国的农业资源及它所能提供食物的综合能力，一国的人口增长应与它的技术进步和经济发展相适应。他强调指出，一国最适度的人口应当是它的工农业潜力所许可的、最大生产率所能容纳的人口。美国人口学家 A. M. 桑德斯于 1922 年在《人口问题》中更具体地表述了"适度人口"，认为人口的适度规模是在既定的自然环境、已经采用的技术水平、民众的风俗习惯和其他各种有关因素发生作用的条件下，一国能够"提供按人均的最大收益"的人口数量；后又提出"适度的人口密度"，即在资源既定的条件下能使居民获得最高生活水平的人口密度。法国人口学家 A. 兰德里曾宣称，"适度人口"是"能保人种的最大幸福的人口"。此后，还有人提出"适度人口增长率"的概念，即相对于经济增长率而言对社会发展最有益的人口增长率。

③ 阈值区间设定为 0.5% - 2%，主要依据是近年来城镇化率年均提高约 1%，在综合考虑东南沿海地区村镇人口吸纳外来劳动力以及变动幅度适度放大、人口相对稳定需要的情况下，将合理区间设定为 0 - 0.5%，不可持续阈值设定为 2%。

可持续），在 0.5% －1.0% 则属区间 B，在 1.0% －1.5% 则属区间 C，在 1.5% －2.0% 则落入区间 D。妇女生育率指标以总和生育率来度量，在我国现有的全面二孩人口政策下设定 2 为最佳值。村镇劳动力人口的变化也作为人口数量的一个非约束性评价指标，主要是考虑东南沿海地区村镇产业发展对劳动力的需求。人口结构一级指标以老龄化、儿童留守率、男女比例、人口集中度、人口流动性等 5 个二级指标来描述。国际上通常把 60 岁以上的人口占总人口比例达到 10%，或 65 岁以上人口占总人口的比重达到 7% 作为国家或地区进入老龄化社会的标准，且我国 2015 年 65 岁及以上老人占比达到 10%，因此在考虑到东南沿海村镇外来人口较多的情况下，设定 7 为最佳值，每增长 2 个百分点降低一个等级，全国平均值 10% 正好落入中等可持续性区间。考虑到不同类型村镇留守儿童率[①]差距过大，因此我们以留守儿童变化率来度量该指标。根据统计，我国 2015 年男女人口性别比例为 105.02，出生人口性别比为 113.51，世界各国出生婴儿性别比在不受干扰的情况下一般在 102 －107 的范围内，因此设定 102 为最佳值，每增长 3 个百分点降低一个等级。人口集中度是推动村镇人口适度聚居、改善公共服务质量与效率的重要预期性指标。人口流动性作为参考性指标，可以体现东南沿海村镇外来与外出人口的流动变化情况。初等教育程度、中等教育程度、职业技能等 3 个二级指标作为村镇人口质量的反映，体现基础教育与职业教育的评价需要。

经济可持续发展维度由基础设施、经济增长、就业收入、经济效率、绿色生产、增长的包容性与财政能力等 7 个一级指标构成。基础设施通过村镇交通、农田设施、信息化 3 个二级指标来体现，村镇交通的指标描述与评价标准借鉴《美丽乡村建设指南》国家标准要求。农田灌溉与设施农业覆盖率作为预期性指标，按照水利部提出的 2020 年全国农田有效灌溉面积占比达到 60% 为目标[②]（《全国农业现代化规划（2016 －2020）》提出农田有效灌溉面积 10 亿亩目标，与此目标一致），设定为该指标的合理值。村镇家庭固定宽带入户率合理值主要是依据我国国民经济与社会发展

---

① 留守儿童是指外出务工连续 3 个月以上的农民托留在户籍所在地家乡，由父、母单方或其他亲属监护接受义务教育的适龄儿童少年。根据 2016 年新华社刊发民政部、教育部、公安部在全国范围内的排查数据，不满十六周岁的农村留守儿童数量为 902 万人，其中 90% 集中在中西部地区。留守儿童数量约占 2015 年中国 0 －16 岁人口的 3.5%。

② 全国农田灌溉面积 2020 年达 10 亿亩［N］. 京华时报，2015 －03 －23.

"十三五"目标以及当前的普及率①，2017 年我国固定宽带家庭用户普及率达到 72.5%，并兼顾东南沿海村镇情况而设定。经济增长通过经济繁荣、增长速度 2 个指标来度量，由于村镇经济发展水平的差异性较大，难以绝对值来衡量，这里分别以村镇人均 GDP 与所在县市平均水平之比以及增长速度来评价。非自愿失业率合理值设定为 2%，主要是考虑我国城镇调查失业率约 5% 并兼顾村镇非自愿失业率更低的情况。根据国家统计局公布 2017 年全国人均可支配收入名义增长率 9.0%、扣除价格因素后的实际增长率 7.3% 的实际情况，东南沿海村镇人均可支配收入增长率（名义）合理值设定为 9%（即发达地区农村居民收入增长不低于全国城乡居民平均水平）。经济效率指标的评价依靠组织化率与技术能力两个 2 级指标来度量，农户加入合作社占比的合理值设定为 60%（据公开数据②，2015 年底全国农户入社比例达到 42%）。农作物耕种收综合机械化率（%）参考《全国农业现代化规划（2016－2020）》提出的预期性指标设定同样的合理值。对绿色生产的评价通过绿色产业与绿色企业 2 个二级指标来反映。村镇绿色产业主要是通过无公害、绿色、有机农产品种植面积的占比来度量，绿色企业是通过排放不达标企业产值占比来度量（可消除企业个体经营规模的差异），阈值与合理区间的设定主要依据国家级生态村镇创建标准与浙江省美丽乡村创建规范。增长的包容性主要是通过城乡收入差距、村镇居民收入差距、脱贫减贫 3 个二级指标来评价。根据国家统计局 2017 年公布的数据，2016 年全国居民人均可支配收入基尼系数③为 0.465、城乡居民人均可支配收入之比值为 2.72，考虑到东南沿海地区城乡收入差距（浙江省 2016 年城乡收入比值 2.06）及变化率，设定城乡居民可支配收入比值合理值为 2.0、基尼系数为 0.35。贫困人口占比最佳阈值设定为 0，即达到彻底消灭贫困的目标。此外，通过公共财政收支与

---

① 《中华人民共和国国民经济和社会发展第十三个五年规划纲要》将固定宽带家庭普及率和移动宽带用户普及率作为"十三五"时期我国经济社会发展主要指标之一，制定了到 2020 年末分别达到 70% 和 85% 的目标。

② 据《农民日报》2016 年 3 月 21 日消息：全国农民合作社发展部际联席会议召开了第四次全体会议，该会议透露，到 2015 年 12 月底，全国登记注册的农民合作社达 153.1 万家，比上年底增长 18.8%，实际入社农户 10090 万户，约占农户总数的 42%，较上年提高 6.5 个百分点。

③ 按照联合国开发计划署规定：基尼系数若低于 0.2 表示收入绝对平均；0.2－0.29 表示比较平均；0.3－0.39 表示相对合理；0.4－0.49 表示收入差距较大；0.5 以上表示收入差距悬殊。基尼系数通常设定为 0.4 作为收入差距的警戒线。

集体经济状况作为评价村镇财政能力的两个二级指标，村镇负债（应偿还负债）[①] 占财政收入比重合理值设定为 30%。

生态可持续发展维度通过生态空间优化、资源节约利用、生产环境质量、人居环境改善 4 个一级指标来评价。其中：生态空间优化是由村镇空间规划、耕地红线、生态保护红线、村镇绿化 4 个二级指标构成，耕地红线、生态保护红线、空间规划均实行一票否决，村镇绿化为预期性指标。资源节约利用是通过农业废弃物综合利用、水资源利用、能源利用、工业废物利用、自然资源存量、住房使用 6 个二级指标进行评价，农业废弃物综合利用、清洁能源普及率的合理值设定依据《国家级生态村创建标准》，工业固体废物处置利用率合理值设定依据《浙江省美丽乡村建设规范》，自然资源存量的变化率依据联合国新发布的《2030 年可持续发展议程》以及美国 PCSD 可持续发指标体系，住房空置率指标主要是考虑到乡村人口外出以及城镇化的推进导致住房闲置、资源浪费的情况。生产环境一级指标有农药使用、化肥使用、农膜使用回收、土壤质量、水土流失、工业污染 6 个二级指标构成。农膜使用回收率合理值设定依据《浙江省美丽乡村建设规范》与《全国农业现代化规划（2016 - 2020）》提出的目标，农药用量与化肥用量合理值按照减量化的要求设定。土壤（重金属、农药等）污染面积占比合理区间的设定主要依据全国土壤污染状况调查数据[②]。水土流失面积合理值取全国平均水平（全国水土流失面积 295 万平方公里，约占国土总面积的 30%）的 1/3。工业污染物排放达标率区间设定参照《国家级生态村创建标准》指标。人居环境的评价由地表水质、饮用水安全、空气质量、噪声污染、污水处理、污水排放、卫厕普及、垃圾存放、垃圾处理、排污管理、灾害事件等 11 个二级指标构成。地表水质

① 据 2017 年 2 月 28 日每日财经网报道：2017 年国家审计署报告显示，全国有 3465 个乡镇政府负有偿还责任债务的债务率高于 100%。

② 据 2014 年 4 月《环境保护部和国土资源部发布全国土壤污染状况调查公报》，调查结果显示：全国土壤总的点位超标率为 16.1%，其中轻微、轻度、中度和重度污染点位比例分别为 11.2%、2.3%、1.5% 和 1.1%。从土地利用类型看，耕地、林地、草地土壤点位超标率分别为 19.4%、10.0%、10.4%。从污染类型看，以无机型为主，有机型次之，复合型污染比重较小，无机污染物超标点位数占全部超标点位的 82.8%。从污染物超标情况看，镉、汞、砷、铜、铅、铬、锌、镍 8 种无机污染物点位超标率分别为 7.0%、1.6%、2.7%、2.1%、1.5%、1.1%、0.9%、4.8%；六六六、滴滴涕、多环芳烃 3 类有机污染物点位超标率分别为 0.5%、1.9%、1.4%。

的设定要求是满足监测点劣Ⅴ类水质基本消除目标。饮用水安全指标的描述与评价标准依据《国家生态文明建设示范村指标》设定。空气污染指数[①]（AQI100）是指空气质量级别为Ⅱ级，空气质量状况属于良，空气质量被认为是可以接受的，除极少数对某种污染物特别敏感的人以外，对公众健康没有危害。考虑到东南沿海主要城市如上海优良天数（2016年AQI100为276天），设定东南沿海村镇AQI优良天数330天为合理值（即天数90%以内）。村镇噪声污染评价是指除城市规划区以外的村庄与集镇居民聚居点噪声平均值（dB（A））符合国家标准要求[②]，根据0-4类声环境等级确定不同区间。《浙江省美丽乡村建设规范》提出生活污水处理率或综合利用率为80%、农家乐经营污水处理率为75%以上，《美丽乡村建设指南》国家标准提出生活污水处理农户覆盖率为70%，这里指标取均值75%作为生活污水处理管网（站点）覆盖村镇家庭（含餐饮工商户）比例的合理值。村镇卫生厕所普及率、生活垃圾无害化处理率的合理值取美丽乡村国家标准（80%）和浙江省美丽乡村建设规范（90%）的均值。垃圾分类存放比例指标评价标准依据《国家生态文明建设示范村指标》。固定源排污许可证覆盖率指标评价标准依据《国家生态文明建设示范县（市）指标》要求。

社会可持续发展维度评价由医疗保障、养老保障、基础教育、社区服务、社会治理、公众满意度等6个一级指标构成。医疗保障的评价包含医

① 空气污染指数是将常规监测的几种空气污染物浓度简化成为单一的概念性指数值形式，并分级表征空气污染程度和空气质量状况，适合于表示城市的短期空气质量状况和变化趋势。空气污染的污染物有：烟尘、总悬浮颗粒物、可吸入悬浮颗粒物（浮尘）、二氧化氮、二氧化硫、一氧化碳、臭氧、挥发性有机化合物等。2012年开始，用空气质量指数（AQI）替代原有的空气污染指数（API）。《环境空气质量指数（AQI）技术规定（试行）》（HJ 633—2012）规定：空气污染指数划分为0-50、51-100、101-150、151-200、201-300和大于300六档，对应于空气质量的六个级别，指数越大，级别越高，说明污染越严重，对人体健康的影响也越明显。

② 《环境质量噪声标准》（GB3096-2008）规定，声环境功能区分为以下五种类型：0类声环境功能区：指康复疗养区等特别需要安静的区域。1类声环境功能区：指以居民住宅、医疗卫生、文化教育、科研设计、行政办公为主要功能，需要保持安静的区域。2类声环境功能区：指以商业金融、集市贸易为主要功能，或者居住、商业、工业混杂，需要维护住宅安静的区域。3类声环境功能区：指以工业生产、仓储物流为主要功能，需要防止工业噪声对周围环境产生严重影响的区域。4类声环境功能区：指交通干线两侧一定距离之内，需要防止交通噪声对周围环境产生严重影响的区域，包括4a类和4b类两种类型。4a类为高速公路、一级公路、二级公路、城市快速路、城市主干路、城市次干路、城市轨道交通（地面段）、内河航道两侧区域；4b类为铁路干线两侧区域。2类声环境功能区昼间、夜间dB（A）限值分别为60和50。

疗保险、医疗服务、婴幼儿健康3个二级指标。养老保障包括养老补贴、五保供养、预期寿命3个二级指标。基础教育包括学前教育、义务教育2个二级指标。社区服务包括社区服务范围、社区服务能力2个二级指标。社会治理包括基层党组织建设、干部建设、党员队伍、村委会建设、村民自治、村务公开、法治建设、治安管理、危房状况、生态安葬、德治水平等11个二级指标。常住人口基本医疗保险覆盖率、常住人口基本养老保险覆盖率指标评价标准参考《江苏省新型城镇化与城乡发展一体化规划(2014－2020)》指标。学前三年毛入园率、九年义务教育目标人群覆盖率的合理值设定依据来自《浙江省美丽乡村建设规范》。五保供养目标人群覆盖率的合理值设置依据来自《美丽乡村建设指南》国家标准。参与村规民约实施的农户比例的合理值依据《国家生态文明建设示范村指标》设定。在社区服务能力上，以财政经费占社区服务支出比例作为评价指标。党组织建设、干部队伍、党员队伍、村委会建设等指标描述和评价标准根据相关规定以及我国农村基层党员情况[①]设置。治安管理指标量化标准值参考《浙江省美丽乡村建设规范》。村务公开制度执行率量化标准值参考《国际生态文明建设示范村指标》。节地生态安葬率评价标准是把2016年民政部等9部门发布的《关于推行节地生态安葬的指导意见》和2018年民政部等16部门《关于进一步推动殡葬改革促进殡葬事业发展的指导意见》提出到2020年节地生态安葬率50%的目标基础上设定，即50%作为阈值下限。

文化可持续发展维度的评价由村民美德、文化保护、文化活动与村容镇貌4个一级指标构成。村民美德由家庭和谐、邻里关系、村民自律3个二级指标组成，文化保护由农耕文化、历史文化2个二级指标构成，文化活动由公共文体设施、文体设施利用2个二级指标构成，村容镇貌由建筑风貌、村庄美化、整洁管理3个二级指标构成。离婚率[②]以民政部公布的2014－2016我国离婚率平均值2.8‰作为既定事实上的合理值。民事纠纷

① 截至2016年年底，中国共产党党员总数为8779.3万名。其中：工人734.2万名，农牧渔民2593.7万名，企事业单位、民办非企业单位专业技术人员1253.2万名，企事业单位、民办非企业单位管理人员901.6万名，党政机关工作人员739.7万名，学生224.7万名，其他职业人员710.5万名，离退休人员1621.6万名。

② 这里指粗离婚率（Crude Divorce Rate），是指年度离婚数与总人口之比，通常以千分率表示。

发生率（件/千人）是评价邻里关系的二级指标，其合理值的设置主要依据是全国民事案件的均值[①]（2015 年约为 7），考虑到乡村民事案件相对低于城市，因而设置 5 为合理值。私搭乱建（违规种养）家庭发生率作为评价村民自律行为的二级指标，理想状态下私搭乱建（违规种养）彻底消除，每提高 2 个百分点认定为下降一个等级。传统农耕工具、物品、节日、技艺等文化展示、体验与保护率理想值设定为 80，每下降 5 个百分点降低一个等级，即确保大部分的传统农耕文化都能得到传承。纳入村镇保护目录的历史文化与民间文化资源比例理想值设定为 90。公共文化场所及设施配置数量难以标准化，需要根据村镇人口数量、居住集中度来合理设置，故作为参考指标。建筑风貌以风貌与地域自然环境特色相协调的村镇建筑比例指标来度量，理想值为 90，每下降 5 个百分点降低一个等级。园艺绿化的家庭占比作为村庄美化的评价指标。保洁、店铺、广告、停车、杂物堆放等符合管理要求比例作为村庄整洁管理的评价指标。村容镇貌类指标的选取参考了《绿色低碳重点小城镇建设评价指标体系》与《传统村落评价认定指标体系》（见表 8－13）。

表 8－13　村镇可持续发展评价指标体系——通用框架

| 目标维度 | 一级指标 | 序号 | 二级指标名称 | 二级指标描述 | 评价标准 | 指标属性 |
|---|---|---|---|---|---|---|
| 人口可持续发展 | 人口数量（PA） | PA01 | 人口适宜增长 | 常住人口增长率（‰） | 合理区间范围界定为［－5‰，5‰］；每扩大 5 个千分点，降低一个等级 | 约束性 |
| | | PA02 | 妇女生育率 | 妇女总和生育率（%） | 最佳值界定为 2%，每下降 0.1 个百分点则降低一个等级 | 约束性 |
| | | PA03 | 劳动力人口变化 | 劳动力占比变动（%） | 变动范围合理值界定为 2%，每增长或下降 1 个百分点则降低一个等级 | 参考性 |
| | 人口结构（PS） | PS04 | 老龄化 | 常住人口 65 岁以上老年人占比（%） | 最佳值设定为 7%，每增长 2 个百分点则降低一个等级 | 约束性 |
| | | PS05 | 儿童留守 | 留守 3 个月以上的儿童数量变化率（%） | 最佳值设定为 2%，每增长 1 个百分点则降低一个等级 | 约束性 |

① 据最高人民法院 2016 年 3 月 18 日公布的数据，2015 年全国法院新收案件近 1800 万件。其中：民商事一审案件 10097804 件。即每 1000 人民商事安全发生率为 7.3。

续表

| 目标维度 | 一级指标 | 序号 | 二级指标名称 | 二级指标描述 | 评价标准 | 指标属性 |
|---|---|---|---|---|---|---|
| 人口可持续发展 | 人口结构（PS） | PS06 | 男女比例 | 常住人口男性与女性数量比例（以女性为100） | 最佳值设定为 102，每增长 3 则降低一个等级 | 约束性 |
| | | PS07 | 人口集中度 | 村镇聚居人口占比（%） | 集中于中心村与集镇人口占比合理值设定为 80%，每下降 5 个百分点降低一个等级 | 预期性 |
| | | PS08 | 人口流动性 | 外来与外出人口占常住人口比（%） | 合理值设定为 20%，每超过 5 个百分点降低一个等级 | 参考性 |
| | 人口质量（PQ） | PQ9 | 初等教育程度 | 初中毕业以上人口占比（%） | 合理值设定为 80%，每下降 10 个百分点降低一个等级 | 约束性 |
| | | PQ10 | 中等教育程度 | 高中毕业以上人口占比（%） | 合理值设定为 50%，每下降 10 个百分点降低一个等级 | 参考性 |
| | | PQ11 | 职业技能 | 职业农民与技工人口占劳动力比重（%） | 合理值设定为 50%，每下降 10 个百分点降低一个等级 | 预期性 |
| 经济可持续发展 | 基础设施（IC） | IC12 | 村镇交通 | 村镇公路路面硬化率（%） | 合理值设定为 100%，每下降 5 个百分点降低一个等级 | 约束性 |
| | | IC13 | 农田设施 | 灌溉与设施农业覆盖率（%） | 合理值设定为 60%，每下降 10 个百分点降低一个等级 | 预期性 |
| | | IC14 | 信息化 | 村镇家庭固定宽带入户率（%） | 合理值设定为 70%，每下降 10 个百分点降低一个等级 | 预期性 |
| | 经济增长（EG） | EG15 | 经济繁荣 | 村镇人均 GDP 与所在县市人均 GDP 之比 | 合理值设定为不低于所在县市水平，每低于 10 个百分点降低一个等级 | 约束性 |
| | | EG16 | 增长速度 | 人均 GDP 增长率（%） | 合理值设定为 6.5%，每下降 0.5 个百分点降低一个等级 | 约束性 |
| | 就业收入（EI） | EI17 | 就业水平 | 非自愿失业率（%） | 合理值设定为 2%，每高于 2 个百分点降低一个等级 | 约束性 |

续表

| 目标维度 | 一级指标 | 序号 | 二级指标名称 | 二级指标描述 | 评价标准 | 指标属性 |
|---|---|---|---|---|---|---|
| 经济可持续发展 | 就业收入（EI） | EI18 | 收入水平 | 人均可支配收入增长率（%） | 合理值设定为9%，每下降0.5个百分点降低一个等级 | 约束性 |
| | 经济效率（EE） | EE19 | 组织化率 | 农户加入合作社占比（%） | 合理值设定为60%，每下降5个百分点降低一个等级 | 约束性 |
| | | EE20 | 技术能力 | 农作物耕种收综合机械化率（%） | 合理值设定为70%，每下降5个百分点降低一个等级 | 约束性 |
| | 绿色生产（GE） | GE21 | 绿色产业 | 无公害、绿色、有机农产品种植面积占比（%） | 合理值设定为70%，每下降5个百分点降低一个等级 | 约束性 |
| | | GE22 | 绿色企业 | 排放不达标企业产值占比（%） | 最佳阈值设定为0，每提高1个百分点降低一个等级 | 约束性 |
| | 增长的包容性（GI） | GI23 | 城乡收入差距 | 城乡居民可支配收入比 | 合理值设定为2，每提高0.3降低一个等级 | 约束性 |
| | | GI24 | 村镇居民收入差距 | 基尼系数 | 合理值设定为35%以内，每提高5个百分点降低一个等级 | 约束性 |
| | | GI25 | 脱贫减贫 | 贫困人口占比（%） | 最佳阈值设定为0，每提高1个百分点降低一个等级 | 约束性 |
| | 财政能力（FA） | FA26 | 公共收支 | 村镇负债占财政收入比重（%） | 合理值设定为30%，每提高10个百分点降低一个等级 | 约束性 |
| | | FA27 | 集体经济 | 村镇集体经济收入增长率（%） | 合理值设定为不低于本村镇GDP增长率。每低于1个百分点降低一个等级 | 参考性 |
| 生态可持续发展 | 生态空间优化（ES） | ES28 | 村镇规划 | 空间规划制定与执行率（%） | 执行率合理值设定为90%，每低于5个百分点降低一个等级。未制定村镇空间规划或未把生态空间规划纳入村镇规划范畴，则一票否决 | 约束性 |

续表

| 目标维度 | 一级指标 | 序号 | 二级指标名称 | 二级指标描述 | 评价标准 | 指标属性 |
|---|---|---|---|---|---|---|
| 生态可持续发展 | 生态空间优化（ES） | ES29 | 耕地红线 | 是否划定与执行 | 执行率合理值设定为 100%，每低于 5 个百分点降低一个等级。未划定耕地红线，则一票否决 | 约束性 |
| | | ES30 | 生态保护红线 | 是否划定与执行 | 执行率合理值设定为 100%，每低于 5 个百分点降低一个等级。为划定生态保护红线，则一票否决 | 约束性 |
| | | ES31 | 村镇绿化 | 主要道路与河岸宜绿化区绿化覆盖率（%） | 最佳阈值设定为 95%，每低于 5 个百分点降低一个等级 | 预期性 |
| | 资源节约利用（RU） | RU32 | 农业废弃物综合利用 | 秸秆与畜禽粪便综合利用率（%） | 合理值设定为 90%，每低于 5 个百分点降低一个等级 | 约束性 |
| | | RU33 | 水资源利用 | 用水计划定额管理执行率（%） | 非居民与居民用水实行定额计划管理执行率合理值设定为 70%，每低于 10 个点降低一个等级 | 约束性 |
| | | RU34 | 能源利用 | 清洁能源普及率（%） | 合理值设定为 90%，每低于 5 个百分点降低一个等级 | 约束性 |
| | | RU35 | 工业废物利用 | 工业固体废物处置利用率（%） | 合理值设定为 95%，每低于 5 个百分点降低一个等级 | 约束性 |
| | | RU36 | 自然资源保护 | 自然资源存量变化率（%） | 理想值设定为 100%，每低于 2 个百分点降低一个等级 | 约束性 |
| | | RU37 | 住房使用 | 住房空置率（%） | 合理值设定为 20%，每高于 10 个百分点降低一个等级 | 参考性 |
| | 生产环境质量（PE） | PE38 | 农药使用 | 农药用量增长率（%） | 合理阈值设定为 0，每增长 2 个百分点降低一个等级 | 约束性 |
| | | PE39 | 化肥使用 | 化肥用量增长率（%） | 合理阈值设定为 0，每增长 2 个百分点降低一个等级 | 约束性 |

续表

| 目标维度 | 一级指标 | 序号 | 二级指标名称 | 二级指标描述 | 评价标准 | 指标属性 |
|---|---|---|---|---|---|---|
| 生态可持续发展 | 生产环境质量（PE） | PE40 | 农膜使用回收 | 农膜使用回收率（%） | 合理值设定为80%，每低于5个百分点下降一个等级 | 约束性 |
| | | PE41 | 土壤质量 | 土壤（重金属、农药等）污染面积占比（%） | 合理值设定为10%，每增长5个百分点下降一个等级 | 约束性 |
| | | PE42 | 水土流失 | 水土流失面积占比（%） | 合理值设定为10%，每增长5个百分点下降一个等级 | 约束性 |
| | | PE43 | 工业污染 | 工业主要污染物（化学需氧量、二氧化硫等）排放达标率（%） | 最佳阈值设定为100%，每增长5个百分点下降一个等级 | 约束性 |
| | 人居环境改善（LE） | LE44 | 地表水质 | 水质达到或优于Ⅳ类比例（%） | 合理值设定为90%，每低于5个百分点下降一个等级 | 约束性 |
| | | LE45 | 饮用水安全 | 村镇集中式饮用水水源地水质达标率（%） | 最佳阈值设定为100%，每低于5个百分点下降一个等级 | 约束性 |
| | | LE46 | 空气质量 | 空气污染指数（AQI100）（天数） | 年AQI小于或等于100的天数合理值设定为330天，每低于30天下降一个等级 | 约束性 |
| | | LE47 | 噪声污染 | 村镇人口居住区噪声平均值（dB（A）） | 达0－1类声环境为A等级，1－2类为B等级，2－3类为C等级、3－4类为D等级 | 约束性 |
| | | LE48 | 污水处理 | 生活污水处理管网（站点）覆盖村镇家庭（含餐饮工商户）比例（%） | 合理值设定为75%，每低于5个百分点下降一个等级 | 约束性 |
| | | LE49 | 污水排放 | 污水处理排放达标率（%） | 理想阈值取100%，每低于5个百分点下降一个等级 | 约束性 |
| | | LE50 | 卫厕普及 | 村镇卫生厕所普及率（%） | 至少拥有一间卫生厕所的家庭比例合理值为85%，每低于5个百分点下降一个等级 | 约束性 |

续表

| 目标维度 | 一级指标 | 序号 | 二级指标名称 | 二级指标描述 | 评价标准 | 指标属性 |
|---|---|---|---|---|---|---|
| 生态可持续发展 | 人居环境改善（LE） | LE51 | 垃圾存放 | 垃圾分类存放比例（%） | 合理值取 80%，每低于 5 个百分点下降一个等级 | 预期性 |
| | | LE52 | 垃圾处理 | 生活垃圾无害化处理率（%） | 合理值取 85%，每低于 5 个百分点下降一个等级 | 约束性 |
| | | LE53 | 排污管理 | 固定源排污许可证覆盖率（%） | 理想阈值取 100%，每低于 5 个百分点下降一个等级 | 约束性 |
| | | LE54 | 灾害事件 | 重特大突发环境事件与自然灾害发生率 | 合理值取未发生，发生一起下降一个等级。如发生重大灾害事件，则降为 D 级 | 约束性 |
| 社会可持续发展 | 医疗保障（MT） | MT55 | 医疗保险 | 常住人口基本医疗保险覆盖率（%） | 合理值设定为 98%，每低于 2 个百分点下降一个等级 | 约束性 |
| | | MT56 | 医疗服务 | 村镇达标医院及社区服务点数量（个/村） | 理想值为 1，每低于 0.2 下降一个等级 | 约束性 |
| | | MT57 | 婴幼儿健康 | 婴幼儿传染病免疫率（%） | 理想阈值为 100%，每低于 5 个百分点下降一个等级 | 约束性 |
| | 养老保障（OS） | OS58 | 养老补贴 | 常住人口基本养老保险覆盖率（%） | 合理值设定为 98%，每低于 2 个百分点下降一个等级 | 约束性 |
| | | OS59 | 五保供养 | 五保供养目标人群覆盖率（%） | 理想阈值为 100%，每低于 5 个百分点下降一个等级 | 约束性 |
| | | OS60 | 预期寿命 | 村镇居民预期寿命与所在县（市）平均水平之差 | 理想阈值为 100，平均每低一岁下降一个等级 | 参考性 |
| | 基础教育（BE） | BE61 | 学前教育 | 学前三年毛入园率（%） | 合理值设定为 95%，每低于 5 个百分点下降一个等级 | 约束性 |
| | | BE62 | 义务教育 | 九年义务教育目标人群（含农民工随迁子女）覆盖率（%） | 合理值设定为 100%，每低于 2 个百分点下降一个等级 | 约束性 |

续表

| 目标维度 | 一级指标 | 序号 | 二级指标名称 | 二级指标描述 | 评价标准 | 指标属性 |
|---|---|---|---|---|---|---|
| 社会可持续发展 | 社区服务（DS） | DS63 | 社区服务范围 | 社区服务（综合服务平台）覆盖人口占比（%） | 合理值设定为95%，每低于5个百分点下降一个等级 | 预期性 |
| | | DS64 | 社区服务能力 | 财政经费占社区支出比例（%） | 合理值设定为90%，每低于5个百分点下降一个等级 | 约束性 |
| | 社会治理（DG） | DG65 | 基层党组织建设 | 村支书获村民支持率（%） | 合理值设定为80%，每低于5个百分点下降一个等级 | 约束性 |
| | | DG66 | 干部建设 | 第一书记、驻村干部配置到位率（%） | 理想阈值为100%，每低于5个百分点下降一个等级 | 约束性 |
| | | DG67 | 党员队伍 | 村镇（社区）党员占比（%） | 合理值为10%，每低于2个百分点下降一个等级 | 参考性 |
| | | DG68 | 村委会建设 | 村民会议、村民代表会议、村民议事会、村民理事会、村民监事会是否正常运行 | 按期选举、会议召开等执行比例理想值设定为100%，每低于5个百分点下降一个等级 | 约束性 |
| | | DG69 | 村民自治 | 村镇事务村民参与度（%） | 合理值为85%，每低于5个百分点下降一个等级 | 约束性 |
| | | DG70 | 村务公开 | 村务公开制度执行率（%） | 理想值设定为100%，每低于5个百分点下降一个等级 | 约束性 |
| | | DG71 | 法治建设 | 村镇领导干部参与法治培训比例（%） | 合理值设定为80%，每低于5个百分点下降一个等级 | 约束性 |
| | | DG72 | 治安管理 | 黄赌毒及刑事案件发生率（%） | 合理值设定为0.3%，每高出0.2个百分点下降一个等级 | 约束性 |
| | | DG73 | 危房状况 | 居住区危房比例（%） | 合理值设定为10%，每高出2个百分点下降一个等级 | 约束性 |
| | | DG74 | 生态安葬 | 节地生态安葬率（%） | 合理值设定为70%，每低于5个百分点下降一个等级 | 约束性 |

续表

| 目标维度 | 一级指标 | 序号 | 二级指标名称 | 二级指标描述 | 评价标准 | 指标属性 |
|---|---|---|---|---|---|---|
| 社会可持续发展 | 社会治理（DG） | DS75 | 德治水平 | 参与村规民约实施的农户比例（%） | 合理值为 95%，每下降 5 个百分点降低一个等级 | 约束性 |
| | 公众满意度（DS） | DS76 | 常住居民满意度 | 常住居民对环境与生活质量的满意度 | 合理值为 95%，每下降 5 个百分点降低一个等级 | 约束性 |
| 文化可持续发展 | 村民美德（RV） | RV77 | 家庭和谐 | 离婚率（‰） | 合理值 2.8%，每提高 0.1 个千分点降低一个等级 | 参考性 |
| | | RV78 | 邻里关系 | 民事纠纷发生率（件/千人） | 合理值为 5，每提高 2 件降低一个等级 | 参考性 |
| | | RV79 | 村民自律 | 私搭乱建（违规种养）家庭发生率（%） | 理想值为 0，每提高 2 个百分点降低一个等级 | 约束性 |
| | 文化保护（CP） | CP80 | 农耕文化 | 农耕文化保护水平（%） | 传统农耕工具、物品、节日、技艺等文化展示、体验与保护率理想值为 80%，每下降 5 个百分点降低一个等级 | 参考性 |
| | | CP81 | 历史文化 | 纳入村镇保护目录的历史文化与民间文化资源比例（%） | 理想值为 90%，每下降 5 个百分点降低一个等级 | 预期性 |
| | 文化活动（CA） | CA82 | 公共文体设施 | 公共文化场所及设施配置数量（个） | 文化活动中心、图书馆、体育场所、影剧院等公共设施合理值 4 个以上，每低于 1 个降低一个等级 | 参考性 |
| | | CA83 | 文体设施利用 | 文体设施利用率（%） | 合理值为 85%，每下降 5 个百分点降低一个等级 | 参考性 |
| | 村容镇貌（VA） | VA84 | 建筑风貌 | 风貌与地域自然环境特色相协调的村镇建筑比例（%） | 理想值为 90%，每下降 5 个百分点降低一个等级 | 参考性 |
| | | VA85 | 村庄美化 | 园艺绿化的家庭占比（%） | 合理值为 85%，每下降 5 个百分点降低一个等级 | 参考性 |
| | | VA86 | 整洁管理 | 保洁、店铺、广告、停车、杂物堆放等符合管理要求比例（%） | 理想值为 100%，每下降 5 个百分点降低一个等级 | 约束性 |

指标说明：1. 每二级指标满分 10 分，一级指标根据二级指标数量均衡分配权重，等级每下降一级，则得分下降 2－3 分；2. 对于个别阈值指标，实行“一票否决”制，即该二级指标低于或高于可持续发展的阈值，则该二级指标以 0 分计算。

### 8.4.2 分类框架（CIF）

依据东南沿海村镇类型特点，我们将其分为生态宜居型、古村古镇型、文旅开发型、创新发展型等四类，分别建立村镇可持续发展评价分类框架（CIF）。分类框架指标尽量突出本类村镇发展可持续性需求，不与通用框架重复。分类框架可与通用框架一起对村镇发展的可持续性进行评价，也可单独评价。需要说明的是，村镇的类型并非唯一和不可兼容，同一村镇可能兼具2个以上的不同类型村镇特点。

（1）生态宜居型

主要突出生态经济、生活宜居的特点，如美丽乡村、生态村、绿色节能小镇、生态文明村镇、美丽宜居村镇等都可以归于生态宜居型。该类村镇通过生态环境、生态经济、生态生活三个可持续维度来评价。生态环境的评价指标包括水生态环境、林草绿化，生态经济评价指标包括生态产业、生态企业两个指标，生态生活评价指标包括绿色出行与绿色生活两个指标。绿色出行是指清洁能源交通工具占比（含公共交通、集卡车与私家车、自行车、电动车等）。指标评价标准主要参考《国家生态文明建设示范县（市、村）指标》要求，详见表8-14。

**表8-14 村镇可持续发展评价指标体系——分类框架（生态宜居类）**

| 可持续维度 | 序号 | 评价指标 | 指标描述 | 评价标准 |
|---|---|---|---|---|
| 生态环境 | EC01 | 水生态环境 | 水质达到或优于Ⅲ类比例（%） | 合理值85%（国家生态文明建设示范县指标），每下降2个百分点降低一个等级 |
| | EC02 | 林草绿化 | 林草覆盖率（%） | 合理值50%（国家生态文明建设示范村丘陵区指标），每下降2个百分点降低一个等级 |
| 生态经济 | EC03 | 生态产业 | 主要农产品中有机、绿色食品种植面积的比重（%） | 合理值60%（国家生态文明建设示范村指标），每下降2个百分点降低一个等级 |
| | EC04 | 生态企业 | 应当实施强制性清洁生产企业通过审核的比例（%） | 理想值100%（国家生态文明建设示范市指标），每下降2个百分点降低一个等级 |
| 生态生活 | EC05 | 绿色出行 | 清洁能源交通工具占比（%） | 合理值50%（国家生态文明建设示范县指标），每下降2个百分点降低一个等级 |
| | EC06 | 绿色生活 | 节能、节水器具普及率（%） | 合理值50%（国家生态文明建设示范县指标），每下降2个百分点降低一个等级 |

（2）古村古镇型

主要突出传统文化、名镇名村等特点，历史文化名镇名村、传统村落等均属于该类。古村古镇型可持续发展的评价维度包括文化保护、文化利用与管理机制三个领域。文化保护评价指标强调文化的完整性、依存性，文化利用评价强调传承性、协调性指标，管理机制强调有效性与可行性指标。指标的评价标准参考了《传统村落评价指标体系（试行）》与《传统村落警示和退出暂行规定（试行）》，在此基础上进行量化处理，见表 8－15。

**表 8－15　村镇可持续发展评价指标体系——分类框架（古村古镇类）**

| 可持续维度 | 序号 | 评价指标 | 指标描述 | 评价标准 |
|---|---|---|---|---|
| 文化保护 | HC01 | 完整性 | 村落传统格局保存程度（%） | 《传统村落评价指标体系（试行）》要求分布连片、活态保存、细节与风貌完好。理想值设定为 90%，每下降 5 个百分点则降低一级 |
| | HC02 | 依存性 | 非物质文化遗产保护以及与村镇发展的关系 | 《传统村落评价指标体系（试行）》要求遗产相关生产材料、加工、活动及其空间、组织管理、工艺传承等内容与村落特定物质环境紧密相关，不可分离。理想值为 0.9，每下降 0.1 则降低一级 |
| 文化利用 | HC03 | 传承性 | 应用传统技艺及材料比例（%） | 《传统村落评价指标体系（试行）》要求活态传承、村民参与、时间延续，且大量应用传统技艺与材料。理想值设定为 90%，每下降 5 个百分点则降低一级 |
| | HC04 | 协调性 | 旅游开发等对村镇居民生活带来影响程度（迁出人口点比，%） | 《传统村落警示和退出暂行规定（试行）》提出，整村撤并的或整体迁出原住民后搞旅游景区景点整体经营开发的予以退出。合理值设定为 50%，每提高 5 个百分点则降低一级 |
| 管理机制 | HC05 | 有效性 | 专业管理机构、保护制度、规划建立与执行情况（%） | 《传统村落评价指标体系（试行）》、《传统村落警示和退出暂行规定（试行）》要求规划或立法保护、专业机构管理。合理值设定为 90%，每下降 5 个百分点则降低一级 |
| | HC06 | 可行性 | 管理支出费用占文化开发收入的比重（%） | 合理值设定为 10%，每降低 2 个百分点则降低一级 |

(3) 文旅开发型

主要突出文化旅游产业开发特点，如重点发展旅游产业、休闲服务业为主的文化小镇、旅游小镇、美丽休闲乡村等属于该类，开发程度较高的部门历史文化名镇名村也属于该类型。文旅开发类村镇可持续发展分类框架评价维度包括文旅资源利用、文旅产业发展、文旅环境管理三个领域，评价指标体系由文旅资源利用适宜度、文旅资源开发承载力、文旅产业投资收益、文旅产业收入变化、服务质量、导游管理等6个指标构成，详见表8－16。评价标准的量化吸纳了课题组成员和外聘专家的意见。

**表8－16 村镇可持续发展评价指标体系——分类框架（文旅开发类）**

| 可持续维度 | 序号 | 评价指标 | 指标描述 | 评价标准 |
| --- | --- | --- | --- | --- |
| 文旅资源利用 | CJ01 | 文旅资源利用适宜度 | 游客实际接待量与适宜量之比（%） | 理想值设定为100%，每增减10个百分点，则降低一级。本指标可以餐饮容纳人数与实际就餐人数的比例来替代 |
| | CJ02 | 文旅资源开发承载力 | 游客数量增长与客房数量增长比 | 理想值设定为1，每增减0.1，则降低一级 |
| 文旅产业发展 | CJ03 | 文旅产业投资收益 | 文旅产业近3年投资收益率（%） | 合理值设定为15%，每下降5个百分点则降低一级 |
| | CJ04 | 文旅产业收入变化 | 文旅产业收入增长率（%） | 合理值设定为10%，每下降5个百分点则降低一级 |
| 文旅环境管理 | CJ05 | 服务质量 | 游客投诉人次增长率（%） | 合理值设定为0，每增长5个百分点则降低一级 |
| | CJ06 | 导游管理 | 导游拥有资格证的比例（%） | 合理值设定为100%，每增长5个百分点则降低一级 |

(4) 创新发展类

主要突出创新创业、特色发展、综合管理的特点，特色小镇、新农村、城乡结合区村镇、一村一品示范村镇、综合整治村镇、田园综合体以及集体经济带动、产业园区示范、全域规划发展、新兴产业创新创业集聚发展等类村镇。创新发展类村镇可持续发展分类框架评价维度包括特色产业、创新活力、发展环境三个领域，评价指标体系由产业活力、就业能力、企业活力、创新投入、基础设施、包容发展等6个指标组成，见表8－17。本类村镇评价标准的量化处理在参考产业创新发展基础数据、课题组成员实地调研的基础上，吸纳了课题组成员和外聘专家的意见。

**表 8－17　村镇可持续发展评价指标体系——分类框架（创新发展类）**

| 可持续维度 | 序号 | 评价指标 | 指标描述 | 评价标准 |
|---|---|---|---|---|
| 特色产业 | ID01 | 产业活力 | 特色产业产值增长率（%） | 合理值设定为 10%，每下降 2 个百分点则降低一级 |
| | ID02 | 就业能力 | 就业增长率（%） | 合理值设定为 5%，每下降 1 个百分点则降低一级 |
| 创新活力 | ID03 | 企业活力 | 企业利润增长率（%） | 合理值设定为 10%，每下降 2 个百分点则降低一级 |
| | ID04 | 创新投入 | 近 3 年吸纳投资增长率（%） | 合理值设定为 20%，每下降 5 个百分点则降低一级 |
| 发展环境 | ID05 | 基础设施 | 道路、供电、给排水、污水处理、教育、信息等基础设施配套程度（%） | 合理值为 90%，每下降 5 个百分点则降低一级 |
| | ID06 | 包容发展 | 外来务工子女在本地就读（义务教育）比例（%） | 合理值为 50%，每下降 5 个百分点则降低一级 |

村镇良好的空间环境是可持续发展的前提，生活环境、文化环境和生产环境构成的稳定和谐的空间环境为可持续发展提供了良好的发展载体。应该说，村镇可持续发展分类评价是伴随着国家层面对于生态文明建设、乡村建设与规划的逐渐推进而展开的，是对单一化乡村评价的综合和提升。从 21 世纪初期的社会主义新农村建设，到后来的美丽乡村再到生态文明村镇的建设，可持续村镇社区评价，是一种从点到面，由面到体的系统化、立体化的发展过程。对可持续发展导向的评价，需要我们对村镇规划的科学性，生态环境的持续性，经济发展的持续性，人文环境、建筑风格的属地性与协同性、资源利用的集约性、居民教育的终身性等（夏显力，2005）等重新做出理性思考。因此，构建适合于东南沿海特点的村镇可持续发展评价通用框架、分类框架相结合的评价方法与指标体系，其科学性、合理性、可操作性依然需要在实践中进一步探索完善。

# 第9章

# 宁波村镇可持续发展的政策与实践

宁波市简称“甬”，是浙江省第二大城市、中国五大计划单列市之一，地处东南沿海、长江三角洲南翼，是世界第四大港口城市、长三角五大都市圈中心城市之一。宁波人文积淀丰厚，历史文化悠久，属于典型的江南水乡兼海港城市，是中国大运河南端出海口、“海上丝绸之路”东方始发港。宁波市海洋资源、植物资源、矿产资源和水域资源丰富，是长江三角洲南翼经济中心和化工基地，是我国华东地区的重要工商业城市。宁波市是东南沿海地区经济最活跃、村镇发展水平较高的城市之一，在推动村镇经济发展、社区管理、生态环境治理和可持续发展方面积累了较多特色做法和典型经验。本章重点研究宁波市村镇发展的政策与实践经验，通过具体的案例分析和数据分析，总结提炼宁波市传统村镇和新型村镇可持续发展模式，以期为其他地区提供可借鉴、可推广的样本。

# 9.1 宁波市村镇发展政策与评价

### 9.1.1　村镇发展基础分析

宁波市水域资源丰富，城镇化率较高，外来人口比重大。宁波地处我国海岸线中段、长三角南翼，地势西南高、东北低，山地面积占陆域面积的24.9%，丘陵占25.2%，台地占1.5%，谷（盆）地占8.1%，平原占40.3%；陆域面积9816平方公里、海域面积8355.8平方公里，岸线总长1594.4公里①。宁波河流有余姚江、奉化江、甬江，余姚江、奉化江在市区“三江口”汇成甬江，经招宝山流入东海。宁波市现辖海曙、江北、镇海、北仑、鄞州、奉化6个区，宁海、象山2个县，慈溪、余姚2个县级市；共有75个镇、10个乡、69个街道办、704个居委会和2519个村委会（见表9-1）。从行政区划看，海曙等6个区（市）不再下设乡，北仑区不设乡、也不设镇，直接设立居委会、村委会。从人口规模看，截至2016年末宁波市有户籍人口591万人，其中市区人口284.2万人；城镇人口311.6万人，户籍人口城镇化率52.7%，乡村人口279.4万人，占47.3%。全市常住人口787.5万人，城镇化率71.9%。宁波市外来人口流入较多，外来人口占常住人口的25%，其中鄞州、慈溪、海曙、北仑、镇海、余姚等区市为主要流入区，宁海县与象山县为流出区（见表9-2）。

**表9-1　2016年宁波市村镇数量与分布**

| 地区 | 镇（个） | 乡（个） | 街道办（个） | 居委会（个） | 村委会（个） | 陆域面积（平方公里） |
|---|---|---|---|---|---|---|
| 全市 | 75 | 10 | 69 | 704 | 2519 | 9816 |
| 海曙区 | 7 | 1 | 9 | 103 | 168 | 595 |
| 江北区 | 1 | — | 7 | 69 | 80 | 208 |
| 镇海区 | 2 | — | 5 | 41 | 58 | 246 |

① 根据宁波市统计局公布的2017年宁波概况整理。

续表

| 地区 | 镇（个） | 乡（个） | 街道办（个） | 居委会（个） | 村委会（个） | 陆域面积（平方公里） |
|---|---|---|---|---|---|---|
| 北仑区 | — | — | 11 | 57 | 201 | 599 |
| 鄞州区 | 10 | — | 14 | 170 | 245 | 814 |
| 奉化区 | 6 | — | 5 | 40 | 353 | 1268 |
| 余姚市 | 14 | 1 | 6 | 56 | 265 | 1501 |
| 慈溪市 | 14 | — | 5 | 81 | 296 | 1361 |
| 宁海县 | 11 | 3 | 4 | 40 | 363 | 1843 |
| 象山县 | 10 | 5 | 3 | 47 | 490 | 1382 |

注：2016 年宁波市部分行政区划做了调整。

数据来源：宁波市统计局．宁波统计年鉴 2017（电子版）．

**表 9－2　　2016 年宁波市区县人口分布**

| 地区 | 常住人口（万人） | 常住人口密度（人/平方公里） | 户籍人口（万人） | 户籍人口密度（人/平方公里） |
|---|---|---|---|---|
| 全市 | 787.5 | 802 | 591.0 | 602 |
| 海曙区 | 90.5 | 1520 | 62.4 | 1049 |
| 江北区 | 37.0 | 1777 | 24.7 | 1189 |
| 镇海区 | 44.1 | 1793 | 24.1 | 981 |
| 北仑区 | 63.9 | 1067 | 40.4 | 674 |
| 鄞州区 | 125.7 | 1544 | 84.2 | 1034 |
| 奉化区 | 51.0 | 402 | 48.4 | 382 |
| 余姚市 | 104.6 | 697 | 83.8 | 558 |
| 慈溪市 | 150.1 | 1103 | 104.9 | 771 |
| 宁海县 | 58.1 | 369 | 63.0 | 342 |
| 象山县 | 52.5 | 380 | 55.0 | 398 |

数据来源：宁波市统计局．宁波统计年鉴 2017（电子版）．

宁波市县域经济发达，区县间产业结构差异大。2016 年地区生产总值（GDP）8686.5 亿元，在全国大中城市排名第 16 位、浙江省排名第 2 位；按常住人口计算人均 GDP11.03 万元（折合 1.66 万美元），在全国大中城市排名第 21 位[①]。2016 年全国百强县中宁波市的慈溪市、余姚市、奉化市、象山县、宁海县等 5 县市入围。2016 年，宁波市一般公共预算收

① 根据 2016 年统计数据，全国地区 GDP 总量排在宁波之前的大中城市有：上海、北京、广州、天津、深圳、重庆、苏州、武汉、成都、杭州、南京、青岛、长沙、无锡、佛山；人均 GDP 排在宁波之前的大中城市有：上海、北京、广州、天津、深圳、苏州、杭州、武汉、南京、青岛、长沙、无锡、佛山、大连、常州、鄂尔多斯、包头、镇江、东营、威海、珠海等。

入 1114. 5 亿元，一般公共预算支出 1289. 3 亿元，其中城乡社区、一般公共服务支出比上年分别增长 45. 2% 、9. 8% ，财政预算经费用于城乡社区和公共服务的支出增长幅度远高于财政收入的增长率。从产业结构看，宁波市第二产业占主导地位（占 51. 3% ），第一产业增加值占比已经下降至 3. 5% ，第三产业占比仅为 45. 2% 、比第二产业占比低 6. 1 个百分点，第三产业发展滞后。北仑区、镇海区第一产业占 GDP 比重已经降至 1% 以下，镇海区以工业为主导的特征明显，第二产业占 GDP 比重高达 73. 6% ，北仑区、奉化区、慈溪市第二产业占比接近 60% ，象山县第一产业比重为 15. 1% 。从就业结构看，宁波市第一产业就业人员占比 3. 5% ，与产值比相当，第二产业就业人员占比为 52. 3% 、高于产值比重 1 个百分点，即宁波市三次产业之间的劳动生产率整体较为均衡（见表 9 – 3）。

**表 9 – 3　　2016 年宁波市部分经济指标与产业结构**

| 指标 | 单位 | 全市 | 海曙区 | 江北区 | 镇海区 | 北仑区 | 鄞州区 | 奉化区 | 余姚市 | 慈溪市 | 宁海县 | 象山县 |
|---|---|---|---|---|---|---|---|---|---|---|---|---|
| 地区生产总值 | 亿元 | 8686. 5 | 1044. 8 | 383. 9 | 821. 1 | 1218 | 1358. 8 | 494. 1 | 904. 8 | 1276. 2 | 486. 7 | 444. 2 |
| 人均 GDP | 万元 | 11. 07 | 11. 58 | 10. 41 | 19. 86 | 19. 15 | 11. 51 | 9. 72 | 8. 69 | 8. 51 | 7. 16 | 8. 47 |
| 一产占比 | % | 3. 5 | 1. 6 | 2. 0 | 0. 8 | 0. 6 | 1. 8 | 6. 1 | 5. 0 | 4. 1 | 9. 0 | 15. 1 |
| 二产占比 | % | 51. 3 | 38. 2 | 34. 2 | 73. 6 | 58. 5 | 38. 5 | 60. 9 | 56. 1 | 59. 7 | 51. 6 | 44. 4 |
| 三产占比 | % | 45. 2 | 60. 2 | 63. 7 | 25. 6 | 40. 8 | 59. 7 | 33. 0 | 38. 9 | 36. 1 | 39. 4 | 40. 5 |
| 一产就业比 | % | 3. 5 | 3. 0 | 5. 8 | 2. 4 | 3. 4 | 3. 8 | 14. 9 | 7. 0 | 11. 8 | 16. 7 | 20. 6 |
| 二产就业比 | % | 52. 3 | 39. 5 | 30. 7 | 65. 6 | 61. 9 | 49. 3 | 51. 3 | 51. 1 | 58. 4 | 45. 6 | 45. 7 |
| 三产就业比 | % | 44. 2 | 57. 5 | 63. 5 | 32. 0 | 34. 7 | 47. 0 | 33. 9 | 42. 0 | 29. 8 | 37. 7 | 33. 7 |
| 地方财政收入 | 亿元 | 1114. 5 | — | 60. 0 | 64. 7 | 207. 4 | — | 37. 1 | 81. 2 | 132. 1 | 48. 8 | 38. 1 |

注：海曙区、鄞州区地方财政收入因区划调整统计困难故暂缺。

数据来源：宁波市统计局 . 宁波统计年鉴 2017（电子版）.

宁波市初步形成城乡一体化发展格局。现代农业以及新型经营主体加快发展，基本完成村社股份合作制改造，进入城乡户口一元化时代。宁波市现代农业渔业较发达，2016 年宁波市农林牧渔业总产值为 480.3 亿元，其中渔业产值为 179.9 亿元，占 37.5%；农业产业化和组织化程度较高，市级龙头企业有 251 家，其中农业产业化国家级龙头企业有 9 家，销售额亿元以上的企业有 85 家；创建省级示范农业产业链共 4 条，农民专业合作社有 2634 家，家庭农场有 3979 家（其中市级示范性家庭农场有 163 家）。宁波市城乡一体化发展加速。2016 年 4 月，宁波市人民政府印发《关于进一步推进户籍制度改革的实施意见》（甬政发〔2016〕43 号），提出全面放开县（市）区落户限制，要求有序推进农业转移人口市民化，扩大基本公共服务覆盖面。该文件提出保障农业转移人口及其他常住人口的合法权益，加快推进农村土地确权、登记、颁证工作，建立农村产权流转交易市场，不得以退出承包经营权、宅基地使用权、集体收益分配权作为农民进城落户的条件。据统计，截至 2016 年 9 月底宁波市已有 2801 个村经济合作社完成股份合作制改造，占总数 99.3%，400 多万人成为股份经济合作社股东[①]。从 2016 年 9 月 30 日开始，宁波市取消“农业”“非农业”户口性质，统一登记为居民户口，迈入城乡户口一元化时代。宁波市户籍制度改革的总目标，是按照“城区人口 300 万—500 万”的城市定位，统一城乡户口登记制度，分市 6 区和各县（市）两个层面分别调整户口迁移政策，配套建立相应的教育、卫生计生、就业、社保、住房、土地及人口统计等制度，促进宁波人口合理布局和就近转移，加快形成城乡经济社会发展一体化新格局。此外，宁波市城乡居民收入水平、住房面积快速增长（见表 9-4）。

**表 9-4　宁波市城乡居民收入与住房情况**

| 年份 | 城镇居民可支配收入（万元） | 农村居民可支配收入（万元） | 城镇居民人均住房面积（平方米） | 农村居民人均住房面积（平方米） |
|---|---|---|---|---|
| 1990 | 1963 | 1254 | 15.56 | 27.70 |
| 1995 | 7275 | 3484 | 17.41 | 31.30 |
| 2000 | 10921 | 5069 | 20.34 | 41.57 |
| 2005 | 17408 | 7810 | 24.92 | 50.44 |
| 2010 | 30166 | 14261 | 30.22 | 56.00 |

① 张巧淑．浙江宁波取消农业户口统一为居民户口［EB/OL］．人民网浙江频道，（2016-09-22）．http：//zj.people.com.cn/n2/2016/0922/c228592-29045967.html.

续表

| 年份 | 城镇居民可支配收入（万元） | 农村居民可支配收入（万元） | 城镇居民人均住房面积（平方米） | 农村居民人均住房面积（平方米） |
|---|---|---|---|---|
| 2011 | 34058 | 16518 | 32.88 | 57.22 |
| 2012 | 37902 | 18475 | 32.55 | 58.29 |
| 2013 | 41729 | 20534 | 33.58 | 58.87 |
| 2014 | 44155 | 24283 | 39.70 | 47.76 |
| 2015 | 47852 | 26469 | 40.33 | 49.28 |
| 2016 | 51560 | 28572 | 41.82 | 49.83 |

注：2014 年（含）之后为城乡住户一体化新口径，2013 年（含）之前城镇均为市区口径，2013 年（含）之前农村居民可支配收入指人均纯收入口径。

数据来源：宁波市统计局．宁波统计年鉴 2017（电子版）．

宁波市生态建设进入整建制推进发展阶段。宁波市共有国家级生态区县（市）5 个，省级生态区县（市）9 个，国家级生态乡镇（街道）96 个、国家级生态村 2 个、省级生态乡镇（街道）121 个，省级生态乡镇（街道）覆盖率达到 78.6%，具有整体推进创建生态文明示范区、可持续发展试验区的基础。从城市布局看，2016 年 6 月国家发改委和住建部联合发布《长江三角洲城市群发展规划》，宁波城市群（包括宁波、舟山、台州）纳入长江三角洲城市群。宁波市生态建设从过去村镇独立推进阶段进入生态流域为整体治理、城乡整建制推进发展阶段。

### 9.1.2　村镇发展政策导向

（1）撤乡扩镇推动重点镇发展，走以中心镇为核心带动人口与产业集聚的城镇化路径

改革开放后，随着市场经济的发展和人口与劳动力、资源要素和产品的自由流动，在农村工业化、行政区划与体制调整、统筹城乡发展等因素推动下，宁波城镇化水平快速提升。原有行政区划体系下的市、乡镇和村范围小、限制多，成为生产力发展的束缚。1992 年开始实行大规模的撤区扩镇并乡改革，全市撤销了 37 个区公所，镇的数量由原来的 98 个增加到 113 个，乡的数量由原来的 249 个减少到 37 个。2000 年前后再次暴露出乡镇数量多、规模小、档次低、公共设施重复的问题。为此，宁波实施了新一轮乡镇撤并、撤镇建街道工作。对全市 44 个乡镇实施撤并，新设立组建 16 个街道、14 个镇，减少乡镇建制 30 个，并在 1999 年开始积极

培育中心镇。2004 年后宁波市保有 80 个镇、11 个乡的建制。实施乡镇撤并后，形成了一批规模较大、经济实力较强的重点镇，城镇人口和产业集聚功能进一步增强。有 4 个镇被列为首批全国发展改革试点镇，54 个镇进入全国千强镇行列，走出了一条以中心镇建设为核心的新型城镇化道路。

（2）调整村庄区划推动人口集聚，促进人口资源与村庄分布的持续优化发展

改革开放以前，在生产力水平较低时期，自然村落长期保持相对稳定。改革开放之后，随着经济社会快速发展，人员流动加剧，自然村落变化也随之加快。进入 20 世纪 90 年代后，自然村落分布、行政村划分和经济社会发展之间的矛盾日益突出。1999—2006 年，宁波市对村级区划进行了新一轮全面调整，全市行政村数量由 1999 年的 4980 个减少到 2007 年的 2649 个，减幅 46.8%。撤并后，村庄规模扩大，各地陆续推进了村庄发展规划，完善村级公共实施布局建设，集中资源优势发展村集体经济。宁波乡村居民点通过村庄撤并，集中度已大幅度提升。在近 30 年间，村庄数量减少近 50%。按照 2005 年编制的《宁波市统筹城镇体系与村庄布局规划》，乡村居住区还将进一步集聚，形成更为合理的“小城镇集聚区—中心村—保留点”布局结构，进而发展为城镇型集聚居民区辐射乡村居民点的格局（见表 9－5）。按照目前行政村的数量与乡村人口数量测算，行政村村均户籍人口 1107 人、常住人口 858 人。从城镇化发展趋势看，乡村常住人口将进一步减少，行政村数量也应相应减少，乡村居民点人口集聚度将进一步提升。

**表 9－5　　宁波市农村居住区规划体系**

| 区域 | 集聚居民区 | 乡村居民点 |
|---|---|---|
| 鄞州区 | 17 | 53 |
| 北仑区 | 18 | 37 |
| 镇海区 | 15 | 22 |
| 慈溪市 | 33 | 89 |
| 余姚市 | 47 | 132 |
| 奉化市 | 23 | 89 |
| 宁海县 | 56 | 148 |
| 象山县 | 31 | 113 |
| 合计 | 240 | 687 |

资料来源：宁波市统筹城镇体系与村庄布局规划（2005 年）.

总体上，宁波市村庄依然呈多、小、散的分布格局。截至 2012 年，宁波市共有行政村 2569 个，2016 年有行政村 2519 个，其中自然村 10000 个左右。从村庄分布情况来看（方敏，2015），有三个明显特点：一是多，即自然村落多，平均每个行政村大约包括 4 个自然村，最多的一个行政村有 30 多个自然村；二是小，即村庄规模小，尤其是自然村落规模较小，50 户以下的自然村有 1000 多个；三是散，即村庄分布散，有些地区，尤其是山区村占地几十平方公里，自然村分布散乱，集聚度很低。从古村落保护开发情况来看，目前宁波市共有历史文化村落 77 个，其中古建筑村落 52 个，占 67.5%，自然生态村落和民俗风情村落分别为 9 个和 16 个，占 11.7% 和 20.8%。历史文化村落的区域分布差异较大，余姚最多，共有 19 个，镇海和江北较少，各为 1 个，北仑已经没有历史文化村落存在。村落内建筑物以明清时期居多，也有一定数量的民国时期建筑。

（3）强化村镇整治推动农房"两改"，提升村镇生态环境、生活环境与居住质量

2003 年，按照浙江省委、省政府的统一部署，宁波市部署实施"百千工程"（百村示范、千村整治），重点开展以环境改善和农村基础设施提升为主要内容的农村环境大整治。截至 2013 年底，全市已累计投入村庄整治建设资金 150 多亿元，创建全面小康村 525 个，培育中心村 79 个、特色村 58 个，建立完善农村垃圾三级处理网络，着手启动垃圾分类处理试点村，全市农村垃圾集中处理率达到 95% 以上。根据宁波市统计局所编《2017 年宁波概况》，2016 年宁波市共投入"百千工程"（百村示范、千村整治）9.95 亿元（其中财政投入 7.8 亿元）。截至 2016 年，宁波市累计启动 1127 个村庄整治建设，占全部行政村的 46%；建设生活污水生态处理设施村 508 个，占行政村总数的 22.6%；垃圾集中处理村 2247 个（乡镇级集中处理），覆盖率 100%。

宁波市以实施农房"两改"为重点，推动农村资源集聚和居住集中。2009 年，宁波市全面实施农房"两改"（农村住房集中改建和农村住房制度改革）①，以变革传统的农民居住方式、农房供地方法、投资建设模式

① 农房两改即"农村住房制度改革和住房集中改建"，是指按照新型城镇规划体系、农民集中居住区布点规划要求，组织农村村民对村庄及农村住房进行集中改建。

为切入点，实施农房集聚建设和建立城乡一体化产权制度，引导农民由分散居住向适度集中居住转变、由单家独院向多层、高层公寓转变，由零星供应集体土地向集中供应国有土地转变，促进土地节约集约利用和农民市民化。以中心镇、城镇规划区、中心村农民集中居住区建设和库区山区海岛移民安置点建设为重点，多类型、多模式扎实推进农村住房集中改造建设。2016 年，农村住房“两改”建设投入资金 60 亿元，农村住房改建 4.9 万户、完工 2.2 万户，面积 325.8 万平方米。2013－2016 年，宁波市累计投入农房建设资金 300 亿元，完成农房改造面积 1800 平方米。农房“两改”效果在于：不仅改善农民住房条件，还有效增加农民财产性收入，尤其是一些城郊村，级差地租较高，农村财产性收入成倍增加，同时还促进农村集聚发展，实现了资源集约的目标。

（4）实施扶贫开发工程和发展乡村旅游，促进村民增收和村庄持续发展

2011 年，宁波市启动“16＋3”相对欠发达区域扶贫开发工程，实施村庄整治建设提升、低收入农户和薄弱村扶持、下山移民等工程。每年确定 60 个村，市财政每年落实 1.5 亿元专项资金，用于“16＋3”区域村庄整治提升“十大行动计划”，截至 2014 年底，全市累计完成欠发达区域村庄整治建设 180 个村。2003 年开始，宁波开始实施山区、海岛等地区下山移民，促进山区农村“内聚外迁”，10 年来累计完成下山移民 21230 户、61113 人。2016 年新增 2 家全国一村一品示范村镇，新增美丽乡村合格村 300 个，农家乐特色村达到 176 个，全国休闲农业与乡村旅游示范县达 4 个，接待游客 4197.5 万人次，就业农民 6 万人。

### 9.1.3 可持续发展政策经验

（1）坚持立足于生态文明建设和可持续发展的政策目标

宁波市坚持生态立市，在推进生态文明建设、美丽宁波建设等方面提出了一系列的政策要求。2010 年，中共宁波市委印发《关于推进生态文明建设的决定》（甬党〔2010〕11 号），提出全面实施“两创”总战略和“推进六大联动、实现六大提升”战略，2015 年达到国家级生态市建设标准、2020 年建成全国生态文明建设示范区，构建生态经济体系、生态环境体系、生态文化体系、生态社会体系，完善生态文明建设的体制机制。2013 年 5 月，中共宁波市委印发《关于加快发展生态文明努力建设美丽

宁波的决定》（甬党发〔2013〕17号），提出坚持"生态立市"不动摇，把生态文明建设深度融入和全面贯穿到经济建设、政治建设、文化建设、社会建设的各方面和全过程，努力建设美丽宁波，实现宁波经济社会可持续发展。提出调整优化产业结构和布局，全面推进节能减排，大力发展循环经济，加快发展低碳环保产业，节约集约利用资源，推进清洁空气行动、推进清洁水源行动、推进清洁土壤行动、推进清洁海洋行动，科学规划建设人居环境，强化市容环境综合整治，继续推进美丽乡村建设，积极倡导绿色生活方式，构建以四明山为重点的绿色生态涵养区、构建以象山港为重点的蓝色生态海岸带、构建以三江流域为重点的休闲生态走廊、构建覆盖城乡的绿网系统、构建功能多样的农业生态系统等。在建设机制上，该文件提出建立生态文明建设组织领导体系和目标考核制度，健全科学决策机制、落实重大项目社会风险评估制度，探索建立绿色国民经济核算体系，建立目标体系、考核办法、奖惩机制和实行不同区域差异化的评估考核机制，建立领导干部任期资源消耗、环境损害、生态效益责任制和问责制，实行重大生态责任事故一票否决制。建立完善地方性法规和标准体系，构建多元化投入保障机制，培育生态文化，强化环境监管体系、项目管理与评价、责任追究制、环境监测预警系统、生态安全应急处置体系等，完善并推进资源性产品价格改革和环保收费改革，建立健全生态环保产业扶持政策、建立健全生态补偿机制、完善排污总量控制、排污权核定、有偿出让及交易制度，开展碳交易试点等经济政策。文件提出到2016年，环境保护支出占GDP比重达到1.7%。2015年7月，宁波市人民政府印发《关于实施森林生态十大工程全力推进美丽宁波建设的实施意见》（甬政发〔2015〕77号），提出结合"五水共治""四边三化""三改一拆"和美丽乡村建设、乡村旅游发展等工作[①]，推进城镇乡村美化彩化工程、河道美化彩化工程、道路美化彩化工程、沿海基干林带修复提升工程、平原绿化管护工程、山体森林优化工程、大径材培育基地建设工程、生态公益林建设工程、矿山复绿工程、四明山区域生态修复工程等十大工程的实施，推动宁波市美丽乡村建设，促进可持续发展。

① "五水共治"是指治污水、防洪水、排涝水、保供水、抓节水；"四边三化"行动指浙江省委、省人民政府提出的，在公路边、铁路边、河边、山边等区域（简称"四边区域"）开展洁化、绿化、美化行动；"三改一拆"是指浙江省人民政府决定，自2013年至2015年在全省深入开展旧住宅区、旧厂区、城中村改造和拆除违法建筑三年行动。

（2）坚持高质量发展和绿色发展的规划导向

2016 年，中共宁波市委印发《关于制定宁波市国民经济和社会发展第十三个五年规划的建议》，提出认真落实“四个全面”战略布局和省委“八八战略”[①]，以新发展理念为引领，按照跻身全国大城市第一方队和建设中国特色社会主义“四好示范区”的要求，紧扣提高发展质量和效益这一中心，深入实施“六个加快”和“双驱动四治理”战略决策[②]，持续推进经济社会转型发展行动计划，着力建设创新型城市，着力打造港口经济圈，着力构建宁波都市区，着力提升国际化水平，统筹推进经济建设、政治建设、文化建设、社会建设、生态文明建设和党的建设，高水平全面建成小康社会。规划提出“十三五”目标：努力建设更具创新能力的经济强市，基本形成更具国际影响力的港口经济圈和制造业创新中心、经贸合作交流中心、港航物流服务中心，基本形成更具集聚辐射能力的宁波都市区，争创更高品质的民生幸福城市，基本建成特色鲜明的文化强市，创建全国生态文明先行示范区，基本形成更加完善的治理体系。

在推动城乡协调发展方面，提出实施美丽县城创建专项规划，推进卫星城和中心镇改革发展；积极推进美丽乡村建设，统筹优化农村布局规划，改进农民改善型住房建设方式，加强农村自然风貌、传统建筑和农俗文化保护，充分展现浙东民居特色；加强历史文化名城、历史文化名镇名村、历史文化街区和名人故居保护利用，传承历史文脉；深入推进“三改一拆”，建立依法治违长效机制，基本实现县县无违建，建成基本无违建市；完善城乡发展一体化体制机制，深化户籍制度改革，探索建立农业转移人口市民化成本分担机制；稳妥推进农村产权制度改革，建立健全农村产权交易中心，完善城乡要素双向流动机制，促进城乡市场体系和公共服务体系相融合，推进城乡公路、供水、供电、垃圾和污水处理等基础设施一体化等。

在绿色发展方面，提出大力推进低碳循环发展、加强资源节约高效利用、持续推进环境治理、筑牢生态安全屏障、强化生态文明制度保障等政

---

① “八八战略”即进一步发挥浙江八个方面的优势、推进八个方面的举措，是习近平总书记 2003 年在浙江工作期间提出的重大决策和系统部署。

② “六个加快”战略首次提出是在 2010 年 12 月通过的《关于制定宁波市国民经济和社会发展第十二个五年规划的建议》，是指加快打造国际强港、加快构筑现代都市、加快推进产业升级、加快创建智慧城市、加快建设生态文明、加快提升生活品质。“双驱动四治理”是 2013 年 12 月 30 日在宁波召开的全市经济工作会议上做出的重要决策部署，“双驱动”即坚持改革驱动、创新驱动，“四治理”是指生态治理、城镇治理、社会治理和软环境治理。

策要求（见表 9－6）。其中包括开展全国水生态文明城市试点、实施农村“千里清水河道”工程，推动城镇截污纳管和农村生活污水处理全覆盖，实施大气污染防治行动计划和推进“五气共治”①，开展土壤环境综合整治，完善垃圾分类管理体系和加强农业面源污染防治等。在生态功能区布局上，提出构建以四明山绿色生态涵养区、沿海蓝色生态带、三江流域休闲生态走廊为骨架的生态安全格局。

在生态文明制度保障方面，提出健全生态环境损害赔偿制度和环境公益诉讼制度，建立自然资源资产核算体系，实施领导干部自然资源资产离任审计制度和环境损害责任终身追究制度，完善反映生态文明建设要求的区域发展绩效评价体系，建设用能权、用水权、排污权、碳排放权交易制度，建立政府绿色采购、绿色信贷制度，建立完善生态资源有偿使用和生态补偿机制、多元化补偿机制、重点生态功能区转移支付制度、健全生态环境共同参与保护和监督机制等。

在加强和创新社会治理中，提出深入推进平安宁波建设，完善党委领导、政府主导、社会协同、公众参与、法治保障的社会治理体制，推进社会治理精细化；构建全市“一张网”的基层社会治理网格体系，加强乡镇（街道）社会服务管理中心建设，深化乡镇（街道）管理体制改革，创新城乡社区治理机制，增强基层服务管理能力。

（3）坚持城乡一体化发展布局与村庄特色化差异化发展方向

2014 年 2 月，中共宁波市委出台《关于全面深化农村改革加快城乡一体化发展的若干意见》（甬党发〔2014〕3 号），要求以推进新型城镇化为主题，以强化城乡一体规划建设为龙头，推动农业农村集聚、集中、集成、集约发展，提升幸福美丽新家园建设水平，建设与现代化国际港口城市相适应、与基本实现现代化目标相契合的具有宁波地方特色的城乡发展一体化先行区。该文件提出，在卫星城、中心镇和具备条件的乡镇（街道）设立 30 个左右的“城乡一体化改革发展试点乡镇”，到 2016 年全市统筹城乡发展水平综合评价得分达到 94 分，城镇化率超过 71%，小型村、空心村、自然村缩减 10% 左右，新改造建设 10 万户农村住房，农业适度规模经营率达到 70%，农业劳动生产率超过 7 万元/人，股份合作制改造村超过 40%，城乡居民人均收入差距比例缩小到 2.0:1 以内，城乡基础设施配置和公共服务保障供给基本实现城乡一体化。2020 年全市统筹城乡

① 指工业废气、车船尾气、餐饮油烟、秸秆焚烧和建筑扬尘“五气共治”。

发展水平综合评价得分达到96分，城镇化率超过74%，城乡居民人均收入差距比例缩小到1.95:1以内，城乡一体化发展的体制机制更加健全，新型城乡空间形态基本形成，农业现代化、农村城镇化、农民市民化、要素市场化基本实现，城乡差距最小化城市建设走在全省全国前列。该文件对城乡规划统筹、镇村空间布局提出了明确要求，提出“1+3+X”布局体系①，全面融合一批城中村、园中村和城郊周边村，合并集聚一批零星分散的自然村、空心村，保护开发一批生态自然、乡村文化特色鲜明的古村落，整治提升一批中心村、规划保留村，搬迁减少一批小型村、偏远贫困及地质灾害多发等不适宜于人居的村庄，着力打造各具特色、宜居宜业宜游的美丽乡村。在幸福美丽新家园建设方面，提出按照“四美三宜”“五个一批”的要求，加快美丽乡村建设。加快推进农房“两改”，建设一批联排、多层、高层住宅为主的农民集中居住区，推进规划保留村庄整治建设和“一户多宅”清理，深化全面小康村、中心村、特色村及精品线（区块）“三村一线”创建，推进“村庄整治建设十大行动计划”，加大下山移民力度等政策。在创新农村社会治理机制方面，强调加快城镇规划建成区的行政村撤村建居步伐，建设多形态农民集聚区，按照城市社区管理模式，推动建立健全“一委一居一中心”服务管理体制机制，完善“网格化管理、社会化服务”，实行法治、德治与自治相结合的农村社会治理机制，研究建立农村社区与城市社区并轨的运行经费公共财政保障机制。在生态建设方面，提出加快构建城乡一体的水环境网，启动“治水强基”三年行动计划，组织实施农村污水治理行动计划，实施甬江防洪工程、主干河道排涝工程等重大水利设施建设，开展农村小流域、山塘水库治理，实施“千里清水河道”整治工程，实施农村饮用水提升工程，构建城乡一体的环境保洁网、绿化生态网、保障服务网等。此外，文件对于推进农村土地综合整治、创新农村金融服务与投融资机制、构建新型农业经营体系、加快农村股份合作制改革、保障农民土地财产权利和加快建立农村产权流转交易市场体系等提出了系列的政策安排。2014年5月，宁波市人民政府办公厅印发《关于加快推进村镇规划工作的指导意见》（甬政办发〔2014〕94号），对县域村庄布局规划和规划编制提出了具体要求。县域村庄分普通保留村庄、农民集中居住区、中心村和特色村四种基本类型因地制宜地编制，突出农居建筑设计，保留乡村建筑文化，体现生产、生活、生态“三生相

① 指一个城镇、农民集聚区、中心村、特色村三类村（社区）和X个规划保留村。

宜”。普通保留村建设规划重点是公共设施合理配套，中心村和农民集中居住点建设规划重点是提高基础设施建设标准、公共服务配套水平和集聚、吸纳能力，特色村建设规划实施特色发展、差异发展路径，突出一村一品、一村一风貌，要“留得住乡愁”，避免“千村一面”。

此外，宁波市对重点生态区域生态产业的发展提出专项规划。出台了大量关于区域生态发展和产业发展的专项规划和相关政策文件。2015 年 2 月，宁波市委市政府印发《关于加快推进四明山区域生态发展的实施意见》①，提出建立绿色可持续产业体系、生态补偿体系，构建宁波市生态屏障。配套出台《宁波市四明山区域发展规划纲要》和《宁波市四明山区域产业发展规划》《宁波市四明山区域旅游发展规划》《宁波市四明山区域城镇与村庄体系规划》《宁波市四明山区域基础设施综合规划》《宁波市四明山区域交通规划》（“1+5”规划）。此外，出台了林业、生态环境保护等专项规划，编制制定村镇发展规划、农村危房改造“十三五”规划（已列入计划）等（见表 9-6）。

**表 9-6　近年来宁波市提出的生态文明建设政策要点与主要指标**

| 年份 | 政策要点 | 指标体系 |
| --- | --- | --- |
| 2010 | 国家级生态市建设 | 到 2015 年，力争达到国家级生态市建设标准 |
| | 生态经济体系 | 第三产业占 GDP 比重达到 50% |
| | | 高新技术产业增加值占规模以上工业企业增加值的比重达到 30% |
| | | 单位 GDP 水耗低于 36 立方米/万元 |
| | | 工业固废处置利用率≥95% |
| | | 重点工业企业污染物排放稳定达标率 100% |
| | 生态环境体系 | 生态环境综合指数≥85% |
| | | 森林覆盖率达到 50.5% |
| | | 城镇人均公共绿地面积≥11 平方米 |
| | | 城市空气质量优良率≥90% |
| | | 水环境功能区水质达标率≥70% |
| | | 集中式饮用水源水质达标率 100% |
| | | 受保护区占国土面积 17% |

① 四明山区域范围为勤州区的章水镇、龙观乡、横街镇、勤江镇，奉化市的溪口镇，余姚市的梁弄镇、大岚镇、四明山镇、鹿亭乡和姚江以南以西的梨洲街道艾湖、黄明、燕窝片的 8 个行政村、陆埠镇洪山片的 9 个行政村及兰山片的 3 个行政村、大隐镇的芝林、云旱 2 个行政村等以山地为主的 12 个乡镇（街道），共 202 个行政村，总面积 1289.6 平方公里，户籍人口 29.25 万人。

续表

| 年份 | 政策要点 | 指标体系 |
| --- | --- | --- |
| 2010 | 生态文化体系 | 国家级生态县（市）的比例 60% |
| | | 省级生态乡镇或全国环境优美乡镇比例 80% |
| | | 全市中小学环境保护宣传教育普及率 100% |
| | | 公众对环境的满意率 85% |
| | | 公交出行分担率 30% |
| | | 公交出行分担率 30% |
| | | 城乡生活垃圾无害化处理率≥96% |
| | | 市区生活污水集中处理率 95% |
| | | 城镇生活污水集中处理率≥80% |
| | | 实施生活污水处理的村 70% |
| 2013 | 国家级生态市建设 | 到 2016 年，力争成为国家级生态市 |
| | 发展更加优质：转变经济发展方式取得重大进展，主体功能区布局基本形成，资源循环利用体系初步建立，产业结构和能源结构更加优化 | 第三产业占 GDP 比重达到 46% |
| | | 高新技术产业增加值占规模以上工业企业增加值的比重达到 30% |
| | | 单位 GDP 水耗比 2011 年下降 16% |
| | | 单位建设用地地区生产总值比 2011 年提高 30% |
| | | 单位地区生产总值碳排放比 2011 年下降 20% |
| | | 单位地区生产总值水耗比 2011 年下降 16% |
| | | 单位地区生产总值综合能耗比 2011 年下降 18.5% |
| | | 全市原煤消耗控制在 2011 年水平 |
| | | 污水处理厂再生水回用率 20% |
| | | 工业用水重复使用率 80% |
| | 生态更加优良：生态功能区建设规划全面落实，大气、水、噪声、土壤等污染得到有效治理，天蓝、地绿、水净、景美的美好家园建设取得明显成效 | 生态环境综合指数≥85% |
| | | 森林覆盖率达到 50.5% |
| | | 人均公共绿地面积 11.5 平方米 |
| | | 中心城区绿化覆盖率 40% |
| | | 水环境功能区水质达标率 71% |
| | | 中心城区内河水质总体达到Ⅳ类、部分区域达到Ⅲ类 |
| | | 二氧化硫、二氧化氮、可吸入颗粒物（PM10）、细颗粒物（PM2.5）年均浓度分别比 2011 年下降 11%、10%、10%、5% 以上 |
| | | 二氧化硫、氮氧化物、工业烟粉尘和重点行业现役源挥发性有机排放物排放量分别比 2011 年下降 19%、32%、10% 和 18% 以上 |
| | | 公交车、出租车、港区集卡车清洁能源化比率分别达到 53%、75% 和 50% 以上 |

续表

| 年份 | 政策要点 | 指标体系 |
| --- | --- | --- |
| 2013 | 生活方式：全社会节约资源、保护环境的意识进一步加强，公众的生态文明素养明显提高，企业社会责任感进一步增强 | 省级森林城市 5 个 |
| | | 市级以上森林城镇、森林村庄分别为 50 个、1000 个 |
| | | 新建国家级湿地自然保护区 2 个 |
| | | 全市生态文明宣传教育普及率 95% |
| | 人居环境：城乡基础设施和公共服务体系不断完善，城乡面貌整洁有序，人居环境明显改善 | 中心城区生活垃圾分类收集率 40% |
| | | 中心城区非步行公共交通出行分担率 35% |
| | | 城乡生活垃圾无害化处理率 95% |
| | | 中心城区污水处理率 96% |
| | | 县（市）城市污水处理率 90% |
| | | 农村实施生活污水处理的行政村 71% |
| | | 城市、乡镇集中式饮用水水源地水质达标率 100% |
| | | 农村安全饮用水覆盖率 95% |
| | | 乡镇以上河道治理率 65% |
| | | 农村垃圾集中收集的行政村 98% |
| 2020 | 全国生态文明建设示范区 | 到 2020 年，力争成为全国生态文明建设示范区 |
| | | 到 2020 年，碳排放总量与 2015 年基本持平，单位地区生产总值碳排放强度比 2005 年累计下降 50% 以上；产业结构进一步优化，服务业增加值占地区生产总值的比重超过 50% |

资料来源：指标参数来自《宁波市委关于推进生态文明建设的决定》（2010 年）和《关于加快发展生态文明努力建设美丽宁波的决定》（2013 年）。

（4）坚持全面建设幸福美丽新家园和打造升级版美丽乡村的谋篇布局

2011 年，中共宁波市委办公厅出台《关于全面开展幸福美丽新家园建设的意见》（甬党办〔2011〕50 号），提出围绕“科学规划布局美、村容整洁环境美、创业增收生活美、乡风文明身心美”的目标和按照“秀丽田园风光、优美人居环境、和谐乡邻关系、富足小康生活”的要求，建设一批全国一流、省内领先的宜居宜业宜游幸福美丽新家园。宁波市委提出通过五年努力，全市再创建全面小康村 150 个，重点打造中心村 150 个、特色村 150 个，形成 30 条（个）左右精品线（区块），力争 70% 以上县（市）区达到省级美丽乡村建设要求，60% 以上乡镇达到市级幸福美丽新家园建设要求，所有行政村整体环境面貌有新的改善。宁波市通过全面开展“三村一线”（中心村、特色村、全面小康村和精品线）创建，在2003年实施“百千工程”的基础上，打造美丽乡村升级版，建成了一批升级版美丽乡村示范点。例如北仑区九峰山社区2007年开始突破九峰山片区原有行政村界限，实行整体规划、集中配套、成片建设、社区管理。委托华中科技大学进行整体规划和设计，将九峰山区域整体规划为生活集聚区、旅游服务区、农业观光区、生态休闲区四个主要功能区块，有效整合区域内各类资源要素、统筹配套区域重大基础设施和公共服务设施。村庄建设规划获得了浙江省村庄规划评比一等奖，被农业部称之为统筹城乡发展的“北仑模式”（方敏，2015）。

宁波市在幸福美丽新家园建设中，强调全域规划设计、注重村庄特色、连线（片）打造区域品牌、产业支撑发展、生活设施配套的理念。在建设机制上，注重政府部门协调合力推进、联系点制度、帮扶制度、专项资金支持、规范创建标准、评价考核制度等。积极引导社会资本以BT、BOT、PPP等形式参与农房改造、景区景点、污水治理和配套设施等工程项目建设。发挥“百千工程”工作协调小组的作用，细化文明村、平安村、生态村、卫生村、绿化村等创建标准，并把创建成效统一纳入幸福美丽新家园建设绩效评价体系，开展幸福美丽新家园建设先进乡镇（街道）、幸福美丽新家园建设精品线（区块）等先进典型示范。

（5）坚持集中力量综合整治村镇环境和推进美丽集镇建设措施

2016年10月，宁波市人民政府审议并通过《宁波市小城镇环境综合整治行动（美丽集镇建设）工作方案》，提出全面开展小城镇环境综合整治，力争通过3年时间，通过卫生乡镇创建、“道乱占”治理、“车乱开”治理、“线乱拉”治理和“低小散”块状行业治理等行动，补齐小城镇建设“短板”。宁波市住建委配套出台了《宁波市治理“低小散”块状行业专项行动方案》《宁波市“线乱拉”治理专项行动方案》《宁波市“车乱开”治理专项行动方案》《宁波市“道乱占”治理专项行动方案》，加大村镇环境综合治理。2016年12月，宁波市小城镇环境综合整治办公室主任会议审议通过《宁波市小城镇环境综合整治（美丽集镇建设）三年行动计划》，提出2017年首批达标创建40个乡镇（街道）通过考核验收，各乡镇（街道）整治项目总体形象进度达到30%；2018年，全市90个乡镇（街道）通过考核验收或复查，各乡镇（街道）整治项目总体形象进度达到80%以上，小城镇环境综合整治行动初见成效。2019年，全市各类整治项目将全部完成，脏乱差现象全面消除，全市 112 个乡镇（街道）全部通过考核验收或复查。

宁波市人民政府在村镇环境治理、卫生创建、水生态治理、垃圾处理等领域出台了一系列政策文件和技术指南，并配套资金支持。2014 年，宁波市人民政府下发《关于开展“无违建乡镇（街道）”创建活动的实施意见（试行）》（甬政发〔2014〕96 号），启动“无违建乡镇（街道）”创建活动。2016 年 12 月，宁波市住建委印发的《宁波市卫生乡镇创建专项行动方案》，提出到 2019 年实现市级卫生镇、卫生街道的全覆盖；浙江省卫生镇、卫生街道创建率在 60% 以上，国家卫生镇创建率在 30% 以上，每个辖有镇（乡）的区县（市）需创建 1 个以上的国家卫生镇，集中力量整治“城市病”（交通拥堵、环境污染等）、“集镇病”（道乱占、车乱开、摊乱摆、房乱建、线乱拉）和“农村病”（垃圾乱扔、污水乱排、杂物乱摆、衣服乱晾、广告乱贴），整治区域主要集中于背街小巷、城中村、城郊接合部、老集镇、流动人口集居地、集贸市场、公共厕所、车站（码头）、餐饮店、“五小”行业等薄弱区域和行业，通过综合整治行动、实现村镇全面改造提升。2015 年 3 月，宁波市人民政府办公厅出台了《关于组织开展“低小散”行业整治提升深化“腾笼换鸟”专项行动的实施方案》（甬政办发〔2015〕36 号）。在污水治理方面，宁波市住建委在 2015 年出台了《关于明确 2015 年度镇级污水处理设施建设、城镇污水配套管网建设和城镇污水处理厂新扩建计划任务的通知》，2017 年出台了《宁波市城镇污水配套管网建设行动计划》《宁波市农村生活污水治理设施运行维护管理工作考核办法（试行）》。在垃圾处理方面，出台了《宁波市生活垃圾分类处理与循环利用工作实施方案》。在技术指南方面，2015—2017 年先后出台宁波市生态新村庄集约居住小区规划指南、宁波市农村风貌整治技术导则、宁波市小城镇环境综合整治（美丽集镇建设）技术导则（试行）、宁波市老小区、城中村截污改造技术要求及验收标准、宁波市农村改旧设计指引、宁波市农村治乱指引、宁波市绿色建筑适宜技术体系及推广目录等。此外，在城乡社会保障和公共服务领域也制定了大量政策措施。

（6）坚持创新名镇古村保护长效机制和特色小镇高质量发展模式

2014 年 12 月，宁波市人民政府印发《关于加强历史文化名城名镇名村保护工作的意见》（甬政发〔2014〕117 号），提出贯彻落实“保护为主、抢救第一、合理利用、加强管理”的基本方针，坚守“以人为本、科学保护、内涵发展、相得益彰”的保护工作理念，重点构建历史文化名城名镇名村保护工作“五大体系”，即完善组织领导体系、资源保护体系、保护规划体系、保护实施体系和工作保障体系，彰显宁波“四明山水，千年港城”的特色优势，把宁波建设成为文化特质突出、更有品位更具特色的历史文化名城。

在名镇古村的保护机制上：一是通过立法保护。2015 年 2 月，经宁波市人大通过、浙江省人大常委会审议批准，《宁波市历史文化名城名镇名村保护条例》开始实施。条例规定，市和县（市）区政府负责本行政区域内历史文化名城、街区、名镇、名村以及历史建筑的保护与监督管理工作，应将历史文化名城、街区、名镇、名村以及历史建筑的保护和管理纳入国民经济和社会发展规划。要求成立保护协调机构、成立专家委员会、设立保护专项资金、建立保护名录制等制度。二是改进和完善保护模式。保护项目的实施必须按照政府主导、统一规划、分期实施、全民参与的原则，在保护的基础上兼顾生活环境的改善和整体功能的提升，避免以旧城改造、商业化运作替代保护的方式，探索规划引领下的小规模、渐进式的整治、保护模式。因地制宜，结合小城镇建设和特色小镇打造，实施一批历史文化名镇保护项目，打造特色名镇。三是创新保护工作机制。主要是建立可持续发展的保护更新机制、多元化的资金投入机制、集约节约的用地保障机制、和谐共生的融合发展机制、全方位的动态监管机制等。3 年内市财政每年投入 5000 万元保护资金，重点用于保护规划编制、市政基础设施改造及濒危历史建筑保护与修缮等。探索市场化保护利用机制等。

特色小镇成为宁波市凝聚特色资源、培育新兴产业、创新社会服务、实现高质量发展的平台。2015 年，宁波市人民政府出台《关于加快特色小镇规划建设的实施意见》（甬政发〔2015〕148 号），提出将特色小镇打造成为扩大有效投资的新抓手、发展新兴主导产业的新标杆、推进新型城市化的新平台、展示宁波独特地方文化的新载体。到 2018 年，力争建成省、市、县（市）区三级特色小镇 100 个，其中，省级特色小镇 20 个左右，市级特色小镇 35 个左右，县（市）区级特色小镇 45 个左右。省、市两级特色小镇 3 年完成总投资 2000 亿元以上。该实施意见对特色小镇的产业发展、建设规划、投资规模、运作方式都提出了明确的要求，并在规划用地、财政支持、金融支持、人才支持、精准服务方面给予保障。特色小镇产业主要聚焦于发展智能制造、高端装备制造、节能环保、新材料、金融、信息经济、旅游、健康、时尚等优势产业和新兴产业，兼顾彰显传统工艺、特色食品、民俗文化等经典产业，要求围绕核心优势产业，凸显和放大小镇特色，延伸完善产业链，建立全产业链协作配套体系。投资规模上要求市级特色小镇原则上3年内完成固定资产投资30亿元左右（不含住宅和商业综合体项目），金融、信息经济、旅游、时尚、经典产业类特色小镇可适当放宽要求；申报省级特色小镇的投资额原则上提高到50亿元。

（7）坚持财政资金重点向城乡公共服务、重点生态工程倾斜

在资金管理方面，近年来宁波市住建委先后出台了《宁波市农村“安居宜居美居”专项资金管理暂行办法》（甬建发〔2016〕144号）、《宁波市农房改造建设示范村工程市级补助资金管理办法》（甬建发〔2013〕204号）、《宁波市小城镇环境综合整治专项资金管理暂行办法》（甬建发〔2017〕77号）、《关于下达2016年宁波市农村“安居宜居美居”专项资金的通知》（甬建发〔2016〕151号）、《关于下达2017年宁波市农村困难群众危房治理改造补助资金的通知》（甬建发〔2017〕88号）等。宁波市公共财政用于城乡社区建设的资金投入呈大幅度增长趋势。根据宁波市财政局（地税局）公开的数据，2016年，宁波市城乡社区支出预算达到220.73亿元，比2015年增加69.75亿元、增幅为46.2%，比2014年增加111.89亿元、增幅达到一倍，2017年预算支出提高至213.47亿元。

多种渠道资金支持村镇生态治理和节能环保项目。围绕“五水共治”行动计划，市级财政2016年投入4.8亿元重点支持曹娥江至宁波引水工程、水库群联网联调一期工程和沿江闸泵工程等“治水强基”项目建设。投入6亿元实施耕地保护及生态修复等生态资源保护工程，节能环保支出3.95亿元。其中，中央财政补助2.5亿元专项支持宁波开展海绵城市试点建设、占节能环保支出的63.3%，即节能环保支出主要依赖于中央专项补助资金。相对于城乡社区支出的大幅增长，公共财政用于节能环保和生态建设的资金投入除了在2015年突破性增长（增长部分主要来自于吉利公司获得中央节能减排补助资金10.11亿元）之外，近年并没有出现明显的增长。2014年、2015年、2016年全市公共财政预算用于节能环保支出分别为19.08亿元、29.88亿元、19.47亿元，2015年节能环保支出占当年度全市公共财政支出的2.38%，2016年下降15.1%。2017年的公共财政预算中，用于节能环保支出预算为14.23亿元，仅占当年度一般预算支出的1.14%（见表9－7）。2016年市级本级财政预算中，用于城乡社区支

出99.61亿元。在2017年市级本级财政预算①中，节能环保支出预算为1.4617亿元，与上年度基本持平，仅占当年度市级一般公共预算支出280.28亿元的0.52%，支出范围主要包括行政运行、污染防治、能源节约利用、污染减排、可再生能源、能源事务管理等。然而，村镇生态治理资金分散于农林水支出、社区建设等科目中，尚缺乏生态治理专项资金。

以北仑区为例（见表9－8），2015年全区（含北仑区、开发区、梅山保税港区）一般公共预算支出115.46亿元，其中节能环保支出11.81亿元、比上年增长3.8倍，占公共预算支出的10.2%，节能环保支出主要来自区本级支出。2015年北仑区级一般预算支出55.88亿元，其中区本级一般公共预算支出46.4亿元、街道一般公共预算支出8.65亿元、镇（乡）级0.83亿元。区本级预算中农林水支出3.0162亿元，包括“五水共治”资金0.5亿元；节能环保支出11.8062亿元（吉利公司获得中央节能减排补助资金10.1081亿元），包括0.9242亿元用于园区循环化改造，0.5176亿元用于新能源产业发展，0.1139亿元用于城镇污水垃圾处理、雨污水管网养护及泵站养护等，0.0377亿元用于争创国家生态文明建设示范区②。2016年全区一般公共预算支出113.4亿元，其中节能环保支出下降至0.7310亿元，仅占一般公共预算支出的0.64%。北仑区2016年本级公共预算支出32.67亿元，其中农林水支出2.5亿元，农村垃圾收集处理、生活污水治理支出来自农业项目（农业支出预算0.8066亿元），“五水共治”保障、河道水环境综合治理支出主要来自水利项目（水利支出预算1.2658亿元）；节能环保支出0.6408亿元，其中0.3074亿元用于推进大气、水、土壤污染治理，争创国家生态文明建设示范区，0.2099亿元用于节能技改、可再生能源应用、园区循环化改造，0.1118亿元用于城市污水管网建设，

① 宁波市2017年财政重点收支政策提出：完善财政支农政策、完善教科文投入机制、健全社会保障和医疗卫生制度、创新财政支持方式。在促进农业可持续发展、支持发展现代农业领域，重点支持姚江、奉化江等重大水利项目建设，支持农村品质提升和美丽乡村建设，开展农村环境整治，加强农业生态文明建设，继续推进四明山区域生态发展建设；在保障和改善民生福祉领域，完善城乡居民基本医疗保险制度和大病保险制度，支持政府购买基本公共卫生服务，加强公共卫生体系建设等；在创新财政支持方式领域，鼓励通过产业发展基金、担保基金等市场化模式，发挥对社会资本的引导带动作用。创新投融资体制机制，加快推广政府和社会资本合作（PPP）模式，提高公共服务供给质量和效率。推动环保与经济统筹发展，支持“污水零直排区”建设、劣Ⅴ类断面水质提升和挥发性有机物污染整治，推进海绵城市建设。

② 北仑区财政局官方网站《关于宁波市北仑区2015年预算执行情况和2016年预算草案的报告》。

包括污水管网、雨水管网、窨井盖和泵站等设施的维修养护①。

表 9－7　2012—2016 年宁波市全市公共财政支出部分科目比较　单位：亿元

| 科目 | 2012 | 2013 | 2014 | 2015 | 2016 | 2017 |
| --- | --- | --- | --- | --- | --- | --- |
| 一般公共预算支出 | 828.44 | 916.93 | 1000.86 | 1252.64 | 1289.26 | 1248 |
| 节能环保 | — | 12.72 | 19.08 | 29.88 | 19.47 | 14.23 |
| 城乡社区事务 | — | — | 109.09 | 150.98 | 220.73 | 213.47 |

注释：2012—2016 年为执行数，2017 年为预算数。

资料来源：根据宁波市财政局（地税局）官方网站数据整理。

表 9－8　2012—2016 年北仑区本级公共预算支出科目比较　单位：万元

| 科目 | 2012 | 2013 | 2014 | 2015 | 2016 | 2017 |
| --- | --- | --- | --- | --- | --- | --- |
| 一般公共预算支出 | 193029（区级） | 232398（区级） | 394584（区级） | 464029（北仑区本级） | 696581（北仑区＋开发区） | 703000（北仑区＋开发区） |
| 一般公共服务 | 21223 | 20916 | — | — | 62280 | 65750 |
| 公共安全 | 23481（含国防） | 25611 | — | — | 53019 | 45155 |
| 教育 | 26573 | 29831 | 57812 | 58319 | 68392 | 73808 |
| 科学技术 | 12024 | 14139 | 20454 | 22238 | 65380 | 64166 |
| 文化体育与传媒 | 4917 | 5165 | 6905 | 7021 | 18199 | 18199 |
| 社会保障和就业 | 18671 | 22291 | 40398 | 51576 | 126200 | 136903 |
| 医疗卫生 | 16518 | 20305 | 25830 | 31720 | 62556 | 71453 |
| 节能环保 | 6295 | 6745 | 24535 | 118062 | 7310 | 4928 |
| 城乡社区事务 | 13079 | 28575 | — | — | 67213 | 64540 |
| 农林水事务 | 11369 | 13936 | 27647 | 30162 | 25350 | 20931 |
| 交通运输 | 3368 | 4071 | — | — | 26511 | 13583 |
| 资源勘探电力信息等事务 | 11864 | 14275 | — | — | 59418 | 48522 |
| 商业服务业等事务 | 6460 | 7362 | — | — | 13970 | 8575 |
| 国土资源气象等事务 | 1613 | 2604 | — | — | 5250 | 5426 |
| 住房保障 | 13008 | 13444 | — | — | 21424 | 22309 |
| 粮油物资储备事务 | 660 | 691 | — | — | 79 | 10 |
| 其他支出 | 1906 | 2437 | — | — | — | — |

注释：2012—2014 年数据指区级公共财政预算支出，2015 年数据指北仑区本级预算支出，2016—2017 年区本级数据包括北仑区本级和开发区本级；区级预算包括区本级、街道、镇（乡）级；2012—2016 年为执行数，2017 年为预算数。

资料来源：根据北仑财政局公开的年度报告整理。

① 北仑区财政局官方网站．关于宁波市北仑区 2016 年预算执行情况和 2017 年预算草案的报告．

# 9.2 典型村镇发展的案例及可持续性分析

## 9.2.1 历史文化古镇类

从宁波的历史文化名镇发展特点看①，往往都是合理利用其人文资源、生态资源、旅游资源，同时发展特色产业（特色工业、特色农业等）作为经济支撑，而非单一依赖于旅游产业收入，促进生产、生态与生活的融合，实现古镇宜居、宜游功能，提高村镇持续发展能力。

（1）江北区慈城镇：历史文化名镇+特色“动力小镇”

慈城镇是宁波市中心镇之一，地处浙江东部沿海宁绍平原，位于宁波市江北区西北部，2009年底列入宁波市卫星城改革首批7个试点镇之一，2014年3月又被列为浙江省第二批16个小城市培育试点之一，享有部分县一级的经济社会管理权限。2015年，列入浙江省第一批省级特色小镇创建名单，将集中推进“动力小镇”建设。镇域面积102.57平方公里，下辖37个行政村、6个社区，常住人口约9万人。慈城镇保存了完整的传统生活结构方式，保留有大量的民居建筑，还有孔庙、会馆、牌坊、古井等公共建筑；明代的甲第世家、福字门头、符卿第、布政房和清代的冯宅等名人故居做工精致、用料考究，其周围仍保留了完整的传统街区，历史环境未有大的破坏，集中反映了慈城明清时期建筑风格和生活气息②。该镇先后被授予中国历史文化名镇、中国年糕之乡、全国环境优美乡镇、中国慈孝文化之乡、国家4A级景区、全国文明镇、第二批中国传统建筑文化旅游目的地、联合国教科文组织亚太地区文化遗产保护荣誉奖等“国”字头荣誉。慈城是浙江省最大的铜冶炼基地和宁波市重要的轻纺、建材基地，建立有农业、林业两大示范园区与工业园区，以旅游为主的服务业较

① 除特别标注外，本章节有关宁波市村镇的基础数据资料来自浙江政务服务网（http://nbxssp.zjzwfw.gov.cn）公开信息。

② 慈城镇［EB/OL］. 宁波市江北区政府官方网站.（2018-06-20）. http://www.nb-jiangbei.gov.cn/col/col100781/index.html.

发达。慈城镇既具有丰富的历史文化底蕴，历代名人辈出，具有优越的、独具特色的旅游资源，也形成了有色金属、服装、建筑、机械、化工、轻纺、医药等门类较为齐全的工业体系，古色、绿色、山色、水色和现代经济特色鲜明。慈城镇是东南沿海地区现代工业、特色农业与文化旅游产业综合发展，传统文化、现代文明与生态文明协调发展模式的典型。

（2）象山县石浦镇：国家历史文化名镇 + 中心渔港

石浦镇地处东海之滨、象山半岛南端，行政区域由镇本土和檀头山岛、东门岛、对面山岛、半招列岛、渔山列岛等众多岛屿组成。石浦镇以港扬名，北连舟山渔场，居大目洋、渔山、猫头洋各渔场的中心，历来是东海渔场主要渔货交易和商贾辐辏之地，素有“浙洋中路重镇”之称。石浦镇为中国历史文化名镇、全国六大中心渔港之一、国家二类开放口岸、浙江省小城镇综合改革试点镇和首批小城市培育试点镇、宁波市首批卫星城市建设试点镇。石浦以“沿溪布村，村前滨海处多岩”而名，曾为抗倭之地。石浦镇具山海、港口之利，物产丰富，渔业发达。截至 2012 年，石浦镇镇域面积 126 平方公里，中心城区建成区面积 7.5 平方公里，辖 8 个社区、54 个行政村，共有常住人口 14.8 万人，其中渔业人口 2.4 万人；依托水产品园区、万泰机电城、科技园区、门前塘园区和打鼓峙船舶基地“四园一基地”，形成了水产品加工、机械制造和船舶修造为主的三大工业体系；水产品年均捕捞量 30 万吨，渔业产值 22 亿元。石浦镇发展的特点是依托中心渔港及文化资源，打造现代渔业及关联产业体系，以工业支撑镇域经济持续繁荣的发展典型。

（3）宁海县前童镇：国家历史文化古镇 + 旅游开发

前童镇地处宁海县西南部，始建于公元 1233 年（南宋绍定六年）。辖 1 个社区、17 个行政村，镇域面积 68 平方公里，人口 2.6 万人，是一个历史悠久、文化积淀深厚、地理环境独特的江南古镇，先后被命名为“浙江省历史文化名镇”“浙江省旅游城镇”和“中国历史文化名镇”。前童镇以民居布局奇特，明清古建筑群保存完善以及人才辈出而闻名，至今仍保存有 1300 多间各式古建民居。前童镇拥有完整古建筑群，灿烂人文景观和优美自然风光等丰富旅游资源，基本形成了以传统建筑风貌和民间生活为特色的历史文化保护区，保护开发了各具特色的传统民居区、梁皇山风景区、石泄龙吟景区和福泉山景区四大旅游景点。村落按“回”字九宫八卦式布局，童姓祖先按照八卦原理，把白溪水引进村庄，潺潺溪水挨户环流，家家连流水小桥，户户通卵石坦途。“家家有雕梁，户户有活水”。前童镇的人文景观主要有“谨节堂”“聚书楼”“集贤斋”“天、尺木草堂”“鹿鸣山房”“德邻书院”“好义堂”“泽思居”“大祠堂”“民俗博物馆”等，民俗文化有元宵灯会、木匠和雕刻等。前童镇产业体系并不依赖于单一的旅游业，压铸及其配套产业是该镇工业经济的主体。

（4）海曙区鄞江镇：省级历史文化名镇＋特色产业

鄞江镇位于四明山脉东麓，距宁波25公里，辖区面积62平方公里，下辖12个自然村，1个居民会。其中镇区面积5.6平方公里，人口约2.3万人（2015年末数据）。鄞江镇是上通四明山、外通三江口的贸易中心，是一座历史悠久的浙东著名重镇，素有“四明首镇”之称，是浙江省级历史文化名镇。鄞江镇原是浙江省宁波市鄞州区辖镇，2016年10月划归海曙区。鄞江镇特色农业优势鲜明，有“清沅”早熟芋艿、“清沅”东魁杨梅、“四明银雾”茶叶、“它山堰”白茶等主要农产品基地等，并形成了以汽配、食品、机械、塑料、电子、轻纺、服装、建材等八大门类为主体的工业生产体系。鄞江镇旅游资源丰富，主要有它山堰（国家级文物保护单位）、它山庙、南北宕、古树群、断坑岩等34处旅游资源点。镇上拥有良好的基础设施和生态环境，现有两座总蓄水量为1.4亿立方米的水库；位于悬慈畈的澄浪潭泉水，属国家一级天然水保护资源。鄞江镇也是依托历史文化资源和生态资源，发展优势特色农业和旅游产业、轻纺电子工业，实现三产协调发展的典型。

（5）余姚市临山镇：省级历史文化名镇＋产业强镇

临山镇位于杭州湾南岸，余姚西北，镇域面积49.7平方公里，海岸线2.9公里，辖10个行政村、1个居委会、2个社区，约4万余人口。洪武年间就有临山卫，是浙东著名的“三卫”之一，戚继光曾于此驻军抗倭，尚存有卫城古城墙、烽火台、炮楼等遗迹。临山镇坚持“农业稳镇、科教兴镇、工业强镇、商贸活镇”战略，全面建设小康社会，推进城乡一体化建设。临山镇是余姚市农业强镇，已经形成了瓜果、榨菜、水产、畜禽四大农业主导产业，拥有万亩葡萄生产基地及千亩葡萄观光园，近100个国内外名优葡萄品种，以“味香园”品牌和“余姚（临山）葡萄节”为载体的观光农业享誉省内外；拥有万亩榨菜生产基地，以中国名牌、中国驰名商标“国泰”为龙头的榨菜种植、加工能力达1.6万吨以上，“榨菜之乡”“葡萄之乡”“神农”畜禽、“来宝”香干、杭州湾海鲜等享有美誉。临山是姚北经济重镇，已形成制笔、电子电器、蓄电池、机械制造等优势行业，尤其是临山制笔闻名全国。此外，高科技指纹锁、制冰机、车载冰箱、家用冰箱、割灌机、离心式水泵、绿篱剪、镍-氢电池等高科技产品为该镇工业经济注入了新的活力。临山镇已建成镇东示范区、镇西环保特色区和镇中制笔区三大工业功能区块，2014 年工业总产值达 116 亿元。

（6）奉化区溪口镇：省级历史文化名镇 + 美丽宜居小镇

溪口镇地处四明山麓，是目前浙江省行政区域面积最大的一个行政镇，是浙江省级历史文化名镇和住建部认定的美丽宜居小镇、全国特色景观旅游名镇。镇域面积 381.6 平方公里，下辖 7 个便民服务工作站、55 个行政村、6 个居委会，常住人口 9.7 万人。辖区内耕地 29295 亩，林地 509600 亩，森林覆盖面积 89.7%。境内有亭下、驻岭 2 座大中型水库和 1 个国家 5A 级旅游景区宁波溪口雪窦山。境内风光旖旎，景色秀丽，历史文化和佛教（弥勒佛）文化蜚声海内外。溪口镇坚持“旅游兴区、产业强区、城建美区、生态立区、文化名区、依法治区”发展战略，推进“宁波市先进特色制造业基地、特色农产品基地和最佳旅游休闲胜地、最佳山水人居胜地”建设。先后被评为（确定为）联合国计划开发署中国可持续开展小城镇试点镇、全国小城镇综合改革试点镇、全国小城镇建设示范镇、全国环境优美乡镇、国家森林公园、全国卫生镇、全国水蜜桃特色基地乡镇、中国美容美发器具生产基地、中国气动元件之乡等。

（7）余姚市梁弄镇：省级历史文化名镇 + 特色产业

梁弄镇是全国重点镇、全国文明镇、浙江省首批中心镇、浙江省历史文化名镇，位于浙东四明山麓，姚江之南，辖 17 个行政村、1 个社区，区域面积 94.5 平方公里，人口 3.4 万人。梁弄是浙东抗日根据地的领导中心，有“浙东小延安”的美誉。2005 年初梁弄镇被确定为全国百个红色经典景区之一。境内以四明湖、白水冲瀑布为代表的山水风光与五桂楼、孙子秀墓、羊额古道、浙东抗日根据地旧址群等一批人文景观交相辉映。乡村游、果园采摘和山野风光等农家乐特色休闲旅游成为梁弄旅游的新亮点。梁弄镇特色产业初具规模和特色，是中国绿茶之源，已形成以中国茶业博览会金奖名茶“瀑布仙茗”为龙头的茶叶经济；灯具块状特色经济明显，全镇共有灯具企业近 500 家，在全国开设灯具门市部 1400 余家，是全国最大的室外照明灯具生产基地，2001 年被命名为“中国灯具之乡”，

2005 年又被中国轻工业联合会、中国照明电器协会命名为“中国灯具制造基地”。梁弄镇与宁波市其他历史古镇类似，都是依托历史文化资源和生态资源，坚持特色农业、特色工业与文旅产业协调融合发展之路。

### 9.2.2 历史文化名村类

宁波市省级、市级历史文化名村众多，大多生态环境优越，由于其资源特点、区位和经济发展的差异性，发展模式和发展机制多样化。

（1）岩头村：休闲观光 + 生态产业

岩头村是省级历史文化名村，位于奉化区溪口镇以南剡溪上游 11 公里处，属于溪口镇的一个行政村。村域面积 15.2 平方公里，人口约 2500 人，有山林面积 18500 亩，包括雷竹地、水蜜桃基地、杨梅林、毛竹山等。岩头村处于天台山余脉，至今有 600 余年历史。环村皆山，山体多生肖动物形状，有岩溪穿村而过。岩头不仅风光秀美，而且人文景观殊胜。清嘉庆年间大书法家毛玉佩真迹、摩崖石刻、蒋介石发妻毛福梅故居、毛邦初故居等景观密集，且维持着当初的风貌。岩头村落结构元素丰富而独特，村中大兴桥左右两岸，有保存完整的三合院、四合院，多为明末清初建造的名人故居。有“古井灵泉”之美誉的大井潭上下二三百米地段曾经盛极一时。溪西观光休闲带——以溪西街为主，包括岩溪以西的村域，主要在沿溪构筑有古村鲜明特色的休闲带，以古建民居为依托，展现岩溪清新质朴的宁静风情。溪东商贸风情带——以溪东街为主，包括岩溪以东的村域，主要是充分挖掘岩头村悠久的商贸传统文化，修复老街的重要商业用房，营造传统商业文化氛围。

（2）许家山村：石头古村 + 生态旅游

许家山村是宁波市规模最大、保存最完整的石头古村，位于宁海县东部、茶院乡西部，属于茶院乡许民行政村的一个自然村，距县城 13.5 公里，平均海拔约 200 米。全村约 270 户，户籍总人口约 720 人，常住人口仅 200 人左右。村域面积 4718 亩，山林面积 3008 亩。石头古村始建于南宋末年的许家山村，有 700 多年历史。许家山村位于近 6 万平方米的核心保护区，三合院和四合院建筑格局完整，历代先人利用当地丰富的玄武岩资源建设家园，历经岁月洗礼，散发着独有的光彩，随处可见石墙、石窗、石路、石桥、石巷、石井、石磨等。许家山现存古建筑三合院和四合院建筑群格局完整，85% 以上保持原有历史风貌。从 2008 年起，在县乡政府积极保护和专业机构的策划下，许家山石头古村建筑、生态、文化、美学等方面的价值开始被人们认识并喜爱，吸引了大量建筑、摄影、绘画等专业人员及业余爱好者来村观光、研究、摄影、绘画等。许家山石头村在 2010 年入选第五批“中国历史文化名村”，2013 年入选首批中国传统村落名单。

（3）半浦村：渡口古村 + 重教人文

半浦村位于宁波市江北区慈城镇姚江之滨，三面环水，南有“灌浦古渡”，北有慈城古镇，据交通要冲，距离宁波市区 18 公里，属于典型的渡口古村，为宁波市十大历史文化名村之一。半浦村村民约 600 余户、1300 人。半浦古时称鹳浦，亦称灌浦、官浦，谓取灌溉农田之意，清代定名为半浦。因地处姚江之北，江以南九里有浦，北有灌浦古渡，两地均为渡而名，渡因浦而名。村落大族历世聚居，行文重教，村中有多处代表性的优秀建筑，曾有浙东学派著名人物郑氏家族的“二老阁”藏书楼及现在仍保存完好的民国时期兴建的西洋建筑“半浦小学”，此外还遗留下大量的如中书第、周家祠堂、塘路墩、半浦大屋等明清古建筑，区级文保点 24 个。

（4）走马塘村：古村保护 + 环境整治

千年古村走马塘位于宁波市鄞州姜山镇，地处鄞南平原，依傍奉化江支流东江，被称为“四明古郡，文献之邦，有江山之胜，水陆之饶”。村中明清古建筑众多，民风淳朴，文物古迹众多。历朝历代，这里出过 76 位进士，被誉为“中国进士第一村”，是宁波平原古代农业社会耕读文明的典型代表性村落[①]。走马塘村由 2 个自然村落组成，村域面积 2 平方公里，其中耕田 2200 亩，村民 600 余户、1500 余人，外来人口 300 余人。村中典型的古建筑有贵房、前新屋、中新屋、后新屋、老东窗、老流房、慈荫堂、忠房等 8 处，明清建筑众多，此外 3 幢民国时期建筑也极有特色，人文景观遍布，文化积淀丰厚。全村有护村河环绕，4 条河流环抱村落，水系发达。村河与杭甬运河相通，古时走马塘人从水路可通明州、杭州。古建筑鳞次栉比聚居于四方河网围护的古村中，东升桥、紫来桥、西沈桥、庆丰桥、团聚桥、后宅桥等沟通陆路往来。近年来，走马塘村集中改善村容村貌和大力整治卫生环境，开展“美丽庭院”评比，实行网格化

① 走马塘：中国进士第一村［N］，宁波日报，2016-10-12.

管理和保洁常态化机制，村民环境意识得到提升，村内古朴洁净环境得以保持，先后获得市级卫生村、民主法治村和区级文明村、卫生村称号。

(5) 李家坑村：长寿村+保护性开发

李家坑村原名徐家畅村，隶属宁波市海曙区章水镇，村域面积8.2平方公里，耕地面积642亩，山林面积3700亩，户籍人口800余人。李家坑村地处四明山革命老区，村东有新建的周公宅水库，南依四明山，西与余姚大俞交界，北邻余姚大岚镇接壤，山环水绕、景色秀丽。该村拥有大量明清古建筑，特别是清朝中晚期及民国的建筑，四合院民居，布局讲究，层次分明。李家坑村是知名的长寿村，90岁以上的有17人，70岁以上的人口占总人口1/3，2015年李家坑被评为宁波市首批长寿村。近年来，李家坑村开启改造工程，坚持以不改变村居原状、不影响其结构和安全为前提，尽量做到修旧如旧，保持原有古村落民宅的风貌和文物价值。村里聘请专业机构对整村改建进行设计，投入资金1800万元建设村服务中心、四合院民宿、养生度假区等10大工程，新建82套3层楼农民公寓[①]，使古村面貌焕然一新。此外，力图引入民间投资共建民俗项目，兴建高山蔬菜基地。同时，在改造的过程中，更加注重环境保护，将卫生列入了村规民约，获得“宁波市洁美村庄”荣誉。

(6) 凤岙村：老街古村+分级保护

凤岙村位于宁波市海曙区横街镇，自古是进入四明山的重要通道，由西村和东村两个自然村组成，大雷溪从青山怀抱的四明山翠谷中穿过，经庄家溪到武陵溪分成两支，一支进入桃源溪汇入广德湖，另一支进入九曲凤凰溪，过乌金碶到绿波桥河，再进入凤岙溪。凤岙村坐落在凤岙溪边，清乾隆年间形成著名的“凤岙市”，并在民国时期成为西乡片繁盛的集市之一。凤岙老街呈“T”形，南北长150米，东西长380米。街两边以木结构的老房子为主，不少沿街老房虽然大部分成了民居，但仍有一部分保留着完整的排门、矮门，当年店铺风貌依存。凤岙村西边高东边低，北边高南边低，凤岙溪主流穿村而过。凤岙人依溪建店铺，老街呈明显的“T”形，呈现双街临河、前街后河的建筑风貌。凤岙古村成片完好的街区建筑，但由于20世纪后期商户大多搬迁，同时涌入大批外来务工者，

---

① 李家坑：一个古村的新生［N/OL］. 中国宁波网－宁波日报，(2015－07－06). http://news.cnnb.com.cn/system/2015/07/06/008350480.shtml.

故商店改作外来人口居所，老街与水系交通风貌依旧。当地政府为保护好浙东老街，坚持整体保留街区文化遗存原则，并配套制订《分级保护方案》，对“控制地带外围”也建立严格控制措施[①]。凤岙村入选第二批省级历史文化名村。

（7）蜜岩村：原始村貌 + 红色古村

蜜岩村位于鄞西山区章水盆地西端，坐落在风景秀丽的四明山的东南缘。大、小皎的水系汇源之地，曾被评为宁波市十大历史文化名村。常住人口 1700 余人，户数 765 户，土地面积 700 亩，山林面积 7412 亩。“蜜岩”一词概括了村中除贝母之外的另两种特产，一为蜜光鱼、二为野蜂。蜜岩村始于唐代明州刺史应彪的后裔聚族而居已 870 余年，村中传统建筑群落和几条主要街巷保存尚全，村落格局和风貌保存完好。蜜岩村老房子以木结构的长排屋为特征，不同于传统的三合院和四合院。近代以来，蜜岩村人才辈出，有辛亥志士、民国文人，更是中国共产党领导革命和抗战的红色古村。

（8）新庄村：城中古村 + 活态传承

新庄村位于宁波海曙区西侧，东接市区，南临杭甬高速，属高桥镇东南区域，与古林镇交界，是典型的城乡接合部。村域面积约 1.5 平方公里，总户数 544 户、1400 人，6 个村民小组，有中共党员 46 名。村民主要靠外出务工、经商和房屋出租等收入，该村外来人口 1 万余人。新庄古村始于宋、兴于明，明朝以后周氏家族在鄞州望族中有着重要地位，是仅次于鄞东史氏的又一“官员世家”“科举世家”，前后出了 20 多位进士。新庄村被称为宁波城区中最大的古村，由于城市扩容新庄村从古村边缘拉到城郊接合部。新庄古村旧村整理式改造采取了古村保护和新村建设相结合的模式，坚持古建筑保护优先于新村改造理念，是城乡接合部古村保护与活态传承的典型。新庄村委托专门机构编制古村保护规划，邀请文保专家献言献策，拟定周薇故居、周氏闾门、御史中第等重点建筑的修缮计划，把保留古色古香的建筑、传承耕读传家的村风家风、保护村民习俗、挖掘老字号企业文化资源，实现古村历史文脉“活态”传承。村集体在村支书带领下，修建村文化礼堂、关爱老年人精神文化、重修《周氏家谱》、

---

① 宁波第二批市级历史文化名村出炉［N/OL］. 中国宁波网 - 东南商报，（2014 - 07 - 05）. http：//news. cnnb. com. cn/system/2014/07/05/008104554_ 03. shtml.

聘用专业保洁公司、建立治安巡逻队等。2011 年新庄村被列为革命老区村，2016 年入选浙江省历史文化名村。

(9) 中村村：传统村落 + 生态农业

中村村位于余姚市鹿亭乡东南部、与海曙区章水镇童皎村接壤，距余姚城区、宁波城区均约 40 公里，地处低山丘陵的四明山脉北侧，地势南高北低，晓鹿大溪穿村而过。中村村共设 9 个村民小组，全村 736 户、总人口 1950 人，有中共党员 70 多人。全村耕地面积 1050 亩，茶山 145 亩，毛竹山 4460 亩，薪炭林和用材林 4168 亩。该村适宜毛竹生长，毛笋、浙贝、花卉为主导产业。2014 年全村经济总收入 9456 万元，村集体收入 14 万元，人均纯收入 14250 元。中村村有着源远流长的历史，青山、秀水、古庙、古桥、古民居，人文古迹有白云桥、晓鹿溪、仙圣庙等①，展现了独具特色的浙东乡土古村落风貌。村内有省级文保单位白云桥和余姚市级文保单位仙圣庙戏台，是浙东地区清中晚期古村落的典型代表。中村村对于研究浙东地区历史文化、乡土民俗、浙东古村落的格局，以及研究传统民居建筑、乡土建筑提供了重要的实例。2012 年被列入第一批中国传统村落名录，先后获得宁波市历史文化名村、宁波市卫生村、宁波市千村绿化工程示范村、宁波市级生态村、宁波市农村综合信息服务站示范村等荣誉。

(10) 金冠村：红色古村 + 美丽生态

金冠村位于余姚市梨洲街道南部、梁辉水库上游，距余姚城区约 10 公里，坐落于四明山山脉北端的峻岭之中，境内山峦连绵，岙弯重叠，山上植被丰富、竹木茂盛，冠珮溪和茭湖溪是村庄内的主要水系。金冠村于 2001 年 4 月由原金岙、冠珮（里冠珮、外冠珮）二个自然村合并组成，村域面积为 4.18 平方公里，其中山林面积 6435 亩，茶山 200 亩，耕地面积 205 亩，全村户籍人口 1500 余人、620 户，其中 96 户享受下山移民政策安置在阳光公寓；设立流动、农业、老龄 3 个党支部，中共党员 80 多名。村落始建于宋代，依山而建、沿溪而居、溪村相融、溪山相映，属于生态自然的绿色人居环境。村周围竹海绿岙，峰高潭深，山溪清泉面村而过，自然生态保护良好。现存建筑多为清代风格，保持鹅卵石、石砌墙、

① 自然人文完美结合的中村 [N/OL]. 浙江在线新闻网，(2013 - 03 - 17). http://nb.zjol.com.cn/nb/system/2013/03/17/019215018.shtml.

木结构的整体风貌，是一个典型的古村落，2005 年入选宁波市历史文化新村[①]，并入选中国首批传统村落。金冠村不仅历史文化底蕴深厚，也是一个具有光荣革命传统的红色山村，是浙东抗日根据地之一、青少年爱国主义教育基地。金冠村古桥、古庙、古道与自然景观相互交融，形成较为系统的历史人文与自然资源。为开发古村文化，金冠村开展了“同乡联谊会”“村企结对”等活动，共同促进“美丽乡村”建设。金冠村在 2011 年着手制定环境保护与改造规划，吸引社会资金参与美丽乡村建设[②]。

（11）葛竹村：民国特色 + 生态旅游

葛竹村属宁波奉化区溪口镇，地属奉化、嵊州、余姚三市交接地带，坐落在四明山主脉南麓的西晦溪谷地上，地理位置偏僻。离原斑竹乡政府所在地斑竹园 2.5 公里，离溪口国家级风景名胜区直线距离 15 公里。村域面积 11.9 平方公里，农户 203 户、480 人，耕地 240 亩、山林地 11700 亩，2014 年村集体收入 7 万元左右，收入主要依靠出让小型水力发电站承包收费和集资收入费，村集体经济较薄弱，属于典型的贫困村。葛竹村始于北宋年间，距今已有千年的历史，村落建筑样式多样，建筑年代久远，村内房屋多以泥墙坯房，且部分房屋破损严重，但部分清代及民国建筑保存完整，成为浙东山区村落由传统向近代完美过渡的一个样板。葛竹村作为蒋介石外婆家和许多民国名人的旧居，是奉化全境仅次于溪口镇的第二大民国史迹集聚地，古香古色风貌保存完好。王氏宗祠、武岭分校、王震南故居等人文景观具有较高的文化研究价值。为克服地处偏远山区、交通不便、村集体经济薄弱等因素，村委会利用开展“十大行动”村庄整治提升工程，大力开发旅游产业，打造独具民国特色的文化名村。2014 年 5 月，葛竹村被列入省历史文化名村。

（12）东岙村：高山花卉 + 生态立村

东岙村位于奉化溪口镇国家 5A 级景区雪窦山上的高山盆地，距离溪口镇约 10 公里。东岙村是一个高山花卉村，东面孔家山海拔 580 米，北面马家山海拔 839 米，西面黄泥浆岗海拔 976 米，西北面商量岗海拔 863 米。村共有 428 户，户籍人口 1260 人、外来人口 120 人，共有山林 3449

---

① 金冠村：横山曲水若桃源［N/OL］. 中国宁波网 - 宁波日报，(2010 - 07 - 27). http://daily.cnnb.com.cn/nbrb/html/2010 - 07/27/content_ 216835.htm.

② 余姚金冠村：合力建设美丽乡村［EB/OL］. 浙江在线.（2012 - 01 - 17). http://3n.zjol.com.cn/05sn/system/2012/01/17/018149078.shtml.

亩、水田648亩，种植花木20420亩。东岙村属纯生态绿化全覆盖山区村，东临溪口雪窦山弥勒道场雪窦禅寺、千丈岩瀑布著名风景点，南临三隐潭、妙高台风景点，北临商量岗林场风景点，是避暑胜地。改革开放以来，东岙村立足山区实际，把花卉苗木作为山区农村奔小康的主导产业，围绕“山绿民富境美”的建设目标，坚持生态经济化和经济生态化的发展战略，发展生态经济，积极培育绿色产业，实现生态立村、兴林富民和高山富民。

（13）龙宫村：历史名村＋生态治理

龙宫村位于深甽镇西南，距宁海县城36公里，由龙宫、俞山两个自然村组成。全村耕地面积1100亩，山林面积17600亩，共有村民780户、1980人，中共党员近60人，全村99%为陈姓。2014年度村集体经济收入0.33万元，集体经济薄弱。龙宫村建于北宋宣和年间，有一千多年的历史。地理位置非常独特，地处天台华顶山北麓，天台国清寺佛界之地，故有神仙山脉通龙宫之说；古文化和生态旅游资源丰富，特别是龙文化颇具特色，保存较为完整的传统格局和历史风貌。村内有全国文保单位1处、县级文保单位5处、汉代石砌古道1处、古寺庙3处、全国一级古树名木4株，并有33处保存较为完整的古建筑院落。近年来，镇村投入大量资金用于村庄道路硬化、河道整治、污水治理等生态环境建设。2013年入选“浙江省首批历史文化村落保护利用重点村”、第二批“中国传统村落”，2014年入选第六批“中国历史文化名村”。

（14）力洋村：沿海渔村＋江南民居

力洋村位于宁海县东部，隶属力洋镇，距县城28公里。北靠盖苍山（俗名茶山），南临三门湾，背山面海，山明水秀，气候宜人。古时村在沥水之北，水之北为阳，故名沥阳。后港湾淤塞，村庄南移，更名沥洋，今其老街西首尚有“蛎蚌滩”旧称。1962年改名力洋，为力洋镇政府驻地。力洋村由力洋自然村和山横自然村合并而成，农村常住户数1330户，常住人口数约4000人。力洋村历史悠久，曾是宁象合并时的县政府驻地，是宁海东部自然的地理经济、文化中心。力洋村共有中共党员150余人，村民小组28个。力洋村多次被评为“社会治安综合治理先进集体”“民主法治村”“优秀调解委员会”等。力洋现存的古民居建筑有着许多独特的地方文化特色，既有沿海渔村的雄浑和粗犷，又有江南特色的精细与纤秀，用碎瓷片作为建筑上的装饰也是力洋古民居的一大特色。力洋古建筑大多为叶氏古宅，共有 19 处，12 处保存完好，保留完整的力洋古村落是一笔宝贵的文化遗产。力洋村历来以农业为主，盛产粮食，20 世纪 80 年代初期开始发展工业，村办企业和镇办企业较为发达。

（15）溪里方村：村庄规划 + 环境整治

溪里方村位于象山县墙头镇南部，背靠大雷山，坐望西沪港，由溪里方和郑家组成。有耕地 501 亩，山林 1000 亩。溪里方村始建于明洪武年间，方氏祖伯礼（方孝儒之从弟，进士出身）从宁海缑城里迁居，渐成县邑望族；郑氏祖仁爵公于明初由本县南充迁此，与方氏族人居住数仞相隔，同为一村，俗称郑家，子孙繁衍发达。因村东西两侧有溪，自源头曲折趔绕抱村流过，且又是方姓为主，故取村名为溪里方。全村共有 252 户、约 600 人，党员 30 多名，2015 年村人均收入 17000 余元。溪里方村保存有数十栋民族风格、相当考究的古建筑，散布在村庄中心。溪里方村利用新农村创建、文明村创建、试点户垃圾分类处理模式等活动为契机，改善村貌村容和人居环境；采取先保护修缮、后开发利用，确保村庄建筑古迹和谐融入村庄规划，保护明清特色古村落。先后获省级文明村、省级卫生村、省级综合减灾示范社区、宁波市村庄整治建设十佳村、第二批历史文化名村、全面小康村、生态村、森林村庄等荣誉①。

（16）东陈村：现代农业 + 新村建设

东陈村位于象山县东陈乡驻地沙岗村东北 1.8 公里处，东邻岳头、南接大塔，西靠西庄、洋里，北通北山下，呈块状分布。全村 268 户、800 多人。耕地 1079 亩，山林 1576 亩。东陈村被誉为象山县闻名的文化村，宋代有 8 个进士。村建有党支部、村委会，农村经济合作社、团支部、妇代会、老年协会、计生协会等组织。东陈村适宜农作物生长，农副土特产丰富，如蜜枣、板栗、化红、花椒、香菇等。东陈村在 20 世纪 70 年代末期开始，投资发展村办企业（砖瓦厂），实现工业致富。近年来，东陈村按照新农村建设要求，不断地改善村级设施，进行大面积的绿化补绿及环境卫生整治，美化净化了村居环境。东陈村先后获得现代农业示范村、人口和计划生育工作先进集体、环境整治提升村、二星级党支部、先进基层党组织等荣誉。

① 象山溪里方村：俯仰之间皆文章 [EB/OL]. 中国宁波网，(2014－08－10). http://news.cnnb.com.cn/system/2014/08/10/008134548.shtml.

（17）山下村：历史古村 + 产业强村

山下村位于慈溪市东部龙山镇，东临滨海区，南邻西门外村，西临329国道，北傍伏龙山。截至2015年底，村户籍人口2100人，户数917户，暂住人口2300人，中共党员近90名，辖7个村民小组；全村耕地面积1813亩、山林3024亩。2015年，村总产值达2.51亿元，其中农业产值7790万元、工业产值15522万元、第三产业产值1824万元，村集体年可用资金120万元，农民人均收入25990元。山下村是国家级文物保护单位——龙山虞氏旧宅建筑群的所在地，系宁波帮代表人物虞洽卿赴上海经商发迹后在家乡营造的中西合璧庭院；村庄文保点众多，山中风光旖旎，古迹众多，构成以千年古刹—伏龙禅寺、全国滑翔伞基地为中心，以虞洽卿墓园、莲花池、仙人桥、千丈岩、蛇打滚、摩崖石刻等景点为拱卫的系列景观。山下村拥有集观光、旅游、娱乐为一体的农业观光园区，宁波市非物质文化遗产——百年万顺酿造厂的传统酿造工序，民国风情一条街、村民文化休闲公园、老年活动中心等。先后被评为浙江省卫生村、浙江省旅游特色村、宁波市文明村、宁波市小康村、宁波市历史文化名村、宁波市森林村庄、宁波市千村绿化工程示范村、宁波市绿色村庄、宁波市生态示范村、宁波市科普示范村、宁波市十大绿色文化新景观村、宁波市村务公开民主管理示范村、慈溪五好党组织、慈溪市“四型”党组织、慈溪市先进集体、慈溪市先进党组织、慈溪市社会治安综合治理工作先进集体、慈溪市基层党校示范点等荣誉。

（18）韩岭村：水乡古村 + 文化旅游

韩岭村位于鄞州区东钱湖镇，“浙东第一古街”——韩岭老街地处东钱湖南岸，三面环山，一面临湖，山水相依，自然风光秀美，属东钱湖南湖景区，距宁波市区约20公里。韩岭村域面积8.94平方公里，现有耕地666亩、山林8900亩；下辖韩岭1个自然村，51个村民小组，总户数693户、人口约1700人，韩岭村有党员约60人，村集体年收入约200万元，农民年人均收入24000元。韩岭村是一座保存完好的典型浙东水乡古村。韩岭村山清水秀，居民住宅整齐美观，村内道路硬化，绿化布局优美，名胜古迹有庙沟后石牌坊，为国家级文化保护单位，有古色古香百年老街，是著名的旅游风景点。

（19）清潭村：历史古村 + 生态林业

清潭村隶属宁海县深甽镇，位于天灯盏西麓，以村旁溪坑有一潭称大清潭而得名，由清潭村、上陈村、上张村组成，现有 482 户、1360 人，耕地面积 1200 亩；山林面积 6614 亩，主产茶叶，毛竹，山林植皮以杉木、毛竹、松树、杂木为主，山林资源丰富。清溪流经村东南，四面有九峰环抱，溪中有岩，上建紫金石塔。古称清潭为“九龙抢珠”之地，有“里岙八景”之胜，自然生态环境良好。清潭古村具有近千年的历史，民风淳朴，文化底蕴深厚。世代袭有耕读之风，历代科举入仕者有 50 余人。村里重要的文物与传统建筑院落有：500 多年历史的双枝庙，200 多年历史的孝友堂，著名学者张明浩故居“三鉴堂”等。村里飞凤祠内戏台还完整保留了光绪时的民间彩绘，具有一定的艺术价值，村中有方孝孺讲学处，村西有尽忠潭，还有历史悠久的双涧桥、老岙桥、新岙桥、唐山桥，紫金岩塔、花车门、六马墙，都各具特色与历史、艺术价值。

（20）董家村：高山古村 + 村庄整治

董家村位于奉化大堰镇，地处高山。全村现有耕地面积 335 亩、林地面积 5222 亩，有农户 353 户、人口 1000 余人，低保户 28 户，有中共党员 40 多人。下设村民小组 18 个，村支部委员有 3 人，村委会委员有 5 人，村监会委员有 4 人，其中专职村干部 3 人，平均年龄 56 岁。2014 年该村集体经济收入 6.5 万元（全部为经营性收入）。明清时期，村中先后出现大学士、将帅、进士、文武举人、秀才等 10 余名，在近现代也涌现出不少知名文化人士。村中有一座江南少见的四合院，即董氏宗祠。该村保存有完好的 13 个闾门、16 个院落、近 200 间旧式民居。董家村美丽乡村建设于 2012 启动并完成共投资 340 多万元，主要完成河道清理工程、老年活动室及居家养老工程建设、拆厕拆危工程、环境绿化工程、排水沟工程、新建公厕 4 座、外墙粉刷工程等，村庄基础设施建设得以改善。

（21）青云村：文化古村 + 传统农业

青云村位于奉化萧王庙街道建成区，北临剡江，西傍泉溪，南望同山，东南距市中心 8 公里，西距溪口雪窦山风景名胜区 10 公里，地理优势突出。村域面积 2.84 平方公里，拥有山林面积 1605 亩，耕地面积 1938 亩（其中水田 1634 亩、旱田 304 亩），集体自留地 163 亩。现有村民 817 户，约 2100 人，村民小组 30 个；村党总支下设 5 个支部，共有党员 70 余人，是萧王庙规模较大的行政村。青云村以农业为主、村民收入水平整体偏低，2014 年村级集体经济收入 64.8 万元，农民人均纯收入 10705 元，主要盛产芋艿头、花木、水果等。青云村因“联步青云坊”而得名，是具有近千年历史的文化名村。古村区现有传统古建筑保存数量庞大，主要有民居、祠堂、藏书楼和桥梁等，整体风貌保存了清末民国时期的风格。近年来，青云村先后获得第三批中国传统村落、浙江省乡村记忆示范基地、宁波市第二批历史文化名村等荣誉。2010 年以来，为改善村内住房条件，村民集资建成“青云小区”和青云小区二期工程，同时对青云河道及两岸进行整治修缮，建成便民服务中心，提升了村容村貌。

（22）吴江村：千年古村 + 文化传统

吴江村又名吴江泾，位于宁波奉化区裘村镇，始建于唐代，距今已有 1100 多年历史。吴江村背山环溪，风景秀丽，民风淳朴，传统文化底蕴深厚。吴江村现有 1180 人，448 户。吴江村“仁德、礼义、清廉、忠孝、志学、修经、安定、复性”等教育大纲和理念世代相传，村历史上人才辈出，上出过大司寇、尚书、都统制，下出过状元、进士、举人和无数武生，有优良的文化传统。吴江村有永思堂（老祠堂）、昭孝堂（新祠堂）、第四份老宅等历史建筑。在第三次全国文物普查时，吴江村被纳入历史建筑保护名录的建筑就有 10 多处，其中被村民称为老祠堂的永思堂就是其中之一，为清晚期建筑。2014 年，吴江村被公布为第二批宁波市市级历史文化名村。

（23）陶公村：渔耕文化 + 规划保护

陶公村位于鄞州区东钱湖镇东南面，依山傍水，风景秀丽。全村面积 1.2 平方公里，总户数 659 户、人口约 1600 人。现有土地 350 亩，林地 1395 亩，全村共有 50 名党员，村集体收入 207 万元，拥有一个工业区。据史料记载，陶公半岛横亘湖心，远眺似伏牛饮水，人称伏牛山。相传春秋时期，越国大夫范蠡功成身退，偕西施隐居于伏牛山中。范蠡又名陶朱公，后人追念其兴越之功，把伏牛山改为陶公山，其临渊垂钓之处就是著名的钱湖十景之一“陶公钓矶”。陶朱公后代繁衍，陶公村即由此而来。陶公村位于陶公山下，具有典型的湖居和山居相结合的村落格局，以叶脉状街巷连通，民居随地形而建，山居、湖居相得益彰，富有特色，目前保留有清中晚期、民国时期和现代的建筑，是凝聚着典型的传统渔耕文化的村庄。2004 年陶公村入选宁波市第二批“市级历史文化名村”。已完成修编《陶公村历史文化名村保护规划》，规划定位为：东钱湖历史文化的重要载体、宁波市文化体验旅游目的地、浙东地区传统内湖渔村活化石，将以保护性修缮为途径，保护村庄历史文脉、传统功能和原住民生活的延续，让古村落之美延续并焕发新的活力[①]。

（24）龙山所村：生态立村 + 治理示范

龙山所村隶属慈溪龙山镇，地处慈溪东大门，自明朝开始即为浙东战略要地，为抗倭名将戚继光驻兵的“沿海十八所”之一。1986 年被列为“慈溪市文保单位”，现部分城墙保存完好，城内一横一纵道路依旧，部分明末清初、晚清、民国时期的建筑物保存较好。辖区内拥有常住人口 2650 余人，非常住人口占近 50%。现有耕地 1300 余亩，山地 670 亩。自 2000 年以来，龙山所村先后被评为宁波市卫生村、宁波市生态村、宁波市亿万农民健康促进行动示范村、慈溪市二星级文明村、庭院整治示范村、民主法治示范村、慈溪市先进党组织、宁波市文明村、先进集体等。多年来，村三套班子[②]始终以党总支为核心，稳定、巩固村级组织体系建设，坚持依法治村，加快新农村建设步伐。随着旧村改造工程的推进，龙山所村的村容村貌焕然一新，居民新宅错落有致，道路宽阔整洁，河水清澈涟漪。龙山所村重视物质文明、精神文明建设，倡导村民文明健康的生活方式。依托村落文化宫阵地，成立了合唱队、戏曲组、篮球队等文体队伍，文明民主、崇尚科学的社会风尚蔚然成风。

（25）洪魏村：浙东红都 + 新村建设

洪魏古村位于慈溪市掌起镇西南部，东南与宁波江北区相邻，西南与余姚市连接。洪魏村由原洪家和魏家两个自然村合并而成，全村户籍总人口 2180 人，中共党员近 100 人。村域总面积 6.48 平方公里，耕地面积 2009 亩，山林面积 6316 亩，各类河道 13 条（包括大溪坑），总长度约 10000 米，水域面积 300 余亩。洪魏村有慈溪市文物保护点——金锁桥、桐井。杨梅和葡萄是洪魏村的特色农产品，村内已形成 1500 亩左右的大棚葡萄种植规模，全村葡萄年产量在 2500 吨左右，是镇级葡萄生产基地。古村内的历史文化古迹众多，有战国石室墓、古窑址、古桥、古亭、古井，还有大量的古建筑，如“大夫第”“桂花门头”“白漆间”“西墙门”“洪家祠堂”“魏家上新屋”“魏家下新屋”“举人门头”等。洪魏村为宁波市历史文化名村，又被称为“浙东红都”，是浙东抗日根据地中期的党政军指挥中心和政治中心。该村结合“美丽宜居村”创建，整合红色历史

---

① 朱军备．陶公山陶公岛陶公村美丽传说千古流芳［N］．宁波日报，2016－04－27.

② 指村党组织、村民委员会、村民监督委员会。

资源，打造“溪上慈风”文明示范线中的“红风”特色村。近年来，洪魏村先后完成了叶家江、山下江、横家江等河道的生态河道建设，对整个村庄进行整体规划，改善村庄环境。投资建成洪魏农贸市场，打造乡村旅游观光园，建设登山健身步道，改造村内公厕，建设村落文化宫等①，洪魏村生产、生态、生活环境得到整体改善。

（26）河洪村：长寿文化 + 乡村旅游

河洪村位于梅林街道西部，依山傍水，由下河、洪家塔和洪桥三自然村合并而成。全村共有耕地 585 亩，山林 3987 亩，村民约 480 户、1440 人，有党员 58 名，劳动力 1000 人，村民外出务工人数 120 余人，外来务工人员 100 余人。河洪村有 60 岁以上老人 201 人，是首批宁波市“长寿村”。2016 年入选宁波市第四批历史文化名村。村庄古朴幽静，古树众多，村内古井多，还有下溪庙、明镜第、古戏台、干氏故居等历史建筑，拥有凫溪观景台、干人俊故居（下河乡公所）、干霖故居等自然风光和文化古迹。村落文化和旅游资源特色鲜明，木作、酿酒、古建等文化元素丰富。根据“文化礼堂 + 长寿文化 + 乡村旅游”的一体化建设模式，河洪村共计投入 200 余万元打造完成能容纳 500 人以上的文化大礼堂以及百岁馆、练武场、五树广场、二十四孝木雕馆、农耕馆、同乐园等特色景点、场馆，挖掘整理文化礼堂“五廊”展板近 50 块，已经全面形成一个集学教型、礼仪型、旅游型于一体的农村文化礼堂。以举办长寿文化节为契机，街道和村里更加注重村落文化建设，将传统先进文化元素融入经济、社会、生态建设的各个方面，并充分利用节日机制拉长经济、文化产业链，提高河洪长寿村的影响力和美誉度。

（27）东门村：渔村文化 + 旅游富民

东门村位于象山县石浦镇东门岛，四面环海，与石浦镇城区隔港相望，山海兼备，海防历史悠久。东门村渔业经济发达，被誉为“浙江渔业第一村”。村域面积 2.23 平方公里，全村现有住户 1210 户，人口 3800 人，共有 10 个村民组，52 名村民代表，有 73 名中共党员。2014 年，村集体经济总收入为 60 万元，人均纯收入 22000 元。全村 80% 以上青壮年从事海洋捕捞业，拥有大马力钢质渔船 270 艘；有果园面积 274 亩，山林

① 洪魏村：“红色古村”展英姿［EB/OL］. 中国宁波网，（2017－12－20）. http://xinwen.eastday.com/a/171220085701158－2.html.

面积1799亩。本村内有村集体企业1家（制冰），私营企业13家。近年来，东门渔村依托独特的资源和产业优势，以“渔业增收、渔民增收、渔区和谐”为发展目标，积极创建全面小康渔村，先后获得浙江省文明村、浙江省农家乐特色村、浙江省旅游特色村、浙江省休闲渔业示范基地、宁波市全面小康村、宁波市文明村、宁波市卫生村等多种荣誉。东门渔村人文历史及渔文化积淀较深，建于明洪武年间的昌国卫古城墙遗址、门头古灯塔及每年的开洋节、谢洋节吸引众多游客。现存文物古迹众多，呈点状分布。村内有祭祀妈祖的天后宫、东门城隍庙、纪念元守疆巡检王刚甫的王将军庙和明代昌国卫古城墙等。每年的“中国开渔节”重点项目祭海仪式在渔村的门头山妈祖像前举行。村内海洋文化历史遗存丰富，渔家风情浓厚，是一个“活态”的渔文化博物馆。

（28）马径村：工业强村+文明新村

马径村位于江北区庄桥街道北环西路北侧，距宁波市三江口约7公里。马径村由3个自然村组成，村庄三面环河，村内历史遗存多达11处，其中6处建筑已列为区级文保点，古民居保存比较完整，分布相对集中。其中张氏祠堂、后新屋等无不彰显着马径的悠久历史和深厚的人文底蕴。全村总户数640户，其中农户569户，总人口1200多人，外来人口2000多人，耕地面积1825亩。马径村工业发达。马径村先后获得宁波市园林式村庄、宁波市四星级民主法治村、宁波市文明村、江北区卫生村，江北区环境整治示范村、江北区三星级文明村、江北区村务公开民主管理示范村、宁波市科普示范村和江北区四星级文明村等称号。

（29）建设村：文化古村+旅游度假

建设村位于鄞州区东钱湖镇，地处陶公山古建筑群内，位于群内西片，东与陶公村隔弄（五房头）接壤，西北道路与外界连接，成为古建筑群的陆路交通门户，是“沿湖十八村”之一。村落面湖而建，背靠黄泥山岭，极具宜居环境。建设村户籍人口约740人，327户，流动人口300多人，共有中共党员近40名。建设村村内古建筑屋宇众多，如后裴君庙、王家祠堂、朱家祠堂，余家祠堂、“珠山四合院”、古树、古井等，有成片的家族衙门50多家。

（30）建岙村：文化古村+红色旅游

建岙村位于海曙区（原鄞州区）鄞江镇北偏西方向，距宁波25公里，山清水秀，环境优美，系革命老区。建岙村辖2个自然村，全村总户数

1000多户，总人口2500多人；现有耕田2518亩，山林面积8518亩，主要种植水稻、贝母、蔬菜、茶叶等。建岙溪穿村而过，古树落依山傍水而建。古朴的土石建筑，保留有大量村居农舍、合院式大宅，保留着传统古村落风貌。村内有原廊桥永庆桥、拱桥庆丰桥、平石桥下边桥、上边桥、水幕地塴桥、童家桥、里凤桥等古桥。建岙村是革命老区，抗日战争时期为红色堡垒村。大野树山墓道石刻为区级文物保护点。历史名人有宋代诗人马元演，中进士、任吏部侍郎等职，现代乡贤有马生成、唐荪园等历史人物。建岙村通过创建“和美家园”，清运陈年垃圾500余吨，平整坑洼地50余处，砌石整治阴沟5000多米，补种公共绿化10000余平方米，补种庭院绿化12000平方米，实现路平、水清、灯明、院洁、庭美，村容村貌焕然一新。2014年，该村利用革命旧址建岙小学新建了梅园革命史迹陈列馆和村文化礼堂。先后获得市级民主法治示范村、市级村务公开民主管理示范村、区级卫生村、区级文明村、远程教育示范基地、先进党组织等荣誉。

（31）前虞村：历史古村+特色农业

前虞村地处宁波市海曙区（原鄞州区）古林镇西部，周边河流围绕，甬金高速公路绕村而过，交通便捷。全村共有925户，常住人口2300多人，现有耕地2857亩。前虞村农业经济较为发达，开展了多种特色经济作物的种植，如花卉、苗木、蔬菜、水果、蔺草等，草制品从生产到加工形成完整的产业链。前虞村历史悠久，宋淳祐五年建村，至今已有770年历史。村内有虞氏宗祠、西岸桥良房、孝子碑、圣旨碑、双义坊、水果坊、李安房、梅房、湖房、老街等古建筑。近年来，前虞村发展观光旅游农业，增加村级集体收入；村级环境卫生建设加快，重新修筑大小道路10余条、新型村民公厕10余间，美化了村落的环境。

（32）西坞村：水乡古村+现代经营

西坞村位于宁波市奉化区西坞街道，于2005年12月由原9个村（桑园村、西仲村、居敬村、李师村、庆南村、陈孔目、桥下村、顾家畈、高丰村）撤并成新的行政村。西坞行政村是西坞街道的中心村，属于典型的江南水乡古村。区域面积13.2平方公里，村庄占地面积930亩，常住人口1.2万余人，户籍人口5000多人，农户数2200户；村设立党总支，下设9个党支部。耕地面积4030亩，山林面积2030亩，水域面积1800亩。西坞村曾一度作为北通宁绍，南达温台的交通枢纽，是历史上宁波市郊重要的水路交通和物资集散转运地。西坞村仍保留了历代以来逐渐发展成型的江南传统水乡格局和众多历史文化遗产，如古老石拱桥（居敬桥）、民间古祠，保留有明清遗风的农居古宅桂花墙弄、高楼弄、三益店弄、镇宝桥弄等共 76 处。西坞古宅的布局十分讲究，多以木结构畚斗楼为主。随着时代的发展和变迁，西坞村人已逐步从传统耕作、捕捞走向以商贸、旅游业为主的现代化经营格局。

（33）箬岙村：耕读渔村 + 传统村落

箬岙村位于宁海县一市镇东南方向 1.8 公里的箬岙古村，是一个具有深厚文化底蕴的耕读渔村。全村共 195 户、约 600 人，耕地面积 682 亩，山林面积 1800 亩。2014 年 11 月列入第四批中国传统村落名录名单。箬岙村最早的住户是明朝永乐年间（1403 - 1424 年）由牛台村迁徙而来的，垒堪筑碲，垦地造田，逐渐形成一个较有规模的村庄。该村海滩资源丰富，水陆交通两宜，箬岙先民又善于经营，故自明朝中期后，箬岙已成殷富之地，农、工、渔、商等行业均很发达。明、清两朝里，箬岙人在外村开设了 5 所田庄，在一市街设有店铺和钱庄，有数百条商船往来于上海、福建等地，因而富甲一方。箬岙村旧称"东城"，因其位于台郡东方之边陲，曾筑城以御寇，故名之。

（34）四合村：传统民居 + 花卉产业

北仑区柴桥街道四合村位于新碶东南 10.2 公里，柴桥西南 3 公里。辖有群力、里隘、朱家漕和麟角湾 4 个自然村。四合村现有常住人口 1400 多人、664 户。全村经济收入主要依赖于农业，村民以种植花卉为主。四合村入选宁波市第三批"市级历史文化名村"。四合村保留着较多清代宅第民居和近代传统民居，结构独特、精于雕刻。四合村共有清代宅第民居和近代传统民居共有 25 座。虞家后新屋、乾房连三进为区级文保点①。

（35）十七房村：文明新村 + 新型社区

十七房村坐落于镇海区澥浦镇中南部，由原郑家、路沿郑、庙后三个自然村合并而成。全村面积 2.8 平方公里，总人口约 6300 人，其中常住人口 2500 人，外来人口 3800 人，住户 1076 户。该村民营企业发达，民营企业 130 多家，2014 年工业总产值 8.9 亿元；2013 年村民人均收入达到 19850 元，村集体可支配资金 250 万元。十七房村先后获评为全国文明

① 厉晓杭等．北仑柴桥四合村：深巷古宅静如姝［N］，宁波日报，2016 - 02 - 03.

村、浙江省全面小康建设示范村、浙江省文明村、浙江省旅游特色村、浙江省达标交通安全村、浙江省卫生村、浙江省“双强百佳”行政村、浙江省级示范便民服务中心、浙江省财务管理规范化村等。镇政府和村集体坚持以“弘扬古镇传统文化，发展现代旅游商贸；建设农村新型社区，创建和谐十七房村”的发展思路，创建全国文明村。其主要做法①有：一是整治村域环境。以“路洁、水清、地绿、庭美”为目标，集中力量开展“清洁美化家园行动”，推进“三边四化”“双清”“温馨家园，秀美村庄”常态化保洁。全村每年投入各类环境整治经费约130万元，通过“五水共治”，树立“生态自觉”理念，彰显文明新风。二是提升便民服务环境。2009年建成十七房村便民服务中心，建筑面积1660余平方米，总投资350万元。设立便民服务厅、村干部办公室、财会室、党员活动室、文书档案室、综合议事厅、计生会员之家和非公企业联络站等。以村志愿服务中心为平台，与宁波大学合作建立大学生志愿服务基地和暑期社会实践基地。三是提升文化软实力。推进农村“种文化”活动。投入30多万元，在古村新韵小区建造了全区首家文化礼堂，开展道德讲堂、春泥计划、农民画系列培训、村民厨艺大赛和冬至文化节等活动。投资700万元在郑家自然村建造村文体科教中心，总用地面积9830平方，包括两个标准篮球场、两个标准羽毛球场、一个网球场、一条500米长度的健身步道、休闲公园、休闲广场和一幢建筑面积为1600平方左右的3层楼活动中心用房。活动中心设文化排练场、电子阅览室、图书室、党员远程教育室、农家书屋等。四是改善村容村貌和基础设施建设。实施宁波市特色村、中心村新建、改造提升三年行动计划，完成浙江省农房改造示范村建设民生实事工程项目7个、投入资金5800多万元，完成宁波市特色村民生实事工程项目11个、投入资金880万元，完成宁波市中心村民生实事工程项目4个、投入资金1940万元。基本形成“一核（村核心片区）、两街（郑家街、明清街）、四片（郑家、路沿郑、庙后自然村和新区）”的发展格局。四是提升民生保障。近年来发放民生资金近300万元，加大就业困难群体的帮扶力度、补助老年人生活、资助大学生上学、推进“平安镇海”建设等，外来务工人员子女在公办学校就读率达80%。

① 镇海区澥浦镇十七房村简介［EB/OL］，中国宁波网．（2015－02－27）．http：//zt. cnnb. com. cn/system/2015/02/27/008269887. shtml.

### 9.2.3 生态宜居村镇类

（1）滕头村：生态名村 + 生态家园

滕头村位于奉化区萧王庙街道滕头生态旅游区，距宁波市区 27 公里，距溪口 12 公里，宁波机场 15 公里。是浙江“生态村镇”的典型代表，国家级生态。村域面积 2 平方公里，全村现有农户 343 户、人口 800 多人，有中共党员 60 人。滕头村坚持追求人与自然和谐发展，营造绿树成荫、碧水环绕、花果相间、百鸟和鸣的江南田园美景，走上了一条生产发展、生活富裕、生态良好的文明发展之路。2014 年实现社会总产值 83.26 亿元，创利税 6.86 亿元，村民人均纯收入达到 56000 元；滕头集团公司跨入了全国最大经营规模、最高利税总额乡镇企业的行列，2016 年被评为中国最富有的六个村之一。滕头村先后投入 8100 多万元，实施“蓝天、碧水、绿色”三大工程，兴建生态景点 20 多处。2001 年通过 ISO14001 国际环境管理体系认证，使村庄生态环境建设走上了国际化、制度化、规范化道路。先后获得联合国颁发的“全球生态 500 佳”“世界十佳和谐乡村”等荣誉，获得全国首批文明村、全国先进基层党组织、全国模范村委会、中国十大名村、国家级生态村、全国五一劳动奖状、国家首批 5A 级乡村旅游景区、国家首批农业旅游示范点等 70 多项国家级荣誉。滕头村原是一个远近闻名的穷村，现已形成了一批科技领先、优质高效、出口创汇的现代农业产业，滕头的高科技、立体农业已成为浙东地区的一道靓丽风景线。旅游、园林绿化、房地产等核心的第三产业群，成为滕头经济的新增长点。滕头村自 1993 年起成立了国内最早的村级环境资源保护委员会，对引进有污染的项目拥有一票否决权。滕头的园林绿化公司已经达到国家城市园林绿化养护一级资质，并在北京、河北、福建、山东等省市建立了 8 家分公司，在全国各地拥有基地 40000 亩。滕头生态景区是国家首个 5A 级乡村旅游区，2013 年旅游综合收入为 1.23 亿元。在上海世博会展出的以滕头村为案例的宁波（滕头）案例馆展示了“城市化与生态实践”的实践理念，体现“城市化的现代乡村，梦想中的宜居家园”主题。

（2）湾底村：生态名村 + 产村融合

湾底村位于鄞州新城区的东面下应街道，东临风景秀丽的东钱湖，西接宁波高教园区，北靠鄞州投资创业中心，2010 年入选环保部第二批国家级生态村名录。区域面积 1600 亩、在册户数 410 户、户籍人口约 1080

人、外来流动人口1800人。村党总支成立于1991年，下设5个党支部，共有党员96名。湾底村在过去又穷又散，村集体经济薄弱，是出了名的“五一烂眼村”。在村支书和村集体的创业带动下，湾底村积极发展生态旅游产业和特色农产品加工业，打造宁波“都市里的村庄，城市中的花园”，由过去的传统农业村发展成为高效农业区、生态旅游区。2016年，全村经营性净资产达到7.8亿元，村集体年可用资金3000万元，农民年人均收入达4.4万元①。先后被评为全国创建文明村镇工作先进村、国家民主法治示范村、国家生态村、国家4A级旅游景区、全国农业旅游示范点、浙江省首批“全面小康建设示范村”、省先进基层党组织和“五好”村党组织、市全面小康建设示范村标兵等。湾底村的发展得益于村支书带头创业、特色生态产业发展、村容整治与文化建设、生态文明建设等。

① “烂眼村”蝶变记——宁波鄞州湾底村的基层党建报告［EB/OL］，新华网浙江在线.（2017-07-19）. http://www.zj.xinhuanet.com/2017-07/19/c_1121342936.htm.

# 第 10 章

# 示范村镇可持续发展机制评价：北仑模式

北仑区是宁波市六个市辖区之一，因其境内的深水港——北仑港而得名，1987 年 7 月由滨海区更名为北仑区。北仑区位于宁绍平原东端，西北和中部为丘陵和平原间隔地区，灵峰山以西称长山平原，与鄞东平原连成一体，山以东为大碶、柴桥平原。北仑区属亚热带季风气候，气候温和湿润、四季分明、雨量充沛，但台风暴雨灾害性气候时有出现。北仑区既是我国著名的港口城区，也是中国工业百强县区。北仑区具有东南沿海地区经济发展、资源条件的典型特征，其街道、村庄、社区（北仑区不设乡镇）治理与发展模式具有较好的代表性与示范性。本章重点对北仑区典型村镇（街道）社区发展机制的可持续性进行分析评价，提炼总结可持续发展示范机制模式，并在此基础上提出优化建议。

## 10.1 北仑村镇发展基础条件评价

北仑区位于浙江省陆地的最东端、宁波市境东部。东部峙头与普陀县交界；南部梅山港与舟山市普陀区、鄞州区交界；西部自甬江至象山港与鄞州区接壤，陆地边界线勘定全长 44 公里；北部金塘与定海区交接（大榭岛的行政区划界仍属北仑区）。东西长 52 公里，南北宽 29 公里。总面积 823 平方公里，其中陆地 585 平方公里，海域 238 平方公里。北仑区下辖 11 个街道[①]，共有 213 个村民委员会（其中大榭 9 个）和 46 个社区委员会（其中大榭 6 个）；区域内有五个国家级开发区，分别是宁波经济技术开发区、宁波保税区、大榭开发区、宁波出口加工区、梅山保税港区（见图 10－1）。

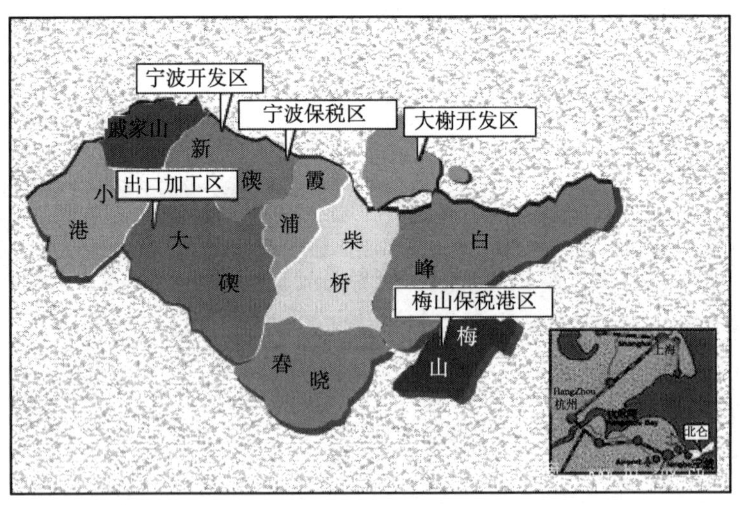


**图 10－1 北仑区行政区划**

① 11 个街道分别是：柴桥街道、大碶街道、大榭街道、戚家山街道、小港街道、霞浦街道、新碶街道、春晓街道、梅山街道、白峰街道、郭巨街道。北仑区政府所在地为新碶街道。

### 10.1.1　常住人口数量与收入水平持续上升

北仑区人口保持持续净增长态势，外来人口比重较高。据统计，截至 2016 年末，北仑区（包括宁波保税区和大榭开发区）（户籍人口）总户数 160782 户，总人口 403731 人，占宁波全市人口的 6.83%。其中，北仑本级（户籍人口）总户数 150453 户，总人口 376227 人，非农人口 227922 人，农村人口约占户籍总人口数的 39.42%；人口自然增长率为 4.22‰，是 2007 年以来的最高值；2007 – 2016 年，北仑区一直保持人口净迁入态势，2016 年迁入人口 8655 人、迁出 1360 人，依然保持人口净增长趋势，人口净迁移率增至 1.83%。北仑区外来人口比重较高，2016 年末常住人口 63.9 万人，其中非户籍人口占 36.82%（见表 10 – 1）。

北仑区居民收入保持稳定增长，城乡收入差距呈缩小趋势。2016 年人均可支配收入达到 46995 元（宁波全市的人均可支配收入为 44641 元），同 2015 年相比增长了 7.8%，全年人均消费支出 25136 元，增长了 11.6%。村镇居民生活水平不断改善，生活质量得以提升。近年来，城乡收入差距有缩小趋势。2013 年城镇居民人均收入与农村居民人均可支配收入分别为 41729 元、22605 元，分别是 2003 年的 2.92 倍、3.53 倍；城乡居民可支配收入比由 2003 年的 2.23 下降为 2013 年的 1.85（见图 10 – 2）。

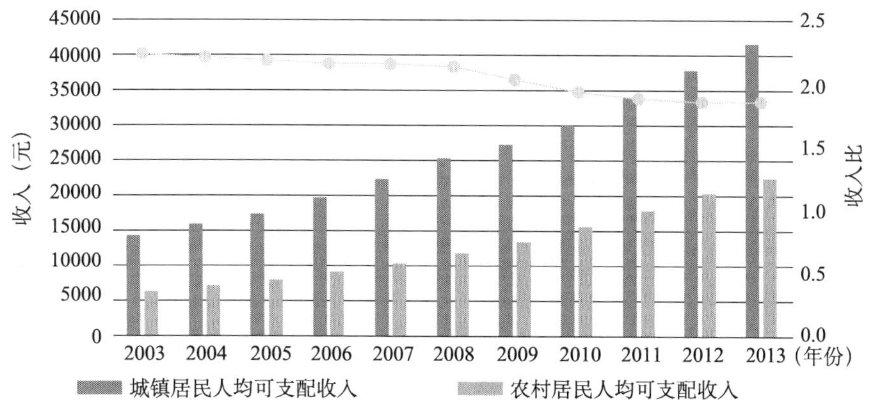


**图 10 – 2　北仑区城乡收入变化**

资料来源：北仑区历年统计公报.

表 10－1 2007－2016 年北仑区人口及户数

| 指标 | 单位 | 2007 | 2008 | 2009 | 2010 | 2011 | 2012 | 2013 | 2014 | 2015 | 2016 |
|---|---|---|---|---|---|---|---|---|---|---|---|
| 总户数 | 户 | 150953 | 152337 | 152988 | 153297 | 153468 | 153703 | 154327 | 155485 | 157520 | 160782 |
| 总人口 | 人 | 362073 | 368052 | 373171 | 377206 | 380081 | 383034 | 385983 | 390182 | 395492 | 403731 |
| 男性 | 人 | 180720 | 183418 | 185672 | 187357 | 188416 | 189500 | 190688 | 192455 | 194656 | 198090 |
| 女性 | 人 | 181353 | 184634 | 187499 | 189849 | 191665 | 193534 | 195295 | 197727 | 200836 | 205641 |
| 非农业人口 | 人 | 175167 | 184477 | 191911 | 199283 | 206123 | 214948 | 221079 | 227751 | 246522 | 255426 |
| 平均人口 | 人 | 358776 | 365063 | 370612 | 375189 | 378644 | 381558 | 384509 | 388083 | 392837 | 399612 |
| 出生人数 | 人 | 2980 | 2876 | 3009 | 3248 | 3125 | 3516 | 3113 | 3476 | 3315 | 3932 |
| 男性 | 人 | 1521 | 1392 | 1559 | 1645 | 1636 | 1840 | 1598 | 1799 | 1697 | 1993 |
| 女性 | 人 | 1459 | 1484 | 1450 | 1603 | 1489 | 1676 | 1515 | 1677 | 1618 | 1939 |
| 出生率 | ‰ | 8. 31 | 7. 88 | 8. 12 | 8. 66 | 8. 25 | 9. 21 | 8. 10 | 8. 96 | 8. 44 | 9. 84 |
| 死亡人数 | 人 | 2044 | 2144 | 2216 | 2098 | 2192 | 2188 | 2232 | 2190 | 2420 | 2245 |
| 男性 | 人 | 1156 | 1192 | 1221 | 1168 | 1203 | 1228 | 1232 | 1194 | 1327 | 1292 |
| 女性 | 人 | 888 | 952 | 995 | 930 | 989 | 960 | 1000 | 996 | 1093 | 953 |
| 死亡率 | ‰ | 5. 70 | 5. 87 | 5. 98 | 5. 59 | 5. 79 | 5. 73 | 5. 80 | 5. 64 | 6. 16 | 5. 62 |
| 本年自然增加人数 | 人 | 936 | 732 | 793 | 1150 | 933 | 1328 | 881 | 1286 | 895 | 1687 |
| 人口自然增长率 | ‰ | 2. 61 | 2. 01 | 2. 14 | 3. 07 | 2. 46 | 3. 48 | 2. 30 | 3. 31 | 2. 28 | 4. 22 |
| 迁入人数 | 人 | 7586 | 6867 | 6489 | 5099 | 4355 | 4061 | 4323 | 5359 | 6681 | 8655 |
| 省内迁入 | 人 | 2459 | 2007 | 1532 | 1188 | 1077 | 904 | 876 | 1152 | 1539 | 1514 |
| 省外迁入 | 人 | 5127 | 4860 | 4957 | 3911 | 3278 | 3157 | 3447 | 4207 | 5142 | 7141 |
| 迁出人数 | 人 | 2035 | 2005 | 1896 | 2019 | 2244 | 2154 | 1899 | 1826 | 1618 | 1360 |
| 迁往省内 | 人 | 1343 | 1105 | 999 | 933 | 891 | 787 | 709 | 645 | 598 | 433 |
| 迁往省外 | 人 | 692 | 900 | 897 | 1086 | 1353 | 1367 | 1190 | 1181 | 1020 | 927 |

数据来源:2008－2017 年宁波市统计年鉴.

### 10.1.2　经济总体规模和工业实力持续增长

北仑区总体经济规模不断扩大，经济发展水平不断提高。2016 年北仑区实现地区生产总值 1153.13 亿元，比 2015 年增长了 7.8%；2016 年人均生产总值达到 43443 美元，是 2007 年的 2.86 倍；实现农林牧渔业总产值 10.7 亿元；597 家规模以上工业企业实现工业总产值 2458.19 亿元，比上年增长 9.80%；完成外贸进出口总额 175.85 亿元，其中，出口 97.78 亿美元，进口 78.07 亿美元（见表 10－2）。2016 年，北仑区的主要经济指标居省市前列，其中财政总收入、实际利用外资总额居全省第一位，综合实力跻身全国县（市）区第一方阵，升至百强区第 12 位。从产业结构看，第一产业占 GDP 比重仅 0.69%，第二产业占 56.9%，第三产业占 42.4%，工业主导的产业特征十分明显。2017 年 12 月，北仑区入选中国工业百强县区。

同宁波其他城区相比，北仑区经济总量和发展水平较高（如表 10－3），北仑区地区生产总值（GDP）仅次于鄞州区，人均 GDP 仅次于镇海区。同时，由各区三次产业增加值总量规模也可以看出，北仑区主导产业类型与其他区存在差异，北仑区的第一产业增加值仅高于镇海区，第二产业增加值最高，而第三产业增加值低于鄞州区。

从北仑区的产业发展现状看，工业发展迅猛。由早期规模小、产品单一的农副产品加工、手工业联合体和个体加工作坊，逐渐发展为规模大、多元化产品的工业格局，全区围绕建设“华东地区先进制造业基地，重要能源、原材料基地”目标，形成以高新技术产业为主导，石化、能源、钢铁、造船、汽配、造纸六大临港工业和模具、注塑机、文化用品、纺织服装等传统优势产业为支撑的产业格局，工业经济实现了量的扩张和质的提升。

### 10.1.3　特色农业与生态旅游产业快速发展

在农业方面，北仑区以转变农业发展方式、打造精品生态观光农业为出发点，注重农业多元化与现代化发展。实施“三精”发展策略，精准施策，强化科技兴农战略引领；精准服务，强化农业科技智力支撑；精心培育，打造区域特色农业精品。村镇不断推进现代农业开发，形成花卉、经济特产、水产养殖三大农业主导产业，使得原有单一粮油产业结构得到调

**表 10 - 2　(2007 - 2016 年) 北仑区主要经济指标**

| 指标 | 2007 | 2008 | 2009 | 2010 | 2011 | 2012 | 2013 | 2014 | 2015 | 2016 |
|---|---|---|---|---|---|---|---|---|---|---|
| 地区生产总值(亿元) | 377.2 | 422.9 | 446.50 | 548 | 645.79 | 671.09 | 924.63 | 991.66 | 1134.64 | 1153.13 |
| 第一产业增加值(亿元) | 6.5 | 6.0 | 6.68 | 8 | 9.21 | 9.21 | 8.29 | 7.84 | 8.01 | 7.90 |
| 第二产业增加值(亿元) | 226.8 | 250.7 | 256.48 | 333 | 413.74 | 410.77 | 573.23 | 588.82 | 619.59 | 656.29 |
| 其中:工业增加值(亿元) | 209.9 | 231.4 | 236.53 | | | 380.61 | 537.50 | 551.79 | 577.40 | 614.32 |
| 第三产业增加值(亿元) | 143.9 | 166.2 | 183.34 | 207 | 222.84 | 251.11 | 343.10 | 395.00 | 507.04 | 488.94 |
| 人均生产总值(美元) | 15186 | 17797 | 18879 | 23247 | 28339 | 30014 | 38828 | 41598 | 46373 | 43443 |
| 农林牧渔业总产值(亿元) | 9.92 | 9.92 | 10.43 | 12 | 14.23 | 14.03 | 11.65 | 10.53 | 10.83 | 10.7 |
| 其中:农业产值(亿元) | 6.1 | 6.01 | 6.76 | 8.23 | 9.8 | 9.58 | 8.93 | 9.19 | 9.38 | 9.27 |
| 林业产值(亿元) | 0.14 | 0.17 | 0.13 | 0.14 | 0.17 | 0.19 | 0.19 | 0.19 | 0.2 | 0.21 |
| 牧业产值(亿元) | 2.03 | 2.27 | 2.12 | 2.27 | 2.86 | 2.86 | 1.36 | 0.58 | 0.47 | 0.42 |
| 渔业产值(亿元) | 1.78 | 1.21 | 1.14 | 1.07 | 1.1 | 0.96 | 0.72 | 0.27 | 0.45 | 0.45 |
| 农林牧渔服务业产值(亿元) | 0.24 | 0.26 | 0.28 | 0.29 | 0.3 | 0.43 | 0.45 | 0.31 | 0.33 | 0.35 |
| 规模以上工业总产值(亿元) | | 1250.7 | 1207.48 | 1614.1 | 1899.24 | 1826.45 | 1939.19 | 2093.32 | 2229.78 | 2458.19 |
| 规模以上工业企业数(家) | | | 898 | 904 | 559 | 562 | 538 | 559 | 593 | 597 |
| 基础设施投资(亿元) | | 122.7 | 138.95 | 134.76 | 121.13 | 144.79 | 117.69 | 121.98 | 173.79 | 237.9 |
| 社会消费品零售总额(亿元) | | 62.1 | 73.58 | 88.4 | 105.53 | 123.99 | 141.48 | 165.66 | 222.96 | 242.4 |
| 外贸进出口总额(亿美元) | | 115.8 | 106.52 | 133.32 | 177.12 | 175.14 | 193.51 | 186.31 | 177.75 | 175.85 |

资料来源:北仑区 2007 - 2016 年统计公报.

表 10－3　2016 年北仑区等地综合经济指标

| 指标 | 北仑区 | 鄞州区 | 镇海区 | 江北区 |
| --- | --- | --- | --- | --- |
| 地区生产总值（亿元） | 1153.13 | 1342.46 | 753.72 | 370.00 |
| 第一产业增加值（亿元） | 7.90 | 24.74 | 6.34 | 8.40 |
| 第二产业增加值（亿元） | 656.29 | 484.98 | 539.93 | 118.20 |
| 第三产业增加值（亿元） | 488.94 | 832.74 | 207.45 | 243.40 |
| 人均 GDP（户籍人口）（万元） | 28.86 | 16.98 | 31.63 | 15.14 |
| 人均 GDP（常住人口）（万元） | 19.15 | 11.51 | 19.86 | 10.41 |

注：由于宁波行政区划变动，仅选取鄞州、镇海、江北三个区进行比较分析。

资料来源：宁波市各区 2016 年统计公报和统计年报.

整。北仑现拥有 24 家规模以上农业企业，北仑现代农业综合开发区为国家级农业综合开发高新科技示范项目实施区。2000 年北仑区被国家林业局、中国花木协会命名为“中国花卉（杜鹃花）之乡”。

在服务业方面，村镇现代旅游业起头并进。以“一轨两轴三核四区”布局理念，推进城市生态发展轴，以特色小镇项目推进为前段建设，延伸城乡旅游线路，融合三产推进农村生态旅游业发展。例如，约 200 公里森林游步道的建成将九峰山区域沿线景区景点串珠成链，带动了农家乐、果园基地和旅游节庆融合发展。此外，正在推进建设特色小镇以“大生活”为主题、以城乡自然、人文、产业等为基点、以休闲旅游为内容，例如其中的 4 个特色小镇（印象慢城①、柴桥花香小镇、上阳休闲生态旅游小镇、郭巨海洋生态旅游小镇②）皆凭借村镇自然风光或产业特色，积极拓展乡村旅游建设。

### 10.1.4　农村社保与村镇社区服务水平较高

北仑区整体社会保障水平不断提高。一方面，社会保险功能全面增强，截至 2016 年底城乡居民医保参保人数达 18.44 万人，接近 45% 的居

① “印象慢城”指的是把北仑建设成为能体验“望山、观海、赏花、品茶、听风、养心”慢生活的滨海休闲小镇。

② 郭巨结合和尊重自然生态环境，因地制宜，计划打造以总台山市级森林休闲步道为主线，紫薇岙游步道、大岭下游步道等“乡村田园漫道”为副线，区域特色古道、山水林田为辅的“登山—观海—赏花—看大风车”户外运动休闲观光带。同时，充分发挥人文优势，并结合千年古城江南风韵民宿民居打造，谋划建设观港、观海、观岛的“东方大港”景区。

民参保，新增失业保险参保人数 2.54 万人；另一方面，北仑区已经实现最低生活保障全面覆盖，农村居民最低生活保障 1304 人，农村五保和城镇三无对象集中供养率达到 100%。村镇医疗卫生服务能力不断提升，拥有社区卫生服务中心 80 家，村卫生室 128 家。北仑区整体就业工作不断扎实推进，近年来新增就业岗位数不断增加，2016 年实现 4896 人实现再就业。

近年来，北仑区三措并举，不断增强社区治理和服务功能。其一是建立社区长效治理机制。北仑区通过不断地探索，创立了社区党组织、社区居委会、社区服务中心“三位一体”的组织架构及工作机制和“小马拉大车”党建引领基层社会治理、“百姓议事厅”等工作品牌，使民生服务水平的提升有了政策保障。全区 70 个城乡社区服务体系健全，基本形成了参与广泛、权责明确、资源整合和服务高效的城乡社区治理体系；其二是培育发展协商议事组织。北仑区由社区党组织发起，在城乡社区组建区域协商（共建）理事会的协商议事组织，广泛吸纳区域内“五老人员”和村（居）委会、各类群团组织、经济组织、社会组织负责人等为协商议事组织成员，将协商议事工作引入到农村，实现社区共治。截至 2016 年 11 月，该区 77 个片区成立了区域协商议事组织，协商平台逐步创新，程序更为规范，范围不断拓展，形成了党委领导、多方参与、政府管理与基层自治相互支持、有效对接的工作机制；其三是打造 10 分钟便民生活圈。北仑区以“社区是百姓生活的地方，我们要不断地强化服务理念，为百姓提供更便捷的生活”为服务理念，将社区综合用房纳入城乡建设规划，通过科学规划，合理设置，建立公共服务中心，为社区居民提供文化娱乐、休闲健身、医疗卫生、生活服务配套、便民服务等设施的综合性便民服务平台，打造 10 分钟便民生活圈。目前，北仑区大部分社区已经配备老人健身场所、孩子寒暑假假日学堂、图书室、娱乐室 10 余项硬件设施。

### 10.1.5 生态环境与绿色发展水平持续提升

北仑区结合示范区环境综合整治、消灭劣 V 类水、污水零直排等工作，深入开展“整洁田园、美丽农业”行动，完善农田道路、水利、电力、林网等基础设施。城乡生态格局日趋完善，城乡品质不断提升。总体上“一区三城[①]”建设成效显著，积极开展中央生态区，大力推进森林北仑和秀美山川建设，实现国家级生态街道（乡镇）全覆盖。2016 年 11 月，春晓街道入选首批美丽乡村示范乡镇。其中，水质量方面，全区成为浙江省首批“清三河”达标区，全区 10 个水环境功能区总体水质稳定，基本消除劣 V 类水体，荣获省级“五水共治”大禹鼎（全省县、市、区仅 15 个）、市级“五水共治”金奖（全市唯一）；空气质量方面，经过多年环境综合治理，全区大气环境等多项指标均趋向良好。2016 年，空气质量优良率达 89.7%，PM2.5 平均浓度 31 微克/立方米，在宁波市名列前茅。

在生态监管方面，北仑区加大了对生态环境监管的力度，区环境监测监管、污染减排、安全生产、信息报道等各项工作连年被评为优秀和先进，北仑区环保局连续 5 年在全市年度考核中排名第一，监测站连年被省环保厅选为优秀监测站，监察大队被省环保厅命名为模范大队。更值得一提的是，截至 2016 年底，已在新碶、大碶、小港和戚家山街道开展生活垃圾分类工作，推行分类的家庭有 46306 户，生活垃圾人均减量率为 3.1%，居民生活垃圾分类知晓率为 85%。

2017 年 6 月发布的《宁波市北仑区绿色发展报告（2016）》显示，“十二五”期间，北仑区绿色发展指数从 2011 年的 66.94 上升至 2015 年的 90.10，总体呈上升趋势。该报告主要从经济发展、环境质量和资源能源三方面进行重点分析，绿色发展指数、评价指标体系如表 10－4、表 10－5所示。

**表 10－4　“十二五”期间北仑区绿色发展指数**

| | 2011 | 2012 | 2013 | 2014 | 2015 |
|---|---|---|---|---|---|
| 绿色发展指数 | 66.94 | 77.22 | 87.36 | 89.38 | 90.10 |
| 经济发展指数 | 12.00 | 12.22 | 12.41 | 14.05 | 15.31 |
| 环境质量指数 | 11.25 | 12.50 | 11.25 | 12.67 | 13.86 |
| 资源能源指数 | 12.86 | 15.52 | 16.91 | 18.18 | 17.19 |

资料来源：宁波市北仑区绿色发展报告（2016），北仑新闻网，2017－06－20.

① “一区三城”的“一区”指的是中央生态区，“三城”指的是大碶九峰山片区、柴桥紫石片区和三山片区。

**表 10－5　北仑区绿色发展评价指标体系**

| 一级指标 | 二级指标 | 单位 | 是否列入国家层面考核体系 |
|---|---|---|---|
| 经济发展 | 单位建设用地 GDP 产出 | 亿元/平方公里 | 否 |
| | 单位建设用地税收收入 | 亿元/亩 | 否 |
| | 第三产业增加值占 GDP 比例 | % | 是 |
| | 高新技术产业产值占工业总产值比例 | % | 是 |
| | 新产品产值率 | % | 是 |
| 环境质量 | 环境空气质量优良率 | % | 是 |
| | 近岸海域海水质量达标率 | % | 是 |
| | 地表水质量达到或好于Ⅲ类水体比例 | % | 是 |
| | 土壤环境质量达标率 | % | 否 |
| 污染物排放 | 污染物总量减排任务完成情况 | 完成 | 是 |
| | VOCs 排放总量 | 吨 | 否 |
| | 温室气体排放总量 | 万吨 $CO_2e$ | 否 |
| | 重金属排放总量 | kg1.4－DCB eq. | 否 |
| | 生活垃圾资源化率 | % | 是 |
| | 工业固体废弃物资源化利用率 | % | 是 |
| 资源能源 | 能源产出率 | 万元/吨标煤 | 是 |
| | 水资源产出率 | 元/立方米 | 是 |
| | 非石化能源站一次能源比重 | % | 是 |
| | 再生水占新鲜水用量比重 | % | 是 |
| | 能源消费总量 | 万吨标煤 | 否 |
| | 新鲜水使用总量 | 万立方米 | 否 |
| | 余热余压利用率 | 万吨标煤 | 是 |
| 重点行业能源产出率 | 钢铁行业单位产出能耗 | 千克标煤/吨钢 | 否 |
| | 化工行业单位产值能耗 | 吨标煤/万元 | 否 |
| | 电力行业单位产值能耗 | 克标准煤/千瓦时 | 否 |
| | 装备制造业单位产值能耗 | 吨标煤/万元 | 否 |
| | 造纸行业单位产值能耗 | 吨标煤/万元 | 否 |
| 生态环境 | 自然资源资产存量 | 亿元 | 否 |
| | 自然资源资产存量变化率 | % | 否 |
| | 人均公园绿地面积 | 平方米/人 | 是 |
| | 自然岸线保有率 | % | 是 |
| | 湿地面积 | 公顷 | 是 |
| | 森林覆盖率 | % | 是 |

续表

| 一级指标 | 二级指标 | 单位 | 是否列入国家层面考核体系 |
|---|---|---|---|
| 基础设施与制度建设 | 地下公共管廊铺设长度 | 公里 | 否 |
| | 环境风险防范体系建设完善度 | % | 否 |
| | 清洁能源公共交通工具占比 | % | 否 |
| | 使用清洁能源的集卡车比例 | % | 否 |
| | 绿色细胞创建数量 | 个 | 否 |
| 公众满意度 | 公众对生态环境的满意度 | % | 是 |

资料来源：宁波市北仑区绿色发展报告（2016），北仑新闻网，2017－06－20.

### 10.1.6　港口文化与各类教育事业快速发展

北仑区以港口文化为主基调，依托各村镇鲜明的海洋文化，以服务平台建设、系列活动、品牌讲座、打造团队为主要手段提升其文化品牌影响力。如 2015 年举办第五届港口文化艺术节、山海风情——全国十一县（市、区）文化大联动、省当代漆艺展、市首届民俗文化庙会、区第二十二届群众文化调演等系列文化活动，使得北仑区海洋及民间文化知名度、美誉度稳步提升。另外，北仑区村镇以全民健身中心、文化活动室、休闲文化公园、健身广场为主要内容的公共文化设施体系日益完善。目前，北仑区全区有 1256 个文化事业机构，其中乡文化站有 9 个、图书馆 247 个、文化户 100 个、民间职业团体 2 个、群众业余演出团 620 个。文化基础建设多样化进程极大地丰富了村镇居民的精神生活。

北仑区积极推进教育事业。一方面，教育协作进一步深化。北仑区政府和宁波教育学院签订教育协同创新合作框架协议，成立宁波教育评估北仑分院；与丽水市云和县人民政府签订“浙江省第四轮教育对口支援协议书”；与中国教育科学院签订第二轮五年合作协议，共建“北仑区教育综合改革试验区”；宁波大学海洋学院迁入北仑区。另一方面，北仑区将辖区内诸多学校新建、扩建、改建、迁建项目列入前期计划。截至 2016 年，北仑区拥有小学 20 所（含外来工子女学校 2 所），初中 10 所，九年一贯制学校 8 所，十二年一贯制学校 1 所，普通高中 4 所，职业高中 1 所，区教育“三中心”1 所，成人学校 9 所，特殊教育学校 1 所，各级各类幼儿园 87 所，在校中小学生 50736 人，在园幼儿 20862 人。

### 10.1.7 美丽乡村建设和产业转型加快推进

(1) 以美丽乡村建设推动生态旅游

近年来北仑区以“美丽乡村”为发展平台的乡村旅游又增添了生态经济发展的特色。北仑区如火如荼开展美丽乡村建设，以彰显乡村形态之美、环境之美、生活之美为主线，突出农产品精品、建设生态休闲特色园、发展全景化乡村旅游，通过“旅游+”“文化+”等模式，积极推进农业农村与旅游、教育、文化、健康养老等方面深度融合，推动“美丽资源”向“美丽经济”转变，即以美丽乡村建设为契机，因地制宜、合理规划、转变思路、吸收和引进社会资金，在有限的传统农业种植和生产中，融入生态、休闲理念，发展生态休闲农业，下好“富民棋”，实现“一村美”向“一片美”“一城美”的转变。

北仑区春晓街道是浙江省第一批美丽乡村示范乡镇，春晓持续推进美丽乡村建设，先后推出“最干净村庄”、“最美丽村庄”评选工作，把发展乡村旅游、培育民宿产业作为一大特色工作，民居、民宿呈现雨后春笋般的发展势头，成为春晓乡村旅游发展的一大特色。各区块民居、民宿呈现组团式大发展的格局，形成了民丰村、三山村双狮社和昆亭村等民宿发展特色村社。目前全街道共兴办民宿 30 多家，床铺达到 180 多张（见专栏 10－1）。

专栏 10－1

**春晓街道推出的“全域旅游”**

春晓街道以创建宁波市重点旅游乡镇和全域旅游示范区为契机，积极发展农家乐、民居民宿等乡村旅游工作。其以民居民宿发展为龙头，以点带面，使乡村旅游持续升温，带动村民致富；发展周边农家乐等配套旅游项目，加快实施民丰民俗村提升改造等项目；加强队伍建设，引进专业民宿营销人员，搭建民居民宿营销推广平台，建设“全域旅游”示范区，推动当地旅游业发展。此外，春晓街道负责人提出春晓旅游的三个“千”目标：围绕千万人次的目标搞旅游，发动千军万马搞旅游，千方百计搞旅游。在全域范围内，通过“规划建设+旅游”“一二三产+旅游”“业态+旅游”“要素保障+旅游”“互联网+旅游”“服务+旅游”等方式，千方百计发展旅游。春晓街道推行“三山故乡风情小镇”“山地自行车运动公园”“春晓新城滨海度假区”等25个旅游规划项目，旅游项目全域覆盖，达到真正意义上的“全域旅游”。

（2）以特色小镇为抓手推进村镇产业转型升级

北仑区立足于汽车及零部件制造企业集聚这一优势，积极开展特色小镇培育，一幅以特色小镇建设为发展路径的蓝图正徐徐展开。在特色小镇建设过程中，区政府提供“基础设施配套、资源要素保障”等服务，按照“企业主体、市场运作、政府引导”模式（见表10－6），充分发挥市场的决定性作用。

**表10－6　北仑的特色小镇**

| 特色小镇 | 所属街道 | 现有成效 |
|---|---|---|
| 芯港小镇 | 柴桥 | 中芯国际芯片制造项目、CIDM项目、安集微电子等9个项目已正式落户，意向落户项目12个，小镇规划投资总额超200亿元 |
| 北仑国际赛车小镇 | 春晓 | 围绕“汽车文化”，以汽车制造为主轴心，形成与赛车、汽车、文化与时尚有关的全产业链，促进产业、文化、旅游的加快融合。2017年以来，吉利整车项目强势推进，敏实、拓普等汽车零部件龙头企业扎堆集聚。宁波国际赛道上比赛亮点纷呈，国际化赛事氛围浓厚 |
| 梅山海洋金融小镇 | 梅山 | 已累计引进股权投资、融资租赁、投资管理等类金融创新企业超过2000家。根据规划，未来将完成包括海洋金融研发培训实验区、类金融机构高端私享互动区、金融信息服务公共平台区、海洋金融创新基地、高端体检理疗区等八大区块建设 |

（3）以发展新型社区为依托提高乡村管理与服务水平

2010年，北仑区区委、区政府针对社区管理制度进行创新改革，根据区域内四种区块特点，建立以强化党委领导，政府负责，社会组织为载体，采取四种不同管理服务模式（见表10－7），合力推进区域和谐发展的社会管理体系。一是地缘、人缘相近的农村区域，建立一个具有社会管理与公共服务功能的农村新社区服务中心，如新碶街道高塘社区和大碶街道九峰山社区；二是居民和企业混住区域，建立以1＋N党建为龙头，和谐共建理事会担纲协调的合作共建平台，如戚家山街道蔚斗社区和新碶街道百合社区等；三是工业集聚区域，建立服务企业和员工的社区服务中心，如大港工业城建立服务企业和员工的社区服务中心；四是外来务工人员集聚区域，建立民主自治的社区居委会，如新碶街道沿海村建立民主自治的银杏社区居委会。

表 10－7　　社区管理服务模式

| 区域 | 管理服务模式 | 社区 |
|---|---|---|
| 地缘、人缘相近的农村区域 | 具备社会管理与公共服务功能的农村新社区服务中心 | 新碶街道高塘社区、<br>大碶街道九峰山社区 |
| 居民和企业混住区域 | 以"1+N"党建为龙头，和谐共建理事会担纲协调的合作共建平台 | 戚家山街道蔚斗社区、<br>新碶街道百合社区 |
| 工业集聚区域 | 建立服务企业和员工的社区服务中心 | 大港工业城 |
| 外来务工人员集聚区域 | 建立民主自治的社区居委会 | 新碶街道沿海村的<br>银杏社区居委会 |

为适应城乡一体化发展的新常态，在工业园区、新农村建设连片推进区域、拆迁安置片区、城郊接合部等新的社会空间推进改造，形成了有别于传统居民社区概念的区域化"党建社区"①。这一做法，使传统的单位制党建转为区域共建，在优化基层党组织建设、推进基层社会治理现代化等方面成效显著。如今，北仑区已经建成 70 个形式多样的区域化"党建社区"，为基层社会治理创新带来了强劲驱动。在区域性党组织主导下，社会组织逐步繁荣，目前，已有各类社会组织 1700 余家，其中党员担任骨干的就有 800 余家。

(4) 因地制宜推广污水治理经验（"三种模式"）

北仑为加快美丽乡村生态文明建设，开展了治水、治气、绿网建设"3 个 30 亿"工程。从能源、产业、基础设施建设、平台建设、执法队伍和政策推进等手段进行全面的生态治理。尤其在治水方面，有其独特的做法。作为全省首批"美丽乡村建设先行县（市）区"，北仑区在 2011 年就启动了农村生活污水治理工作，在 3 年内全区共投入治水资金 20 多亿

① "党建社区"指的是以区域党组织为核心，以公共服务体系为依托、以协商议事体系为基础，取代从居委会、村委会演变而来的旧式"社区"基层管理体制，建立起新型基层组织体系，实现党的领导、政府管理和基层自治有效衔接。

元，完成 94 个村农村生活污水治理。由于启动早、投入大、效果好，北仑区的农村生活污水治理经验如今已经成为全省的样板，形成了“北仑经验”。

“北仑经验”的核心内容就是因地制宜、因村而异创造的三种治污模式。一是终端处理，二是截污纳管，三是接户纳管。其中终端处理适应于偏远山区、半山区；截污纳管主要用在城中村、城郊村等人口、建筑密集的区域，做法是集中将河道两侧的排污口截流后，直接纳入城市污水管网（雨污不分离）；接户纳管主要用在平原村庄，挨家挨户收集污水后，就近纳入城市污水管网（雨污分离）。

典型做法：大碶街道村民户外分“雨水管”“厨房间污水管”“卫生间污水管”三种管收集生活污水，经过生态处理池处理后，再排出，排出的水质能够达到国家一级 A 标，即污水处理的最高标准。一方面，与企业合作，污水再利用供给企业；另一方面，污水浇灌绿化景观植物，促进环境生态保护。此外，因地制宜进行分类收集污水系统的“三种模式”既可以进一步做到污水收集与处理，还能避免污水渗土地的“二次污染”与“一刀切”等现象。

（5）推行“片区统筹、共建共享”乡村文化建设模式

处于转型期的农村居民，有着多样化、多层次、多方面文化需求，北仑区在建成农村“15 分钟文化圈”的基础上，把握农村文化新特点，全区各级共投入 6.5 亿元，重点通过农村文化礼堂、农村健身广场、农民工文化驿站三大文化基础设施建设，努力满足农村群众文化需求。

在农村文化礼堂方面，采取“片区统筹、共建共享”的建设模式，已建成 14 家文化礼堂，覆盖 38 个村和农村社区，惠及 10.8 万新老北仑人。为了让文化礼堂真正“活”起来，北仑区统筹各方面力量，整合相关资源，搭建了“文化服务”“宣讲服务”“外来人口服务”三大平台。近年来各文化礼堂共开展各类宣讲服务 3000 多场。

在农村健身广场方面，主要针对农村出现的健身热潮，并结合“美丽乡村”、“三改一拆”建设，避开农村集中居住区，进行统筹规划，采取财政投建、企助村建、两村合建等方式，两年内新建成 79 个健身广场。同时开展排舞、健身操等各类培训辅导，让广大群众积极参与本地文化品牌打造和文明风尚形成。

在农民工文化驿站方面，针对城乡接合部外来人员居住较多的现状，

首先在高塘等5个外来务工人员集聚区域进行先期试点，根据该群体文化消费特点，添加卡拉OK、WiFi上网等基础设施。

## 10.2 示范点瑞岩社区的独特做法

北仑示范村瑞岩社区是北仑区柴桥街道[①]2011年4月设立的公共服务组织，位于风景秀丽的九峰山南麓，区域面积11.63平方公里，常住居民1890户，户籍人口5000多人，外来人口1000余人。瑞岩坐拥浙东有西双版纳之称的瑞岩国家森林公园、千年古刹——瑞岩寺、广袤的花卉产业示范区，辖区由国家级生态村——河头村，灵山秀水、古树掩映——岭下村、AAAA级景区——瑞岩景区组成（见图10-3）。作为花卉产业示范区，瑞岩社区集生态、休闲、观光、居住于一体，是宜居、宜业、宜游美丽乡村的典型，在探索村镇可持续发展机制建设上具有一定的示范性。

### 10.2.1 以“四融”为载体打造花卉产业

瑞岩社区成立以来，以党建为龙头，打造红色亲民区、绿色富民区、蓝色安居区、橙色乐民区、紫色育民区，形成“红、绿、蓝、橙、紫”五色同心圆，统筹区域党建工作，以党员义工的力量，服务辖区居民。同时，在新农村建设大潮下，瑞岩社区注重辖区绿色发展，制定了“一轴四区”串珠状区域规划，以“四融”（文化融合、景区融通、产业融入、服务融心）为载体，融行政村和景区为一体，把社区建设成为独具特色的“人文之乡、花木之乡和休闲之乡”。

---

① 柴桥街道位于浙江省宁波市北仑区境中部，以驻地柴桥得名。东邻白峰街道；南接春晓街道；西连霞浦、大碶两个街道；北隔穿山港与大榭岛有大桥贯通。总面积65.2平方公里，常住人口6.4万人，下设34个行政村，9个社区（沙溪社区、芦南社区、芦北社区、养志社区、穿山社区、紫石社区、后所社区、瑞岩社区、万景山社区）和1个渔业队。北仑区没有乡镇构架，其社区覆盖多个行政村。

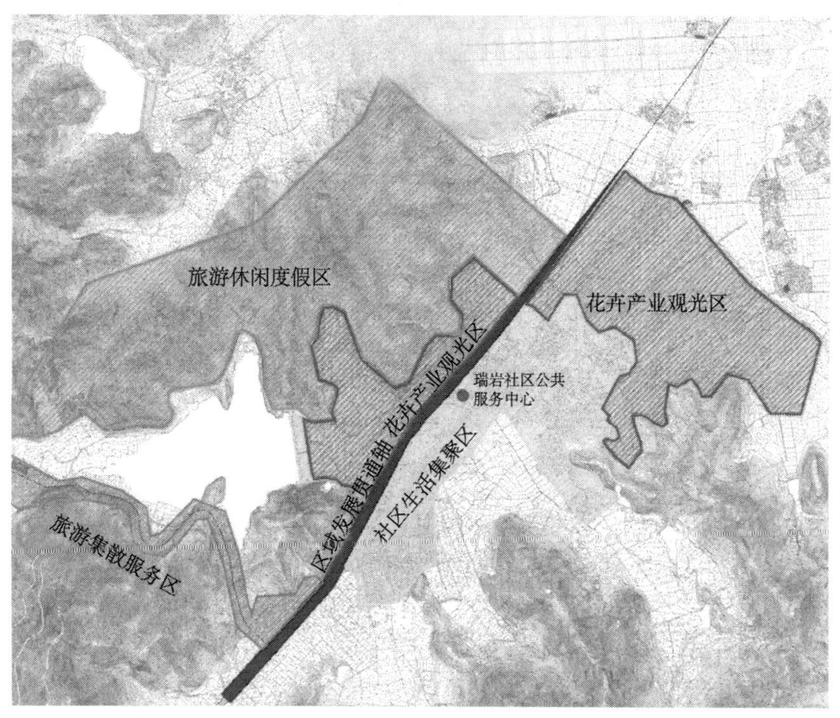


图 10－3　瑞岩社区功能区块示意图

花卉产业是社区特色产业，社区成了全国最大的杜鹃花商品苗基地和杜鹃花良种繁育基地，被国家林业局命名为“中国杜鹃花之乡”。80%的村民从事花木种植销售，人均年收入超过 5.2 万元。2015 年被评为浙江省生态文化基地，被授予“全国生态文化村”称号。

### 10.2.2　组建“农合联”提供花木产业立体服务

“农合联”是帮助联结村民为花木产业走向全国提供立体服务的重要合作组织。花木产业是河头村、岭下村的支柱产业，两村的村民从事花木生产已经有二三十年。花卉生产小散户的种植地主要是村内耕地，而大户除了村内的耕地外，还会选择在临近的村租用土地种植，即花卉种植主要是村内与邻村的耕地，产地较为集中。花卉对外销售摊位主要集中在萧山花木城、南通市如皋花木大世界、常州市夏溪花木市场这三个地方，但销售地点却较为分散，覆盖全国 25 个省、市、自治区。

花木产业“农合联”由柴桥街道组建，致力于为会员花农及北仑东部地区花农提供销售、技术、信息、帮扶等全方位服务。年均提供服务约15000人次，服务覆盖34个村及北仑区东部花木种植区，辐射约30000农户。花木产业“农合联”设立花木产业农民经济合作组织联合会，下设理事会和监事会，为当地村民提供花木产业综合服务，服务内容主要集中于信用合作、供销合作以及生产合作等领域。

一是信用合作。花木产业“农合联”为会员提供优先贷款、优惠利率等服务，构建花农的新型金融互助体系。截至2016年10月末，发放涉农贷款37.86亿元，其中花木贷款达5.04亿元，户数达31680户。二是供销合作。花木产业“农合联”依托花木协会支部、经纪人协会支部、19家大户花木场，建立“动态电子信息库”。自2015年开发信息库以来，已收录苗木信息约30000条，每日向花农发布170余条供求信息，构建“线上+线下”花木销售网络，同时形成本地“大户带小户、小户带散户”的销售模式。三是生产合作。花木产业“农合联”整合产业相关公益性、社会化服务职能，为区域“农合联”会员及从事花木生产的农民提供生产指导、技术推广、检疫证办理等服务。

### 10.2.3 成立社区中心为村民提供全方位公共服务

瑞岩社区公共服务中心是柴桥街道设立、为瑞岩村民提供全方位公共服务的平台。示范社区成立的瑞岩社区公共服务中心下设党群工作部、公共服务部、旅游发展部和产业促进部等四个部门，在岗服务人员10名，主要开展党群社团、充值缴费、科教文卫、劳动保障与救助、综治平安、接待咨询、旅游推广、老味道销售、花卉产销等9大类服务，为居民提供党建服务、便民服务、文化服务、劳动保障服务、计划生育服务、旅游产业服务、产业服务以及法律服务等服务（见图10-4）。

瑞岩社区公共服务中心运行经费每年约30万元，基本来自街道财政拨款。社区公共服务中心人员费用支出主要是保洁人员的费用，办事窗口的工作人员由街道聘用的临时工提供服务，工资由街道支出，不占用社区的运行经费。社区服务中心还有部分支出是一些社区活动支出，如社区文化活动舞蹈、戏曲、书法以及农家影院等。尽管河头村和岭下村的村民个体较为富裕，但村集体经济十分薄弱。据社区工作人员所述，河头村没有集体经济，岭下村还有一些，可以说是属于典型的“民富村贫”。

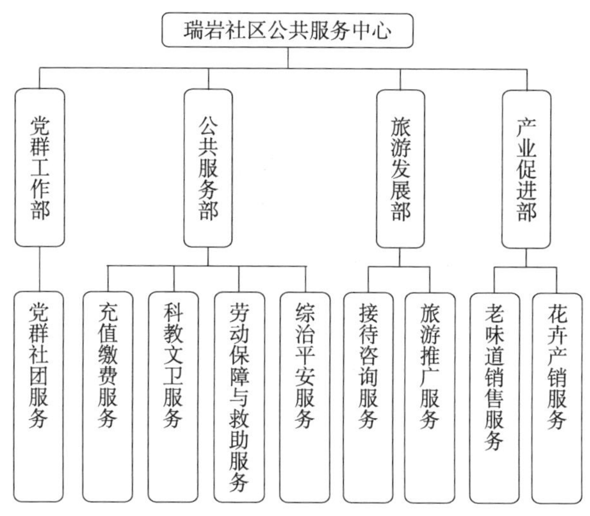


**图 10－4　公共服务中心组织机构**

### 10.2.4　创建党组织、社区组织与产业组织联合管理新模式

瑞岩社区优化组织结构，创建了党组织、社区组织与产业组织联合管理的新型社区组织构架，组织结构主要包括瑞岩社区党委、瑞岩社区理事会以及花木产业农合联等，为社区治理与军民融合提供了新的模式。

瑞岩社区党委属于区域联合党委，由综合党支部、河头村党支部、岭下村党支部、北仑林场党支部、某部队党支部、瑞岩花韵党支部组成。其主要责任是协调社区内具备建党条件的各类组织建立党组织，共同参与社区服务建设以及负责社区文化及精神文明建设等。社区现有党员 170 名，党员加入绿色义工团队，党建助推绿色产业发展，助力农民致富。其中，瑞岩社区党委所属的某部队（某部队属于舟山军区后勤服务部）党支部带领所属部队与瑞岩社区之间互相提供服务。一方面，某部队会借用瑞岩社区现有的文化场所及设备；另一方面，瑞岩社区通常会举办一些民兵连训练以及文艺表演等活动，邀请某部队官兵参与民众活动，增加军民之间的交流，推动军民融合发展。

在新型社区组织架构基础上，瑞岩社区搭建各单位之间的区域工作协商平台——和谐共建理事会。瑞岩社区理事会主要由名誉会长、会长、副会长、秘书长、常务理事构成，常务理事单位由河头村村委会、岭下村村委会、瑞岩社区公共服务中心、社区卫生服务站、柴桥信用社瑞岩分社、北仑林场、某部队、瑞岩禅寺构成，其中会长为瑞岩社区党委书记，副会长分别是河头村和岭下村的党支部书记。理事会主要按照“协商自愿、双向服务、资源共享、优势互补”的原则，每季度召开辖区议事会，共商大事小事。参与辖区内社会性、区域性、群众性、公益性工作。“自家人来调解”“我来巡逻”“五水共治我先行”“群众说事日”及“法官有约”等志愿服务活动深入到辖区内角角落落，提高区域自治管理能力，促进社区和谐。

## 10.3 瑞岩社区可持续发展示范机制

### 10.3.1 主要内容

瑞岩社区通过产业培育、环境整治、特色乡村旅游开发、乡村文化传承及乡村管理提升，探索一种基于东南沿海发展现状的村镇可持续发展机制，为中国城市化、现代化过程中广大城郊及农村地区村镇建设提供可复制、可推广的经验。瑞岩社区所在区域内的发展机制主要体现在经济发展、社区服务、生态保护以及文化传承之间的融合，也就是所谓的“经济发展是动力，社区服务是桥梁，生态保护是基石，文化传承是根本”。在经济发展方面，社区以花卉产业为主导产业，柴桥街道组建“农合联”，创新“合作经济”发展模式；在社区服务方面，为居民提供党建、便民、文化、劳动保障、计划生育、旅游、产业以及法律等八项服务，并与驻扎在区域内的某部队组建区域联合党委，开创“军民融合”新模式；在生态保护方面，政府不断提高居民环保意识与行为，开创“政府与居民共同参与”的生态保护模式；在文化传承方面，以“设立展览馆”的形式，传承与保护文化民俗。

(1) 社区服务

示范社区设立了瑞岩社区服务中心，为居民提供便利。瑞岩社区创建了“五色同心圆”党建品牌，花香瑞岩乡村党建精品线，建立了以“联合党委谋事、和谐共建理事会议事、服务中心办事”为主要模式的“三位一体"的区域化服务管理体系，解决群众看病难、存取款难、缴费难、销售难、娱乐难等问题。社区还相继组建了戏曲、二胡、书法、摄影、歌舞、太极拳、民俗收藏社等 24 个文艺社团，为村民举办丰富多彩的文化活动（周一红歌会、周二清风书法会、周三声韵二胡会、周四雅韵戏曲会、周五瑞岩民俗会等），形成了"天天有群众活动、周周有农家影院、月月有学习课堂"的文明风景线，丰富了社区居民的精神生活，推动了文明之风，带来了居民之间的爱心互动。

（2）产业扶持

瑞岩社区认识到支柱产业发展是维持村镇良性可持续发展的基础，示范项目首先是扶持、壮大当地社区的特色花木产业。一是加大科技支农的力度。示范项目协调各级农业科技力量和资金向花木产业倾斜，在原有基层政府农业科技力量基础上整合设立专门的花木农技团队，为社区种植户提供免费的技术咨询服务，以改良花木品种，开发高附加值新品种。在花木种植过程中，特别强调对农户的技术辅导，引导使用低公害农药，科学合理确定用药量，从源头上控制种植业面源污染。二是进一步发挥并提升花木产业合作组织的作用。顺应市场需求扩大的趋势，引导花木产业"农合联"扩大辐射范围，吸引周边乡村更多种植户加入。同时，强化"农合联"内部的协作机制，既扶持培育种植大户，也引导种植大户与散户之间建立"种植共同体"。在销售渠道上，发挥"农合联"原有的优势，进一步形成合力，协作拓展销售渠道。三是强化品牌推广。鼓励种植户抱团营销，打响区域特色品牌。同时，政府搭台，产业唱戏，通过各类节庆活动，嵌入产业元素，通过各种载体与渠道对外推广本地花木产业。

（3）基础设施建设

推动示范社区进行空间规划。综合考虑产业发展和社区居民生活需求，对社区全域发展空间进行系统规划。划定生态保护区和农业片区，合理规划居民生活片区。对居民生活片区中的道路、污水处理、垃圾收集、公共设施等进行超前规划，对相应建设用地进行控制保留。建立基础设施建设项目库，加强项目前期工作推进，排出项目建设时序，分阶段有序推进。既考虑到财力可能，也通过即建即用增强了居民的获得感，争取更多的民意支持。同时，示范社区通过积极向各级政府争取对社区基础设施建设的支持，多方筹措建设资金，目前相关规划项目正在有序推进过程中。

(4) 环境整治

示范社区原先由于居民不良生活习惯、卫生公共设施缺失以及农业面源污染，致使环境面貌不尽如人意。示范项目运用多学科技术优势，重点就瑞岩社区环境治理进行了探索。一是水环境治理，以生态化治水护水，维持村内水系清洁。二是垃圾集中收集与处理。在社区内建立生活垃圾集中收集系统，做到及时收集和清运，避免对环境的污染。三是社区环境美化。瑞岩社区以“宜居、宜业、宜游”为宗旨，引领社区内村民建设美丽乡村。鼓励村民利用自己种植的花卉，在房前屋后修建美丽庭院，以花卉园艺装饰村内景观。村内沿河、沿路、房前屋后等均可欣赏到各式各样的花卉（见图 10 – 5）。

**图 10 – 5　瑞岩社区居民典型住宅**

(5) 特色旅游开发

近几年随着上海、杭州、宁波等周边城市经济发展，乡村游、民宿经济迅猛发展。示范项目进一步发挥社区身处长三角都市群核心地带以及紧邻北仑城区的区位优势，大力发展乡村旅游，推进民宿经济的提档升级，开发了一些特色旅游项目。瑞岩区域旅游已规划形成了森林游步道和新农村参观线两条线路。

森林游步道主要是依托瑞岩社区所坐拥九峰山森林公园内的国家级 AAAA 风景区——瑞岩景区。瑞岩景区具有得天独厚的自然生态环境，被誉为“浙东西双版纳”。景区内有与阿育王寺、天童寺并称为浙东三大古名刹的瑞岩寺。寺后十二峰青黛碧翠，寺前芝水溪迂曲回环，成为庐江之源。青山绿水，溪桥纵横，形成了瑞岩十景，分别是芝山瑞霭、松亭剪月、梅岭锁云、芝水晴虹、筠屏天籁、石潭寒碧、灵石飞坑、悬岩滴水、石堂晚磬和菌阁清梵。此外，瑞岩寺水库还建有水上俱乐部等现代度假休闲区。清新幽静的环境，郁郁葱葱的古树，自然的天然氧吧，深受游客的喜爱。

新农村参观线以“花乡民居、乡村休闲游”“原生态农产品、花泥和体验农业”等吸引更多游客来到瑞岩，走近特色民居。立足于瑞岩社区基础特色，把农家乐、民俗、零售商业、特色盆景、花木料土等休闲产品结合在一起。瑞岩乡村休闲游可供参观的主要有生态田园、香樟古道、风水塘公园、樱花道、河头花廊等。游客在参观的同时，还能品尝、亲自体验制作瑞岩的休闲名点（灰汁团、金团、麻糍和索面），感受舌尖上的乡村味道；并能购买土鸡、土鸡蛋、蜂蜜和时令水果等健康绿色食品；还能零距离体验花木乡村的魅力，在购买花卉产品时享受“只要你下单，我们来服务”的一键式服务。

（6）传统文化传承与发扬

瑞岩社区以设立展览馆的形式，传承与保护文化民俗。瑞岩社区非常重视传统农耕文化、民俗文化的保护和传承，结合辖区内实际资源，通过设立“三馆、四堂、五廊”传承与弘扬社区传统民俗文化。其中“三馆”为民俗文化馆、社区展示馆、乡土风情馆；“四堂”是露天礼堂、文化讲堂、岭下村礼堂、河头村礼堂；“五廊”为村史廊、成就廊、民风廊、励志廊、艺术廊。为了留住传统小吃，社区以乡土风情馆为依托，专门搭建了柴桥老味道体验·展卖服务平台。

（7）引导社区居民自治管理

社区可持续发展最终决定因素还在于社区居民。在设有瑞岩社区理事会的基础上，进一步拓展示范项目的影响范围、深化其功能，注重调动社区居民的积极性，引导其参与自治管理。通过制定“村规民约”弥补现有法律和政府规章的不足，既规范了社区居民和外来游客、访客的行为，也提升了社区居民的主人翁意识。通过参与式管理，既节省了管理成本，解决了管理人员不够以及资金短缺矛盾，也有效宣传了制度，更好地促使大家自觉遵守。

此外，社区丰富多彩文化活动的开展，也使得社区内有一定特长和组织能力的居民自发成为社区社会组织的“带头人”，进行自我管理、自我服务、自我运作，这也增强了他们的主人翁意识，很大程度上推进了社区和谐发展。

### 10.2.2 示范效果

瑞岩社区以新农村建设为契机，围绕“增收、富民、生态、文明”为目标，以打造“生态瑞岩”为特色，培育优质农产品和乡村旅游特色品牌，实现了农业增效、农民增收的目标。通过政府、企业、居民的共同努力，社区内农家庭院生机充盈、文化长廊内涵丰富、村容村貌优美整洁、老味道体验馆古风浓厚、竹山公园匠心独具。社区的绿化覆盖率超过60%，形成了“四面有山皆如画，一年无日不看花”的花园式村庄景致，成了远近闻名的人与自然和谐发展的新农村典型示范村（见图10－6）。

图10－6 环境优美的瑞岩社区

社区建设方面：党员齐参与，共建美丽家园。瑞岩社区成立7年来，努力为居民争取公共服务均等化，实现了农村社区电力、电信等20个部门33项服务一站式解决（从“5公里外”到家门口，享受城市居民的便利生活），29个社会组织高效运转，21个乡村旅游休闲店精致呈现，4大功能区块（生活集聚区、花卉产业区、观光休闲区、旅游服务区）初步形成。并创设了“六号来瑞岩”“天天邻里乐”“司法帮帮忙”“菜单式农家课堂”等21个主题式特色服务，让居民拥有了家门口私人订制的社区服务。

产业发展方面：立足于特色，产业全方位发展。为了推进传统花卉产业进一步的发展，示范社区搭建平台，为花农提供一站式服务。瑞岩社区牵头成立花木种植和销售协会，与全国各地花木市场互通信息，形成了“大户带小户，小户带散户”的销售模式；社区搭建了花卉网络供求平台，与“淘宝·中国特色宁波馆”合作，成立区域青年花木产业创业中心，助力花木销售；设立社区农村金融服务中心，为花农办理各类金融业务。社区成立以来，花木产值增加 1500 万元。此外，还设立了花韵俱乐部，使“单打独斗”的散户变成“组团出击”式销售，产生了一批优秀的种植大户、销售大户等。结对街道教育中心，聘请专家“传经授道”。瑞岩社区所辖的河头村、岭下村依傍独特的地理环境和气候因素，花木种植面积广、品种优良、耐寒耐旱、观赏性强，销往全国各省市，花木产业已成为两村的支柱产业，村民 80% 的收入来源于花木种植，花木年销售额约 6 亿元。2014 年，成立了盆景展示基地，以展促销，提高区域花卉产业的档次和知名度，引导花卉种植户向高效益、生态化方向发展。

柴桥街道成立花木“农合联”党总支以来，充分发挥“农合联”党总支中各功能性党小组、“红色党员户”的作用，由他们搜集散户的销售信息，统一发送到网上，拓宽了销售渠道，同时发挥花木经纪人党小组作用，取得了显著成果。2017 年上半年，为花农代销以珊瑚等大绿化苗木为主的花木数量增长 40% 以上，传统杜鹃等绿化苗木也增长了 30%；以花农早茶为平台，搜集花木信息 70 多条，以“农合联”党总支委员会成员每月一聚的形式，开展行情探讨、信息共商 6 次，共同谋划辖区花木产业长远发展大计。

在大力扶持花木产业的同时，瑞岩社区结合区域生态环境、传统文化的独特优势，大力发展特色乡村休闲旅游产业，大大提高了居民的收入水平。社区充分发挥所在景区天然氧吧、城市后花园的优势，形成了以农家乐、民俗、零售商业、果蔬、花木料土等景区休闲配套，建设农家乐、特色民宿等。在云雩山游步道观光平台边开辟了生态果园示范基地，种植蓝莓、樱桃、杨梅、西瓜等十余种水果。树上挂果实，树下养鸡鸭，形成了生态高效的立体种养模式；社区在生态果园示范基地旁建设云雩山森林农庄，吸引大量游客来休闲观光；在远近闻名的灰汁团、索面、青团等“老味道”基础上，挖掘传统文化内涵，进行形象包装，精心打造了瑞岩特色伴手礼——“芦江名点”，并在河头村建成了“柴桥老味道——乡土风情馆”，集中展示、销售这一名点，成为农民创收的一部分。辖区走出了一条生产高效与生态宜居齐头并进的农村社区治理之路。

和谐文明方面：提倡人人都是“自家人”，鼓励党员参加志愿服务。社区根据实际情况，为社区在职党员干部提供了四个志愿服务岗位（爱水护水岗、环境巡逻岗、文明劝导岗、民俗传承岗），党员们根据自身特长进行选择，30 余名党员认领了义务岗位，为辖区建设添砖加瓦。辖区组建了“瑞岩自家人”志愿者队伍，居民们根据不同职业技能和个人特长，积极参与社区举办的各项活动，由旁观者变成了参与者，由参与者变为维护者，共同打造社区这个大家庭。柴桥瑞岩示范社区服务融心、文化融合、产业融入、景区融通。2015 年荣获“2014 年度社区发展奖”，2016 年荣获“全国生态文化村”称号。

生态环境方面：示范社区村道两侧，民俗文化公园、植物认知园、万亩花卉示范田，形成了花园式村庄景致。社区利用柴桥特色花木为骨架，搭配色叶、开花植物为点缀，建成了 3 公里长的花木长廊，形成了集花木生产、观光、休闲、旅游于一体的自然生态景观。2015 年，瑞岩社区被评选为“浙江省生态文化基地”。社区辖区内的河道在“五水共治”工程的治理后，水质得到明显提升，河道内的水体清澈见底，村内还在河中投放金鱼鱼苗，在沿河两岸种植景观植物，村内的河道已经成为新的风景线。在生态环境得以美化的同时，社区的空气质量也得到了明显改善。从中科院宁波城环站（项目单位）的监测结果看，瑞岩社区室内有机气态物质（TVOC）含量近两年总体呈降低趋势，空气质量显著优于大榭工业区、青峙工业区、北仑港、富邦广场等监测点（见表 10 - 8）。

**表 10 - 8　北仑区部分监测点总挥发性有机物（TVOC）监测情况** 单位：*ppb*

| 监测时间 | 北仑植物园 | 青峙工业区 | 中河路地铁(银泰) | 富邦广场 | 北仑港 | 大榭工业区 | 瑞岩寺 | 春晓站 |
|---|---|---|---|---|---|---|---|---|
| 07/2016 | 19.06 | 256.83 | 69.13 | 56.96 | 31.60 | 79.38 | 41.06 | 13.36 |
| 08/2016 | 10.04 | 45.92 | 7.24 | 31.99 | 12.55 | 7.07 | 13.22 | 9.53 |
| 11/2016 | 15.44 | 56.87 | 36.02 | 44.26 | 41.85 | 22.62 | 31.54 | 29.26 |
| 12/2016 | 46.06 | 210.89 | 118.31 | 170.22 | 123.93 | 78.56 | 41.70 | 72.15 |
| 01/2017 | 33.18 | 76.19 | 42.44 | 41.88 | 31.02 | 45.97 | 37.84 | 28.66 |
| 02/2017 | 15.04 | 182.10 | 83.21 | 82.61 | 51.35 | 26.77 | 37.68 | 27.67 |
| 03/2017 | 11.72 | 179.74 | 80.69 | 79.96 | 48.86 | 24.19 | 35.08 | 25.03 |
| 04/2017 | 21.14 | 80.16 | 31.00 | 42.87 | 50.84 | 26.84 | 29.59 | 42.34 |
| 05/2017 | 6.62 | 47.06 | 13.76 | 13.92 | 18.11 | 21.27 | 8.99 | 7.49 |

续表

| 监测时间 | 北仑植物园 | 青峙工业区 | 中河路地铁(银泰) | 富邦广场 | 北仑港 | 大榭工业区 | 瑞岩寺 | 春晓站 |
|---|---|---|---|---|---|---|---|---|
| 06/2017 | 26.78 | 24.60 | 21.65 | 19.06 | 20.51 | 28.83 | 12.02 | 12.27 |
| 07/2017 | 19.95 | 207.58 | 27.44 | 32.25 | 33.41 | 53.81 | 29.07 | 15.41 |
| 08/2017 | 30.04 | 40.30 | 28.87 | 33.05 | 30.87 | 34.51 | 27.58 | 18.40 |
| 09/2017 | 68.76 | 111.50 | 73.30 | 67.15 | 59.43 | 72.59 | 64.00 | 61.69 |
| 10/2017 | 26.09 | 30.29 | 26.78 | 25.87 | 34.47 | 26.77 | 23.21 | 23.30 |

数据来源：中科院宁波城环站（项目单位）监测结果。

### 10.2.3　示范经验

借鉴欧美、东亚等先达国家推动村镇发展的经验，课题组在宁波北仑瑞岩社区完成了村镇可持续发展的示范试点，通过产业扶持、环境整治、居民自治等一系列手段不断提升瑞岩社区经济社会可持续发展后劲和改善村容村貌，积累了一些经验，可以作为我国先行地区推进城乡一体化和村镇现代化建设的参考。见表 10－9。

表 10－9　　瑞岩社区的示范经验

| 示范模式 | 特色 | 具体做法 |
|---|---|---|
| 顶层设计 | 规划与建设同步 | 《瑞岩农村社区建设规划》 |
| 党建引领 | “红色”党建引领“绿色”发展 | 党建＋产业 |
| 挖掘特色 | 产业与休闲结合 | 特色传统花卉产业的转型升级<br>景区＋特产＋花卉＋文化 生态休闲旅游 |
| 美化环境 | 生活与生态相融 | 生活污水治理<br>环保硬件设施的投放：垃圾桶<br>11 人 8 小时动态保洁 |
| 村民自治 | 主人翁意识 | 社区管理、公共服务中广泛吸纳社区居民参与 |
| 文化传承 | 开设展览馆 | 设立“三馆、四堂、五廊”设立文化团体，开展文化活动 |

（1）高度重视规划的引领和约束作用

在一段时间内，瑞岩社区发展由于缺乏清晰的规划，导致居民房屋建设分散，村容村貌散乱差。示范项目启动之初首先高度重视规划的引导与刚性约束。早在 2006 年 11 月，柴桥街道河头村就先人一步，请海南雅克城市规划设计有限公司和宁波雅克城市设计规划有限公司做了该村的建设规划图。以这张规划图为基础，瑞岩社区成立后进行了片区发展总规划，编制了《瑞岩农村社区建设规划》，将辖区细分为旅游休闲度假区、旅游集散服务区、社区生活集聚区、花卉产业观光区四大功能区块。

通过借助专业咨询机构的力量，既为社区制订了特色产业发展规划，也制订了社区发展空间规划。规划编制充分考虑到社区未来发展空间，规划初稿形成后广泛征求社区居民意见，与区、街道两级政府的政策进行了充分衔接。有了明确的规划布局，推进村庄环境整治、农村道路拓宽、生活污水处理工程等各项工程得以有序推进。规划实施有效地控制了社区房屋无序建设势头，节约集约利用了宝贵的农村建设用地资源。规划充分预留了污水处理设施、垃圾中转站等公共服务设施配置空间。房屋的集中建设也使得社区公共服务设施的可及性进一步提高。

（2）高度重视产业发展

产业竞争力是村镇可持续发展的源头。由此，积极争取区、街道的扶持政策，高度重视科技投入，在原有基础上，以“合作经济”发展模式进一步做大做强特色花木产业，已在全国各大、中城市建立了苗木花卉中转站，积极推销本地花卉产品，形成了产、供、销一条龙服务体系。

为了进一步拓宽花农市场销路和销量，促进花木产业发展，柴桥街道整合辖区 12 个农民合作经济组织、19 个农业生产经营主体和 5 个农业服务组织、涉农企事业单位，组建了花木产业“农合联”，整合资源、形成合力，充分发挥生产、供销、农信等方面优势，形成合心、合拍、合力的为农服务机制，为辖区花农提供销售、技术、信息、帮扶等全方位服务，为花木产业发展提供强劲动力和有力支撑。在“农合联”上建党总支，为“农合联”添上“党建 +”的翅膀，根据花农实际情况，采取分类帮扶，重点引导的方式，调动村民积极性，实现“农有、农治、农享”。目前，柴桥花木产业农合联党总支已有柴桥花木协会党支部、紫石花木经纪人协会党支部、瑞岩花韵俱乐部党支部、沙溪杜鹃红协会党支部、洪山花木种植协会党支部 5 个（见图 10 - 7），致力于为会员花农及北仑东部地区花农提供销售、技术、信息、帮扶等全方位服务。年均提供服务约 15000 人次，服务覆盖 34 个村及北仑区东部花木种植区，服务辐射约 30000 家农户。

花木产业“农合联”设立花木产业农民经济合作组织联合会（见图 10 - 8），下设理事会和监事会，为当地村民提供花木产业综合服务，服务

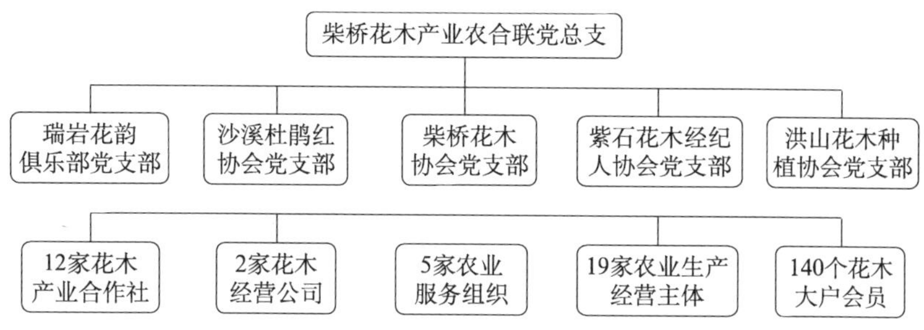


**图 10－7 柴桥花木产业农合联党总支组织结构**

内容主要集中于信用合作、供销合作以及生产合作等领域。花木产业农合联为会员提供优先贷款、优惠利率等服务，缓解农业生产经营资金短缺矛盾，提升农民专业合作社能力，构建花农的新型金融互助体系。截至 2016 年 10 月末，发放涉农贷款 37.86 亿元，其中给 1680 户进行了花木贷款，总金额达 5.04 亿元。花木产业“农合联”依托花木协会支部、经纪人协会支部、19 家大户花木场，建立“动态电子信息库”。自 2015 年开发信息库以来，已收录苗木信息约 30000 条，每日向花农发布 170 余条供求信息，形成“线上＋线下”花木销售网络，同时形成本地“大户带小户、小户带散户”的销售模式。花木产业“农合联”整合产业相关公益性、社会化服务职能，为区域“农合联”会员及从事花木生产的农民提供生产指导、技术推广、检疫证办理等服务（见表 10－10）。如邀请专家技术指导、农忙季“青苗先锋队”和“红色义工团”帮农助农、引入和推广新品种。

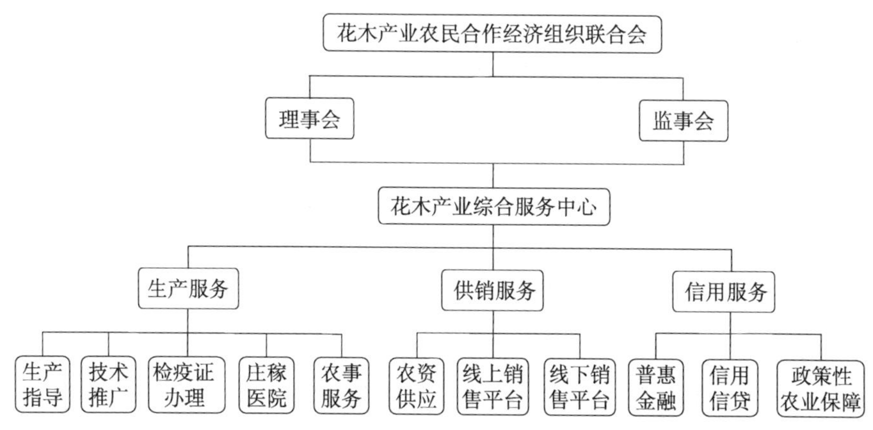


**图 10－8 花木产业农民合作经济组织联合会组织结构**

表 10－10　　“农合联”的主要服务内容

| | 服务内容 | |
|---|---|---|
| 花木产业综合服务 | 信用合作 | 阳光金融促合拍 |
| | 供销合作 | “线上＋线下”合力销售 |
| | 生产合作 | 合心育新苗 |

示范项目还利用花木产业的特有优势，紧紧抓住乡村休闲游升温的机遇，以产业与特色融合发展模式，充分挖掘民俗文化，打造有浙东特色的乡村旅游产业，以进一步增强社区造血功能。

（3）发挥党建引领作用

示范项目发挥党组织牵头抓总的龙头作用和思想政治工作的保障作用，强化瑞岩社区党委的领导和具体党建工作，进一步发挥红色领头雁的作用，以“红色”党建引领“绿色”发展模式，让红色因子助力花木产业的兴旺，帮助群众致富。

瑞岩社区在绿色产业中植入红色党建元素，把花香瑞岩党建品牌作为主引擎，在瑞岩落地为产业强、环境美、乡风淳、治理安四个方面，为乡村振兴战略实施添足马力。“三位一体”社区服务管理体系的建立，解决了居民的基本生活保障，服务的多方位探索，全面升级了社区品质，从而提升了居民的幸福感和获得感，拓宽了花农的致富之路。

一是发挥党建引领作用，打造美丽新经济。瑞岩社区结合区域内花木产业特色，因地制宜，建立农合联党总支，为花农提供全方位服务，实现了基层党建由“多张皮”向“一股绳”的转变。农合联党总支以开通线上“花木驿站”、花木经纪人支部、花农早茶共享资讯等方式，在花木品种推广、销路拓宽、长效发展上积极为花农谋福利。珊瑚、杜鹃等绿化苗木的销量均大幅增长，20 多个花木新品种得到推广，花木产业得到长效化发展。在党建引领下，区域化建支部，整合资源，充分发挥生产、供销、农信等方面优势，形成合心、合拍、合力的服务机制，为花木产业发展提供强劲动力。

二是发挥党建主体地位，营造和谐乡风。为了充分凝聚农村党员，以红色氛围带动乡风，瑞岩社区将公共服务中心进行区块划分，打造党员群众自我学习、自我服务、自我成长的党建客厅。其中，红色育民区以“闪亮 5 号”党日活动为载体，统筹辖区五个支部党员活动，实行区域大党课制。橙色亲民区以红色责任田、服务清单制助力公共服务 60 余项，每年为 700 余名老年人、特殊人群等提供个性化服务，参与调解纠纷，开展群众说事、收集民意，100% 解决落实。紫色乐民区 16 名党员带领社会组织积极开展区域活动，活动室 365 天洋溢着快乐，日日传递着笑声。

三是发挥党员先锋作用，推进生态建设。党员发挥带头作用，党委带支部，支部带党员，党员带群众，助力示范社区实现水清花红。社区将溪坑清淤、巡逻、水源监管等责任落实到各个责任区的党员身上，通过日常巡逻保洁监督，及时劝阻沿岸群众的不文明行为，发现水质有异样，第一时间通知网格长。在田间地头发挥党员的一技之长，即“在花木种植环节帮着解难题，在营销环节帮着搭平台，农忙时节搭把手，稍有闲暇，还不忘琢磨市场走向，搜集信息，好让花农们踩准点获收益”。

在党建引领下，瑞岩社区融合山、水、花、村等绿色资源，打造“一线五点”开放式党组织生活基地①，探索开发以“党性教育 + 实践锻炼 + 体验式提升”为主的创意组织生活项目，不断加强党性修养，丰富党员生活，不断提升与释放党员正能量，切实增强党组织的凝聚力和战斗力。

重点项目、重要制度、重大事项都由社区党委集体研究。决策后广泛发动，充分利用党组织的动员能力和党员干部的先锋模范作用。在社区精神文明建设中充分发挥基层党组织的作用。基层党员是联系群众的一线代表，要激活这些“红色细胞”，实现基层党员联系服务群众全覆盖，使党员成为群众最信任的人。同时搭建更为广阔的活动交流平台，使社区和党员、党员和群众的联系更加紧密。

（4）高度重视居民自治

社区是居民自己的家园。通过示范项目借鉴韩国新农村运动等各国经验，强调发挥居民在社区治理中的作用。以“政府与居民共同参与”的生态保护模式，通过制定村规民约等方式，充分发扬民主，集中村民智慧，增强村民主人翁意识，同时也增强村民遵守社区各项规章制度的

① 老庙改建成了柴桥老味道体验馆、牛舍改建成开放式组织生活基地。党员土专家化身为传授“老技艺”的义工，来自区内外的各个支部的党员在瑞岩的庭院里、组织生活基地里化身为“学生”。

自觉性。

“政府与居民共同参与”的生态保护模式主要表现在以下三方面：一是居民生活垃圾分类，瑞岩社区内的垃圾分类主要做法是，由 11 人组成的环卫保洁队实行 8 小时动态保洁，专人负责监管。党员干部定期到村内为每一户居民发放垃圾袋，引导村民进行垃圾分类工作，培养居民垃圾分类意识与引导居民垃圾分类行动。此外，生活垃圾分类还注重从小学抓起，从小培育垃圾分类意识。二是村民生活污水治理与河道生态保护，政府通过合理规划，因地制宜治理农村生活污水，各个党小组成立爱水护水小分队、文明劝导小分队、民俗传承小分队、环境巡逻小分队，承担起溪坑清淤、巡逻、水源监管责任。三是积极动员村民参与环境卫生整治，先后推出“房前屋后整治”“清洁家园”“溪坑我治理”“美丽庭院示范户”“清洁户”等创评活动，将生态建设的理念深入人心。

在社区管理、社区公共服务中广泛吸纳社区居民参与，既降低了成本，又有效扩大了公共服务覆盖面。针对瑞岩社区外来人口较多的特点，把外来人口也纳入自治、自管范畴，探索了东南沿海地区外来人口输入地社区管理新模式。

（5）注重乡村特色的保护和营造

示范项目在村庄整治建设过程中，以“开设展览馆”的文化传承模式，注重传统农耕文化、民俗文化等乡村特色的保护和营造。瑞岩社区结合辖区内实际资源，设立“三馆、四堂、五廊”，传承与弘扬社区传统民俗文化。还创立了文化团体，开展丰富多彩的文化活动，如书法、戏曲及农家影院等。

社区的河头村，建成了全长 11 公里的云雩山游步道，并在游步道周围开辟云雩山果园，种植蓝莓、樱桃、橘子、西瓜等水果，在入口处建造云雩山森林农庄，餐饮、田园采摘、体验、休闲绿吧等功能一应俱全，真正实现了在发展生态农业、增加村级集体经济收入的同时提升了土地的附加值，使河头村的荒山变成了乡村休闲游的好去处。还相继建造了古色古香的竹山公园和民俗文化陈列馆、樱花道、大池塘公园，整治了 1000 多米的大溪坑，使其成为集观光、健身散步、村民洗刷等多功能溪坑。在对危旧房整治过程中，坚持修旧如旧原则，如乡土风情体验馆便是在云雩庙后大殿基础上修复改造而来。

# 10.4 示范村镇可持续发展机制评价与优化

## 10.4.1 示范村镇社区可持续发展的评价

（1）经济发展评价

花木产业是瑞岩社区生态文明建设的经济支柱，更是得天独厚的产业优势。在此基础上，瑞岩社区因地制宜，在个性上做文章，在特色上下功夫。根据辖区特色，充分发挥自然景观优势，实施产业多样化、全方位发展。使景区、柴桥老味道、生态果品、花卉等资源有机结合，打造美丽乡村生态休闲旅游产业。

但瑞岩社区一二三产业融合发展尚不够，缺乏社区经济发展的“新动能”。在花木产业发展中，仍存在着市场竞争加剧导致苗木价格下滑、价格体系不完善等问题，需要加快开发新品种和提升栽培技术水平。

（2）生态发展评价

花木产业的大力发展为示范社区居民带来增收效益的同时，对周边整体环境资源带来一定的负面影响。农田花木种植后对原有耕作层产生破坏，而且辖区内售出的苗木都带泥球，长此以往将会使土壤变薄、肥力下降等，对于复耕造成一定困难；大面积的花木种植需要施肥、灌溉和疏通，一些有害物质通过土壤、沟渠渗透成为周边水环境的“隐形杀手”；同时鉴于近年来花木产业形势的持续看好，一些花农保护森林资源的意识淡薄，耕地和山坡种苗木的现象时有发生。

生态治理资金来源于政府单一拨款。河头村和岭下村的集体经济较弱，目前村内的河道污水治理、生活污水治理以及生活垃圾分类回收等生态保护所需支出，均来源于柴桥街道财政拨款。村民虽然富裕起来，但是并未完全参与到村内生态保护行动中。此外，生活污水处理成本偏高，村庄规划与生态治理有待完善。调研中了解到，河头村的生活污水处理站已经建成，平均每天可以处理 25 吨生活污水，受益范围达 200 户，但建设运行成本较高。一方面，瑞岩社区有常住村民 1890 户，要设这样的生活污水处理点至少 9

个，建设成本较大；另一方面，河头村和岭下村居民居住地点较为分散，联通村民居住点和生活污水处理站点的管道铺设成本也较大。

由于花卉绿色种植的标准化模式没有完全推广，河头村地表水质富营养化的问题比较突出。从芦江河流域地表水质监测结果看（见表 10－11、图 10－9），即使是处于芦江河流域上游的河头村，虽然从时间维度看其地表水总氮的含量总体上有下降趋势，但是在多数月份与其他监测点相比都偏高。2015 年 8 月，河头村监测点总氮含量 4.45mg/L，居 12 个监测点第一位；2016 年 7 月，河头村监测点总氮含量也居监测点第一位。在所有的监测月份，河头村水质总氮含量甚至都高于国家标准《地表水环境质量标准》（GB3838－2002）规定的Ⅴ类地表水 2.0 的上限值。相比较而言，水体总磷含量状况较好，多数情况下河头村监测点总磷的含量低于 0.1mg/L，达到Ⅱ类水质对总磷的要求，仅在 2016 年 9 月超过 0.2mg/L（Ⅲ类水上限）。此外，芦江流域水体中硝酸盐的含量在 2016 年 9 月监测点数据均高于集中式生活饮用水地表水水源地补充项目标准限值 10mg/L，其他月份数据均符合地表水水源地标准。可见，花卉绿色种植技术模式依然是影响芦江河流域河头村等地可持续发展的重要因素。

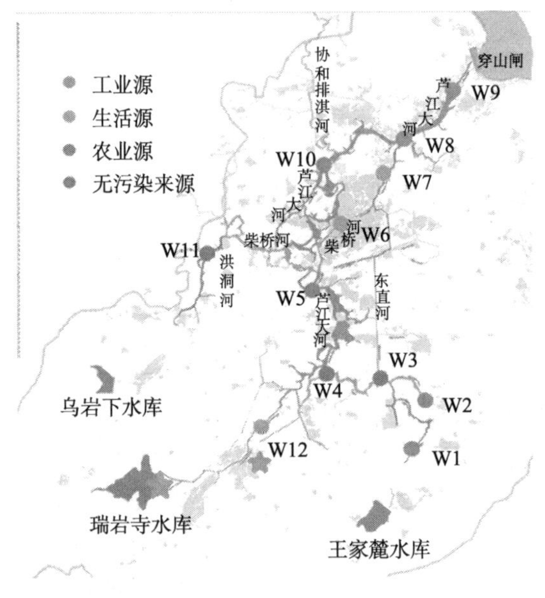


**图 10－9　芦江河流域监测点分布**

资料来源：由中科院宁波城环站提供。

**表 10－11　芦江河流域地表水质监测情况**

| 监测点 | | W1 | W2 | W3 | W4 | W5 | W6 | W7 | W8 | W9 | W10 | W11 | W12 |
|---|---|---|---|---|---|---|---|---|---|---|---|---|---|
| 采样点名称 | | 东湖桥 | 甘溪村河道 | 东直河口 | 芦江大河紫石河汇流口 | 正阳寺 | 柴桥街河 | 五马桥 | 329 国道 | 穿山村河道 | 芦江大河 | 黄壮桥 | 河头村 |
| 2015 年 8 月 | 总氮 TN(mg/L) | 2.845 | 1.771 | 1.783 | 2.128 | 2.041 | 2.802 | 3.112 | 2.086 | 1.960 | 2.111 | 1.739 | 4.450 |
| | 总磷 TP(mg/L) | 0.075 | 0.095 | 0.101 | 0.108 | 0.112 | 0.227 | 0.341 | 0.178 | 0.205 | 0.206 | 0.111 | 0.099 |
| | 硝酸盐(mg/L) | — | — | — | — | — | — | — | — | — | — | — | — |
| 2015 年 12 月 | 总氮 TN(mg/L) | 4.968 | 5.799 | 5.027 | 5.524 | 5.200 | 6.366 | 5.757 | 5.481 | 4.973 | 4.925 | 4.274 | 4.790 |
| | 总磷 TP(mg/L) | 0.076 | 0.079 | 0.075 | 0.107 | 0.124 | 0.210 | 0.222 | 0.182 | 0.150 | 0.111 | 0.079 | 0.083 |
| | 硝酸盐(mg/L) | 3.321 | 3.744 | 3.488 | 3.599 | 3.580 | 3.686 | 3.562 | 3.415 | 3.209 | 3.220 | 3.106 | 3.358 |
| 2016 年 4 月 | 总氮 TN(mg/L) | 3.474 | 4.047 | 3.506 | 3.381 | 3.692 | 4.906 | 4.498 | 4.260 | 3.788 | 3.760 | 3.034 | 3.905 |
| | 总磷 TP(mg/L) | 0.106 | 0.105 | 0.099 | 0.098 | 0.101 | 0.198 | 0.128 | 0.146 | 0.099 | 0.120 | 0.099 | 0.120 |
| | 硝酸盐(mg/L) | 2.737 | 3.268 | 2.803 | 2.708 | 2.864 | 3.296 | 2.924 | 2.969 | 2.783 | 2.850 | 2.370 | 3.019 |
| 2016 年 7 月 | 总氮 TN(mg/L) | 2.283 | 2.603 | 2.442 | 2.087 | 2.284 | 2.632 | 2.352 | 2.268 | 2.035 | 2.268 | 2.174 | 2.806 |
| | 总磷 TP(mg/L) | 0.055 | 0.048 | 0.087 | 0.045 | 0.030 | 0.052 | 0.155 | 0.057 | 0.039 | 0.045 | 0.081 | 0.029 |
| | 硝酸盐(mg/L) | 2.237 | 3.139 | 2.464 | 2.336 | 2.379 | 2.763 | 2.311 | 2.372 | 2.649 | 2.329 | 1.961 | 3.310 |
| 2016 年 9 月 | 总氮 TN(mg/L) | 5.221 | 7.167 | 5.434 | 6.513 | 5.917 | 7.251 | 7.273 | 6.625 | 6.297 | 5.954 | 5.714 | 6.031 |
| | 总磷 TP(mg/L) | 0.152 | 0.064 | 0.157 | 0.129 | 0.065 | 0.130 | 0.249 | 0.146 | 0.080 | 0.092 | 0.264 | 0.245 |
| | 硝酸盐(mg/L) | 15.672 | 20.733 | 15.405 | 18.909 | 16.395 | 18.987 | 19.190 | 15.891 | 16.827 | 14.792 | 16.368 | 18.130 |
| 2016 年 12 月 | 总氮 TN(mg/L) | 3.256 | 3.887 | 3.059 | 3.610 | 3.854 | 4.887 | 5.230 | 4.271 | 3.404 | 2.484 | 1.787 | 1.805 |
| | 总磷 TP(mg/L) | 0.000 | 0.000 | 0.000 | 0.000 | 0.000 | 0.109 | 0.110 | 0.000 | 0.000 | 0.000 | 0.000 | 0.000 |
| | 硝酸盐(mg/L) | 2.969 | 3.629 | 2.999 | 3.548 | 3.748 | 3.269 | 3.166 | 2.788 | 2.521 | 2.927 | 2.915 | 2.786 |

续表

| 监测点 | | W1 | W2 | W3 | W4 | W5 | W6 | W7 | W8 | W9 | W10 | W11 | W12 |
|---|---|---|---|---|---|---|---|---|---|---|---|---|---|
| 采样点名称 | | 东湖桥 | 甘溪村河道 | 东直河口 | 芦江大河紫石河汇流口 | 正阳寺 | 柴桥街河 | 五马桥 | 329国道 | 穿山村河道 | 芦江大河 | 黄壮桥 | 河头村 |
| 2017 年 4 月 | 总氮 TN(mg/L) | 5. 807 | 4. 174 | 4. 450 | 6. 869 | 5. 073 | 5. 271 | 5. 234 | 5. 614 | 5. 764 | 3. 068 | 5. 563 | 5. 388 |
| | 总磷 TP(mg/L) | 0. 063 | 0. 093 | 0. 108 | 0. 129 | 0. 135 | 0. 153 | 0. 264 | 0. 234 | 0. 222 | 0. 227 | 0. 203 | 0. 101 |
| | 硝酸盐(mg/L) | 3. 954 | 3. 643 | 3. 758 | 3. 151 | 2. 819 | 2. 773 | 3. 118 | 2. 782 | 2. 573 | 2. 633 | 3. 304 | 3. 652 |
| 2017 年 6 月 | 总氮 TN(mg/L) | 4. 546 | 5. 136 | 4. 664 | 5. 084 | 5. 807 | 5. 249 | 5. 462 | 5. 323 | 6. 155 | 5. 907 | 4. 559 | 4. 401 |
| | 总磷 TP(mg/L) | 0. 063 | 0. 054 | 0. 034 | 0. 076 | 0. 123 | 0. 129 | 0. 162 | 0. 173 | 0. 175 | 0. 126 | 0. 058 | 0. 072 |
| | 硝酸盐(mg/L) | 2. 499 | 2. 883 | 2. 627 | 2. 812 | 2. 375 | 2. 510 | 2. 415 | 2. 326 | 2. 205 | 2. 205 | 2. 530 | 2. 596 |
| 2017 年 9 月 | 总氮 TN(mg/L) | 3. 154 | 3. 710 | 4. 273 | 4. 511 | 2. 787 | 5. 238 | 5. 417 | 5. 203 | 2. 673 | 3. 493 | 3. 219 | 3. 476 |
| | 总磷 TP(mg/L) | 0. 162 | 0. 115 | 0. 131 | 0. 136 | 0. 163 | 0. 254 | 0. 296 | 0. 353 | 0. 223 | 0. 202 | 0. 172 | 0. 145 |
| | 硝酸盐(mg/L) | 1. 403 | 1. 274 | 1. 697 | 1. 595 | 0. 891 | 0. 651 | 0. 628 | 1. 332 | 1. 220 | 1. 078 | 1. 204 | 2. 342 |

资料来源:根据中科院宁波城环站(项目单位)监测结果制表。

（3）社会发展评价

在社会发展层面，瑞岩社区通过党建+、村民自治等模式，营造和谐乡风。建立“三位一体”的社区服务管理体系，探索全方位服务，为居民提供基本生活保障，提升了社区品质。在示范社区治理过程中，党员干部起到了先锋带头作用，根据各自特长，为社区居民提供义务帮助。居民主人翁意识强，积极主动参与社区建设管理，为社区各项活动的开展，增添了活力。

（4）人口发展评价

瑞岩社区以优美的风景、良好的生态、和谐的风气构成的美丽宜居环境，与城市同等的基本公共配套设施、“一站式”的便民服务、特色产业提供的稳定收入的保障等条件，不但使本地居民在家乡安居乐居，同时吸引外来人员前来务工，从而保证了社区人口的发展。外来人口与当地人口深入合作，深度融合。

（5）文化发展评价

通过设立“三馆、四堂、五廊”，对传统农耕文化、民俗文化等乡村特色的保护和营造，瑞岩社区传统民俗文化得到了很好的传承与弘扬。书画社、舞蹈团、摄影社、二胡社等社区所推出的丰富多彩的文艺活动，更是使多样化的文化在瑞岩得以发展，丰富了社区居民的文化生活。

### 10.4.2　示范村镇社区可持续机制的优化

（1）规划设计层面——村镇可持续发展的引领

强化规划的统筹引领作用，使主体功能区规划、城乡规划、土地利用总体规划、环境保护类规划等有机融合，促进各项规划协调统一，协调示范区各区域空间布局和建设用地安排。同时，要保持连续性和稳定性，一张蓝图干到底。也就是说，作为顶层设计的规划，不能一任领导，一轮规划，规划一经批准，必须严格执行，做到“一本规划、一张蓝图、一绘到底”，科学有序、积极稳妥地推进村镇的可持续发展。

完善规划的指导和约束机制。实现村镇可持续发展，应重视村镇社区空间规划、产业规划的引导与刚性约束。调研中了解到，项目实施初期由于缺乏清晰的规划控制，居民房屋建设分散，村容村貌散乱差。村规划主要集中于新农村建设规划，并未对村庄空间格局、村内建筑风格等进行统一规划，这就为村内一些生态项目建设增加了建设成本。瑞岩街道应加强对所管辖村庄的建设规划与空间布局，结合生态治理与产业发展，优化村庄居住区、生产区、生态区等功能。建议通过借助专业咨询机构的力量，编制特色产业发展规划、社区发展空间规划。规划编制要充分考虑到社区未来发展空间，并广泛征求社区居民意见，与区、街道两级政府的政策进行充分衔接。通过规划实施，有效控制村民房屋建设行为、集约利用土地资源。规划预留污水处理设施、垃圾中转站等公共服务设施配置空间。房屋集中建设使得社区公共服务设施覆盖率进一步提高。

（2）产业发展层面——村镇可持续发展的核心

建立特色产业绿色发展机制。瑞岩社区是典型的“一村一品”模式，特色主导产业竞争力是村镇可持续发展的动力。瑞岩社区地处芦江流域上游水源区，是重要的生态涵养区。要着眼于花木产业的长远发展，建立标准化生产规程、种植模式，借助合作经济建立农田生态治理长效机制，加快推动传统产业向绿色生态产业转型升级，推进传统村落向绿色生态新村发展。借助新媒体平台和信用体系为花农提供代销服务和信用服务，走综合发展之路。由此，积极争取北仑区、柴桥街道的扶持政策，高度重视科技投入，在原有基础上进一步做大做强特色花木产业。示范项目还需利用花木产业的特有优势，紧紧抓住乡村休闲游升温的机遇，充分挖掘民俗文化，打造有浙东特色的乡村旅游产业，进一步增强社区造血功能。考虑到柴桥街道和瑞岩社区地处芦江流域上游水源区，可考虑建立花卉绿色种植标准体系，控制种植规模和种植密度，探索建立生态功能区补偿机制，通过增加对该社区村民的生态补偿转移支付，合理补偿村民花卉产业绿色种植标准化带来的经济收益。

加快融合，培育产业“新动能”。瑞岩社区要紧紧依托示范区现有产业特色、花卉种植基地的优势，大力发展生态休闲体验式农业，延伸产业链。在传统支柱产业——花卉产业领域，继续强化科技兴农的支撑作用，积极引进新品种、新技术，保证农产品的优质化、品牌化，提升花卉产品竞争力；在美丽经济——生态休闲旅游产业领域，依托社区生态环境方面得天独厚的优势，可以通过引进高端品牌民宿、培育本地特色品牌等方式，融合瑞岩社区特有的“森林氧吧、花卉、老味道”等元素，把资源串珠成线，升级社区乡村旅游服务平台，更好地整合多方资源，拓展社区居民增收致富的新增长点。此外，在现有产业基础上，依托自然和人文资源，加快推进一二三产业融合发展，培育集旅游观光、休闲度假、健康养老、科普文化为一体的现代农业庄园。鼓励村集体盘活整合闲置山林、老厂房、旧礼堂等一批资产资源，搭建村级交易平台，通过招商引资，吸引社会资本注入，培育“新动能”，解决村集体经济发展资金短缺和剩余劳动力就业问题。

(3) 政策扶持层面——村镇可持续发展的引导

以“统一规划、政府引导”的形式，综合施策，实现示范社区发展新突破。由政策制定出台相关扶持政策，进一步深化示范社区的综合配套改革，完善示范区医疗卫生服务网络体系和中小学布局，实现城乡基本配套公共服务均等化。在构建城乡一体化的土地制度、户籍制度、公共服务制度和行政管理制度等方向继续深化探索创新，切实保障广大居民能够平等地享受财产权利和发展权利，促进社区稳定和谐发展。政府政策要助力推进社区生产方式、生活方式和消费方式的转变，使社区成为辖区农民幸福生活的绿色生态家园，周边地区市民休闲养生养老的美丽后花园。在辖区增绿工程方面，积极寻求政府对进村道路风景林、河道生态林、村庄休闲林建设，营造出色彩多样、空间和季节变化丰富的森林景观。同时，政府针对农村生活污水治理、生活垃圾分类处理、“三改一拆”等生态环境领域出台政策，规范和强化人居环境治理，使美丽乡村更有魅力。

(4) 人才保障层面——村镇可持续发展的支撑

通过为创业者和高端人才提供低成本创业空间，引进人才，形成发展新动力。在引进外来人才的同时，可以动员和鼓励一批有致富能力、有意愿带领群众致富的在外务工经商优秀人员进入村级组织，优化村级班子结构，培育村集体致富内在动能。

(5) 社区治理层面——村镇可持续发展的促进

完善党组织领导和居民自治机制。更好地发挥党组织牵头抓总的龙头作用和思想政治工作的保障作用。在社区精神文明建设中充分发挥基层党组织和党员干部的先锋模范作用。通过制定村规民约等方式，充分发扬民主，集中村民智慧，增强村民主人翁意识，增强村民遵守社区各项规章制度的自觉性。在社区管理、社区公共服务中广泛吸纳社区居民参与，既降低社区治理成本，又有效扩大公共服务的覆盖面。针对瑞岩社区外来人口较多的特点，把外来人口也纳入自治、自管范畴，探索在东南沿海地区外来人口输入地社区管理的新模式。

强化创新，构建治理新模式。社区和谐有利于促进村镇可持续发展，这既需要硬件建设（注重物质投入），更需要软件建设（重视提高社区居民素质）。示范社区可以按照自治、法治和德治“三治合一”的乡村治理现代化的要求，探索新型社区治理模式和治理办法，实现政府治理和社会调节、村民自治良性互动。继续强化社区基层党建工作，大力发挥基层共产党员的先锋模范作用，加大基层干部培养力度，培育一支适应现代农业发展、新兴产业振兴、美丽乡村建设要求的“三农”工作队伍；更加注重强化社区居民的“主人翁”意识，依靠“村民说事”这一优质载体，提升社区居民建设家乡的自觉性和主动性，形成以“说、商、办、评”为主要内容的新型民主村级治理机制；积极搭建乡贤与乡村社会结构有机融合的平台，充分发挥乡贤在管理和维护社区稳定的“领头雁、智囊团”作用，构建起兼具乡土性与现代性的现代乡村治理模式；宣扬文明“好乡风”，以社区文化礼堂为阵地，加大优质文化产品和服务供给，引导农村群众自觉践行社会主义核心价值观，讲文明、改陋习、树新风，营造秩序良好、健康淳朴、文明和谐的民风乡风。

（6）生态治理层面——村镇可持续发展的基础

农村环境整洁有序是村镇可持续发展的前提和基础，示范区需继续推进环境综合整治、剿灭劣Ⅴ类水、污水零直排等工作，切实消灭“脏乱差”，打造乡村环境新面貌。瑞岩辖区的花木产业可依托柴桥花木产业“农合联”，加强对现有花木品种种植的规范和注重新品种的引进，在提高花卉产品科技含量的同时，规范花卉农药的使用，防止土壤的流失，注重花卉产业生态层面的可持续发展。推进农村生活污水处理，全面实施农村生活垃圾无害化处理。通过宣传，确保垃圾得以正确分类处理，继续推进芦江流域的疏浚整治。

建立生态治理村民行为规范。村民的生态保护和生态修复意识的树立需要合理引导，社区公共服务中心应该加大对村民关于生态保护、生态修复、绿色发展等知识的宣传教育。街道和社区可采取家庭责任、网格管理、生态专员、惩罚并举、绿色补贴等方式，推动村民参与生态保护与环境治理。只有村民主动共同参与生态保护，才能建立可持续村镇发展的内在机制。

# 第 11 章

# 推进东南沿海村镇可持续发展的政策建议

党中央和国务院历来重视农村、农业、农民问题，相继出台了许多战略和政策措施，形成了庞大的政策体系。围绕经济、政治、社会、文化、生态五大文明建设目标，村镇可持续发展需要形成新的政策思路，形成目标指向进一步明确、政策协调性和配合度高的政策体系。本章在梳理东南沿海涉及村镇发展相关政策的基础上，重点围绕村镇可持续发展，提出包括区域发展政策、产业发展政策、财政支持政策、生态治理政策、环境保护政策、土地规划政策、社区治理政策、乡村服务政策、文化传承政策、技术创新政策和教育支持政策等十一类政策建议。

## 11.1 政策清单梳理

### 11.1.1 国家政策

（1）总体政策

党和政府历来重视农村发展，也十分重视通过政策推进农村的发展。

2003年初，中央把农村改革列入四项改革之首，并把农村税费改革工作列入第一项。2003年10月，党的十六届三中全会提出了“五个统筹”的概念，并把“统筹城乡发展”放在了“五个统筹”的首要位置。2005年10月，党的十六届五中全会通过的《中共中央关于制定国民经济和社会发展第十一个五年规划的建议》中指出，“建设社会主义新农村是我国现代化进程中的重大历史任务”。要按照“生产发展、生活宽裕、乡风文明、村容整洁、管理民主”的要求，坚持从各地实际出发，尊重农民意愿，扎实稳步推进新农村建设。2004－2008年，中共中央又连续五年出台指导农业和农村工作的1号文件，分别以促进农民增收、提高农业综合生产能力、推进社会主义新农村建设、发展现代农业和切实加强农业基础建设为主题，共同形成了新时期加强“三农”工作的基本思路和政策体系，构建了以工促农、以城带乡的制度框架。2008年10月党的十七届三中全会审议通过的《中共中央关于推进农村改革发展若干重大问题的决定》，要求把建设社会主义新农村作为战略任务，把走中国特色农业现代化道路作为基本方向，把加快形成城乡经济社会一体化新格局作为根本要求。党的十八大强调，坚持走中国特色新型工业化、信息化、城镇化、农业现代化道路，推动信息化和工业化深度融合、工业化和城镇化良性互动、城镇化和农业现代化相互协调，促进工业化、信息化、城镇化、农业现代化同步发展。党的十八大提出“五位一体”的发展战略，将生态文明建设融入经济建设、政治建设、文化建设、社会建设各方面和全过程。2013年2月，农业部办公厅发布《关于开展“美丽乡村”创建活动的意见》（农办科〔2013〕10号），正式在全国启动“美丽乡村”创建工作。美丽乡村建设，是新农村建设的升级版。2014年3月，中共中央、国务院印发了《国家新型城镇化规划（2014－2020年）》（中发〔2014〕4号），随后出台了《国务院关于同意建立推进新型城镇化工作部际联席会议制度的批复》（国函〔2014〕86号），《国家新型城镇化综合试点总体实施方案》（发改规划〔2014〕2960号），《国家发展和改革委员会关于扩大国家新型城镇化综合试点范围的通知》（发改规划〔2015〕1129号），《关于公布第二批国家新型城镇化综合试点地区名单的通知》（发改规划〔2015〕2665

号)，《关于公布第三批国家新型城镇化综合试点地区名单的通知》（发改规划〔2016〕2489 号)，《国务院关于深入推进新型城镇化建设的若干意见》（国发〔2016〕8 号）等一批政策文件，大力推进新型城镇化工作。2018 年 1 月 2 日，中央发布了《中共中央 国务院关于实施乡村振兴战略的意见》。

**表 11－1　　总体政策文件列表**

| 序号 | 文件名称 | 文件号 |
|---|---|---|
| 1 | 关于开展“美丽乡村”创建活动的意见 | 农办科〔2013〕10 号 |
| 2 | 国家新型城镇化规划（2014－2020 年） | 中发〔2014〕4 号 |
| 3 | 国务院关于同意建立推进新型城镇化工作部际联席会议制度的批复 | 国函〔2014〕86 号 |
| 4 | 国家新型城镇化综合试点总体实施方案 | 发改规划〔2014〕2960 号 |
| 5 | 国家发展和改革委员会关于扩大国家新型城镇化综合试点范围的通知 | 发改规划〔2015〕1129 号 |
| 6 | 关于公布第二批国家新型城镇化综合试点地区名单的通知 | 发改规划〔2015〕2665 号 |
| 7 | 关于公布第三批国家新型城镇化综合试点地区名单的通知 | 发改规划〔2016〕2489 号 |
| 8 | 国务院关于深入推进新型城镇化建设的若干意见 | 国发〔2016〕8 号 |
| 9 | 中共中央 国务院关于实施乡村振兴战略的意见 | 中发〔2018〕1 号 |

资料来源：根据相关政府网政务信息公开栏信息整理。

（2）区域发展政策

2008 年国家层面出台了《国务院关于进一步推进长江三角洲地区改革开放和经济社会发展的指导意见》（国发〔2008〕30 号)。该文件确定到 2020 年，长江三角洲区域内部发展更加协调，形成分工合理、各具特色的空间格局，形成人与自然和谐相处的生态环境，实现基本公共服务均等化。再用更长一段时间，率先基本实现现代化。意见提出，稳步推进城乡一体化进程。统筹城乡基础设施建设，推动城市基础设施、公共服务和现代文明向农村延伸。进一步做好村庄规划，节约农村建设用地。推进农村节能减排，加强城乡绿化美化一体化建设。统筹城乡社会事业发展，逐步实现城乡基本公共服务均等化。积极做好城乡社会保障制度的统筹衔接。逐步实行城乡统一的低保制度。统筹城乡劳动就业，逐步建立城乡统一的人力资源市场和公平竞争的就业制度。加快建设以特大城市和大城市为主体，中小城市和小城镇合理发展的网络化城镇体系。促进要素流动和功能整合，发挥同城效应。合理规划城市规模，优化城镇建设布局。

2016年国家发展和改革委员会印发了《长江三角洲城市群发展规划》。该规划提出，协同推进城乡发展一体化和农业现代化，形成优势互补、各具特色的协同发展格局。把长三角地区建成美丽中国建设示范区，共同建设美丽城镇和乡村，共同打造充满人文魅力和水乡特色的国际休闲消费中心，形成青山常在、绿水常流、空气常新的生态型城市群。构筑功能一体、空间融合的城乡体系。培育区域性生产、贸易、高端服务、交通运输、创新、旅游等特色职能，形成以区域中心城市为核心、功能节点城市（镇）为纽带、乡村地域为支撑，生态空间开敞、城乡风貌各异，紧凑型、网络化的一体化城乡体系。推进市域城乡一体化发展。以市域空间为整体推进规划和建设，严格划定城市开发边界、永久基本农田和生态保护红线，统筹城镇建设、基础设施布局、农田保护、产业集聚、村落分布、生态涵养，推进农村一二三产业融合发展。强化特大镇对城乡体系的支撑作用。加快推进特大镇行政管理体制改革，开展特大镇功能设置试点和设市模式改革创新试点，在降低行政成本和提升行政效率的基础上不断拓展特大镇的功能，充分发挥长三角城市群数量众多的特大镇作为区域生产网络重要节点的作用。

**表11－2　　区域政策文件列表**

| 序号 | 文件名称 | 文件号 |
|---|---|---|
| 1 | 国务院关于进一步推进长江三角洲地区改革开放和经济社会发展的指导意见 | 国发〔2008〕30号 |
| 2 | 关于印发《长江三角洲城市群发展规划》的通知 | 发改规划〔2016〕1176号 |

资料来源：根据相关政府网政务信息公开栏信息整理。

（3）产业发展政策

促进农业现代化发展。2016年国务院出台了《全国农业现代化规划（2016－2020）》。该规划强调以推进农业供给侧结构性改革为主线，以多种形式适度规模经营为引领，加快转变农业发展方式，构建现代农业产业体系、生产体系、经营体系，保障农产品有效供给、农民持续增收和农业可持续发展，走产出高效、产品安全、资源节约、环境友好的农业现代化发展道路。提出创新、协调、绿色、开放的农业发展大格局。

推进农村一二三产业融合发展。2015 年国务院办公厅发布了《推进农村一二三产业融合发展的指导意见》。其主要目标是：到 2020 年，农村产业融合发展总体水平明显提升，产业链条完整、功能多样、业态丰富、利益联结紧密、产城融合更加协调的新格局基本形成，农业竞争力明显提高，农民收入持续增加，农村活力显著增强。意见提出，通过推进新型城镇化、加快农业结构调整、延伸农业产业链、拓展农业多种功能、大力发展农业新型业态、引导产业集聚发展等促进农村产业融合发展。并通过强化农民合作社和家庭农场、支持龙头企业发挥引领示范作用、发挥供销合作社综合服务优势、积极发展行业协会和产业联盟、鼓励社会资本投入等培育多元化农村产业融合主体。2016 年国务院办公厅又发布了配套文件《关于支持返乡下乡人员创业创新促进农村一二三产业融合发展的意见》（国办发〔2016〕84 号），鼓励和引导返乡下乡人员按照全产业链、全价值链的现代产业组织方式开展创业创新，建立合理稳定的利益联结机制，推进重点领域农村一二三产业融合发展。2017 年农业部办公厅下发《关于政策性金融支持农村一二三产融合发展的通知》（农办加〔2017〕13 号）。该文件指出，一是依托田园风光、乡土文化、农耕体验等资源特色，积极支持宜居宜业特色村镇建设、乡村休闲旅游产业和休闲农业发展、红色旅游、教育基地建设和农业生态旅游开发等，围绕有基础、有特色、有潜力的产业，推动农业与休闲旅游、教育文化、健康养老等产业深度融合，支持打造农业文化旅游“三位一体”、生产生活生态同步改善、一二三产业深度融合的特色旅游小镇、特色旅游景区景点以及生态建设项目。二是加大力度支持贫困地区农业绿色生态功能开发。发挥生态扶贫在产业融合中的促进作用，鼓励引导贫困农民、林区贫困职工利用当地生态资源，大力发展特色农业、乡村旅游等绿色产业。

构建新型农业产业、生产、经营体系。我国农业已经进入从传统农户分散经营向集约化、专业化、组织化、社会化相结合的新型经营体系加快转变的新阶段。为适应农业生产方式的新变化，2014 年中国银监会和农业部联合下发了《关于金融支持农业规模化生产和集约化经营的指导意见》（银监发〔2014〕38 号），引导农村金融机构优化资源配置，健全支持机制，完善服务功能，提升服务质效，持续加大对农业规模化生产和集约化经营的金融支持。同年，农业部下发了《关于推动金融支持和服务现代农业发展的通知》（农财发〔2014〕93 号），聚焦专业大户、家庭农场、农民合作社、农业产业化龙头企业等新型农业经营主体，聚焦农业生产规模化、集约化、产业化发展，聚焦农业生产流通服务。农产品加工业连接工农、沟通城乡，行业覆盖面宽、产业关联度高、带动农民就业增收作用强，是产业融合的必然选择，已经成为农业现代化的重要标志、国民经济的重要支柱、建设健康中国保障群众营养健康的重要民生产业。2016 年农业部印发了《全国农产品加工业与农村一二三产业融合发展规划（2016 –2020 年）》，提出加快推进农业供给侧结构性改革，充分发挥农产品加工业引领带动作用，大力发展休闲农业和乡村旅游，促进农村一二三产业融合发展，构建现代农业产业体系、生产体系和经营体系，推进转变农业发展方式，推动城乡协调发展。

推进农业生产性服务业发展。农业生产性服务是指贯穿农业生产作业链条，直接完成或协助完成农业产前、产中、产后各环节作业的社会化服务。推进农业生产性服务业发展是现代农业发展、推进多种形式适度规模经营等的重要途径。2017 年农业部、国家发展改革委和财政部出台了《关于加快发展农业生产性服务业的指导意见》（农经发〔2017〕6 号），以推进农业供给侧结构性改革为主线，以培育农业生产性服务战略性产业为目标，大力发展多元化多层次多类型的农业生产性服务，推动多种形式适度规模经营发展，带动更多农户进入现代农业发展轨道，全面推进现代农业建设。重点拓展领域包括农业市场信息服务、农资供应服务、农业绿色生产技术服务、农业废弃物资源化利用服务、农机作业及维修服务、农产品初加工服务、农产品营销服务等。

促进农业产业化联合体发展。农业产业化联合体是龙头企业、农民合作社和家庭农场等新型农业经营主体以分工协作为前提，以规模经营为依托，以利益联结为纽带的一体化农业经营组织联盟。2017 年中共中央办公厅、国务院办公厅印发了《关于加快构建政策体系培育新型农业经营主体的意见》，引导新型农业经营主体多元融合发展、多路径提升规模经营水平、多模式完善利益分享机制、多形式提高发展质量。农业部、国家发展改革委、财政部、国土资源部、人民银行、国家税务总局联合出台了《关于促进农业产业化联合体发展的指导意见》（农经发〔2017〕9 号），围绕推进农业供给侧结构性改革，以发展现代农业为方向，以创新农业经营体制机制为动力，积极培育发展一批带农作用突出、综合竞争力强、稳定可持续发展的农业产业化联合体，成为引领我国农村一二三产业融合和现代农业建设的重要力量，为农业农村发展注入新动能。

开展农业特色互联网小镇建设试点。2017 年农业部办公厅出台了《关于开展农业特色互联网小镇建设试点的指导意见》（农办市〔2017〕27 号），提出以农村资源禀赋和特色产业为基础，以“互联网 +”为手段，充分发挥市场主体作用，创新制度机制，高起点、高标准、高水平培育一批特点鲜明、产业发展、绿色生态、美丽宜居的农业特色互联网小镇。

农村创业创新园区（基地）建设。农村创业创新园区（基地）是依托各类涉农园区（基地），通过政策集成、资源集聚和服务集中，融合原料生产、加工流通、休闲旅游、电子商务等产业，集成见习、实习、实训、咨询、孵化等服务为一体，具有功能定位准确、管理规范、示范带动能力强等特点的农村创业创新服务平台，2017 年农业部根据《国务院办公厅关于支持返乡下乡人员创业创新促进农村一二三产业融合发展的意见》（国办发〔2016〕84 号）文件精神，出台了《关于促进农村创业创新园区（基地）建设的指导意见》（农加发〔2017〕3 号）。文件要求到 2020 年，在全国建设一大批标准高、服务优、示范带动作用强的农村创业创新园区（基地），为返乡下乡人员创业创新提供可选择的场所和高效便捷的服务，实现国家政策、各类资源和相关要素的集成整合，推动农村创业创新更快更好发展。

推进农业全产业链开发创新示范。2017 年农业部办公厅、国家农业综合开发办公室下发《关于推进农业全产业链开发创新示范工作的通知》（农办计〔2017〕29 号），要求通过 4 年全产业链开发创新示范，每个全产业链开发示范区在原有基础上基本建成 1—2 条区域优势显著的农业全产业链条，培育形成 1—2 个区域农业知名品牌，农产品加工业比重提高 50% 以上，农业全产业链的新技术、新模式、新业态加快发展，产业融合机制进一步完善，股份合作等利益联结方式更加多元，农民共享全产业链创新发展增值收益不断增加，农村居民人均可支配收入年均增加 10% 以上。

**表 11 -3　　产业政策文件列表**

| 序号 | 文件名称 | 文件号 |
|---|---|---|
| 1 | 中国银监会 农业部关于金融支持农业规模化生产和集约化经营的指导意见 | 银监发〔2014〕38 号 |
| 2 | 农业部关于推动金融支持和服务现代农业发展的通知 | 农财发〔2014〕93 号 |
| 3 | 国务院办公厅关于推进农村一二三产业融合发展的指导意见 | 国办发〔2015〕93 号 |
| 4 | 农业部关于印发《全国农产品加工业与农村一二三产业融合发展规划（2016 -2020 年）》 | 农加发〔2016〕5 号 |
| 5 | 国务院办公厅关于支持返乡下乡人员创业创新促进农村一二三产业融合发展的意见 | 国办发〔2016〕84 号 |
| 6 | 国务院关于印发《全国农业现代化规划（2016 - 2020 年）》的通知 | 国发〔2016〕58 号 |
| 7 | 农业部 国家发展和改革委员会 财政部关于加快发展农业生产性服务业的指导意见 | 农经发〔2017〕6 号 |
| 8 | 农业部 国家发展和改革委员会 财政部 国土资源部 人民银行 国家税务总局关于促进农业产业化联合体发展的指导意见 | 农经发〔2017〕9 号 |
| 9 | 农业部办公厅关于开展农业特色互联网小镇建设试点的指导意见 | 农办市〔2017〕27 号 |
| 10 | 关于促进农村创业创新园区（基地）建设的指导意见 | 农加发〔2017〕3 号 |
| 11 | 农业部办公厅 国家农业综合开发办公室关于推进农业全产业链开发创新示范工作的通知 | 农办计〔2017〕29 号 |
| 12 | 农业部办公厅 中国农业发展银行办公室关于政策性金融支持农村一二三产业融合发展的通知 | 农办加〔2017〕13 号 |

资料来源：根据相关政府网政务信息公开栏信息整理。

（4）财政金融政策

加大对“三农”领域的信贷支持力度。2013 年国务院办公厅出台了《关于金融支持经济结构调整和转型升级的指导意见》（国办发〔2013〕67 号）。该文件指出，要优化“三农”金融服务，统筹发挥政策性金融、商业性金融和合作性金融的协同作用，发挥直接融资优势，推动加快农业现代化步伐。支持金融机构开发符合农业农村新型经营主体和农产品批发商特点的金融产品和服务，加大信贷支持力度。支持经中央批准的农村金融改革试点地区创新农村金融产品和服务。

2014 年国务院办公厅进一步出台了《关于金融服务“三农”发展的若干意见》（国办发〔2014〕17 号），加大支农重点领域的金融支持。

支持农业经营方式创新。在部分地区开展金融支持农业规模化生产和集约化经营试点。积极推动金融产品、利率、期限、额度、流程、风险控制等方面创新，进一步满足家庭农场、专业大户、农民合作社和农业产业化龙头企业等新型农业经营主体的金融需求。继续加大对农民扩大再生产、消费升级和自主创业的金融支持力度。

支持提升农业综合生产能力。加大对耕地整理、农田水利、粮棉油糖高产创建、畜禽水产品标准化养殖、种养业良种生产等经营项目的信贷支持力度。重点支持农业科技进步、现代种业、农机装备制造、设施农业、农产品精深加工等现代农业项目和高科技农业项目。

支持农业社会化服务产业发展。支持农产品产地批发市场、零售市场、仓储物流设施、连锁零售等服务设施建设。

支持农业发展方式转变。大力发展绿色金融，促进节水农业、循环农业和生态友好型农业发展。

探索支持新型城镇化发展的有效方式。创新适应新型城镇化发展的金融服务机制，重点发挥政策性金融作用，稳步拓宽城镇建设融资渠道，着力做好农业转移人口的综合性金融服务。

支持农业转移人口市民化。2016 年国务院发布了《关于实施支持农业转移人口市民化若干财政政策的通知》（国发〔2016〕44 号）。该文件指出，强化地方政府尤其是人口流入地政府的主体责任，建立健全支持农业转移人口市民化的财政政策体系，将持有居住证人口纳入基本公共服务保障范围，创造条件加快实现基本公共服务常住人口全覆盖。加大对吸纳农业转移人口地区尤其是中西部地区中小城镇的支持力度，维护进城落户农民土地承包权、宅基地使用权、集体收益分配权，支持引导其依法自愿有偿转让上述权益，促进有能力在城镇稳定就业和生活的常住人口有序实现市民化，并与城镇居民享有同等权利。

2017 年国务院办公厅出台了《关于创新农村基础设施投融资体制机制的指导意见》（国办发〔2017〕17 号）。该文件要求，完善财政投入稳定增长机制。优先保障财政对农业农村的投入，相应支出列入各级财政预算，坚持把农业农村作为国家固定资产投资的重点领域，确保力度不减弱、总量有增加。统筹政府土地出让收益等各类资金，支持农村基础设施建设。支持地方政府以规划为依据，整合不同渠道下达但建设内容相近的资金，形成合力。

完善村民一事一议制度，合理确定筹资筹劳限额，加大财政奖补力度。鼓励农民和农村集体经济组织自主筹资筹劳开展村内基础设施建设。

加大金融支持力度。政策性银行和开发性金融机构要结合各自职能定位和业务范围，强化对农村基础设施建设的支持。鼓励商业银行加大农村基础设施信贷投放力度，改善农村金融服务。

加快农村供水设施产权制度改革。以政府投入为主、兴建规模较大的农村集中供水基础设施，由县级人民政府或其授权部门根据国家有关规定确定产权归属；以政府投入为主、兴建规模较小的农村供水基础设施，资产交由农村集体经济组织或农民用水合作组织所有；单户或联户农村供水基础设施，国家补助资金所形成的资产归受益农户所有；社会资本投资兴建的农村供水基础设施，所形成的资产归投资者所有，或依据投资者意愿确定产权归属。

探索建立污水垃圾处理农户缴费制度。鼓励先行先试，在有条件的地区实行污水垃圾处理农户缴费制度，保障运营单位获得合理收益，综合考虑污染防治形势、经济社会承受能力、农村居民意愿等因素，合理确定缴费水平和标准，建立财政补贴与农户缴费合理分摊机制（见表 11 -4）。

**表 11 -4　　财政金融政策文件列表**

| 序号 | 文件名称 | 文件号 |
|---|---|---|
| 1 | 国务院办公厅关于金融支持经济结构调整和转型升级的指导意见 | 国办发〔2013〕67 号 |
| 2 | 国务院办公厅关于金融服务“三农”发展的若干意见 | 国办发〔2014〕17 号 |
| 3 | 国务院关于实施支持农业转移人口市民化若干财政政策的通知 | 国发〔2016〕44 号 |
| 4 | 国务院办公厅关于创新农村基础设施投融资体制机制的指导意见 | 国办发〔2017〕17 号 |

资料来源：根据相关政府网政务信息公开栏信息整理。

（5）生态环境政策

2013 年环保部出台了《关于印发〈农村生活污水处理项目建设与投

资指南〉等四项文件的通知》（环发〔2013〕130 号），包括《农村生活污水处理项目建设与投资指南》、《农村生活垃圾分类、收运和处理项目建设与投资指南》、《农村饮用水水源地环境保护项目建设与投资指南》和《农村小型畜禽养殖污染防治项目建设与投资指南》等四项指导性文件，重点推进农村环境治理。

2014 年国务院办公厅出台了《关于改善农村人居环境的指导意见》（国办发〔2014〕25 号），提出加快农村环境综合整治，重点治理农村垃圾和污水。推行县域农村垃圾和污水治理的统一规划、统一建设、统一管理，有条件的地方推进城镇垃圾污水处理设施和服务向农村延伸。建立村庄保洁制度，推行垃圾就地分类减量和资源回收利用。深入开展全国城乡环境卫生整洁行动。交通便利且转运距离较近的村庄，生活垃圾可按照“户分类、村收集、镇转运、县处理”的方式处理；其他村庄的生活垃圾可通过适当方式就近处理。离城镇较远且人口较多的村庄，可建设村级污水集中处理设施，人口较少的村庄可建设户用污水处理设施。大力开展生态清洁型小流域建设，整乡整村推进农村河道综合治理。推进规模化畜禽养殖区和居民生活区的科学分离，引导养殖业规模化发展，支持规模化养殖场畜禽粪污综合治理与利用。引导农民开展秸秆还田和秸秆养畜，支持秸秆能源化利用设施建设。逐步建立农村病死动物无害化收集和处理系统，加快无害化处理场所建设。合理处置农药包装物、农膜等废弃物，加快废弃物回收设施建设。推进农村清洁工程，因地制宜发展规模化沼气和户用沼气。推动农村家庭改厕，全面完成无害化卫生厕所改造任务。考虑种养大户等新型农业经营主体规模化生产需求，统筹建设晾晒场、农机棚等生产性公用设施，整治占用乡村道路晾晒、堆放等现象。

2014 年环保部又印发了《国家生态文明建设示范村镇指标（试行）》（环发〔2014〕12 号），从生产发展、生态良好、生活富裕、村风文明四个方面设置了 18 个指标和 20 个指标，具体指导国家生态文明建设示范村和示范乡镇建设。

2015 年环保部出台的《关于贯彻实施国家主体功能区环境政策的若干意见》（环发〔2015〕92 号），对农产品主产区的环境提出保障基本、安全发展的原则，对农村人居环境、空气质量、地表水、渔业水、地下水、灌溉水、土壤等质量提出了相应的标准和要求。着力开展农村环境连片综合整治。加大村镇供水和污水、垃圾处理设施建设，并对污泥进行妥善的处理处置，加大乡镇工矿企业污染治理力度，确保农村土壤环境质量安全。积极推进农业清洁生产，加强面源污染控制，研究出台有利于有机肥生产、使用的优惠政策，建立健全农药废弃包装物回收处理体系、废旧地膜回收加工网络。以规模化畜禽养殖为重点，对畜禽养殖废弃物实施综合治理，推广生产有机肥，持续推进污染减排及废弃物综合利用。在农业生产区开展环境健康风险评估和分区，确定区域环境质量对不同农作物的影响，针对可能造成农产品污染的区域，开展生态修复，确保农产品质量。完善农产品产地环境质量评价标准，建立土壤环境质量定期监测和信息发布制度。加强区域农业生产环境安全、可持续发展能力的评估与考核，并将结果向社会公布。推进土壤与地下水治理和农村环境改善工程等。

2016 年国务院印发了《“十三五”生态环境保护规划》。该规划主要涉农内容有：加强农村饮用水水源保护，实施农村饮水安全巩固提升工程。实施农用地土壤环境分类管理。加快完善城镇污水处理系统。实现城镇垃圾处理全覆盖和处置设施稳定达标运行。继续推进农村环境综合整治。持续推进城乡环境卫生整治行动，建设健康、宜居、美丽家园。深化“以奖促治”政策，推进新一轮农村环境连片整治，因地制宜开展治理，完善农村生活垃圾“村收集、镇转运、县处理”模式，鼓励就地资源化。整县推进农村污水处理统一规划、建设、管理。积极推进城镇污水、垃圾处理设施和服务向农村延伸，开展农村厕所无害化改造。继续实施农村清洁工程，开展河道清淤疏浚。优化调整农业结构和布局，推广资源节约型农业清洁生产技术，推动资源节约型、环境友好型、生态保育型农业发展。

2016 年国务院办公厅出台了《关于健全生态保护补偿机制的意见》(国办发〔2016〕31 号)，要求完善耕地保护补偿制度。建立以绿色生态为导向的农业生态治理补贴制度。完善森林、草原、海洋、渔业、自然文化遗产等资源收费基金和各类资源有偿使用收入的征收管理办法，逐步扩大资源税征收范围，允许相关收入用于开展相关领域生态保护补偿。完善生态保护成效与资金分配挂钩的激励约束机制，加强对生态保护补偿资金使用的监督管理（见表 11 -5）。

**表11-5 生态环境政策文件列表**

| 序号 | 文件名称 | 文件号 |
|---|---|---|
| 1 | 关于印发《农村生活污水处理项目建设与投资指南》等四项文件的通知 | 环发〔2013〕130号 |
| 2 | 国务院办公厅关于改善农村人居环境的指导意见 | 国办发〔2014〕25号 |
| 3 | 关于印发《国家生态文明建设示范村镇指标（试行）》的通知 | 环发〔2014〕12号 |
| 4 | 关于贯彻实施国家主体功能区环境政策的若干意见 | 环发〔2015〕92号 |
| 5 | 国务院关于印发《"十三五"生态环境保护规划》的通知 | 国发〔2016〕65号 |
| 6 | 国务院办公厅关于健全生态保护补偿机制的意见 | 国办发〔2016〕31号 |

资料来源：根据相关政府网政务信息公开栏信息整理。

（6）土地规划政策

2004年国土资源部印发了《关于加强农村宅基地管理的意见》（国土资发〔2004〕234号）。该意见要求，抓紧完善乡（镇）土地利用总体规划。按照统筹安排城乡建设用地的总要求和控制增量、合理布局、集约用地、保护耕地的总原则，合理确定小城镇和农村居民点的数量、布局、范围和用地规模。按规划从严控制村镇建设用地。各地要采取有效措施，引导农村村民住宅建设按规划、有计划地逐步向小城镇和中心村集中。对城市规划区内的农村村民住宅建设，应当集中兴建农民住宅小区，防止在城市建设中形成新的"城中村"，避免"二次拆迁"。对城市规划区范围外的农村村民住宅建设，按照城镇化和集约用地的要求，鼓励集中建设农民新村。在规划撤并的村庄范围内，除危房改造外，停止审批新建、重建、改建住宅。

积极推进农村建设用地整理。县市和乡（镇）要根据土地利用总体规划，结合实施小城镇发展战略与"村村通"工程，科学制定和实施村庄改造、归并村庄整治计划，积极推进农村建设用地整理，提高城镇化水平和村镇土地集约利用水平，努力节约使用集体建设用地。农村建设用地整理，要按照"规划先行、政策引导、村民自愿、多元投入"的原则，按规划、有计划、循序渐进、积极稳妥地推进。

严格农村土地承包经营程序。2004年农业部第33号令发布了《中华人民共和国农村土地承包经营权证管理办法》，对农村土地承包经营进行了程序规范。

加强村土地利用规划。2017年国土资源部发布了第72号令《土地利用总体规划管理办法》，对村土地利用规划提出了相应的要求。明确了村土地利用规划的重点内容：乡（镇）规划中土地用途分区、布局与边界的落实；农村集体建设用地的安排，农村宅基地、公益性设施用地等的范围；不同用途土地的使用规则。此外，要求编制土地利用总体规划，应当综合考虑资源环境承载能力，统筹利用地上地下空间资源，按照下列布局次序、原则和要求，科学合理安排各类用地空间布局，优先布局国土安全和生态屏障用地；协调安排耕地、基本农田和基础设施用地；优化城乡建设用地结构和布局；维护和扩大城乡绿色空间；稳定自然和人文景观用地；发挥农地多重功能，拓展生态空间；防范污染区域环境风险，因地制宜整治利用；尽量避免地质灾害易发区和压覆国家重要矿产资源（见表11-6）。

**表 11-6　土地规划政策文件列表**

| 序号 | 文件名称 | 文件号 |
|---|---|---|
| 1 | 印发《关于加强农村宅基地管理的意见》的通知 | 国土资发〔2004〕234号 |
| 2 | 土地利用总体规划管理办法 | 中华人民共和国国土资源部令第72号 |
| 3 | 中华人民共和国农村土地承包经营权证管理办法 | 中华人民共和国农业部令第33号 |

资料来源：根据相关政府网政务信息公开栏信息整理。

（7）社区治理政策

明确各类治理（建设）主体。2015年中共中央办公厅、国务院办公厅印发的《关于深入推进农村社区建设试点工作的指导意见》（中办发〔2015〕30号）指出，农村社区是农村社会服务管理的基本单元。农村社区建设要在党和政府的领导下，在行政村范围内，依靠全体居民，整合各类资源，强化社区自治和服务功能，促进农村社区经济、政治、文化、社会、生态全面协调可持续发展，不断提升农村居民生活质量和文明素养，努力构建新型乡村治理体制机制。并从在村党组织领导下、以村民自治为基础的农村社区治理机制，流动人口有效参与农村社区服务管理，多元主体参与农村社区建设渠道，农村社区法治建设，农村社区公共服务供给，农村社区公益性服务、市场化服务创新发展，农村社区文化认同，农村社区人居环境等方面提出了建设推进的具体政策举措。

加强社区协商制度建设。2015年中共中央办公厅、国务院办公厅印发的《关于加强城乡社区协商的意见》（中办发〔2015〕41 号）指出，到 2020 年，基本形成协商主体广泛、内容丰富、形式多样、程序科学、制度健全、成效显著的城乡社区协商新局面。协商内容主要包括：城乡经济社会发展中涉及当地居民切身利益的公共事务、公益事业；当地居民迫切要求解决的实际困难、问题和矛盾纠纷；党和政府的方针政策、重点工作部署在城乡社区的落实；法律法规和政策明确要求协商的事项；各类协商主体提出协商需求的事项。协商主体包括基层政府及其派出机关、村（社区）党组织、村（居）民委员会、村（居）务监督委员会、村（居）民小组、驻村（社区）单位、社区社会组织、业主委员会、农村集体经济组织、农民合作组织、物业服务企业和当地户籍居民、非户籍居民代表以及其他利益相关方。协商形式包括村（居）民议事会、村（居）民理事会、小区协商、业主协商、村（居）民决策听证、民主评议等形式，以民情恳谈日、社区（驻村）警务室开放日、村（居）民论坛、妇女之家等。2016 年民政部进一步下发了《关于深入推进城乡社区协商工作的通知》（民发〔2016〕134 号），进一步从完善城乡社区协商制度体系、细化城乡社区协商内容、培育城乡社区协商主体、丰富拓展城乡社区协商形式、提升城乡社区协商能力水平、强化城乡社区协商成果运用等方面提出了具体举措。

加强社区服务体系建设。2016 年民政部出台了《城乡社区服务体系建设规划（2016 - 2020 年）》。该规划指出，到 2020 年，基本公共服务、便民利民服务、志愿服务有效衔接的城乡社区服务机制更加成熟；社区综合服务设施为主体、专项服务设施为配套、服务网点为补充的城乡社区服务设施布局更加完善；网络联通、应用融合、信息共享、响应迅速的城乡社区服务信息化发展格局基本形成；以社区党组织、社区自治组织成员为骨干，社区社会工作者和其他社区专职工作者为支撑，社区志愿者为补充的城乡社区服务人才队伍更加健全。并从加强城乡社区服务机构建设、扩大城乡社区服务有效供给、健全城乡社区服务设施网络、推进城乡社区服务人才队伍建设、加强城乡社区服务信息化建设、创新城乡社区服务机制等方面提出了具体要求，从法规制度建设和标准化建设、加大资金投入、完善扶持政策和强化规划实施提出了具体的政策举措。

完善社区治理体系和体制。2017 年中共中央、国务院出台了《关于加强和完善城乡社区治理的意见》（中发〔2017〕13 号）。该意见指出，坚持以基层党组织建设为关键、政府治理为主导、居民需求为导向、改革创新为动力，健全体系、整合资源、增强能力，完善城乡社区治理体制。到2020年，基本形成基层党组织领导、基层政府主导的多方参与、共同治理的城乡社区治理体系，城乡社区治理体制更加完善，城乡社区治理能力显著提升，城乡社区公共服务、公共管理、公共安全得到有效保障。再过5到10年，城乡社区治理体制更加成熟定型，城乡社区治理能力更为精准全面，为夯实党的执政根基、巩固基层政权提供有力支撑，为推进国家治理体系和治理能力现代化奠定坚实基础。并对健全完善城乡社区治理体系（包括着力补齐城乡社区治理短板、基层政府主导作用、基层群众性自治组织基础作用、社会力量协同作用）、不断提升城乡社区治理水平（包括社区居民参与能力、社区服务供给能力、社区文化引领能力、社区依法办事能力、社区矛盾预防化解能力、社区信息化应用能力）、着力补齐城乡社区治理短板（包括社区人居环境、社区综合服务设施建设、社区资源配置、社区减负增效、社区物业服务管理）等提出了具体要求。从工作机制、资金投入、队伍建设、标准体系和激励机制等方面提出了具体的政策举措。2017年民政部在中央文件的基础上印发了《关于开展全国农村社区治理实验区建设的通知》（民发〔2017〕67号），从群众自治机制建设、治理机制创新、公共安全机制创新、文化传承与弘扬机制建设、公共空间建设和运行机制创新、公共服务综合信息平台建设、“三社联动”机制建设、特殊类型农村地区农村社区建设、两岸农村社区发展经验融合等方面提出了农村社区治理实验区建设的具体要求和相应政策举措。

积极培育社区社会组织。2017年民政部出台了《关于大力培育发展社区社会组织的意见》（民发〔2017〕191号）。该意见提出，力争到2020年，社区社会组织培育发展初见成效，实现城市社区平均拥有不少于10个社区社会组织，农村社区平均拥有不少于5个社区社会组织。再过5到10年，社区社会组织管理制度更加健全，支持措施更加完备，整体发展更加有序，作用发挥更加明显，成为创新基层社会治理的有力支撑。并从支持社区社会组织承接社区公共服务项目、发挥社区社会组织扎根社区、贴近群众的优势，广泛动员社区居民参与社区公共事务和公益事业、发挥社区社会组织在完善社区公共文化服务体系中的积极作用、发挥社区社会组织在源头治理方面的积极作用，协助提升社区矛盾预防化解能力等方面给出了具体政策举措（见表11－7）。

表 11－7　　社区治理政策文件列表

| 序号 | 文件名称 | 文件号 |
| --- | --- | --- |
| 1 | 中共中央办公厅、国务院办公厅印发《关于加强城乡社区协商的意见》的通知 | 中办发〔2015〕41 号 |
| 2 | 中共中央办公厅、国务院办公厅印发《关于深入推进农村社区建设试点工作的指导意见》的通知 | 中办发〔2015〕30 号 |
| 3 | 关于印发《城乡社区服务体系建设规划（2016—2020年)》的通知 | 民发〔2016〕191 号 |
| 4 | 民政部关于深入推进城乡社区协商工作的通知 | 民发〔2016〕134 号 |
| 5 | 民政部关于大力培育发展社区社会组织的意见 | 民发〔2017〕191 号 |
| 6 | 民政部关于开展全国农村社区治理实验区建设的通知 | 民发〔2017〕67 号 |
| 7 | 中共中央 国务院关于加强和完善城乡社区治理的意见 | 中发〔2017〕13 号 |

资料来源：根据相关政府网政务信息公开栏信息整理。

（8）文化传承政策

2005 年，中共中央办公厅、国务院办公厅就出台了《关于进一步加强农村文化建设的意见》（中办发〔2005〕27 号）。该意见指出，着力发展农村特色文化。加强对农村优秀民族民间文化资源的系统发掘、整理和保护。

2017 年，文化部印发了《“十三五”时期文化产业发展规划》。该规划提出，统筹城乡文化产业发展。推动文化产业发展融入新型城镇化建设，延续城市历史文脉，保护乡村原始风貌、自然生态，承载文化记忆和乡愁。鼓励中小城市、小城镇和农村充分挖掘特色文化资源，积极发展县域特色文化产业，打造特色文化产业群，促进城镇居民、农业转移人口和农民就业增收。支持各地建设一批文化特点鲜明和主导产业突出的特色文化小（城）镇、特色文化街区、特色文化乡村。

同年，文化部印发了《“十三五”时期文化科技创新规划》（文科技发〔2017〕9 号）。该规划提出，促进文化科技成果广泛融入实体经济。开发文化科技与相关产业融合发展的集成技术，增强相关产业文化科技含量。推动动漫游戏、演出展演展陈技术等在设计、制造、科普、宣传、教育、体育、建筑、旅游和现代农业等领域中的集成应用，提升社区、乡村和景区等公共空间的文化品质。

《文化部“十三五”时期文化发展改革规划》提出，把弘扬优秀传统文化与发展现实文化有机统一起来，在继承中发展，在发展中继承，实现中华优秀传统文化创造性转化和创新性发展。中华优秀传统文化传承体系基本形成。具体政策举措包括：①全面推进基本公共文化服务标准化均等化。以县为基本单位，全面落实国家基本公共文化服务指导标准和地方实施标准。健全公共文化设施运行管理和服务标准体系，规范各级各类公共文化机构服务项目和流程。以标准化促进均等化，填平补齐公共文化资源，推动区域间、城乡间公共文化服务均衡协调发展。②完善公共文化设施网络。以公共图书馆、文化馆、博物馆、乡镇（街道）综合文化站、村（社区）综合性文化服务中心为重点，以流动文化设施和数字文化设施为补充，统筹规划，均衡配置，推动各级公共文化设施基本达到国家建设标准。采取盘活存量、调整置换、集中利用等方式，着力推进乡镇（街道）和村（社区）综合性文化服务中心建设。③鼓励和引导社会力量在符合条件的情况下结合历史街区和传统村落建设等兴办公共文化项目。④加强城乡建设中的文物保护，保护历史文化名城、街区、村镇和传统村落的整体格局和历史风貌。⑤发挥文物资源在文化传承中的重要作用，丰富城乡文化内涵，彰显地域文化特色，发展有历史记忆、地域特色、民族特点的美丽城镇、美丽乡村。发挥文物资源在促进地区经济社会发展中的作用，培育一批文物旅游品牌。⑥振兴传统工艺。实施中国传统工艺振兴计划，促进传统工艺走进现代生活、现代设计走进传统工艺，提升传统工艺产品的整体品质，培育形成具有民族特色的知名品牌，发挥传统工艺对城乡就业的促进作用，提高中国传统工艺保护、传承和发展水平。⑦优化区域文化产业发展布局。支持中小城市、小城镇和农村打造特色文化产业群（见表11－8）。

**表11－8　文化传承政策文件列表**

| 序号 | 文件名称 | 文件号 |
|---|---|---|
| 1 | 中共中央办公厅、国务院办公厅关于进一步加强农村文化建设的意见 | 中办发〔2005〕27号 |
| 2 | 文化部关于印发《“十三五”时期文化产业发展规划》的通知 | 文产发〔2017〕7号 |
| 3 | 文化部关于印发《“十三五”时期文化科技创新规划》的通知 | 文科技发〔2017〕9号 |
| 4 | 文化部“十三五”时期文化发展改革规划 | |

资料来源：根据相关政府网政务信息公开栏信息整理。

（9）科技创新政策

2008 年科技部出台了《新农村建设民生科技行动方案》（国科发农〔2008〕126 号），提出了农民就业创业、农民健康、农村康居工程、农产品质量安全、农村信息化、农村清洁社区环境、农村能源开发利用、农村饮水安全、农村防灾减灾、农村民生科技服务等十大面向新农村建设的民生科技行动计划。要求逐步建立以财政投入为主，企业、农户和社会力量积极参与的多元化、多渠道农村民生科技投入体系。逐步实现农村科技投入由单纯注重产业发展向产业发展与民生改善并重的转变，在原有农村科技投入的基础上，加大对农村民生科技的投入。

推进农村科技创新创业。2013 年科技部党组下发了《关于深入实施创新驱动发展战略 加快科技改革发展的意见》（国科党组发〔2013〕1 号），强调推动现代农业与城镇化发展。加快推进农村科技创新创业，支持种业做大做强，提升农业技术装备水平，加强绿色生产关键技术研发和应用，保障农产品有效供给和食品安全，提高农业综合生产能力。开展现代农业产业协同创新试点示范，加强国家农业科技园区和农村信息化示范省建设，深入实施科技特派员农村科技创业行动计划，大力推进新农村发展研究院建设。创新科技服务模式，促进农业生产经营组织创新，构建新型农村社会化科技服务体系。加强农民专业化职业化教育培训，提高农民就业技能，培育新型职业农民，促进农业转移人口市民化。加强现代城镇区域规划、人居环境改善、信息管理等城镇化关键技术研发，强化宜居村镇综合技术集成示范，深入实施村镇饮水安全、环境综合整治重大科技工程，加快建筑节能与绿色建筑示范应用，走集约、智能、绿色、低碳的新型城镇化道路。

推进农业科技创新。2017 年科技部印发了《"十三五"农业农村科技创新专项规划》（国科发农〔2017〕170 号）。该规划指出，健全农业科技创新体系。形成创新驱动发展的实践载体、制度安排和环境保障。构筑农业科技创新先发优势。加快构建主要农产品有效供给、农业绿色发展、生物制造、智慧农业、现代林业、现代海洋农业与美丽乡村科技支撑体系，形成信息化主导、生物技术引领、智能化生产、可持续发展的现代农业技术体系。夯实农业科技创新物质基础。优化布局农业科技创新平台基地。培育壮大农业科技创新人才队伍。壮大农业高新技术产业。系统布局并建设一批农业高新技术产业示范区，孵化培育一批农业高新技术企业，促进农业高新技术产业快速发展壮大。增强县域科技创新服务能力，统筹中央和地方科技资源支持基层科技创新，进一步加强对基层科技工作系统的设计与指导。完善科技创新政策体系。加强中央财政投入和地方创新发展需求衔接，引导地方政府加大农业科技投入力度。创新财政科技投入方式，充分发挥财政资金的杠杆作用，引导金融资金和社会资本进入农业创新创业领域，完善多元化、多渠道、多层次的科技投入体系。开展农业科技创新活动“后补助”机制。完善符合农业科技创新规律的基础研究支持方式，加大对基础性、战略性和公益性研究支持力度，完善稳定支持和竞争性支持相协调的机制。加大对农业领域平台基地建设。探索农业科技分类评价，建立差别化农业科技评价制度。加强农业农村基础通用和产业共性技术标准研制，大力推进技术标准战略。加强农业农村领域知识产权创造、运用、管理、保护和服务，深入实施知识产权战略。

推进农业高新技术产业示范区建设。2018 年国务院出台了《关于推进农业高新技术产业示范区建设发展的指导意见》（国办发〔2018〕4 号），主要目标是到 2025 年，布局建设一批国家农业高新技术产业示范区，打造具有国际影响力的现代农业创新高地、人才高地、产业高地。探索农业创新驱动发展路径，显著提高示范区土地产出率、劳动生产率和绿色发展水平。坚持一区一主题，依靠科技创新，着力解决制约我国农业发展的突出问题，形成可复制、可推广的模式，提升农业可持续发展水平，推动农业全面升级、农村全面进步、农民全面发展。主要政策举措包括：①完善财政支持政策。中央财政通过现有资金和政策渠道，支持公共服务平台建设、农业高新技术企业孵化、成果转移转化等，推动农业高新技术产业发展。地方按规定统筹支持农业科技研发推广的相关资金并向示范区集聚，采取多种形式支持农业高新技术产业发展。②创新金融扶持政策。综合采取多种方式引导社会资本和地方政府在现行政策框架下设立现代农业领域创业投资基金，支持农业科技成果在示范区转化落地；通过政府和社会资本合作（PPP）等模式，吸引社会资本向示范区集聚，支持示范区基础设施建设；鼓励社会资本在示范区所在县域使用自有资金参与投资组建村镇银行等农村金融机构。创新信贷投放方式，鼓励政策性银行、开发性金融机构和商业性金融机构，根据职能定位和业务范围为符合条件的示范区建设项目和农业高新技术企业提供信贷支持。引导风险投资、保险资金等各类资本为符合条件的农业高新技术企业融资提供支持。③落实土地利用政策。坚持依法供地，在示范区内严禁房地产开发，合理、集约、高效利用土地资源。在土地利用年度计划中，优先安排农业高新技术企业和产业发展用地，明确“规划建设用地”和“科研试验、示范农业用地（不改变土地使用性质）”的具体面积和四至范围（以界址点坐标控制）。支持指导示范区在落实创新平台、公共设施、科研教学、中试示范、创业创新等用地时，用好用足促进新产业新业态发展和大众创业、万众创新的用地支持政策，将示范区建设成为节约集约用地的典范。④优化科技管理政策。在落实好国家高新技术产业开发区支持政策、高新技术企业税收优惠政策等现有政策的基础上，进一步优化科技管理政策，推动农业企业提升创新能力。完善科技成果评价评定制度和农业科技人员报酬激励机制。将示范区列为“创新人才推进计划”推荐渠道，搭建育才引才荐才用才平台。

推进农业科技园区建设。2018 年科技部联合农业部、水利部、国家林业局、中国科学院、中国农业银行印发了《国家农业科技园区发展规划（2018－2025 年）》。规划指出，通过“后补助”等方式支持农业科技创新，深入推进科研成果权益改革试点。加快落实农业科技成果转化收益、科技人员兼职取酬等制度规定。完善政策、金融、社会资本等多元投入机制，着力优化投入结构，创新使用方式，提升支农效能，通过创新驱动将小农生产引入现代农业发展的轨道。引导科技、信息、人才、资金等创新要素向园区高度集聚。打造科技创业苗圃、企业孵化器、星创天地、现代农业产业科技创新中心等“双创”载体，培育一批技术水平高、成长潜力大的科技型企业，形成农业高新技术企业群。发展“互联网＋园区”等创新模式和新型业态，强化现代服务业与农业高新技术产业的融合发展。构建以政产学研用结合、科技金融、科技服务为主要内容的创新体系，提高创新效率。建设具有区域特点的农民培训基地，提升农民职业技能，优化农业从业者结构，培养适应现代农业发展需要的新农民。

走中国特色新型城镇化道路，探索“园城一体”“园镇一体”“园村一体”的城乡一体化发展新模式。整合园区基础设施、土地整治、农业综合开发、新型城镇化等各类资源，兼顾园区生产生活生态协调发展。强化资源节约、环境友好，确保产出高效、产品安全。推进农业资源高效利用、提高农业全要素生产率，发展循环生态农业，打造水体洁净、空气清新、土壤安全的绿色园区。依托园区绿水青山、田园风光、乡土文化等资源，促进农业与旅游休闲、教育文化、健康养生等产业深度融合，发展观光农业、体验农业、创意农业。打造“一园一品”“一园一景”“一园一韵”，建设宜业宜居宜游的美丽乡村和特色小镇，带动乡村振兴（见表11－9）。

**表11－9　科技政策文件列表**

| 序号 | 文件名称 | 文件号 |
|---|---|---|
| 1 | 科技部关于印发《新农村建设民生科技行动方案》的通知 | 国科发农〔2008〕126号 |
| 2 | 中共科学技术部党组关于深入实施创新驱动发展战略 加快科技改革发展的意见 | 国科党组发〔2013〕1号 |
| 3 | 科技部关于印发《“十三五”农业农村科技创新专项规划》的通知 | 国科发农〔2017〕170号 |
| 4 | 科技部 农业部 水利部 国家林业局 中国科学院 中国农业银行关于印发《国家农业科技园区发展规划（2018—2025年）》的通知 | 国科发农〔2018〕30号 |
| 5 | 国务院办公厅关于推进农业高新技术产业示范区建设发展的指导意见 | 国办发〔2018〕4号 |

资料来源：根据相关政府网政务信息公开栏信息整理。

（10）教育支持政策

《国家中长期教育改革和发展规划纲要（2010－2020年）》把促进教育公平作为国家基本教育政策。教育公平的关键是机会公平，基本要求是保障公民依法享有受教育的权利，重点是促进义务教育均衡发展和扶持困难群体，根本措施是合理配置教育资源，向农村地区、边远贫困地区和民族地区倾斜，加快缩小教育差距。

规划纲要指出，加快缩小城乡差距。建立城乡一体化义务教育发展机制，在财政拨款、学校建设、教师配置等方面向农村倾斜。率先在县（区）域内实现城乡均衡发展，逐步在更大范围内推进。进一步完善中央财政和地方财政分项目、按比例分担的农村义务教育经费保障机制，提高保障水平。进一步加大农村、边远贫困地区、民族地区教育投入。

规划纲要强调提高教师业务水平。以农村教师为重点，提高中小学教师队伍整体素质。创新农村教师补充机制，完善制度政策，吸引更多优秀人才从教。积极推进师范生免费教育，实施农村义务教育学校教师特设岗位计划，完善代偿机制，鼓励高校毕业生到艰苦边远地区当教师。对长期在农村基层和艰苦边远地区工作的教师，在工资、职务（职称）等方面实行倾斜政策，完善津贴补贴标准。国家对在农村地区长期从教、贡献突出的教师给予奖励。逐步实行城乡统一的中小学编制标准，对农村边远地区实行倾斜政策。同时加强农村学校信息基础建设，缩小城乡数字化差距。继续推进农村中小学远程教育，使农村和边远地区师生能够享受优质教育资源。

加快发展面向农村的职业教育。规划纲要提出，加强基础教育、职业教育和成人教育统筹，促进农科教结合。加强涉农专业建设，加大培养适应农业和农村发展需要的专业人才力度。支持各级各类学校积极参与培养有文化、懂技术、会经营的新型农民，开展进城务工人员、农村劳动力转移培训。逐步实施农村新成长劳动力免费劳动预备制培训。

2011 年教育部等九部门出台了《关于加快发展面向农村的职业教育的意见》（教职成〔2011〕13 号）。意见指出，重点办好一批农业职业学校和涉农专业。办好一批林业职业学校和林业类专业，大力开展针对林农的职业培训。组建一批农业职业教育集团。充分发挥农业类行业企业、高等学校、示范（骨干）高等职业学校、科研院所作用，推动农业职业学校和涉农专业点建设。增强农业职业教育吸引力。落实好国家中等职业学校学生助学金和涉农专业学生免学费政策，吸引更多学生接受农业职业教育；完善招生考试制度，提高职业学校涉农专业学生对口升学比例；制定实施优惠政策，提高职业学校涉农专业学生到农业类企事业单位的就业巩固率；推动地方各级人民政府落实和完善各项创业扶持政策，改善创业环境，积极引导职业学校涉农专业毕业生创业，符合税收法律法规规定的，依法给予税收优惠政策。加强三教统筹，推进农科教结合。农村基础教育、职业教育、成人教育分工协作，形成合力。推广“送教下乡”“流动课堂车”等培训新模式。健全县域职业教育培训网络，加强农民教育培训。实施分类培训，增强培训实效性。继续开展农村实用技术培训，提高农民从事现代农业生产和经营服务能力；继续开展农村转移劳动力就业技能培训，开展生产技能加文化基础的农民学历继续教育工程，提高全体农民综合素质。

推进义务教育均衡发展。2012 年国务院出台了《关于深入推进义务教育均衡发展的意见》（国发〔2012〕48 号）。意见指出，深入推进义务教育均衡发展，着力提升农村学校和薄弱学校办学水平，全面提高义务教育质量，逐步为农村学校每个班级配备多媒体教学设备。加大对农村地区、贫困地区以及薄弱环节和重点领域的支持力度。为农村中小学配齐图书、教学实验仪器设备、音体美等器材，着力改善农村义务教育学校学生宿舍、食堂等生活设施。同时进一步强调吸引优秀高校毕业生和志愿者到农村学校或薄弱学校任教。落实农村学校教师在工资、职称、医疗、养老、住宿等方面的保障。建立和完善鼓励城镇学校校长、教师到农村学校任职任教机制，完善促进县域内校长、教师交流的政策措施。建立健全农村留守义务教育学生关爱服务体系。实施好农村义务教育学生营养改善计划。

2016 年国务院进一步出台了《关于统筹推进县域内城乡义务教育一体化改革发展的若干意见》（国发〔2016〕40 号）。意见进一步提出加快推进县域内城乡义务教育学校建设标准统一、教师编制标准统一、生均公用经费基准定额统一、基本装备配置标准统一和“两免一补”政策城乡全覆盖，到 2020 年，城乡二元结构壁垒基本消除，义务教育与城镇化发展基本协调。城乡师资配置基本均衡，乡村教师待遇稳步提高、岗位吸引力大幅增强，乡村教育质量明显提升。县域义务教育均衡发展和城乡基本公共教育服务均等化基本实现。

推进社区教育发展。2016 年教育部等九部门出台了《关于进一步推进社区教育发展的意见》（教职成〔2016〕4 号）。意见提出，建立健全社区教育网络。通过整合资源，建立健全城乡一体的社区教育县（市、区）、乡镇（街道）、村（社区）三级办学网络。推动各类学习型组织与学习共同体建设。开放共享学校资源。加快乡镇成人文化技术学校的转型发展，鼓励其成为农村社区教育的重要载体。推动普通中小学有序向社区居民提供适宜的教育服务。丰富社区教育内容。创新社区教育形式。推进社区教育信息化。广泛开展各类教育培训。主动适应居民实际需求，有针对性地开展法治社会、科学生活、安全健康、就业再就业、创新创业、职业技能提升等教育培训活动。重视农村居民的教育培训。各级各类学校教育资源要向周边农村居民开放，用好县级职教中心、乡（镇）成人文化技术学校、开放大学、广播电视学校、农村致富技术函授大学和农村社区教育教学点。结合新农村和农村社区建设，有效推进基层综合性文化服务中心、图书馆、文化馆、博物馆、农家书屋、农村中学科技馆等资源共享，提升农村社区教育服务供给水平。广泛开展农村实用技术培训和现代生活教育培训。大力开展新型职业农民培训。加强农村居民家庭教育指导，为农村留守妇女提供社会生活、权益保护、就业创业等方面的教育培训。重视开展农村留守儿童、老人和各类残疾人的培训服务（见表 11－10）。

表 11-10　教育支持政策文件列表

| 序号 | 文件名称 | 文件号 |
|---|---|---|
| 1 | 国家中长期教育改革和发展规划纲要（2010-2020 年） | |
| 2 | 教育部等九部门关于加快发展面向农村的职业教育的意见 | 教职成〔2011〕13 号 |
| 3 | 国务院关于深入推进义务教育均衡发展的意见 | 国发〔2012〕48 号 |
| 4 | 国务院关于统筹推进县域内城乡义务教育一体化改革发展的若干意见 | 国发〔2016〕40 号 |
| 5 | 教育部等九部门关于进一步推进社区教育发展的意见 | 教职成〔2016〕4 号 |

资料来源：根据相关政府网政务信息公开栏信息整理。

### 11.1.2　省市政策

东南沿海各省市在推进村镇可持续发展过程中也出台了许多政策，其中国家层面出台的政策，省市政府都有相应的落实和配套政策出台，在此不再赘述。本部分主要对各省市一些特色性和引领性政策进行梳理分析。

（1）上海市

2011 年上海市人民政府印发了《关于本市加快城乡一体化发展的若干意见》（沪府发〔2011〕77 号）。意见提出，坚持新型城市化与新农村建设双轮驱动，突破城乡资源要素自由流动的制度性障碍，推进建立城乡一体的资源配置和优势互补的发展机制；构建城乡一体的规划建设体系，实现城区现代繁荣、乡村生态优美。城乡发展格局要与国际化大都市的使命和特点相适应，城乡一体化水平保持全国前列并接近发达国家水平。

2015 年，中共上海市委、市人民政府出台《关于推进新型城镇化建设促进本市城乡发展一体化的若干意见》（沪委发〔2015〕2 号），提出在深化完善镇村规划体系、加快农业结构调整、强化农村生态环境整治、加强郊区农村基础设施建设、促进基本公共服务均等化等 8 个领域重点突破。2016 年，上海市人民政府发布了《上海市城乡发展一体化“十三五”规划》（沪府发〔2016〕93 号），规划提出，通过城乡一体化，推动城镇公共服务向农村延伸，重点提高城镇化的质量；以加快转变农业农村发展方式为主线，以改革创新为动力，建立健全符合新型工农城乡关系、体现“三倾斜一深化”① 要求的体制机制，力争率先走出一条以人为本、四化

① “三倾斜一深化”指公共服务资源配置向郊区人口集聚地倾斜、基础设施建设投入向郊区倾斜、执法管理力量向城乡接合部倾斜、深化农村土地制度改革。

同步、生态文明、文化传承的新型城镇化道路。

2016 年上海市人民政府办公厅印发《关于推进本市历史文化名镇名村保护与更新利用的实施意见》（沪府办〔2016〕32 号）。意见要求加强本市历史文化名镇名村的保护和更新利用，呈现与上海国际化大都市相得益彰的“江南水乡”生态景观。上海市还提出编制保护规划、细化分类方案，综合运用现有旧区改造、“城中村”改造、城市更新、“农民集中居住”等多种政策措施，实施“一镇一方案”“一村一方案”，加大基础设施项目投入；发展文化创意、旅游休闲、民宿、特色商业、地方传统产业等，形成“一镇一业，一村一策”，注入新的经济活力，促进历史文化名镇名村经济、社会、文化的协调、可持续发展（见表 11 - 11）。

**表 11 - 11　　上海市相关政策文件列表**

| 序号 | 文件名称 | 文件号 |
|---|---|---|
| 1 | 上海市人民政府关于本市加快城乡一体化发展的若干意见 | 沪府发〔2011〕77 号 |
| 2 | 上海市委、市政府关于推进新型城镇化建设促进本市城乡发展一体化的若干意见 | 沪委发〔2015〕2 号 |
| 3 | 上海市人民政府关于印发《上海市城乡发展一体化“十三五”规划》的通知 | 沪府发〔2016〕93 号 |
| 4 | 关于推进本市历史文化名镇名村保护与更新利用的实施意见 | 沪府办〔2016〕32 号 |

资料来源：根据相关政府网政务信息公开栏信息整理。

（2）江苏省

2014 年江苏省人民政府发布《江苏省新型城镇化与城乡发展一体化规划（2014 - 2020)》，对江苏未来推进新型城镇化和城乡发展一体化的总体目标、重大任务、空间布局、发展形态与发展路径、关键举措提出了总体要求。规划对有序推进农业转移人口市民化、提升城镇化发展质量、优化城乡空间布局形态、提升城乡公共服务水平和可持续发展能力、创新完善城乡一体化发展体制机制等做了明确的目标和任务要求。

2015 年获批的《江苏省城镇体系建设规划（2015 - 2030)》提出，坚持“协调推进城市化、区域发展差别化、建设模式集约化、城乡发展一体化”的新型城镇化道路。通过“四化”同步发展，将江苏省建设成经济高效、空间集约、环境优美、具有较强国际竞争力的城市群地区，城乡发展一体化示范区，率先基本实现现代化先行区，将江苏沿江城市带建成长三角世界级城市群的北翼核心区。规划提出城镇建设上形成“一带两轴、三圈一极”的紧凑型空间结构①。建制镇作为农村地域基本公共服务中心和镇域非农产业集聚中心，走特色化、集约化和现代化发展道路。在村庄发展方面，规划提出要保持村庄特有的自然生态、乡土风情和景观风貌，加大村庄环境整治力度，推广农村生活污水处理技术等；加强村庄分类建设指导，将村庄按区位划分为城郊型、乡村型，乡村型又分为种植型、养殖型、旅游型、工业型、保护型等。此外，规划对土地资源、水资源、岸线资源、节能减排和低碳发展、环境保护，历史文化资源保护与旅游发展、空间管制和省际协调等方面都提出了实施要求。

2016 年 12 月，江苏省农委发布《江苏省“十三五”现代农业发展规划》（苏发〔2014〕8 号），提出“十三五”期间培育发展一批休闲观光农业集聚村、重点打造都市休闲观光农业圈，环湖、环丘陵休闲观光农业区，沿江风光带、沿海风情带、沿黄河故道农耕文化带，形成“一圈二区三带”休闲观光农业发展格局。以农业为主、三产融合发展的特色田园乡村建设也纳入现代农业规划发展的重要内容。

2016 年 12 月，江苏省人民政府印发了《关于培育创建江苏特色小镇的指导意见》（苏政发〔2016〕176 号）。意见提出，在 3—5 年内分批培育创建 100 个左右产业特色鲜明、体制机制灵活、人文气息浓厚、生态环境优美、多种功能叠加、宜业宜居宜游的特色小镇。2017 年 3 月，江苏省发展改革委发布了《关于培育创建江苏特色小镇的实施方案》，提出按照“宽进严定、动态管理、优胜劣汰、验收命名”的原则，分批创建特色小镇；坚持政府作引导、企业为主体、市场化运作。

此外，中共江苏省委 2016 年 1 号文件提出，“十三五”期间江苏将对 1000 个左右省级传统村落和传统民居建筑组群进行保护，并力争实现纳入规划发展的 4 万个左右村庄的规划优化调整全覆盖。2017 年 9 月 28 日，江苏省人民政府发布《江苏省传统村落保护办法》，决定于 2017 年 12 月 1 日开始实施（见表 11 - 12）。

① “一带两轴”指沿江城市带，沿海城镇轴和沿东陇海城镇轴；“三圈一极”指南京都市圈、徐州都市圈和苏锡常都市圈，淮安创新发展、特色发展增长极。

表 11－12　　江苏省相关政策文件列表

| 序号 | 文件名称 | 文件号 |
| --- | --- | --- |
| 1 | 江苏省新型城镇化与城乡发展一体化规划（2014－2020） | 苏发〔2014〕8 号 |
| 2 | 江苏省城镇体系建设规划（2015－2030） | |
| 3 | 江苏省“十三五”现代农业发展规划 | |
| 4 | 关于培育创建江苏特色小镇的指导意见 | 苏政发〔2016〕176 号 |
| 5 | 关于培育创建江苏特色小镇的实施方案 | |

资料来源：根据相关政府网政务信息公开栏信息整理。

（3）浙江省

2008 年浙江省安吉县在全国率先开展“美丽乡村”创建行动。2010 年，中共浙江省委、省人民政府发布《浙江省美丽乡村建设行动计划（2011－2015 年）》（浙委办〔2010〕141 号）。计划提出，根据县市域总体规划、土地利用总体规划和生态功能区规划，综合考虑各地不同的资源禀赋、区位条件、人文积淀和经济社会发展水平，按照“重点培育、全面推进、争创品牌”的要求，实施美丽乡村建设行动计划。通过实施生态人居建设行动、生态环境提升行动、生态经济推进行动、生态文化培育行动，实现农村生态经济加快发展、农村生态环境不断改善、资源集约利用水平明显提高、农村生态文化日益繁荣的目标。2016 年浙江省制定《浙江省深化美丽乡村建设行动计划（2016－2020 年）》（浙委办发〔2016〕21 号），提出将进一步全面改善农村生态环境、人居环境和发展环境，从“一处美”向“一片美”转型，突出“以点带面”，注重把盆景变成风景。加强农村垃圾、生活污水、村庄环境综合治理，发展旅游经济、电商经济，积极推进扶贫开发。深化“三权到人（户），权随人（户）走”改革，全面完成农村“三权”确权登记颁证工作，依法赋予抵押、担保、流转、转让等权能；建立健全农村产权流转交易市场体系，建成市、县、乡、村四级联通一体的农村产权交易平台。

2015 年，浙江省人民政府印发了《关于加快特色小镇规划建设的指导意见》（浙政发〔2015〕8 号）。意见提出，在全省规划建设一批特色小镇，特色小镇要聚焦信息经济、环保、健康、旅游、时尚、金融、高端装备制造等七大产业，兼顾茶叶、丝绸、黄酒、中药、青瓷、木雕、根雕、石雕、文房等历史经典产业，坚持产业、文化、旅游“三位一体”和生产、生活、生态融合发展。

《浙江省美丽宜居村镇建设“十三五”发展规划》提出，在高水平全面建成小康社会、积极推进“两富”“两美”浙江建设、美丽中国建设大背景下，遵循“五大”新发展理念，按照“山水林田湖是一个生命共同体”“绿水青山就是金山银山”“人民对美好生活的向往，就是我们的奋斗目标”等一系列新思想新观点新要求，推进村镇转型升级发展。从2017 年开始，按照“串点成线、连线成片”要求，2020 年底前打造 100 条美丽宜居示范带。

《浙江省传统村落保护“十三五”发展规划》提出，全面加强传统村落文化遗产保护，合理开发适度利用，努力实现传统村落活态保护、活态传承、活态发展，彻底扭转传统村落日趋消亡的势头。《浙江省历史文化名城名镇名村保护“十三五”规划》提出，坚持保护优先、民生优先、应保尽保、永续利用的原则，按照重传承、显特色、提品质、促转型的要求，充分发挥各级政府在历史文化名城名镇名村保护工作中的主导地位，最大限度的尊重和发挥广大人民群众的主体作用，依法加强历史文化名城名镇名村保护与建设，构建政府主导、部门协同、全民参与的浙江特色保护新格局。

《浙江省现代农业发展“十三五”规划》提出，打造农业领域的“一区一镇”，即按照“政府引导、市场导向、统筹规划、分步实施”原则和“集聚、特色、精品”要求，在农业“两区”（粮食生产功能区和现代农业园区）建设基础上，通过集聚资源要素、提升产业层次、延伸产业链条、拓展农业功能等途径，创新农业生产、经营、管理方式和资源利用方式，培育建成 30 个左右农业产业集聚区和 100 个左右特色农业强镇。按照规划要求，以农业产业为主的产业集聚村镇成为现代农业发展的重要内容。

**表 11 - 13　　浙江省相关政策文件列表**

| 序号 | 文件名称 | 文件号 |
|---|---|---|
| 1 | 浙江省美丽乡村建设行动计划（2011 - 2015 年） | 浙委办〔2010〕141 号 |
| 2 | 浙江省深化美丽乡村建设行动计划（2016 - 2020 年） | 浙委办发〔2016〕21 号 |
| 3 | 关于加快特色小镇规划建设的指导意见 | 浙政发〔2015〕8 号 |
| 4 | 浙江省美丽宜居村镇建设“十三五”发展规划 | |
| 5 | 浙江省传统村落保护“十三五”发展规划 | |
| 6 | 浙江省现代农业发展“十三五”规划 | |

资料来源：根据相关政府网政务信息公开栏信息整理。

（4）福建省

2006年福建省制定了《海峡西岸社会主义新农村建设五年规划纲要》。纲要提出因地制宜、走各具特色的新农村建设路子。规划纲要对经济发达乡村、中等发展水平乡村、基础薄弱乡村三类乡村的发展提出不同的定位要求。要求经济发达乡村，加快乡村一体化进程、走在全省前列；中等发展水平乡村重点培育主导产业、特色产品，发展现代农业，整治人居环境，建设体现乡村田园风光、生态和文化特色的新农村；基础薄弱乡村重点培植新的经济增长点、转移剩余劳动力、拓宽增收渠道，缩小与其他乡村差距。规划纲要对现代农业建设重点工程、农村基础设施建设工程制定了具体要求。

2014年福建省人民政府出台了《关于进一步改善农村人居环境推进美丽乡村建设的实施意见》（闽政〔2014〕57号）。意见对村庄规划、人居环境整治提出了具体政策措施，加大美丽乡村建设力度。

2014年5月，中共福建省委、省人民政府印发《福建省新型城镇化规划（2014－2020年）》，对优化城镇化规划布局形态、强化产业支撑、提高综合承载能力、推进城乡一体化发展做出全面规划。规划提出坚持五位一体、四化同步、三群联动、城乡统筹、山海协作，着重解决“人进城、建好城、管好城”的问题，走具有福建特色的以人为本、优化布局、生态文明、文化传承的新型城镇化道路，实现“百姓富、生态美”有机统一。

2016年福建省出台了《福建省“十三五”现代农业发展专项规划》。规划对优化现代农业发展布局、优化现代农业发展布局、提升农产品质量安全水平、提升农产品质量安全水平、改善现代农业基础条件、改善现代农业基础条件、推进农业科技自主创新、推进农业科技自主创新、促进农业可持续发展、促进农业可持续发展和提升农业对外开放水平等方面提出了具体目标和相应的政策举措。

2016年福建省人民政府印发了《关于开展特色小镇规划建设的指导意见》（闽政〔2016〕23号）。意见提出，对特色小镇规划设计补助给予债券和贴息支持。2016年、2017年，福建省人民政府分别公布了第一批和第二批特色小镇创建名单。要求进入创建名单特色小镇实施标准规划设计，推进“多规合一”，推动人才、技术、资本等高端要素向特色小镇集聚，突出产业特色和竞争力、挖掘文化内涵、建设宜居环境，服务创业创新和产业转型升级。

表 11－14　福建省相关政策文件列表

| 序号 | 文件名称 | 文件号 |
| --- | --- | --- |
| 1 | 海峡西岸社会主义新农村建设五年规划纲要 | |
| 2 | 福建省人民政府关于进一步改善农村人居环境推进美丽乡村建设的实施意见 | 闽政〔2014〕57 号 |
| 3 | 福建省新型城镇化规划（2014－2020 年） | |
| 4 | 福建省“十三五”现代农业发展专项规划 | |
| 5 | 关于开展特色小镇规划建设的指导意见 | 闽政〔2016〕23 号 |

资料来源：根据相关政府网政务信息公开栏信息整理。

## 11.2 政策关系分析

### 11.2.1　战略指向分析

从全局角度看，村镇可持续发展建设是经济建设、政治建设、文化建设、社会建设、生态文明建设五位一体战略在农村的具体展开。农业现代化是农村经济建设的主要目标，社区治理既是农村基层政治建设的展开，也是农村社会建设的内容，村镇传统文化的传承和现代化是农村文化建设的主要方向，生态治理、环境保护是农村生态文明建设的主要内容。

在“五位一体”战略指引下，现有政策设置主要是沿着新农村建设、美丽乡村建设、新型城镇化建设和乡村振兴等不断递进深入的战略展开而不断更新推进的。

### 11.2.2　政策目标分析

政策的具体战略指向，从新农村建设到美丽乡村建设到新型城镇化再到乡村振兴，其指向的核心问题就是农村地区的“三农”问题。相关政策目标本质上都指向农村、农业和农民，即“三农”问题。而“三农”问题实际上是一个居住地域、从事行业和主体身份三位一体的问题，但三者侧重点不一，必须一体化地考虑以上三个问题，综合推进“三农”问题解决。村镇可持续发展建设就是要从根本上解决“三农”问题在相对发达的东南沿海地区走出一条可复制可推广的路子。

就具体政策目标而言，从本章第一部分政策清单梳理可知，现有政策主要是围绕农村地区的产业发展、文化发展、社区治理、生态环境治理保护等方面，运用区域发展政策、产业发展政策、财政金融政策、生态环境政策、土地规划政策、社区治理政策、文化传承政策、科技创新政策、教育支持政策等综合施策（见图 11－1）。

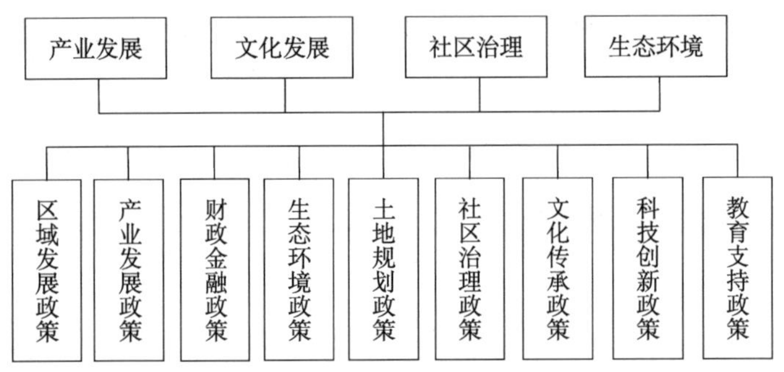


**图 11－1　政策目标与政策分类**

### 11.2.3　政策协调配合

（1）政策多维性特征

单一性政策目标、政策手段都很难有效推进“三农”问题的解决。因此针对村镇发展的政策是多维性的，包括政策指向多维、政策手段多维、政策来源多维。

政策指向多维性，是指各类政策的目标指向是多重的，而非单一的。比如区域发展政策目标既包括宏观的区域和城乡发展，也包括针对农村地区的产业发展、社会发展、生态环境；既包括空间规划，也包括建设时序。同样，产业发展政策的直接目标指向就是产业发展，但同样会兼顾到文化发展、生态环境的目标。财政金融政策是最常用的经济政策，也是目标指向最广泛的政策。从政策清单梳理中可知，财政金融政策对上述四类目标都有直接或间接指向。生态环境政策的直接目标指向是生态环境治理和保护，但同样会涉及产业发展等方面。土地规划政策主要目标指向是产业和人居，但也会指向生态环境治理保护。社区治理政策的目标指向相对单一，但也有涉及产业发展的部分。文化传承政策也类似，其主要目标指向是村镇社区文化发展，但也有涉及产业发展的部分。科技创新政策和教育支持政策的目标指向也比较广泛，上述四个政策目标均成为这两类政策的目标指向。

（2）政策配合性关系

政策目标的多维性和政策种类的多样性，要求政策之间形成一定的配合关系。这种配合关系可以从不同的政策目标出发来进行分析。比如产业发展目标，几乎所有本章梳理的政策均对它有指向性。产业的发展从政策的角度分析，首先当然以产业发展政策作为主推政策，以财政金融政策、科技创新政策、教育支持政策作为支撑，区域发展政策、文化传承政策、社区治理政策作为辅助，生态环境政策、土地规划政策既是保障同时又是限制。同样，文化发展目标以文化传承政策作为主推政策，财政金融政策和产业发展政策作为支撑，土地规划政策、科技创新政策、教育支持政策、社会治理政策作为辅助。社区治理目标以社区治理政策作为主推政策，财政金融政策作为支撑，科技创新政策、教育支撑政策作为辅助。生态环境目标以生态环境政策作为主推政策，财政金融政策、土地规划政策、区域发展政策作为支撑，科技创新政策、教育支撑政策作为辅助。

（3）政策协调性关系

政策的多维性特点决定了政策之间配合的复杂性，要求政策目标、政策类型、政策供给相互协调。从现有关于村镇发展（本质上仍然是针对“三农”问题的政策）看，政策目标比较清晰，政策类型比较丰富，政策供给来源广泛。政策目标从宏观上涉及经济发展、文化发展、社会发展、政治发展和生态发展，进一步对应到农村实际主要包括产业发展、文化发展、社区治理和生态环境。政策类型包括区域发展政策、产业发展政策、财政金融政策、生态环境政策、土地规划政策、社区治理政策、文化传承政策、科技创新政策、教育支持政策等。政策供给涉及国家发展和改革委员会、财政部、中国人民银行、农业部、科技部、文化部、民政部、教育部等部门，政策供给部门较多。

政策协调性一方面体现在政策对政策目标的协调。从现有情况看，政策目标总体较为清晰，因此各类政策的目标指向较为明确，协调度较高。但因为政策供给部门较多，也存在着各自以自身部门工作目标为导向出台政策的情况。另一方面就是各级政府在政策供给中的协调。从本章梳理的东南沿海各省市相关政策来看，对政策目标的垂直响应度较高，但也存在着部门间政策协调有等待进一步提升的问题。

## 11.3 政策推进建议

上述政策清单梳理和政策关系分析主要是基于现有对农村村镇发展的政策而言的，而村镇可持续发展仍然是一个新的命题，需要有一套基于上述政策基础，围绕村镇可持续发展总体目标的政策体系。我们尝试提出各类政策围绕村镇可持续发展需要进一步加强和改善的重点。

### 11.3.1 区域发展政策

制定区域发展政策的宗旨在于协调，区域内部的协调与外部的协调同时实现才能更好地推动东南沿海村镇的可持续发展。当然在区域协调发展的过程中，不能只注重经济的发展，经济增长不再是区域发展的唯一目标，注重生态和社会效益的可持续发展才是村镇发展建设的长远之策。资源和环境约束背景下要以全面促进区域自然、经济、社会和谐发展为目标，实现村镇可持续发展。

实施区域统筹。一是实施城乡统筹的区域发展政策。村镇在发展过程中可依靠城镇的发展来实现发展，通过实施城乡统筹的区域发展政策，引导区域内村镇整体竞争力的提高。统筹各级城镇与村镇的发展，大力推进村镇的可持续发展进程。具体包括加强中心城镇的建设，增强中心城镇在村镇可持续发展过程中的核心指导作用；加强小城镇建设，发挥小城镇在村镇可持续发展过程中的覆盖作用；加强村镇重点发展地区基础设施功能的建设，发挥他们在村镇可持续发展过程中的基础带动作用；加强基础设施建设，扩大农村基础设施和公共服务设施的覆盖作用，发挥基础设施建设在村镇可持续发展过程中的顶托作用。二是统筹城乡产业发展的区域政策。具体包括构建城乡协调发展的产业空间发展格局，充分发挥城市对农村的带动作用和农村对城市的促进作用；逐步推动产业集聚，实现规模效应和集聚优势。同时，以产业集聚区为基本单元，整合现有优势产业，形成各种特色的产业园区，并以产业集聚带动人口集聚，促进城乡社会经济统筹发展。三是统筹城乡空间发展的区域政策。促进城镇集约化的内涵发展，集约利用土地。控制城镇空间规模的无序扩张，引导城镇内部的空间结构向密集演化，积极开展行政村合并工作，推进农民居住小区的建设，进一步推进城乡空间的优化。

推进区域协调。实现区域协调政策应从内部和外部两个方面同时考虑。一是区域内部协调。区域内协调要以村镇可持续发展为目标，实现资源共享，促进区域内部一体化。注重村镇之间的交流与合作，注重各区域的分工，避免村镇在发展建设过程中趋同化。资源优势互补的村镇之间，要打破村镇之间行政上的束缚，使村镇之间合作扩大和畅通。各村镇在编制规划时，要求做到与上级规划和临近地区村镇规划的双协调，突出村镇发展规划的综合调控职能。在重大基础设施布局时，要充分做到与其他地区资源共享、避免重复建设。二是区域之间协调。区域间协调要强调形成开放的空间结构，优化村镇与周边地区的空间布局，协调好各村镇间产业分工和协作，在产业空间组织、干线交通、基础设施建设、生态环境保护等方面也要实现协调发展。

### 11.3.2　产业发展政策

产业发展政策在一定时期以产业发展目标为出发点，而产业发展目标具有多维性，既有经济性目标又有社会性目标。产业发展政策目标必须综合考虑经济性目标和社会性目标。产业发展政策要引导村镇区域产业发展相协调，突出村镇产业特色化发展目标。应采取产业引导政策，注重产业政策短期与长期协调。

产业引导政策就是要在区域产业总体布局的前提下，充分发挥地区优势，使资源配置在空间上达到最有效率的状态，实现城区产业结构和村镇产业结构双优化的任务。合理有效的村镇产业引导政策，应当服从全国产业总体布局的要求，按照统筹规划、因地制宜、发挥优势、分工合作、协调发展的原则，正确处理城区经济发展与地区经济发展的关系，正确处理村镇之间的关系。产业引导政策要引导各村镇选择适合本地条件的发展重点和优势产业，避免村镇之间的产业结构趋同化，促进村镇产业特色化发展。各村镇对主导产业的选择和优势产业的配置，因充分考虑资源丰度、市场容量、技术成熟性、经济规模以及关联性等因素。在引导配置主导产业的同时，积极发展专业化协作和配套产业。产业引导政策要围绕主导产业和其配套产业的发展，重视加强基础产业和基础设施的建设，尤其是农业、交通运输业和邮电通信业的发展，保证地区产业协调发展。产业引导政策要采取优惠政策鼓励村镇之间的横向联合，推进资源优化配置。要鼓励城市工业与村镇工业的联合，不同发展水平村镇之间的联合。

短期产业政策要侧重于促进村镇特色产业发展，注意产业发展的基础设施建设。在促进村镇特色产业发展方面，从近期看仍然要以农业为主，全力推进现代化大农业建设。政策设置要充分激发村镇原有产业优势、各类物质与非物质资源富集的独特优势，结合美丽乡村和特色村镇建设，鼓励“旅游+”“生态+”等多种模式，大力推进乡村工业、农业、林业与旅游、教育、文化、健康养生等产业深度融合。积极探索完善休闲农业和乡村旅游行业标准、健全食品安全、消防安全、环境保护等监管规范。短期产业政策还要注重村镇产业发展的软硬基础设施建设，要促进土地规模化经营，加强道路、管网、水利基础设施，要促进农民专业合作组织建设，农业公共服务有效落地。

长期产业政策要侧重于村镇一二三产业的协调发展，注重区域内村镇产业协调发展。从远期看，农村要积极发展二三产业，发展农村二三产业是推进村镇可持续发展的重要支撑。长期产业政策要激励村镇发展有基础、有特色、有潜力的产业的基础上，发展适合自身的二三产业，实现村镇一二三产业的协调发展。支持有条件的村镇建设以农业合作社为主要载体、让农村充分参与和受益，集循环农业、创意农业、农事体验于一体的农业综合体。长期产业政策还要注重区域内村镇产业的协调发展，鼓励不同村镇特色产业相互之间的支撑和联系，促进村镇产业特色化发展的同时，实现区域内村镇一二三产业协调发展。

### 11.3.3 财政支持政策

村镇建设过程中需要大量的资金投入，各级政府要对村镇可持续发展加大财政支持，优化财政支持政策。

设立村镇可持续发展专项。在村镇可持续发展过程中涉及公共基础设施改善、特色产业选育、村镇管理优化等方面政府应积极加强引导和支持，通过设立相应的专项财政资金，例如现代农业发展专项、农村基本建设投资专项、农村污染治理专项、特色产业选育专项等，加大对影响村镇可持续发展的关键领域和关键环节的财政支持。同时优化专项财政资金扶持政策，出台相关辅助政策，充分发挥财政资金杠杆作用，吸引市场资金的进入。

建立区域公平发展转移支付机制。在充分考虑村镇发展建设新增因素和各项支出需求的基础上，除专项资金能够安排解决以外，还要加大均衡性转移支付和县级财力的保障奖补资金力度。对发展水平不同的村镇、承担生态功能、文化功能等的村镇进行必要的转移支付。以保证区域内村镇可持续发展的公平性，实现区域内村镇发展水平大体相当

整合涉农资金渠道。整合涉农项目资金，就是在现行资金来源渠道和管理权限不变的前提下，通过建立有力的组织协调机制，将各种渠道、不同性质的资金有机地组合起来，围绕重点项目集中使用，使各项资金互相匹配，形成合力，从而充分发挥资金使用的效率。凡涉及镇建设的各项资金，集中整合向项目单位投入。以县为主和多级次整合相结合，以村镇可持续发展规划为依据，以主导产业、优势区域和重点项目为平台，以切实提高资金使用整体效益为目的，加强部门间的配合协调，逐步形成涉农资金项目科学、安排规范、使用高效、运行安全的使用管理机制。在具体实践中应坚持以下原则：坚持政策不变的原则，坚持现行的国家支持与保护农业发展的各项政策不变，在整合资金的过程中，必须保持政策的连续性，在方式方法上创新机制，确保各项政策落实；坚持渠道不变的原则，上级财政和部门安排下达的各项资金仍按现行办法执行，不因整合资金而打乱渠道，确保各渠道资金的管理畅通；坚持上下结合的原则，创新整合资金机制，搞好各级农业发展规划的衔接，确保项目申报符合农业发展方向、布局和重点，确保投资围绕产业重点项目安排；坚持部门配合原则，涉农项目资金的整合，由财政部门牵头，要清晰界定财政及涉农部门的职责，明确落实各相关部门单位的责任，加强部门之间的沟通协作，形成协调配合、良性互动的工作机制。在整合资金的过程中要完善监督机制，采取得力措施，确保资金使用安全。建立决策机制，实行政务公开，推进项目公示制；强化约束机制，实行工程招标制、物资集中采购制和资金报账制；完善监管机制，实行管理责任制、工程监理制和监督跟踪制、监督抽查制。

### 11.3.4　生态治理政策

村镇可持续发展只有使经济、社会和环境效益的高度统一协调，才能

健康有序推进。村镇生态治理政策就是要建立起运转有效的生态治理机制，提高村镇生态经济效益，从根本上解决村镇环境、资源、人口协调发展问题，真正实现村镇可持续发展。生态治理政策既要保底线，又要求发展，要综合运用惩戒和激励、保障与保护等多种手段，生态治理政策充分融合到资金、产业等政策之中。

实施生态管控线政策。树立底线思维，在重点生态功能区、生态环境敏感区和脆弱区划定生态红线。对于重点开发区域要实行集约高效开发，对于禁止开发区域要坚决停止一切有损生态的经济开发活动，将各类开发活动限制在资源环境承载能力之内。由此对区域内村镇实施限制或优化主导产业，甚至搬迁。确定生态功能区，加快完善重点生态功能区的空间开发管控制度，建立资源环境承载能力监测预防机制。

科学规划村镇生态功能。构建多层次、多功能的生态网络，加强水源地森林建设，推进郊区林带建设，建设环城绿带林地，构建区域绿道，建设绿色村镇，在东南沿海地带形成“城市新林、绿色廊道、生态水系、都市农田、城乡公园”的格局。依托东南沿海村镇丰富的山体资源和森林资源，打造外围的绿色生态屏障，形成绿色自然空间，重点做好区域生态修复与保护，打造国家级自然保护区品牌，保护生物多样性，增强农林水对生态平衡的贡献率。依托新路网框架和河流生态系统，规划建设绿化带和景观带，构建村镇之间的生态廊道系统。严格保护区域内文化遗址、生物栖息地和水源地，形成多节点支撑格局。

实施村镇水资源保护和湿地修复政策。村镇河流水系是村镇生命的血脉，鼓励城镇、村镇零星建设用地整治复垦，扎实推进江河流整治、水资源和湿地修复保护，推进沿江沿海的林地建设。加快制订水资源管理、湿地保护等地方性法规、规章，积极开展水源地生态清淤和应急备用水源地建设。村镇在建设发展的过程中应建立在不损坏相应湿地资源的基础之上，构筑天然“生态之肾”。

征收环境税。东南沿海地区属于我国经济发达地区，因此可在沿海村镇率先设立增值价值环境税。根据环境容量的大小实行容量消耗的差别价格政策，设立并征收村镇开发建设生态环境补偿税。既可以在村镇经济发展中提高环保意识，又可以为村镇生态环境保护、建设和管理集聚必需的资金，从而实现村镇的可持续发展。同时，也要求村镇决策者、建设者和管理者高度重视村镇生态环境问题，将生态环境保护贯穿于村镇的规划、建设和管理之中，围绕建设生态型村镇这一目标，采取切实有效措施，尽量避免和克服短期行为，防止片面追求经济效益而造成资源和环境的被破坏。

### 11.3.5　环境保护政策

可持续发展环境政策构建的目标是实现环境可持续发展。良好的环境是村镇可持续发展的重要基础。国务院常务会议 2016 年 11 月 15 日，通过的《“十三五”生态环境保护规划》把生态文明建设和生态环境保护摆在更加重要的战略位置。课题组对于可持续发展环境保护政策提出以下的思考。

加大村镇环境综合防治。环境保护政策是把环境污染控制在一定范围，通过各种政策组合将环境污染管控在可承受的范围内。环境保护涉及诸多政府部门，要统筹水、大气、土地利用、废物管理等管理部门，改变各管一块不及其余的政策形成机制，协调各部门环境治理政策，形成村镇可持续发展环境综合防治政策。要确立以防为主、防治结合的政策理念，以防为主就是要出台村镇可持续发展的环境监测标准等村镇环境管理的政策法规，使村镇的生产生活在可持续的环境标准下开展，避免或者减少对环境的污染和破坏。防治结合就是要侧重于对现状污染治理出台相应政策，促进资金、技术、人力对村镇环境污染治理的投入，推进村镇污染治理。

明确环境权、实施污染追责。出台相关法律法规赋予公民明确的环境权，提高个人在环境福利方面的保护意识，改善政府部门、企业和公民的环境行为，提高个人和社区在解决环境问题方面的积极性。从环境经济学的角度看，环境是一种稀缺性资源，又是一种共有资源，应出台环境污染追责的法律或政策，明确环境破坏者承担治理成本。比如对超过排放标准向大气、水体等排放污染物的征收超标排污费，采用累进递增的污水、垃圾处理费等。

强化环境监测管理。由于交易成本的存在，外部性无法通过私人市场进行协调而得以解决，需要依靠政府的作用。污染是一种典型的外部行为，政府必须介入环境保护，担当管制者和监督者的角色。强化环境管理政策，即通过强化政府和行为人的环境治理责任，控制和减少因管理不善带来的环境污染和破坏。应逐步建立和完善环境保护法规与标准体系，建立深入到村镇的环境监测网络，推动形成一套村镇可持续发展中的环境质量管理的指标、规程和报告制度。

### 11.3.6 土地规划政策

土地是村镇发展的重要基础，有效利用各类土地是实现村镇可持续发展的重要保障。应出台土地规划政策，优化村镇发展中各类土地规划，形成有序开发利用，促进村镇可持续发展。

加强村镇土地空间规划。为适应新时期农村发展要求，进一步推进农业供给侧结构性改革，国土资源部发文要求做好村土地利用规划工作。文件要求编制村土地利用规划要坚持村民主体地位和留住山水乡愁的要求和原则，结合当地实际，以一个村或数个村进行编制，并明确要求开展农村土地制度改革试点、社会主义新农村建设、新型农村社区建设、土地整治和特色景观旅游名镇名村保护的地方，应当编制村土地利用规划。东南沿海地区实施村镇可持续发展应要求所有村镇开展土地规划，并要求村镇按照“合理布局、科学规划、规模适度、注重时效”的精神，严格执行国家土地利用总体规划。做到村镇建设规划与土地利用总体规划相衔接，村镇规划的建设用地要严格控制在土地利用总体规划确定的范围内。引导村镇进行土地规划时要立足存量，促进集约用地。鼓励农民按规划集中建房，严格控制分散建房，做到集约用地和保护耕地，节约的宅基地指标可用作村镇发展的建设用地指标。要采取严格保护耕地政策，防止乱占耕地。

优化土地资源使用。支持生态特色产业用地。比如支持休闲农业方面，出台政策支持闲置宅基地整理结余的建设用地可用于休闲农业。鼓励利用村内的集体建设用地发展休闲农业，支持有条件的农村开展城乡建设用地增减挂钩试点，发展休闲农业。鼓励利用“四荒地”（荒山、荒沟、荒丘、荒滩）发展休闲农业。完善农村集体经营性建设用地产权制度。赋予农村集体经营性建设用地出让、租赁、入股权能。明确农村集体经营性建设用地入市范围和途径。依法推进土地经营权有序流转，鼓励和引导农户自愿互换承包地块实现连片耕种。探索将村镇通过土地整治增加的耕地作为占补平衡补充耕地的指标，按照谁投入、谁受益的原则返还指标交易收益。

### 11.3.7 社区治理政策

村镇社区治理是在多元主体的共同参与、协商、合作下，通过社区社会组织、社区居民、社区企业等共同参与、合力完成一些单单依靠政府力量做不成、做不好的事务，包括社会稳定与社会服务。社区治理在村镇可持续发展中起着保障作用，是村镇可持续发展中重要“软件”构成。应该把增强社区居民参与能力、提高社区服务供给能力、强化社区文化引领能力、增强社区依法办事能力、提升社区矛盾预防化解能力、增强社区信息化应用能力这六个方面作为村镇社区治理政策的目标。

建立健全社区治理与法律体系。我国社区治理的法律法规分散在宪法、行政法等诸多法律中，涉及近 150 个法律文件、500 余法律条款，而且大量法律规范要素不全、法律效力等级参差不齐、法律体系结构不完整。应制定专门的社区治理法或地方性法规。应根据政社分开、权责一致的原则，进一步明确村镇社区的职责范围。可在法律上明确社区的自治、协管和监督职责，确保社区工作机制和运行机制畅通。

提高村镇居民参与管理。要明确划分政府职能、街道（乡镇）、社区（村）的职责与权利，使其各负其责、各行其权、各干其事，加强治理效果。同时，建立较为完善的社区居民参与机制，增强参与意识。凡是与社区居民切身利益相关的公共事务和物业问题、社区选举、社区规划、社区民生问题等，都要让社区居民参与进来，激发和调动社区居民的积极性和创造性。进行精准有效的服务和管理，及时满足广大人民群众的迫切需求，满足社会和谐稳定发展的现实需要，并合理配置各种治理资源，使社区在提供服务和管理时有职有权有物，注重调动和整合城乡社区内部各种治理资源，充分发挥传统组织与力量在基层治理中的优势作用。

培育村镇社区社会组织。政府要出台相关的政策，大力发展培育社区社会组织，鼓励社区成立形式多样的慈善组织、科普组织、困难群众提高生活服务的组织等为社区提高专业化服务。对培育和发展的社区社会组织，一方面要加强对它们引导、监督和服务，提高它们的筹资能力和服务能力，另一方面政府要从财政、税收等方面对其提供政策及资金上的支持，并使之制度化。在大力发展多样化的社区社会组织的同时要增强基层政府组织的公信力和执行力。进一步深化基层行政体制机制改革，加快转变基层政府职能，增强面向社区的社会管理和公共服务能力，增强基层政府组织的公信力和执行力，创新行政管理服务方式，指导和帮助社区群众自治组织依法开展工作。

### 11.3.8 乡村服务政策

村镇可持续发展离不开政府和社会提供的面向乡村的各类服务。出台政策、完善机制促进乡村服务供给。

建立村镇公共服务全覆盖体系。要出台相应政策保障公共服务有效延伸到村镇，要根据村镇可持续发展的要求提供定制化、个性化的公共服务。乡村公共服务并不是一个简单的任务，不是靠政府单纯地保存或设立机构就能够做好的，需要通过政府建立和完善乡村公共服务体系，在服务性渗透中，强化服务效能，建立以公共服务为主的基层政府体系。

构建多元化服务主体和运行机制。政府要将管理公共事务的部分职能向其他社会公共部门甚至私营部门转移，不同部门彼此形成伙伴关系，在一种持续、互动的过程中达成公共秩序，增进共同利益。政府应与一些非政府组织合作，根据服务需求、服务产品性质等进行分类，建构多元化的服务主体和运行机制，将竞争机制引入公共服务，政府、经济组织、社区、个人都可以成为服务主体，参与提供公共服务，构成农村公共服务供给多元化的局面。

促进公共服务均等化。公共服务均等化要求公共服务从城市同等延伸到村镇，使村镇居民享受基本公共服务的机会均等，如公民都有平等享受医疗、受教育的权利，每一个居民无论是城市还是在乡村，所享受的义务教育和医疗救助等公共服务，在数量和质量上都应大体相当。

### 11.3.9 文化传承政策

根据文化传承的原真性、可读性、可持续性、整体性原则，基于村镇的文化特征、传承现状，结合村镇的发展趋势，探索在村镇发展建设中适合各个村镇的文化传承模式，从文化保护和发展两个视角研究出台相关政策。

保持村镇原真型风貌、活态传承乡村文化。风貌的原真需从建筑环境、邻里环境、乡野环境等方面采取整体规划、重点保护、系统控制和特色保持的方法，以彰显本土自然、人文环境风貌以及人工形态与文化传承的关系。从改善整体环境入手，遏制破坏文化遗产。对被开发的资源，通过“补偿、转换、创新”的方法，还原乡土面貌的本来面貌。

保护与创新发展特色文化。民风民俗是乡村文化中最具活力的要素，是乡村环境关系中的“人文社会关系”，必须健全认同、保护聚落宗族关系，挖掘、开发民俗乡情，创新、发展特色文化机制，根据村镇不同的物质环境和乡风民俗，树立不同的形象，形成“一村一品”，传承各村的民俗文化。

重振重塑乡土文化。首先，挖掘文化的丰富内涵，增强乡村传统文化的影响力，重塑尊严，恢复乡村文化的自信心；其次，注重传统文化与现代文化相结合，从传统文化中汲取养分；最后，树立传统文化创新发展的理念，在吸取传统文化精髓的基础上，通过创新内容和展示载体，使传统乡土文化中的先进内容随村镇建设弘扬出去。

### 11.3.10　技术创新政策

制定相关技术创新政策是村镇经济可持续发展的关键。科学技术进步对生产力发展越来越具有决定性作用，并且在人类社会生活各个领域发生广泛而深刻的影响。科技创新将进一步成为村镇发展的主导力量。新的科学发现和技术发明，特别是高技术的不断创新及其产业化，对发展能力的提高和社会进步，都将产生巨大而深刻的影响。提高劳动生产率需要技术创新，开发新能源需要技术创新，节能减排、发展循环经济、实行清洁生产需要技术创新，推进生态住宅、生态家园、应对气候变化等都需要技术创新。不断创新是竞争制胜的关键，创新能力也是村镇竞争力的核心。在推进村镇可持续发展的过程中要坚持技术创新，相关政府职能部门要根据自身实际情况制定相应的技术创新政策。

加大对绿色生产技术在村镇区域的应用。重点加强绿色农业、循环农业、生态农业、绿色加工业等绿色生产技术在村镇区域的应用推广。把农药、化肥减量化技术、有机农业模式、高效循环农业模式、标准化生产技术、节能减排技术、清洁能源技术等作为村镇高质量发展的主要技术选择。在研发领域，要重点加强绿色生产技术的集成创新与成果推广。

加强环境治理技术在村镇区域的应用。重点加强适合于村镇聚居区污水治理、垃圾无害化处理、绿色建材、生态住宅、治理标准化设备与技术的研发、集成创新与成果转化。探索应用政府采购与成本补偿机制开发村镇环境污染治理技术。

推动专业村镇与特色产业转型升级。加大对专业化程度较高村镇的技术研发能力布局，推动对口专业大学、科研机构在专业村镇设立技术创新中心、合作研发中心。鼓励高等院校、科研机构在专业村镇设立分校、分中心和技术培训中心。加大对专业村镇、特色产业、主导产业的技术创新、成果转化、产业升级的支持。

### 11.3.11 教育支持政策

百年大计，教育为本。村镇可持续发展离不开教育，乡村教育发展离不开政府的政策支持。政府的教育支持政策既要着眼未来，加大对乡村学校教育的支持和投入，也要着眼现在，不断完善村民职业培训，构建终身教育制度和机制。

加大村镇学校标准化建设、提高乡村教师待遇。确保村镇学校经费足额投入。村镇学校基础设施相对薄弱，政府在教育资金投入适当向乡村学校倾斜，不断加大对乡村学校教学设施现代化改造投入，促进乡村教学基础设施标准化、现代化。构建农村义务教育经费保障新体制，全面落实义务教育阶段“两免一补”政策。村镇教育的一个重要问题是教学水平相对低，优质教育资源不足。因此要出台支持政策通过引进人才到乡村薄弱学校任教，改善学校的教师队伍结构，对乡村中小学骨干教师进行系列培训，提升乡村教师队伍的整体水平。

加大农民职业技能培训支持。村镇可持续发展的关键是提高参与建设的人的素质。村民的文化素质水平是村镇可持续发展的关键。尽快出台农民职业技能培训支持政策，促进农民职业技能不断提升。尽快出台村民职业转换培训支持政策，部分村镇在转型发展中需要村民转换职业，有效分流农业人口或淘汰产业的就业人员。尽快出台村镇特色优势产业人员素质培训支持政策，对村镇特色优势产业发展所需人才和职业培训给予政策支持。政府应通过提供必要的资金帮助这部分村民接受培训，提高人力资源素质，促进村镇产业转型和特色化发展。

# 参考文献

阿玛蒂亚·森，2001. 贫困与饥荒：论权利与剥夺［M］. 王宇，王文玉，译. 北京：商务印书馆.

安吉尔·瓦伦西亚·塞兹，2013. 全球化、世界主义和生态公民权［J］，郭志俊，译. 南京工业大学学报（社会科学版）（1）：35－42.

岸根卓郎，1985. 迈向21世纪的国土规划：城乡融合系统设计［M］. 高文琛，译. 北京：科学出版社.

白涛，宋岩，杨鹤，2016. 绿色生态小城镇可持续发展评价指标体系构建研究［J］. 绿色环保建材（10）.

暴庆五，2007. 赴韩国“新农村运动”考察报告［J］. 北方经济（3）：30－33.

宾慧中，2012. 上海传统村镇公共空间探索［J］. 公共艺术（4）：5－13.

曹凤中，1998. 可持续发展城市判定指标体系研究［J］. 中国软科学（3）：69－73.

曹现强，朱明艺，2014. 城市化进程中的城乡空间正义思考［J］. 理论探讨（1）：139－144.

曾奔豪，等，2016. 基于主成分分析方法的乡镇可持续发展能力评价［J］. 科技和产业（3）：106－111.

查家德，1990. 浙江省村镇建设治理整顿的启示［J］. 小城镇建设（2）：21－23.

陈楚琳，石磊，2017. 基于AHP的湘西自治州绿色生态小城镇可持续发展评价指标体系研究［J］. 中南林业科技大学（社会科学版）（10）：8－13.

陈丁楷，等，2015. 城市可持续发展能力评价系统设计与实现［J］.

环境科学与技术（6）：508－513.

陈珏，1994. 农业可持续发展与生态经济系统构建研究［D］. 乌鲁木齐：新疆大学（博士论文）.

陈俊，张忠潮，2008. 弘扬中国传统文化建设现代可持续发展文化［J］. 东南大学学报（哲学社会科学版）（S1）：132－135.

陈俊，张忠潮，2009. 文化软实力视角下的可持续发展文化建设［J］. 学术论坛，32（2）：94－98.

陈俊，张忠潮，2010. 论文化软实力的提高与可持续发展文化建设［J］. 湖北社会科学（2）：46－49.

陈磊，曲文俏，2006. 解读日本的造村运动［J］. 当代亚太（6）：29－35.

陈剩勇，孟军，2006. 20 世纪以来中国乡镇体制的变革与启示［J］. 浙江社会科学（4）：16－23.

陈守煜，1999. 区域可持续发展模糊模式识别评价量化理论［J］. 大连理工大学学报（2）：295－301.

陈思，2012. 我国乡镇行政监督实效提升存在的问题及对策研究［D］. 湘潭：湘潭大学（硕士论文）.

陈玮，2006. 同里古镇现代发展路径之研究［D］. 苏州：苏州大学（硕士论文）.

陈锡文，2016. 坚持走中国特色农业现代化道路——学习习近平总书记相关论述的几点认识［J］. 中国农村经济（10）：4－6.

陈小卉，徐逸伦，2005. 一元模式：快速城市化地区城乡空间统筹规划——以江苏省常熟市为例［J］. 城市规划（1）：73－78.

陈晓宇，2007. 历史文化村镇的现状问题及对策研究［D］. 天津：天津大学（硕士论文）.

陈新军，2001. 海洋渔业资源可持续利用评价［D］. 南京：南京农业大学.

陈秀山，2000. 东南沿海地区开发的经验教训及启示［J］. 教学与研究（8）：27－27.

陈泽云，2000. 中国农村现代化问题研究［D］. 武汉：华中师范大学（硕士论文）.

程序，2007. 中国农业与可持续发展［M］. 北京：科学出版社.

程又中，张勇，2009. 城乡基层治理：使之走出困境的政府责任［J］. 社会主义研究（4）：1－9.

储诚炜，许迪楼，2012. 近代乡村建设运动开展的国际背景和现实条件［J］. 科教文汇（上旬刊）（5）：198－199.

褚大建，臧漫丹，朱远，2005. C模式：中国发展循环经济的战略选择［J］. 中国人口资源与环境（6）：8－12.

褚大建，等，2015. 可持续发展与治理研究——可持续性科学的理论与方法［M］. 上海：同济大学出版社：181.

崔曙平，2005. 如何构建新型城镇［J］. 城乡建设（2）：40－41.

大卫·雷·格里芬，2004. 后现代科学：科学魅力的再现［M］. 马季方，译. 北京：中央编译出版社.

戴维·赫尔德，1998. 民主的模式［M］. 燕继荣，译. 北京：中央编译出版社：396.

单卓然，黄亚平，2013. "新型城镇化"概念内涵、目标内容、规划策略及认知误区解析［J］. 城市规划学刊（2）：16－22.

党国英，2018. 振兴乡村推进农业农村现代化［J］. 理论探讨（1）：86－91.

道格拉斯. C·诺思，1992. 经济史上的结构和变迁［M］. 北京：商务印书馆.

邓小平，1979. 邓小平文选：第3卷［M］. 北京：人民出版社.

丁琪，等，2014. 自然资源可持续利用评价研究进展［J］. 广东海洋大学学报（6）：88－97.

丁声俊，2012. 德国小城镇的发展道路及启示［J］. 世界农业（2）：60－65.

杜建飞，李尧，1996. 福建省小城镇建设存在的主要问题及对策思考［J］. 村镇建设（9）：19－21.

段娟，鲁奇，2005. 新型城乡发展观系统解读［J］. 农村经济（10）：18－19.

范柏乃，马庆国，1998. 国际可持续发展理论综述［J］. 经济学动态（8）：65－68.

方福前，2000. 可持续发展理论在西方经济学中的演进［J］. 当代经济研究（10）：14－23.

方敏，2015. 城乡一体化背景下宁波市村镇规划布局研究［D］. 宁波：宁波大学（博士论文）.

方世南，2005a. 生态现代化与和谐社会的构建［J］. 学术研究（3）：10－13.

方世南，2005b. 从生态政治学的视角看社会主义和谐社会的构建［J］. 政治学研究（2）：41－48.

费孝通，1988. 花蓝瑶社会组织［M］. 南京：江苏人民出版社.

冯海发，2004. 农村城镇化发展探索［M］. 北京：新华出版社：319.

龚建华，1995. 地理信息系统支持下的区域持续发展研究［D］. 北京：北京大学（博士论文）.

关丽洁，2014. 资源、环境约束下的技术创新与中国新型城镇化［A］. 中国经济规律研究会、河南财经政法大学. 中国经济规律研究会第24届年会暨“经济体制改革与区域经济发展”理论研讨会论文集［C］. 中国经济规律研究会、河南财经政法大学：11.

郭艳华，2004. 走向绿色文明［M］. 北京：中国社会科学出版社.

国家环保总局，1994. 中国21世纪议程［M］. 北京：中国环境科学出版社.

韩林桅，等，2018. 城市可持续性评价指标研究综述［J］. 标准科学（3）：14－20.

韩美兰，吴希玲，2018. 新常态下东北地区人口问题及对策研究［J］. 延边大学学报（社会科学版）（1）：110－119.

韩秀兰，阚先学，2011. 日本的农村发展运动及其对中国的启示［J］. 经济师（7）：78－79.

韩英，2007. 可持续发展的理论与测度方法［M］. 北京：中国建筑工业出版社.

杭帆，郭剑雄，2017. 人口转型与中国农业可持续增长［J］. 西北人口（6）：9－17.

郝栋，2012. 绿色发展道路的哲学探析［D］. 北京：中共中央党校（博士论文）.

何立峰，等，2017. 国家新型城镇化报告2016［M］. 北京：中国计划出版社.

和沁，2006. 保护民族大众文化实现民族文化可持续发展［J］. 云南民族大学学报（哲学社会科学版），23（3）：28－32.

贺雪峰，2014. 城市化的中国道路［M］. 北京：东方出版社.

侯保疆，2006. 论我国现阶段乡镇的类型及功能［J］. 汕头大学学报（3）：69－73；92.

侯彦全，姜亚彬，李安康，等，2011. 国外新农村建设模式的分析研究及其启示［J］. 农村经济与科技（5）：95－97.

胡次威，1995. 国民党反动统治时期的“新县制”［R］. 文史资料选辑第二十九辑. 北京：中国文史出版社：210.

胡国远，2007. 中国城市化进程中城乡协调发展研究［D］. 上海：同济大学（博士论文）.

胡国云，2014. 韩国新农村运动的启示［J］. 决策探索（下半月）（2）：81－82.

胡馨文，2014. 中国乡镇政权的路径抉择［J］. 中国人大（12）：13－15.

黄建洪，2010. 生态型区域治理的现代性与后现代性张力——兼论地方政府的行为逻辑［J］. 社会科学（4）：3－12.

黄茹莉，2015. 国际可持续性评价方法研究进展与趋势［J］. 生态经济（1）：18－23.

黄茹莉，2015. 基于系统演化视角的可持续评价方法［J］. 生态学报（8）：2712－2718.

黄焱，宋杨，2018. 生态美学语境下的乡村可持续发展研究［J］. 浙江工业大学学报（社会科学版）（2）：17－22.

黄莹，2012，古村镇保护历程与典型模式［J］. 城乡建设（2）：64－66.

黄志烨，等，2016. 基于 DPSIR 模型的北京市可持续发展评价［J］. 城市发展研究（9）：20－25.

简新华，2013. 中国农地制度和经营方式研究——兼评中国土地私有化［J］. 政治经济学评论（1）：46－74.

简新华，曾卫，2016. 中国城市化道路的辨正［J］. 学术月报（11）：57－69.

见蒂姆·杰克逊，2011. 无增长的繁荣［M］. 乔坤，方俊青，译. 北京：中国商业出版社.

姜长云，2018. 实施乡村振兴战略需努力规避几种倾向［J］. 农业经济问题（1）：8－14.

金磊，2017. 可持续发展观下的城市更新与创意设计策略［J］. 城市住宅（9）：3－6.

金善明，1996. 现代日本经济论［M］. 沈阳：辽宁出版社：549.

金钟博，2002. 明清时代乡村组织与保甲制之关系［J］. 中国社会经济史研究（2）：22－26.

凯斯，费尔，1994. 经济学原理［M］. 北京：中国人民大学出版社：550－551.

柯丽娜，等，2013. 基于可变模糊集理论的海岛可持续发展评价模型——以辽宁省长海县为例［J］. 自然资源学报（5）：832－943.

匡耀求，乔玉楼，2000. 区域可持续发展的评价方法与理论模型研究评述［J］. 热带地理（4）：326－330.

兰国良，2004. 可持续发展指标体系构建及其应用研究［D］. 天津：天津大学（博士论文）.

雷蕾，2012. 中国古村镇保护利用中的悖论现象及原因［J］. 人文地理（5）：94－97.

冷疏影，宋长青，2005. 中国地理学面临的挑战与发展［J］. 地理学报（4）：553－558.

李成贵，2002. 中国农村工业化理论研究评述［J］. 中国农村观察（6）：34－48.

李稻葵，1995. 转型经济中的模糊产权理论［J］. 经济研究（4）：67－76.

李埏，1987. 中国封建经济史论集［M］. 昆明：云南教育出版社.

李曙桐，李水山，2006. 韩国新村运动：以农民为核心的社会实践——访教育部中央教育科学研究所比较教育研究中心主任李水山［J］. 人民论坛（4a）：40－41.

李树，2008. 上海郊区传统水乡风貌与现状风貌的特征比较研究［D］. 上海：同济大学（硕士论文）.

李文娟，李妍，2015. 英国特色乡村小城镇规划设计的经验与启示［J］. 美术大观（10）：100－101.

李文忠，焦爱英，2013. 城镇化背景下村镇空间结构演变影响因素的研究［J］. 农业经济（10）：6－8.

李显刚，2010. 韩国“新村运动”及对双鸭山市新农村建设的启示

[J]. 农业经济问题 (12): 6 – 11.

李晓静, 2010. 生态文明视域下西部地区环境立法研究 [J]. 沈阳大学学报 (自然科学版) (5): 31 – 34.

李亚卿, 2013. 苏南小微古村镇新型城镇化战略研究 [J]. 经济论坛 (10): 36 – 38.

李玉恒, 等, 2018. 世界乡村转型历程与可持续发展展望 [J]. 地理科学进展 (5): 627 – 635.

李周, 于法稳, 2006. 西北地区农业可持续性评价 [J]. 中国农村经济 (10): 157 – 175.

李周, 等, 2000. 乡镇企业对资源与环境的影响、自然保护区对社会和环境的影响 [M]. 北京: 中国环境科学出版社.

刘海涛, 2012. "人与环境协同发展" 的实践思维方式阐释 [D]. 重庆: 西南大学.

刘辉, 2013. 西部农村可持续发展能力评价研究——基于熵权主成分法的分析 [J]. 西北农林科技大学学报 (社会科学版) (1): 68 – 73.

刘丽英, 2013. 基于 PCA 和 DEA 方法的北京市可持续发展能力的评价研究 [J]. 数理统计与管理 (2): 202 – 210.

刘培哲, 1994. 可持续发展——通向未来的新发展 [J]. 中国人口·资源与环境 (3): 13 – 18.

刘培哲, 等, 2001. 可持续发展理论与中国 21 世纪议程 [M]. 北京: 气象出版社.

刘荣增, 2006. 共生理论及其在我国区域协调发展中的运用 [J]. 工业技术经济 (3): 19 – 21.

刘巽浩, 任天民, 1993. 集约持续农业——中国与发展中国家的重要抉择 [J]. 农业现代化研究, 14 (5): 268 – 269.

刘彦波, 2003. 论清代前期赋役制度的变革与里甲制度的衰落 [J]. 长江大学学报 (社科版) (5): 40 – 44.

刘彦随, 陈聪, 李玉恒, 2014. 中国新型城镇化村镇建设格局研究 [J]. 地域研究与开发 (06): 1 – 6.

刘彦随, 吴传钧, 鲁奇, 2002. 21 世纪中国农业与农业可持续发展方向和策略 [J]. 地理科学 (4): 385 – 389.

刘再聪, 2007. 唐朝 "村正" 考 [J]. 中国农史 (4): 75 – 86.

刘兆文，2007. 浙江省小城镇发展区域差异探析 [J]. 科技信息（科学教研）(34)：515.

路日亮，2005. 对自然、人和社会和谐发展的辩证思考 [J]. 教学与研究 (8)：84-88.

罗宾·艾克斯利，2012. 绿色国家：重思民主与主权 [M]. 郇庆治，译. 山东：山东大学出版社.

罗湖平，朱有志，2011. 城乡一体化进程中的共生机理探讨 [J]. 安徽农业科学 (5)：3090-3093.

罗慧，霍有光，胡彦华，庞文保，2004. 可持续发展理论综述 [J]. 西北农林科技大学学报（社会科学版）(1)：37-38.

吕云涛，2010. 中国乡村治理结构的历史变迁与未来走向 [J]. 山东省农业管理干部学院学报 (2)：30-32.

吕云涛，2014. 卢作孚乡村城镇化和现代化思想与实践的当代启示 [J]. 云南财经大学学报 (5)：10-16.

马丁·耶内克，克劳斯·雅各布，2012. 全球视野下的环境管制：生态与政治现代化的新方法 [M]. 李慧明，李昕蕾，译. 济南：山东大学出版社.

马光，等，2006. 环境与可持续发展导论 [M]. 北京：科学出版社.

马克·史密斯，皮亚·庞萨帕，2012. 环境与公民权：整合正义、责任与公民参与 [M]. 济南：山东大学出版社.

马克思，1979. 剩余价格理论：第 1 册 [M]. 北京：人民出版社：162.

马克思，恩格斯，1979. 马克思恩格斯选集：第 3 卷 [M]. 北京：人民出版社：335.

马世骏，王如松，1984. 社会-经济-自然复合生态系统 [J]. 生态学报 (4)：1-9.

马叶友，2016. 新型农村社区的新忧思 [J]. 决策 (12)：44-45.

马云萍，2012. 浅谈社区群众文化的可持续发展 [J]. 前进 (8)：40-41.

孟祥才，1996. 中国政治制度通史：第 3 卷秦汉 [M]，北京：人民出版社：236.

倪海儿，陆杰华，2003. 舟山渔场渔业资源可持续利用指标体系的构

建与评价 [J]. 应用生态学报 (6): 985 – 988.

宁昭玉, 魏远竹, 徐学荣, 2008. 福建农村生态环境现状与评价指标体系构建 [J]. 环境科学与管理 (3): 37 – 41.

牛文元, 1994. 持续发展导论 [M]. 北京: 科学出版社.

牛文元, 2012. 中国可持续发展的理论与实践 [J]. 中国科学院院刊 (3): 280 – 290.

诺曼·迈尔斯, 1997. 最终的安全 – 政治稳定的环境基础 [M]. 王正平, 金辉, 译. 上海: 上海译文出版社, 2001.

潘海生, 2010. 就地城镇化: 一条新型城镇化道路——浙江小城镇建设的调查 [J]. 政策瞭望 (9): 29 – 32.

潘家华, 1997. 可持续发展问题的经济学理论创新 [J]. 国外社会科学 (3): 35 – 39.

潘伟杰, 吴从环, 顾保国, 1998. 组织重构: 乡村现代化的社会基础 [J]. 南京社会科学 (9): 49 – 54.

潘岳, 2004. 环境保护与公众参与 [J]. 中国改革 (6): 6 – 8.

彭程, 等, 2016. 基于 ESDA 的城市可持续发展能力时空分异格局研究 [J]. 中国人口资源与环境 (2): 144 – 151.

齐奥尔格. 西美尔, 2001. 时尚的哲学 [M]. 费勇, 译. 北京: 文化艺术出版社.

齐义军, 付桂军, 2012. 典型资源型区域可持续发展评价——基于模糊综合评价研究方法 [J]. 中央民族大学学报 (哲学社会科学版) (3): 117 – 123.

齐有主, 路二菊, 2002. 坚持人与自然和谐是实现可持续发展的必由之路 [J]. 中国环境管理 (6): 23 – 25.

秦国伟, 卫夏青, 朱凤琴, 等, 2016. 农村区域可持续发展水平评价模型及实证分析——以安徽省为例 [J]. 生态经济 (6): 123 – 128.

秦志华, 1995. 中国乡村社区组织建设 [M]. 北京: 人民出版社.

曲格平, 2000. 梦想与期待——中国环境保护的过去和未来 [M]. 北京: 中国环境科学出版社: 34 – 44.

沙跃先, 2007. 关于人与自然和谐关系的思考 [J]. 沈阳工程学院学报 (社会科学版) (4): 497 – 499.

沈费伟, 刘祖云, 2017. 村庄重建的实践逻辑与运作模式 [J]. 南京农业大学学报（社会科学版）(2)：19－29.

沈满洪，高登奎，王颖，2016. 生态经济学：第2版［M］. 北京：中国环境出版社.

沈延生，1998. 村政的兴衰与重建［J］. 战略与管理（6）：1－34.

石忆邵，2007. 国内外村镇体系研究述要［J］. 国际城市规划.22(4)：84－88.

世界资源研究所，联合国环境规划署，联合国开发计划署，1993. 世界资源报告1992－1993［M］. 北京：中国环境科学出版社.

苏聪聪，2015. 国外新型农村社区规划建设的经验及启示［J］. 边疆经济与文化（6）：166－167.

苏建军，2006. 论可持续发展的基本伦理准则［J］. 华东师范大学学报（哲学社会科学版）(3)：86－91.

孙超，2012. 信息化发展背景下的新农村文化建设研究［D］. 武汉：华中师范大学（硕士论文）.

孙斐，等，2002. 苏南水乡村镇传统建筑景观的保护与创新［J］. 人文地理（1）：93－96.

汤蕴懿，2011. "绿色和平"与中国民间环保运动［J］. 上海经济(1)：21－26.

唐珂，2014. 美丽乡村国际经验及其启示［M］. 北京：中国环境出版社：121.

唐鸣，赵鲲鹏，刘志鹏，2011. 中国古代乡村治理的基本模式及其历史变迁［J］. 江汉论坛（3）：68－72.

滕颖，李新，2007. 城市型生态社区可持续发展评价指标体系的初步研究［J］. 环境科学与管理（3）：185－188.

田方舟，2014. 卢作孚北碚乡村建设和治理的思考和启示［R］. 中国城市规划年会.

田国强，1995. 中国乡镇企业的产权结构及其改革［J］. 经济研究(3)：35－39.

田雪原，2013. 城镇化还是城市化［J］. 人口学刊（6）：5－10.

童亿勤，2009. 基于本地生态足迹模型的浙江省可持续发展评价［J］. 长江流域资源与环境（10）：896－902.

屠爽爽，龙花楼，李婷婷，戈大专，2015. 中国村镇建设和农村发展的机理与模式研究［J］. 经济地理（12）：141－147.

托达罗，2014. 发展经济学：第11版（原书）［M］. 北京：机械工业出版社.

汪效驷，2009. 合作运动与乡村经济的近代转型：以江苏省无锡县为中心的考察［J］. 古今农业（4）：85－93.

王宝刚，2003. 国外小城镇建设经验探讨［J］. 规划师（11）：96－99.

王栋，2017. 近十年我国村镇空间发展主要推动政策研究［C］. 城市发展与规划论文集.

王富喜，2009. 山东省新农村建设与农村发展水平评价［J］. 经济地理（10）：1710－1715.

王华，陈烈，2006. 西方城乡发展理论研究进展［J］. 经济地理（3）：113 118.

王健民，陆雍森，俞开衡，等，1990. 乡镇企业环境污染对策知识［M］. 北京：中国环境科学出版社：前言.

王劲峰，等，2010. 空间数据分析教程［M］. 北京：科学出版社.

王景新，支晓娟，2018. 中国乡村振兴及其地域空间重构——特色小镇与美丽乡村同建振兴乡村的案例、经验与未来［J］. 南京农业大学学报（社会科学版）（2）：17－29.

王军，1996. 可持续发展［M］. 北京：中国发展出版社.

王立胜，2006. 论中国农村现代化的社会基础［J］. 科学社会主义（4）：94－98.

王立胜，2009. 中国农村现代化：思路与出路［M］. 北京：人民出版社.

王思斌，2018. 社会生态视角下乡村振兴发展的社会学分析［J］. 北京大学学报（社会科学版）（2）：5－12.

王松林，郝晋珉，2001. 区域农业—农村可持续发展评价体系的建立与应用［J］. 中国农业大学学报（5）：49－55.

王维，2015. 广东地区绿色生态村镇能源资源潜力分析［D］. 哈尔滨：哈尔滨工业大学（硕士论文）.

王文婧，2007. 城乡一体化背景下村镇空间结构演变研究——以宜都为例［D］. 武汉：华中师范大学（硕士论文）.

王先明，2009. 乡绅权势消退的历史轨迹——20世纪前期的制度变迁、革命话语与乡绅权力［J］. 南开学报（哲学社会科学版）（1）：95－107.

王晓云，张雪梅，2014. 城市可持续发展能力评价——基于三维空间结构模型［J］. 国土与自然资源研究（1）：4 -6.

王远飞，何洪林，2007. 空间数据分析方法［M］. 北京：科学出版社.

王云才，2007. 由生态城市多元化格局看生态比较教育体系［A］. 中国风景园林学会、中国风景园林教育分会. 中国风景园林教育学术年会论文集［C］. 中国风景园林学会、中国风景园林教育分会：7.

王正平，2006. 环境哲学：人与自然和谐发展的智慧之思［J］. 上海师范大学学报（哲学社会科学版（2）：10 -15.

王志，2011. 借鉴韩国农业发展经验推动中国新农村建设［J］. 经济研究导刊（10）：12 -14.

王志宪，2012. 我国小城镇可持续发展研究［M］. 北京：科学出版社.

王治河，2000. 斯普瑞特奈克和她的生态后现代主义［R］. 冲突与解构——当代西方学术叙语［M］. 北京：社会科学文献出版社，（1）.

卫宝龙，史新杰，2016. 浙江特色小镇建设的若干思考与建议［J］. 浙江社会科学（3）：28 -32.

魏君仙，罗文峰，2013. 基于 DPSIR 模型的成都市生态可持续发展评价［J］. 环境科学与管理（2）：184 -188.

温淑瑶，等，2000. 层次分析法在区域湖泊水资源可持续发展评价中的应用［J］. 长江流域资源与环境（2）：196 -201.

温燕，金平斌，2017. 特色小镇核心竞争力及其评估模型构建［J］. 生态经济（6）：85 -89.

文贯中，2014. 吾国吾民：城市化、土地制度与户籍制度的内在逻辑［M］. 北京：东方出版社.

吴传钧，1991. 论地理学的研究核心 -人地关系地域系统［J］. 经济地理（3）：1 -5.

吴传钧，2002. 中国农业与农业可持续发展问题 -不同类型地区实证研究［M］. 北京：环境科学出版社：67 -79.

吴黎明，2014. 小即是美的德国式城镇化［J］. 宁波经济（6）：50 -51.

吴理财，吴孔凡，2014. 美丽乡村四种模式及比较——基于安吉、永嘉、高淳、江宁四地的调查［J］. 华中农业大学学报（1）：15 -22.

吴明华，胡心玥，2017. 体系思维下农业综合体之路——专访中国工程院院士、浙江省农业科学院原院长陈剑平［J］. 决策（7）：30－32.

吴雪梅，2012. 多中心乡村社会秩序的建构——以明清时期两湖地区为考察对象［J］. 华中师范大学学报（6）：131－140.

吴一洲，陈前虎，郑晓虹，2016. 特色小镇发展水平指标体系与评估方法［J］. 规划师（7）：123－127.

吴元波，吴聪林，2010. 上海大都市新城建设与城镇空间布局的对策与模式分析［J］. 华东理工大学学报（社会科学版）（3）：107－116.

夏鸣晓，2016. 德国小城镇发展的经验与启示［J］. 小城镇建设（08）：100－103.

夏显力，2005. 村镇可持续发展的理性思考［J］. 科技导报，23（10）：62－64.

夏周青，2010. 中国农村建设：从乡村建设运动到农村社区创建的兴起［J］. 云南行政学院学报（2）：121－124.

项继权，2008. 中国乡村治理的层级及其变迁——兼论当前乡村体制的改革［J］. 开放时代（3）：77－87.

肖万春，2003. 美国城镇化发展启示录［J］. 城乡建设（5）：56－57.

萧洪恩，2015. 城市化之外：中国农村就地现代化道路探析［J］，理论月刊（5）：5－11.

晓荣，2015. 可持续发展视域下少数民族文化传承保护研究［J］. 黑龙江民族丛刊（3）：132－136.

徐全忠，2013. 主体功能区视域下内蒙古农业可持续发展研究［D］. 武汉：武汉理工大学（博士论文）.

徐莺，2014. 城镇化对近代中国乡土社会的影响［J］. 学术论坛，37（7）：129－132.

徐勇，1992. 非均衡的中国政治：城市与乡村比较［M］. 北京：中国广播电视出版社：256.

徐玉高，候世昌，2000. 可持续的、可持续性与可持续发展［J］. 中国人口. 资源与环境（1）：4－7.

许晓敏，2014. 农村基层民主选举存在的问题探析［J］. 科技致富导向（29）：270－270.

许亦善，董四代，2009. 文化可持续发展初探［J］. 哈尔滨学院学报，30（9）：5－8.

郇庆治，2013. “包容互鉴”：全球主义下的“社会主义生态文明”［J］. 当代世界和社会主义（2）：14－22.

郇庆治，2015. 生态文明理论及其绿色变革意蕴［J］. 马克思主义与现实（5）：167－175.

阎小培，林初升，等，1994. 地理区域城市．永无止境的探索［M］. 广州：广东高等教育出版社.

颜敏，2010. 红与绿——当代中国环保运动考察报告［D］. 上海：上海大学（博士论文）.

颜伟，唐德善，2007. 基于DEA模型的中国环保投入相对效率评价研究［J］. 生产力研究（4）：21－23.

杨芳，等，2017. 基于能量分析的农业生态可持续发展指数方法研究［J］. 中国农业资源与区划（11）：17－23.

杨贵庆，1997. 大城市周边地区小城镇人居环境的可持续发展［J］. 城市规划汇刊（2）：55－60.

杨克诚，2007. 论信息化对城市经济社会发展的推动力［J］. 北方经济（10）：94－95.

杨世琦，等，2018. 基于欧式距离理论的农业可持续发展评价方法与实证研究［J］. 中国农学通报（12）：157－164.

杨勇，2015. 中国农村现代化模式［D］. 北京：外交学院（硕士论文）.

姚丽，2010. 河南省乡村发展区域差异分析［D］. 福州：福建师范大学.

叶文虎，栾胜基，1996. 论可持续发展的衡量与指标体系［J］. 世界环境（1）：7－10.

叶裕民，2007. 中国城市化与可持续发展［M］. 北京：中国科学出版社.

叶裕民，2013. 中国城市化与统筹城乡发展基本概念解析［J］. 城市学刊（2）：1－7.

应珊婷，郑勤，2015.《美丽乡村建设指南》国家标准解读［J］. 大众标准化（4）：8－10.

于建嵘，2001. 岳村政治——转型期中国乡村社会政治结构的变迁［M］. 上海：商务印书馆：438.

于建嵘，2002. 乡镇自治：根据和路径——以20世纪乡镇体制变迁为视野［J］. 战略与管理（6）：117 -120.

于建嵘，2002. 中国农村政治的现状和发展趋势［C］. 中国农村发展研究报告［R］. 北京：中国社会科学文献出版社.

俞可平，2016. 如何推进生态治理现代化［J］. 中国生态文明（3）：21 -25.

郁鸿胜，2013. 我国新型城镇化发展的路径选择及制约因素研究［J］. 上海城市规划（6）：18 -22.

袁华萍，2012. 农业可持续发展的理论研究评述［J］. 农村经济与科技（10）：44 -46.

岳琛，1989. 中国农业经济史［M］. 北京：中国人民大学出版社：159 -160.

张纯成，1997. 可持续发展：人与环境的共同进化［J］. 河南大学学报（自然科学版）（3）：88 -92.

张富刚，刘彦随，2008. 中国区域农村发展动力机制及其发展模式［J］. 地理学报（2）：115 -122.

张红喜，2013. 新型城镇化背景下旅游促进农村社区发展研究［J］. 城市（6）：16 -18.

张厚安，白益华，1992. 中国农村基层建制的历史演变［M］. 成都：四川人民出版社.

张慧省，2017. 美国城镇化发展对中国新型城镇化推进的启示［J］. 世界农业（3）：171 -174.

张建武，等，2017. 供给侧结构性改革下的人口就业与可持续发展暨《中国人口科学》创刊30周年学术研讨会综述［J］. 中国人口科学（6）：118 -124.

张鑑，赵毅，2015. 基于新型城镇化背景的镇村布局规划思考［J］. 江苏城市规划（1）：9 -15.

张军，2018. 乡村价值定位与乡村振兴［J］. 中国农村经济（1）：2 -10.

张来武，等，2018. 第四产业——来自中国农村的实践探索［M］. 北京：人民出版社.

张世秋，1997. 可持续发展的指标体系［A］. 张坤民. 可持续发展论［C］. 北京：中国环境出版社.

张先昌，鲁宽，2015. 城乡一体化进程中的空间隔离及其法制应对——以空间正义为视角［J］．法学杂志（1）：59－66.

张现苓，2018. 积极应对后人口转变努力创建家庭友好型社会［J］. 人口研究（1）：104－112.

张小力，2013. 江苏省小城镇发展差异及其成长路径分析［D］．杨凌：西北农林科技大学．

张小林，1999. 乡村空间系统及其演变研究：以苏南为例［M］．南京：南京师范大学出版社．

张小林，王金湘，叶超，2005. 韩国新村运动透视［J］．农村农业农民（B版）（三农中国）（12）：35.

张孝德，2014. 生态文明立国论——唤醒中国走向生态文明的主体意识［M］．石家庄：河北人民出版社：177.

张艳明，2009. 城市边缘区村庄城镇化发展模式研究——以江浙经济发达地区为例［J］．浙江师范大学学报（自然科学版）（3）：344－348.

张占斌，2013. 新型城镇化的战略意义和改革难题［J］．国家行政学院学报，（01）：48－54.

张占仓，2018. 深化农村土地制度改革促进乡村振兴［J］．中国国情国力（5）：27－29.

张振华，2011. 珠三角历史文化村镇特色街区保护规划方法研究［D］．广州：华南理工大学（硕士论文）．

张志强，1995. 区域PRED协调发展的理论方法研究［A］．毛汉英．人地系统与区域持续发展研究［C］．北京：中国科技出版社．

章楷，1992. 我国的乡村建设运动和农业推广［J］．古今农业，1992（1）：23－27.

章伟江，等，2014. 现代农业综合体运行机制研究——基于绿城现代农业综合体的实践［J］．农业经济（5）：9－11.

赵辰昕，1998. 乡政府管理［M］．北京：中国广播电视出版社．

赵东明，白雪秋，2015. 城乡协调发展的理论基础及启示［J］．经济纵横（4）：78－86.

赵立德，2004. 中国村镇空间演进过程浅析［J］．广西城镇建设（5）：20－22.

赵天宇，刘宇舒，2015. 严寒地区村镇体系规划的绿色观及实现途径［J］．规划师（6）：67－70.

赵秀玲，1998. 中国乡里制度［M］. 北京：社会科学文献出版社：2－24.

赵秀玲，2004. 村民自治通论［M］. 北京：中国社会科学出版社.

赵勇，2008. 中国历史文化名镇名村保护理论与方法［M］. 北京：中国建筑工业出版社.

赵玉川，2000. 我国可持续发展统计指标研究的思考［J］. 北京统计（6）：32－33.

郑胜明，2008. 宋代保甲法的乡村社会控制功能［J］. 河北大学成人教育学院学报（1）：94－96.

郑小玉，刘彦随，2018. 新时期中国乡村病的科学内涵、形成机制及调控策略［J］. 人文地理（2）：100－106.

中共中央马克思恩格斯列宁斯大林著作编译局，1979. 马克思恩格斯全集：第46卷（上）［M］. 北京：人民出版社.

中共中央文献研究室，1999. 十四大以来重要文献选编（下）［M］. 北京：人民出版社：2062－2063.

中共中央文献研究室，2009. 十七大以来重要文献选编［M］. 北京：中央文献出版社.

中国农科院科技情报所编，1981. 国外农业现代化概况［M］. 上海：三联书店：8－12；62－65.

中国农业可持续发展和综合生产力组，1995. 中国农业可持续发展和综合生产力研究［M］. 山东：山东科学技术出版社.

钟真，2007. 国外小城镇管理的经验［J］. 小城镇建设（9）：101－104.

周传斌，戴欣，王如松，2010. 城市生态社区的评价指标体系及建设策略［J］. 现代城市研究（12）：11－15.

周建群，2011. 马克思主义农村工业化理论及其启示［J］. 贵州大学学报（社会科学版）（4）：1－6.

周连春，2007. 我国近代的乡村建设运动及启示［J］. 经济研究参考（63）：45－47.

周仁标，2009. 论完善农村基层自治的路径［J］. 社会主义研究（3）：75－79.

周天军，1996. PCSD的共识与《可持续发展的美国》的十大目标［J］. 中国软科学（12）：103－106.

周伟光，2007. 韩国及相关国家农村文化建设借鉴［J］. 传承（8）：

68 – 69.

周艳丽，卢秉福，2011. 农村可持续发展主要影响因素的辨识与分析［J］. 中国农学通报（6）：410 – 414.

周毅，2002. 再论可持续性发展［J］. 经济学家（1）：68 – 72.

朱芳芳，2011. 中国生态现代化能力建设与生态治理转型［J］. 马克思主义与现实（3）：193 – 196.

朱珊，2005. 浙江省小城镇发展差异研究［D］. 杭州：浙江大学.

朱宇，2006. 中国乡域治理结构：回顾与前瞻［M］. 哈尔滨：黑龙江人民出版社：50 – 54.

左大康，1990. 现代地理学辞典［M］. 上海：商务印书馆.

BARRY J，1999. Rethinking green politics：nature，virtue，and progress［M］. London Sage.

BREKKE K. A，1997. Economic growth and the environment：On the measurement of income and welfare［M］，91. Cheltenham：Edward Elgar.

BROWN B，1987. Global sustainability：toward definition［J］. Environment Management，11（6）：713 – 719.

BROWN L. R，1981. Building a sustainable society［M］. New York：Norton W W.

BUDHRAJA J. C，1987. Micro – level development planning，rural growth-center strategy［M］. New Delhi：Commonwealth Publishers.

CHRISTOPHER J. L，1991. Development data constraints and the human development index［M］. Geneva：UNRISD. 27.

CHUN C，Wang Y. J，1994. The nature of the township-village enterprise［J］. Journal of Comparative Economics（19）：434 – 452.

CIRIACY WANTRUP，S. V，1952. Resource conservation：Economics and Policies［M］，Berkeley，University of California Press.

Commission on Sustainable Development，2001. Indicators of sustainable development guidelines and methodologies［R］. New York.

DALY H，1993. Valuing the Earth：economics，ecology，ethics［M］. Massachusetts：The MIT Press：57 – 59.

DASGUPTA P，1995. Optimal development and the idea of net national product［M］. In. Goldin and L. A. Winters（eds）. The Economics of Sustainable Development. Cambridge University Press, Cambridge: UK: 44 -49.

DEBRA J, 2004. Ecological modernization, globalization and europeanization [A], in John Barry, Brian Baxter and RichardDunphy (eds.). Europe, Globalization and Sustainable Development, Rout ledge. 155 - 159.

DENNIS R, 1983. Secondary cities in developing countries: policies for diffusing urbanization [M]. Sage Publications, Beverly Hills.

DENNIS R, 1984. Applied methods of regional analysis: the spatial dimensions of development policy [M]. Westview Press, Boulder, Colorado.

DENNIS R, 1991. Asian urban development policies in the 1990s: from growth control to urban diffusion [J]. In World Development, Development Planning Unit Peril-urban Interface Project, 19 (7): 42.

DOUGLASS M. A, 1998. Regional network strategy for reciprocal rural-urban linkages [J]. An Agenda for Policy Research with Reference to Indonesia. Third World Planning Review (a), 20 (1).

FARE G. S, 2010. Time substitution with application to data envelopment analysis [J]. European Journal of Operational Research, 206 (3): 686 -690.

FORMAN R. T. T, 1990. Changing landscapes: an ecological perspectives [M]. New York: Springer Verlag.

FRIEDMANM J, 1966. Regional development policy: a case study of venezuela [M]. Cambridge, Massachusetts, M. I. T. Press.

GERMANADE L, 1999. Theories and models of the peri-urban interface: a changing conceptual landscape Strategic Environmental Planning and Management for the Peri-urban Interface Research [C]. Project.

GOERNER S. J, LIETAER B, 2009. Quantifying economic sustainability: implications for free-enterprise theory, policy and practice [J]. Ecological Economics, 69 (1): 76 -81.

GORGENON D, 1967. Surplus agricultural labor and the development of a dual economy [J]. Oxford Economic Papers, 19: 288 -312.

HARRIS J. R, TODARO M P, 1970. Migration, unemployment and development: a two-sector analysis [J]. American Economic Review, 60 (1): 126 - 142.

HIRSCHMAN A, 1958. The strategy of economic development [M]. New

Haven, Conn: Yale University Press.

HUA W, Jin H. F, 2002. Industrial ownership and environmental performance: evidence from China [R]. World Bank Policy Research Working Paper.

JOHNSON D, 1999. Ecological modernization, globalization and Europeanization [A]. in John Barry, Brian Baxter and RichardDunphy, 155.

KENNETH E. BOULDING, 1966. Economic analysis—microeconomics [M]. 4th. ed. Harper & Row, Publisher. Vol (2).

KENNETHLYNCH, 2005. Rural-urban interaction in the developing world [M]. Rout ledge Perspective on Development.

LESTER R. BROWN, 1981. Building a sustainable society: A world-watch institute book [M], W. W. Norton, New York.

LEWINS W, 1954. Economic development with unlimited supplies of labour [J]. Manchester School of Economic and Social studies, 22 (2): 131 -191.

LIPTON M, 1977. Why poor people stay poor: A study of urban bias in world development [M]. London: Temple Smith.

MALTHUS T. R, 1798. An essay on the principle of population [M]. Johnson. London.

MCGEE T. G, 1997. Globalization, urbanization and the emergence of sub-global regions [A]. In WATTERS R. F, TMCGEE, eds. Asia Pacific: New Geographies of the Pacific Rim [C]. Hurst and Company, London.

NRTEE, 1997. National round table on the environment and the economy. Measuring Eco-efficiency in business: Developing a core set of Eco-efficiency indicators [M]. Ottawa: National Round Table on the Environment and the Economy.

PAGE T, 1977. Conversation and economic efficiency: an approach to material policy [M]. The Johns Hopkins University Press.

PARROUX F, 1957. Economic space: theory and applications [J]. The Quarterly Journal of Economics, 1950.

PRESCOTT A. R, 1995. The barometer of sustainability: a method of assessing progress towards sustainable societies [R]. Gland, Switzerland and Victoria, BC: International Union for the Conservation of Nature and Natural Resources and PADATA.

RANIS G, Fei J, 1961. A theory of economic development [J]. American Economic Review, 51 (4): 533 -565.

RONDINELLI D. A, 1983. Secondary cities in developing countries: policies for diffusing urbanization [M]. Beverly Hills: Sage.

SATTERTHWAITE D, CECILIA T, 2003. The urban of rural development: the role of small and intermediate urban centers in rural and regional development and poverty reduction [R]. Human Settlements Working Paper Series Rural-urban Interactions and Livelihood Strategies. No. 9. IIED, London.

SHIWEI L, ZHANG P Y, 2013. Measuring sustainable urbanization in China: a case study of the coastal Liaoning area [J]. Sustainability Science, 8 (4): 585 -594.

SOLOW R. M, 1992. Sustainability: An economist's perspective [M]. In: Robert N. Stavins ( Eds), Economics of the Environment: Selected Readings (5th ed.), 507. New York: W. W. Norton&Company, Inc.

STOCKHAMMER E. B, 1997. The index of sustainable economic welfare (ISEW) as an alternative to GDP in measuring economic welfare: The results of the Austrian (revised) ISEW calculation 1955 -1992 [J]. Ecological Economics, 21 (1): 16 -20.

TAYLOR S. W. B, 1981. Development from above or below? The dialectics of regional planning in developing countries [M]. Wiley, Chichester.

SUSTAINANLE S, 1993. Indicators of sustainable community [M]. Seattle, WA: Sustainable Seattle.

TANGUAY G. A, RAJAONSON J, 2010. Measuring the sustainability of cities: An analysis of the use of local indicators [J]. Ecological Indicators, 10 (2): 407 -418.

ULANOWICZ R. E, 1986. Growth and development: ecosystems phenomenology [M]. New York: Springer Verlag.

ULANOWICZ R. E, 2009. Quantifying sustainability: resilience, efficiency and the return of information theory [J]. Ecological Complexity, 6 (1): 27 -36.

UN ( United Nations), 2001. Indicators of sustainable development: guidelines and methodologies [R], New York: UNITED NATIONS (UN).

UNWIN, 1989. The geography of urban-rural interaction in developing countries: essays for Alan B [C]. Mount joy, Rout ledge, London.

WACKERNAGEL M, SCHULZ N B, Deumling D, et al., 2002. Tracking the ecological overshoot of the human economy [J]. Proceedings of the National Academy of Sciences of the USA, 99 (14): 9266 -9271.

WCED, 1987. Our common future [M]. Oxford: Oxford University Press.

WILLIAMSON J. G, 1965. Regional inequality and the process of national development: a description of the patterns [J]. Economic Development and Cultural Change.

World Bank, 1995. World Bank develops new system to measure wealth of nations [M]. Washington: World Bank.

World Bank, 1997. Expanding the measure of wealth: indicators of environmentally sustainable development [R]. Washington D. C., The World Bank.

WWF I. U, 1991. Caring for the Earth: a strategy sustainable living [M]. Gland: Switzerland.